Personalvertretungsrecht und Demokratieprinzip

von

Johannes Spiegel

Tectum Verlag
Marburg 2002

Bei der vorliegenden Veröffentlichung handelt es sich um eine Dissertation der
Rechtswissenschaftlichen Fakultät der
Westfälischen-Wilhelms-Universität Münster.

Berichterstatter: Prof. Dr. Steinmeyer
                                      Prof. Dr. Oebbecke
Dekan: Prof. Dr. Timm
Datum der mündlichen Prüfung: 23.10.2001

D 6

Die Deutsche Bibliothek - CIP-Einheitsaufnahme

Spiegel, Johannes:
Personalvertretungsrecht und Demokratieprinzip
/ von Johannes Spiegel
- Marburg : Tectum Verlag, 2002
Zugl: Münster, Univ. Diss. 2001
ISBN 978-3-8288-8359-8

Tectum Verlag
Marburg 2002

Vorwort des Autors

Die vorliegende Dissertation wurde im Januar 2001 bei der Rechtswissenschaftlichen Fakultät der Westfälischen-Wilhelms-Universität Münster eingereicht. Das Rigorosum fand am 23.10.2001 statt.

Rechtsprechung und Literatur sind bis Januar 2001 berücksichtigt worden. Das Urteil des Verfassungsgerichtshofs Sachsen vom 22.02.2001 ist nachträglich in Form eines Anhangs eingearbeitet worden. Das thüringische Landespersonalvertretungsgesetz vom 25.06.2001 (GVBL 5 2001, S. 57) fand keine Berücksichtigung mehr. Soweit also in der Arbeit auf das thüringische Landespersonalvertretungsgesetz verwiesen wird, ist hiermit das Gesetz vom 29. Juli 1993 (GVBL, S. 399), geändert durch Art. 4 des Gesetzes über die Berufsakademie Thüringen sowie zur Änderung hochschul- und personalvertretungsrechtlicher Vorschriften vom 1. Juli 1998 (GVBL, S. 233), gemeint.

Mein Dank gilt meinem Doktorvater, Prof. Dr. Heinz-Dietrich Steinmeyer, für seine wertvollen Anregungen und die Erstellung des Erstgutachtens. Prof. Dr. Janbernd Oebbecke danke ich für die Erstellung des Zweitgutachtens.

Gewidmet ist die Arbeit meinen lieben Eltern und Geschwistern. Ohne die Unterstützung meiner Eltern während des Studiums und der Referendarzeit wäre die Erstellung dieser Arbeit nicht möglich gewesen. Mein besonderer Dank gilt meinem Vater für das mühevolle Korrekturlesen.

Ein Gruß geht an dieser Stelle auch an meine Freunde, aus deren Kreis die Anregung zu dieser Dissertation hervorging.

Arnsberg, im Januar 2002

INHALTSVERZEICHNIS

6

1. TEIL: EINLEITUNG UND PROBLEMSTELLUNG

Das Personalvertretungsrecht regelt die innerorganisatorischen Mitbestimmungs- und Mitwirkungsrechte der Beschäftigten im öffentlichen Dienst, vertreten durch den Personalrat. Wie kaum ein anderes Rechtsgebiet sieht sich das Personalvertretungsrecht immer wieder verfassungsrechtlicher Kritik ausgesetzt. So sehen die Mitbestimmungskritiker in denjenigen Normen des Personalvertretungsrechts, die den Mitarbeitern im öffentlichen Dienst bzw. der Personalvertretung weitgehende Mitbestimmungsrechte in Bezug auf die Entscheidungen des Behördenleiters einräumen, Verstöße gegen das Demokratie[1]- und Rechtsstaatsprinzip[2] sowie, soweit es sich um Maßnahmen im Kommunalbereich handelt, eine Verletzung der in Art. 28 Abs. 2 GG garantierten kommunalen Selbstverwaltung[3]. Kritisch wird eine umfassende Mitbestimmung auch im Zusammenhang mit dem in Art. 33 Abs. 2 GG nach dem Leistungsprinzip verbürgten Zugang zum öffentlichen Dienst gesehen[4]. Weitere Autoren[5] widmen sich, oftmals unter Anführung von Beispielen aus der eigenen Berufspraxis, der sensiblen Materie der Mitbestimmung im Hochschulbereich. Ihrer Auffassung nach können weitreichende Mitbestimmungsrechte der Personalvertretung im universitären Raum eine Verletzung der in Art. 5 Abs. 3 GG geschützten Wissenschaftsfreiheit zur Folge haben. Ebenso nachhaltig wie für eine *Begrenzung* der Mitbestimmungsrechte wird aber auch für eine *Erweiterung* der Teilhabebestimmungen oder doch zumindest für eine Beibehaltung des Status quo gestritten, denn in einer Zeit, wo es auch im öffentlichen Dienst zu einem massiven Stellenabbau komme, Teilbereiche der Verwaltung mehr und mehr privatisiert werden sollen, und die Rede vom so genannten schlanken Staat die Runde ma-

---

[1] vgl. vor allem die Beiträge von Kisker und Schenke: z.B. Kisker PersV 1995, S. 129 ff.; ders. PersV 1994, S. 289 ff.; ders. PersV 1992, S. 1 ff.; Schenke JZ 1994, S. 1025 ff.; ders. PersV 1992, S. 289 ff.; aber auch Ossenbühl PersV 1989, S. 409 ff.

[2] z.B. Kübel, Personalrat u. Personalmaßnahmen, S. 119 ff.; ders. PersV 1987, S. 217, (222); Ossenbühl, PersV 1989, S. 409, (415).

[3] z.B. Ossenbühl, Grenzen der Mitbestimmung, S. 60.

[4] z.B. Kübel, Personalrat u. Personalmaßnahmen, S. 129 ff. (Kübel weist jedoch zugleich auch darauf hin, dass dieser Gedankengang nur vereinzelt verfolgt wird.).

[5] z.B. Kübel, Personalrat u. Personalmaßnahmen, S. 1 (Einleitung); ferner besonders kritisch: Leuze DöD 1993, S. 217 ff.; ders. PersV 1991, S. 369 ff.; ders. DöD 1990, S. 209 ff.

che, seien umfangreiche Mitbestimmungsrechte der Personalvertretung zum Schutz der Beschäftigten dringend notwendig[6].

Diese Diskussion wird aber nicht nur zwischen den Staats- und Arbeitsrechtlern in den Fachzeitschriften und Hörsälen geführt, sondern vor allem auch auf politischem Terrain[7]. Die Linien scheinen hierbei klar gezogen: Während CDU und FDP eine restriktive Mitbestimmungspolitik befürworten, treten zumindest große Teile der SPD mit Unterstützung der Gewerkschaften für eine mitbestimmungsfreundliche Politik ein. Die unterschiedlichen politischen Auffassungen im Hinblick auf die Reichweite der Mitbestimmungsrechte zeigen sich häufig besonders deutlich bei einem Regierungswechsel auf Länderebene. Das Bundesland Hessen ist hierfür ein gutes Beispiel. Am 11.07.1984 verabschiedete die rot-grüne Koalition im hessischen Landtag ein zum damaligen Zeitpunkt im Vergleich zu den Gesetzen in den anderen Bundesländern äußerst mitbestimmungsfreundliches Personalvertretungsgesetz[8]. Im Jahre 1987 gewannen dann die CDU und FDP die Landtagswahlen in Hessen und bildeten daraufhin die Regierung. Bereits am 25.03.1988 wurde das bisherige Personalvertretungsgesetz im Sinne einer restriktiveren Mitbestimmungspolitik geändert[9]. Plander[10] weist zu Recht darauf hin, dass die neue Koalition die Mitbestimmungsregelungen noch über die aufgrund der zuvor ergangenen Entscheidung des hessischen Staatsgerichtshofs[11] notwendig gewordenen Anpassungen zurückschraubte. Anfang 1991 verlor aber die CDU-FDP Koalition die Landtagswahlen in Hessen, und es wurde ein weiteres Mal eine rot-grüne Regierung gebildet. Im Zuge dieses Regierungswechsels kam es durch Gesetz vom 25.02.1992[12] erneut zur Än-

---

[6] so: Schuppert PersR 1993, S. 1, (4); und mit Nachdruck: Altvater/Wendeling-Schröder RiA 1984, S. 73, (73, 77); vom neutralen Standpunkt aus: Edinger PersR 1997, S. 241, (241).

[7] Auf die Bedeutung des politischen Hintergrundes verweisen auch: Battis CR 1987, S. 40, (40); ders. DÖV 1987, S. 1, (1); Rinken kritV 1996, S. 282, (S. 302 Fn. 81); Schuppert PersR 1993, S. 1, (4); Thiele ZTR 1995, S. 542, (542); vgl. auch: Gronimus PersR 1999, S. 371, (371): „Was als verfassungsrechtlich zwingend deklariert wird, erweist sich oft als einfaches rechtspolitisches Ziel."; Damman schreibt in: AuR 1988, S. 171 ff., neben dem politischen Aspekt auch der verwaltungsgerichtlichen Rechtsprechung eine immense Bedeutung für die Entwicklung der Mitbestimmung im öffentlichen Dienst zu.

[8] GVBL 1984, S. 181; (kritisch zu dem Gesetz: Kisker PersV 1985, S. 137 ff.).

[9] GVBL 1988 I, S. 103; (dazu Kübel PersV 1988, S. 201 ff.).

[10] Plander, Personalvertretung als Grundrechtshilfe, S. 30, ebenso: Rothländer PersR 1991, S. 357, (357).

[11] Urteil des Hess StGH v. 30.04.1986, DVBL 1986, S. 936 ff.

[12] GVBL 1992 I, S. 77; (dazu Battis RdA 1993, S. 129 ff.).

derung des Personalvertretungsrechts. Das neue Gesetz stimmte im Wesentlichen wieder mit der Gesetzeslage im Jahre 1984 überein. Allerdings nur insoweit, wie der hessische Staatsgerichtshof das damalige Gesetz nicht beanstandet hatte. Im Jahre 1999 wendete sich das politische Blatt dagegen wieder zu Gunsten der CDU. Jene gewann die Landtagswahlen am 07.02. und stellte infolgedessen zusammen mit der FDP die neue Regierung. Eines der ersten Gesetzesvorhaben, welches die neue Regierungskoalition schon nach erstaunlich kurzer Zeit in die Tat umsetzte, befasste sich mit der Novellierung des Personalvertretungsrechts[13]. Es mutet aber fraglich an, ob eine dauernde Änderung des Personalvertretungsrechts den Interessen der Beschäftigten zugute kommt. Zugleich erscheint auch ein zügiger Geschäftsbetrieb in der Dienststelle im Interesse des Bürgers gefährdet, da angesichts der rasanten Gesetzesentwicklung Unklarheit, möglicherweise auch Uneinigkeit darüber besteht, bei welchen Verwaltungsmaßnahmen und Entscheidungen die Personalvertretung zu beteiligen ist. Battis[14] spricht in diesem Zusammenhang von einem „Zick-Zack-Kurs" der Sozialpolitik und einer „stop and go" Gesetzgebung, die ihn an die Sozialpolitik der britischen Nachkriegszeit erinnert. Pühler[15] kann zugestimmt werden, wenn er feststellt: „Zur effizienten Arbeit eines Personalrates – sei es auf der örtlichen oder überörtlichen Ebene – gehören auch Ruhe und die Gewissheit gleich bleibender Arbeitsbedingungen. Dauerndes Hantieren des Gesetzgebers mit dem Personalvertretungsgesetz schafft Unruhe und ist dem Wirken in der Dienststelle eher abträglich. Wenn sich ein Personalratsgremium aufgrund von ständigen Änderungen der Rechtslage dauernd mit sich selbst beschäftigt, mag dies zwar den Dienststellenleiter von Anstrengungen fern halten, den Interessen der Beschäftigten dient eine solche Politik in keinem Fall". Mehlinger[16] spricht davon, dass es „fast guter parlamentarischer Brauch sei, wenn die Landesregierung wechsele, auch an eine Neuregelung des Personalvertretungsrechts zu denken".

---

[13] GVBL 1999 I., S. 338 f. (Ausgehend von den demokratierechtlichen Anforderungen des Bundesverfassungsgerichts (BVerfGE DVBL 1995, S. 1291 ff.), erweist sich dieses Gesetzesvorhaben allerdings als verfassungsrechtliche Notwendigkeit. Nimmt man jedoch die Äußerung des SPD-Abgeordneten Günter Rudolph ernst, wonach die neue Regierung fälschlicherweise eine „stromlinienförmige und durchorganisierte" Verwaltung basierend auf „obrigkeitsstaatlichem Denken" (zitiert nach: Manderla PersV 1999, S. 386, (387)) anstrebe, so muss befürchtet werden, dass wenn es erneut zu einem Regierungswechsel kommt, parallel hierzu auch das Personalvertretungsrecht wieder entscheidend geändert wird.).

[14] Battis RdA 1993, S. 129, (129).

[15] Pühler PersV 1991, S. 49, (62); Bedenken äußert auch Becker ZBR 1991, S. 321, (336).

[16] Mehlinger, Grundfragen des Personalvertretungsrechts, S. 39.

16

Klarheit über Möglichkeiten und Grenzen des Personalvertretungsrechts ist möglicherweise von Seiten der Rechtsprechung zu erwarten. So standen denn auch bereits das bremische[17], hessische[18] und rheinland-pfälzische[19] Personalvertretungsgesetz sowie das schleswig-holsteinische Mitbestimmungsgesetz[20] auf dem verfassungsrechtlichen Prüfstand des Bundesverfassungsgerichts bzw. des hessischen Staatsgerichtshofs und rheinland-pfälzischen Verfassungsgerichtshofs. Insbesondere vom Beschluss des Bundesverfassungsgerichts zum schleswig-holsteinischen Mitbestimmungsgesetz erhoffte man sich eine richtungsweisende Aussage über die zulässige Reichweite der Mitbestimmungsrechte im Personalvertretungsrecht[21]. Für eine grundsätzliche Klärung oder gar für eine Beendigung der Personalvertretungsdiskussion sorgte der Beschluss des Bundesverfassungsgerichts jedoch nicht. Zum einen besteht schon Streit über die Frage, ob der Beschluss nur Schleswig-Holstein betrifft, oder ob auch die anderen Landesgesetzgeber oder sogar der Bund an den Beschluss gebunden sind[22]. Ferner herrscht ebenfalls Uneinigkeit im Schrifttum darüber, wie die inhaltlichen Vorgaben des Beschlusses bei einer Neugestaltung des Bundespersonalvertretungsgesetzes und der einzelnen Ländergesetze zu berücksichtigen sind[23]. Beide Gesichtspunkte bedürfen an späterer Stelle einer vertieften Erörterung.

Es wurde bereits darauf hingewiesen, dass die Mitbestimmungskritiker nicht nur aufgrund des Demokratieprinzips Bedenken gegen eine weitreichende Mitbestimmung äußern, sondern z.B. auch das Prinzip der kommunalen Selbstverwaltung bedroht sehen. Die vorliegende Arbeit beschäftigt sich aber nur mit der Frage, inwieweit Mitbestimmungsrechte der Personalvertretung mit dem Demokratieprinzip vereinbar sind. Während das private Arbeitsrecht durch den Kon-

---

[17] Urteil v. 27.04.1959, BVerfGE 9, 268 ff.
[18] Urteil v. 30.04.1986, Hess StGH DVBL 1986, S. 936 ff.
[19] Urteil v. 18.04.1994, Rh-Pf VerfGH PersV 1994, S. 307 ff.
[20] Beschluss v. 24.05.1995, BVerfGE DVBL 1995, S. 1291 ff.
[21] Diese Hoffnung äußerte vor allem Plander, Personalvertretung als Grundrechtshilfe, S. 20, 21; aber auch Becker ZBR 1991, S. 321, (336); allgemein in Bezug auf eine verfassungsgerichtliche Klärung: Kübel PersV 1987, S. 217, (229).
[22] vgl. nur die unterschiedlichen Auffassungen von: Altvater PersR 1998, S. 215, (226); Ilbertz ZfPR 1995, S. 192, (193) – jeweils nur Sch-HS gebunden; Battis/Kersten DÖV 1996, S. 584, (589); Faber/Härtl PersV 1999, S. 50, (50) – Pflicht von Bund und Ländern bei Neuregelung des Personalvertretungsrechts die Grundsätze des Bundesverfassungsgerichts zu berücksichtigen.
[23] vgl. z.B. die unterschiedlichen Ansichten von: Edinger PersR 1997, S. 241, (244); Faber/Härtl, PersV 1999 S. 50, (63); Kunze ZfPR 1997, S. 208, (208, 209).

flikt zwischen unternehmerischer Entscheidungsfreiheit (Art. 14 Abs. 1 GG) und Arbeitnehmermitbestimmung (Betriebsverfassungsgesetz) gekennzeichnet ist, steht im öffentlichen Dienst der Interessenausgleich zwischen Belangen der Beschäftigten und Berücksichtigung des Allgemeinwohls im Vordergrund. Letztere Problematik bildete den Schwerpunkt der personalvertretungsrechtlichen Diskussion der letzten Jahre. Im Zentrum der Kontroverse steht Art. 20 Abs. 2 S. 1 GG. Hiernach geht alle Staatsgewalt vom Volke aus. Die Argumentation der Mitbestimmungskritiker läuft nun im Prinzip auf einen einfachen Dreisatz hinaus. Zuerst wird festgestellt, dass Personalvertretungen Staatsgewalt ausüben. Dies sei beispielsweise konkret dann der Fall, wenn der Personalrat bzgl. der Einstellung eines neuen Mitarbeiters sein Veto einlege (vgl. § 75 Abs. 1 Nr. 1 BPersVG) oder der Einrichtung eines Großraumbüros widerspreche (vgl. § 76 Abs. 2 Nr. 7 BPersVG: Einführung grundlegend neuer Arbeitsmethoden). Da die Mitglieder des Personalrats aber weder vom Gesamtvolk gewählt, noch von einem seinerseits demokratisch legitimierten Amtsträger ernannt würden und zudem nur ein bestimmtes Gruppeninteresse repräsentierten, fehle es ihnen an demokratischer Legitimation, um derartige den Verwaltungsbetrieb prägende Entscheidungen treffen zu dürfen. Eine einzelne Interessengruppe beeinflusse unzulässigerweise maßgeblich den staatlichen Entscheidungsfindungsprozess. Oftmals träten die Belange der Allgemeinheit hinter den Interessen der Beschäftigten zurück. Nicht mehr die durch die Wahlentscheidung der Bürger demokratisch legitimierten Organe bestimmten den Inhalt staatlicher Entscheidung, sondern die Interessenvertreter der öffentlich Beschäftigten. Das Ergebnis lautet, Mitbestimmungsrechte der Personalvertretung sind grundsätzlich verfassungswidrig und nur unter ganz bestimmten, später noch genauer zu untersuchenden Bedingungen zum Schutz der Beschäftigten zulässig[24]. Diese Argumentation bedarf jedoch einer eingehenden Begründung, die mehrere Autoren teilweise vermissen lassen oder als eher unumstritten darstellen[25]. Vor allem Plander und Schuppert haben eigene Gegenargumentationen zum Thema Staatsgewalt und demokratischer Legitimation entwickelt[26]. Die Überzeugungskraft dieser Konzepte wird zu erläutern sein.

---

[24]   so argumentieren z.B.: Kisker PersV 1994, S. 289 ff. und Schenke JZ 1994, S. 1025 ff.

[25]   so z.B. Leuze DöD 1996, S. 103, (109); Burandt ZBR 1978, S. 317, (323); aber auch Kisker und Schenke äußern sich in den zuvor genannten Aufsätzen teilweise nur recht knapp zum Thema Staatsgewalt und demokratischer Legitimation.

[26]   so Plander in: Personalvertretung als Grundrechtshilfe; ders. in: FS für Kissel 1994, S. 856 ff.; Schuppert PersR 1993, S. 1 ff.

Schließlich muss zwischen den einzelnen verschiedenen Teilhaberechten der Personalvertretung im Hinblick auf die Staatsgewaltproblematik genau unterschieden werden. Übt der Personalrat nur im Rahmen der vollen Mitbestimmung (vgl. z.b. die Personalangelegenheiten der Arbeiter und Angestellten im öffentlichen Dienst: § 75 Abs. 1 BPersVG) Staatsgewalt aus? Oder etwa auch dann, wenn ihm wie im Falle der personellen beamtenrechtlichen Fragen (vgl. § 76 Abs. 1 BPersVG) nur ein eingeschränktes Mitbestimmungsrecht zusteht? Wie verhält es sich, wenn z.b. eine grundlegende Änderung des Arbeitsablaufs geplant ist, und dem Personalrat nur ein einfaches Anhörungsrecht eingeräumt wird (vgl. § 78 Abs. 5 BPersVG)? Nimmt der Personalrat auch dann staatsgewaltliche Befugnisse in Anspruch, wenn er sich im förmlichen Mitwirkungsverfahren zu einer beabsichtigten Dienststellenauflösung äußert (vgl. §§ 78 Abs. 1 Nr. 2, 72 BPersVG)? Ebenso muss auch in Bezug auf die Entscheidungsgewalt der Einigungsstelle differenziert werden. Möglicherweise übt jene nur dann Staatsgewalt aus, wenn sie eine alle Beteiligten bindende Entscheidung trifft (vgl. § 69 Abs. 4 S. 1 1. HS BPersVG, z.B. bzgl. der in § 75 Abs. 2 BPersVG genannten sozialen Angelegenheiten), nicht aber, wenn sie lediglich berechtigt ist, eine Empfehlung an die letztlich entscheidende Verwaltungsspitze auszusprechen (vgl. § 69 Abs. 4 S. 3, z.B. bzgl. der in § 76 Abs. 2 BPersVG genannten Angelegenheiten).

Die Diskussion um das Verhältnis Personalvertretungsrecht und Demokratieprinzip gewinnt dadurch zusätzlich an Brisanz und Farbe, indem das Demokratieprinzip nicht nur für eine Begrenzung der Mitbestimmung, sondern auch für deren Erweiterung in Anspruch genommen wird. Unter den Stichworten „Demokratisierung der Verwaltung" und „Betroffenheitspartizipation" wird eine extensive Mitbestimmungsgesetzgebung im öffentlichen Dienst eingefordert[27]. Obwohl der Schwerpunkt dieses Aspektes der Diskussion in den Siebzigerjahren lag, werden auch in neuerer Zeit Denkansätze, die auf eine „Betroffenheitspartizipation und Betroffenheitslegitimation" hinauslaufen, mit Nachdruck vertreten[28]. Es kann hierbei auf Isensee[29] verwiesen werden, der behauptet: „Das Grundgesetz ist Waffe des gesellschaftlichen Interessenkampfes und der politischen Auseinandersetzung... . Auf das Grundgesetz beruft sich, wer soziale Ver-

---

[27] Stein AuR 1973, S. 225, (226); Wendeling-Schröder AuR 1987, S. 381, (383, 386).

[28] Bryde FS für Thieme 1993, S. 9, (21); Schuppert PerR 1993, S. 1, (13 f.).

[29] Isensee Der Staat 20 (1981), S. 161, (161).

änderungen einleiten und wer soziale Besitzstände sichern, wer staatliche Herrschaft ausweiten, einschränken oder aufheben will."

Des Weiteren sei vermerkt, dass die Materie des Personalvertretungsrechts lange Zeit als spröde und als ein Gebiet für Spezialisten galt, die nun stattfindende verfassungsrechtliche Auseinandersetzung aber in ihrer Bedeutung über das Personalvertretungsrecht hinausgeht, da allgemeine Fragen nach der Definition von Staatsgewalt und demokratischer Legitimation aufgeworfen werden[30].

Es darf aber nicht der Eindruck entstehen, bei dem Verhältnis von Personalvertretungsrecht und Demokratieprinzip handele es sich nur um einen juristischen Theorienstreit ohne praktische Auswirkungen auf den Bürger. Dies würde der Problematik nicht gerecht, denn das Interesse des Bürgers an einem reibungslosen Verwaltungsbetrieb wird insbesondere von den Mitbestimmungskritikern in den Mittelpunkt der Diskussion gestellt. So stellte sich Mitte der Achtzigerjahre die Frage, ob der Personalrat durch sein Veto den Einsatz von Computern zur schnelleren und besseren Bedienung der Bürger verhindern darf, z.B. auf Basis des § 75 Abs. 3 Nr. 16 BPersVG: Gestaltung des Arbeitsplatzes, oder des § 76 Abs. 2 Nr. 7 BPersVG: Einführung grundlegend neuer Arbeitsmethoden. Da mittlerweile viele Dienststellen selbstverständlich mit Computern ausgerüstet sind (aber leider noch nicht alle oder zumindest nicht alle Mitarbeiter), ließe sich die Frage aber auf so genannte neue Medienformen erweitern. Beispielsweise die Bearbeitung von Bürgeranträgen im Internet ist für den Bürger von großem Vorteil, da er Zeit und Aufwand spart. Dennoch ist diese Art der Kommunikation mit dem Bürger noch nicht Routine in den Amtsstuben. Kann sich nun aber der Personalrat mit Rücksicht auf einige Mitarbeiter und Wähler, denen die neuen Bearbeitungsformen noch etwas suspekt sind, gegen die Einführung neuer Medien mit Erfolg wehren?[31] Die Macht der Personalräte kann auch bei einer geplanten Privatisierung zum Ausdruck kommen. Darf etwa die Privatisierung einer Verwaltungseinheit, oftmals ein Vorgang, der für den Bürger aufgrund verstärkten Wettbewerbs einen Kosten sparenden Effekt zur Folge hat, daran scheitern, dass der Personalrat die Zustimmung zu personellen Einzelmaßnahmen, wie z.B. Umsetzung (vgl. § 75 Abs. 1 Nr. 3 BPersVG) oder Höher- und Rückgruppierungen (vgl. § 75 Abs. 1 Nr. 2 BPersVG), verweigert? Einzelne

---

[30] auf die grundsätzliche Bedeutung der personalvertretungsrechtlichen Problematik verweisen auch: Ossenbühl PersV 1989, S. 409, (409); Sachs JuS 1996, S. 842, (842); Schenke JZ 1994, S. 1025, (1026); ders. JZ 1991, S. 581, (581).
[31] Ein volles Mitbestimmungsrecht in der Internetfrage fordert: Wolber PersR 2000, S. 3 f.

Landespersonalvertretungsgesetze gewähren der Personalvertretung in Privati-
sierungsangelegenheiten auch unmittelbar ein Mitbestimmungsrecht[32]. Ein ähnliches Problem kann sich stellen, wenn die Behördenleitung plant, im Außenbe-
reich des Stadt- bzw. Kreisbezirks eine Zweigstelle in Form eines Stadt-/
Kreisbüros einzurichten, um den Bürgern einen zeitaufwändigen Weg zur Zent-
ralverwaltung zu ersparen. Möglicherweise ist dieses Projekt zum Scheitern ver-
urteilt, wenn der Personalrat die Zustimmung zur Umsetzung der Mitarbeiter
verweigert (vgl. § 75 Abs. 1 Nr. 3 BPersVG, bzw. bzgl. dieses Beispiels die entsprechenden landesrechtlichen Regelungen[33]). Im Universitätsbereich ist es ferner denkbar, dass es nicht zur Öffnung der Uni-Bibliothek am Samstag kommt,
da der Personalrat mit diesen aus seiner Sicht für die Mitarbeiter ungünstigen
Öffnungszeiten nicht einverstanden ist[34] (vgl. § 75 Abs. 3 Nr. 1 BPersVG: Mitbestimmung bei der Verteilung der Arbeitszeit auf die einzelnen Wochentage,
bzw. bzgl. dieses Beispiels die entsprechenden landesrechtlichen Regelungen[35]).
Die Liste von Beispielsfällen für den Konflikt zwischen Bürger- und Beschäf-
tigtenbelangen ließe sich noch erweitern. Ziel dieser Arbeit ist es, unter Abwägung der verschiedenen, manchmal gegenläufigen Anliegen der öffentlich Beschäftigten und der Bürger einen vernünftigen Ausgleich zwischen beiden Interessengruppen zu finden. Dieser Ausgleich muss den Anforderungen des Demokratieprinzips gemäß Art. 20 Abs. 2 S. 1 GG gerecht werden.

In der Literatur wird dieser Konflikt von beiden Seiten zum Teil mit aller Schärfe bis hin zum Polemischen geführt[36]. Angesichts der angespannten Haushalts-
lage und den damit verbundenen Einschnitten im öffentlichen Dienst ist ein gewisses Verständnis für die Anhänger einer mitbestimmungsfreundlichen Politik,

---

[32] vgl. § 72 Abs. 3 Nr. 7 PersVG NW; § 52 Abs. 1 Brem PersVG (Allzuständigkeitsklausel); § 84 Nr. 7 Saar PersVG.

[33] vgl. z.B.: § 76 Abs. 1 Nr. 4 PersVG Ba-Wü; Art. 75 Abs. 1 Nr. 6 Bay PersVG; § 86
Abs. 3 Nr. 2 Bln PersVG; § 87 Abs. 1 Nr. 10 Hbg PersVG; § 72 Abs. 1 Nr. 5 PersVG
NW; § 80 Abs. 1 b Nr. 5 Saar PersVG; § 68 Nr. 9 PersVG Meckl-Vorp; § 67 Abs. 1
Nr. 5 PersVG SA; § 74 Abs. 1 Nr. 4 Thür PersVG.

[34] letzteres Beispiel nennt: Ossenbühl PersV 1989, S. 409, (413).

[35] vgl. z.B.: § 79 Abs. 1 Nr. 1 PersVG Ba-Wü; Art. 75 Abs. 4 Nr. 1 Bay PersVG; § 85
Abs. 1 Nr. 1 Bln PersVG; § 86 Abs. 1 Nr. 1 Hbg PersVG; § 72 Abs. 4 Nr. 1 PersVG
NW; § 78 Abs. 1 Nr. 1 Saar PersVG; § 66 Nr. 1 Brand PersVG; § 70 Abs. 1 Nr. 6
PersVG Meckl-Vorp; § 65 Abs. 1 Nr. 1 PersVG SA; § 74 Abs3. Nr1 Thür PersVG.

[36] vgl. nur die heftige Auseinandersetzung zwischen Röken und Ilbertz: Röken ZBR 1990,
S. 133 ff; darauf die Erwiderung von Ilbertz in: ZBR 1990, S. 138 ff.; hierauf nun wieder
Bezug nehmend Röken in: ZBR 1990, S. 143 ff.; oder die feindselig wirkende Besprechung des Beschlusses des Bundesverfassungsgerichts vom 24.05.1995 durch Neumann
in: PersR 1995, S. 441 ff. und Blanke in: Die Mitbestimmung 1996, S. 6 ff.

die in jeder Beschneidung der Mitbestimmungsrechte letztlich eine Gefahr für ihren Arbeitsplatz bzw. den ihrer Wähler sehen, nicht zu leugnen. Andererseits liegt es aber auf der Hand, dass man mit polemischen Attacken auf den Diskussionsgegner wenig erreicht. Vielmehr wird nun oftmals dieser versucht sein, den Boden der sachlichen Auseinandersetzung zu verlassen, wobei die Diskussion letztlich wenig greifbare Ergebnisse hervorbringen wird. Dies kann aber weder im Interesse der Bürger noch im Interesse der Mitarbeiter im öffentlichen Dienst liegen. Der sachlichen Argumentation sollte also oberste Priorität eingeräumt werden.

Letztlich sei noch darauf hingewiesen, dass die Erörterung des Verhältnisses von Personalvertretungsrecht und Demokratieprinzip dadurch erschwert wird, dass neben dem Bund jedes einzelne Bundesland, was durch den obigen Hinweis auf die Rechtslage in Hessen bereits angedeutet wurde, sein eigenes Personalvertretungsgesetz besitzt. Diese Gesetze weichen hinsichtlich der Intensität der den öffentlich Beschäftigten zugeschriebenen Rechte zum Teil erheblich voneinander ab. Zugleich macht dies natürlich auch den Reiz und die Vielfältigkeit der zu bearbeitenden Probleme aus. Allerdings kann nicht jede Detailregelung in jedem einzelnen Bundesland unter die Lupe genommen werden. Dies würde den Umfang der Arbeit sprengen. Die Problematik erschiene dem Leser höchst unübersichtlich. Ein solches Vorgehen würde also mehr schaden als nützen.

Es finden sich aber trotz aller Unterschiede auch Gemeinsamkeiten zwischen den einzelnen Personalvertretungsgesetzen der Länder. Hierauf aufbauend soll versucht werden, Grundsätze herauszuarbeiten, die alle Bundesländer, wenn auch in unterschiedlichem Umfang, betreffen. Einen besonderen Raum werden jedoch die Personalvertretungsgesetze des Bundes und Nordrhein-Westfalens einnehmen. Die Erläuterung dieser Gesetze erfolgt vor dem Hintergrund der vom Bundesverfassungsgericht mit Beschluss vom 24.05.1995 aufgestellten demokratierechtlichen Anforderungen. Da diese Entscheidung einen maßgeblichen Wendepunkt in der Personalvertretungsgesetzgebung bedeutet, werden weiterhin alle nach diesem Zeitpunkt erlassenen Änderungsgesetze kurz vorgestellt.

2. TEIL: HISTORISCHER HINTERGRUND DES PERSONALVERTRETUNGSRECHTS

Bevor auf die eigentliche verfassungsrechtliche Problematik der Mitbestimmung der öffentlich Beschäftigten eingegangen wird, soll zunächst kurz der historische Hintergrund des Mitbestimmungsrechts allgemein und der des Personalvertretungsrechts im Besonderen erläutert werden. Mehreren Autoren dient die geschichtliche Entwicklung des Mitbestimmungsrechts im öffentlichen Dienst als argumentative Grundlage. So wird teilweise auf die gemeinsamen Ursprünge von Betriebsverfassungs- und Personalvertretungsgesetz verwiesen, um auf diese Weise die Forderung nach Angleichung oder Vereinheitlichung beider Rechtsgebiete historisch argumentativ zu unterstützen[1]. Andere Vertreter im Schrifttum versuchen, die Mitbestimmung im öffentlichen Dienst mit Hilfe von Art. 33 Abs. 5 GG in Verbindung mit Art. 130 Abs. 3 WRV verfassungsrechtlich zu fundieren[2]. Schließlich wird den zu restriktiv empfundenen Mitbestimmungskonzepten eine Parallele zur NS-Zeit vorgeworfen[3].

A. Die Zeit vor der Weimarer Republik

Die Anfänge der betrieblichen Mitbestimmung reichen bis in die Mitte des 19. Jahrhunderts zurück. Bereits die Frankfurter Verfassungsgebende Nationalversammlung von 1848/49 hatte es sich zum Ziel gesetzt, einen Beschluss über eine „Fabrik-Gewerbe-Ordnung" zu fassen[4]. Dieses Regelungswerk sollte die Bildung von Fabrikausschüssen anordnen, denen gewisse Mitbestimmungsbefugnisse in der betrieblichen Praxis, so z.B. bei der Verwaltung sozialer Einrichtungen des Unternehmens, beim Erlass von Arbeitsordnungen und beim Abschluss von Lohnvereinbarungen, zukamen. Der damalige Gesetzesentwurf,

---

[1]   Bobke WSI-Mitteilungen 1983, S. 739, (742); Roettecken NVwZ 1996, S. 552, (552); Wulf-Mathies PersR 1993, S. 193, (193).

[2]   Plander, Personalvertretung als Grundrechtshilfe, S. 96, 97; Bryde FS für Thieme 1993, S. 9, (12); Battis DöV 1987, S. 1, (4).

[3]   Blanke PersR 1997, S. 329, (343).

[4]   vgl. die näheren Erläuterungen bei: Kübel, Personalrat u. Personalmaßnahmen, S. 26 und Steiner PersV 1986, S. 143 (143); ausführlich auch: Edenfeld, Arbeitnehmerbeteiligung im Betriebsverfassungs- u. Personalvertretungsgesetz, S. 14.

welcher sich allerdings nur auf die Wirtschaft und nicht auf den öffentlichen Sektor bezog, erlangte jedoch keine Gesetzeskraft.

Rechtlich anerkannt, wenn auch nicht in Gesetzesform, wurde der Mitbestimmungsanspruch durch kaiserlichen Erlass aus dem Jahre 1890. Hierin kündigte Wilhelm II. am 04.02.1890 an, dass die Arbeitnehmer in der Privatwirtschaft durch Vertreter ihres Vertrauens mit den Arbeitgebern in Verhandlungen träten, um ihren Interessen wirksam Geltung zu verschaffen[5]. Vorrangiges Motiv dieser politisch einschneidenden Entscheidung war die Intention, möglichen Arbeitskämpfen die Brisanz zu nehmen[6]. So hatte sich die Forderung nach betrieblicher Interessenvertretung im Zuge rasch fortschreitender Industrialisierung zu einem Hauptanliegen der Arbeiterschaft entwickelt. Speziell während des großen Bergarbeiterstreiks im Jahre 1889 wurde der Ruf nach mehr Mitbestimmung immer lauter[7]. Wollte man nicht einen offenen Konflikt mit den Arbeitnehmern und damit zugleich eine wirtschaftliche und politische Krise riskieren, dann musste man dieser Forderung zumindest ansatzweise entsprechen.

Am 01.06.1891 trat dann mit dem Arbeitsschutzgesetz[8] erstmals ein Gesetz in Kraft, das die Schaffung von Arbeiterausschüssen vorsah. Allerdings fehlte es dem Gesetz aus Sicht der Arbeitnehmer an Durchschlagskraft, da die Einrichtung von Arbeiterausschüssen lediglich in das Ermessen der Arbeitgeber gestellt wurde[9]. Die Gewerkschaften befürchteten zudem, die Reichsregierung wolle die bisher im Arbeitskampf recht geschlossen auftretende Arbeiterbewegung mit Hilfe der Arbeiterausschüsse spalten. Da dies zugleich eine Minderung des gewerkschaftlichen Einflusses bedeutet hätte, begegneten die Gewerkschaften den Arbeiterausschüssen anfangs mit erheblicher Skepsis. Edenfeld[10] sieht in diesem Verhalten bereits die Anfänge des auch heute noch bei jeder Novellierung des Betriebsverfassungs- und Personalvertretungsrechts zu Tage tretenden Dualismus von Gewerkschaften und betrieblicher Interessenvertretung. Damals wie

---

[5] vgl. die näheren Erläuterungen bei: Kübel, Personalrat u. Personalmaßnahmen, S. 25, 27 und Steiner PersV 1986, S. 143, (143, 144).

[6] so: Edenfeld, Arbeitnehmerbeteiligung im Betriebsverfassungs- u. Personalvertretungsgesetz, S. 15.

[7] Nähere Erläuterungen finden sich bei: Edenfeld, Arbeitnehmerbeteiligung im Betriebsverfassungs- u. Personalvertretungsgesetz, S. 15 m.w.N.

[8] RGBL 1891 I, S. 261.

[9] Hierauf weisen auch Altvater/Bacher/Hörter/Peiseler/Sabottig/Schneider/Vohs, Einleitung, S. 92 hin.

[10] vgl. ausführlich: Edenfeld, Arbeitnehmerbeteiligung im Betriebsverfassungs- u. Personalvertretungsgesetz, S. 16.

heute erkannten die Gewerkschaften jedoch schon nach kurzer Zeit, dass die betriebliche Interessenvertretung ihnen auch eine Plattform zwecks Einflussnahme auf das Betriebsgeschehen bot.

Erst die Novellierung des preußischen Berggesetzes[11] vom 14.07.1905 führte zur verbindlichen Einführung von Arbeiterausschüssen. Gleichzeitig entstanden erstmals auch in staatlichen Regiebetrieben und in der Bahn-, Post- und Telegrafenverwaltung Arbeitnehmervertretungen. Kübel weist darauf hin, dass Letzteres auf Forderungen Wilhelms II., wonach die Staatsbetriebe zu Musteranstalten gemacht werden sollten, beruhte[12]. Es darf aber auch nicht vergessen werden, dass den Arbeiterausschüssen aus heutiger Sicht keine echten Mitbestimmungsrechte zukamen. Sie erhielten lediglich das Recht, sich zu bestimmten betrieblichen Vorgängen zu äußern. Zudem erfolgte ihre Einrichtung nicht nur aufgrund der Überzeugung, dass die Arbeitnehmer sozialen Schutzes bedürften, sondern auch um den sozialdemokratischen und gewerkschaftlichen Einfluss auf die Arbeiter zurückzudrängen. Folglich ist es verständlich, dass große Teile der Sozialdemokratie und die freien Gewerkschaften der Einführung von Arbeiterausschüssen weiter ablehnend gegenüberstanden und sie als „scheinkonstitutionelles Feigenblatt des Fabrikfeudalismus"[13] kritisierten.

Ab dem Jahre 1895 kam es auch wiederholt zu Forderungen, im Staatsdienst besondere Beamtenvertretungen einzurichten. Diese Forderungen blieben aber, mit Ausnahme in einigen Städten wie Straßburg, Dresden und Nürnberg, erfolglos[14]. Reichs- als auch Landesregierungen wiesen das Ansinnen der Beamtenschaft nach mehr Mitsprache strikt zurück. Zu sehr war gerade das Beamtentum noch vom deutlich obrigkeitsstaatlichen Machtdenken beeinflusst. Wirkliche Mitbestimmungsrechte der Staatsdiener hatten in diesem Herrschaftsmodell keinen Platz[15].

---

[11] Pr. Gesetzessammlung 307.
[12] Kübel, Personalrat u. Personalmaßnahmen, S. 27; vgl. auch die ausführlichen Erläuterungen bei: Rob, Mitbestimmung im Staatsdienst, S. 9, 10 m.w.N.
[13] Begriff nach Altvater/Bacher/Hörter/Peiseler/Sabottig/Schneider/Vohs, Einleitung S. 92, 93, beruhend auf der Rede des Sozialdemokraten August Bebel im Reichstag vom 15.04.1891 (Stenografischer Bericht über die Verhandlungen des Reichstages, Session 1890/91, Band 3, S. 2323), Letzterer allerdings in Bezug auf das Arbeitsschutzgesetz von 1891.
[14] Nähere Erläuterungen hierzu finden sich bei: Kübel, Personalrat u. Personalmaßnahmen, S. 27, 28 sowie bei: Rob, Mitbestimmung im Staatsdienst, S. 10.
[15] vgl. hierzu auch: Edenfeld, Arbeitnehmerbeteiligung im Betriebsverfassungs- u. Personalvertretungsgesetz, S. 18.

Am 05.12.1916 trat das Gesetz über den vaterländischen Hilfsdienst[16], dem übrigens auch fast alle sozialdemokratischen Abgeordneten im Reichstag zugestimmt hatten, in Kraft. Dieses Gesetz stand unter der Prämisse, die Leistungsfähigkeit der deutschen Industrie während des 1. Weltkriegs zu erhöhen. Deshalb wurde ein Arbeitszwang für alle männlichen Deutschen vom vollendeten 17. bis zum 60. Lebensjahr gesetzlich verankert. Zugleich beinhaltete das Gesetz jedoch auch die Pflicht, in allen kriegs- und versorgungswichtigen Betrieben mit mehr als 50 Arbeitnehmern Arbeiter- und Angestelltenausschüsse zu bilden. Aus zutreffender Sicht der Gewerkschaften sollte auf diese Weise aber nur der Zwangscharakter des Gesetzes gemildert werden[17]. Erstmals wurden auch so genannte Schlichtungsausschüsse eingeführt. Sie bestanden aus je drei Beisitzern der Arbeitgeber und der Gewerkschaften sowie einem Beauftragten des Kriegsamtes als Vorsitzender. Der Arbeitgeber brauchte sich dem Schiedsspruch des bei Streitigkeiten mit dem Arbeiterausschuss angerufenen Schlichtungsausschusses aber nicht zu beugen. Die beteiligten Arbeitnehmer waren lediglich zum Arbeitsplatzwechsel berechtigt.

Im Zuge des Zusammenbruches des Kaiserreiches und der aufkommenden Rätebewegung erließ der Rat der Volksbeauftragten am 23.12.1918 die Verordnung über Tarifverträge, Arbeiter- und Angestelltenausschüsse und Schlichtung von Arbeitsstreitigkeiten[18]. Hiernach fanden die Mitbestimmungsregelungen nun schon in Unternehmen mit mehr als 20 Beschäftigten Anwendung. Die Rätebewegung war aber nicht auf Mitbestimmung der Beschäftigten oder gar auf Kooperation mit den Arbeitgebern ausgerichtet. Ihr ging es letztlich ausschließlich um die Diktatur des Proletariats, also um die Alleinbestimmung der Arbeitnehmer. In dieser Ideologie verlor der Arbeitgeber seine wirtschaftliche Existenzberechtigung[19].

B. Die Entwicklung des Mitbestimmungsrechts während der Weimarer Republik

In der Weimarer Reichsverfassung vom 11.08.1919 wurden Mitbestimmungsrechte der Arbeitnehmer erstmalig verfassungsrechtlich abgesichert. So sollten

---

[16] RGBL 1916, S. 1333.

[17] Hierauf weisen zutreffend Altvater/Bacher/Hörter/Peiseler/Sabottig/Schneider/Vohs, Einleitung, S. 93 hin; vgl. auch Steiner PersV 1986, S. 143, (144).

[18] RGBL 1918, S. 1457.

[19] ähnlich auch Steiner PersV 1986, S. 143, (144).

nach Art. 165 Abs. 2 WRV Betriebsarbeiterräte, welche die sozialen und wirtschaftlichen Belange der Arbeiter und Angestellten wahrnehmen, eine entscheidende Rolle im Arbeitsleben spielen. Für Beamte sah Art. 130 Abs. 3 WRV die Schaffung besonderer Beamtenvertretungen vor[20]. Forderungen von SPD und USPD, die auf eine einheitliche Rätevertretung von Arbeitern und Beamten drängten, konnten sich nicht durchsetzen[21]. Intention des Art. 165 Abs. 2 WRV war es, Angestellte und Arbeiter gleichberechtigt neben dem Arbeitgeber bei der Gestaltung von Lohn- und Arbeitsbedingungen und der gesamten wirtschaftlichen Entwicklung mitbestimmen zu lassen. Es galt, die Idee der „Wirtschaftsdemokratie"[22] zu realisieren. Unterzieht man die Mitbestimmungsnormen der Weimarer Reichsverfassung einer kritischen Bewertung, lässt sich feststellen, dass der Räte-Gedanke, wenngleich auch nicht in seiner letzten Radikalität, deutlichen Niederschlag gefunden hatte. Beispielsweise geht eine Bestimmung, wonach Arbeiterräte gleichberechtigt an einem Tisch mit dem Unternehmer über die gesamtwirtschaftliche Entwicklung zu bestimmen haben, weit über den Gedanken einer betrieblichen Interessenvertretung hinaus[23]. Die Ursache dafür, dass die Räte-Bewegung sich nicht entscheidender hat durchsetzen können, bestand darin, dass Sozialdemokraten und Gewerkschaften in ihr eine Gefahr für die erste freie Volksvertretung sahen und wohl auch eine Verselbstständigung der Betriebsräte und damit eine Konkurrenz zur eigenen Position fürchteten[24].

---

[20]   Die meisten historischen Überblicke bzgl. der Entwicklung des Mitbestimmungsrechts setzten erst bei Entstehung der Weimarer Republik an, so z.B.: Mehlinger, Grundfragen des Personalvertretungsrechts, S. 3; Bobke WSI-Mitteilungen 1983, S. 739, (739) und Wulf-Mathies PersR 1993, S. 193, (193). Dies erweckt jedoch den falschen Eindruck, die Idee der Mitbestimmung sei zu diesem Zeitpunkt plötzlich akut geworden. Mitbestimmung ist aber vielmehr auch als Kontrastpunkt zur Gängelung der Arbeitnehmer im Kaiserreich und als Ergebnis der Arbeiterbewegung in den Umsturzjahren 1918/19 zu sehen.

[21]   Hierauf weisen auch Altvater/Bacher/Hörter/Peiseler/Sabottig/Schneider/Vohs, Einleitung, S. 94 und Rob, Mitbestimmung im Staatsdienst, S. 14 Fn. 36 hin.

[22]   Steiner PersV 1986, S. 143, (144).

[23]   infolgedessen kann auch Kübel in: Personalrat u. Personalmaßnahmen, S. 28 nicht zugestimmt werden, wenn er feststellt, dass die Gestaltung der Arbeitnehmermitbestimmung in der Weimarer Republik mit dem Räte-Verständnis wenig zu tun hatte; dagegen ebenfalls die Beeinflussung der Räte-Bewegung hervorhebend: Püttner, Mitbestimmung u. Mitwirkung des Personals in der Verwaltung, in: v. Oertzen, Demokratisierung u. Funktionsfähigkeit der Verwaltung, S. 73, (75), ebenso: Benecke, Beteiligungsrechte u. Mitbestimmung im Personalvertretungsrecht, S. 98.

[24]   so zutreffend: Kübel, Personalrat u. Personalmaßnahmen, S. 29, 30 und Rob, Mitbestimmung im Staatsdienst, S. 12.

Eine einfach gesetzliche Ausgestaltung erfuhr Art. 165 Abs. 2 WRV durch das am 04.02.1920 erlassene Betriebsrätegesetz (BRG)[25]. Das Gesetz sah vor, dass in Betrieben mit mehr als 20 Arbeitnehmern ein Betriebsrat, in kleineren Betrieben mit mindestens fünf wahlberechtigten Arbeitnehmern ein Betriebsobmann gewählt wurde. Diese Regelung galt sowohl für private als auch für öffentlich-rechtliche Betriebe sowie für die Verwaltung. Allerdings enthielt das Betriebsrätegesetz für den öffentlichen Dienst wichtige Einschränkungen. Zum einen waren gemäß § 10 BRG Beamte und Beamtenanwärter von den Regelungen ausgenommen. Zum anderen erhielten Reichs- und Landesregierungen nach § 61 BRG die Befugnis, Verordnungen zu erlassen, die die Bildung von Betriebsräten und deren Rechte im Verhältnis zur Verwaltung einschränken konnten. Dies galt aber nur für öffentliche Unternehmen und Verwaltungen, die sich über einen größeren Teil des Reichs- oder Landesgebietes erstreckten.

Die Betriebsräte erhielten Beteiligungsrechte in personellen, wirtschaftlichen und sozialen Angelegenheiten. Lediglich bei letzteren aber kam es zu einer echten Mitbestimmung. Ansonsten blieb es bei Einspruchs-, Beratungs- und Informationsrechten.

Obwohl Art. 130 Abs. 3 WRV die Einrichtung besonderer Beamtenvertretungen forderte, trat ein das Beamtenrecht näher regelndes Gesetz nie in Kraft. Trotz mehrerer Gesetzesvorlagen im Reichstag erfolgte keine Einigung über die Kodifikation der Beamtenrechte. Zu kontrovers waren die einzelnen Standpunkte hinsichtlich der Reichweite der Beteiligungsrechte. Das allgemeine Problem der Weimarer Republik, bestehend aus sich schnell ändernden Koalitionen und häufigen, durch Parlamentsauflösungen bedingten Neuwahlen, blockierte auch die Gesetzgebung im Bereich der beamtenrechtlichen Mitbestimmungsregelungen[26]. Gleichwohl vertraten in einigen Reichs- und Länderverwaltungen sowie bei der Reichsbahn und Reichspost Beamtenausschüsse und -räte auf der Basis von Verordnungen und Verwaltungsvorschriften die Interessen der Beamten[27]. Aber auch die Rechte jener Beamtenausschüsse blieben auf Mitwirkungsbefugnisse

---

[25] RGBL 1920, S. 147 ff.; vgl. ausführlich zum politischen Hintergrund des Gesetzes: Altvater/Bacher/Hörter/Peiseler/Sabottig/Schneider/Vohs, Einleitung, S. 94 m.w.N. sowie Edenfeld, Arbeitnehmerbeteiligung im Betriebsverfassungs- u. Personalvertretungsgesetz, S. 20, 21.

[26] ähnlich auch: GKÖD I, Einleitung, S. 2 und Kübel, Personalrat u. Personalmaßnahmen, S. 31 sowie Rob, Mitbestimmung im Staatsdienst, S. 14.

[27] Ein ausführlicher Katalog dieser Verwaltungsanordnungen findet sich bei: Rob, Mitbestimmung im Staatsdienst, S. 15 Fn. 44.

und einfache Anhörungsrechte beschränkt. Die Letztentscheidungsmacht des Dienstherren blieb trotz damaligen Protestes in der Beamtenschaft unangetastet[28].

C. Die Zeit des Nationalsozialismus

Betriebliche Mitbestimmung und interessenorientierte Mitsprache waren mit der nationalsozialistischen Ideologie unvereinbar. So wurden alsbald nach der nationalsozialistischen Machtübernahme die Gewerkschaften und betrieblichen Interessenvereinigungen zerschlagen und aufgelöst[29]. Als „rechtliche" Grundlage hierfür diente das Gesetz zur Ordnung der nationalsozialistischen Arbeit (AOG)[30] vom 20.01.1934. Nachdem das Betriebsrätegesetz aufgehoben worden war, fand das „Führerprinzip" nun auch Eingang in die Betriebe. Alleiniger Entscheidungsträger und damit „Führer des Betriebs" war jetzt nach § 2 AOG der Arbeitgeber. Zwar wurde in Betrieben mit mehr als 20 Mitarbeitern ein Vertrauensrat gebildet, dessen Wirkung blieb jedoch gering, da Vorsitzender dieses Rates der Arbeitgeber war und darüber hinaus diesem Rat nur beratende Funktionen zugestanden wurden. Gemäß § 63 AOG wurden die Angestellten und Arbeiter im öffentlichen Dienst im Gegensatz zu den Regelungen des Betriebsrätegesetzes von dem Anwendungsbereich des neuen Gesetzes ausgenommen. Dies bedeutete allerdings keine Verbesserung im Verhältnis zur Situation der Arbeitnehmer in der Privatwirtschaft. Für die im öffentlichen Dienst Beschäftigten galt das Gesetz zur Ordnung der Arbeit in öffentlichen Verwaltungen und Betrieben[31] vom 23.03.1934. Ähnlich wie in der Privatwirtschaft wurden auch hier Vertrauensräte ohne echte Kompetenzen gebildet. „Die Arbeiter und Angestellten wurden zur bloßen Gefolgschaft"[32]. Schon im Mai und Juni 1933 waren die noch bestehenden Beamtenvertretungen aufgelöst worden[33]. Da beide zuvor ge-

---

28 vgl. die umfangreichen Erläuterungen bei: Rob, Mitbestimmung im Staatsdienst, S. 16, 17 m.w.N.
29 vgl. auch die Erläuterungen bei: Altvater/Bacher/Hörter/Peiseler/Sabottig/Schneider/ Vohs, Einleitung S. 96; Benecke, Beteiligungsrecht u. Mitbestimmung im Personalvertretungsrecht, S. 99; Bobke WSI-Mitteilungen 1983, S. 739, (739, 740); Steiner PersV 1986, S. 143, (144, 145).
30 RGBL 1934, Teil 1, S. 45 ff.
31 RGBL 1934, Teil 1, S. 220 ff.
32 Edenfeld, Arbeitnehmerbeteiligung im Betriebsverfassungs- u. Personalvertretungsgesetz, S. 22.
33 ausführlich und m.w.N.: Altvater/Bacher/Hörter/Peiseler/Sabottig/Schneider/Vohs, Einleitung, S. 96 sowie Rob, Mitbestimmung im Staatsdienst, S. 18, 19.

nannten Gesetze keine Anwendung in Bezug auf Beamte fanden, mussten jene nun ganz ohne Interessenvertretung auskommen.

D. Die Zeit nach 1945

Nach dem Ende des 2. Weltkrieges sorgten zunächst die Besatzungsmächte dafür, dass auch im Bereich der betrieblichen Mitbestimmung demokratische Elemente wieder belebt wurden und nationalsozialistisches Gedankengut aus der Rechtspraxis verschwand. Am 10.04.1946 wurde das in allen vier Besatzungszonen geltende Kontrollratsgesetz Nr. 22[34] von den Alliierten erlassen. Das Gesetz galt sowohl für die Privatwirtschaft als auch für den öffentlichen Dienst einschließlich der Beamten. Es sah die Wahl von Betriebsräten, welche die beruflichen, wirtschaftlichen und sozialen Belange der Beschäftigten gegenüber dem Arbeitgeber vertreten sollten, vor. Nähere Einzelregelungen wurden den Ländern überlassen.

Das Kontrollratsgesetz wurde durch das Betriebsverfassungsgesetz (BetrVG) vom 11.10.1952 abgelöst[35]. Trotz heftigen Widerspruchs nahm das neue Gesetz in § 88 BetrVG den gesamten öffentlichen Dienst aus seinem Regelungsbereich heraus. Diese Tatsache wurde insbesondere von den Gewerkschaften, speziell von DGB und auch DAG, sowie von SPD und KPD scharf kritisiert und als schwerer Rückschlag in der Mitbestimmungsdebatte gewertet[36]. Der DBB hatte dagegen für eine Ausklammerung des öffentlichen Dienstes und ein eigenständiges Mitbestimmungsrecht in der Verwaltung plädiert. Dies beruhte wohl hauptsächlich in der Befürchtung, „im Falle einer Einheitslösung vom DGB majorisiert zu werden"[37]. Mitbestimmungsrechtliche Zweckmäßigkeits- und Sachargumente spielten also eher eine untergeordnete Rolle. Laut Edenfeld stellte sich die Frage nach der Vereinheitlichung oder Trennung von öffentli-

---

[34] vgl. Amtsblatt des Kontrollrates 1946 Nr. 6, S. 133; nähere Erläuterungen finden sich bei: Edenfeld, Arbeitnehmerbeteiligung im Betriebsverfassungs- u. Personalvertretungsgesetz, S. 23.

[35] BGBL 1952, Teil I, S. 681 ff.; zum Gesetzgebungsverfahren eingehend: Edenfeld, Arbeitnehmerbeteiligung im Betriebsverfassungs- u. Personalvertretungsgesetz, S. 28 ff.

[36] vgl. die Nachweise bei den zu der Trennung beider Rechtsgebiete ebenfalls sehr kritisch eingestellten: Altvater/Bacher/Hörter/Peiseler/Sabottig/Schneider/Vohs, Einleitung S. 98 sowie Bobke WSI-Mitteilungen 1983, S. 739, (740); vom beobachtenden Standpunkt: Benecke, Beteiligungsrechte u. Mitbestimmung im Personalvertretungsrecht, S. 100 und Rob, Mitbestimmung im Staatsdienst, S. 21, 22.

[37] Edenfeld, Arbeitnehmerbeteiligung im Betriebsverfassungs- u. Personalvertretungsgesetz, S. 28.

chem und privatrechtlichem Mitbestimmungsrecht als eine der umstrittensten Grundsatzfragen der deutschen Nachkriegsgesetzgebung dar[38]. Die Hauptursache für die Trennung beider Rechtsgebiete lag in der Überlegung begründet, dass der Grundsatz der demokratischen Regierungsverantwortung in Gefahr gerate, sollten die im privaten Mitbestimmungsrecht geltenden Beteiligungsrechte der Arbeitnehmerschaft auf den öffentlich-rechtlichen Sektor ohne Modifizierungen übertragen werden. Zugleich verzögerte sich nach dem Zweiten Weltkrieg der Aufbau neuer Verwaltungsstrukturen, sodass notwendigerweise auch ein einheitliches Mitbestimmungsrecht noch einige Zeit hätte auf sich warten lassen müssen[39].

Am 06.09.1955, also erst drei Jahre später, trat dann das Bundespersonalvertretungsgesetz[40] als Mitbestimmungsrecht des öffentlichen Dienstes in Kraft. Um die zulässige Reichweite der Mitbestimmungsregelungen war zuvor heftig im Parlament gestritten worden. Aber auch außerparlamentarische Interessenvertreter, namentlich die Gewerkschaften, hatten massiv versucht, Einfluss auf den Inhalt des Gesetzes zu nehmen[41]. Für spätere Personalvertretungsgesetze, sei es auf Bundes- oder Länderebene, besaß das Personalvertretungsgesetz aus dem Jahre 1955 zumindest hinsichtlich seiner Grundstrukturen Vorbildcharakter (z.B. das Gruppenprinzip, also die Trennung von Angestellten, Arbeitern und Beamten wurde in späteren Gesetzesvorhaben übernommen). Zugleich war aber mit der Schaffung des Personalvertretungsgesetzes ein entscheidender Schritt in Richtung endgültiger Trennung von Privatwirtschaft und öffentlichem Dienst getan. Mag man dies auch als positiv oder negativ beurteilen. Dieses Auseinanderdriften beider Rechtsgebiete fand auch in § 76 BPersVG 1955 Ausdruck, wo für alle personalvertretungsrechtlichen Streitigkeiten nicht die Arbeits-, sondern

---

[38]   Edenfeld, Arbeitnehmerbeteiligung im Betriebsverfassungs- u. Personalvertretungsgesetz, S. 26.

[39]   vgl. zu beiden Gesichtspunkten: Benecke, Beteiligungsrechte u. Mitbestimmung im Personalvertretungsrecht, S 100 m.w.N.; die verschiedenen Mitbestimmungsmodelle der damaligen politischen Diskussion erläutert ausführlich: Edenfeld, Arbeitnehmerbeteiligung im Betriebsverfassungs- u. Personalvertretungsgesetz, S. 25 ff.

[40]   BGBl 1955, Teil I, S. 477 ff.; vgl. zum politischen Hintergrund GKÖD I, Einleitung, S. 3 sowie ausführlich: Edenfeld, Arbeitnehmerbeteiligung im Betriebsverfassungs- u. Personalvertretungsgesetz, S. 32 ff.

[41]   allgemein zum äußerst kontrovers verlaufenen Gesetzgebungsverfahren: Wacke JZ 1957, S. 289, (289); Widmaier PersV 1975, S. 412, (412); speziell zum gewerkschaftlichen Einfluss auf das Gesetzgebungsverfahren: Stammer PersV 1966, S. 169 ff.

die Verwaltungsgerichte für zuständig erklärt wurden[42]. Das Mitbestimmungsniveau des Personalvertretungsgesetzes – insofern war den Interventionen der
Gewerkschaften kein Erfolg beschieden – blieb insgesamt hinter dem des Betriebsverfassungsgesetzes zurück. So war etwa der Katalog der mitbestimmungspflichtigen Sozialangelegenheiten nach §§ 67 und 62 Abs. 3 BPersVG
1955 weniger umfangreich als die vergleichbaren Normen im Betriebsverfassungsgesetz 1952. Für die Ländergesetzgebung enthielt das Personalvertretungsgesetz lediglich allgemeine Rahmenregelungen.

Aber bereits vor dem Jahre 1955, also vor In-Kraft-Treten des Bundespersonalvertretungsgesetzes, hatte Schleswig-Holstein ein eigenes Personalvertretungsgesetz geschaffen. Alle anderen Bundesländer, als letztes Niedersachsen 1961,
verabschiedeten im Laufe der nächsten Jahre eigene Personalvertretungsgesetze.

Am 10.11.1971 wurde ein Nachfolgegesetz zum Betriebsverfassungsgesetz
1952 im Bundestag verabschiedet[43]. Am 19.01.1972 trat dieses Gesetzeswerk in
Kraft. Die Mitbestimmung in personellen und sozialen Angelegenheiten wurde
im Vergleich zu dem Gesetzeswerk aus dem Jahre 1952 wesentlich erweitert.
Steiner[44] hält es daher für gerechtfertigt, von einer völligen Neukodifizierung
anstatt von einer Novellierung zu sprechen.

Dieser mitbestimmungsfreundlichen Tendenz folgte der Bundesgesetzgeber
auch bzgl. der Mitbestimmung im öffentlichen Dienst. Am 01.04.1974 trat folgerichtig auch die Neufassung des Bundespersonalvertretungsgesetzes[45] in
Kraft. Hiermit verbunden war eine deutliche Erweiterung der Mitbestimmungsrechte und des Initiativrechts des Personalrats. Des Weiteren wurden die Rechte
der Gewerkschaften gestärkt. Dennoch entsprach das neue Bundesgesetz nicht
dem Mitbestimmungsstandard einiger SPD-regierter Bundesländer wie etwa
Bremen (so enthielt das BPersVG z.B. bzgl. personeller Mitbestimmungsangelegenheiten einen Versagungskatalog, vgl. §§ 77 Abs. 2, 79 Abs. 1 BPersVG)[46].

---

[42]   Hierauf weisen auch Altvater/Bacher/Hörter/Peiseler/Sabottig/Schneider/Vohs, Einlei-
      tung, S. 99 hin; kritisch zu dieser Trennung: Molitor RdA 1955, S. 404, (405).

[43]   BGBL 1972, Teil I, S. 13 ff.; zum politischen Hintergrund vgl. auch: Edenfeld, Arbeit-
      nehmerbeteiligung im Betriebsverfassungs- u. Personalvertretungsgesetz, S. 44 ff.

[44]   Steiner PersV 1986, S. 143, (145).

[45]   BGBL 1974, Teil I, S. 693 ff.; vgl. zum politischen Hintergrund: Altvater/Bacher/
      Hörter/Peiseler/Sabottig/Schneider/Vohs, Einleitung, S. 102; Edenfeld, Arbeitnehmer-
      beteiligung im Betriebsverfassungs- u. Personalvertretungsgesetz, S. 44 ff. sowie GKÖD
      I, Einleitung, S. 4, 5 und Rob, Mitbestimmung im Staatsdienst, S. 27, 28.

[46]   so zutreffend: Kübel, Personalrat u. Personalmaßnahmen, S. 36.

Nach 1974 bauten die Länder die Mitbestimmungsbefugnisse der Personalvertretung weiter kontinuierlich aus. Diese mitbestimmungsfreundliche Entwicklung in den Ländern verschärfte die Diskussion um Möglichkeiten und Grenzen des Personalvertretungsrechts gerade auch im Hinblick auf das Demokratieprinzip. Da der Entwicklung der Personalvertretungsgesetze in den Ländern also entscheidende Bedeutung für das hier zu behandelnde Thema zukommt, wird dieser Problematik im nächsten Teil ein eigener Abschnitt zukommen. Der historische Hintergrund soll mit einem kurzen Fazit abgeschlossen werden.

E. Fazit

Die Entwicklung der Mitbestimmungsrechte sowohl in der Privatwirtschaft als auch im öffentlich-rechtlichen Sektor ist nicht nur eng mit den Erfolgen und Niederlagen der Arbeiterbewegung verbunden. Es besteht auch eine deutliche Parallele zur politischen und gesellschaftlichen Gesamtentwicklung Deutschlands hin zu einem demokratischen Rechtsstaat. Kein Zufall ist es also, dass die Idee der Mitbestimmung im Arbeitsleben erstmals in den 48er-Unruhen des 19. Jahrhunderts, der Geburtsstunde des Demokratiegedankens in Deutschland, auftauchte. Während der Zeit des Nationalsozialismus erfuhr nicht nur die betriebliche Mitbestimmung einen herben Rückschlag, sondern die noch junge demokratische Entwicklung in Deutschland insgesamt erlebte ihre schwärzesten Stunden. Erst im Zeichen des Grundgesetzes lebte die Demokratie und damit verbunden auch die Mitbestimmung der Arbeitnehmer wieder auf. Mit Ausnahme der Zeit der nationalsozialistischen Schreckensherrschaft, in welcher demokratische und damit zwangsläufig auch mitbestimmungsrechtliche Elemente im Staatswesen radikal ausgeschaltet wurden, ist also eine stetige Aufwertung der arbeitnehmerrechtlichen Beteiligungsmöglichkeiten zu verzeichnen[47].

Schließlich sei noch darauf hingewiesen, dass die Mitbestimmung im privaten und öffentlich-rechtlichen Bereich zwar gemeinsame Ursprünge aufweist, dass diese Anfänge der Mitbestimmung aber auch bereits etliche Jahre zurückliegen. Unter Geltung des Grundgesetzes, das unser Zusammenleben immerhin schon mehr als 50 Jahre prägt, haben sich dagegen beide Rechtsgebiete eigenständig entwickelt. Von daher liegt es näher, von einer eigenen personalvertretungs-

---

[47]   ebenso: Benecke, Beteiligungsrechte und Mitbestimmung im Personalvertretungsrecht, S. 97, 106.

rechtlichen Tradition zu sprechen, anstatt den Jahrzehnte zurückliegenden gemeinsamen Ursprung als argumentative Grundlage zu bemühen[48].

---

[48] so aber z.B. Bobke WSI-Mitteilungen 1983, S. 739, (739).

3. TEIL: STRUKTUR UND BEDEUTUNG DES PERSONALVERTRETUNGSRECHTS

Die demokratierechtliche Diskussion auf dem Gebiet des Personalvertretungs-rechts kreist um Begriffe wie z.b. Einigungsstellenverfahren, Mitbestimmung und Mitwirkung sowie personelle und direktive Mitbestimmung. Ein Verständ-nis der Problematik fällt leichter, wenn neben dem historischen Überblick auch eine Erläuterung der genannten Fachbegriffe im Zusammenhang mit der Dar-stellung der Struktur und Bedeutung des Personalvertretungsrechts tritt. Hin-sichtlich der eingangs bereits aufgeworfenen demokratierechtlichen Fragestel-lung macht es zudem einen großen Unterschied, ob dem Personalrat ein Mitwir-kungs- oder ein volles bzw. eingeschränktes Mitbestimmungsrecht zusteht.

Des Weiteren werden die Besonderheiten der Arbeitssituation der öffentlich Be-schäftigten im Vergleich zur Situation der in der Privatwirtschaft Tätigen erläu-tert. Aufgrund der nachfolgenden Erwägungen wird deutlich, dass Betriebsver-fassungs- und Personalvertretungsgesetz unterschiedliche Interessengegensätze zum Ausgleich zu bringen versuchen. Das Spannungsverhältnis zwischen unter-nehmerischer Entscheidungsfreiheit und Arbeitnehmermitbestimmung ist nicht mit dem Konflikt zwischen Dienststellenleitung und Personalratsmitbestimmung vergleichbar. Ein demokratierechtliches Problem ist nur im letzteren Fall gege-ben.

A. Anwendungsbereich

Grundlage jeden Gesetzesverständnisses ist die Klärung des sachlichen und per-sonellen Geltungsbereichs des Gesetzes.

I. Sachlicher Geltungsbereich

Der sachliche Geltungsbereich des Bundespersonalvertretungsgesetzes ist in § 1 BPersVG geregelt. Hiernach werden in den Verwaltungen des Bundes und der bundesunmittelbaren Körperschaften, Anstalten und Stiftungen des öffentlichen Rechts sowie in den Gerichten des Bundes Personalvertretungen gebildet. Das Gesetz findet also nur im Bereich der öffentlich-rechtlich organisierten Verwal-tung Anwendung. Nimmt die öffentliche Hand dagegen einzelne Aufgaben in privater Rechtsform, also z.B. AG oder GmbH, wahr, gelten die Mitbestimmungsregelungen der Privatwirtschaft wie z.b. das Betriebsverfassungsgesetz. Dies ist selbst dann der Fall, wenn der Staat 100% der Aktien oder der Gesellschaftsanteile hält. Das bestimmt auch § 130 BetrVG, der die öffentlich-rechtlich organisierte Verwaltung vom Regelungsbereich des Betriebsverfassungsgesetzes ausnimmt. Bei der Beantwortung der Frage, ob das Personalvertretungs- oder das Betriebsverfassungsgesetz Anwendung findet, kommt es also auf die Rechtsform und nicht auf die Eigentumsverhältnisse an.

Der sachliche Anwendungsbereich der einzelnen Landespersonalvertretungsgesetze ist ähnlich geregelt. Selbstverständlich wird hier kein Bezug auf die Bundes-, sondern auf die jeweilige Landesverwaltung genommen.

II. Personeller Geltungsbereich

Wer in den personellen Geltungsbereich des Bundespersonalvertretungsgesetzes fällt, ist in § 4 BPersVG festgelegt. § 4 Abs. 1 BPersVG erfasst die Beamten sowie die Arbeiter und Angestellten des öffentlichen Dienstes einschließlich der zu ihrer Berufsausbildung Beschäftigten, ferner Richter, die an eine der in § 1 BPersVG genannten Verwaltungen oder zur Wahrnehmung einer nichtrichterlichen Tätigkeit an ein Gericht des Bundes abgeordnet sind.

Die Landespersonalvertretungsgesetze treffen vereinzelt andere Regelungen, so nimmt z.B. Art. 4 Abs. 1 S. 2 Bay PersVG Richter vom Beschäftigtenbegriff aus. Gleiches gilt für Professoren nach § 5 Abs. 5 a PersVG NW. Der grundsätzliche Charakter des Personalvertretungsrechts als Interessenvertretung der öffentlich Beschäftigten bleibt aber trotz unterschiedlicher Detailbestimmungen auch auf Länderebene erhalten[1].

B. Die Wahl des Personalrats

Bestimmungen hinsichtlich Wahl und Zusammensetzung des Personalrats enthalten die §§ 12–25 BPersVG[2]. Gemäß § 19 Abs. 1 BPersVG wird der Personalrat in geheimer und unmittelbarer Wahl gewählt.

---

[1] vgl. hinsichtlich der unterschiedlichen Regelungen in den einzelnen Bundesländern: Fischer/Goeres in Fürst GKÖD V K § 4 Rn. 60.

[2] eine ausführliche Darstellung zum Thema Wahl des Personalrats erfolgt bei Battis in: Achterberg/Püttner, Bes. VerwR. I, S. 996 ff.; die unterschiedlichen Regelungen auf Länderebene sind kommentiert bei: Fischer/Goeres in Fürst GKÖD V K § 12-25, jeweils im Anschluss an die Kommentierung der Bundesnorm.

Wahlberechtigt sind nach § 13 Abs. 1 BPersVG alle Beschäftigten, die das 18. Lebensjahr vollendet haben.

Wählbar sind alle Wahlberechtigten, die am Wahltage seit sechs Monaten dem Geschäftsbereich ihrer obersten Dienstbehörde angehören und seit einem Jahr in öffentlichen Verwaltungen oder von diesen geführten Betrieben beschäftigt sind (vgl. § 14 Abs. 1 BPersVG).

Der Wahlvorstand regelt die Vorbereitung und Durchführung der Personalrats-wahl (vgl. § 20 BPersVG). Nähere Einzelbestimmungen finden sich in der Wahlordnung zum Bundespersonalvertretungsgesetz[3].

Eine Besonderheit des Personalvertretungsrechts ist die Gestaltung der Wahl als Gruppenwahl, wenn in der Dienststelle 21 Wahlberechtigte verschiedener Grup-pen beschäftigt sind (vgl. §§ 16, 17 BPersVG), d.h. Beamte, Angestellte und Arbeiter wählen in getrennten Wahlgängen ihre Vertreter in den Personalrat.

Die Zahl der Personalratsmitglieder kann von Dienststelle zu Dienststelle unter-schiedlich ausfallen, je nachdem wie viele Mitarbeiter in der jeweiligen Behörde beschäftigt sind. Der Personalrat kann aus nur einer Person bestehen, im Höchst-fall gehören ihm 31 Personen an (vgl. § 16 BPersVG). Zwar repräsentiert der Personalrat die Gesamtheit der Beschäftigten[4], in konsequenter Fortführung des Gruppenprinzips entscheiden über gruppenspezifische Angelegenheiten aber nur die Gruppenvertreter (vgl. z.B. § 38 Abs. 2 BPersVG). Das Gruppenprinzip ist auch bei der Wahl des Vorstandes zu berücksichtigen. Gemäß § 32 Abs. 1 S. 3 BPersVG wählen die Vertreter jeder Gruppe das auf sie entfallende Vorstands-mitglied, sodass jede Gruppe durch ein Vorstandsmitglied vertreten ist. Der Vorstand führt die laufenden Geschäfte des Personalrats (vgl. § 32 Abs. 1 S. 4 BPersVG).

C. Die Aufgaben des Personalrats

Die Grenzen des Personalvertretungsrechts lassen sich nur dann fixieren, wenn zuvor Klarheit über die der Personalvertretung obliegenden Aufgaben besteht[5].

---

[3]   Wahlordnung vom 03.09.1974 BGBL I, S. 2337; dazu auch Fischer/Goeres in: Fürst GKÖD V H.

[4]   Ehlers Jura 1997, S. 180, (182).

[5]   Speziell mit den Zielsetzungen des Personalvertretungsrechts hat sich Faber näher be-schäftigt. In seiner Schrift Personalvertretung und Mitbestimmung im öffentlichen Dienst in der Bundesrepublik Deutschland und in Frankreich, S. 45 ff., stellt er fest, dass mit

Erst nach Erlangung dieser Kenntnis ist es möglich, Kompetenzüberschreitun-
gen der Personalvertretung und in Bezug auf die eigentlichen Aufgaben zu weitreichende Mitbestimmungsregelungen auszumachen.

Die Aufgabe der Personalvertretung lässt sich allgemein als Interessenvertretung
der Beschäftigten charakterisieren. Zugleich steht die Arbeit der Personalvertretung aber auch unter dem Gebot der vertrauensvollen Zusammenarbeit mit
der Dienststellenleitung (vgl. § 2 Abs. 1 BPersVG).

I. Interessenvertretung der Beschäftigten

Die einzelnen Aufgaben des die Personalvertretung repräsentierenden Personalrats lassen sich den §§ 67 und 68 BPersVG entnehmen. Nach § 67 Abs. 1 S. 1
BPersVG hat der Personalrat darüber zu wachen, dass alle Angehörigen der
Dienststelle nach Recht und Billigkeit behandelt werden. Zentrale Bedeutung
bei der Aufgabenbestimmung der Personalvertretung kommt § 68 Abs. 1 Nr. 2
BPersVG zu. Diese Vorschrift schreibt dem Personalrat die Verpflichtung zu,
auf die Einhaltung der zu Gunsten der Beschäftigten geltenden Gesetze, Verordnungen, Tarifverträge, Dienstvereinbarungen und Verwaltungsanordnungen zu
achten[6]. Ferner muss die Personalvertretung Ansprechpartner für die Mitarbeiter
sein, also etwa deren Anregungen und Beschwerden in der Dienststelle entge-
gennehmen. Erscheinen diese berechtigt, muss die Personalvertretung in Kontakt mit dem Dienststellenleiter treten und versuchen, mit diesem gemeinsam
das Problem zu lösen (vgl. § 68 Abs. 1 Nr. 3 BPersVG). Um die Kommunikation zwischen Beschäftigten und Personalvertretung zu erleichtern, steht dem Personalrat nach § 43 BPersVG das Recht zu, während der Arbeitszeit Sprechstunden einzurichten.

Die Aufgaben der Personalvertretung beziehen sich aber nur auf den verwaltungsinternen Raum. Nur soweit wie die Ausgestaltung der Beamten- oder Arbeitsverhältnisse durch dienstliche Vorgaben beeinflusst wird, ist die Personalvertretung zur Wahrnehmung der Interessen der Beschäftigten befugt. Es wäre
mit dem innerdienstlichen Charakter der Personalvertretung z.B. unvereinbar,
wenn die Personalvertretung versuchte, Einfluss auf Gesetzesvorlagen der Regierung zu nehmen. Dies gilt selbst dann, „wenn die damit einzuleitenden Re-

---

dem Personalvertretungsrecht Ziele im Interesse der Beschäftigten, der Behördenleitung
und der Gewerkschaften realisiert werden sollen.

[6] Die besondere Bedeutung dieser Vorschrift heben auch Battis in: Achterberg/Püttner,
Bes. VerwR. I, S. 100 und Ehlers Jura 1997, S. 180, (182) hervor.

gelungen sich später auf den innerdienstlichen und personellen Bereich auswirken"[7]. Die Beteiligungsrechte der Personalvertretung beziehen sich also immer nur auf die Rechtsanwendung in der Dienststelle. Folglich darf nach außen gegenüber dem Bürger nur die öffentlich-rechtliche Einrichtung selbst tätig werden.

Da in der Diskussion um die Reichweite der Mitbestimmungsrechte angesichts leerer Kassen in Bund, Länder und Kommunen der Kostenfaktor eine wichtige Rolle spielt, sei noch auf die Vorschrift des § 44 BPersVG hingewiesen. Diese Norm schreibt vor, dass die Dienststelle die durch die Tätigkeit des Personalrats entstehenden Kosten trägt.

Hinsichtlich der allgemeinen Aufgaben der Personalvertretung sowie der Kostentragungspflicht treffen die Länder wiederum nur im Detail teilweise andere Regelungen[8]. Da sich auch hierdurch der Gesamtcharakter des Personalvertretungsrechts nicht ändert, ist eine genaue Darstellung nicht erforderlich. Wichtig ist es festzustellen, dass die Aufgaben der Personalvertretung auch in den Ländern nur innerdienstlicher Natur sind. Kein Bundesland überträgt dem Personalrat die Befugnis, Verwaltungsregelungen gegenüber dem Bürger zu treffen.

II. Das Gebot der vertrauensvollen Zusammenarbeit

Gemäß § 2 Abs. 1 BPersVG arbeiten Dienststelle und Personalvertretung zum Wohle der Beschäftigten und zur Erfüllung der der Dienststelle obliegenden Aufgaben zusammen. Die Reihenfolge der beiden genannten Ziele ist für ihre Bedeutung unerheblich, beide stehen gleichberechtigt nebeneinander[9]. Aus der Tatsache, dass § 55 BPersVG 1955 die Erfüllung dienstlicher Aufgaben voranstellte, und in der Neufassung des Personalvertretungsgesetzes im Jahre 1974 diese Reihenfolge umgekehrt wurde, kann nicht geschlossen werden, dass das Wohl der Beschäftigten nun vorrangig ist. Diese Umstellung beruhte auf redak-

---

[7] Havers, Personalvertretungsrecht NW, § 1 Erl. 6 (S. 61); ähnlich auch: Starke DÖV 1975, S. 849, (849, 850).

[8] Eine genaue Beschreibung der einzelnen Ländergesetze erfolgt bei Fischer/Goeres in Fürst GKÖD V K jeweils im Anschluss an die Kommentierung der Bundesnorm (§§ 67 u. 68 BPersVG: im Anschluss Kommentierung der Aufgaben der Personalvertretung auf Landesebene; § 44 BPersVG: im Anschluss Kommentierung der Kostenpflicht auf Landesebene).

[9] so auch: Altvater/Bacher/Hörter/Peiseler/Sabottig/Schneider/Vohs, § 2 Rn. 1; Ilbertz, Personalvertretungsrecht des Bundes u. der Länder, § 2 I 1a (S. 39); Mehlinger, Grundfragen des Personalvertretungsrechts, S. 47; Bieler DöD 1993, S. 121, (122); sowie ferner die Rechtsprechung: BVerwGE ZBR 1985, S. 20 und BVerwGE ZBR 1963, S. 35.

tionellen Ursachen und beinhaltete keine Wertungsentscheidung. Die Verwaltung ist schon verfassungsrechtlich nach Art. 20 Abs. 3 GG an Recht und Gesetz und damit auch an das Allgemeinwohl gebunden. Sie darf somit nicht das Beschäftigteninteresse prinzipiell über die Belange der Allgemeinheit stellen[10].

Andererseits kann auch Kübel[11] nicht gefolgt werden, wenn er der Vorschrift grundsätzliche Bedeutung abspricht und eine Gleichrangigkeit beider Ziele mit der Begründung ablehnt, die Personalvertretung habe nicht die Befugnis, Aufgaben der Dienststelle gegenüber dem Bürger wahrzunehmen. Letzteres ist sicher, wie bereits im vorherigen Abschnitt festgestellt, richtig. Nur geht es bei der Regelung des § 2 Abs. 1 BPersVG nicht um die Wahrnehmung öffentlicher Aufgaben, sondern lediglich um deren Berücksichtigung bei der Erfüllung der eigentlichen Aufgabe der Personalvertretung, nämlich der Interessenvertretung der Beschäftigten[12]. Vielmehr zeigt die Vorschrift, dass dem Gesetzgeber das Allgemeinwohl auch im Mitbestimmungszusammenhang wichtig war. Schließlich schreibt er dem Interessenvertretungsorgan Personalrat vor, bei seiner Aufgabenwahrnehmung auch aus interessenvertretungsrechtlicher Sicht im Prinzip sachfremde Aspekte, wie die Erfüllung öffentlicher Aufgaben, zu bedenken[13].

Sinn und Zweck des § 2 Abs. 1 BPersVG ist es, Dienststellenleitung und Personalvertretung zur partnerschaftlichen Zusammenarbeit und Kooperation anzuregen. Fairness, beiderseitige Rücksichtnahme und Kompromissbereitschaft sollen die Arbeit beider Seiten im Verhältnis zueinander bestimmen[14]. Gleichwohl darf nicht verkannt werden, dass sich die Personalvertretung oftmals schon aus Rücksicht auf ihre Wähler eher den Belangen der Beschäftigten und nicht dem Allgemeinwohl verpflichtet fühlt. Gleiches gilt in umgekehrter Weise auch für den Behördenleiter. Jener wird eher die Erfüllung der Dienstaufgaben als die Interessen der Mitarbeiter in den Vordergrund stellen. Dass es sich hierbei nicht

---

[10] so auch Fischer/Goeres in: Fürst GKÖD V K § 2 Rn. 12; Bieler DöD 1993, S. 121, (122).
[11] Kübel, Personalrat u. Personalmaßnahmen, S. 91.
[12] Diesen Zusammenhang erkennt wohl auch: Kübel, Personalrat u. Personalmaßnahmen, S. 92. Unklar bleibt aber gerade vor diesem Hintergrund seine vorherige Argumentation (s. Fn. 11). Jenen Widerspruch eventuell auch erkennend, schreibt er nun der Vorschrift des § 2 Abs. 1 BPersVG aufgrund ihrer Unbestimmtheit keine größere Bedeutung zu.
[13] ähnlich, aber mit noch stärkerer Betonung des Allgemeinwohls: Havers, Personalvertretungsrecht NW, § 1 Erl. 12 (S. 63).
[14] in diese Richtung auch: Plander, Personalvertretung als Grundrechtshilfe, S. 69, 70; Battis in: Achterberg/Püttner, Bes. VerwR. I, S. 999 spricht von einem notwendigen „Klima der Offenheit und Redlichkeit". Eine stärkere Berücksichtigung des Grundsatzes der vertrauensvollen Zusammenarbeit fordert eingehend: Bieler DöD 1993, S. 121 ff.

um eine unbewiesene Behauptung handelt, zeigen schon die durchgeführten Einigungsstellenverfahren und in letzter Konsequenz auch die zahlreichen verwaltungsgerichtlichen Auseinandersetzungen zwischen Dienststelle und Personalrat[15]. Dieser Befund darf aber nicht dazu führen, den § 2 Abs. 1 BPersVG als
bedeutungsleere und vage Vorschrift abzutun[16]. Vielmehr sollten Personalvertretung und Dienststellenleitung sich verstärkt bei ihrer Arbeit auf diesen Grundsatz zurückbesinnen. Schließlich gehen auch verwaltungsgerichtliche Auseinandersetzungen sowie Einigungsstellenverfahren zu Lasten des Steuerzahlers.
Kompromissbereitschaft auf beiden Seiten könnte helfen, diese Kosten zu reduzieren.

Die große Bedeutung des § 2 Abs. 1 BPersVG lässt sich auch daran erkennen,
dass alle Bundesländer, mit Ausnahme von Bremen und Mecklenburg-
Vorpommern, gleich lautende oder ähnliche Regelungen in ihre Personalvertretungsgesetze aufgenommen haben. Im Ergebnis lässt sich aber auch in Bremen
und Mecklenburg-Vorpommern aus der Gesamtkonzeption des Gesetzes der
Grundsatz der vertrauensvollen Zusammenarbeit entnehmen[17].

D. Die Rechte der Personalvertretung

Damit die Personalvertretung die soeben beschriebenen Aufgaben sinnvoll er-
füllen kann, ist der letztlich auf den guten Willen beider Seiten abstellende
Grundsatz des § 2 Abs. 1 BPersVG als Arbeitsgrundlage aber nicht ausreichend.
Der Personalvertretung müssen gewisse Beteiligungsrechte im Hinblick auf die
Maßnahmen der Dienststellenleitung zukommen. Hinsichtlich der Intensität der
eingeräumten Rechte ist zwischen Mitbestimmungs- und Mitwirkungsrechten zu

---

[15] Hierauf weisen auch Battis in: Achterberg/Püttner, Bes. VerwR. I , S. 1000 und Ehlers Jura 1997, S. 180, (182) hin. Ähnlich auch: Mehlinger, Grundfragen des Personalvertretungsrechts, S. 47; vgl. auch die Aussage von Hornung in: PersV 1980, S. 305, (310, 311), „Manche Personalratsmitglieder – und Mitglieder der Stufenvertretungen sind nicht immer ausgenommen – sind einäugig und verfechten die sozialen, zuweilen vorgeblich sozialen Belange der Mitarbeiter ohne Rücksicht auf die Auswirkungen, die sich daraus für den Dienstbetrieb ergeben... Manche Behördenleiter und manche Vertreter der Verwaltung (Geschäfts- und Verwaltungsleiter) argumentieren: Soweit es um die Erfüllung dienstlicher Obliegenheiten geht, hat der Personalrat überhaupt nicht mitzureden."

[16] so aber: Kübel, Personalrat u. Personalmaßnahmen, S. 92.

[17] vgl. Fischer/Goeres in Fürst GKÖD V K § 2 Rn. 31; kritisch zu dieser Argumentationsweise aber: Thiele ZTR 1995, S. 542, (544 Fn. 20).

unterscheiden. Hinzu kommen die operativen Rechte[18]. Die Erläuterung des zuletzt genannten Begriffes, der auf eine Art Grundausstattung der Personalvertretung hinausläuft, soll vorangestellt werden.

I. Operative Rechte

Von den operativen Rechten wird im Zusammenhang mit den Befugnissen der Personalvertretung nur selten gesprochen. Zumeist wird allein auf die Mitbestimmungs- und Mitwirkungsrechte abgestellt. Die Mitglieder der Personalvertretung benötigen jedoch eine gewisse Ausstattung an Sachmitteln sowie bestimmte Schutz- und Anspruchsrechte gegenüber dem Dienstherren, um die eigentlichen Beteiligungsrechte auch zur Zufriedenheit der Beschäftigten wahrnehmen zu können. Hierzu gehört z.B. das Recht auf Bereitstellung von Räumen und auf Freistellung von dienstlicher Tätigkeit[19]. Auch die bereits erwähnte Kostenübernahmepflicht der Dienststelle gehört hierher. Da die Personalratsmitglieder die Interessen der Beschäftigten gegenüber dem Dienststellenleiter vertreten, kann es leicht zu Konflikten mit diesem kommen. Aus Angst vor eigenen beruflichen Nachteilen könnten die Personalratsmitglieder versucht sein, diesen Streitigkeiten aus dem Wege zu gehen. Ein solches Verhalten würde den Interessen der Beschäftigten zuwider laufen. Damit dem nicht so ist, enthält § 8 BPersVG ein Benachteiligungsverbot, und § 47 BPersVG gewährt den Personalratsmitgliedern speziellen Kündigungs- und Versetzungsschutz[20]. In der Einleitung wurde bereits erwähnt, dass sich die Rechtslage im Personalvertretungsrecht öfter ändert. Um die Personalratsmitglieder mit der neuen Rechtslage vertraut zu machen, sind Schulungs- und Bildungsmaßnahmen notwendig. Gemäß § 46 BPersVG sind die Mitglieder zur Teilnahme an derartigen Veranstaltungen unter Fortzahlung der Bezüge freizustellen.

II. Mitbestimmungsrechte

Mit dem Begriff der Mitbestimmungsrechte lassen sich die weitreichendsten Befugnisse der Personalvertretung umschreiben. Mitbestimmung bedeutet die Beteiligung der Personalvertretung bei personellen (vgl. z.B. § 75 Abs. 1

---

[18] Der Begriff taucht zuerst bei Breinlinger-Kittner in: BB 1982, S. 1933 ff. auf; im Anschluss hieran verwendet ihn auch Plander in: Personalvertretung als Grundrechtshilfe, S. 23; vgl. auch: Däubler PersR 1993, S. 348, (349).

[19] vgl. § 46 BPersVG (Freistellung); § 44 Abs. 2 BPersVG (Bereitstellen von Räumen)

[20] Diese operativen Rechte erwähnt auch Plander in: Personalvertretung als Grundrechtshilfe, S. 23.

BPersVG: personelle Angelegenheiten der Angestellten und Arbeiter im öffentlichen Dienst, § 75 Abs. 1 Nr. 1 BPersVG: Einstellung, oder etwa § 75 Abs. 1 Nr. 5 BPersVG: Weiterbeschäftigung über die Altersgrenze hinaus), organisatorischen (vgl. z.B. § 75 Abs. 3 Nr. 14 BPersVG: Absehen von der Ausschreibung von Dienstposten, die besetzt werden sollen), sozialen (vgl. z.B. § 75 Abs. 2 Nr. 1 BPersVG: Gewährung von Unterstützungen, Vorschüssen, Darlehen und entsprechenden sozialen Zuwendungen) und wirtschaftlichen Angelegenheiten. Die Maßnahme kann seitens der Dienststellenleitung hier nicht ohne Zustimmung des Personalrats erfolgen (vgl. § 69 Abs. 1 BPersVG)[21]. Allerdings sind im Nichteinigungsfall sowohl die Dienststellenleitung als auch die Personalvertretung berechtigt, die Sache der übergeordneten Dienststelle zu übertragen. In diesem Fall versucht nun der Bezirks- oder Hauptpersonalrat, die so genannte Stufenvertretung (vgl. § 53 BPersVG)[22], mit dem Leiter der vorgesetzten Dienststelle zu einer Einigung zu gelangen (vgl. § 69 Abs. 2 BPersVG). Bleiben auch diese Gespräche erfolglos, ist es nunmehr Aufgabe der Einigungsstelle, den Disput zu entscheiden (vgl. § 69 Abs. 4 BPersVG). Die Einigungsstelle besteht nach § 71 Abs. 1 BPersVG aus Vertretern beider Seiten und wird von einem neutralen Vorsitzenden geleitet[23]. Sie fällt ihre Entscheidungen unabhängig und untersteht weder der Fach- noch der Rechtsaufsicht. Einige Landespersonalvertretungsgesetze sehen die Bildung einer ständigen Einigungsstelle vor, d.h. ihre Einrichtung erfolgt bei jeder obersten Dienstbehörde für die Dauer der regelmäßigen Amtszeit der Personalräte (vgl. z.B. § 71 Abs. 1 S. 1 N PersVG). Vorteil dieser Regelung ist, dass die Einigungsstelle im Konfliktfalle ohne langwierige Wahlprozedur sofort tätig wird. Gerade in kleineren Dienststellen besteht aber oftmals kein ausreichender Bedarf nach einer ständigen Einigungsstelle. Folglich ordnen einige Landesgesetze nur die Bildung einer Einigungsstelle von Fall zu Fall an (vgl. z.B. Art. 71 Abs. 1 S. 1 Bay PersVG). Vorteilhaft wirkt sich hier

---

[21] so die allgemeine Definition der Mitbestimmung (auch in Abgrenzung zur Mitwirkung); zwecks näherer Erläuterungen vgl. auch: Havers, Personalvertretungsrecht NW, § 1 Erl. 10 (S. 63); Battis in: Achterberg/Püttner, Bes. VerwR. I S. 1001; Jestaedt, Demokratieprinzip u. Kondominalverwaltung, S. 51; Nagel/Bauers, Mitbestimmung in öffentlichrechtlichen Unternehmen u. Verfassungsrecht, S. 14; Ossenbühl, Grenzen der Mitbestimmung, S. 21; Ehlers Jura 1997, S. 180, (182); Kunze PersV 1996, S. 481, (482); vgl. auch die Anmerkungen bei: Roettecken PersR 1996, S. 1, (2).

[22] zu Sinn und Zweck der Stufenvertretungen eingehend: Battis in: Achterberg/Püttner, Bes. VerwR. I, S. 995 und Mehlinger, Grundfragen des Personalvertretungsrechts, S. 24, 25.

[23] zur Institution der Einigungsstelle ausführlich: Edenfeld, Arbeitnehmerbeteiligung im Betriebsverfassungs- u. Personalvertretungsgesetz, S. 165; Mehlinger, Grundfragen des Personalvertretungsrechts, S. 90, 91, 94, 95.

aus, dass für das jeweilige Problemfeld spezifische Fachleute von den Parteien bestimmt werden können. Andererseits ist der Verwaltungsaufwand höher. Zudem gestaltet sich die Zusammenarbeit mitunter schwierig, da die augenblicklichen Beisitzer sich nicht kennen, und eine gemeinsame Problemlösung bisher nicht stattfand. Je nachdem welche Wirkung dem Spruch der Einigungsstelle zukommt, wird zwischen der vollen und der eingeschränkten Mitbestimmung unterschieden.

1.) Volle Mitbestimmung

Von voller Mitbestimmung spricht man, wenn der Entscheidung der Einigungsstelle für die Betroffenen eine verbindliche Wirkung zukommt[24]. Die Verwaltungsspitze ist nicht berechtigt, den Spruch der Einigungsstelle aufzuheben oder inhaltlich zu verändern (vgl. §§ 69 Abs. 4 S. 1, 71 Abs. 4 S. 2 BPersVG). Ein volles Mitbestimmungsrecht besitzt die Personalvertretung auf Bundesebene in den personellen Angelegenheiten von Angestellten und Arbeitern (vgl. § 75 Abs. 1 BPersVG), z.B. bei der Einstellung sowie Höher- und Rückgruppierungen (vgl. § 75 Abs. 1 Nr. 1 und 2 BPersVG). Darüber hinaus kommt ihr auch in zahlreichen organisatorischen Fragen ein volles Mitbestimmungsrecht zu (vgl. z.B. § 75 Abs. 3 Nr. 13 BPersVG: Aufstellen von Sozialplänen, § 75 Abs. 3 Nr. 15 BPersVG: Regelung der Ordnung in der Dienststelle, § 75 Abs. 3 Nr. 16 BPersVG: Gestaltung des Arbeitsplatzes, § 75 Abs. 3 Nr. 17 BPersVG: Einführung und Anwendung technischer Einrichtungen, die dazu bestimmt sind, das Verhalten oder die Leistung der Beschäftigten zu überwachen). Zur typischen Materie der vollen Mitbestimmung gehört weiterhin die Beteiligung im Rahmen der so genannten sozialen Angelegenheiten (vgl. z.B. § 75 Abs. 2 Nr. 1 BPersVG: Gewährung von Unterstützungen, Vorschüssen, Darlehen und entsprechenden sozialen Zuwendungen).

2.) Eingeschränkte Mitbestimmung

Eingeschränkte Mitbestimmung bedeutet, dass die Einigungsstelle nicht letztverbindlich entscheiden kann, sondern lediglich eine Empfehlung an die abschließend entscheidende Verwaltungsspitze aussprechen darf (vgl. § 69 Abs. 4

---

[24] so auch die Begriffsbestimmung bei: Altvater/Bacher/Hörter/Peiseler/Sabottig/Schneider/ Vohs, § 69 Rn. 18; Fischer/Goeres in Fürst GKÖD § 69 Rn. 4; Mehlinger, Grundfragen des Personalvertretungsrechts, S. 95; Kunze PersV 1996, S. 481, (483).

S. 3 BPersVG)[25]. Dies ist vor allem bei den personellen Angelegenheiten der Beamten (vgl. § 76 Abs. 1 BPersVG) sowie bei bedeutenderen organisatorischen Maßnahmen (vgl. z.B. § 76 Abs. 2 Nr. 5: Maßnahmen zur Hebung der Arbeitsleistung und Erleichterung des Arbeitsablaufs, § 76 Abs. 2 Nr. 7 BPersVG: Einführung grundlegend neuer Arbeitsmethoden) der Fall.

III. Mitwirkungsrechte

Die Beteiligungsform der Mitwirkung ist gegenüber der Mitbestimmung das schwächere Teilhaberecht[26]. Hierzu gehört das Recht auf Erörterung, Anhörung, Beratung, Gelegenheit zur Stellungnahme und Information durch die Dienststellenleitung. Um sicherzustellen, dass eine tatsächliche rechtliche Auseinandersetzung zwischen Dienststellenleitung und Personalvertretung stattfindet, und Letztere nicht übergangen wird, schreibt § 72 BPersVG in einigen Fällen ein förmliches Mitwirkungsverfahren vor. Hiernach erhält der Personalrat das Recht, bei divergierenden Standpunkten die Sache der nächsthöheren Dienststelle vorzulegen. Auf dieser Ebene muss nun wiederum eine Erörterung mit der dort bestehenden Stufenvertretung erfolgen (vgl. § 72 Abs. 4 BPersVG). Gegebenenfalls entscheidet also die oberste Dienstbehörde nach Besprechung mit dem Hauptpersonalrat die Sache abschließend. Ein förmliches Mitwirkungsrecht steht dem Personalrat z.B. bei der Auflösung oder Zusammenlegung von Dienststellen zu (vgl. § 78 Abs. 1 Nr. 2 BPersVG). Dagegen wird dem Personalrat vor der grundlegenden Änderung des Arbeitsverfahrens und des Arbeitsablaufs nur ein einfaches Anhörungsrecht eingeräumt (vgl. § 78 Abs. 5 BPersVG).

Die Begriffsbestimmung in den einzelnen Landespersonalvertretungsgesetzen ist die gleiche. Auch dort wird zwischen Mitbestimmungs- und Mitwirkungsrechten unterschieden. Weiterhin werden dem Personalrat gewisse operative Rechte eingeräumt. Allerdings sind die Mitbestimmungs- und Mitwirkungstatbestände höchst unterschiedlich gestaltet. Man spricht deshalb von mitbestimmungsfreundlicher oder restriktiver Gesetzgebung[27]. Alle Landesgesetze, mit Ausnahme der Stadtstaaten Bremen und Hamburg, sehen ein Stufenverfahren und eine Einigungsstelle vor. Allerdings weichen die Fristenbestimmungen zum Teil voneinander ab.

---

[25] vgl. zur näheren Begriffsbestimmung auch die in Fn. 24 genannten.
[26] vgl. zur näheren Begriffsbestimmung auch die in Fn. 21 genannten.
[27] so z.B. Plander, Personalvertretung als Grundrechtshilfe, S. 27.

Abschließend sei jedoch noch darauf hingewiesen, dass die Personalratstätigkeit in der täglichen Praxis häufig auf Basis informeller Absprachen mit dem Dienststellenleiter erfolgt. So leitet der Dienststellenleiter eine beabsichtigte Verwaltungsmaßnahme nicht erst im formellen Mitbestimmungs- oder Mitwirkungsverfahren der Personalvertretung zu, sondern er informiert sich bereits im Planungsstadium über Meinungen, Verbesserungsvorschläge oder Alternativkonzepte der Personalratsmitglieder. Nicht selten gelangt man auf diese unbürokratische Weise bereits zu einem frühen Zeitpunkt zu einer Übereinkunft. Ein langwieriges gesetzliches Einigungsverfahren ist nicht mehr erforderlich.

Edenfeld macht aber zugleich zutreffend auf die Gefahren und Risiken einer solchen informellen Vorgehensweise aufmerksam. Vor allem muss jedem bewusst sein, dass der Erfolg formloser Verständigung langfristig nur garantiert ist, „wenn sich der Dienststellenleiter und die Mitglieder des Personalrats persönlich gut verstehen"[28]. Zudem mindern inoffizielle dienststelleninterne Absprachen die Transparenz verwaltungsrechtlicher Entscheidungsmechanismen. Dem konkret betroffenen Arbeitnehmer ist oftmals nicht ersichtlich, warum gerade diese Entscheidung mit eben diesem Inhalt getroffen wurde, und von welchen Aspekten sich das Interessenvertretungsorgan Personalrat bei der Entscheidungsfindung leiten ließ, bzw. ob überhaupt eine personalvertretungsrechtliche Einflussnahme stattfand. Gesetzliche Verfahrensvorschriften dürfen also „nicht nur als Hindernis effektiver Beteiligung gesehen werden"[29]. Vielmehr schützen sie den einzelnen Bediensteten vor undurchschaubaren „Mauscheleien" oder „Vetternwirtschaft". Mögliche demokratierechtliche Defizite des gesetzlich normierten Mitbestimmungs- und Mitwirkungsverfahrens können nicht mit einem Hinweis auf ein in nur einigen Dienststellen funktionierendes System informeller Absprachen und Übereinkünfte als belanglos qualifiziert werden.

E. Die Unterscheidung von personeller und direktiver Mitbestimmung

Im Rahmen der öffentlich-rechtlich organisierten Verwaltung muss zwischen der personellen und direktiven Mitbestimmung unterschieden werden.

---

[28] Edenfeld, Arbeitnehmerbeteiligung im Betriebsverfassungs- u. Personalvertretungsgesetz, S. 155.

[29] Edenfeld, Arbeitnehmerbeteiligung im Betriebsverfassungs- u. Personalvertretungsgesetz, S. 156; vgl. ebenfalls zu den Grenzen der Zusammenarbeit von Personalrat und Dienststellenleitung außerhalb der gesetzlichen Verfahrensregelungen: Schleicher PersV 1990, S. 457 ff.

I. Personelle Mitbestimmung

Die personelle Mitbestimmung ist geregelt in den Personalvertretungsgesetzen des Bundes und der Länder. Die dort vorgesehenen Mitbestimmungs- und Mitwirkungsrechte beziehen sich auf die innerdienstlichen, sozialen und persönlichen Angelegenheiten der Beschäftigten[30] (vgl. die Mitbestimmungs- und Mitwirkungskataloge der §§ 75–79 BPersVG). Die personelle Mitbestimmung stellt „eine besondere Form der Mitwirkung an der Erfüllung der Fürsorgepflicht des Arbeitgebers" dar[31]. Durch sie wird „die Direktionsbefugnis des Arbeitgebers beschränkt, weil der Arbeitgeber personelle Maßnahmen – z.B. die Einstellung und Entlassung von Arbeitskräften – nicht allein treffen kann, sondern die Arbeitnehmervertretung beteiligen muss"[32]. Unter personeller Mitbestimmung ist aber nicht nur die personelle Mitbestimmung im engeren Sinn zu verstehen, also beispielsweise Beteiligung der Personalvertretung bei Einstellung (vgl. § 75 Abs. 1 Nr. 1 BPersVG), Versetzung (vgl. § 75 Abs. 1 Nr. 3 BPersVG) oder Abordnung für die Dauer von mehr als drei Monaten (vgl. § 75 Abs. 1 Nr. 4 BPersVG). Ebenso fällt hierunter auch die Mitsprache im Bereich der sozialen Angelegenheiten (vgl. z.B. § 75 Abs. 2 Nr. 1: Gewährung von Unterstützungen, Vorschüssen, Darlehen und entsprechenden sozialen Zuwendungen) und die Beteiligung in organisatorischen Fragen (vgl. z.B. § 75 Abs. 3 Nr. 16: Gestaltung der Arbeitsplätze).

II. Direktive Mitbestimmung

Die Tragweite der direktiven Mitbestimmung übertrifft die der personellen Mitsprache an Bedeutung. Direktive Mitbestimmung meint die Beteiligung von Beschäftigten- oder Gewerkschaftsvertretern an unternehmerischen Entscheidungen[33]. Damit ihre Interessen auf unternehmerischer Ebene wahrgenommen werden, wählen die Mitarbeiter Vertreter in den Aufsichtsrat (Privatrecht), den Verwaltungsrat (öffentliches Recht) oder ein ähnliches Überwachungsorgan. Die direktive Mitbestimmung spielt im Privatrecht aber eine wesentlich größere Rolle als in der öffentlich-rechtlich organisierten Verwaltung. So müssen in ei-

---

[30] so die allgemeine Definition; vgl. auch: Erichsen, Allg. VerwR., § 1 III 2 Rn. 20; Ehlers Jura 1997, S. 180, (180); ders. JZ 1987, S. 218, (220); Strehler PersV 1995, S. 342, (342).

[31] Ehlers Jura 1997, S. 180, (180).

[32] Ehlers Jura 1997, S. 180, (180); ähnlich: Roettecken PersR 1996, S. 1, (2).

[33] so: Ehlers Jura 1997, S. 180, (180); Strehler PersV 1995, S. 342, (342); ähnlich auch: Erichsen, Allg. VerwR., § 1 III 2 Rn. 20.

nem privaten Wirtschaftsunternehmen die Arbeitnehmervertreter der entsprechenden Kontrollgremien, wie etwa dem Aufsichtsrat, z.B. bei Entscheidungen über Erhöhung oder Drosselung der Produktion, Eroberung neuer Märkte oder Übernahme anderer Betriebe hinzugezogen werden[34]. Hierbei handelt es sich um typische Fälle der direktiven Mitbestimmung. Im öffentlich-rechtlichen Bereich, wo die ordnungsgemäße Wahrnehmung des Amtsauftrages und nicht so sehr die wirtschaftliche Präsenz auf dem freien Markt im Vordergrund steht, ist die direktive Mitbestimmung dagegen naturgemäß nur vereinzelt von Relevanz, so aber z.B. bei wirtschaftlichen Unternehmen des öffentlichen Rechts (Beispiel: Stadtwerke), Theater, Museen und vor allem bei den öffentlich-rechtlich organisierten Banken[35]. Auch hier gilt es in Einzelfällen die Arbeitnehmerschaft im Rahmen der direktiven Mitbestimmung, etwa bei der Tätigung neuer Investitionen, zu beteiligen. Im öffentlichen Recht spricht man im Zusammenhang mit der direktiven Mitbestimmung auch von der Teilhabe an staatlichen Leitungsentscheidungen[36]. Diese Wortwahl ist jedoch recht allgemein gehalten. Plastischer und ausdrucksstärker ist auch im öffentlichen Recht, soweit es sich um öffentlich-rechtliche Unternehmen handelt, der Begriff der Unternehmensmitbestimmung. Zumeist finden sich die Regelungen hinsichtlich der direktiven Teilhabe in Spezialgesetzen des jeweiligen Bundeslandes, wie z.B. den Landessparkassengesetzen. Jene Normen sind nicht Thema dieser Abhandlung. Vereinzelt enthalten aber auch die Landespersonalvertretungsgesetze direktive Mitbestimmungsregelungen. So sehen die Personalvertretungsgesetze Bremens (vgl. § 68 Brem PersVG), Niedersachsens (vgl. § 110 N PersVG) und von Rheinland-Pfalz (vgl. § 91 PersVG Rh-Pf) eine direktive Mitbestimmung dahingehend vor, dass in die Kontrollorgane öffentlich-rechtlicher Wirtschaftsunternehmen eine bestimmte Anzahl von Beschäftigtenvertretern zu wählen bzw. zu berufen ist.

Die demokratierechtlichen Probleme der direktiven Mitbestimmung werden im Anschluss an die Diskussion bzgl. der personellen Mitbestimmung erläutert. Allerdings würde es der doch relativ geringen Bedeutung der direktiven Mitbestimmung in den Personalvertretungsgesetzen der Länder nicht gerecht, wenn

---

[34] weitere Beispiele bei: Ehlers Jura 1997, S. 180, (180).

[35] vgl. hierzu auch: Nagel/Bauers, Mitbestimmung in öffentlich-rechtlichen Unternehmen u. Verfassungsrecht, S. 38 ff.; Oebbecke, Weisungs- u. unterrichtungsfreie Räume in der Verwaltung, S. 192 ff.; Ossenbühl, Grenzen der Mitbestimmung, S. 37 ff.; Schenke JZ 1991, S. 581, (586); Scholz ZBR 1980, S. 297, (301); speziell zur Mitbestimmung der Arbeitnehmer im Verwaltungsrat einer Sparkasse: Strehler PersV 1995, S. 342 ff.

[36] so Erichsen Allg. VerwR., § 1 III 2 Rn. 20 und Jestaedt Demokratieprinzip u. Kondominalverwaltung, S. 52.

diese Themenbehandlung den gleichen Raum wie die Problematik der personellen Mitbestimmung einnähme. Die Diskussion um die Reichweite der direktiven Mitbestimmung soll sich nicht mit den Einzelheiten der Spezialgesetze
beschäftigen, sondern beschränkt sich auf die grundsätzlichen demokratierechtlichen Erwägungen, die auch im Hinblick auf die in den Personalvertretungsgesetzen getroffenen Regelungen zu einer kritischen Hinterfragung der Normen
führen.

F. Die Entwicklung der Landespersonalvertretungsgesetze

Da, wie bereits mehrfach erwähnt, jedes Bundesland sein eigenes Personalvertretungsrecht besitzt, und diese Gesetze zum Teil erheblich voneinander abwei-
chen, ist es richtig, von einer Zersplitterung des Personalvertretungsrechts zu
sprechen[37]. Dieser Befund ist zunächst verwunderlich, da das Bundespersonalvertretungsgesetz in den §§ 94-106 BPersVG Rahmenregelungen für die Landesgesetzgeber getroffen hat.

I. Die Rahmenvorgaben des Bundes

Die Rahmenvorschriften des Bundes sollen nach dem Willen des Bundesgesetz-
gebers zu einem möglichst einheitlichen Personalvertretungsrecht in Bund und
Länder führen[38]. Zugleich sollten die Länder aber auch genügend Spielraum zur
Berücksichtigung regionaler Besonderheiten im organisatorischen Aufbau der
Landesverwaltungen, z.B. in den Stadtstaaten, erhalten[39]. Die größte Bedeutung
kommt der Rahmenregelung des § 104 BPersVG zu. Nach § 104 S. 1 2. HS
BPersVG sind die Länder angehalten, ähnliche Beteiligungsregelungen, die innerdienstlichen Angelegenheiten der Beschäftigten betreffend, anzustreben wie
der Bund. Aber lediglich § 104 S. 3 BPersVG enthält eine zwingende Vorgabe
für den Landesgesetzgeber. Hiernach dürfen Entscheidungen, die wegen ihrer
Auswirkungen auf das Gemeinwesen wesentlicher Bestandteil der Regierungsgewalt sind, insbesondere die Angelegenheiten der Beamten und organisatorische Fragen, nicht den Stellen entzogen werden, die der Volksvertretung verantwortlich sind.

---

[37] so auch: Altvater/Bacher/Hörter/Peiseler/Sabottig/Schneider/Vohs, Einleitung, S. 91;
Edenfeld, Beteiligungsrechte im Betriebsverfassungs- u. Personalvertretungsgesetz, S. 2;
Pfohl ZBR 1996, S. 82, (85); ausführlich: Thiele ZTR 1995, S. 542 ff.

[38] vgl. Bundestags-Drucksache VI/3721: 7/176, S. 35 f.

[39] vgl. Bundestags-Drucksache VI/3721: 7/176, S. 36.

Während die Länder sich an die zwingende Regelung des § 104 S. 3 BPersVG, insbesondere bzgl. der personellen Angelegenheiten der Beamten, insofern gehalten haben, als dass hier die volle Mitbestimmung ausgeschlossen wurde, haben sie den in der Sollvorschrift des § 104 S. 1 2. HS BPersVG liegenden Spielraum höchst unterschiedlich genutzt. Dies liegt unter anderem daran, dass das Bundesverfassungsgericht diese Sollvorschrift lediglich als eine allgemeine Empfehlung an den Landesgesetzgeber versteht[40]. Die Länder sind folglich befugt, weitergehende aber auch restriktivere Regelungen als der Bundesgesetzgeber zu treffen[41]. Eine zwingende Grenze erfährt der Gestaltungsspielraum der Länder aber dort, wo es zum Verfassungsbruch kommt.

II. Die Landespersonalvertretungsgesetze

Beobachtet man die Entwicklung der Landespersonalvertretungsgesetze, so zeigt sich, dass das Mitbestimmungsniveau in den einzelnen Bundesländern oft über mehrere Jahre gleich bleibend war. Verabschiedete aber ein Bundesland ein besonders mitbestimmungsfreundliches Personalvertretungsrecht, dann folgten andere Bundesländer schon nach kurzer Zeit diesem Beispiel. Dieser Vorgang führte zu einer sprunghaften Weiterentwicklung des Mitbestimmungsrechts im öffentlichen Dienst. Parallel hierzu kam es auch zu einer wellenartig verlaufenden Diskussion im Schrifttum über Möglichkeiten und Grenzen des Personalvertretungsrechts. Oftmals spielte das Personalvertretungsrecht über Jahre hinweg nur eine untergeordnete Rolle in der Fachliteratur. Setzte aber ein Bundesland neue Maßstäbe im Mitbestimmungsrecht, so kam es hieraufhin im Schrifttum schnell zu zustimmenden oder ablehnenden Äußerungen. Zusätzlichen Nährstoff erhielt die Diskussion durch Urteile der Landesverfassungsgerichte sowie des Bundesverfassungsgerichts.

1.) Die Entwicklungstendenzen während der Siebziger- und Achtzigerjahre

Während der Siebzigerjahre galt das bremische Personalvertretungsgesetz in seiner Fassung vom 05.03.1974 (Brem. GBL, S. 131) als das mitbestimmungsfreundlichste Personalvertretungsgesetz[42]. Dies lag daran, dass das Gesetz als

---

[40]   BVerfGE v. 27.03.1979, PersV 1979, S. 328.

[41]   weitergehende Regelungen möglich: BVerwGE v. 12.12.1979, PersV 1981, S. 287; auch restriktivere Gesetzgebung zulässig: Altvater/Bacher/Hörter/Peiseler/Sabottig/Schneider/Vohs, § 104 Rn. 7a.

[42]   Diese Ansicht teilen: Altvater/Bacher/Hörter/Peiseler/Sabottig/Schneider/Vohs, § 104 Rn. 3 sowie Plander, Personalvertretung als Grundrechtshilfe, S. 26; eine ausführliche

erstes Personalvertretungsrecht in § 52 Abs. 1 S. 1 Brem PersVG eine so genannte Allzuständigkeitsklausel enthielt. Hiernach war der Personalrat berechtigt, in allen sozialen, personellen und organisatorischen Angelegenheiten gleichberechtigt mitzubestimmen. Allerdings wurde diese Klausel durch Beispielskataloge ergänzt (vgl. §§ 63, 65–67 Brem PersVG).

Das restriktivste Mitbestimmungsgesetz dieser Zeit hatte der rheinland-pfälzische Landtag 1977 verabschiedet[43]. Dieses Gesetz beschränkte die Rechte der Personalvertretung auf die Beteiligungsform der eingeschränkten Mitbestimmung.

Erst Mitte der Achtzigerjahre erhielt die personalvertretungsrechtliche Debatte neuen Nährstoff. Grund hierfür war das mitbestimmungsfreundliche Änderungsgesetz des hessischen Personalvertretungsrechts vom 11.07.1984[44]. Diesem Beispiel folgte kurze Zeit später mit Gesetz vom 18.12.1984 der nordrheinwestfälische Gesetzgeber[45].

Diese mitbestimmungsfreundliche Tendenz erfuhr aber mit Urteil des hessischen Staatsgerichtshofs vom 30.04.1986[46] eine Einschränkung. Wesentliche Normen des hessischen Personalvertretungsgesetzes wurden vom Gericht im Hinblick auf die hessische Verfassung für verfassungswidrig erklärt. Wie in der Einleitung bereits erwähnt, wurde das hessische Personalvertretungsgesetz daraufhin durch Gesetz vom 25.03.1988[47] einer restriktiven Überarbeitung unterzogen.

2.) Das schleswig-holsteinische Mitbestimmungsgesetz (MBG) vom 11.12.1990[48]

Trotz der mitbestimmungseinschränkenden Rechtsprechung des hessischen Staatsgerichtshofs setzte der schleswig-holsteinische Gesetzgeber mit dem am 11.12.1990 in Kraft getretenen Mitbestimmungsgesetz neue Maßstäbe im Perso-

---

Darstellung der Entwicklung des Personalvertretungsrechts zwischen den Fünfziger- und Siebzigerjahren findet sich bei: Feldmann, Das Personalvertretungsrecht des Bundes und der Länder – ein Rechtsvergleich unter besonderer Berücksichtigung der Beteiligungsrechte.

[43]   GVBL 1977, S. 213.
[44]   GVBL 1984, S. 181.
[45]   GVBL 1985, S. 29; (hierzu kritisch: Havers PersV 1987, S. 305 ff. und Krüger PersV 1990, S. 241 ff.).
[46]   Urteil v. 30.04.1986, Hess StGH DVBL 1986, S. 936 ff.
[47]   GVBL 1988 I, S. 103.
[48]   GVBL 1990, S. 577.

nalvertretungsrecht. Das Gesetz enthielt in § 51 Abs. 1 MBG eine Allzuständigkeitsklausel, die im Gegensatz zum Bremer Personalvertretungsrecht nicht durch
einen Beispielskatalog ergänzt wurde. Parallel hierzu trat in § 56 Abs. 1 MBG
ein sehr weitreichendes Initiativrecht der Personalvertretung. Ebenso wie zuvor
in Hessen erfolgte aber auch in Schleswig-Holstein eine gerichtliche Korrektur.
Mit Beschluss vom 24.05.1995 stellte das Bundesverfassungsgericht[49] die Unvereinbarkeit zahlreicher Normen des Mitbestimmungsgesetzes, wie z.b. der
Koppelung von Allzuständigkeitsklausel und Letztentscheidungsrecht der Einigungsstelle, mit dem Grundgesetz (speziell dem Demokratieprinzip) fest. Zuvor
waren bereits der rheinland-pfälzische und der niedersächsische Gesetzgeber
dem Beispiel Schleswig-Holsteins gefolgt und hatten ähnlich mitbestimmungsfreundliche Personalvertretungsgesetze erlassen.

3.) Die Personalvertretungsgesetze in Rheinland-Pfalz und Niedersachsen

Am 08.12.1992 trat in Rheinland-Pfalz ein neues Personalvertretungsgesetz[50] in
Kraft. Dieses Gesetz enthielt ebenfalls in § 79 PersVG Rh-Pf eine Allzuständigkeitsklausel, welche aber, ähnlich wie in Bremen, durch Beispielskataloge konkretisiert wurde. Im Jahre 1994, also noch vor Entscheidung des Bundesverfassungsgerichts zur Rechtslage in Schleswig-Holstein, erklärte der VerfGH Rh-
Pf[51] bedeutende Vorschriften des neuen Gesetzes für verfassungswidrig. Am
13.10.2000 trat eine grundlegende Reform der Mitbestimmung im rheinland-
pfälzischen öffentlichen Dienst in Kraft[52].

Ein sehr mitbestimmungsfreundliches Personalvertretungsgesetz[53] galt ab dem
02.03.1994 auch in Niedersachsen. Auch dieses Gesetz enthielt die bereits mehrfach erwähnte Allzuständigkeitsklausel (vgl. § 64 Abs. 1 Nds. PersVG). Das
Gesetz erfuhr zwar keine gerichtliche Korrektur, allerdings änderte der niedersächsische Gesetzgeber das Personalvertretungsrecht durch Gesetz vom
22.01.1998[54]. Grund hierfür war das zuvor ergangene Urteil des Bundesverfas-

---

[49] BVerfGE v. 24.05.1995, DVBL 1995, S. 1291. Die große Bedeutung dieses Beschlusses
wurde bereits in der Einleitung hervorgehoben. Die Entscheidung wird im Anschluss an
die Darstellung der demokratierechtlichen Problematik des Personalvertretungsrechts
eingehend zu untersuchen sein.
[50] GVBL 1990, S. 333.
[51] Urteil v. 30.04.1994, Rh-Pf VerfGH PersV 1994, S. 307 ff.
[52] GVBL 2000 Nr. 22, S. 402 ff.
[53] GVBL 1994, S. 95; ausführlich zu diesem Gesetz: Reiche PersR 1994, S. 145 ff.
[54] GVBL 1998, S. 53.

sungsgerichts zum schleswig-holsteinischen Mitbestimmungsgesetz. Das neue Gesetz berücksichtigt die vom Bundesverfassungsgericht entwickelten Legitimationsgrundsätze. Eine ausführliche Erläuterung ist jedoch erst im Anschluss an die Darstellung der allgemeinen demokratierechtlichen Problematik sinnvoll.

4.) Die Entwicklungstendenzen des Personalvertretungsrechts in den neuen Bundesländern

Ausgangspunkt der personalvertretungsrechtlichen Entwicklung in den neuen Bundesländern waren die Vorgaben des Einigungsvertrages[55]. Hierin wurde zunächst die Anwendung des Bundespersonalvertretungsgesetzes angeordnet. Jedoch wurde den Ländern zugleich aufgegeben, bis zum 31.05.1993 eigene Personalvertretungsgesetze zu erlassen[56].

Die daraufhin in den neuen Bundesländern verabschiedeten Personalvertretungsgesetze folgten nun zum Teil den Regelungen des Bundes. Zum Teil orientierten sie sich aber auch am Mitbestimmungsgesetz Schleswig-Holsteins. Eher mit dem Bundespersonalvertretungsgesetz vergleichbar waren die Gesetze der Länder Sachsen[57], Sachsen-Anhalt[58] und Thüringen[59]. Deutlich mitbestimmungsfreundlicher gestaltet war aber das Personalvertretungsrecht in Mecklenburg-Vorpommern[60] und Brandenburg[61]. Zwar enthielten diese Gesetze keine Allzuständigkeitsklauseln, wohl aber umfangreiche Mitbestimmungskataloge[62].

Als erstes neues Bundesland reagierte Sachsen auf den Beschluss des Bundesverfassungsgerichts vom 24.05.1995. Das Änderungsgesetz, welches am

---

[55] Bereits Art. 29 S. 2 des Vertrages über die Währungs-, Wirtschafts- und Sozialunion vom 18.05.1990 schrieb die sinngemäße Anwendung des BPersVG für den öffentlichen Dienst in der DDR vor. Trotzdem erließ die DDR zusätzlich noch das Gesetz zur sinngemäßen Anwendung des BPersVG vom 22.07.1990 (GBL I Nr. 52, S. 1014). Die direkte Anwendung des BPersVG war aufgrund der andersartigen Behördenstruktur und dem Fehlen von Beamten in der DDR ausgeschlossen (vgl. hierzu: Battis RdA 1992, S. 12, (16)).

[56] vgl. Anlage I Kap. XIX Sachgebiet A Abschnitt III Nr. 15.

[57] GVBL 1993, S. 29; vgl. hierzu: Eberhard PersR 1993, S. 97 ff.

[58] GVBL 1993, S. 56; vgl. hierzu: Wulf/Möller-Soost PersR 1993, S. 293 ff.

[59] GVBL 1993, S. 399; vgl. hierzu: Seidel PersR 1993, S. 431 ff.

[60] GVBL 1993, S. 125; vgl. hierzu: Wahlers PersV 1994, S. 1 ff.

[61] GVBL 1993, S. 358; vgl. hierzu: Hamer PersR 1994, S. 1 ff.

[62] Diese Gesamtbeurteilung der Personalvertretungsgesetze in den neuen Bundesländern teilt ebenso: Plander, Personalvertretung als Grundrechtshilfe, S. 36, 37.

19.05.1998 in Kraft trat[63], grenzt die Mitbestimmungsmöglichkeiten erheblich ein.

5.) Gegenwärtige Situation und Ausblick

Die mitbestimmungsfreundlichsten Regelungen enthalten derzeit wohl die Personalvertretungsgesetze in Bremen[64] und Nordrhein-Westfalen[65]. Die zuvor erwähnten Gesetzesnovellierungen in Sachsen und Niedersachsen, die beide als Reaktion auf die Rechtsprechung des Bundesverfassungsgerichts zu sehen sind, lassen aber einen Trend hin zu einer einschränkenden Mitbestimmungsgesetzgebung erkennen. Dem Beispiel der beiden zuletzt genannten Bundesländer folgte der hessische Landtag, welcher am 29.06.1999 in dritter Lesung ebenfalls eine grundlegende Änderung des hessischen Personalvertretungsgesetzes beschloss. Auch diese Gesetzesnovellierung zeigt der bis dato immer wieder erweiterten Mitbestimmungsmacht der Personalräte Grenzen auf. Dieser Gesamteindruck wird bestätigt durch die neuerdings in Schleswig-Holstein (ab dem 14.01.2000) und Rheinland-Pfalz (ab dem 13.10.2000) geltenden Mitbestimmungsregelungen im öffentlichen Dienst. Im Vergleich zu den bisherigen Gesetzesfassungen besitzen auch diese Regelungswerke einen restriktiveren Mitbestimmungscharakter. Das Personalvertretungsrecht befindet sich derzeit im Umbruch.

III. Gründe für die unterschiedliche Entwicklung

Die Ursachen dafür, dass die Mitbestimmungsrechte seit den Siebzigerjahren bis etwa Mitte der Neunzigerjahre tendenziell ausgeweitet wurden, liegen vornehmlich in den sich verändernden Arbeitsbedingungen und der damit verbundenen unterschiedlichen politischen Gewichtung und Beurteilung der Arbeitssituation der öffentlich Beschäftigten.

1.) Veränderung der Arbeitsbedingungen

Die Verwaltung der Zukunft, und hier sind sich im Prinzip die Vertreter aller politischen Parteien einig, soll nicht länger durch langwierige Entscheidungsmechanismen und Bürokratismus charakterisiert sein. Sie soll eher einem moder-

---

[63] GVBL S. 165; vgl. hierzu: Rehak PersV 1999, S. 72 ff.

[64] Brem PersVG vom 05.03.1974 (Brem GBL S. 131) zuletzt geändert durch Art. 1 des Gesetzes zur Änderung des Bremischen Personalvertretungsgesetzes vom 24.11.1998 (Brem GBL S. 337).

[65] PersVG NW vom 03.12.1974 (G NW S. 1514) zuletzt geändert durch Art. III des Gesetzes zur Neuordnung der Hochschulmedizin vom 14.12.1999 (GV NRW S. 670, 672).

nen, bürgerfreundlichen Dienstleistungsunternehmen ähneln[66]. So weist Rob etwa darauf hin, dass beispielsweise „Kontraktmanagement, Budgetierung, Controlling und Berichtswesen, Doppik an Stelle von Kameralistik, Qualitäts-management, Verbesserung der Innovations- und Evaluationsfähigkeit durch Wettbewerb, Personalmanagement an Stelle von bloßer Personalverwaltung"[67] nur einige Schlagworte seien, die die Diskussion um das Reformpotenzial der Verwaltung derzeit prägten. Hierzu gehört auch die Einführung neuer Arbeits-methoden und -praktiken. Insbesondere die Fortentwicklung der Informations-technologie führte „zu tiefgreifenden Auswirkungen auf die Gestaltung und Or-ganisation der Arbeit"[68]. Dies gilt nicht nur für die Privatwirtschaft, sondern auch im öffentlichen Dienst. Wenngleich die Fortentwicklung der Arbeitswelt im letzteren Sektor mit einiger Verzögerung erfolgte. Neben datenschutzrechtli-chen Bestimmungen wurden folglich z.b. Mitbestimmungsrechte bzgl. der Ein-führung neuer Technologien in das Personalvertretungsrecht aufgenommen. Ferner kam es auch im öffentlichen Dienst unter anhaltendem Reformdruck (Stichwort: Schlanker Staat) und angesichts leerer Staatskassen vermehrt zum Arbeitsplatzabbau. Dies wiederum erhöhte die Belastung der verbliebenen Be-schäftigten. Dieser Mehrbelastung sollte nach Vorstellungen der Gewerkschaf-ten aber auch ein Mehr an Mitverantwortung und Mitentscheidung entspre-chen[69]. Die Veränderung der Arbeitsbedingungen vollzog sich jedoch in allen Verwaltungen des Bundes und der Länder auf ähnliche Weise und kann somit nicht als alleinige Ursache für die divergierende Entwicklung des Personalver-tretungsrechts herangezogen werden[70]. Unterschiedlich war aber die politische Reaktion auf den Wandel der Arbeitswelt im öffentlichen Dienst.

---

[66] vgl. etwa den Artikel in der FAZ vom 02.12.1999, S. 2 unter der Überschrift: „Schily: Die Verwaltung muss mehr leisten und weniger kosten", oder das ausführliche Interview in der WirtschaftsWoche Nr. 6/03.02.2000 S. 25 ff. mit Bundesinnenminister Otto Schi-ly: „Mehr Leistung, weniger Kosten", bzw. das Programm der Bundesregierung unter dem Titel: „Moderner Staat – Moderne Verwaltung" (vgl. gleichnamiges Informations-heft der Bundesregierung).

[67] Rob, Mitbestimmung im Staatsdienst, S. 67.

[68] so: Edinger PersR 1997, S. 241, (241).

[69] Diese Forderung erheben z.B.: Altvater/Wendeling-Schröder RiA 1984, S. 73, (73, 77) und Schuppert PersR 1993, S. 1, (4). Die Entwicklung des Mitbestimmungsrechts im öf-fentlichen Dienst neutral beobachtend: Edinger PersR 1997, S. 241, (241); die Verände-rung der Arbeitswelt beschreibt auch: Roettecken PersR 1994, S. 60, (61).

[70] So nahm etwa die Zahl der Angestellten und Arbeiter im öffentlichen Dienst in Bund, Ländern und Gemeinden seit 1995 um mehr als 220.000 ab (vgl. WirtschaftsWoche Nr. 48/25.11.1999, Termin beim Kanzler, Mit Zähnen und Klauen verteidigt der Beam-

2.) Politische Reaktion

Die Forderungen der Beschäftigten und Gewerkschaften finden naturgemäß eher im sozialdemokratischen Lager als bei CDU und FDP Gehör. Während Letztere eine zügige Verwaltungsreform anstreben und mitunter die Interessen der Beschäftigten hinsichtlich mehr Mitbestimmungsrechten zurückstellen, kamen die SPD-regierten Bundesländer oftmals den Forderungen der Gewerkschaften nach mehr Mitbestimmung zum Schutz der Beschäftigten nach[71]. Diese unterschiedlichen politischen Auffassungen führten zur Zersplitterung des Personalvertretungsrechts. Dies widerspricht aber nicht nur der Intention des Bundesgesetzgebers eines möglichst einheitlichen Personalvertretungsrechts, sondern erschwert auch die Rechtsanwendung in der Dienststelle. So kann es zu unnötigen Konflikten zwischen Personalrat und Dienststellenleitung über die Reichweite sich ständig ändernder Mitbestimmungsregelungen kommen. Der Betriebsfriede in der Dienststelle ist gefährdet. Der Bürger ist zudem auf eine reibungslos funktionierende Verwaltung angewiesen. Streitigkeiten in der Dienststelle bergen jedoch die Gefahr, dass sich die Verwaltung mehr mit sich selbst als mit den Interessen der Bürger beschäftigt[72]. Das Ziel einer modernen Verwaltung tritt in den Hintergrund.

Edinger[73] weist darauf hin, dass sich die Fortentwicklung der Mitbestimmungsrechte im öffentlichen Dienst auch in Anlehnung an die Ausweitung der Mitbestimmung im Privatrecht, sprich dem Betriebsverfassungsgesetz, vollzog. Fraglich ist aber, ob die Situation der Beschäftigten im öffentlichen Dienst mit derjenigen der in der Privatwirtschaft Tätigen vergleichbar ist.

G. Vergleich mit der Privatwirtschaft

Schon bei der Erläuterung des historischen Hintergrunds des Personalvertretungsrechts ist darauf hingewiesen worden, dass Stimmen im Schrifttum auf ein

---

tenbund die Privilegien der deutschen Staatsdiener, S. 33, (37), unter Berufung auf das Statistische Bundesamt).

[71] Diese Feststellung treffen auch: Plander AuR 1987, S. 1 (2) und Pühler PersV 1991, S. 49, (60). Belegt wird diese Aussage durch eine Studie des Statistischen Bundesamtes, wonach etwa in Schleswig-Holstein (einem äußerst mitbestimmungsfreundlichen Bundesland) 56 Erwerbstätige in der öffentlichen Verwaltung auf je 1000 Einwohner kommen, wohingegen Baden-Württemberg nur 31 Bedienstete zur Verwaltung von 1000 Einwohner benötigt (vgl. WirtschaftsWoche Nr. 48/25.11.1999, S. 11).

[72] Pühler PersV 1991, S. 49, (62).

[73] Edinger PersR 1997, S. 241, (241).

einheitliches Mitbestimmungsrecht oder zumindest doch auf ein gleiches Mitbestimmungsniveau in der Privatwirtschaft und im öffentlichen Dienst drängen[74].
In der Tat erscheint es zunächst einleuchtend zu fragen, warum denn für die Beschäftigten im öffentlichen Dienst nicht die gleichen Regelungen gelten sollen
wie für die Arbeitnehmer in der Privatwirtschaft. Dies würde zu einer Rechts-
vereinheitlichung führen und damit die Materie des Mitbestimmungsrechts über-
sichtlicher als bisher erscheinen lassen. Das setzt aber voraus, dass die Arbeitsverhältnisse und der damit verbundene Interessengegensatz von Beschäftigten
und Dienststellenleitung derjenigen Mitbestimmungsproblematik nach dem Betriebsverfassungsgesetz entspricht. Hiergegen sind jedoch Bedenken anzumelden. Zudem darf nicht der Eindruck entstehen, die Mitbestimmungsrechte der
Personalvertretung seien grundsätzlich weniger weitreichend, als die Mitbestimmungsrechte in der Privatwirtschaft. Eher das Gegenteil ist der Fall. So war
etwa das Mitbestimmungsgesetz Schleswig-Holsteins in der Fassung vom
11.12.1990 wesentlich mitbestimmungsfreundlicher gestaltet als das Betriebsverfassungsgesetz (Stichwort: Allzuständigkeitsklausel und weitreichendes Initiativrecht).

I. Fehlender Gegensatz von Kapital und Arbeit im öffentlichen Dienst

Anders als in der Privatwirtschaft beruht der Interessenkonflikt im öffentlichen
Dienst zwischen Beschäftigten und Dienststellenleitung nicht auf dem Gegensatz von Kapital und Arbeit. Während der private Unternehmer in seinem Betrieb einen möglichst hohen Gewinn erwirtschaften will und hierzu auf einen
optimalen Einsatz seiner Arbeitskräfte angewiesen ist, verfolgt die Verwaltung
Gemeinwohlziele und ist nicht auf Gewinnmaximierung ausgerichtet[75]. Der
Unternehmer trifft seine Entscheidungen nach marktwirtschaftlichen Gesichtspunkten, also unter der Maxime von Angebot und Nachfrage. Ist die Nachfrage
groß, muss die Produktion erhöht werden. Dies führt möglicherweise zu Neueinstellungen, eventuell müssen die Arbeitnehmer aber auch Überstunden leisten.
Bei geringer Nachfrage kann es zu Entlassungen oder Kurzarbeit kommen. Die-

[74] vgl. Fn.1 2. Teil.
[75] so auch: Widmaier, Die Spannungen zwischen den Gruppeninteressen u. dem Interesse
des Staates in der Mitbestimmung der Organe der Personalvertretung, S. 45, 46; ders.
PersV 978, S. 299, (300); Püttner, Mitbestimmung u. Mitwirkung des Personals in der
Verwaltung, in: v. Oertzen, Demokratisierung u. Funktionsfähigkeit der Verwaltung,
S. 73, (78, 83); Ehlers JZ 1987, S. 218, (220); Feindt ZBR 1973, S. 353, (366); Kisker
PersV 1992, S. 1, (11); Molitor RdA 1955, S. 404, (405); Walldorf PersV 1981, S. 483,
(484).

se marktwirtschaftlichen Mechanismen sind dem öffentlichen Dienst fremd[76]. Ziel der Verwaltung ist ein reibungslos funktionierender Geschäftsbetrieb im Interesse des Bürgers. Auch hierzu bedarf es eines optimalen Personaleinsatzes. Die Arbeitsleistung erfolgt aber nicht unter dem ständigen Auf und Ab von Angebot und Nachfrage. Der öffentliche Dienst ist vielmehr durch eine gewisse Kontinuität geprägt.

II. Fehlende Insolvenzfähigkeit im öffentlichen Dienst

Diese Kontinuität spiegelt sich auch darin wider, dass nach § 12 Abs. 1 Nr. 1 InsO ein Insolvenzverfahren über das Vermögen des Bundes oder eines Landes unzulässig ist[77]. Gleiches gilt nach § 12 Abs. 1 Nr. 2 InsO auch für eine juristische Person des öffentlichen Rechts, die der Aufsicht eines Landes untersteht, sofern das Landesrecht die Insolvenzfähigkeit ausschließt. Trifft aber der private Unternehmer über einen längeren Zeitraum wirtschaftliche Fehldispositionen, ist der Betrieb wohl über kurz oder lang von der Insolvenz bedroht. Die Mitarbeiter sehen sich in solch einem Fall oftmals mit dem Schicksal der Arbeitslosigkeit konfrontiert. Derartig dramatische Folgen haben Fehlentscheidungen in der Verwaltung für die dort Beschäftigten nicht. Die Mitarbeiter im öffentlichen Dienst verfügen im Verhältnis zu den in der Privatwirtschaft Tätigen über einen relativ sicheren Arbeitsplatz[78]. Der oftmals beschriebene Stellenabbau in der Verwaltung beschränkte sich auch eher darauf, auf die Einstellung neuer Mitarbeiter zu verzichten (Stichwort: Einstellungsstopp), als aktuell Beschäftigten betriebsbedingt zu kündigen.

Diese Arbeitsplatzsicherheit ist auch der Grund dafür, dass öffentlich Beschäftigte weitgehende Mitbestimmungsrechte ohne eigenes persönliches Risiko einfordern können[79]. Sie müssen nicht um die wirtschaftliche Existenz ihres Unternehmens und damit um ihren Arbeitsplatz besorgt sein. Einen durch sehr weitreichende Mitbestimmungsregeln verursachten finanziellen Mehraufwand muss

---

[76] ausführlich: Biedenkopf/Säcker ZfA 1971, S. 211, (224); auf die Bedeutung des Allgemeinwohls für den Verwaltungsbetrieb verweist auch: Adomeit ZRP 1987, S. 75, (79).

[77] Edenfeld, Arbeitnehmerbeteiligung im Betriebsverfassungs- u. Personalvertretungsgesetz, S. 114; Ossenbühl PersV 1989, S. 409, (414); Schenke JZ 1991, S. 581, (586, 587).

[78] so auch: Dopatka kJ 1996, S. 224, (224) ebenso: Edenfeld, Arbeitnehmerbeteiligung im Betriebsverfassungs- u. Personalvertretungsgesetz, S. 115; Rob, Mitbestimmung im Staatsdienst, S. 189.

[79] Kisker PersV 1992, S. 1, (11).

der Steuerzahler tragen. Nach zutreffender Ansicht von Kisker[80] hat dies zugleich zur Folge, „dass die Bereitschaft von Gesetzgebern und Amtsträgern, sich gegen etwa zu weit gehende Wünsche der Bediensteten und ihrer Interessenvertreter zu wehren, ungleich geringer ist als die Widerstandsbereitschaft des privatwirtschaftlichen Unternehmers, der um seine Konkurrenzfähigkeit besorgt sein muss".

III. Strukturelle Unterlegenheit der Arbeitnehmer im öffentlichen Dienst als Rechtfertigung für eine Übertragung privatrechtlicher Mitbestimmungsgrundsätze?

Es wird jedoch auch die Ansicht[81] vertreten, der Beschäftigte im öffentlichen Dienst befinde sich im Verhältnis zum Dienststellenleiter in einer ähnlichen strukturellen Unterlegenheit wie der Arbeitnehmer in der Privatwirtschaft im Verhältnis zum Unternehmer. Ritter[82] stellt hierzu fest, aus dem Blickwinkel des im öffentlichen Dienst Beschäftigten sei kein Unterschied zur Situation in der Privatwirtschaft zu erkennen: „Ihm wird ein Arbeitsplatz zur Verfügung gestellt, auf dessen Organisation er keinen Einfluss hat; ihm wird ein Arbeitsziel in einem Arbeitsprozess vorgegeben, den er nicht mitgestalten kann; und er erhält für seine Arbeit ein Entgelt, nach Grundsätzen, in denen sich die unpersönlichen Gattungsmerkmale seines Tuns ungeschminkt widerspiegeln". Ähnlich äußert sich auch Edenfeld. Er argumentiert: „Für den LKW-Fahrer der Stadtwerke ist es nicht einzusehen, warum er im genannten Fall des Bereitschaftsdienstes einer anderen Mitbestimmung unterliegen soll als sein Kollege, der bei einem privaten Abfallbeseitigungsunternehmen arbeitet"[83]. Wendeling-Schröder[84] weist ferner darauf hin, dass die Arbeitnehmer im öffentlichen Dienst wie alle anderen Be-

---

[80] Kisker PersV 1992, S. 1, (11).

[81] Edenfeld, Arbeitnehmerbeteiligung im Betriebsverfassungs- u. Personalvertretungsgesetz, S. 6; Plander, Personalvertretung als Grundrechtshilfe, S. 51; Battis DÖV 1987, S. 1, (3); Söllner RdA 1976, S. 64, (65); Wulf-Mathies PersR 1993, S. 193, (193); ähnlich auch: Hoschke, Mitbestimmungskonkurrenzen im öffentlichen Dienst, S. 101; Vergleichbare Überlegungen liegen auch den Materialien zur Novelle des PersVG NW zu Grunde, vgl. LT Drucks. 9/3845, S. 50 (hierauf verweisen auch: Battis NVwZ 1986, S. 884, (885) und Becker RiA 1988, S. 1, (2)).

[82] Ritter JZ 1972, S. 107, (108), ähnlich: Sabottig PersR 1988, S. 93, (95), letzterem teilweise zustimmend: Benecke, Beteiligungsrechte u. Mitbestimmung im Personalvertretungsrecht, S. 97, vgl. auch S. 106.

[83] Edenfeld, Arbeitnehmerbeteiligung im Betriebsverfassungs- u. Personalvertretungsgesetz, S. 6 (im Anschluss an Sabottig PersR 1988, S. 93, (95)), vgl. auch S. 120, 121.

[84] Wendeling-Schröder AuR 1987, S. 381, (384).

schäftigten auch ihre Interessen an ausreichender Entlohnung, Qualifikation und guten Arbeitsbedingungen durchsetzen müssten. Auf dieser Basis wird ein einheitliches Mitbestimmungsrecht sowohl für die Privatwirtschaft als auch für den öffentlichen Dienst gefordert[85].

Dies klingt zunächst überzeugend, wird aber der besonderen Situation im öffentlichen Dienst nicht vollständig gerecht. So erhalten zwar gerade die unteren Bediensteten im öffentlichen Dienst ein Arbeitsziel vorgegeben, und ihnen werden auch kaum Möglichkeiten verbleiben, auf den Arbeitsprozess in größerem Umfang gestaltend einzuwirken. Entscheidend ist aber, dass dieses Arbeitsziel und dieser Arbeitsprozess ein anderer als in der Privatwirtschaft ist. Arbeitsziel ist nicht Gewinnmaximierung, sondern Erfüllung der öffentlichen Aufgaben im Interesse des Bürgers. Der Arbeitsprozess orientiert sich nicht an den Chancen, die der freie Markt bietet, sondern an Recht und Gesetzmäßigkeit. Der Aufgabenbereich des Dienststellenleiters und damit zugleich auch die Arbeitssituation insgesamt „wird nicht durch Wirtschaftlichkeit, Unternehmensprofit und persönliche Gewinnbeteiligung, sondern durch Gesetze und Verwaltungsvorschriften vorgegeben"[86]. Mitbestimmungsrecht ist vornehmlich auf Interessenausgleich gerichtet. Mögen nun aber die Interessen der im öffentlichen Dienst Beschäftigten auch denen in der Privatwirtschaft Tätigen ähneln, so kommt mit der Verpflichtung auf das Allgemeinwohl im öffentlichen Recht doch eine Komponente hinzu, die für dieses Rechtsgebiet prägend ist, im privaten Mitbestimmungsrecht aber nur eine untergeordnete Rolle spielt. Anders als im Privatrecht geht es im Mitbestimmungsrecht des öffentlichen Dienstes nicht nur um den Konflikt Arbeitgeber – Arbeitnehmer, sondern auch um den Interessenausgleich mit dem Bürger. Der Bürger legt Wert auf eine effizient und serviceorientiert arbeitende Verwaltung. Dem können weitreichende Mitbestimmungsrechte der Personalvertretung entgegenstehen, so z.B. dann, wenn die Verlängerung der Öffnungszeiten in der Dienststelle am Veto des Personalrats scheitert, etwa auf der Grundlage des § 75 Abs. 3 Nr. 1 BPersVG: Mitbestimmung bzgl. Beginn und Ende der täglichen Arbeitszeit. Erschwerend hinzu kommt ferner, dass die

---

[85] Bobke WSI-Mitteilungen 1983, S. 739, (742); Wendeling-Schröder AuR 1987, S. 381, (385); Edenfeld, Arbeitnehmerbeteiligung im Betriebsverfassungs- u. Personalvertretungsgesetz, S. 122, ist allerdings der Ansicht, dass einer Vereinheitlichung beider Rechtsgebiete nur dann nichts im Wege steht, wenn die spezifischen Besonderheiten des öffentlichen Dienstes, z.B. beamtenrechtliche Fragen, keine zwingenden mitbestimmungsrechtlichen Abweichungen erforderlich erscheinen lassen.

[86] Edenfeld, Arbeitnehmerbeteiligung im Betriebsverfassungs- u. Personalvertretungsgesetz, S 116.

öffentlich-rechtliche Verwaltung in vielen Bereichen eine rechtlich vorgeschriebene Monopolstellung inne hat. Der Bürger kann also nicht auf einfache und unkomplizierte Art und Weise, wie es im privatwirtschaftlichen Sektor der Fall ist, einen Konkurrenzanbieter aufsuchen, der seinen Wünschen eher entspricht[87]. Der zusätzliche Faktor Gemeinwohl muss bei der Gestaltung des Mitbestimmungsrechts im öffentlichen Dienst folglich ausreichend Berücksichtigung finden. Die Mitbestimmungsregeln des privaten Rechts können also nicht einfach auf die Situation im Verwaltungsbereich übertragen werden, auch wenn eine gewisse strukturelle Unterlegenheit der Arbeitnehmer im öffentlichen Dienst gegenüber der Behördenleitung anzuerkennen ist. Letzteres kann aber nur als Argument dafür dienen, dass auch den im öffentlichen Dienst Beschäftigten eine interessenorientierte Mitsprache vom Grundsatz her zusteht. Der bedenklichen Zersplitterung des Personalvertretungsrechts könnte auch dadurch wirksam begegnet werden, indem sich der Bund und die Länder untereinander auf einen einheitlichen oder doch zumindest ähnlichen Mitbestimmungsstandard einigen.

H. Rechtsnatur des Personalvertretungsrechts und des Personalrats

Oftmals in engem Zusammenhang mit der zuvor diskutierten Problematik wird die Frage nach der Rechtsnatur des Personalvertretungsrechts und des Personalrats gestellt. Die Untersuchung des Rechtscharakters des Personalvertretungsrechts ist nicht nur von rechtstheoretischer Bedeutung. So kann etwa die Auslegung einer Norm zu unterschiedlichen Ergebnissen führen, je nachdem ob man sie dem Privatrecht oder dem öffentlichen Recht zuordnet[88].

I. Personalvertretungsrecht und Personalrat als Institution des Privatrechts?

Diejenigen Autoren, die der Auffassung sind, der Interessenkonflikt zwischen Beschäftigten und Dienststellenleitung entspreche dem zwischen Arbeitnehmer und privatem Unternehmer, ordnen teilweise in konsequenter Fortführung ihres Problemansatzes das Personalvertretungsrecht dem privaten Arbeitsrecht zu[89].

---

[87] Hierauf machen auch aufmerksam: Benecke, Beteiligungsrechte u. Mitbestimmung im Personalvertretungsrecht, S. 103, 104 und Biedenkopf/Säcker ZfA 1971, S. 212, (228).

[88] so auch Hecker PersV 1980, S. 217, (217); a.A. aber Söllner AuR 1959, S. 69, (70): aus der rechtlichen Qualifikation sei kein Schluss auf die materielle Rechtslage möglich.

[89] Interessanterweise sprechen nur wenige Autoren diese Konsequenz offen aus: So etwa, wenn schon auch einige Zeit zurückliegend,: Müller AuR 1955, S. 143 ff. und Rewol-

62

Neben dem Hauptargument der vergleichbaren Interessenlage in den beiden Rechtsgebieten Personalvertretungs- und Betriebsverfassungsrecht wird zusätzlich darauf hingewiesen, dass die Personalvertretung nicht die Befugnis besitze, im Verhältnis zum Bürger tätig zu werden. Sie dürfe z.b. keine Verwaltungsakte erlassen. Ihre Aufgabe beschränke sich allein auf die Wahrnehmung und Sicherung der Beschäftigteninteressen. Sie sei folglich keine Verwaltungseinheit, sondern der privatrechtliche Betriebsrat des öffentlichen Dienstes[90].

II. Zugehörigkeit des Personalvertretungsrechts zum öffentlichen Recht

Es ist bereits herausgearbeitet worden, dass die Interessenvertretung im öffentlichen Dienst unter anderen Prämissen als die Wahrnehmung der Arbeitnehmerbelange in der Privatwirtschaft erfolgt. In der Literatur werden jedoch noch weitere Argumente genannt, die dafür sprechen sollen, dass das Personalvertretungsrecht dem öffentlichen Recht zuzuordnen ist. Etwa wird aus der Tatsache, dass in Art. 74 Abs. 1 Nr. 12 GG vom Arbeitsrecht einschließlich des Betriebsverfassungsgesetzes die Rede ist und in Art. 75 Abs. 1 Nr. 1 GG die Rechtsverhältnisse der im öffentlichen Dienst Beschäftigten angesprochen werden, geschlossen, dass es sich hierbei zwingend um zwei verschiedene Rechtsgebiete handelt[91]. Weiterhin würden unter dem Begriff des öffentlichen Dienstes in Art. 33 Abs. 5 GG nicht nur die Beschäftigungsverhältnisse der Beamten, sondern auch die der Angestellten und Arbeiter verstanden. Folglich sei nicht nur das Beamtenrecht, sondern das gesamte Dienstrecht der öffentlich Beschäftigten einschließlich des Personalvertretungsrechts öffentlich-rechtlicher Natur[92]. Beide Argumentationen laufen aber auf einen Zirkelschluss hinaus, denn es wird bereits vorausgesetzt, dass das Personalvertretungsrecht zum öffentlichen Dienstrecht gehört. Überzeugender ist es daher, darauf abzustellen, dass die Personalvertretung neben den Interessen der Beschäftigten auch die allgemeinen

---

le/Lorentz AuR 1958, S. 75 ff.; in neuerer Zeit ebenso: Wendeling-Schröder AuR 1987, S. 381, (384); ähnlich auch: Roettecken NVwZ 1996, S. 552, (552); aus dem politischen Lager vgl: Arndgen, CDU/CSU Fraktion BT Drucks. 2. Wahlperiode – 73. Sitzung, S. 3961 und Schneider, CDU/CSU Fraktion BT Drucks. 2. Wahlperiode – 73. Sitzung, S. 3960 (hierauf verweist auch Müller AuR 1955, S. 143, (143)).

[90] Rewolle/Lorentz AuR 1958, S. 75, (78).

[91] Wacke JZ 1957, S. 289, (290); vgl. auch die weiteren Nachweise bei Hecker PersV 1980, S. 217, (218).

[92] Widmaier, Spannungen zwischen den Gruppeninteressen u. dem Interesse des Staates in der Mitbestimmung der Organe der Personalvertretung, S. 45-47; ders. PersV 1978, S. 299, (301 f.).

öffentlich-rechtlichen Aufgaben der Dienststelle zu beachten hat (vgl. § 2 Abs. 1 BPersVG). Sie ist damit in den organisatorischen Aufbau der Verwaltung miteinbezogen. Die Personalvertretung wirkt gestaltend und zudem mit Entscheidungsbefugnissen ausgestattet bei der inneren Ordnung der Dienststelle, welche öffentlich-rechtlicher Natur ist, mit[93]. Dass die Personalvertretung bei ihrer Aufgabenerfüllung nicht nach außen tätig wird, ist für ihren Rechtscharakter also unerheblich[94]. In der neueren Literatur wird die Zugehörigkeit des Personalvertretungsrechts zum öffentlichen Recht zumeist als selbstverständlich und unumstritten dargestellt[95].

---

[93] ähnlich: Ehlers JZ 1987, S. 218 (219); vgl. auch ausführlich: Hecker PersV 1980, S. 217, (220), der die Zugehörigkeit des Personalvertretungsrechts zum öffentlichen Recht mit Hilfe der „Sonderrechtstheorie" beweist; die Zugehörigkeit des Personalvertretungsrechts zum öffentlichen Recht bejaht auch nachhaltig: Grabendorff ZBR 1954, S. 106, (106); ders. ZBR 1954, S. 136, (136); ders. ZBR 1954, S. 260, (261); ders. ZBR 1955, S. 135, (136, 137).

[94] Hecker PersV 1980, S. 217, (222) weist daraufhin, dass es zahlreiche Gremien im öffentlichen Recht gibt, die nach außen gegenüber dem Bürger nicht in Erscheinung treten. Als Beispiel nennt er in Fn.50 die Fachausschüsse nach § 4 des Gesetzes über die Festsetzung von Mindestarbeitsbedingungen vom 11.01.1952 (BGBL I, S. 17).

[95] vgl. z.B.: Benecke, Beteiligungsrechte und Mitbestimmung im Personalvertretungsrecht, S. 101, 102; Edenfeld, Arbeitnehmerbeteiligung im Betriebsverfassungs- u. Personalvertretungsgesetz, S. 2 sowie Lecheler NJW 1986, S. 1079, (1080) und Pfohl ZBR 1996, S. 82, (82).

4. Teil: Personelle Mitbestimmung und Demokratieprinzip

Die personelle Mitbestimmung ist im Hinblick auf ihre Vereinbarkeit mit dem Demokratieprinzip kritisch zu hinterfragen. Es gilt dabei zu klären, ob die Gremien von Personalvertretung und Einigungsstelle demokratisch legitimiert und befugt sind, Entscheidungen zu treffen, die nicht nur für die Beschäftigten im öffentlichen Dienst von einigem Interesse sind, sondern auch die Belange der Bürger unmittelbar berühren. Eine pauschale bzw. vorschnelle Beantwortung dieser Frage wird nicht möglich sein. Zum einen werden gerade zu der eher abstrakten Problematik der demokratischen Legitimation ganz unterschiedliche Ansichten vertreten. Zum andern muss zwischen den verschiedenen Beteiligungstatbeständen sowie dem jeweiligen Mitbestimmungsniveau differenziert werden. Beispielsweise werden demokratierechtliche Bedenken im Falle der Mitbestimmung bzgl. der Einrichtung einer Kantine auf Basis des § 75 Abs. 3 Nr. 5 BPersVG eher in den Hintergrund treten, als wenn die Personalvertretung über Beginn und Ende der Arbeitszeit im Rahmen des § 75 Abs. 3 Nr. 1 BPersVG mitbestimmt. Während bei ersterem Beispiel eine Verletzung von Allgemeinwohlbelangen praktisch ausscheidet, liegt in zuletzt genannter Situation der Konflikt von Bürger- und Beschäftigteninteressen nahe. So wird der Bürger Wert auf einen Dienstleistungsbetrieb legen, den er auch nach Feierabend aufsuchen kann. Ein Behördengang muss für ihn möglich sein, ohne dass ein Urlaubstag geopfert werden muss. Die Beschäftigten dagegen werden verständlicherweise vornehmlich einen „geregelten" Arbeitsbetrieb favorisieren. Weiterhin wird es einen Unterschied machen, ob dem Personalrat ein volles Mitbestimmungsrecht zusteht, oder ob er lediglich ein Anhörungsrecht für sich in Anspruch nehmen kann. Fällt die Einigungsstelle etwa hinsichtlich der Einstellung eines neuen Mitarbeiters eine verbindliche Letztentscheidung (vgl. § 75 Abs. 1 Nr. 1, 69 Abs. 4 BPersVG), dann nimmt sie auf die personelle Behördenstruktur und damit zugleich auch auf die Effektivität der Verwaltung nachhaltig Einfluss. Wird aber der Personalrat gemäß § 78 Abs. 5 BPersVG vor grundlegenden Änderungen von Arbeitsverfahren nur angehört, wird die Entscheidungsgewalt des Dienststellenleiters in geringerem Umfang tangiert. Dieser Aspekt wird innerhalb der demokratierechtlichen Untersuchung zu berücksichtigen sein.

Noch nicht im Blickpunkt steht an dieser Stelle die direktive Mitbestimmung. Die Mitbestimmung von Arbeitnehmervertretern in Verwaltungsräten öffentlich-rechtlicher Wirtschaftsunternehmen wird erst im Anschluss an die Fragestellung der personalvertretungsrechtlichen Mitbestimmung erläutert. So gestaltet sich die demokratierechtliche Problematik möglicherweise anders, wenn die jeweiligen Arbeitnehmervertreter über die allgemeinen Nutzungsbedingungen einer öffentlich-rechtlichen Einrichtung, wie z.B. Museum oder Stadtwerke, mitbestimmen, als wenn die Personalratsmitglieder die dienststelleninternen Interessen ihrer Kollegen gegenüber dem Behördenleiter vertreten.

Während der Begriff der personellen Mitbestimmung aber bereits eingehend erläutert wurde, ist das Demokratieprinzip bisher nur am Rande erwähnt worden.

A. Die Bedeutung des Demokratieprinzips

Der Begriff der Demokratie kommt aus dem Griechischen und bedeutet Volksherrschaft. Er kennzeichnete die Herrschaftsform der griechischen Polis im klassischen Altertum. Nicht zum Volk im damaligen Sinne gehörten aber die so genannten Metöken (ortsansässige Fremdlinge ohne Bürgerrechte) und die Sklaven[1].

Im Grundgesetz ist das Demokratieprinzip in Art. 20 Abs. 1 und 2 GG verfassungsrechtlich verankert. Nach Art. 20 Abs. 1 GG ist die Bundesrepublik ein demokratischer und sozialer Bundesstaat. Näher konkretisiert wird dieser Verfassungsgrundsatz in Art. 20 Abs. 2 S. 1 GG, wo bestimmt ist, dass alle Staatsgewalt vom Volke ausgeht. Jestaedt[2] hebt jedoch zutreffend hervor, dass die „apodiktische Kürze des Satzes" mehr Auslegungsfragen birgt, „als ihm bei oberflächlicher Betrachtung Antworten entnommen werden können". Zwar ist das Demokratieprinzip einer der elementaren und bedeutungsvollen Grundsätze unserer Verfassung, dennoch besteht vielfach Unklarheit, wenn es darum geht, diesem Verfassungsprinzip konkrete Aussagen für die Rechtspraxis zu entnehmen. Ossenbühl[3] weist daraufhin, dass das Demokratieprinzip wie die meisten verfas-

---

[1] Nagel/Bauers, Mitbestimmung in öffentlich-rechtlichen Unternehmen u. Verfassungsrecht, S. 39; Stein, Staatsrecht, S. 57 § 8 II; vgl. ausführliche Zusammenfassung des Demokratiebegriffes bei Denninger in: Görlitz, Handlexikon zur Rechtswissenschaft, S. 65 ff.

[2] Jestaedt Der Staat 32 (1993), S. 29, (29).

[3] Ossenbühl PersV 1989, S. 409, (410); ders. Grenzen der Mitbestimmung, S. 13; auf die Unbestimmtheit des Demokratieprinzips verweisen in ähnlicher Form auch: Hesse,

sungsrechtlichen Prinzipien „hochabstrakt formuliert" und mit „Traditionen angereichert" sei. Es sei geeignet, „unterschiedliche politische Vorstellungen und Vorverständnisse aufzunehmen", ja es lade „zum Fabulieren" geradezu ein.

Entscheidend ist deshalb, möglichst präzise juristische Aussagen zu entwickeln und keine begriffsleeren Floskeln zu verwenden. Am Ende der Untersuchung sollten verwertbare Ergebnisse und nicht bloße Redensarten stehen[4]. Aussagen wie, der Demokratiebegriff sei „aus der Gesamtheit aller Verfassungsaussagen zu bestimmen"[5], haben sicherlich ihre Berechtigung und sind im Kern zutreffend, helfen bei der Definition von Staatsgewalt und demokratischer Legitimation allein aber noch nicht weiter.

Übereinstimmung besteht in der Literatur insoweit, als es bei dem Begriff des Demokratieprinzips um Legitimation von Herrschaft geht. Staatsgewalt muss immer auf das Volk in seiner Gesamtheit rückführbar sein. Hierzu gehören ebenfalls, gerade auch in Abgrenzung zu früheren Zeiten, die unteren Gesellschaftsschichten. Demokratie wird folglich auch als Volkssouveränität verstanden[6].

Da Personalvertretungsrecht in großem Umfang Ländersache ist, ist es wichtig, darauf hinzuweisen, dass das Demokratieprinzip über die Vorschrift des Art. 28 Abs. 1 S. 1 GG auch in den Ländern Anwendung findet bzw. vorgeschrieben ist[7]. Zugleich ist das Demokratieprinzip in den jeweiligen Länderverfassungen ebenfalls als tragendes Staatsprinzip niedergeschrieben[8].

Grundzüge des Verfassungsrechts, § 5 Rn. 127; Nagel/Bauers, Mitbestimmung in öffentlich-rechtlichen Unternehmen u. Verfassungsrecht, S. 39; Stein, Staatsrecht, S. 57 § 8 II; zugleich ist aber auch Pfohl in: ZBR 1996, S. 82, (84), darin zuzustimmen, dass das Demokratieprinzip nicht im Sinne eines unbestimmten Rechtsbegriffes verstanden werden darf.

[4] Die Wichtigkeit der genauen juristischen Vorgehensweise in Bezug auf die Erläuterung des Demokratieprinzips heben ebenfalls hervor: Stein, Staatsrecht, S. 57, § 8 II; Geiger, Das Demokratieverständnis des Grundgesetzes, in: Demokratie und Verwaltung, S. 229, (230); Ossenbühl PersV 1989, S. 409, (410).

[5] so Mayer FS für Scupin 1973, S. 255, (264).

[6] Nagel/Bauers, Mitbestimmung in öffentlich-rechtlichen Unternehmen u. Verfassungsrecht, S. 39; Stein, Staatsrecht, S. 58 § 8 II.

[7] Dies hebt auch die Rechtsprechung an verschiedenen Stellen immer wieder hervor: BVerfGE 83, 60, (71); BVerfGE 52, 95, (111); BVerfGE 9, 268, (289 f.); ebenso: Benecke, Beteiligungsrechte und Mitbestimmung im Personalvertretungsrecht, S. 109 und Kluth JA 1996, S. 636, (637).

[8] vgl. z.B.: Art. 23 Abs. 1, 25 Abs. 1 BaWü Verf, Art. 2 Abs. 1 Bay Verf, Art. 74 Abs. 1, 2 RhPf Verf, Art. 1, 3 Abs. 1 Sächs Verf.

Die Befugnisse der Personalvertretung können aber nur dann in Konflikt zu Art. 20 Abs. 2 S. 1 GG geraten, wenn sich die Wahrnehmung personalvertretungsrechtlicher Aufgaben als Ausübung von Staatsgewalt erweist. Die Personalvertretung müsste also staatsgewaltliche Befugnisse in Anspruch nehmen, wenn sie z.b. gegen die Einstellung (vgl. § 75 Abs. 1 Nr. 1 BPersVG) oder Versetzung (vgl. § 75 Abs. 1 Nr. 3 BPersVG) eines bestimmten Mitarbeiters votiert oder der Verlängerung der Öffnungszeiten der Dienststelle auf Basis des § 75 Abs. 3 Nr. 1 BPersVG widerspricht. Ist dies nicht der Fall, stellt sich das Legitimationsproblem des Art. 20 Abs. 2 S. 1 GG nicht. Es ist also zunächst erforderlich, den Bedeutungsgehalt des Begriffes Staatsgewalt zu bestimmen.

B. Der Begriff der Staatsgewalt

Die demokratierechtliche Problematik wird dadurch erschwert, dass das Grundgesetz den näheren Sinngehalt des Wortes Staatsgewalt nicht definiert. Zudem taucht der Begriff der Staatsgewalt nur in Art. 20 Abs. 2 S. 1 GG auf, sodass auch eine auf der Gesetzessystematik beruhende Auslegung nicht möglich ist. Es sei denn, man stellt Vergleiche zu dem in Art. 19 Abs. 4 und Art. 93 Abs. 1 Nr. 4a GG gewählten Terminus der öffentlichen Gewalt an. Geht es jedoch bei den Art. 19 Abs. 4 und 93 Abs. 1 Nr. 4a GG um den Rechtsschutz des Bürgers *vor* der öffentlichen Gewalt, spricht Art. 20 Abs. 2 S. 1 GG von der Ausübung staatlicher Gewalt *durch* den Bürger. Der Kontext, in dem beide Bezeichnungen stehen, ist also unterschiedlich. Ferner ist selbst der Gebrauch des Begriffes öffentliche Gewalt in Art. 19 Abs. 4 GG und Art. 93 Abs. 1 Nr. 4 a GG jeweils von unterschiedlicher Bedeutung. Während Art. 93 Abs. 4 a GG Akte der Rechtsprechung in die öffentliche Gewalt mit einbezieht, nimmt Art. 19 Abs. 4 GG nach allgemeiner Ansicht die Rechtsprechung aus[9]. Möglicherweise lässt sich eine Interpretation des Wortes Staatsgewalt aber aus Art. 1 Abs. 1 S. 2 GG gewinnen. Nach Art. 1 Abs. 1 S. 2 GG ist es die Verpflichtung aller staatlichen Gewalt, die Würde des Menschen zu achten und zu schützen. Da diesem Gebot jedoch oberste Priorität im Grundgesetz eingeräumt wird, ist der Begriff der staatlichen Gewalt in Art. 1 Abs. 1 S. 2 GG unter dem Aspekt des möglichst in-

---

[9] Auf diesen Unterschied macht auch Oebbecke in: Weisungs- und unterrichtungsfreie Räume in der Verwaltung, S. 78 aufmerksam; die Problematik, ob Art. 19 Abs. 4 GG auch Akte der Rechtsprechung mit einbezieht, ist inzwischen im hier beschriebenen Sinne als geklärt anzusehen: vgl. BVerfGE 15, 275, (280); BVerwGE 50, 11, (14). Auf diese Rechtsprechung beruft sich auch Oebbecke an der zuvor genannten Stelle.

tensiven Schutzes aber weiter zu verstehen, als der der Staatsgewalt in Art. 20 Abs. 2 S. 1 GG[10]. Des Weiteren beinhaltet Art. 20 Abs. 2 S. 1 GG eine staatsorganisationsrechtliche Entscheidung, wohingegen bei Art. 1 Abs. 1 S. 2 GG der individualrechtliche Schutz des Einzelnen durch die Macht des Staates im Vordergrund steht[11]. Neben einer systematischen Auslegung verspricht schließlich auch eine grammatikalische sowie historische Untersuchung wenig Erfolg[12]. Übrig bleibt also eine am Sinn und Zweck orientierte Auslegung des Begriffes Staatsgewalt in Art. 20 Abs. 2 S. 1 GG.

I. Staatsgewalt als die Inanspruchnahme staatlicher Entscheidungsbefugnisse

Intention des Art. 20 Abs. 2 S. 1 GG ist es, den Aufbau und die Ordnung im Staat der alleinigen Verantwortung des Volkes zu übertragen. Aufbau und Ordnung im Staat werden durch Gesetze, Verordnungen, Aufforderungen, Anordnungen, Planungen sowie durch Hinweise und Informationen geregelt. Hierzu bedarf es Entscheidungen staatlicher Funktionsträger. Dabei kann es sich um bedeutende Entscheidungen, die per Gesetzesform im Bundes- oder Landtag getroffen werden, handeln. Es kann aber auch in einer städtischen Amtsstube die vergleichsweise einfache Frage nach der Erteilung einer Baugenehmigung zu beantworten sein. Jede Stelle, die im Rahmen derartiger Handlungsvorgänge maßgebliche Entscheidungskompetenzen besitzt, übt, soweit sie von den ihr zustehenden Rechten Gebrauch macht, Staatsgewalt aus. Von einer maßgeblichen Entscheidungsgewalt ist immer dann zu sprechen, wenn die jeweilige Person bzw. das in Frage stehende Organ, das *ob* oder *wie* der vorgesehenen Entscheidung steuernd beeinflussen kann. Dabei ist es ohne Belang, ob es sich um eine privat- oder öffentlich-rechtliche Stelle handelt, oder ob die öffentliche Hand sich im Einzelfall, wie etwa in der Leistungsverwaltung, ausnahmsweise der privatrechtlichen Handlungsform bedient. Andernfalls könnte man sich dem Le-

---

[10] So setzt Art. 1 Abs. 1 GG nicht unbedingt eine regelnde Entscheidung voraus, sondern umfasst grundsätzlich alles staatliches Handeln, was bei Art. 20 Abs. 2 S. 1 GG aber gerade heftig umstritten ist; vgl. auch: Jestaedt, Demokratieprinzip u. Kondominalverwaltung, S. 262, 263.

[11] Eine systematische Auslegung ebenfalls ablehnend: Schmidt-Aßmann AöR 116 (1991), S. 329, (338, 339).

[12] Zu diesem Schluss gelangt auch: Jestaedt, Demokratieprinzip u. Kondominalverwaltung, S. 262.

gitimationserfordernis des Art. 20 Abs. 2 S. 1 GG leicht entziehen (Stichwort: Flucht ins Privatrecht)[13].

Dieser Begriffsbestimmung von Staatsgewalt entspricht auch der Definitionsversuch des Bundesverfassungsgerichts. So bezeichnete das Bundesverfassungsgericht[14]in seiner Entscheidung zum Hamburger Kommunalwahlrecht für Ausländer „alles amtliche Handeln mit Entscheidungscharakter" als Ausübung von Staatsgewalt. Jener Ansicht ist auch Jestaedt[15] weitgehend gefolgt, wenn er feststellt, dass es sich bei der Ausübung von Staatsgewalt um „die Inanspruchnahme von Entscheidungsbefugnissen in Wahrnehmung einer Staatsaufgabe" handelt.

Staatsgewalt liegt bei regelnden Entscheidungen vor[16]. Hiermit ist jedoch nicht unbedingt eine unmittelbare Anordnung gegenüber dem Bürger gemeint. Auch die verbindliche Planfeststellung, den Bau einer Straße betreffend, ist eine Rechtshandlung, die demokratischer Legitimation bedarf. Fraglich ist, inwieweit staatliches Realhandeln demokratischer Legitimation bedarf. Wenn man bedenkt, wie sehr unser tägliches Leben durch staatliches Realhandeln beeinflusst wird, zu nennen ist beispielsweise die staatliche Information über gesundheitsgefährdende Lebensmittel, so ist es gerechtfertigt, auch Realhandeln als Ausübung von Staatsgewalt zu bezeichnen. Zudem erfolgt auch öffentlichrechtliches Realhandeln erst nachdem zuvor eine Entscheidung seitens einer staatlichen Stelle getroffen wurde. So hat die Behörde darüber zu entscheiden, ob die Voraussetzungen für eine staatliche Warnerklärung vorliegen. Auszuklammern sind allerdings rein technische Hilfstätigkeiten[17], wie etwa die Fahrt mit dem Dienstwagen. Teilweise werden dagegen nur regelnde Entscheidungen unter dem Begriff der Staatsgewalt erfasst[18]. Sei die Entscheidung nicht verbindlich, liege keine Ausübung von Staatsgewalt vor. Dies ist aber gerade bei staatlichen Warnungen und Informationstätigkeiten der Fall. Der zuvor genannten Meinung ist jedoch darin zuzustimmen, dass beratende Tätigkeiten, die allein der Entscheidungsvorbereitung dienen, so etwa der Vorschlag eines Bau-

---

[13] vgl. zu letzterem Gesichtspunkt auch: Oebbecke, Weisungs- u. unterrichtungsfreie Räume in der Verwaltung, S. 80 unter Berufung auf BVerfGE 47, 253, (273).

[14] BVerfGE 83, 60, (73).

[15] Jestaedt, Demokratieprinzip u. Kondominalverwaltung, S. 263; ähnlich auch: v. Mutius FS für Kriele 1997, S. 1119, (1122).

[16] so auch: Oebbecke, Weisungs- u. unterrichtungsfreie Räume in der Verwaltung, S. 81.

[17] Schmidt-Aßmann AöR 116 (1991), S. 329, (342).

[18] Oebbecke, Weisungs- u. unterrichtungsfreie Räume in der Verwaltung, S. 81.

ausschusses, ein bestimmtes Bauprojekt durchzuführen, nicht als Ausübung von Staatsgewalt zu sehen sind. In einem solchen Fall ist erst die *tatsächliche Entscheidung* legitimationsbedürftig. Andernfalls müsste man auch wiederum die Vorbereitungen des Beratungsgremiums konsequenterweise unter dem Begriff der Staatsgewalt einordnen. Bei einem solchen Vorgehen aber würde dieser an Konturen verlieren, und damit auch die Bedeutung des Art. 20 Abs. 2 S. 1 GG als grundlegendes Verfassungsprinzip schwinden[19].

Umstritten ist weiterhin, ob eine bestimmte staatliche Tätigkeit nur dann als Ausübung von Staatsgewalt zu qualifizieren ist, wenn dem Handeln eine direkte Außenwirkung gegenüber dem Bürger zukommt. Da sich die Beteiligungsrechte der Personalvertretung nur auf den innerdienstlichen Bereich beziehen, und sie gegenüber dem Bürger nicht direkt in Erscheinung treten, ist die Beantwortung dieser Frage für die personalvertretungsrechtliche Diskussion von großer Bedeutung. So ist die Personalvertretung möglicherweise berechtigt, ihr Veto gegen die Einführung von Internetzugängen am Arbeitsplatz zwecks Bearbeitung von Bürgeranträgen (vgl. § 76 Abs. 2 Nr. 7 BPersVG: Einführung grundlegend neuer Arbeitsmethoden) einzulegen. Sie ist jedoch nicht befugt, Verwaltungsakte gegenüber dem Bürger, etwa mit Hilfe des neu eingeführten Mediums Internet, zu erlassen. Diesbezüglich muss immer die öffentliche Einrichtung selbst tätig werden.

II. Ausübung von Staatsgewalt nur bei Außenwirkung?

Bisher nicht erörtert wurde also die Frage, inwieweit innerorganisatorische Entscheidungen der Verwaltung unter dem Begriff der Ausübung von Staatsgewalt zu subsumieren sind. Ausgenommen wurde lediglich der interne entscheidungsvorbereitende Beratungsablauf. Dieser stellt jedoch nur einen Teil der inneren Verwaltungsorganisation dar. Der tägliche Verwaltungsablauf in einer Behörde wird bestimmt durch eine Fülle von weiteren Einzelentscheidungen personeller und organisatorischer Natur. Mitarbeiter werden versetzt, gekündigt oder neu eingestellt. Die Öffnungszeiten der Dienststelle werden bürgerfreundlich geregelt. Verwaltungsvorschriften werden erlassen, und manchmal steht die Frage nach der Schließung oder auch Neueröffnung einer Dienststelle im Raum. All die genannten Entscheidungen richten sich zunächst nur an die Beschäftigten im öffentlichen Dienst. Sie betreffen den Bürger nur mittelbar.

---

[19] Oebbecke, Weisungs- u. unterrichtungsfreie Räume in der Verwaltung, S. 82; ebenso: Schmidt-Aßmann AöR 116 (1991), S. 329, (342).

Nach Ansicht Schneiders[20] genügt eine derart mittelbare Außenwirkung nicht, um diese Entscheidungen als Ausübung von Staatsgewalt zu qualifizieren. Staatsgewalt sei lediglich „die Kompetenz, den Bürger zu begünstigen oder zu belasten: Gehorsam einzufordern oder Rechtspositionen einzuräumen". Diese These Schneiders bezog sich auf die Tätigkeit der Personalvertretung. Die Personalvertretung sei nur an verwaltungsinternen Entscheidungen zu beteiligen. Diese Entscheidungen stellten aber per se schon keine Ausübung von Staatsgewalt dar. Daher könnten auch die Mitbestimmungs- und Mitwirkungsrechte der Personalvertretung nicht hierunter fallen. Diese Argumentation ist nicht ohne thematischen Hintergrund. Sie stützt sich auf ein einzelnes Urteil des Bundesverfassungsgerichts[21]. Jenes befasst sich zwar nicht mit dem Personalvertretungs- , sondern mit dem Steuerrecht, ist in seiner Begründung aber vergleichbar. Nach Auffassung des Bundesverfassungsgerichts stellte die verbindliche Festsetzung des Inhalts von Entscheidungen über Einsprüche gegen Steuerbescheide durch ein Gremium, welches teilweise mit weisungsunabhängigen Mitgliedern besetzt war, keine Ausübung von Staatsgewalt dar, da der entsprechende Verwaltungsakt gegenüber dem Bürger nicht durch den Ausschuss, sondern durch die zuständige Behörde erlassen wurde.

Dieser Auffassung muss widersprochen werden. Zwar richten sich innerorganisatorische Maßnahmen nicht direkt an den Bürger, dennoch sind sie oftmals für jenen von großer Bedeutung[22]. In einer Verwaltungsvorschrift wird z.B. festgelegt, wie der Sachbearbeiter mit einem bestimmten Antrag in einer bestimmten Situation zu verfahren hat. Die eigentliche Entscheidung wird hier also quasi vorweggenommen. Die innere Organisation einer Verwaltung entscheidet ebenfalls darüber, wie effizient und serviceorientiert eine Behörde arbeitet. So müssen etwa genügend qualifizierte Mitarbeiter beschäftigt werden und dem Bürger ausreichend Sprechstunden zur Verfügung stehen. Organisationsrechtliche und personelle Maßnahmen bilden folglich das Gerippe oder anders gesprochen die „hard-ware" der Verwaltungsentscheidung gegenüber dem Bürger. Plander[23]

---

[20] Schneider, Verfassungsmäßigkeit der Mitbestimmung im öffentlichen Dienst, S. 7, 8; ihm folgend: Nagel PersR 1986, S. 163, (165); Nagel/Abel AuR 1987, S. 15, (18); Plander AuR 1987, S. 1, (5).

[21] BVerfGE 22, 106 ff.

[22] so auch: Kübel, Personalrat u. Personalmaßnahmen, S. 105; Oebbecke, Weisungs- u. unterrichtungsfreie Räume in der Verwaltung, S. 81 Fn.17; Plander, Personalvertretung als Grundrechtshilfe, S. 127; Rob, Mitbestimmung im Staatsdienst, S. 100; Battis/Kersten DÖV 1996, S. 584, (585); Ehlers JZ 1987, S. 218, (219).

[23] Plander PersR 1990, S. 345, (348).

verdeutlicht die besondere Bedeutung derartiger verwaltungsinterner Entscheidungen pointiert anhand einer Kontrollüberlegung: „Dürfte der Gesetzgeber diejenigen Kompetenzen zu Entscheidungen, welche Träger staatlicher Gewalt in ihrer Rolle als Arbeitgeber und Dienstherrn zu treffen haben, einer demokratisch nicht legitimierten nichtstaatlichen Stelle, etwa der Zentrale eines Konzerns oder einem weisen Philosophen, überlassen? Die Frage stellen heißt doch wohl sie zu verneinen!". Damit Sinn und Zweck des Art. 20 Abs. 2 S. 1 GG, nämlich Aufbau und Ordnung des Staates in die Hände des Volkes zu legen, folglich nicht leer laufen, ist es also erforderlich, solche innerorganisatorischen Entscheidungen dem Legitimationsbedürfnis zu unterstellen. Ein Abstellen auf die nach außen wirkende Verwaltungsentscheidung gegenüber dem Bürger bedeutet eine formaljuristische Verengung des Begriffes der Staatsgewalt. Dies wird auch durch einen weiteren in der Literatur wenig beachteten Gesichtspunkt unterstrichen. Auch wenn sich innerorganisatorische und personelle Maßnahmen nur mittelbar auf den Bürger auswirken, können sie doch auch bzgl. der Beschäftigten nicht nur eine Konkretisierung des Arbeitsverhältnisses bedeuten, sondern unmittelbare *Außen*wirkung besitzen. Dies erfordert eine Maßnahme, die sich auf die Rechtsstellung der Beschäftigten auswirkt, wie z.B. eine Versetzung oder Kündigung. Diese statusverändernden Maßnahmen müssen demokratisch legitimiert sein. Folglich sind die Anforderungen des Art. 20 Abs. 2 S. 1 GG zu berücksichtigen[24].

III. Staatsgewalt und Bagatellentscheidungen

Nach vereinzelter Rechtsansicht des Bundesverfassungsgerichts[25] soll es Entscheidungen geben, die so unwichtig sind, dass sie keiner demokratischen Legitimation bedürften. Hierbei handele es sich um Bagatellentscheidungen bzw. -befugnisse, deren Wahrnehmung sich nicht als Ausübung von Staatsgewalt darstelle.

Diese Sicht der Dinge würde aber zu Unsicherheiten im staatlichen Entscheidungsfindungsprozess führen. Es ist schwierig im Einzelfall festzulegen, ob eine Maßnahme wichtig oder unwichtig ist.[26] In der personalvertretungsrechtlichen

---

[24] ähnlich: v. Mutius FS für Kriele 1997, S. 1119, (1129).

[25] BVerfGE 47, 253, (273); eine ausführliche Besprechung dieser Rechtsansicht des Bundesverfassungsgerichts findet sich bei: Jestaedt Der Staat 32 (1993), S. 29 ff.

[26] Diese Ansicht ebenfalls ablehnend: Ehlers Jura 1997, S. 180, (183); Jestaedt Der Staat 32 (1993), S. 29, (34, 35); Kübel PersV 1987, S. 217, (222).

Diskussion würden sich häufig Abgrenzungsfragen stellen. Ist beispielsweise die Beteiligung der Personalvertretung im Rahmen der Einstellung eines neuen Mitarbeiters (vgl. § 75 Abs. 1 Nr. 1 BPersVG) wichtig? Kommt man diesbezüglich wohl schnell zu einem eindeutigen Ja, so würden die Meinungen hinsichtlich der Versetzung eines Beschäftigten (vgl. § 75 Abs. 1 Nr. 3 BPersVG) oder der Übertragung einer höher bzw. niedriger zu bewertenden Tätigkeit (vgl. § 75 Abs. 1 Nr. 2 BPersVG) vielleicht schon weit auseinander gehen. Im Falle der Einrichtung einer Kantine würden die meisten eine Mitbestimmung des Personalrats im Rahmen des § 75 Abs. 3 Nr. 5 BPersVG unter demokratierechtlichen Aspekten als eher unwichtig einordnen. Müssten nicht aber auch in jedem Einzelfall die konkreten Begleitumstände wertend hinzugezogen werden, um nicht eine grobe Pauschalisierung zu vermeiden? Eine Personalratstätigkeit jedoch, welche sich nicht an genauen gesetzlichen Kriterien orientieren kann, sondern grundsätzlich nur auf Basis von subjektiven Eindrücken erfolgt, gefährdet nicht nur die Transparenz des verwaltungsrechtlichen Entscheidungsprozesses. Sie erschwert auch eine effektive und aus Sicht der Beschäftigten gerechte Interessenvertretung. Zudem bestünde die Gefahr, dass einzelne Entscheidungen unter vorschnellem Hinweis auf ihre Bedeutungslosigkeit auf nicht demokratisch legitimierte Organe übertragen werden. Dies aber würde zur allmählichen schleichenden Entmachtung des Volkssouveräns führen. Ein so genannter Bagatellvorbehalt ist daher abzulehnen.

Im Zusammenhang mit dem Personalvertretungsrecht wird eine Entscheidung der aufgezeigten Streitfrage um den Bagatellvorbehalt manchmal jedoch auch offen gelassen. Schließlich stellten sich die „innerbetrieblichen Organisations- und Personalmaßnahmen des Staates und seiner Untergliederungen in jedem Falle als Ausübung von Staatsgewalt"[27] dar. Weder seien „die Maßnahmen unwichtig noch vollständig vorgegeben oder unverbindlich"[28]. Folglich sei auch die Beteiligung der Personalvertretung an derartigen Entscheidungen, wie z.B. Einstellung eines neuen Mitarbeiters (vgl. § 75 Abs. 1 Nr. 1 BPersVG) oder auch die Einführung neuer Arbeitsmethoden (vgl. § 76 Abs. 2 Nr. 7 BPersVG), unabhängig von der Problematik des Bagatellvorbehalts, als grundsätzlich legitimationsbedürftig einzustufen. Um aber eine Aufweichung des Demokratieprinzips und eine Diskussion um wichtige und unwichtige verwaltungsinterne

---

[27] Ehlers JZ 1987, S. 218, (219).
[28] Ehlers JZ 1987, S. 218, (219).

Maßnahmen zu vermeiden, erscheint es sinnvoller, die These vom Bagatellvorbehalt abzulehnen.

Stellen sich folglich auch innerdienstliche Maßnahmen der Dienststellenleitung unabhängig von einer etwaigen Bagatellbedeutung als Ausübung von Staatsgewalt dar, so ist zu klären, inwieweit sich die Beteiligungsrechte der Personalvertretung an eben diesen Entscheidungen ebenfalls als legitimationsbedürftig erweisen.

C. Personalvertretungsrecht und Ausübung von Staatsgewalt

Nur wenn die Wahrnehmung von Mitbestimmungs- und Mitwirkungsrechten seitens der Personalvertretung als Ausübung von Staatsgewalt im Sinne des Art. 20 Abs. 2 S. 1 GG zu qualifizieren ist, stellt sich die Frage der demokratischen Legitimation.

I. Üben Personalvertretungen Staatsgewalt aus?

Nachdem festgestellt wurde, dass auch die Realisation innerorganisatorischer Maßnahmen als Ausübung von Staatsgewalt zu sehen ist, ist es für die meisten Vertreter im Schrifttum eine Selbstverständlichkeit, dass auch die Beteiligungsrechte der Personalvertretung an eben diesen Maßnahmen, wie z.B. Einstellung (vgl. § 75 Abs. 1 Nr. 1 BPersVG), Versetzung (vgl. § 75 Abs. 1 Nr. 3 BPersVG), Gestaltung der Arbeitsplätze (vgl. § 75 Abs. 3 Nr. 16 BPersVG), Einführung grundlegend neuer Arbeitsmethoden (vgl. § 76 Abs. 2 Nr. 7 BPersVG), Auflösung von Dienststellen (vgl. § 78 Abs. 1 Nr. 2 BPersVG) oder grundlegende Änderung des Arbeitsverfahrens (vgl. § 78 Abs. 5 BPersVG), vom Legitimationserfordernis des Art. 20 Abs. 2 S. 1 GG erfasst werden[29]. Dies berücksichtigt jedoch zu wenig die Eigenarten der personalvertretungsrechtlichen Befugnisse. Zum einen ist es durchaus möglich, dass die entsprechende Maßnahme später gegen den Willen der Personalvertretung durchgeführt wird. Ursache hierfür kann ein verbindlicher Spruch der Einigungsstelle oder das Letztentscheidungsrecht der Verwaltungsspitze (eingeschränkte Mitbestimmung) sein.

---

[29] so z.B.: Kisker PersV 1994, S. 289, (290); Klein PersV 1990, S. 49, (53); Ossenbühl PersV 1989, S. 409, (412); aber auch durchaus mitbestimmungsfreundliche Autoren, so in diese Richtung etwa: Schuppert PersR 1993, S. 1 (6 ff.) und Plander PersR 1990, S. 345, (348). Letzterer ändert jedoch des Öfteren seine Meinung, siehe einerseits: Plander, Personalvertretung als Grundrechtshilfe, S. 128 und andererseits: Plander PersR 1990 S. 345, (348), unklar: Plander AuR 1987, S. 1, (5).

Zum anderen muss zwischen Mitbestimmungs- und Mitwirkungsrechten unterschieden werden.

1.) Ausübung von Staatsgewalt im Falle der Mitbestimmung?

Legt die Personalvertretung gegen eine Maßnahme der Dienststellenleitung, die der Mitbestimmung unterliegt, ihr Veto ein, dann kann diese Maßnahme zunächst nicht durchgeführt werden. Die Entscheidung ist also erst einmal in negativer Hinsicht gefallen. Widerspricht die Personalvertretung der Einstellung einer bestimmten Person (vgl. § 75 Abs. 1 Nr. 1 BPersVG), so ist die Besetzung der freien Stelle mit eben diesem Bewerber zunächst ausgeschlossen. Votiert die Personalvertretung gegen die geplante Beförderung eines Beamten (vgl. § 76 Abs. 1 Nr. 2 BPersVG), wird dieser noch einige Zeit auf eine Gehaltserhöhung warten müssen. Für diese Situation ist *allein* die Personalvertretung verantwortlich. Möglicherweise wird zwar die Entscheidung nach einem bindenden Spruch der Einigungsstelle oder einer Letztentscheidung der Verwaltungsspitze dennoch im ursprünglichen Sinne durchgeführt. Die Vetoposition der Personalvertretung wird dann praktisch kassiert. Dies ist z.B. in allen beamtenrechtlichen Angelegenheiten, wo der Personalvertretung nur ein eingeschränktes Mitbestimmungsrecht zusteht (vgl. §§ 76 Abs. 1, 69 Abs. 4 S. 3 BPersVG), durchaus möglich. In der soeben angesprochenen Beförderungssituation kann der betroffene Beamte somit zumindest hoffen, dass die Verwaltungsspitze letztlich doch noch zu seinen Gunsten entscheidet. Fraglich ist aber, ob dies etwas an der Entscheidungsgewalt der Personalvertretung im Hinblick auf den Staatsgewaltbegriff ändert. Das wird zum Teil mit der Begründung verneint, es erfordere zahlreiche zeitaufwändige Verfahrensschritte, bis die Vetoposition der Personalvertretung endlich aufgehoben werden könne[30]. Zu nennen sei an dieser Stelle insbesondere das äußerst langwierige Stufenverfahren (vgl. § 69 Abs. 3 BPersVG). Dieses Argument allein kann jedoch noch nicht entscheidend sein. Schließlich nehmen Verwaltungsverfahren oftmals einen langen Zeitraum in Anspruch. Ausschlaggebend ist vielmehr, dass die spätere Entscheidung, die Maßnahme dennoch durchzuführen, eine erneute Ausübung von Staatsgewalt ist. Sie kann erfolgen, ist aber nicht zwingend. Die Situation ist vergleichbar mit der in das Ermessen der Behörde gestellten Rücknahme eines Verwaltungsaktes. Die Erteilung des ursprünglichen Verwaltungsaktes stellt sich auch nach der Rücknahme weiterhin als Ausübung von Staatsgewalt dar. Schon vom Wortsinne

---

ausgehend bedeutet „Mitbestimmen" Teilhabe an staatlicher Entscheidungsgewalt[31]. Die Entscheidung des Personalrats stellt keinen unverbindlichen Vorschlag dar, über den sich die Dienststellenleitung einfach hinwegsetzen könnte. Die Personalvertretung ist am verwaltungsinternen Entscheidungsfindungsprozess vielmehr institutionell maßgeblich beteiligt. Sie wird damit zum Teilorgan der Verwaltung[32]. Dies ist nur eine folgerichtige Konsequenz der Zugehörigkeit des Personalvertretungsrechts zum öffentlichen Recht. Die Rechte der Personalvertretung lassen sich mit der Einverständniserklärung der Nachbargemeinde zu einem Bauvorhaben im Rahmen des § 36 BauGB vergleichen. Auch hier handelt es sich um einen bestimmten Aspekt verwaltungsinterner Entscheidungsfindung[33].

Nach der hier vertretenen Ansicht erweisen sich daher die Mitbestimmungsbefugnisse oder präziser deren Wahrnehmung durch die Personalvertretung als Ausübung von Staatsgewalt[34].

2.) Ausübung von Staatsgewalt im Falle der Mitwirkung?

Die Wahrnehmung der personalvertretungsrechtlichen Mitwirkungsrechte bedeutet keine Verengung des Entscheidungsspielraums des Dienststellenleiters. Jener kann nach der Erörterung einer vorgesehenen Maßnahme mit der Personalvertretung deren Argumente berücksichtigen. Er kann aber auch seine ursprünglichen Vorstellungen letztlich ungehindert verwirklichen. Die Personalvertretung kann im Gegensatz zu Maßnahmen, die der Mitbestimmung unterliegen, *keine* Vetoposition einnehmen. Sie übt folglich mangels eigener Entscheidungsgewalt keine Staatsgewalt aus[35]. Dies wird besonders deutlich, wenn der Personalvertretung, wie im Fall der grundlegenden Änderung von Arbeitsverfahren und Arbeitsabläufen (vgl. § 75 Abs. 5 BPersVG) nur ein schlichtes Anhörungsrecht zusteht. Aber auch wenn die Personalvertretung berechtigt ist, ein förmliches Mitwirkungsverfahren gemäß § 72 BPersVG in Gang zu setzen, so z.B. bei der Auflösung oder Zusammenlegung von Dienststellen (vgl. § 78

---

[31] so auch: Kisker PersV 1985, S. 137, (140), diesem zustimmend: Rob, Mitbestimmung im Staatsdienst, 95, 96.

[32] Diesen Gedanken lehnt ausdrücklich ab: Roettecken PersR 1997, S. 233, (236).

[33] Diesen Vergleich zieht Klein in: PersV 1990, S. 49, (54); ähnlich auch: Ehlers JZ 1987, S. 218, (219) und Schenke, JZ 1991, S. 581, (583).

[34] Neben den in Fn.31 Genannten gelangen zu dem gleichen Schluss auch: Becker RiA 1988, S. 1, (3); Burandt ZBR 1978, S. 317, (323); Schenke PersV 1992, S. 218, (219).

[35] so auch: Rob, Mitbestimmung im Staatsdienst, S. 92.

Abs. 1 Nr. 2 BPersVG), kann sie lediglich erzwingen, dass sich eine übergeordnete Stelle mit der Angelegenheit befasst. Sie ist aber nicht in der Lage, die Maßnahmen mit einem einfachen Nein zu verhindern.

Dieses Ergebnis könnte zu der Aussage verleiten, Mitwirkungsrechte seien als unproblematisch einzuordnen[36]. Dies wäre jedoch ein etwas voreiliger Schluss. So nimmt speziell das förmliche Mitwirkungsverfahren nach § 72 BPersVG erhebliche Zeit in Anspruch. Es kann folglich bei der Durchführung innerorganisatorischer Entscheidungen zu deutlichen Verzögerungen kommen[37]. Es liegt aber auf der Hand, dass auch derartige Verzögerungen sich nachteilig auf den Geschäftsbetrieb und damit auch hinsichtlich des auf die Verwaltung angewiesenen Bürgers auswirken können. Dieser Aspekt wird noch an späterer Stelle zu untersuchen sein, wenn die so genannte Funktionsfähigkeit der Verwaltung in den Mittelpunkt der Diskussion gerückt wird.

Hinsichtlich der These, Personalvertretungen üben Staatsgewalt aus, soweit sie Mitbestimmungsrechte wahrnehmen, werden aber auch Gegenpositionen vertreten. Deren Überzeugungskraft wird im Folgenden einer kritischen Prüfung unterzogen.

II. Personalvertretungsrechte nur als Kompetenz betriebsinterner Interessenwahrnehmung?

Nach einer in der Literatur recht verbreiteten Ansicht üben Personalvertretungen keine Staatsgewalt aus, sondern nehmen nur die Interessen der Beschäftigten im verwaltungsinternen Verhältnis Arbeitgeber – Arbeitnehmer wahr[38]. Auf das Verhältnis Staat – Bürger beziehe sich die Tätigkeit der Personalvertretung dagegen nicht. Alleiniger Entscheidungsträger gegenüber dem Bürger, auch bzgl.

---

[36] So sieht z.B. Widmaier in: Spannungen zwischen den Gruppeninteressen u. dem Interesse des Staates in der Mitbestimmung der Organe der Personalvertretung, S. 52, den Grundsatz der parlamentarischen Regierungsverantwortung im demokratischen Rechtsstaat nur im Falle der vollen Mitbestimmung bedroht (dazu aber noch später).

[37] kritisch zu den Mitwirkungsrechten ferner: Kübel, Personalrat u. Personalmaßnahmen, S184, 185; Ossenbühl, Grenzen der Mitbestimmung, S. 22; Schmitt-Glaeser DÖV 1974, S. 152, (155); in diese Richtung auch: Schmidt-Aßmann AöR 116 (1991), S. 329, (373).

[38] Altvater/Bacher/Hörter/Peiseler/Sabottig/Schneider/Vohs, § 104 Rn. 13 e; Bryde FS für Thieme 1993, S. 9, (16); Roettecken NVwZ 1996, S. 552, (552, 553); Sabottig PersR 1988, S. 93, (94, 95); Wendeling-Schröder AuR 1987, S. 381, (383); sowie Kurth nach: Klein/Kleinen NVwZ 1986, S. 903, (905) und auch nach: Stüer PersV 1986 S. 292, (293) – jeweils Bericht über den deutschen Verwaltungsrichtertag 1986; unklar aber: Schuppert PersR 1993, S. 1, (8, 9); ders. PersR 1993, S. 521 (526).

innerdienstlicher Maßnahmen, sei weiterhin der Dienststellenleiter. Das Personalvertretungsrecht regele lediglich das Verfahren der effektiven, dienststelleninternen Interessenvertretung der öffentlich Beschäftigten. Der öffentliche Arbeitgeber sei in seiner Entscheidungsgewalt nicht völlig frei, sondern müsse in der vom Personalvertretungsgesetz vorgeschriebenen Weise den Personalrat in seine Entscheidungsfindung mit einbeziehen. Beispielsweise eine Höher- oder Rückgruppierung dürfe der Dienststellenleiter nicht im Alleingang vornehmen, sondern er müsse zuvor die Meinung bzw. Zustimmung der Personalvertretung einholen (vgl. § 75 Abs. 1 Nr. 2 BPersVG). Dies ändere aber nichts daran, dass die eigentliche personelle Maßnahme, wie in diesem Fall die Höher- oder Rückgruppierung, der Dienststellenleiter umsetze. Die Teilhaberechte der Personalvertretung beschränkten den Dienststellenleiter nur in seiner Entscheidungsbefugnis. Wenn man also bedenkt, dass der Personalrat im Verhältnis zum Bürger nicht in Erscheinung treten dürfe, und darüber hinaus auch alle dienststelleninternen Entscheidungen nur vom Behördenleiter getroffen werden dürften, so wird klar, dass die personalvertretungsrechtliche Entscheidungsgewalt nicht von solcher Intensität ist, als dass man von einer eigenverantwortlichen und selbstständigen Ausübung von Staatsgewalt sprechen könnte. Ebenso wie das Betriebsverfassungsrecht beschneide das Personalvertretungsrecht zwar die Befugnisse des Arbeitgebers bzw. Dienststellenleiters. Aber genauso wenig wie der Betriebsrat parallel zum Unternehmer die Betriebsführung an sich ziehe, könne angenommen werden, der Personalrat bestimme das Behördengeschehen.

Diese Auffassung ist eng mit derjenigen Schneiders[39] bzgl. der Inhaltsbestimmung des Begriffes Staatsgewalt verbunden. Während Schneider aber unterschiedlicher Ansicht hinsichtlich der Definition von Staatsgewalt ist und von jener nur dann ausgeht, wenn eine direkt auf den Bürger bezogene Maßnahme getroffen wird, stellt diese Meinung keinen anderen Begriff der Staatsgewalt in den Raum, sondern deutet die Befugnisse der Personalvertretung anders. Diese seien nicht auf Entscheidungsteilhabe, sondern auf Interessenwahrnehmung ausgerichtet. Richtig ist an dieser Argumentation, dass die Personalvertretung keine Entscheidungen gegenüber dem Bürger treffen darf. Allerdings wird die Bedeutung des dienststelleninternen Entscheidungsprozesses verkannt, wenn man einzig darauf abstellt, dass der Behördenleiter formell die personellen, organisatorischen und sozialen Maßnahmen in eigener Person trifft. Diese Meinung schreibt dem Dienststellenleiter im Ergebnis nur eine Beurkundungsfunktion,

---

[39] siehe: Fn.20.

nicht aber wirkliche Entscheidungskompetenzen zu. Legt der Personalrat gegen eine geplante Verwaltungsmaßnahme einen verbindlichen Vetospruch ein, so ist der Dienststellenleiter gehindert, diese Maßnahme umzusetzen. Ein Entscheidungsspielraum steht ihm hierbei nicht zu. Die Bezeichnung „Einschränkung der Direktionsbefugnis des Arbeitgebers" suggeriert aber, dass der Dienststellenleiter die Entscheidungsgewalt im Hinblick auf das *ob* der Maßnahme behält und möglicherweise nur das *wie* von Seiten der Personalvertretung beeinflusst wird. Dem Dienststellenleiter kommt aber nur dann ein Entscheidungsspielraum zu, wenn die Personalvertretung der Maßnahme zustimmt. In diesem Fall liegt es in der Hand des Dienststellenleiters, die Maßnahme durchzuführen oder zurückzustellen. Die Direktionsbefugnis des Dienststellenleiters wird insofern eingeschränkt, als er die Maßnahme nicht sofort realisieren kann, sondern zuvor die Personalvertretung beteiligen muss. Verweigert aber die Personalvertretung ihre Zustimmung ist die Entscheidung über das *ob* der Maßnahme gefallen. Fragen hinsichtlich der weiteren Durchführung (*wie*) der Maßnahme stellen sich nicht. Um auf das Beispiel der Höher- oder Rückgruppierung zurückzukommen, so darf nicht vergessen werden, dass diese personelle Angelegenheit zunächst zurückgestellt werden muss, sollte der Personalrat diesbezüglich seine Zustimmung verweigern. Das Behördengeschehen, namentlich die Leistungsfähigkeit der Verwaltung, wird somit durch die Entscheidungsgewalt der Personalvertretung *steuernd mitbestimmt* und nicht nur am Rande beeinflusst. Schließlich kann auch nicht angenommen werden, der personalvertretungsrechtlichen Tätigkeit komme generell keine Außenwirkung zu. Aus Sicht des Bürgers macht es keinen Unterschied, ob die Privatisierung einer Verwaltungseinheit am Veto der obersten Dienstbehörde scheitert, weil aus deren Sicht die Aufgabe nur in öffentlich-rechtlicher Form sinnvoll erfüllt werden kann, oder ob die Personalvertretung die Privatisierung zum Schutz der Beschäftigten verhindert, indem sie den personellen Einzelmaßnahmen nicht zustimmt. Ordnet man verwaltungsinterne Maßnahmen der Ausübung von Staatsgewalt zu, dann ist es aber auch nur folgerichtig, innerdienstliche Entscheidungsmechanismen, wie die Beteiligung der Personalvertretung, gleichfalls als legitimationsbedürftig im Sinne des Art. 20 Abs. 2 S. 1 GG einzustufen. Die Bezeichnung Interessenwahrnehmung ist zwar zutreffend, kann jedoch bei unbefangenem Lesen leicht darüber hinwegtäuschen, dass die Personalvertretung nicht nur unverbindliche Anregungen an den Dienststellenleiter heranträgt, sondern *bindende* Entscheidungen trifft. Präziser ist es daher, von *Interessenwahrnehmung durch Entscheidungsteilhabe* zu sprechen.

Vereinzelt wird auch versucht, die Befugnisse der Personalvertretung zumindest dann nicht als Ausübung von Staatsgewalt zu deuten, wenn sich die innerdienstliche Maßnahme allein auf die privatrechtlich gestalteten Arbeitsverhältnisse der Angestellten und Arbeiter im öffentlichen Dienst bezieht[40] (vgl. z.B. den Mitbestimmungskatalog des § 75 Abs. 1 BPersVG). Beispielsweise der Einspruch der Personalvertretung gegen die Umsetzung eines Angestellten im öffentlichen Dienst (vgl. § 75 Abs. 1 Nr. 3 BPersVG) könne nicht als Ausübung von Staatsgewalt qualifiziert werden. Hier nähme die Personalvertretung lediglich Einfluss auf die privatrechtliche Direktionsbefugnis des Arbeitgebers. Schon aus diesem Grunde könne daher keine Teilhabe an öffentlich-rechtlicher Staatsgewalt vorliegen. Anders verhalte sich die Situation jedoch möglicherweise dann, wenn der Personalrat die Zustimmung zu einer entsprechenden beamtenrechtlichen Maßnahme verweigere (vgl. z.B. hinsichtlich der Umsetzung § 76 Abs. 1 Nr. 4 BPersVG). Hier sei das öffentlich-rechtliche Dienst- und Treueverhältnis des Beamten zu seinem Dienstherrn betroffen. Es bestehe somit prinzipiell kein Zweifel an der Inanspruchnahme staatlicher Befugnisse. Allerdings gelte es zu bedenken, dass nur dann von einer eigenmächtigen Ausübung von Staatsgewalt gesprochen werden könne, wenn der Personalvertretung bzw. der Einigungsstelle im Verhältnis zur Dienststellenleitung ein verbindliches Letztentscheidungsrecht zukomme. Dies sei bei den beamtenrechtlichen Fragen nicht der Fall. Alle Personalvertretungsgesetze, sei es auf Bundes- oder Landesebene, gewährten dem Personalrat in dieser Hinsicht nur ein eingeschränktes Mitbestimmungsrecht. Die Entscheidungsgewalt des Dienststellenleiters werde aber solange nicht beeinträchtigt, wie die Einigungsstelle lediglich befugt sei, eine unverbindliche Empfehlung auszusprechen. Obwohl also der Rechtscharakter der beamtenrechtlichen Dienstverhältnisse öffentlich-rechtlicher Natur sei, nähmen Personalvertretung und Einigungsstelle mangels eigener Entscheidungskompetenz auch bzgl. dieser Angelegenheiten keine Staatsgewalt wahr[41].

Gegen diese Argumentation spricht zum einen, dass viele dienststelleninterne organisatorische Maßnahmen, wie zuvor am Beispiel der gescheiterten Privatisierung gezeigt, weitreichende Auswirkungen auf die öffentlich-rechtliche Aufgabenerfüllung besitzen und damit auch für den Bürger von Bedeutung sind[42].

[40] so: Bryde FS für Thieme 1993, S. 9, (16).
[41] so: Bryde FS für Thieme1993, S. 9, (16, 17).
[42] ähnlich: Schenke JZ 1991, S. 581, (583); Nagel, Mitbestimmung in Einrichtungen der öffentlichen Hand u. Demokratieprinzip, in: Diefenbacher/Nutzinger, Mitbestimmung in Betrieb u. Verwaltung, S. 193 (205), spricht insofern zutreffenderweise von einem „Überschwappeffekt".

Verweigert der Personalrat im Zuge einer geplanten Privatisierung die Zustimmung zu personellen Maßnahmen betreffend der Angestellten und Arbeiter im öffentlichen Dienst, so z.B. hinsichtlich Versetzungen (vgl. § 75 Abs. 1 Nr. 3 BPersVG), Rückgruppierungen (vgl. § 75 Abs. 1 Nr. 2 BPersVG) oder Übertragung einer niedriger zu bewertenden Tätigkeit (vgl. § 75 Abs. 1 Nr. 2 BPersVG), dann wird auch das Privatisierungsprojekt als solches nur schwer zu realisieren sein. Stellt man hier lediglich darauf ab, dass der Personalrat die privatrechtliche Direktionsbefugnis des Arbeitgebers einschränkt, so wird übersehen, dass diesen personellen Einzelmaßnahmen eine allgemeinpolitische Wirkung und damit auch ein öffentlich-rechtlicher Charakter zukommt. Zum anderen dienen auch personelle und organisatorische Entscheidungen des Dienststellenleiters, die nur die Angestellten und Arbeiter betreffen, immer gleichzeitig der Wahrung der dienststelleninternen Ordnung und der Leistungsfähigkeit der Verwaltung. Eine klare Trennung von privatrechtlicher Direktionsbefugnis und öffentlich-rechtlicher Aufgabenerfüllung ist also nicht möglich. Alle verwaltungsinternen Entscheidungen, betreffen sie nun die Beamten oder die Angestellten und Arbeiter, sind immer zugleich auch öffentlich-rechtlicher Natur.

Die privatrechtlichen Arbeitsverhältnisse der Angestellten und Arbeiter im öffentlichen Dienst sind also kein überzeugender Ansatzpunkt für eine Verneinung der Ausübung von Staatsgewalt durch die Personalvertretung.

Schließlich sei darauf hingewiesen, dass die Personalvertretung auch dann Staatsgewalt ausübt, wenn ihr, wie in beamtenrechtlichen Fragen, nur ein eingeschränktes Mitbestimmungsrecht zukommt. Legt die Personalvertretung beispielsweise gegen die Einstellung eines Beamten ihr Veto ein (vgl. § 76 Abs. 1 Nr. 1 BPersVG), so ist der Entscheidungsvorgang zunächst zwingend blockiert. Die Einstellung ist zu diesem Zeitpunkt unmöglich. Auch wenn die Verwaltungsspitze letztlich doch eine bindende Entscheidung trifft, möglicherweise entgegen der Personalratsposition, ändert dies nichts an der Wahrnehmung staatlicher Befugnisse seitens der Personalvertretung. Die Kassation der personalvertretungsrechtlichen Vetoposition bedeutet nur einen weiteren Akt staatlicher Machtausübung. Jener bedarf seinerseits wiederum der demokratischen Legitimation. Es handelt sich nur um verschiedene Stufen im staatlichen Entscheidungsprozess. Jeder Entscheidungsakt beeinflusst aber zum jeweiligen Zeitpunkt steuernd das *ob* einer staatlichen Maßnahme. Das Legitimationserfordernis des Art. 20 Abs. 2 S. 1 GG ist daher zu beachten[43].

---

[43] ähnlich: Oebbecke, Weisungs- u. unterrichtsfreie Räume in der Verwaltung, S. 82, 83 (nicht speziell zur Personalvertretungsproblematik).

III. Personalvertretungsrecht und kollektive Grundrechtsausübung

Nach einer insbesondere von Kempen entwickelten Ansicht stellt sich die Tätigkeit der Personalvertretung nicht als Ausübung von Staatsgewalt dar, sondern als kollektive Wahrnehmung der Grundrechte der im öffentlichen Dienst Beschäftigten[44]. Bevor näher auf diese Argumentation einzugehen ist, sei vermerkt, dass die Diskussion um die Grenzen personalvertretungsrechtlicher Befugnisse eine andere Wendung nimmt, wenn die Behauptung Kempens zutreffend ist. Dann wäre nämlich nicht die Ausweitung der Mitbestimmungsrechte verfassungsrechtlich problematisch, sondern umgekehrt deren Einschränkung, da es sich um einen Grundrechtseingriff handeln würde[45].

Kempen führt zur Begründung seiner Auffassung an, „dass das Weisungsrecht des Dienstherrn gegenüber den Beschäftigten in der Dienststelle und damit die Möglichkeit des demokratischen Staates, die Angehörigen des öffentlichen Dienstes für seine Zwecke (mögen sie auch noch so demokratisch sein) zu verwenden und zu instrumentalisieren, an den Grundrechten dieser Beschäftigten endet"[46]. Der Einzelne sei aber im Verhältnis zum Dienstherrn aufgrund dessen übergeordneter Stellung nicht in der Lage, seine Grundrechte effektiv und nachhaltig auszuüben. Hierzu bedürfte es eines Organs, welches ohne Angst vor Repressalien und beruflichen Nachteilen die Rechte der Beschäftigten kollektiv wahrnehme. Im Einzelnen nehme der Personalrat dabei hauptsächlich das allgemeine Persönlichkeitsrecht sowie die Meinungs- und Berufsfreiheit der Mitarbeiter im öffentlichen Dienst in gebündelter Form gegenüber dem Dienstherrn wahr[47]. Widerspricht der Personalrat z.B. der Einführung einer technischen Einrichtung, die dazu bestimmt ist, das Verhalten oder die Leistung der Beschäftigten zu überwachen (vgl. § 75 Abs. 3 Nr. 17 BPersVG), so übe der Personalrat keine Staatsgewalt aus, sondern nähme direkt das Grundrecht der Beschäftigten auf informationelle Selbstbestimmung, abgeleitet aus dem allgemeinen Persönlichkeitsrecht des Art. 2 Abs. 1 GG, *in eigener Person* – und nicht etwa als Grundrechtsvertreter oder Grundrechtshelfer – wahr. Wird der Personalrat im Rahmen der Intensivierung von Unfallschutzmaßnahmen mitbestimmungsrechtlich beteiligt (vgl. § 75 Abs. 3 Nr. 11 BPersVG), dann würde er nach dieser An-

---

[44] Kempen AuR 1987, S. 9, (13); ders. GewPrax Nr. 2 1987, S. 1 ff; ähnlich auch: Altvater/Bacher/Hörter/Peiseler/Sabottig/Schneider/Vohs, § 104 Rn. 13e sowie Wendeling-Schröder AuR 1987, S. 381, (386) und Breuning AuR 1987, S. 20, (21).

[45] Hierauf machen gleichfalls aufmerksam: Ossenbühl, Grenzen der Mitbestimmung, S. 16, 27; ders. PersV 1989, S. 409, (411); Kisker PersV 1992, S. 1, (10).

[46] Kempen GewPrax Nr. 2 1987, S. 1, (6).

[47] Kempen GewPrax Nr. 2 1987, S. 1, (5).

sicht das Grundrecht der Beschäftigten auf körperliche Unversehrtheit nach Art. 2 Abs. 2 S. 1 GG als selbst Grundrechtsberechtigter in Anspruch nehmen.

Die Meinung Kempens ist in der Literatur vielfach kritisiert worden[48] und fand zum Teil auch bei den mitbestimmungsfreundlich ausgerichteten Autoren[49] keine Zustimmung oder Bestätigung. Speziell Ossenbühl hat sich eingehend mit den Thesen Kempens beschäftigt. Zentrales Gegenargument hierbei ist, dass Grundrechte Individualrechte sind und folglich nicht durch eine Interessenvertretung gesammelt wahrgenommen werden können[50]. Plander[51] weist ferner zutreffend darauf hin, dass man im Rechtssinne (vgl. § 164 Abs. 1 BGB) nur Personen und nicht deren Rechte vertreten kann. Die Personalräte vertreten aber nicht einmal die Beschäftigten als Personen. Sie nehmen vielmehr eigene Befugnisse wahr, die ihnen das Personalvertretungsrecht eröffnet (vgl. die Mitbestimmungs- und Mitwirkungskataloge der §§ 75–79 BPersVG). Eine andere Ansicht führt dazu, dass die Beschäftigten unversehens in Abhängigkeit zum Personalrat geraten. Schließlich wäre ohne ihre Zustimmung mit den Grundrechten ein bedeutender Teil ihrer Rechtspersönlichkeit in die Hände eines Gremiums gelegt, das in seiner Zusammensetzung noch nicht einmal der Wahlentscheidung jedes einzelnen Beschäftigten entsprechen müsste. Weiterhin sind Situationen denkbar, in denen der Personalrat praktisch gezwungen ist, das Wohl aller Beschäftigten über die Interessen des Einzelnen zu stellen. Beispielsweise sieht sich der Personalrat dazu veranlasst, einer verhaltensbedingten Kündigung zuzustimmen (vgl. etwa das Mitbestimmungsrecht des § 72 a Abs. 1 PersVG NW), weil der betroffene Arbeitnehmer durch sein Verhalten, z.B. Beleidigung von Kollegen oder Diebstahl von Behördeneigentum, das Betriebsklima unzumutbar beeinträchtigt. Der Grundrechtsschutz der Mitarbeiter würde aber in unzulässiger Weise und gegen ihren Willen verkürzt, wenn diese nicht mehr damit rechnen können, dass ihre Grundrechtsposition unter allen Umständen mit Nachdruck vertreten wird. Überließen die Beschäftigten die Grundrechtsausübung der Personalvertretung, träte der Individualrechtsschutz folglich

---

[48] so etwa: Ossenbühl, Grenzen der Mitbestimmung, S. 27, 30, 31; ders. PersV 1989, S. 409, (411); Kübel, Personalrat u. Personalmaßnahmen, S. 107, 108; Kisker PersV 1992, S. 1, (10); Klein PersV 1990, S. 49, (54).

[49] Kritik etwa auch bei: Plander, Personalvertretung als Grundrechtshilfe, S. 58.

[50] Ossenbühl, Grenzen der Mitbestimmung, S. 31; ders. PersV 1989, S. 409, (411), ihm schließt sich an: Rob, Mitbestimmung im Staatsdienst, S. 179.

[51] Plander, Personalvertretung als Grundrechtshilfe, S. 58; zustimmend: Edenfeld, Betriebsverfassungs- u. Personalvertretungsgesetz, S. 56.

in den Hintergrund und würde durch kollektive Grundrechtserwägungen ersetzt. Dies käme aber einem Grundrechtsentzug gleich. Zudem hinge die Effektivität des Grundrechtsschutzes möglicherweise davon ab, in welcher Dienststelle der Beschäftigte tätig ist. So engagiert sich z.b. der Personalrat der Stadtverwaltung für die Belange der Mitarbeiter, während der der Kreisverwaltung möglicherweise in Lethargie verfallen ist und nur noch pro forma besteht oder aufgrund interner Streitigkeiten zwischen Gewerkschaftsfraktionen handlungsunfähig geworden ist. Dieser Gedanke lässt sich auch auf eine höhere Ebene übertragen. In einem Bundesland, in dem die Personalvertretung weitreichende Mitbestimmungsrechte besitzt (vgl. z.B. Bremen: § 52 Abs. 1 S. 1 Brem PersVG, bzw. die umfangreichen Mitbestimmungskataloge der Länder Nordrhein-Westfalen: §§ 72, 72 a PersVG NW, Brandenburg: §§ 63–66 Brand PersVG, Mecklenburg-Vorpommern: §§ 68–70 PersVG Meckl-Vorp), wäre der Grundrechtsschutz intensiver als in einem Land, in dem die Mitbestimmungspolitik restriktiver verstanden wird[52] (vgl. z.B. die neuen Personalvertretungsgesetze in Sachsen und Hessen). Dies ließe sich aber nicht mit Art. 1 Abs. 3 GG vereinbaren. Hiernach ist die staatliche Gewalt unmittelbar an die Grundrechte als geltendes Recht gebunden. Dies erlaubt keine unterschiedliche Gestaltung der Grundrechtsausübung in Bund und Ländern. Ferner sind Grundrechte dazu da, „den Einzelnen rundum zu schützen, d.h. nicht nur gegen Eingriffe der Behördenleitung, sondern auch gegen Zurücksetzungen und Behinderungen durch den Personalrat"[53]. Dies wäre aber nicht möglich, wenn die Grundrechtsausübung bereits in den Händen der Personalvertretung läge.

Eine kollektive Grundrechtsausübung durch die Personalvertretung scheidet also aus. Das Personalvertretungsgesetz kann jedoch mittelbar dem Schutz der Grundrechte der im öffentlichen Dienst Beschäftigten dienen. Derartigen mittelbaren Grundrechtsschutz vermitteln jedoch viele Gesetze, z.B. die Datenschutzgesetze des Bundes und der Länder, ohne dass man von einer kollektiven Grundrechtsausübung sprechen könnte[54].

Obwohl die Diskussion um die Reichweite der Mitbestimmungsrechte gerade in jüngerer Zeit an Schärfe zugenommen hat, wird die These von der kollektiven Grundrechtsausübung durch die Personalvertretung nur selten vertreten.

---

[52]   Hierauf weist Plander, Personalvertretung als Grundrechtshilfe, S. 59 hin.

[53]   Ossenbühl, Grenzen der Mitbestimmung, S. 31.

[54]   so etwa: Kisker PersV 1992, S. 1, (10); Klein PersV 1990, S. 49, (54); mit weiteren Beispielen zum mittelbaren Grundrechtsschutz: Ossenbühl PersV 1989, S. 409, (411).

IV. Die Gegenargumentation Planders

In einer umfangreichen Studie hat sich Plander[55] eingehend mit dem Problem beschäftigt, ob Personalvertretungen Staatsgewalt ausüben. Seiner Meinung nach üben Personalvertretungen keine Staatsgewalt aus, sondern beeinflussen diese lediglich, ähnlich wie eine Privatperson, die einen öffentlich-rechtlichen oder auch privatrechtlichen Vertrag mit der Verwaltung schließt oder ebenfalls durch Vertrag ein Beschäftigungsverhältnis im Staatsdienst begründet. Die Gegenargumentation Planders wird von den Mitbestimmungskritikern aber weitgehend ignoriert. Eine juristische Analyse ist jedoch nur dann überzeugend, wenn sie sich kritisch mit abweichenden Ansichten auseinandersetzt. Die Meinung Planders ist zudem nicht abwegig. Sie beinhaltet, wollte man eine Rangfolge der Gegenargumentationen erstellen, die gewichtigste Kritik an der auch hier vertretenen These, Personalvertretungen übten Staatsgewalt aus. Schon von daher ist eine genauere Untersuchung der Auffassung Planders erforderlich. Vor allem Rob[56] unterzieht folglich die Thesen Planders ebenfalls einer kritischen Überprüfung. Allerdings geht er dabei von der Interpretation aus, Plander verstehe die Wahrnehmung personalvertretungsrechtlicher Befugnisse ebenso wie Kempen als Grundrechtsausübung. Wie man an den skeptischen Äußerungen Planders zu diesem Argumentationsansatz gesehen hat, ist dies jedoch nicht der Fall. Plander versteht die Personalvertretung vor allem als Grundrechtshelfer der Beschäftigten, nicht aber als deren grundrechtliche Stellvertretung.

1.) Vergleich mit öffentlich-rechtlichen/privatrechtlichen Verträgen und Individualarbeitsverträgen

Natürliche und juristische Personen können nach Ansicht Planders Staatsgewalt dadurch beeinflussen, indem sie mit den Trägern öffentlicher Gewalt öffentlich-rechtliche und privatrechtliche Verträge schließen bzw. den Vertragsschluss ablehnen. Durch Verweigerung von Vertragsschlüssen könnten sie „ggf. bereits darauf Einfluss nehmen, ob Dienststellenleiter überhaupt in von ihnen in Aussicht genommener Weise Staatsgewalt ausüben können"[57]. Aber nicht nur durch eine prinzipielle Vertragsabsage, sondern auch durch einzelne Vertragsmodalitäten könnte staatliches Handeln erheblich beeinflusst werden, so z.B. durch die

[55] Plander, Personalvertretung als Grundrechtshilfe, S. 121 ff.; der gleiche Beitrag findet sich auch bei: Plander FS für Kissel 1994, S. 855 ff.
[56] vgl. Rob, Mitbestimmung im Staatsdienst, S. 98 Fn.37, S. 102.
[57] Plander, Personalvertretung als Grundrechtshilfe, S. 129.

Vereinbarung von Rücktrittsrechten. Der faktische Einfluss der Privatperson hänge allerdings, so räumt Plander ein, „von tatsächlichen Umständen wie der Marktmacht ab"[58]. Diese äußeren Einflüsse könnten zwar dazu führen, dass eine Vertragspartei den Vertragsinhalt ungleich stärker in ihrem Sinne gestalten könne als der Vertragspartner, der Sache nach aber handele es sich um ein Recht zur gleichberechtigten Mitbestimmung[59]. Ähnliches gelte für eine Privatperson, die mit dem Dienststellenleiter einen Individualarbeitsvertrag zwecks Einstellung in den öffentlichen Dienst schließe. Durch individuelle Vereinbarung bzgl. der näheren Ausgestaltung der Arbeitsbedingungen, so z.b. Einschränkung der Direktionsbefugnis des Arbeitgebers, könne der Arbeitnehmer dienstliche Tätigkeit und damit Staatsgewalt deutlich beeinflussen. Zwar gesteht Plander auch hier, dass de facto eine typische Unterlegenheit des Arbeitnehmers gegenüber dem Arbeitgeber bestehe. Von daher seien die Einflussmöglichkeiten des Arbeitnehmers eher als gering zu bewerten. Dies könne aber an dem grundsätzlichen Befund nichts ändern, denn: „Von Rechts wegen ist den einzelnen Arbeitnehmern jedenfalls eine weitgehende, nicht an das Erfordernis demokratischer Legitimation gebundene Mitbestimmung über ihre Arbeitsbedingungen nicht verwehrt"[60]. In beiden genannten Vertragssituationen übe aber unbestritten nur der Dienststellenleiter und nicht die Privatperson Staatsgewalt aus. Letztere beeinflusse lediglich die Ausübung staatlicher Gewalt. Gleiches gelte aber auch für die Personalvertretung bei Wahrnehmung ihrer Mitbestimmungsrechte[61].

Legt man die Meinung Planders zugrunde, so müsste selbst dann nur von einer *Beeinflussung* staatlicher Gewalt gesprochen werden, wenn der Personalrat im Rahmen der vollen Mitbestimmung die Zustimmung zu personellen Einzelmaßnahmen, wie z.B. Einstellung (vgl. § 75 Abs. 1 Nr. 1 BPersVG), Versetzung (vgl. § 75 Abs. 1 Nr. 3 BPersVG) oder Kündigung (vgl. § 72 a Abs. 1 PersVG NW), verweigert.

Dieser Argumentation Planders kann nicht nur mit dem Hinweis begegnet werden, die Verwaltung sei in vielen Fällen „auf Gedeih und Verderb von dem allein in der Privatwirtschaft vorhandenen Expertenwissen abhängig"[62], ohne dass dieser Umstand demokratierechtliche Zweifel erwecke. Wie bereits im Zusam-

---

[58] Plander, Personalvertretung als Grundrechtshilfe, S. 129.

[59] Plander, Personalvertretung als Grundrechtshilfe, S. 129.

[60] Plander, Personalvertretung als Grundrechtshilfe, S. 130.

[61] Plander, Personalvertretung als Grundrechtshilfe, S. 133, 134, 145.

[62] so aber: Rob, Mitbestimmung im Staatsdienst, S. 107.

88

menhang mit der Erläuterung des Begriffes Staatsgewalt hervorgehoben, stellt sich die Wahrnehmung unverbindlicher Beratungsrechte, und seien sie bzgl. ihres Inhalts argumentativ noch so überzeugend, aufgrund *fehlendem Entscheidungscharakter* niemals als legitimationsbedürftig dar. Speziell auf diese Situationen lediglich *faktischer Einflussnahme* kommt es Plander gerade nicht an. Seine Vergleichsargumentation stützt sich vielmehr auf die Beobachtung, dass unter bestimmten Umständen staatliches Handeln direkt von der Einflussnahme privater Personen auf *zwingende* Art und Weise *steuernd* bestimmt wird.

Es besteht aber dennoch eine Reihe von Unterschieden zwischen der Stellung der Personalvertretung und der Situation einer Privatperson, die einen privat- oder öffentlich-rechtlichen Vertrag bzw. einen Arbeitsvertrag mit der Verwaltung schließt. Dabei kann es nicht so sehr von Belang sein, dass die Personalvertretung nicht wie eine Einzelperson von außen, sondern von innen auf den verwaltungsrechtlichen Entscheidungsvorgang einwirkt[63]. Dies ist eine rein formale Differenzierung. Das Hauptaugenmerk ist eher auf die unterschiedliche Gestaltung des Entscheidungsfindungsprozesses zu richten. So wird die Personalvertretung im Rahmen eines standardisierten Verwaltungsverfahrens beteiligt (vgl. die Regelung des gesetzlichen Mitbestimmungs- und Mitwirkungsverfahrens in den §§ 68 und 72 BPersVG). Der Dienststellenleitung ist es bei der Durchführung einer Verwaltungsmaßnahme nicht freigestellt, die Personalvertretung zu beteiligen. Erwägt der Behördenleiter einen neuen Mitarbeiter einzustellen oder einem Beschäftigten zu kündigen, dann kann er nicht überlegen, ob in diesem konkreten Fall nicht auch die Interessen der Gesamtbelegschaft so nachhaltig betroffen sind, dass es Sinn machen würde, die Meinung der Personalvertretung einzuholen. Vielmehr ist es seine gesetzliche Pflicht, die Personalvertretung in den vom Gesetz angeordneten Angelegenheiten im Rahmen eines detailliert normierten Verwaltungsverfahrens zu beteiligen (vgl. in den soeben angesprochenen Fällen z.B. § 75 Abs. 1 Nr. 1 BPersVG: Einstellung, § 72 a Abs. 1 PersVG NW: Kündigung). Wie bereits ausgeführt, hängt die Entscheidung über die Möglichkeit der Durchführung der Maßnahme in diesem Stadium allein von der Zustimmung der Personalvertretung ab. Anders ist die Situation im Falle eines Vertragsschlusses zwischen Privatperson und Verwaltung. Die Behörde ist in der Regel nicht gesetzlich gezwungen, mit einer konkreten Person einen Vertrag zu schließen[64]. Sollte ausnahmsweise für die Verwaltung ein

[63]   so aber: Rob, Mitbestimmung im Staatsdienst, S. 103.
[64]   Diesen Aspekt erwähnt schließlich auch: Rob, Mitbestimmung im Staatsdienst, S. 106.

Kontrahierungszwang bestehen, stellt sich das Problem der Einflussnahme Privater auf die öffentlich-rechtliche Aufgabenerfüllung nicht. In diesem Fall wird der Vertrag entweder durch gesetzliche Vorgaben geregelt, oder die Verwaltung schließt angesichts ihrer Monopolstellung zu ihren Bedingungen ab. Ein Aushandeln findet nicht statt. Der Bürger muss sich nach dem Staat richten und nicht umgekehrt (vgl. § 22 PersBefG, § 6 Energie WirtschG). Doch zurück zum „Normalfall". Trifft die Behörde die Entscheidung, mit einer bestimmten Person in vertraglichen Kontakt zu treten, so handelt es sich hierbei rechtlich um einen freiwilligen Vorgang. Dieser Entschluss gewährt zugleich einer Privatperson die zumindest rechtliche Befugnis, durch vertragliche Gestaltung auf die Erfüllung einer öffentlich-rechtlichen Aufgabe Einfluss zu nehmen. Da jeder Vertrag durch Angebot und Annahme zu Stande kommt, muss der Verwaltung auch bewusst sein, dass der entsprechende Vertrag scheitert, wenn es nicht zu einer Übereinkunft beider Parteien kommt. Diese Einflussnahme Privater auf die Erfüllung öffentlicher Aufgaben ist also durch die Entscheidung der Behörde, bestimmte Aufgaben vertraglich zu regeln, demokratisch abgesichert. Zweifel hieran könnten aber im Hinblick auf Individualarbeitsverträge bestehen. In diesem Bereich ist die Verwaltung auf die Vertragsgestaltung angewiesen, da sie keine Zwangsrekrutierungen vornehmen darf. Der Verwaltung steht es aber frei, in welchem Umfang – vorbehaltlich der Möglichkeiten, die der Staats- oder Kommunalhaushalt bietet – sie neues Personal einstellt, und vor allem mit welcher Person sie konkret einen Arbeitsvertrag schließt. Wichtig ist zudem darauf hinzuweisen, dass jeder vertragliche Konsens, sei er auch noch so ungünstig für die Behörde, von dieser zu verantworten ist. Ohne ihre Zustimmung wäre es ja nicht zum Vertragsschluss gekommen. Somit trägt ein demokratisch legitimiertes Organ die Verantwortung für die Entscheidung gegenüber dem Volk. Die Vorschrift des Art. 20 Abs. 2 S. 1 GG ist damit nicht verletzt. Selbst wenn es nicht zum Vertragsschluss kommt, weil die Privatperson mit den Vertragsmodalitäten nicht einverstanden war, ist dies eine von der Verwaltung zu verantwortende Situation. Ist doch Vertragsverhandlungen immer das Risiko des Scheiterns immanent. Scheitert aber eine Maßnahme der Dienststellenleitung zunächst an der fehlenden Zustimmung der Personalvertretung, z.B. ein Privatisierungsprojekt gemäß § 84 Nr. 7 Saar PersVG oder die Zusammenlegung von Dienststellen nach § 70 Abs. 1 Nr. 11 PersVG Meckl-Vorp, so kann der Dienststellenleiter hierfür schwerlich verantwortlich gemacht werden. Schließlich stand es ihm ja nicht frei, die Personalvertretung zu beteiligen. Ferner konnte er deren Spruch nicht beeinflussen.

Es ist deutlich geworden, dass die Befugnisse der Personalvertretung nicht mit der Situation einer Privatperson, die mit der Verwaltung einen Vertrag schließt, vollständig vergleichbar sind. Während bei letzterem Vorgang nur von der Beeinflussung staatlicher Gewalt, die zudem noch durch die Entscheidung der Behörde, öffentliche Aufgaben durch Vertragsform wahrzunehmen, demokratisch abgesichert ist, gesprochen werden kann, bedeutet die Ausübung personalvertretungsrechtlicher Mitbestimmungsbefugnisse selbstständige und eigenverantwortliche Ausübung von Staatsgewalt.

2.) Vergleich mit Tarifverträgen

Weiterhin vergleicht Plander die Rechte der Personalvertretung mit der Befugnis der Gewerkschaften, mit den öffentlichen Arbeitgebern Tarifverträge abzuschließen. Die Gewerkschaften könnten durch tarifvertragliche Regelungen die innere Organisation der Dienststelle nachhaltig beeinflussen, beispielsweise durch tarifvertragliche Arbeitszeitvorgaben für von Dienststellenleitern praktizierte Personalbemessungssysteme. Dennoch übten allein die „Träger staatlicher Gewalt", soweit sie am Zustandekommen und Abschluss von Tarifverträgen mitwirkten, Staatsgewalt aus[65]. Gewerkschaften beeinflussten diese lediglich. Warum aber sollte sich die Wahrnehmung der Beteiligungsrechte der Personalvertretung im Gegensatz zur Gewerkschaftstätigkeit als legitimationsbedürftig erweisen[66]?

Auch dieser Vergleichsargumentation ist entgegenzuhalten, dass im Falle des Tarifabschlusses Sinn und Zweck des Art. 20 Abs. 2 S. 1 GG, nämlich Sicherung der Volkssouveränität, gewahrt sind. Trägt doch eine staatliche Stelle gegenüber dem Volk die Verantwortung für ihre Entscheidung. Denn stimmen die öffentlichen Arbeitgeber dem Tarifvertrag zu, dann übernehmen sie zugleich auch die Verantwortung hinsichtlich der Auswirkungen des Tarifvertrages auf die innere Organisation der Dienststelle. Die Gewerkschaften können den Trägern öffentlicher Gewalt zumindest rechtlich keine Entscheidung aufzwingen. Daher ist es gerechtfertigt, lediglich von der Beeinflussung staatlicher Gewalt zu sprechen. Legt dagegen die Personalvertretung gegen eine bestimmte Maßnahme des Dienststellenleiters ihr Veto ein, ist dieser zunächst gezwungen, das Vorhaben ruhen zu lassen. Dies gilt im Übrigen auch für das Verfahren der eingeschränkten Mitbestimmung. Verweigert die Personalvertretung z.B. die Zu-

---

[65] Plander, Personalvertretung als Grundrechtshilfe, S. 131.
[66] Plander, Personalvertretung als Grundrechtshilfe, S. 133, 141, 142.

stimmung hinsichtlich der Einführung grundlegend neuer Arbeitsmethoden (vgl. § 76 Abs. 2 Nr. 7 BPersVG), oder votiert sie gegen eine bestimmte Maßnahme zur Hebung der Arbeitsleistung (vgl. 76 Abs. 2 Nr. 5 BPersVG), so bleibt in der Behörde zunächst alles beim Alten. Anders als ein Vertragsschluss entspricht dieser Zustand gerade nicht dem staatlichen Willen. Nun ist aber einzuräumen, dass die Gewerkschaften, insbesondere durch Maßnahmen des Arbeitskampfes, in der Lage sind, die öffentlichen Arbeitgeber erheblich unter Druck zu setzen. Sie können die Arbeitgeber daher möglicherweise auf diese Weise faktisch zum Vertragsschluss zwingen. Die Einflusschancen der Gewerkschaften auf den internen Verwaltungsablauf sind daher wesentlich größer, als die eines Privatmannes, der mit der Verwaltung einen privat- oder öffentlich-rechtlichen Vertrag schließt. Diese Einflussmöglichkeiten der Gewerkschaften sind aber durch die in Art. 9 Abs. 3 GG gewährleistete Tarifautonomie verfassungsrechtlich abgesichert bzw. sogar garantiert[67].

Folglich kann auch ein Vergleich mit der Gewerkschaftstätigkeit die zuvor aufgestellte These, Personalvertretungen üben Staatsgewalt aus, nicht widerlegen.

3.) Vergleich mit Betriebsräten

Plander versucht weiterhin die Feststellung, Personalvertretungen beeinflussten lediglich staatliche Gewalt, durch einen Vergleich mit den Rechten des Betriebsrates zu stützen. Ebenso wie die Personalvertretungen nähmen auch die Betriebsräte die Belange und Interessen der Beschäftigten wahr. Diese hätten aber nicht an der Herrschaftsgewalt der Arbeitgeber teil, sondern beschränkten jene lediglich. Gleiches müsse auch für die Personalvertretungen gelten. Sie übten keine Staatsgewalt aus, sondern begrenzten diese im Interesse der Beschäftigten.[68]

In der Tat hat Plander damit Recht, dass niemand die gegenwärtigen Befugnisse des Betriebsrates als Teilhabe an der „Eigentümergewalt" (Art. 14 Abs. 1 GG) des Unternehmers bezeichnet. Ursache hierfür ist die Vorschrift des Art. 14 Abs. 1 S. 2 GG. Hiernach werden Inhalt und Grenzen des Eigentums durch Gesetz bestimmt. Die Herrschaftsgewalt des Unternehmers ist also durch die Rechte des Betriebsrates nach dem Betriebsverfassungsgesetz inhaltlich eingeschränkt. Eine derartige Relativierung erfährt das Demokratieprinzip in Art. 20

---

[67] Eine These, die in ähnlicher Form auch Plander früher vertrat, vgl. Plander PersR 1990, S. 345, (348) mit Hinweis auf Papier RdA 1989, S. 137, (142).

[68] Plander, Personalvertretung als Grundrechtshilfe, S. 143.

Abs. 2 S. 1 GG aber nicht. Dieses grundlegende Strukturprinzip unserer Verfassung unterliegt keinen Inhalts- und Schrankenbestimmungen wie Art. 14 Abs. 1 GG. Die besondere Bedeutung des Demokratieprinzips lässt sich auch daran ablesen, dass Art. 79 Abs. 3 GG, die so genannte Ewigkeitsgarantie, die Grundsätze des Art. 20 GG selbst im Falle einer Verfassungsänderung für unangreifbar erklärt[69]. Einschränkungen des Demokratieprinzips sind also kritischer zu sehen, als eine Begrenzung der Eigentümergewalt. Würde man die Befugnisse der Personalvertretung nur als Beschränkung von Staatsgewalt betrachten, so bedeutete dies zum einen eine Verkennung der tatsächlichen Entscheidungsgewalt der Personalvertretung und zum anderen eine Relativierung der herausragenden Stellung des Demokratieprinzips im Grundgesetz.

4.) Grundrechtliche Erwägungen

Schließlich führt Plander grundrechtliche Erwägungen ins Feld, um nachzuweisen, dass Personalvertretungen keine Staatsgewalt ausüben. Seiner Meinung nach wären Personalvertretungen, vorausgesetzt man nähme an, jene übten Staatsgewalt aus, nach Art. 1 Abs. 3 GG wie jedes andere Staatsgewalt ausübende Organ auch umfassend an die Grundrechte gebunden. Nähme also die Personalvertretung im Mitbestimmungsverfahren Stellung zu bestimmten personellen Einzelmaßnahmen, etwa Abordnung für die Dauer von mehr als drei Monaten (vgl. § 75 Abs. 1 Nr. 4 BPersVG) oder Weiterbeschäftigung über die Altersgrenze hinaus (vgl. § 75 Abs. 1 Nr. 5 BPersVG), oder äußere sie sich zu organisatorischen Vorhaben, z.B. Zusammenlegung von Dienststellen (vgl. § 89 Abs. 1 Nr. 2 Hbg PersVG, § 70 Abs. 1 Nr. 11 PersVG Meckl-Vorp), so würde sie hierbei einer umfangreichen Grundrechtsbindung unterliegen. Das jedoch würde die Dinge auf den Kopf stellen, denn die eigentliche Aufgabe der Personalvertretung sei es ja, den Grundrechten der Beschäftigten zur Wirksamkeit zu verhelfen. Die Personalvertretungen „wären nicht mehr Grundrechtsinstrument und Grundrechtshelferin gegen die Staatsgewalt und zum Schutz vor ihr. Als Teil der Staatsgewalt wären sie im Gegenteil selbst derjenigen Seite zuzurechnen, gegen welche die Grundrechte – in ihrer Funktion als Abwehrrechte – primär gerichtet sind"[70]. Zwar räumt Plander ein, dass es Einzelfälle geben mag, in welchen auch Personalräte die Grundrechte der Beschäftigten verletzten. Trotzdem sei es sicherlich „inadäquat, die grundsätzliche Qualifizierung ihrer Tätig-

---

[69] Darauf macht auch Kisker in: PersV 1992, S. 1, (10) aufmerksam.
[70] Plander, Personalvertretung als Grundrechtshilfe, S. 144.

keit nicht an denen ihnen kraft Gesetzes zugewiesenen Aufgaben des Grundrechtsschutzes und der Grundrechtsförderung, sondern daran zu orientieren, dass
sie ihre Kompetenzen – pflichtwidrig – dazu nutzen könnten, Grundrechte zu
verletzen"[71].

Im Anschluss an diese Argumentation stellt sich aber die Frage, warum die Personalvertretungen nicht gleichzeitig an die Grundrechte gebunden sein sollen,
und es nicht trotzdem ihre Aufgabe sein kann, die Interessen der Beschäftigten
umfassend gegenüber dem Dienstherrn zu vertreten. Dies bedeutet doch nur einen zusätzlichen Schutz für die Arbeitnehmer im öffentlichen Dienst und ist eine positive Folge der Tatsache, dass Personalvertretungen Staatsgewalt ausüben.
Allein aus dem Ergebnis, dass die Personalvertretungen einer Grundrechtsbindung unterliegen, kann man nicht den Schluss ziehen, die Personalvertretungen
seien eher eine Grundrechtsbedrohung als Interessenvertreter der Beschäftigten.
Denkt man den Lösungsansatz von Plander konsequent weiter, so gelangt man
zu dem Resultat, dass die Tätigkeit jeder staatlichen Stelle, allein aufgrund derer
zunächst formalen Grundrechtsbindung nach Art. 1 Abs. 3 GG, von den Bürgern
als Grundrechtsbedrohung empfunden werden müsste. Die Absurdität dieser
Schlussfolgerung wird deutlich, wenn man bedenkt, dass die Hauptaufgabe zahlreicher staatlicher Organe, wie z.B. Polizei oder Ordnungsamt, darin besteht, auf
die Sicherung der den Grundrechten immanenten Werte, wie etwa Wahrung der
Menschenwürde und der körperlichen Unversehrtheit, zu achten. Die Verwal-
tungs- und auch die Verfassungsrechtssprechung, die nach Art. 1 Abs. 3 GG
auch der Grundrechtsbindung unterliegen, sorgen oftmals sogar für einen direkten Grundrechtsschutz des Bürgers gegenüber staatlicher Gewalt. Dass die Personalvertretungen Grundrechte der Beschäftigten verletzen, und hier ist Plander
zuzustimmen, ist der Ausnahmefall und wird nicht dadurch zur Regel, dass die
Personalvertretungen verpflichtet sind, die Grundrechte der Bediensteten zu beachten. Der Charakter der Personalvertretung als Interessenvertretung wird somit nicht dadurch beeinflusst, dass die Personalräte einer Grundrechtsbindung
unterliegen.

Abschließend ist festzustellen, dass die Argumentation Planders die Aussage,
Personalvertretungen üben Staatsgewalt aus, nicht widerlegen kann.

---

[71] Plander, Personalvertretung als Grundrechtshilfe, S. 144.

V. Üben Einigungsstellen Staatsgewalt aus?

Möglicherweise stellt sich nicht nur die Wahrnehmung der Beteiligungsrechte der Personalvertretung als Ausübung von Staatsgewalt dar, sondern ebenso die Tätigkeit der Einigungsstelle. Diese Differenzierung wird in der Literatur selten getroffen[72]. Zumeist ist in diesem Zusammenhang nur von der Personalvertretung die Rede[73]. Trotzdem wird auch die Frage nach der demokratischen Legitimation der Einigungsstelle gestellt. Letzteres Problem ist aber nur dann akut, wenn auch die Entscheidungen der Einigungsstelle als Gebrauch von Staatsgewalt zu qualifizieren sind. Im Sinne einer exakten juristischen Untersuchung ist also bei der Staatsgewaltproblematik zwischen der Tätigkeit der Personalvertretung und der der Einigungsstelle zu unterscheiden.

Im Gegensatz zu den Rechten der Personalvertretung ist es der Einigungsstelle in Angelegenheiten, die der vollen Mitbestimmung unterliegen, sogar möglich, eine abschließende Entscheidung zu fällen. Diese ist sowohl für die Personalvertretung, als auch für die Dienststellenleitung in jedem Fall verbindlich (vgl. § 71 Abs. 4 S. 2 BPersVG). So bindet der Spruch der Einigungsstelle in zahlreichen personellen Angelegenheiten der im Bundesdienst beschäftigten Arbeiter und Angestellten (vgl. den Mitbestimmungskatalog des § 75 Abs. 1 BPersVG) die am Einigungsverfahren beteiligten Organe abschließend. Die Entscheidungskompetenz der Einigungsstelle geht also über die der Personalvertretung hinaus. Von daher liegt es nahe, dass man, wenn man schon die Befugnisse der Personalvertretung als Ausübung von Staatsgewalt einordnet, den gleichen Schluss auch für die Einigungsstelle zieht. Spricht die Einigungsstelle dagegen lediglich eine Empfehlung an die letztlich entscheidende Verwaltungsspitze aus (eingeschränkte Mitbestimmung), so handelt es sich hierbei nur um einen unverbindlichen Vorschlag. Insbesondere hinsichtlich der personellen Angelegenheiten der Beamten steht der Einigungsstelle nur ein solches Empfehlungsrecht zu (auf Bundesebene: § 76 Abs. 1 i.V.m. § 69 Abs. 4 S. 3 BPersVG). Bereits bei der Thematisierung der Definition von Staatsgewalt wurden derartige entscheidungsvorbereitende Abläufe nicht als Ausübung von Staatsgewalt qualifiziert.

---

[72] Diese unpräzise Vorgehensweise kritisiert als Einziger: Plander, Personalvertretung als Grundrechtshilfe, S. 126.

[73] so z.B.: Schenke JZ 1991, S. 581, (583, 584); auch Kisker spricht in: PersV 1985, S. 137, (140) die Einigungsstelle nur am Rande an.

Hiermit ist nämlich keine Verengung des Handlungsspielraumes der Behörde verbunden[74].

Zu einem anderen Ergebnis gelangt Plander. Seiner Meinung zufolge übt die Einigungsstelle selbst dann keine Staatsgewalt aus, wenn sie eine für alle Seiten verbindliche Letztentscheidung trifft. Es handele sich vielmehr um eine zusammengesetzte Gewalt sui generis. Eine „Gewalt, die weder Staats- noch „Privat"-Gewalt, sondern etwas Drittes ist, welches man als „Schiedsgewalt" bezeichnen kann"[75]. Diese Behauptung versucht Plander mit einem Hinweis auf die „innere Struktur des Gremiums" zu begründen. Da der Einigungsstelle eine gleiche Zahl von Vertretern der Dienststelle und des Personalrates angehörten (vgl. § 71 Abs. 1 S. 2 BPersVG) „üben die Beisitzer nach allem in Einigungsfällen teils Staats-, teils ‚Privatgewalt' aus"[76].

Diese Argumentation, die auf der bereits abgelehnten Annahme beruht, dass auch die Personalvertretung keine Staatsgewalt ausübt, ist jedoch nicht überzeugend. Die Tatsache, dass der Einigungsstelle Vertreter sowohl der Dienststelle als auch des Personalrats angehören, ist möglicherweise, wie später noch zu erläutern sein wird, entscheidend für die Frage der hinreichenden demokratischen Legitimation, ändert aber nichts an der gleichen Tätigkeit beider Interessengruppen in der Einigungsstelle. Jedes Einigungsstellenmitglied stimmt über die gleichen Vorgänge mit gleicher Entscheidungsgewalt ab. Folglich ist es nicht verständlich, teils von Staats-, teils von Privatgewalt auszugehen. Hierfür spricht ferner, dass auch wenn § 2 Abs. 1 BPersVG nur die Personalvertretung und die Dienststelle bzgl. ihrer Zusammenarbeit zur Berücksichtigung der öffentlichen Aufgabenerfüllung verpflichtet, gleiches wohl auch für die Mitglieder der Einigungsstelle zu gelten hat. Schließlich ist der Grundsatz des § 2 Abs. 1 BPersVG für das gesamte Personalvertretungsrecht prägend. Auch die Vertreter des Personalrats in der Einigungsstelle haben also öffentlich-rechtliche Gesichtspunkte zu bedenken. Somit ist es auch von daher unzulässig, ihrerseits allein von einer Art privatrechtlichen Gewalt zu sprechen.

Ausschlaggebend ist letztlich, dass der Beschluss der Einigungsstelle die Verwaltung bindet, und damit ein staatlicher Entscheidungsfindungsprozess seinen Abschluss findet.

---

[74] Hierüber besteht Einigkeit mit Plander, Personalvertretung als Grundrechtshilfe, S. 148, vgl. auch die Rechtsprechung: BVerfGE 47, 253, (273); BVerfGE 83, 60, (73, 74).

[75] Plander, Personalvertretung als Grundrechtshilfe, S. 150.

[76] Plander, Personalvertretung als Grundrechtshilfe, S. 151.

VI. Fazit

Abschließend bleibt nur noch festzustellen, dass alle Versuche, die Ausübung von Staatsgewalt durch die Personalvertretung und die Einigungsstelle zu verneinen, im Ergebnis scheitern. Die Personalvertretung übt sowohl im Rahmen der vollen, als auch im Rahmen der eingeschränkten Mitbestimmung Staatsgewalt aus. Gleiches gilt für die Einigungsstelle, wenn sie eine verbindliche Letztentscheidung trifft.

Ist man aber der Auffassung, dass die genannten Gremien Staatsgewalt ausüben, so stellt sich unmittelbar das Problem ihrer demokratischen Legitimation. Ist die Personalvertretung tatsächlich demokratisch legitimiert und befugt, Entscheidungen zu treffen, die sowohl für die unmittelbar beteiligten Beschäftigten als auch für die Leistungsfähigkeit der Verwaltung und damit zugleich für die breite Öffentlichkeit einschneidende Wirkungen aufweisen? Beispielhaft genannt sei die Entscheidung über Einstellung (vgl. § 75 Abs. 1 Nr. 1 BPersVG) und Kündigung (vgl. § 72 a Abs. 1 PersVG NW) von Angestellten und Arbeitern im öffentlichen Dienst. Hingewiesen sei auch auf die Widerspruchsmöglichkeit im Rahmen von Privatisierungsvorhaben (vgl. § 72 Abs. 3 Nr. 7 PersVG NW, § 84 Nr. 7 Saar PersVG).

D. Demokratische Legitimation der Organe des Personalvertretungsrechts

Die Diskussion um die demokratische Legitimation der Personalratsmitglieder sowie der Vertreter des Personalrats in der Einigungsstelle verläuft ebenfalls äußerst kontrovers. Allerdings sollte auch in Bezug auf diesen Aspekt Polemik vermieden werden.

I. Reichweite des Demokratieprinzips/Neubestimmung des Bagatellvorbehalts?

Art. 20 Abs. 2 S. 1 GG besagt, dass alle Staatsgewalt vom Volke ausgeht. Böckenförde[77] konkretisiert das Demokratieprinzip zutreffend wie folgt: „Beim Gebot demokratischer Legitimation steht nicht der Schutz vor Eingriffen in die Freiheit der Bürger – ein primär rechtsstaatliches Anliegen – im Mittelpunkt, sondern weiter greifend die Innehabung und maßgebliche Steuerung der im Hinblick auf die Erledigung der gemeinsamen Angelegenheiten des Volkes or-

---

[77] Böckenförde, HbStR I, § 22 Rn. 12; ähnlich: Schmidt-Aßmann AöR 116, (1991), S. 329, (335).

ganisierten staatlichen Gewalt". Damit das Demokratieprinzip als grundlegende Verfassungsstrukturentscheidung nicht an Bedeutung verliert, muss das Volk die Quelle jeglicher staatlichen Entscheidung bleiben. Das Volk ist alleiniger Souverän im Staate. Andernfalls würde das demokratische Prinzip zur „bloßen Fiktion oder Symbolik"[78] geraten.

Nach Ansicht von Rob[79] aber sollten innerdienstliche Maßnahmen, die nur geringe Bedeutung für die Wahrnehmung des Amtsauftrages aufwiesen, vom Legitimationszwang befreit werden. Zwar handele es sich hierbei um Entscheidungen, die durchaus als Ausübung von Staatsgewalt zu qualifizieren seien – insofern bestehe seiner Meinung nach auch ein Unterschied zur Bagatellentscheidungsthese des Bundesverfassungsgerichts –, allerdings könne in diesen Entscheidungssituationen auf jegliche Form der demokratischen Legitimation verzichtet werden. Beispielhaft nennt Rob den Bereich vorwiegend sozialer innerdienstlicher Angelegenheiten sowie personelle Maßnahmen mit nur geringer Beziehung zur öffentlichen Aufgabenerfüllung. Eine nähere Präzisierung erfolgt jedoch nicht. Hier angesiedelte Entscheidungen seien ohne demokratierechtliche Bedenken der vollen Mitbestimmung der Personalräte, sprich der abschließenden Entscheidungsgewalt der Einigungsstelle, zugänglich. Auf einen besonderen diesbezüglichen Rechtfertigungsaufwand könne verzichtet werden. Der Vorteil dieser Argumentation sei darin zu sehen, dass demokratierechtliche Anforderungen im Hinblick auf eher unbedeutende innerdienstliche Angelegenheiten ausgeklammert werden könnten. So werde der Weg für eine weitreichende personalvertretungsrechtliche Mitbestimmung von dogmatischen Hindernissen befreit. Es müsse nicht auf umständliche Weise nach besonderen Rechtfertigungsgründen innerdienstlicher Mitbestimmung gesucht werden[80]. Diese Sicht der Dinge verhindere eine Aufweichung und Relativierung des Demokratieprinzips.

Wenn man aber wie Rob anerkennt, dass sich sowohl alle innerdienstlichen Maßnahmen unabhängig von ihrer spezifischen Bedeutung für den Amtsauftrag als auch die diesbezügliche Mitbestimmungsgewalt der Personalvertretung als Ausübung von Staatsgewalt erweisen, so ist jede *generelle* legitimationsrechtliche Ausnahmeregelung ausgeschlossen. Eine gegenteilige Ansicht steht im Widerspruch zu Art. 20 Abs. 2 S. 1 GG. Es ist nicht einzusehen, wo der wesentliche Unterschied zu der bereits abgelehnten Theorie vom so genannten Bagatell-

[78] Stein, Staatsrecht, S. 58 § 8 II Nr. 1.
[79] Rob, Mitbestimmung im Staatsdienst, S. 257 ff.
[80] Rob, Mitbestimmung im Staatsdienst, S. 258.

vorbehalt liegt. Eher erscheint die vom Bundesverfassungsgericht in wenigen und zudem nicht personalvertretungsrechtlichen Fällen entwickelte These vom Bagatellvorbehalt dogmatisch als durchdachter. So werden die in Rede stehenden Maßnahmen seitens des Bundesverfassungsgerichts konsequent nicht als Ausübung von Staatsgewalt eingeordnet. Von daher besteht zumindest rechtstheoretisch die Möglichkeit auf einen Legitimationsverzicht. Angesichts beider, letztlich auf das gleiche Ergebnis hinauslaufender Argumentationsweisen gilt es zu betonen, dass der Absolutheit des Demokratieprinzips in Art. 20 Abs. 2 S. 1 GG nicht Rechnung getragen wird, wenn man zur Vermeidung von argumentativen Schwierigkeiten vorschnell ganze Bereiche innerdienstlicher Angelegenheiten, also nicht etwa nur einzelne Mitbestimmungsfragen, vom Legitimationserfordernis ausnimmt. Die These von der Neubestimmung des Bagatellvorbehalts führt nicht zu einem ausgewogenen Verhältnis von innerdienstlicher Mitbestimmung und Demokratieprinzip, sondern wirft schwierige Abgrenzungsfragen zwischen wichtigen und unwichtigen Maßnahmen auf.

II. Realisierung des Demokratieprinzips

Bisher war nur die Rede davon, dass alle Ausübung von Staatsgewalt demokratisch legitimiert sein muss. Offen gelassen wurde die Frage, was genau unter demokratischer Legitimation zu verstehen ist, und wie die Einflussnahme des Volkes auf die staatliche Entscheidungsfindung konkret zu sichern ist. Art. 20 Abs. 2 S. 2 GG spricht davon, dass sie (die Staatsgewalt) vom Volke in Wahlen und Abstimmungen und durch besondere Organe der Gesetzgebung, der vollziehenden Gewalt und der Rechtsprechung ausgeübt wird. Da das Grundgesetz nur sehr wenige plebiszitäre Elemente enthält (Art. 29 Abs. 2 S. 1, 146 GG), spricht man von einer repräsentativen Demokratie. Dies bedeutet, das Volk trifft die Entscheidungen nicht selber, sondern handelt durch bestimmte Organe. Diese Demokratieform ist in größeren Flächenstaaten aus Praktikabilitätsgründen wohl die einzig mögliche. Gut vergleichbar ist diese Staatsform mit der Verwaltung eines Landgutes oder eines Großunternehmens: „Niemand bezweifelt in diesen Beispielsfällen die beherrschende Stellung des Eigentümers, solange er nur seine leitenden Angestellten selbst auswählt und wirksam überwacht"[81]. Wie im Einzelnen aber die Einflussnahme des Volkes auf die Staatsgewalt ausübenden Stellen zu erfolgen hat, ob es hierbei auch Lockerungen oder Ausnahmen an die

---

[81]   Beispiel nach: Stein, Staatsrecht, S. 57 § 8 II Nr. 1.

Rückbindung des Volkswillens geben darf, wird in der personalvertretungsrechtlichen Diskussion unterschiedlich gesehen.

1.) Personalvertretungsrecht und hierarchisch verstandenes Demokratieprinzip

Aufgrund des hierarchischen Demokratieverständnisses ist nur derjenige Entscheidungsträger demokratisch legitimiert, dessen Rechtsposition durch ein Ge-
flecht von Wahlen und Ernennungen auf die politische Mehrheitsentscheidung
im Volk zurückzuführen ist[82]. Zwischen der Wahlentscheidung des Bürgers und
dem Träger öffentlicher Gewalt muss eine so genannte Legitimationskette bestehen. Ist jene an auch nur einem Punkt unterbrochen, so ist die demokratische
Legitimation der staatlichen Entscheidung nicht mehr gegeben. Art. 20 Abs. 2
S. 1 GG ist damit verletzt. Im Einzelnen muss zwischen der institutionellen, der
personellen und der sachlich demokratischen Legitimation unterschieden werden.

a) Die institutionelle demokratische Legitimation

Institutionelle demokratische Legitimation bedeutet die verfassungsrechtliche
Konstituierung der drei Gewalten, Legislative, Exekutive und Judikative als eigenständige Funktionen und Organe, durch die das Volk die von ihm ausgehen-
de Staatsgewalt ausübt (vgl. Art. 20 Abs. 2 S. 2 GG)[83]. Die Eigenständigkeit und
Handlungsfähigkeit jedes dieser drei Organe muss gewahrt werden. Beispielsweise darf die Entscheidungsfreiheit der Exekutive nicht durch einen Universal-
Parlaments- oder Gesetzesvorbehalt eingeschränkt werden. Die verfassungsrechtliche Verankerung der drei genannten Gewalten ist zwar grundlegende
Voraussetzung für ein modernes Demokratieverständnis, letztlich allein aber
noch nicht ausreichend, um einen effektiven Einfluss des Volkes auf die Staatsgewalt ausübenden Stellen zu erreichen. Vielmehr muss auch die konkret handelnde Person (Amtswalter) demokratisch legitimiert sein. Hielte man das nicht
für erforderlich, käme es zu einer Loslösung der drei Gewalten vom Volkssou-

---

[82] Anhänger dieses Demokratieverständnisses sind vor allem: Isensee, HbStR I, § 13
Rn. 68; ders. Der Staat 20 (1981), S. 161, (163); Loschelder, HbStR III, § 68 Rn. 3-5, 38;
Benecke, Beteiligungsrechte u. Mitbestimmung im Personalvertretungsrecht, S. 114;
Deier, Hierarchische Verwaltung im demokratischen Staat, S. 125-127, 145-147 (vgl.
aber auch die kritischen Bemerkungen S. 151); Scheuner FS für Müller 1970, S. 377,
(385); aber auch: Rob, Mitbestimmung im Staatsdienst, S. 109 ff.

[83] Böckenförde, HbStR I, § 22 Rn. 15; Rob, Mitbestimmung im Staatsdienst, S. 109; Battis/
Kersten DÖV 1996, S. 584, (585); Ehlers Jura 1997, S. 180, (184).

verän. Diese würden praktisch autark und könnten nach Belieben schalten und walten. Das Volk könnte nur tatenlos zusehen[84]. Um dies zu vermeiden, muss eine fortlaufende demokratische Legitimation der Träger öffentlicher Gewalt sichergestellt werden. Diesem Ziel dient die personelle und sachlich-inhaltliche demokratische Legitimation.

b) Die personelle demokratische Legitimation

Die personelle demokratische Legitimation sichert die demokratische Legitimation jedes einzelnen Entscheidungsträgers. Personell legitimiert ist zum einen derjenige, der unmittelbar vom Volk gewählt wird. Zum anderen aber auch derjenige, der von einer seinerseits personell demokratisch legitimierten Person in sein Amt berufen wird[85]. Es genügt also, wenn das Volk das Parlament wählt, das Parlament den Bundeskanzler wählt, der Bundespräsident auf Vorschlag des Bundeskanzlers die Minister ernennt, diese wiederum die ihnen unterstehenden Beamten ernennen, welche ihrerseits nun wieder Mitarbeiter berufen. Entsprechendes gilt auch auf Länder- und Kommunalebene. Wichtig ist, dass die Berufung des einzelnen Entscheidungsträgers nicht abstrakt, etwa wie in einem Thronfolgegesetz, sondern individuell im Hinblick auf das einzelne Amt erfolgen muss[86]. Diese Überlegung geht auf Herzog zurück, der vom „Prinzip der individuellen Berufung der Amtswalter"[87] spricht. De facto bedeutet dies, dass der jeweilige Amtsträger entsprechend seinen Fähigkeiten von einer vorgesetzten Dienstperson für die Erfüllung eines bestimmten Aufgabengebietes ausgewählt wird[88]. Ist in dem Ernennungsprozess aber auch nur ein nicht demokratisch legitimiertes Organ mit Entscheidungskompetenzen eingeschaltet, so ist

---

[84] ähnlich: Böckenförde, HbStR I, § 22 Rn. 15.

[85] Böckenförde, HbStR I, § 22 Rn. 16; ders. Verfassungsfragen der Richterwahl, S. 74; Bieback, Die Mitwirkung der Beschäftigten in der öffentlichen Verwaltung, S. 44; Jestaedt, Demokratieprinzip u. Kondominalverwaltung, S. 267, 269; Ossenbühl, Grenzen der Mitbestimmung, S. 39; Papenfuß, Die personellen Grenzen der Autonomie öffentlich-rechtlicher Körperschaften, S. 148; Rob, Mitbestimmung im Staatsdienst, S. 110, 111; Battis/Kersten DÖV 1996, S. 584, (585); Ehlers Jura 1997, S. 180, (184); Schmidt-Aßmann AöR 116 (1991), S. 329, (360).

[86] so auch: Böckenförde, HbStR I, § 22 Rn. 16; ders. Verfassungsfragen der Richterwahl, S. 74.

[87] Herzog, Allgemeine Staatslehre, S. 210; ders. in: Maunz/Dürig; Grundgesetz, Art. 20 II Rn. 53.

[88] Jestaedt, Demokratieprinzip u. Kondominalverwaltung, S. 269, unterscheidet insofern zwischen dem personellen Baustein (individuelle Amtseinsetzung) und dem organisatorischen Baustein (konkrete Zuweisung eines Funktionsbereiches).

die Legitimationskette unterbrochen[89]. Unbedenklich sind hinsichtlich des Berufungsakts aber Beratungs- und Anhörungsrechte nicht demokratisch legitimierter Organe, da hiermit kein Handlungszwang der ernennenden Person verbunden ist.

Aufgrund dieser Überlegungen ist die personelle demokratische Legitimation sowohl der Personalratsmitglieder als auch der Vertreter des Personalrats in der Einigungsstelle zu verneinen[90]. Diese werden weder vom Gesamtvolk direkt gewählt, noch werden sie von einem demokratisch legitimierten Amtsträger ernannt. Die Wahl durch die Beschäftigten vermittelt keine demokratische Legitimation. Hierbei handelt es sich nämlich nur um eine bestimmte Interessengruppe, die aber nicht die Belange und Bedürfnisse aller Bürger repräsentiert[91]. Die Personalratsmitglieder und deren Vertreter in der Einigungsstelle sind aber in Entscheidungsprozesse eingebunden, die nicht nur die Interessen der Beschäftigten berühren, sondern auch die der Allgemeinheit. Besonders signifikant kommt dies z.B. bei einer Entscheidung über die Zulässigkeit eines Privatisierungsprojekts (vgl. § 72 Abs. 3 Nr. 7 PersVG NW, § 84 Nr. 7 Saar PersVG) oder bzgl. der Durchführung der Zusammenlegung, Auflösung oder Verlegung einer Dienststelle zum Ausdruck (vgl. § 89 Abs. 1 Nr. 2 Hbg PersVG, § 70 Abs. 1 Nr. 11 PersVG Meckl-Vorp, § 69 Nr. 8 PersVG SA). Aber auch personalpolitische Entscheidungen, wie beispielsweise Einstellungen (vgl. § 75 Abs. 1 Nr. 1 BPersVG), Versetzungen (vgl. § 75 Abs. 1 Nr. 3 BPersVG) oder Abordnungen (vgl. § 75 Abs. 1 Nr. 4 BPersVG) sowie organisatorische Maßnahmen, wie etwa Regelung der Arbeitszeit (vgl. § 75 Abs. 3 Nr. 1 BPersVG), bestimmen unmittelbar über die Effektivität und Modernität einer Verwaltungseinheit.

Fraglich ist weiterhin, ob neben der fehlenden personellen demokratischen Legitimation auch Defizite im Hinblick auf die sachlich-inhaltliche demokratische Legitimation bestehen.

---

[89] Böckenförde, HbStR I, § 22 Rn. 16; ders. Verfassungsfragen der Richterwahl, S. 74; Isensee Der Staat 20 (1981), S. 161, (163).

[90] so auch: Isensee, HbVerfR, § 32 Rn. 24; Loschelder, HbStR III, § 68 Rn. 68, 69; Hoschke, Mitbestimmungskonkurrenzen im öffentlichen Dienst, S. 88; v. Mutius FS für Kriele 1997, S. 1119, (1123, 1124); Ossenbühl, Grenzen der Mitbestimmung, S. 40; ders. PersV 1989, S. 409, (412); Ehlers Jura 1997, S. 180, (184); Havers PersV 1987, S. 305, (309); Richardi ZfPR 1993, S. 59, (60); Schenke PersV 1992, S. 289, (293); ders. JZ 1991, S. 581, (584); Strehler PersV 1995, S. 342, (345).

[91] ähnlich: Ossenbühl, Grenzen der Mitbestimmung, S. 40; ders. PersV 1989, S. 409, (412); Ehlers Jura 1997, S. 180, (184).

c) Die sachlich-inhaltliche demokratische Legitimation

Die sachlich-inhaltliche demokratische Legitimation kennzeichnet die Möglich-keit des Staatsvolkes, wie der Name schon vermuten lässt, inhaltlich Einfluss auf die Entscheidungen der Staatsgewalt ausübenden Organe zu nehmen[92]. Da bereits hervorgehoben wurde, dass das Grundgesetz dem Volk nur geringe di-rekte Entscheidungskompetenzen einräumt, muss auch die inhaltliche Einfluss-nahme des Volkes durch besondere Organe (Art. 20 Abs. 2 S. 2 GG) erfolgen. Teilweise geschieht dies durch das unmittelbar vom Volk gewählte Parlament. Dieses verabschiedet Gesetze, an die alle anderen staatlichen Organe gebunden sind (Art. 20 Abs. 3 GG). Von großer Bedeutung ist hier beispielsweise das Haushaltsrecht[93]. Durch die Zuweisung bestimmter Finanzmittel für genau be-schriebene öffentliche Aufgaben kann das Handeln der Verwaltung recht genau determiniert werden. Aber auch die gesetzlichen Vorgaben allein sind noch nicht ausreichend, um die inhaltliche Einflussmöglichkeit des Volkes auf die staatliche Entscheidungsfindung zu sichern. Die Gesetze lassen der Verwaltung oftmals notwendige Handlungsspielräume. Folglich sind verschiedene Verwal-tungsentscheidungen denkbar. Diesem Aspekt der sachlich-inhaltlichen demo-kratischen Legitimation entsprechen umfangreiche Weisungsrechte innerhalb des Verwaltungsapparates[94]. So kann die Verwaltungsspitze – also ein demo-kratisch legitimiertes Organ – den unteren Behörden Einzelweisungen erteilen und ihnen gegenüber allgemeine Verwaltungsvorschriften erlassen. Zumindest aber müssen alle Bereiche der öffentlichen Verwaltung einer Rechtsaufsicht unterworfen sein. Nur auf diese Weise kann die oberste Dienstbehörde die Ver-antwortung gegenüber dem Parlament für das Handeln untergeordneter Behör-denstufen übernehmen. Ein Organ, welches außerhalb dieser Weisungshierar-chie agiert, unterliegt somit letztlich nicht nur keiner ministeriellen Aufsicht, sondern auch keiner parlamentarischen Kontrolle.

Die sachlich-inhaltliche Legitimation setzt sich also aus zwei Komponenten zu-sammen. Zum einen ist die Gesetzesbindung zu nennen. Zum andern ist auf ein notwendiges System von Weisungshierarchien im staatlichen Entscheidungsme-chanismus hinzuweisen. Zwischen beiden Faktoren besteht insofern ein Zu-

---

[92] Böckenförde, HbStR I, § 22 Rn. 21 (ausführlich); Jestaedt, Demokratieprinzip u. Kon-
     dominalverwaltung, S. 270, 271; Ehlers Jura 1997, S. 180, (184); Schenke PersV 1992,
     S. 289, (293); Schmidt-Aßmann AöR 116 (1991), S. 329, (357, 358).
[93] Hiervon geht auch Schmidt-Aßmann in: AöR 116 (1991), S. 329, (358) aus.
[94] Böckenförde, HbStR I, § 22 Rn. 21; Schmidt-Aßmann AöR 116 (1991), S. 329, (358).

sammenhang, als dass auf ein umfangreiches Weisungsrecht einer übergeordneten demokratisch legitimierten Stelle in *gewissem Umfang* verzichtet werden
kann, wenn andererseits das handelnde Organ einer äußerst strikten Gesetzesbindung unterliegt. Es dürfen also praktisch keine Ermessens- oder Beurtei-
lungsspielräume mehr verbleiben. Eröffnet dagegen das Ausführungsgesetz
mannigfache und breit gefächerte Entscheidungsmöglichkeiten, so muss dieser
Umstand durch ein weitreichendes Weisungsrecht ausgeglichen werden.[95]

Damit lässt sich aber zugleich auch ein Minus an sachlich-inhaltlicher demokratischer Legitimation sowohl der Personalratsmitglieder als auch der Einigungsstelle insgesamt konstatieren[96]. Zwar sind die Mitglieder des Personalrates und
der Einigungsstelle an Recht und Gesetz gebunden, allerdings unterliegen sie
keinem Weisungsrecht einer übergeordneten demokratisch legitimierten Stelle
wie etwa dem Dienststellenleiter. Dies gilt übrigens auch für die Behördenver-
treter in der Einigungsstelle. Auch sie sind nicht weisungsgebunden und treffen
ihre Entscheidung unabhängig[97]. Eine Kompensation dieses Weisungsdefizits
aufgrund einer besonders intensiven Gesetzesbindung scheidet aus. Zwar regeln
zahlreiche Personalvertretungsgesetze die Art der Beteiligungstatbestände recht
detailliert (vgl. z.B. die Mitbestimmungskataloge der §§ 75, 76 BPersVG, §§ 75,
76, 78, 79 PersVG Ba-Wü, §§ 86, 87, 89 Hbg PersVG, §§ 74, 77 Hess PersVG,
§§ 68, 69, 70 PersVG Meckl-Vorp, §§ 65, 66, 67, 69 PersVG SA) und verzichten auf die recht vage Allzuständigkeitsklausel. Andererseits bleibt es aber notwendigerweise der Personalvertretung überlassen, wann und mit welcher Begründung sie die ihr zustehenden Rechte zum Wohle der Beschäftigten gegen
den Willen des Dienststellenleiters ausschöpft. Die tägliche Personalratsarbeit
erfolgt lediglich unter der weitgefassten Maxime der möglichst effektiven Interessenvertretung der Mitarbeiter unter Einschluss der Berücksichtigung der der
Dienststelle obliegenden Aufgaben (vgl. §§ 2 Abs. 1, 67 Abs. 1 BPersVG)[98].

d) Das Verhältnis von personeller und sachlich-inhaltlicher Legitimation

Sowohl das Erfordernis personeller als auch sachlich-inhaltlicher demokratischer Legitimation bezweckt die optimale Sicherstellung eines auf der Volks-

[95] ebenso: Böckenförde, HbStR I, § 22 Rn. 22.
[96] Zu dem gleichen Ergebnis gelangen auch: Ehlers Jura 1997, S. 180, (184) und Schenke PersV 1992, S. 289, (293, 294).
[97] vgl. Grabendorff/Windscheid/Ilbertz/Widmaier, BPersVG, § 71 Rn. 16; Albers PersR 1995, S. 501. (503); Kunze PersV 1977, S. 164, (173).
[98] ähnlich: Rob, Mitbestimmung im Staatsdienst, S. 116, 117.

souveränität basierenden Staatsgefüges. Beide Kriterien sind also nicht als Selbstzweck, sondern umgekehrt als Mittel zum Zweck zu verstehen. Wird daher dem Gedanken der Volkssouveränität bereits dadurch in besonderer Weise entsprochen, dass das Staatsgewalt ausübende Organ über ein außerordentlich konzentriertes Maß an personeller demokratischer Legitimation verfügt, beispielsweise bei direkter Wahl durch das Volk, dann kann auf ein gesondertes Weisungsrecht einer übergeordneten Stelle verzichtet werden. Voraussetzung ist allerdings, das sachlich-inhaltliche Legitimationsfragment bleibt zumindest aufgrund einer detaillierten Regelung der gesetzlichen Handlungsbefugnisse in eingeschränkter Form erhalten. Unterliegt andererseits das in Frage stehende Organ einem umfangreichen und strikten Weisungsrecht einer demokratisch voll legitimierten Stelle, so kann das Element der personellen demokratischen Legitimation eine gewisse Relativierung erfahren. Wichtig aber ist, dass kein Teilaspekt der demokratischen Legitimation den anderen vollständig ersetzen kann[99].

Da aber weder die Personalratsmitglieder noch deren Vertreter in der Einigungsstelle einen der beiden Legitimationsbausteine in besonderer Weise für sich in Anspruch nehmen können, vielmehr erweist sich ihre demokratische Legitimation unter beiden Gesichtspunkten als defizitär, hilft der soeben vorgestellte Gedankengang im hier interessierenden Zusammenhang nicht weiter.

e) Fazit

Obwohl das Verfassungssystem des Grundgesetzes ein hoch komplexes Gebilde darstellt, ist es möglich, mit Hilfe so genannter Legitimations- und Weisungsketten jede staatliche Entscheidung auf den Willen des Volkes zurückzuführen. Trotz schwieriger Entscheidungsprozesse unter Beteiligung zahlreicher Behörden bleibt das Volk die zentrale Entscheidungsinstanz[100]. Zugleich ist das hierarchische Demokratieprinzip dabei von radikaler Einfachheit, denn ist die Legitimationskette an auch nur einer Stelle unterbrochen, kann sich die staatliche Entscheidung nicht mehr als demokratisch legitimiert darstellen. Auf diese Weise wird aber auch der Absolutheit des Art. 20 Abs. 2 S. 1 GG, wonach das Grundgesetz neben dem Staatsvolk keinen anderen Nebensouverän mehr duldet, Rechnung getragen. Wenngleich man mit dem Begriff Hierarchie beim ersten Gedanken nur Strenge, Weisungen und Befehle im Über-/Unterordnungsver-

[99] Hierauf machen ebenfalls aufmerksam: Böckenförde, HbStR I, § 22 Rn. 23; Rob, Mitbestimmung im Staatsdienst, S. 112; zu diesem Problem ausführlich: Emde, Die demokratische Legitimation der funktionalen Selbstverwaltung, S. 331, 332.
[100] Loschelder, HbStR III, § 68 Rn. 3, 5; Scheuner FS für Müller 1970, S. 377, (385).

hältnis sowie Determination verbindet, erweist sich ein hierarchisch geordnetes Staatssystem mit dem Volk als zentraler Entscheidungsinstanz doch als ideale Struktur für ein modernes Demokratie- und Staatsverständnis. Loschelder[101] stellt hierzu fest: „Hierarchie ist, vor jeder positiven verfassungsrechtlichen Ausformung, ein notwendiges und zentrales Bauelement staatlicher Exekutive, organisierter Staatlichkeit überhaupt". Ähnlich formuliert Dreier[102]: „Demokratie – auf diesen knappen Nenner können wir es nun bringen – verlangt nach strikter Determination des Verwaltungshandelns, nach Durchsetzung des legalen Willens mit Hilfe eines loyal-gehorsamen Verwaltungsstabes".

Auf der Basis des hierarchischen Demokratieverständnisses stellt die Personalvertretung aber einen „Fremdkörper"[103] im Staatsgefüge dar. Ein Organ, dessen Aufgabe es ist, die Interessen einer bestimmten Gruppe zu vertreten, wirkt aktiv, mit Entscheidungskompetenzen ausgestattet, am staatlichen Willensbildungsprozess mit. Letzterer aber hat sich nicht an speziellen Gruppeninteressen zu orientieren, sondern muss das Gemeinwohl verfolgen. Zwar muss die Personalvertretung auch die Aufgaben der Dienststelle bei ihrer Tätigkeit berücksichtigen (vgl. § 2 Abs. 1 BPersVG), dies ändert aber nichts daran, dass es ihre eigentliche Aufgabe ist, den Interessen der Beschäftigten Geltung zu verschaffen (vgl. §§ 67 Abs. 1 S. 1, 68 Abs. 1 Nr. 2 BPersVG).

Ebenso wie zuvor zum Thema Staatsgewalt werden auch zur Frage der demokratischen Legitimation, insbesondere von gewerkschaftlich orientierten Autoren, alternative Argumentations- und Legitimationsmodelle vorgestellt. Das hierarchische Demokratieverständnis ist hierbei zum Teil heftiger Kritik ausgesetzt.

2.) Kritik am hierarchischen Demokratieverständnis

Leider verlassen einige Äußerungen von Autoren, die einer ausgedehnten Mitbestimmung positiv gegenüberstehen, den Bereich der sachlichen Auseinandersetzung. So äußert sich Blanke[104]: „Die Inspiration zu dieser Legitimations-Amtslichterkette stammt offensichtlich eher vom katholischen Kirchenrecht mit seiner strikten Amts- und Legitimationshierarchie als von einem angemessenen

---

[101] Loschelder, HbStR III, § 68 Rn. 3.

[102] Dreier, Hierarchische Verwaltung im demokratischen Staat, S. 127, 128.

[103] Die Charakterisierung der Personalvertretung als „Fremdkörper" im Verwaltungsgefüge ist eine gängige Bezeichnung der Mitbestimmungskritiker, so z.B.: Kübel PersV 1987, S. 217, (222) und Ossenbühl PersV 1989, S. 409, (413).

[104] Blanke, Die Mitbestimmung 1996, S. 6, (7); sehr polemisch ebenfalls: Neumann PersR 1995, S. 449 ff.

Verständnis des Demokratieprinzips nach dem Grundgesetz". Oder ebenfalls Blanke[105]: „Die herrschende CDU-Lesart des Demokratieprinzips geht nicht zufällig auf die identitätstheoretische Staatstheorie von Carl Schmitt aus der Weimarer Zeit zurück, die sich unschwer dem NS-System und seinem autokratischen Legitimationskonzept anverwandeln konnte". Teilweise wird ferner angenommen, dass hierarchische Demokratieverständnis sei nur ein „recht fadenscheiniges Mäntelchen des Dienens am ganzen Volk". In Wahrheit führe es nur zur Zurückdrängung der Mitbestimmungsrechte und damit zur Erhaltung des Machtanspruchs seitens der Dienststellenleiter. Dies erinnere aber an vordemokratische, hierarchische „Kommandostrukturen" oder diktatorische „Herrschaftsansprüche". Auf diese Art werde „Machtstreben befriedigt und nach eigenen Ideen und Vorurteilen gehandelt"[106]. Diese Behauptungen beruhen aber auf einem Missverständnis des hierarchischen Demokratieverständnisses. Dessen Ziel ist es ja gerade, die alleinige Volkssouveränität möglichst optimal zu gewährleisten. Es ist von daher unverständlich, wie ein noch so entfernter Vergleich mit dem auf dem Führerprinzip beruhenden Terrorsystem der NS-Zeit angedeutet werden kann.

Eine weitere Parallele – allerdings auf sehr viel sachlichere Weise – wird zum absolutistischen Herrschaftssystem und zur konstitutionellen Monarchie gezogen. Auch deren Kennzeichen seien strikte Befehlsketten und Weisungshierarchien gewesen[107]. Fraglich ist jedoch, was mit dieser Feststellung gewonnen werden soll. Fakt ist doch, dass zentrale Entscheidungsinstanz in der modernen Demokratie nicht mehr der Monarch, sondern das Volk ist. Wenn dessen Wille sich aber ebenso deutlich in den staatlichen Entscheidungen widerspiegelt wie der des Monarchen im absolutistischen Zeitalter, so ist dieses Ergebnis positiv zu bewerten. Befehlsketten und Weisungsverhältnisse sind nur Mittel zum Zweck. Entscheidend für eine Staatsform ist, auf wen die Befehle letztlich zurückgehen. Dem entspricht es, wenn die Leistung des absolutistischen Staates gerade darin gesehen wird, dass die Herrschaft im Staat nur in den Händen des „Staatsorganes" lag. Auch wenn man es sich mit der Erklärung, der Monarch muss nur durch das Volk ersetzt werden, sicherlich etwas einfach macht, darf nicht übersehen werden, dass sich die Anhänger des Demokratiegedankens diese

---

[105] Blanke PersR 1996, S. 222, (228).
[106] Die genannten Passagen entstammen: Sabottig PersR 1988, S. 93, (94).
[107] Guilleaume Die Verwaltung 4 (1971), S. 177, (181).

Machtkonzentration des Absolutismus unter umgekehrten Vorzeichen zum Vorbild nahmen[108].

Plausibel klingt dagegen zunächst der Einwand, dass in den meisten Fällen der Ernennung eine „Ungleichzeitigkeit von Berufungsakt und Wahl des Parlaments bzw. der Regierung"[109] besteht. Der einzelne konkrete Ernennungsakt lasse sich nicht zu jeder Zeit auf die politische Mehrheitsentscheidung im Volke zurückführen. Folglich sei das Hierarchiemodell ungeeignet zur Vermittlung demokratischer Legitimation.

Dem muss jedoch entgegengehalten werden, dass die formale Amtsberufung auch bei sich ändernden Regierungskonstellationen weiterhin auf dem Willen des Volkes beruht. Schließlich war zum Zeitpunkt der Ernennung die Legitimationskette lückenlos. Die personelle Legitimation muss aber nicht fortlaufend erneuert werden. Dies hätte zur Folge, dass sämtliche Beschäftigte im öffentlichen Dienst nach einem Regierungswechsel entweder in ihrem Amt bestätigt werden müssten oder mit der Kündigung zu rechnen hätten. Wichtig ist, dass sich im Falle von Neueinstellungen die personelle Legitimationskette nun auf das Parlament in seiner aktuellen Besetzung zurückverfolgen lässt. Zudem reduziert die hier besprochene Meinung die demokratische Legitimation allein auf die personelle Komponente. Neben dieser steht aber noch die sachlich-inhaltliche demokratische Legitimation. So untersteht ein im öffentlichen Dienst Beschäftigter in der Bundes- oder Landesverwaltung nach einem Regierungswechsel der neuen Regierung und ist dieser gegenüber weisungsgebunden. Diese Weisungsgebundenheit verhindert es, dass der öffentlich Beschäftigte entgegen den neuen Vorgaben weiterhin nach altem Muster verfahren darf. Die Anweisungen der neuen Verwaltungsspitze sichern im Falle des Regierungswechsels den Einfluss der geänderten Mehrheitsverhältnisse im Volk.

Nicht ganz nachzuvollziehen ist der Einwand: „Nach geltendem Verfassungsrecht wäre es auch nicht zu beanstanden, wenn ein Amtswalter Staatsgewalt ausübt, der von einer ganz und gar undemokratischen Regierung oder z.B. einst durch die Besatzungstruppen ernannt worden wäre"[110]. Dies widerspricht gerade dem Verfassungsprinzip des Art. 20 Abs. 2 S. 1 GG. In jenem Fall ginge nicht

[108] Hierauf macht Badura in: VVDStRL 22 (1965), S. 329, (350), aufmerksam. Ihm folgend: Ossenbühl, Grenzen der Mitbestimmung, S. 43.
[109] Czybulka, Die Legitimation der öffentlichen Verwaltung, S. 89, 90; ähnlich auch: Kübel, Personalrat u. Personalmaßnahmen, S. 100.
[110] Czybulka, Die Legitimation der öffentlichen Verwaltung, S. 89.

mehr jede Ausübung von Staatsgewalt auf das Volk zurück. Möglicherweise soll die Situation angesprochen sein, dass eine demokratisch gewählte Regierung sich nach den Wahlen völlig undemokratisch verhält und versucht, ein diktatorisches Regime zu errichten. Dann stellen sich aber auch die Weisungen und Ernennungen jener Regierung, unabhängig von ihrer korrekt verlaufenden Wahl, als undemokratisch dar. In einem solchen Fall wäre der Boden des Grundgesetzes von den Verantwortlichen verlassen und eventuell sogar das Widerstandsrecht des Art. 20 Abs. 4 GG ausgelöst. Auch nach dem Hierarchieprinzip erweist sich Ausübung von Staatsgewalt nur dann als demokratisch legitimiert, wenn der Rahmen des Grundgesetzes insgesamt eingehalten wird.

Fraglich ist jedoch, ob sich das Hierarchieprinzip auch bei steigender „Spezialisierung, Technisierung und Komplizierung"[111] der Verwaltungsaufgaben als geeignetes Strukturmerkmal des Staatsgefüges erweist. Dreier[112] vertritt die Auffassung, dass „jenseits standardisierbarer und routinisierbarer Vollzugspraktiken, also bei komplexen Vorhaben mit wenig präziser Zieldefinition und offener Problemstellung (Betreuungs-, Planungs- und Gestaltungsaufgaben)" nach neuen Wegen bei der öffentlichen Aufgabenerfüllung gesucht werden muss. Er spricht auch davon „Arbeits- und Projektgruppen einzurichten, Innovation an die Stelle von Routine, Teams und einen kooperativen Führungsstil an die Stelle hierarchischer Strukturen treten zu lassen"[113].

In der Tat zeigen sich die Vorteile des hierarchischen Verwaltungsaufbaus vor allem im Rahmen standardisierter Routineaufgaben, welche anhand klarer Weisungen nach einem bestimmten Schema gelöst werden können. Die vermehrte Komplexität staatlicher Aufgaben erfordert es aber, auch Fachleute aus dem außerstaatlichen Bereich hinzuzuziehen. Möglicherweise müssen zudem „Sachverständigengremien", „Ausschüsse" oder „Beiräte" institutionell in den Entscheidungsprozess mit einbezogen werden[114]. Nicht geklärt ist nur, inwieweit derartige Einrichtungen und Modifizierungen der herkömmlichen Verwaltungsstruktur mit Art. 20 Abs. 2 S. 1 GG vereinbar sind. Keinesfalls sollte das Hierarchieprinzip aufgegeben werden und als zu anspruchslos und der heutigen Zeit nicht mehr

[111] Dreier, Hierarchische Verwaltung im demokratischen Staat, S. 155.
[112] Dreier, Hierarchische Verwaltung im demokratischen Staat, S. 154.
[113] Dreier, Hierarchische Verwaltung im demokratischen Staat, S. 154; ähnlich auch: Hesse, Grundzüge des Verfassungsrechts, S. 486; Bryde StWiss 1994, S. 305, (323, 324); ders. VVDStRL 46 (1988), S. 181, (192, 197); Fisahn kritV 1996, S. 267, (274 ff.); Rinken kritV 1996, S. 282, (294); Schuppert Der Staat 32 (1993), S. 581, (606).
[114] so: Dreier, Hierarchische Verwaltung im demokratischen Staat, S. 155.

entsprechend qualifiziert werden[115]. Nur weil eine Theorie einfach ist, bedeutet dies ja nicht, dass sie unzutreffend ist. Gerade bei so grundlegenden Verfassungsmerkmalen wie dem Demokratieprinzip ist es eher von Vorteil, wenn die inhaltliche Konkretisierung des Prinzips leicht nachzuvollziehen ist. So fällt es leichter, Verstöße gegen das Demokratieprinzip auszumachen und einer eventuellen Aushöhlung dieses Grundsatzes vorzubeugen. Art. 20 Abs. 2 S. 1 GG darf auch nicht lediglich als ein allgemeiner Maßstab verstanden werden, von dem zahlreiche Ausnahmen zulässig sind[116]. Bei einem derartigen Demokratieverständnis gerät die verfassungsrechtliche Grundsatzentscheidung des Art. 20 Abs. 2 S. 1GG schnell zur bloßen Farce. Es geht also nur darum, eng umgrenzte Ausnahmen zum hierarchischen Verwaltungsaufbau herauszuarbeiten. Hierbei fällt auf, dass gerade die Autoren, die das Hierarchieprinzip am schärfsten kritisieren, kaum Alternativvorschläge zum Thema Legitimation entwickeln. So sind Thesen der Art, das hierarchische Demokratieprinzip müsse durch „dezentrale Elemente"[117] ergänzt werden, wenig hilfreich. Es fragt sich, was genau unter „dezentralen Elementen" zu verstehen ist und unter welchen Voraussetzungen es zu derartigen Modifizierungen des Demokratieprinzips kommen kann. Aber selbst wenn in eng umgrenzten Räumen Ausnahmen vom hierarchischen Demokratieverständnis anzuerkennen sind, so stellt sich immer noch das Problem, ob auch das Personalvertretungsrecht diesen Ausnahmen zuzuordnen ist.

a) Personalvertretungen als ministerialfreier Raum?

In der personalvertretungsrechtlichen Diskussion wird immer wieder darauf hingewiesen, dass das herkömmliche Hierarchieprinzip in der heutigen Verwaltungsstruktur schon an zahlreichen Stellen bereits durchbrochen ist[118]. Diese Erscheinungen werden unter dem allgemeinen Begriff des ministerialfreien Raumes zusammengefasst. Da aber die Bedeutung und die Grenzen des ministerial-

---

[115] so aber wohl: Bryde StWiss 1994, S. 305, (323) und Häberle JZ 1975, S. 299, (302).

[116] in diese Richtung aber eindeutig: Emde, Die demokratische Legitimation der funktionalen Selbstverwaltung, S. 334; wie hier: Stettner, Grundfragen einer Kompetenzlehre, S. 266.

[117] Fisahn kritV 1996, S. 267, (276).

[118] so etwa: Plander, Personalvertretung als Grundrechtshilfe, S. 172 ff.; Bryde FS für Thieme 1997, S. 9, (22); ders. StWiss 1994, S. 305, (320, 322); Damkowski RiA 1975, S. 21, (24); infolgedessen erscheint die Feststellung Beneckes in: Beteiligungsrechte u. Mitbestimmung im Personalvertretungsrecht, S. 111: „Heute ist jedoch anerkannt, dass die Einigungsstelle wegen ihrer grundsätzlich anderen Funktion nicht mit einer ministerialfreien Stelle gleichgesetzt werden kann, die Diskussion also für das Personalvertretungsrecht ohne Belang ist", etwas vorschnell.

freien Raumes in der Literatur unterschiedlich gesehen werden, ist zunächst eine kurze Erläuterung des genannten Begriffes notwendig.

(1.) Der ministerialfreie Raum

Während der hierarchische Verwaltungsaufbau dadurch gekennzeichnet ist, dass an seiner Spitze ein den unteren Behörden Weisungen erteilender Minister steht, kommt dem Minister den ministerialfreien Räumen gegenüber eine derartige Weisungskompetenz nicht zu. Diese Bereiche der Verwaltung sind aus der allgemeinen hierarchischen Ordnung ausgesondert und nehmen die ihnen gesetzlich zugewiesenen Aufgaben weitgehend unabhängig wahr[119]. Da der ministerialfreie Raum als negatives Pendant zum Ministerial- oder Ressortprinzip zu verstehen ist, können hierzu auch nur die Bereiche gezählt werden, die der Exekutive zuzuordnen sind, nicht aber autonome Abteilungen der ersten und dritten Gewalt, die ohnehin keinen ministeriellen Weisungen unterstehen[120]. Höchst umstritten ist, ob zu den ministerialfreien Räumen auch die mittelbare Staatsverwaltung, also Körperschaften, Anstalten und Stiftungen des öffentlichen Rechts, insbesondere die kommunale Selbstverwaltung, gehört[121]. Eine eingehende Erläuterung dieser Problematik würde in Bezug auf das hier zu behandelnde Thema zu weit führen. Da die Weisungsabhängigkeit der Personalvertretung zum Teil auch in Parallele zu den Selbstverwaltungskörperschaften (z.B. kommunale Selbstverwaltung: Art. 28 Abs. 2 S. 1 GG; funktionale Selbstverwaltung: Selbstverwaltung der Sozialversicherungsträger §§ 1, 29 SGB IV sowie der Ärzte- und Rechtsanwaltskammern oder Handwerksinnungen) gesehen wird[122], sollen auch diese Erscheinungsformen des Verwaltungsgefüges den ministerialfreien Räumen zugerechnet werden. Diejenigen Autoren, die nur im Bereich der unmittelbaren Staatsverwaltung von ministerialfreien Räumen spre-

---

[119] Ausführliche Darstellungen der Problematik des ministerialfreien Raumes finden sich bei: Klein, Die verfassungsrechtliche Problematik des ministerialfreien Raumes; Oebbecke, Weisungs- u. unterrichtungsfreie Räume in der Verwaltung; Fichtmüller AöR 91 (1966) S. 297 ff.; Müller JuS 1985, S. 497 ff.; Eine Definition des ministerialfreien Raumes erstellt auch: Damkowski RiA 1975, S. 21, (24).

[120] Darauf machen Klein in: Die verfassungsrechtliche Problematik des ministerialfreien Raumes, S. 58 und Müller in: JuS 1985, S. 497, (498) aufmerksam.

[121] verneinend: Müller JuS, S. 497, (498), da es sich hierbei nicht um eine Ausnahme, sondern um eine selbstständige von der Verfassung vorgesehene Form der Verwaltungskontrolle handle, ebenso: Fichtmüller AöR 91 (1966), S. 297, (299); bejahend dagegen: Klein, Die verfassungsrechtliche Problematik des ministerialfreien Raumes, S. 190 ff.

[122] so vor allem: Plander, Personalvertretung als Grundrechtshilfe, S. 173, 174, aber auch: Bryde FS für Thieme 1993, S. 9, (22).

chen, erwähnen beispielhaft die staatlichen Prüfungsämter und -ausschüsse, die Bundesprüfstelle für jugendgefährdende Schriften, die Musterausschüsse und -kammern nach § 19 Abs. 2 S. 2 WPflG sowie die Bundesbank[123]. Die Weisungsfreiheit dieser Organe ist nicht immer von gleicher Intensität (abgestufte Ministerialfreiheit). Sie „kann insbesondere durch Einspruchs-, Widerspruchs- und Klagerechte oder Zustimmungserfordernisse zu Gunsten ministerialgebundener Verwaltungsstellen eingeschränkt sein"[124].

(2.) Vergleich des Personalvertretungsrechts mit dem ministerialfreien Raum

Einige Autoren[125] sind der Meinung, dass in der Diskussion um die Legitimation der Verwaltungsentscheidung aufgrund der bereits jetzt zahlreich vorhandenen Weisungslücken im Ministerialsystem von einem auf ununterbrochenen Legitimationsketten beruhenden Demokratieverständnis Abstand genommen werden sollte. Dieses Demokratieverständnis werde der heutigen Verwaltungsstruktur und damit der Verfassungswirklichkeit nicht mehr gerecht. Infolgedessen qualifizieren sie die Personalvertretungen als eine Art ministerialfreien Raum, der keiner oder nur geringer demokratischer Legitimation insofern bedarf, als dass die inhaltliche Einwirkungsmöglichkeit des Volkes, vermittelt durch Weisungshierarchien, auf deren Entscheidungsfindung ausgeschlossen werden kann (sachlich-inhaltliche demokratische Legitimation).

Die Gegenmeinung[126] wendet ein, ministerialfreie Räume seien nur so weit zulässig, wie die Verfassung selber diese garantiere, so z.B. im Falle der kommunalen Selbstverwaltung gemäß Art. 28 Abs. 2 S. 1 GG oder bzgl. der Unabhängigkeit der Bundesbank bzw. Europäischen Zentralbank in Art. 88 GG sowie hinsichtlich der Einrichtungen des Rundfunks/Fernsehens nach Art. 5 Abs. 1 GG und der Institute von Forschung und Lehre gemäß Art. 5 Abs. 3 GG. Da aber das Grundgesetz die Einrichtung von Personalvertretungen nicht erwähne, könne es sich hierbei auch nicht um eine rechtmäßige Form des ministerialfreien Raumes handeln.

[123] vgl. die Ausführungen bei: Fichtmüller AöR 91 (1966), S. 297, (303 ff.) und Müller JuS 1985, S. 497, (500 ff.).
[124] Müller Jus 1985, S. 497, (508).
[125] So muten die Ausführungen bei: Plander, Personalvertretung als Grundrechtshilfe, S. 175-178 und Damkowski RiA 1975, S. 21, (24) an.
[126] Leisner, Mitbestimmung im öffentlichen Dienst, S. 48, 49; Pfohl ZBR 1996, S. 82, (83); Widmaier PersV 1975, S. 412, (413).

Diese Argumentation ist jedoch angesichts der Vielzahl weisungsfreier Bereiche, die keineswegs alle von der Verfassung garantiert werden, dennoch aber in der Rechtspraxis weitgehend anerkannt sind, nicht recht überzeugend.

Überzeugender ist es, ministerialfreie Räume nur dann anzuerkennen, wenn dies von der Art der zu erfüllenden öffentlichen Aufgabe zwingend geboten ist, „um die Objektivität von Entscheidungen zu gewährleisten oder eine spezifische Sachkunde oder Erfahrung in den Entscheidungsprozess einzubringen, wenn bestimmte Verwaltungsbereiche sinnvoll nur nach unternehmerischen Grundsätzen geführt werden können... oder wenn im Interesse der ungeschmälerten Zweckerreichung einer Verwaltungstätigkeit von zentraler Bedeutung für das Staatsganze eine politische Neutralisierung erforderlich ist"[127]. Dreier[128] schlägt zusätzlich vor, ministerialfreie Räume nur dann für verfassungskonform zu erklären, wenn zumindest eine Rechtsaufsicht staatlicher Stellen gesichert ist.

Diese spezifischen Anforderungen sind im Falle der Personalvertretungen aber nicht gegeben. Weder ist ihre Einrichtung dringend geboten, um die Qualität der öffentlichen Aufgabenerfüllung zu gewährleisten – eher erweist sich die Personalvertretung manchmal als „Bremser" auf dem Weg zu einem modernen bürgerfreundlichen Verwaltungsbetrieb – noch unterliegt sie einer Rechtsaufsicht übergeordneter Stellen. Nun könnte man einwenden, die Konstituierung der Personalvertretung als ein autonomes Interessenvertretungsorgan sei notwendig, um den Belangen der Beschäftigten nachhaltig Rechnung zu tragen. Nur handelt es sich bei der Interessenvertretung der im öffentlichen Dienst Tätigen nicht um eine öffentliche Aufgabe im eigentlichen Sinne, sondern eher um eine Sekundärpflicht, die bei der primären öffentlichen Zweckverfolgung, also generell gesprochen der Verwirklichung des Allgemeinwohls, parallel zu berücksichtigen ist. Zudem ist die jetzige Form des Personalvertretungsrechts nicht die einzig denkbare Form des Arbeitnehmerschutzes[129]. So wäre es möglich, einzelne Mitbestimmungstatbestände des Personalvertretungsrechts künftig in Einzelgesetzen, vergleichbar dem Kündigungsschutzgesetz, zu regeln. Vorstellbar wäre beispielsweise ein Gesetz, welches detaillierte Anforderungen zum Schutz der Arbeitnehmer an personelle Umstrukturierungsmaßnahmen, wie etwa Versetzun-

---

[127] Müller JuS 1985, S. 497, (508); ähnlich: Ossenbühl, Grenzen der Mitbestimmung, S. 52.
[128] Dreier, Hierarchische Verwaltung im demokratischen Staat, S. 287, 288 289; ebenfalls die ministerialfreien Räume auf eng umgrenzte Ausnahmen beschränkend: Loschelder, HbStR III, § 68 Rn. 22 und Evers Der Staat 3 (1964), S. 41, (52).
[129] Dies räumt auch Plander in: Personalvertretung als Grundrechtshilfe, S. 89 ein.

gen, stellt. Bestimmte Problembereiche könnten auch der Regelungsmacht der Tarifparteien überlassen bleiben[130]. Zwar ist zuzugestehen, dass beide genannten Alternativen im Vergleich zur Konstruktion des Personalvertretungsrechts deutliche Nachteile aufzuweisen haben. So können z.b. in Gesetzen und Tarifverträgen zumeist nur recht allgemeine Regelungen getroffen werden, während hingegen die Personalvertretungen in Zusammenarbeit mit dem Dienststellenleiter spezifische, auf die jeweilige Dienststelle zugeschnittene Einzelvereinbarungen erarbeiten können (vgl. z.b. das Dienstvereinbarungsrecht des § 76 Abs. 2 BPersVG). Dennoch wäre es verfehlt anzunehmen, das Personalvertretungsrecht in seiner jetzigen Form sei eine zwingende Notwendigkeit des Arbeitnehmerschutzes im öffentlichen Dienst. Ein weiterer Aspekt, der gegen die Klassifizierung der Personalvertretung als ministerialfreier Raum spricht, ist der, dass die meisten in weisungsfreien Ausschüssen tätigen Personen von einem seinerseits demokratisch legitimierten Amtsträger ernannt werden. Sie sind damit zumindest personell demokratisch legitimiert. Hinzu kommt, dass sich das Aufgaben- und Betätigungsspektrum vieler weisungsfreier Ausschüsse auf eine ganz bestimmte Einzelmaterie beschränkt. Die Personalvertretung ist hingegen bei allen innerdienstlichen Angelegenheiten (Allzuständigkeitsklausel) oder doch zumindest hinsichtlich vielfältiger, äußerst unterschiedlicher Verwaltungsmaßnahmen zu beteiligen[131] (vgl. z.b. die Mitbestimmungskataloge der §§ 75, 76 BPersVG). Zudem ist die Art und Weise der personalvertretungsrechtlichen Aufgabenwahrnehmung nicht näher gesetzlich determiniert. Hiermit ist gemeint, das Gesetz schreibt bzgl. der Frage, wann genau die Interessen der Beschäftigten so nachhaltig betroffen sind, dass die Personalvertretung gegen eine geplante Verwaltungsmaßnahme einschreiten sollte, keinen konkreten Maßstab vor oder gibt verbindliche Einzelkriterien an die Hand. Angesichts dieses breit angelegten Ermessensspielraums, ist aus demokratierechtlicher Perspektive der Verzicht auf ein Weisungsrecht einer übergeordneten und demokratisch legitimierten Stelle umso kritischer zu betrachten[132]. Ferner sind die Mehrzahl der weisungsfreien Ausschüsse keine speziellen interessenvertretenden Organe, sondern auf die

---

[130] So weist etwa Plander a.a.O. darauf hin, dass anderen westlichen Ländern das „bundesrepublikanische duale System der Interessenwahrnehmung durch Gewerkschaften einerseits, Betriebs- und Personalräten andererseits" zumindest in dieser typischen Form fremd ist.

[131] ähnlich. Rob, Mitbestimmung im Staatsdienst, S. 214.

[132] in diese Richtung auch: Rob, Mitbestimmung im Staatsdienst, S. 221.

114

Verfolgung des Gemeinwohls verpflichtet[133]. Letztgenannter Gesichtspunkt trifft aber, was von den Mitbestimmungskritikern häufig übersehen wird, nicht auf die berufsständischen Kammern und Innungen zu. Deren Entscheidungsträger sind zum einen nicht von einem demokratisch legitimierten Amtsträger berufen worden. Zum andern sind sie vornehmlich Interessenvertreter ihrer Mitglieder und nicht der Allgemeinheit. Solange die von den Kammern und Innungen getroffenen Entscheidungen aber nur ihre Mitglieder berühren, ist hiergegen nichts einzuwenden. Die der Kammer zugehörigen Personen haben schließlich die Zusammensetzung der entscheidenden Gremien durch ihre Wahl mit der Wahrnehmung ihrer berufsbezogenen Angelegenheiten beauftragt. Sollten die genannten Organe jedoch gesetzlich befähigt werden, ebenso wie die Personalvertretungen staatliche Entscheidungsmechanismen durch ihren Einspruch zu blockieren, sind auch bzgl. dieser Einrichtungen demokratierechtliche Bedenken anzumelden. Aus den möglichen Demokratiedefiziten der berufsständischen Kammern und Innungen darf nicht geschlossen werden, dass solche Missstände auch im Personalvertretungsrecht hingenommen werden müssten[134]. Die gleichen Erwägungen gelten für alle ministerialfreien Räume, die nicht aufgrund der von ihnen zu erfüllenden Aufgabe unbedingt notwendig sind, und eher als spezifische Interessenvertreter ohne demokratische Legitimation, aber mit staatlichen Entscheidungskompetenzen ausgestattet, einzuordnen sind.

Abschließend sei noch vermerkt, dass die Wahl der Personalvertretung nicht eine ähnliche demokratische Legitimation vermittelt, wie die Wahl kommunaler Entscheidungsträger. Jene werden durch ein homogenes Teilvolk und nicht durch eine reine Interessengruppe gewählt. Während sich Staatsgewalt im kommunalen Bereich auch weitgehend nur auf die Personen bezieht, die dem Gemeinde- oder Kreisvolk angehören, wirken sich Entscheidungen der Personalvertretung oftmals auch auf den außerhalb der Verwaltung stehenden Bürger aus. Jener verfügt aber über keinen Einfluss hinsichtlich der mitgliedschaftlichen Zusammensetzung der Personalvertretung. Das Demokratieprinzip verlangt aber, „dass die der Staatsgewalt unterworfenen Personen im Wesentlichen identisch mit jenen Personen sein müssen, denen die Staatsgewalt ihre Einsetzung

---

[133] Auf die beiden zuletzt genannten Unterschiede verweisen auch: Ossenbühl, Grenzen der Mitbestimmung, S. 45; Kisker PersV 1985, S. 137, (140); Klein PersV 1990, S. 49, (54, 55).

[134] Diesen Eindruck erwecken aber die Ausführungen Planders in: Personalvertretung als Grundrechtshilfe, S. 177, 178, der sich beklagt, dass mit zweierlei Maß gemessen werde.

verdankt"[135]. Zwar wird dem Gedanken betreffend des homogenen Teilvolkes teilweise mit Skepsis begegnet. Eher wird von dieser Seite angenommen, dass die örtliche Bevölkerung allenfalls eine „quasidemokratische Legitimation"[136] vermitteln könne. Dennoch lasse sich auch nach dieser Ansicht hieraus keine analog konstruierte demokratische Legitimation personalvertretungsrechtlicher Interessengremien herleiten, denn die Sonderstellung der kommunalen Selbstverwaltung sei verfassungsrechtlich in Art. 28 Abs. 1 GG verbürgt. Eine ähnliche Norm bzgl. der Arbeitnehmermitbestimmung im öffentlichen Dienst finde sich im Grundgesetz aber gerade nicht[137].

Die fehlende sachlich-inhaltliche demokratische Legitimation der Personalvertretungen lässt sich mit einem Hinweis auf die so genannten ministerialfreien Räume also nicht erklären.

b) Das Legitimationsmodell Schupperts

Speziell zum Problem der demokratischen Legitimation von Personalvertretungen hat Schuppert[138] ein eigenes Legitimationsmodell entwickelt. Seine Argumentation steht aber unter der Prämisse, dass die Personalvertretungen keine Staatsgewalt im eigentlichen Sinne ausüben, sondern lediglich im Innenverhältnis von Dienststellenleiter und Beschäftigten die Interessen der zuletzt genannten vertreten würden. Verwaltungsentscheidungen gegenüber dem Bürger dürfe und könne nur die Behördenleitung treffen. Zwar würde der Entscheidungsfindungsprozess durch die interne Beteiligung der Personalvertretung möglicherweise beeinflusst, verantwortlich dem Bürger gegenüber sei aber weiterhin die Exekutivspitze[139]. So sei die Personalvertretung zwar bei zahlreichen innerdienstlichen Entscheidungen, wie z.B. Einstellung (vgl. § 75 Abs. 1 Nr. 1 BPersVG) und Kündigung (vgl. § 79 BPersVG) zu beteiligen. Aber unabhängig davon, ob es sich um eine mitbestimmungs- oder mitwirkungsbedürftige Angelegenheit handele, die eigentliche Verwaltungsentscheidung treffe einzig der Behördenleiter. Die Personalvertretung sei z.B. nicht befugt, einen Mitarbeiter neu einzustellen oder zu versetzen. Sie werde bzgl. dieser Maßnahmen nur in

[135] Ehlers JZ 1987, S. 218, (221); vgl. zu den verschiedenen Formen der Selbstverwaltung ausführlich: Schuppert FS für v. Unruh 1983, S. 183 ff.
[136] so: Rob, Mitbestimmung im Staatsdienst, S. 136.
[137] vgl. Rob, Mitbestimmung im Staatsdienst, S. 136.
[138] Schuppert PersR 1993, S. 1, (9 ff.); ders. PersR 1993, S. 521, (527); zustimmend auch: Plander PersR 1990, S. 345, (349).
[139] Schuppert PersR 1993, S. 1, (9).

den innerdienstlichen Entscheidungsprozess mit einbezogen (vgl. § 75 Abs. 1 Nr. 1 BPersVG bzw. 75 Abs. 1 Nr. 3 BPersVG). Es sei aber nicht erforderlich, die Personalvertretung aufgrund ihrer lediglich internen Mitwirkungsbefugnisse in das hierarchisch gegliederte Legitimationskonzept mit einzubeziehen. Die Legitimationskette bleibe unverletzt, da die im Verhältnis zum Bürger in Erscheinung tretenden Organe sowohl personell als auch sachlich-inhaltlich demokratisch legitimiert seien. Die Tätigkeit der Personalvertretung erfordere eine „autonome, spezifische Legitimationsbefugnis"[140]. Hierbei dürfe aber nicht in herkömmlichen demokratierechtlichen Schemata gedacht werden. Die Legitimationsbasis der Personalvertretung stelle vielmehr ein „aliud"[141] dar. Schuppert spricht insofern von einer alternativen „Legitimationskompensation"[142]. Diese „Legitimationskompensation" bezieht Schuppert zum einen aus dem Sozialstaatsprinzip, denn Mitbestimmung sichere die Wahrung der Menschenwürde am Arbeitsplatz und diene der Selbstentfaltung und Selbstbestimmung der Beschäftigten. Hierbei handele es sich um sozialstaatlich motivierte Zielsetzungen[143]. Weiterhin sei die Tätigkeit der Personalvertretung durch die so genannte „Betroffenenpartizipation"[144] demokratisch legitimiert. Dies bedeute, die Auswirkungen verwaltungsinterner Maßnahmen beträfen insbesondere die Beschäftigten. Somit sei es gerechtfertigt, jene auch in verstärktem Maße an diesen Entscheidungen zu beteiligen. Es könne deshalb auch von „Betroffenenschutz durch Betroffenenbeteiligung"[145] gesprochen werden. Die dritte und letzte spezifisch personalvertretungsrechtliche Legitimationsquelle sei der Bedeutung der Grundrechte zu entnehmen. Gerade das Grundrecht der Berufsfreiheit nach Art. 12 Abs. 1 GG fordere die Interessenberücksichtigung der abhängig Beschäftigten[146].

Das Legitimationsmodell Schupperts ist insofern kritisch zu betrachten, als Schuppert davon ausgeht, dass die Personalvertretung keine Staatsgewalt ausübt. Die Wahrnehmung personalvertretungsrechtlicher Befugnisse darf aber nicht allein unter dem Aspekt der betriebsinternen Interessenvertretung gesehen wer-

---

[140] Schuppert PersR 1993, S. 1, (11).

[141] Schuppert PersR 1993, S. 1, (10).

[142] Schuppert PersR 1993, S. 1 (10).

[143] Schuppert PersR 1993, S. 1, (12) unter Berufung auf BVerfGE 28, 314, (323) und BVerwGE 62, 55, (61).

[144] Schuppert PersR 1993, S. 1, (13).

[145] Schuppert PersR 1993, S. 1, (14).

[146] Schuppert PersR 1993, S. 1, (14).

den, sondern stellt sich, zumindest soweit die Rede von Mitbestimmungsrechten ist, als legitimationsbedürftige Ausübung von Staatsgewalt dar. Geht man hiervon aus, bleibt kein Raum für eine „Legitimationskompensation". Art. 20 Abs. 2 S. 1 GG bezeichnet ausdrücklich das Volk und nicht eine bestimmte Interessengruppe als Legitimationsquelle. Lediglich im Bereich der ministerialfreien Räume, deren Voraussetzungen bzgl. der Personalvertretungen nicht vorliegen, kann die Einflussmöglichkeit des Volkes auf den Inhalt der Verwaltungsentscheidung insofern verkürzt werden, als dass das Weisungsrecht übergeordneter Stellen ausgeschlossen wird. Widersprochen werden muss auch dem Legitimationsmodell der „Betroffenenpartizipation". Diesem Gedanken kommt nur dann eine gewisse Berechtigung zu, wenn er auf Selbstverwaltungskörperschaften, deren Entscheidungen nur die entsprechenden Mitglieder betreffen, beschränkt bleibt. Die besondere Problematik der personalvertretungsrechtlichen Mitbestimmung besteht aber darin, dass sie nicht nur die Beschäftigten im öffentlichen Dienst, also den verwaltungsinternen Bereich, berührt, sondern auch erhebliche Auswirkungen auf den Bürger besitzt. So wird der Betroffenheitsargumentation entgegengehalten, den Beschäftigten des Bundeskanzleramtes könne auch kein spezielles Mitbestimmungsrecht darüber eingeräumt werden, „wer Bundeskanzler wird bzw. was dieser zu tun und zu lassen hat", nur weil jene besonders von internen Entscheidungen des Bundeskanzlers betroffen wären[147].

c) Legitimation durch den Gesetzgeber

Nach einer recht verbreiteten Ansicht[148] beziehen Personalvertretungen und Einigungsstelle ihre demokratische Legitimation unmittelbar von dem unzweifelhaft legitimierten Gesetzgeber. Wenn dieser Gesetze verabschiede, die die Beteiligung von Personalvertretungen und Einigungsstelle vorsähen, dann strahle die Legitimation des Gesetzgebers quasi auch auf die Mitbestimmungsorgane des Personalvertretungsrechts aus. Die gegenteilige Ansicht würde zu dem para-

---

[147] so: Strehler PersV 1995, S. 342, (355).

[148] Nagel, Mitbestimmung in Einrichtungen der öffentlichen Hand u. Demokratieprinzip, in: Diefenbacher/Nutzinger, Mitbestimmung in Betrieb u. Verwaltung, S. 193, (208); Bryde FS für Thieme 1993, S. 9, (13, 19, 22, 23); Dopatka kJ 1996, S. 224, (234); Neumann PersR 1995, S. 449, (450); Roettecken NVwZ 1996, S. 552, (553); Schuppert PersR 1993, S. 521, (523); ders. PersR 1990, S. 345, (350). Während die genannten Autoren bzgl. ihrer Argumentation entweder allgemein von der demokratischen Legitimation sprechen oder zumindest versuchen, die sachlich-inhaltliche demokratische Legitimation zu begründen, erwähnt Plander in: Personalvertretung als Grundrechtshilfe, S. 165,166, als Einziger ausdrücklich in diesem Zusammenhang auch die personelle demokratische Legitimation.

doxen Ergebnis führen, dass dem Gesetzgeber nicht die Kompetenz zukomme, komplexe Sachverhalte nach seinen Vorstellungen zu regeln[149]. Der Gesetzgeber sei aber der Auffassung, dass im Hinblick auf das Personalvertretungsrecht durch den Einbau unabhängiger Stellen eine Ausnahme im hierarchisch geordneten Ministerialsystem eingefügt werden müsse. Nach seiner Meinung lasse sich eine wirkungsvolle und umfassende Interessenvertretung der im öffentlichen Dienst Beschäftigten nur auf diese Weise realisieren. Es sei aber ein Gebot des Demokratieprinzips, den Willen des Parlaments, als einzigem unmittelbar vom Volk gewähltem Organ, zu respektieren. Diejenigen, die die demokratische Legitimation der Organe des Personalvertretungsrechts verneinten, seien also keine Verfechter oder Bewahrer des Demokratieprinzips, sondern stünden im Widerspruch zu diesem[150]. Die Argumentation wird mit dem Hinweis abgeschlossen, es dürfe nicht außer Acht gelassen werden, dass das Parlament den Personalvertretungen und Einigungsstellen keine beliebigen Freiräume zugestehe, sondern deren Befugnisse detailliert regele. Ferner sei die Volksvertretung in der Lage, das Personalvertretungsrecht bei offensichtlichen Missständen im Sinne einer restriktiven Mitbestimmungspolitik zu ändern[151]. Des Weiteren unterlägen die Personalvertretungen noch den Bindungen des Haushaltsgesetzgebers. Beispielsweise könne die Personalvertretung ohne dessen Zustimmung „nicht einmal die Erhöhung eines Kantinenzuschusses um 20 Pfennig durchsetzen"[152].

Diese Meinung übersieht aber, dass ein alleiniges Abstellen auf die demokratische Regelungskompetenz des Gesetzgebers im Ergebnis zur Folge hätte, dass jener in beliebigem Umfang bestimmte Bereiche der Verwaltung seinem und damit auch dem Einfluss des Volkes entziehen könnte[153]. Dem Parlament obliegt aber nicht nur die Aufgabe der Gesetzgebung. Ihm kommt auch eine Kontrollfunktion zu, welche „die ausgewogene Sicherung demokratischer Staatsführung bezweckt"[154]. Die Kontrollfunktion würde aber weitgehend gegenstandslos, wenn das Parlament frei darin wäre, unabhängige Verwaltungseinheiten einzurichten, für deren Tätigkeit niemand die parlamentarische Verantwortung trägt.

---

[149] Bryde FS für Thieme 1993, S. 9, (13); Plander AuR 1987, S. 1, (5, 6).

[150] Bryde FS für Thieme 1993, S. 9, (13).

[151] Nagel, Mitbestimmung in Einrichtungen der öffentlichen Hand u. Demokratieprinzip, in: Diefenbacher/Nutzinger, Mitbestimmung in Betrieb u. Verwaltung, S. 193, (205).

[152] Bryde FS für Thieme 1993, S. 9, (17).

[153] ebenso: Fichtmüller AöR 91 (1966), S. 297, (329); Krüger PersV 1990, S. 241, (242); Schenke JZ 1991, S. 581, (584).

[154] Fichtmüller AöR 91 (1966), S. 297, (329).

Diese Schlussfolgerungen stimmen mit den Erläuterungen zur Zulässigkeit des ministerialfreien Raumes überein, wonach nur unter ganz engen Voraussetzungen Ausnahmen vom hierarchischen Verwaltungsaufbau anzuerkennen sind. Eine generelle, schrankenlose Kompetenz des Gesetzgebers zur Legitimation autonomer Entscheidungsgremien stünde überdies in Widerspruch zu Art. 79 Abs. 3 GG[155]. Nach dieser Norm sind die in den Art. 1 und 20 GG niedergelegten Grundsätze sogar einer Verfassungsänderung entzogen. Zwar sind mit dem Begriff Grundsätze, angesichts der Tatsache, dass Art. 79 Abs. 3 GG selbst einer qualifizierten Mehrheit bzgl. dieser Punkte keine Änderungskompetenz einräumt, nur die „Essentialia" sozusagen der „Wesensgehalt" des Art. 20 GG gemeint[156]. Da es sich jedoch bei Art. 20 Abs. 2 S. 1 GG um ein prägendes Strukturmerkmal unserer Verfassung handelt, wird man auch die alleinige Volkssouveränität und das damit verbundene Gewaltmonopol des Volkes dem Schutz des Art. 79 Abs. 3 GG unterstellen müssen. Da dem Art. 79 Abs. 3 GG aber auch der Schutz „vor dem allmählichen Zerfallprozess" der elementaren Verfassungsgrundsätze zukommt, sowie einem „scheibchenweisen" Aushöhlungsvorgang unseres Verfassungssystems vorbeugen will[157], ist eine Argumentation, die sich auf die grenzenlose Legitimationskompetenz des Gesetzgebers beruft, abzulehnen. Die Tatsache, dass die Personalvertretung und die Einigungsstelle nur die ihnen gesetzlich zugewiesenen Aufgaben wahrzunehmen haben, ist eine Selbstverständlichkeit im demokratischen Rechtsstaat, ersetzt aber keine demokratische Legitimation. So wäre es schwer vorstellbar, dass z.B. einer weisungsunabhängigen Interessenvereinigung, wie etwa einer Nachbarschaftsgemeinde, allgemeine Polizeibefugnisse eingeräumt würden, wenngleich die einzelnen Kompetenzen detailliert geregelt wären. Es stellte sich immer die brisante Frage, nach welchen der Allgemeinheit zugute kommenden Kriterien die Personen ausgewählt wurden (personelle Legitimation) und wer die Einhaltung ihrer Befugnisse garantiert (sachlich-inhaltliche demokratische Legitimation).

---

[155] Dies Modell ebenfalls ablehnend: Benecke, Beteiligungsrechte u. Mitbestimmung im Personalvertretungsrecht, S. 116; Krüger PersV 1990, S. 241, (242); Schenke JZ 1991, S. 581, (584).
[156] Krüger PersV 1990, S. 241, (242) unter Berufung auf: Stern, Staatsrecht Bd. I, S. 173 Anm.177.
[157] Krüger PersV 1990, S. 241, (242) unter Berufung auf: BVerfGE 30, 1, (42).

d) Legitimation durch Einstellung in den öffentlichen Dienst

Nach einer weiteren Meinung im Schrifttum[158] sind die Personalratsmitglieder sowie deren Vertreter in der Einigungsstelle zumindest personell demokratisch legitimiert, Staatsgewalt auszuüben. Grund hierfür sei ihre Anstellung im öffentlichen Dienst. Bei jeder Einstellung müsse dem ernennenden Amtsträger bewusst sein, dass es sich um ein potenzielles Personalratsmitglied handele. Die Einstellung erfolge also unter anderem schon im Hinblick auf eine spätere personalvertretungsrechtliche Tätigkeit. Folglich sei auch eine mögliche Ausübung von Staatsgewalt im Personalrat seitens des neu eingestellten Mitarbeiters mit einkalkuliert und somit auch legitimiert. Die spätere Wahl der Personalratsmitglieder bedeutet dann nur noch eine „Aktualisierung"[159] der Mitbestimmungsrechte.

Dieses Legitimationsmodell beruht jedoch ebenfalls auf einem fehlerhaften Verständnis der personellen demokratischen Legitimation. Jene erfolgt nämlich nicht abstrakt, sondern bezieht sich immer auf die konkret zu erfüllende Aufgabe[160]. Ein Mitarbeiter im öffentlichen Dienst wird aber nicht deshalb eingestellt, weil er Entscheidungskompetenzen im Rahmen der Personalratstätigkeit wahrnehmen soll. Vielmehr ist es seine Pflicht, die der Dienststelle obliegenden öffentlichen Aufgaben im Interesse des Staates und seiner Bürger pflichtgemäß zu erledigen. Natürlich orientieren sich auch die Auswahlkriterien bei der Besetzung einer freien Stelle daran, ob der Bewerber die entsprechenden fachlichen Voraussetzungen für die vorgesehene Verwaltungstätigkeit besitzt und nicht etwa daran, ob er möglicherweise die Interessen seiner neuen Kollegen engagiert im Personalrat vertritt. Weiterhin ist es oftmals die Personalvertretung, die die Durchführung einer bestimmten Maßnahme der Dienststellenleitung durch ihr Veto verhindert. Personalvertretungsrechtliche Interessenwahrnehmung und öffentliche Aufgabenerfüllung verlaufen also nicht immer kongruent, sondern verfolgen vielfach unterschiedliche Ziele. Schon deshalb klingt es nicht plausibel, die Einstellung im öffentlichen Dienst legitimiere beide Arten von Tätigkeiten.

---

[158] Plander, Personalvertretung als Grundrechtshilfe, S. 165; ders. PersR 1990, S. 345, (350); Dopatka kJ 1996, S. 224, (234); Reich PersV 1997, S. 1, (2); Roettecken NVwZ 1996, S. 551, (553); Schuppert PersR 1997, S. 137, (142).

[159] Reich PersV 1997, S. 1, (2): „Wie der französische Soldat den Marschallstab im Tornister trägt, hätte jeder Mitarbeiter das Mitbestimmungsrecht durch sein Amt mit der Einstellung verliehen bekommen".

[160] so auch: Kluth JA 1996, S. 636, (638); ähnlich: Thieme RdA 1988, S. 276, (278).

e) Fazit

Es bleibt festzustellen, dass alle alternativen Legitimationsmodelle im Zusammenhang mit der personalvertretungsrechtlichen Problematik nicht zu überzeugen wissen. Zwar muss zugestanden werden, dass es Bereiche der Verwaltung gibt, hinsichtlich derer eine Ausgliederung aus dem hierarchischen Verwaltungsaufbau geboten ist. Hierbei handelt es sich aber entweder um Selbstverwaltungskörperschaften, deren Entscheidungen nur für die entsprechenden Mitglieder von Bedeutung sind, oder um Gremien, deren weisungsfreie Aufgabenerfüllung im Interesse aller Bürger liegt, so bei möglichst objektiver neutraler Aufgabenerfüllung, wie z.B. beim Bundeskartellamt. Einer Interessenvereinigung wie der Personalvertretung, der entscheidender Einfluss im Rahmen verwaltungstechnischer Entscheidungen, deren Bedeutung weit über den verwaltungsinternen Bereich hinausgeht, zukommt, kann aber keine demokratische Legitimation zugeschrieben werden. Es soll dabei nicht unerwähnt bleiben, dass es möglicherweise auch noch andere Ausschüsse oder Gremien gibt, deren demokratische Legitimation zweifelhaft ist. Dieser Befund kann aber nicht dazu führen, der Personalvertretung einen demokratierechtlichen Freifahrtschein zu erteilen.

3.) Spezialproblem: Demokratische Legitimation der Einigungsstelle

Anders als dem Personalrat gehören der Einigungsstelle nicht nur Vertreter der Beschäftigten, sondern auch von der Dienststellenleitung entsandte Personen an (vgl. § 71 Abs. 1 S. 2 BPersVG). Die mitgliedschaftliche Zusammensetzung der Einigungsstelle ist daher durch ein unterschiedliches demokratisches Niveau gekennzeichnet. Im Gegensatz zu den von der Personalvertretung berufenen Mitgliedern besitzen die von der Behördenleitung bestellten Vertrauensleute wenigstens eine uneingeschränkte personelle demokratische Legitimation. Fraglich und in der Literatur heftig umstritten ist aber, ob die zweifellos vorhandene personelle demokratische Legitimation einiger Beisitzer genügt, um die demokratische Legitimation der Einigungsstelle insgesamt, verstanden als abstraktes Entscheidungsorgan, zu bejahen. Im Schrifttum werden zu dieser Frage, welche nicht nur die mitgliedschaftliche Struktur der Einigungsstelle zum Gegenstand hat, sondern im Hinblick auf verschiedene autonome verwaltungsinterne Entscheidungseinheiten, wie z.B. die Richterwahlausschüsse, diskutiert wird[161], im Wesentlichen zwei grundsätzlich divergierende Positionen vertreten.

---

[161] vgl. Böckenförde, Verfassungsfragen der Richterwahl, S. 74 ff.; allgemein und nicht nur in Bezug auf Fragen des Einigungsstellenverfahrens äußern sich: Jestaedt, Demokratie-

a) Mehrheit der Mitglieder muss demokratisch legitimiert sein

Eine Ansicht[162] stellt nicht so sehr die demokratische Legitimation der einzelnen Mitglieder eines Verwaltungsausschusses in den Vordergrund, sondern befasst sich vor allem mit der von diesem Gremium ausgesprochenen Entscheidung. Begründet wird dieses Vorgehen damit, dass in Art. 20 Abs. 2 S. 1 GG nicht von der demokratischen Legitimation einzelner Entscheidungträger die Rede sei. Vielmehr setze diese Vorschrift nur voraus, dass die Staatsgewalt insgesamt auf den Volkssouverän rückführbar sein müsse. Nicht mehr, aber eben auch nicht weniger. Die personelle demokratische Legitimation sei schließlich nicht Selbstzweck, sondern umgekehrt nur Mittel zum Zweck[163]. Der Gedanke der Volkssouveränität, auf dem Art. 20 Abs. 2 S. 1 GG basiert, sei jedoch solange noch nicht verletzt, wie gewährleistet sei, dass die demokratisch legitimierten Entscheidungträger sich im Konfliktfall gegen spezielle Interessenvertreter, die über keine personelle demokratische Legitimation verfügen, durchsetzen könnten[164]. Erforderlich sei also, dass die Zahl der legitimierten Gremiumsmitglieder überwiege. Nicht ausreichend wäre eine lediglich „mit Vetoposition ausgestattete Verhinderungsmehrheit"[165]. Jene wäre ja nicht in der Lage, von sich aus eine positive Entscheidung herbeizuführen. Neben diesen verfassungsrechtlichen Gründen werden aber auch noch andere, eher auf Zweckmäßigkeitserwägungen beruhende Argumente angeführt. So wird hervorgehoben, diese demokratierechtliche Sicht der Dinge breche nicht den verfassungsrechtlichen Stab über eine Vielzahl realer verwaltungsrechtlicher Entscheidungsmechanismen (vgl. z.B. die Gestaltung der Richterwahl in Baden-Württemberg gemäß § 46 RiG, in Hessen gemäß § 9 RiG und in Rheinland-Pfalz gemäß § 41 RiG)[166]. Ein weiterer Vorteil sei darin zu finden, dass auch gesellschaftliche Interessenvertreter ihren Standpunkt vortragen könnten, und so „der Einbau gewaltengliedernder, balan-

---

prinzip u. Kondominalverwaltung, S. 369 ff.; Oebbecke, Weisungs- und unterrichtungsfreie Räume in der Verwaltung, S. 91 ff. (jeweils m.w.N.)

[162] Diese Meinung wird vor allem von Böckenförde in: HbStR I, § 22 Rn. 18 ff. und in Verfassungsfragen der Richterwahl, S. 74 ff. vertreten. Ihm schließen sich an (allerdings in Nuancen durchaus abweichend): Bieback, Die Mitwirkung der Beschäftigten in der Verwaltung, S. 46; Emde, Die demokratische Legitimation der funktionalen Selbstverwaltung; S. 329; Nagel/Bauers, Mitbestimmung in öffentlich-rechtlichen Unternehmen u. Verfassungsrecht, S. 52; Battis/Kersten, DÖV 1996, S. 584, (591).

[163] Böckenförde, Verfassungsfragen der Richterwahl, S. 75.

[164] Böckenförde, Verfassungsfragen der Richterwahl, S. 76.

[165] Battis/Kersten DÖV 1996, S. 584, (591); a.A. aber Ipsen DÖV 1971, S. 469, (474).

[166] Böckenförde, Verfassungsfragen der Richterwahl, S. 75; ebenso: Rob, Mitbestimmung im Staatsdienst, S. 119.

cierender Elemente in demokratische Entscheidungsorgane"[167] ermöglicht werde.

b) Demokratische Legitimation aller Einigungsstellenmitglieder

Eine verbreitete Meinung[168] in der Literatur sieht dagegen das Demokratieprinzip nur dann nicht als verletzt an, wenn alle Mitglieder eines exekutiven Entscheidungsorgans eine personelle demokratische Legitimation aufweisen. Befänden sich die demokratisch Legitimierten lediglich in der Mehrheit, so sei noch nicht sichergestellt, dass auch die konkrete Entscheidung von diesen getragen werde. Es könne nicht davon ausgegangen werden, dass jene ihre Stimmen en bloc abgeben werden. Bei schwierigen Sachfragen werde es aller Voraussicht nach auch im demokratisch legitimierten Lager zu Meinungsverschiedenheiten kommen. Es würden sich folglich einzelne Meinungsgruppen bilden. Beispielsweise die Entscheidung hinsichtlich der Zulässigkeit einer Kündigung berühre nicht nur die Interessen des konkret betroffenen Mitarbeiters in außerordentlichem Maße, sondern ebenso seien auch die Belange der Kollegen betroffen. Nicht zuletzt wirkten sich derart einschneidende Personalmaßnahmen auch auf die Leistungsfähigkeit der staatlichen Aufgabenwahrnehmung und damit auch in Bezug auf den Bürger aus. Zahlreiche, ganz verschiedene Aspekte seien daher zu berücksichtigen. Durchaus vorstellbar sei also, dass etwa zwei von der Dienststellenleitung entsandte Einigungsstellenmitglieder plus ein Personalratsvertreter im Konfliktfall sich für die Kündigung aussprächen, wohingegen sowohl ein Vertreter des Personalrats als auch das dritte von der Dienststellenleitung bestellte Mitglied zusammen mit dem neutralen Vorsitzenden die Kündigung für unzulässig hielten. Der dritte Vertreter des Personalrats aber habe sich noch keine abschließende Meinung gebildet und sei weiter unentschlossen. In einer solchen Situation könne das Stimmverhalten auch nur *eines einzelnen* nicht demokratisch legitimierten Interessenvertreters den Ausschlag geben. Alle Gremiumsmitglieder besäßen daher „ständige virtuelle Voll-Entscheidungs-, nicht

[167] Böckenförde, Verfassungsfragen der Richterwahl, S. 76.
[168] Erichsen, Allg. VerwR, § 1 III 2 Rn. 21, (S. 13); Jestaedt, Demokratieprinzip u. Kondominalverwaltung, S. 372 ff.; Leisner, Mitbestimmung im öffentlichen Dienst, S. 40, 41, 47; Oebbecke, Weisungs- u. unterrichtungsfreie Räume in der Verwaltung, S. 92, 93; ders. Verw Arch 81 (1990), S. 349, (369); Papenfuß, Die personellen Grenzen der Autonomie öffentlich-rechtlicher Körperschaften, S. 161 ff.; Püttner DÖV 1988, S. 357, (359); ders. DVBL 1984, S. 165, (168); Scholz ZBR 1980, S. 297, (302).

nur Mit-Entscheidungsgewalt"[169]. Insbesondere die demokratische Legitimation der einzelnen Entscheidung sei also nur dann mit 100-prozentiger Sicherheit gewährleistet, wenn *jeder einzelne* Entscheidungsträger sich auf eine lückenlose personelle demokratische Legitimation berufen könne. Auch diese Ansicht versteht die personelle Legitimationskomponente danach nur als Mittel zum Zweck. Weiterhin wird darauf hingewiesen, dass die gängige Rechtspraxis, welche eine Vielzahl gemischter Entscheidungsorgane anerkenne, nicht als verfassungsrechtliches Argument herhalten könne[170]. Stünde die Rechtspraxis im Widerspruch zur Verfassung, so müsste erstere grundlegend reformiert werden, und nicht der umgekehrte Weg eingeschlagen werden. Dem externen Sachverstand einzelner gesellschaftlicher Gruppen könne zudem auch durch Anhörungs- und Mitwirkungsrechte Rechnung getragen werden[171].

Eine andere Lösung könnte nach Auffassung einiger Autoren darin bestehen, Konzepte zu entwickeln, die auch speziellen Interessenvertretern die bisher fehlende personelle demokratische Legitimation vermittelten.

Im Hinblick auf die Einigungsstellenproblematik regt Schuppert[172] deshalb an, dass der Personalrat nur eine Vorschlagsliste erstellt, und die Berufung der einzelnen Einigungsstellenmitglieder, die als Vertreter der Beschäftigten agieren sollen, durch ein gesondertes Berufungsorgan, wie etwa einen Gerichtspräsidenten oder einen bei der Dienststelle zu etablierenden Wahlausschuss, erfolgt. Letztere Möglichkeit wird von Kunze[173] aber skeptisch beurteilt, da einem bei der Dienststellenleitung eingerichteten Wahlausschuss aufgrund dessen enger Verbindung zur Behördenleitung die sachliche Distanz und Unabhängigkeit fehle. Es sei zu befürchten, „dass in einem solchen Fall nur genehme Mitglieder ausgewählt werden, die politisch oder gewerkschaftlich oder wegen ihres Abstimmungsverhaltens (was nicht immer geheim bleibt) dem Dienststellenleiter besser ins Konzept passen". Übereinstimmung herrscht aber insoweit, als dass die Vorschlagsliste mehr Personen aufzählt, als Entscheidungsträger zu berufen sind. Ansonsten wäre die noch ausstehende Berufung ja lediglich ein formaler

---

[169] Leisner, Mitbestimmung im öffentlichen Dienst, S. 40; ähnlich: Oebbecke, Weisungs- u. unterrichtungsfreie Räume in der Verwaltung, S. 92.

[170] Jestaedt, Demokratieprinzip u. Kondominalverwaltung, S. 372.

[171] Jestaedt, Demokratieprinzip u. Kondominalverwaltung, S. 372; Oebbecke, Weisungs- u. unterrichtungsfreie Räume in der Verwaltung, S. 94.

[172] Schuppert PersR 1997, S. 137, (147).

[173] Kunze ZfPR 1997, S. 208, (209).

Akt[174]. Die Liste sollte also mindestens die doppelte oder dreifache Zahl von Bewerbern im Verhältnis zu den zu besetzenden Stellen enthalten. Umstritten ist aber, ob das Berufungsorgan an die vorgetragenen Vorschläge gebunden ist. Während Schuppert[175] dies bejaht, halten mehrere Autoren[176] es für erforderlich, dass dem Berufungsorgan auch die Kompetenz zukommen müsse, die gesamte Vorschlagsliste zurückzuweisen und eine neue anzufordern. Thieme[177] äußert sogar Bedenken dahingehend, dass selbst ein Zurückweisungsrecht des Berufungsorgans nicht alle demokratierechtlichen Zweifel beseitigen könne. Die Macht der Personalräte sei verwaltungsintern von so großer Bedeutung, dass de facto die Vorschläge zugleich eine Bindungswirkung besäßen. Welcher Wahlausschuss verfüge denn auch schon über die Courage, möglicherweise mehrmals neue Vorschlagslisten anzufordern?

Nach Ansicht Schupperts[178] könne die demokratische Legitimation der der Personalratsseite zustehenden Einigungsstellenmitglieder auch dadurch gesichert werden, dass die entsprechenden Personen durch einen bei der Bundesregierung, den Landesregierungen und den Kommunen zu bildenden parlamentarischen Ausschuss gewählt werden. Die Rede ist von einem „Schlichtungsausschuss", der in Anlehnung an das Richterwahlverfahren konstruiert wird.

c) Stellungnahme

Da das Stimmverhalten der Einigungsstellenmitglieder nicht zu prognostizieren und auch gesetzlich nicht festgelegt ist, ist es möglich, dass die Stimme eines nicht demokratisch legitimierten Personalratsvertreter, das „Zünglein an der Waage" spielt. Ist daher auch nur ein Mitglied der Einigungsstelle demokratisch nicht legitimiert, so steht die Institution insgesamt zunächst einmal im Widerspruch zu Art. 20 Abs. 2 S. 1 GG.

Nicht einzusehen ist aber, warum einzelne Mitbestimmungs- und Mitwirkungsrechte des Personalrats, obwohl diesem Gremium kein einziges demokratisch

---

174 Papenfuß, Die personellen Grenzen der Autonomie öffentlich-rechtlicher Körperschaften, S. 160; Schuppert PersR 1997, S. 137, (147).

175 Schuppert PersR 1997, S. 137, (147).

176 so etwa: Papenfuß, Die personellen Grenzen der Autonomie öffentlich-rechtlicher Körperschaften, S. 160, (allerdings nicht speziell in Bezug auf die Einigungsstellenproblematik); Ehlers JZ 1987, S. 218, (223); Strehler PersV 1995, S. 342, (349). Die beiden Letztgenannten äußern sich im Hinblick auf die personelle Besetzung des Verwaltungsrats einer Sparkasse.

177 Thieme RdA 1988, S. 276, (278); ähnlich auch: Ehlers JZ 1987, S. 218, (223).

178 Schuppert PersR 1997, S. 137, (148).

legitimiertes Mitglied angehört, wie im späteren noch ausführlich zu zeigen sein wird, mit Hilfe des Sozialstaatsprinzips und der Grundrechte gerechtfertigt werden, dieser Gedanke aber in Bezug auf das Stimmverhalten der Personalratsvertreter in der Einigungsstelle nicht angedacht wird. Jene versuchen ebenfalls im Rahmen ihrer Tätigkeit, den Interessen der Beschäftigten möglichst optimale Geltung zu verschaffen. Reduziert man zudem die Angelegenheiten, hinsichtlich derer die Einigungsstelle eine abschließende Entscheidung treffen darf auf solche Fälle, die keine oder nur geringe Auswirkungen auf die Allgemeinheit besitzen, so ist nicht erklärlich, warum auf umständliche Legitimationsmodelle zurückgegriffen wird, anstatt nahe liegender in Parallele zur Personalratsmitbestimmung das Sozialstaatsprinzip bzw. die Grundrechte als verfassungsrechtliche Rechtfertigung heranzuziehen. Die vorgestellten Legitimationskonzepte erweisen sich doch auch eher als formaler „Kunstgriff". Das eigentlich demokratierechtlich Bedenkliche, nämlich die Mitbestimmung partieller Interessenvertreter, wird auch auf diese Weise nicht behoben. Zugleich wird der Eindruck erweckt, die Schaffung personeller demokratischer Legitimationsmodelle genüge, um den Anforderungen des Art. 20 Abs. 2 S. 1 GG zu entsprechen. Mit keinem Wort wird die sachlich-inhaltliche demokratische Legitimation angesprochen. Dabei sichert speziell das Weisungsrecht übergeordneter Amtsträger, die in der Legitimationskette der obersten Überwachungsinstanz dem vom Volk gewählten Parlament besonders nahe stehen, den Einfluss des Volkssouveräns auf eine konkret anstehende Verwaltungsentscheidung. Bei Verzicht auf die sachlich-inhaltliche Legitimationskomponente besteht weiterhin das Problem, dass eine partielle Interessengruppe, außerhalb der parlamentarischen Kontrolle stehend, bedeutende Verwaltungsentscheidungen mitbestimmungsrechtlich erheblich beeinflusst. Wie bereits mehrfach erwähnt, unterliegen Personalvertretung und Einigungsstelle auch keiner besonders strikten gesetzlichen Aufgabendetermination. Vielmehr verbleiben beiden Gremien ja breit gefächerte Handlungsfreiheiten. Unter dem Gesichtspunkt der sachlich-inhaltlichen demokratischen Legitimation kann also auch nicht ohne weiteres auf ein gesondertes Weisungsrecht eines demokratisch legitimierten Organs verzichtet werden. Erst recht vermitteln die erwähnten Legitimationsmodelle aufgrund der weiter bestehenden Einflussmöglichkeit der Personalvertretung auf den Wahlmodus kein derartig konzentriertes Maß an personeller demokratischer Legitimation, als dass von dem Erfordernis sachlich-inhaltlicher Legitimation in weitem Umfang Abstand genommen werden könnte. Die vorgestellten Legitimationskonzepte sind offenbar in der Absicht entwickelt worden, zwar für eine personelle demokratische Legi-

timation aller Einigungsstellenmitglieder zu sorgen, im Übrigen aber alles beim
Alten zu lassen, d.h. die Entscheidungskompetenzen der Einigungsstelle nicht
einzugrenzen. Jener soll auch weiterhin im Hinblick auf bedeutende organisatorische und personelle Maßnahmen eine abschließende Entscheidungsbefugnis
zukommen. Dies wäre aber aufgrund der weiterhin bestehenden, soeben aufgezeigten demokratierechtlichen Defizite ein verfassungsrechtlicher Trugschluss.
Konsequenter erscheint es deshalb, die personelle Besetzung der Einigungsstelle
nicht zu ändern, sondern nur deren Entscheidungsbefugnisse in allgemeinpolitisch bedeutsamen Angelegenheiten zu reduzieren. Die bisher bestehende Entscheidungsgewalt der Einigungsstelle wäre nur dann demokratierechtlich akzeptabel, wenn neben die personelle demokratische Legitimation aller Einigungsstellenmitglieder auch ein sachlich-inhaltliches Weisungsrecht der Verwaltungsspitze träte. Es ist aber offensichtlich, dass der Funktion der Einigungsstelle dann im Grunde eine streitschlichtende Bedeutung abhanden käme. Dieser
Zustand kann also nicht im Interesse der Arbeitnehmerschaft liegen.

E. Personelle Mitbestimmung und Regierungsverantwortung

Die in diesem Kapitel zu behandelnde Thematik wird in der Literatur unter verschiedenen Überschriften kontrovers diskutiert. So ist etwa, mit jeweils unterschiedlichen Akzenten, von der fehlenden Ministerverantwortlichkeit[179], der
mangelnden Regierungsverantwortung[180] sowie von Defiziten in Bezug auf das
Prinzip der Einheit der Verantwortung und Entscheidungsmacht[181] die Rede.
Trotz unterschiedlicher Wortwahl ist die Problemstellung aber die gleiche. Es
geht darum herauszufinden, inwieweit Verwaltungsentscheidungen, deren In-
halte maßgeblich durch weisungsfreie Interessengremien wie dem der Personalvertretung beeinflusst werden, oder die sogar von der ebenfalls dienststellen-
unabhängigen Einigungsstelle im Alleingang getroffen wurden, gegenüber Parlament und Volk zu verantworten sind. Trägt etwa der Minister dafür die parlamentarische Verantwortung, dass der Personalrat im Verfahren der einge-

[179] Ossenbühl, Grenzen der Mitbestimmung, S. 42; Widmaier, Die Spannungen zwischen den Gruppeninteressen u. dem Interesse des Staates in der Mitbestimmung der Organe der Personalvertretung, S. 55.
[180] Schneider, Verfassungsmäßigkeit der Mitbestimmung im öffentlichen Dienst, S. 9; Bryde FS für Thieme 1993, S. 9, (22); Damkowski RiA 1975, S. 21, (21); Strehler PersV 1995, S. 342, (350).
[181] Klein PersV 1990, S. 49, (52); Ossenbühl PersV 1989, S. 409, (415); Schenke JZ 1994, S. 1025, (1026); ders. PersV 1992, S. 289, (293).

schränkten Mitbestimmung ein Privatisierungsprojekt durch Einlegung eines Vetospruchs (vgl. z.B. § 72 Abs. 3 Nr. 7 PersVG NW) möglicherweise zunächst für mehrere Monate stoppt? Gleiche Frage stellt sich, wenn die Einigungsstelle durch ihren Entscheidungsspruch die Kündigung eines bestimmten Beschäftigten unmöglich macht (vgl. § 72 a Abs. 5 i.V.m. § 66 Abs. 7 S. 1, 2 PersVG NW).

Die nähere Untersuchung dieser Frage erfolgt im Schrifttum nicht nur im Zusammenhang mit dem Demokratiegebot, sondern auch unter der Maxime des Rechtsstaatsprinzips[182]. Da ein auf dem Gedanken der Volkssouveränität basierendes und funktionierendes Staatssystem aber nur dann denkbar ist, wenn die entsprechende Verwaltungsspitze dem Volk bzw. dem von diesem unmittelbar gewählten Parlament gegenüber für Entscheidungen in ihren Ressorts einzustehen hat, besteht aber ein starker Bezug zu dem die Volkssouveränität garantierenden Demokratieprinzip. So stellt Rob[183] zu Recht fest, dass einem Auseinanderbrechen von Entscheidungsmacht und Verantwortung das Wort reden, nichts anderes bedeute, „als einer Aufweichung der fundamentalen Grundlagen der sachlich-inhaltlichen und personellen demokratischen Legitimation Vorschub zu leisten".

Allerdings wird von einigen Autoren in der Problematik der Einheit von Verantwortung und Entscheidungsmacht kein selbstständiges Element des Demokratieprinzips, sondern nur ein bestimmter Aspekt der Legitimationskette bzw. genauer der sachlich-inhaltlichen demokratischen Legitimation gesehen. Begründet wird dies damit, Weisungshierarchien und damit verbundene Leitungsbefugnisse seien Grundvoraussetzung dafür, dass eine übergeordnete Stelle die Verantwortung für eine Entscheidung einer untergebenen Behörde übernehme[184].

Dies ist sicherlich richtig. Doch während die sachlich-inhaltliche demokratische Legitimation den durch Befehlsketten realisierten Einfluss des Volkes auf eine konkret bevorstehende Entscheidung sichert, garantiert die Verantwortung der Verwaltungsspitze gegenüber Parlament und Volk, dass auch ein bereits abge-

[182] Klein PersV 1990, S. 49, (52) und Schenke JZ 1994, S. 1025, (1026) ordnen die Problematik der Einheit von Verantwortung und Entscheidungsmacht sowohl dem Demokratie- als auch dem Rechtsstaatsprinzip zu. Damkowski spricht in: RiA 1975, S. 21, (21) von einer „Gesamtschau" von Verfassungsbestimmungen (Art. 20 Abs. 1, 28 Abs. 1, 38 und 63 bis 68 GG), mit welcher die genannte Fragestellung verbunden sei.
[183] Rob, Mitbestimmung im Staatsdienst, S. 51.
[184] so: Kisker PersV 1992, S. 1, (12, 13); ähnlich: Kübel PersV 1987, S. 217, (221).

129

schlossener Entscheidungsprozess insoweit nicht gänzlich dem Willen des Volkes entzogen wird, als dass es Personen gibt, die für Mängel im Entscheidungsverfahren und für dessen Auswirkungen auf den Bürger Rechenschaft schuldig sind. Sind z.b. im Zuge einer Privatisierung mehrere Dienststellen aufgelöst worden, wirft aber der diesbezügliche Entscheidungsprozess noch mehrere ungeklärte Fragen auf, so etwa, warum gerade diese Verwaltungseinheiten gewählt wurden, dann ist die eigentliche Entscheidung zwar bereits getroffen. Allerdings müssen die verantwortlichen Entscheidungsträger in der nachgelagerten parlamentarischen Diskussion Rede und Antwort stehen. Hiermit wird sichergestellt, dass sich mögliche Fehler nicht noch einmal wiederholen, und unqualifizierte Personen von zukünftigen Entscheidungsprozessen ausgeschlossen werden. Zugleich wird offen gelegt, ob eventuell Rechte oder Interessen Dritter zu Unrecht verletzt bzw. nicht berücksichtigt wurden. Folglich ist eine selbstständige Erörterung der aufgezeigten Problematik durchaus sinnvoll[185].

I. Ministerverantwortlichkeit gegenüber dem Parlament

Da an der Verwaltungsspitze jeden Ressorts der jeweilige Minister steht, träfe ihn also die Verantwortung für Entscheidungen und sonstige Tätigkeiten untergeordneter, weisungsabhängiger Behörden.

Eine spezielle Verantwortung des einzelnen Ministers gegenüber dem Parlament wird von einigen Stimmen im Schrifttum aber abgelehnt. Es ist offensichtlich, dass sich das Problem der Verantwortungsübernahme bzgl. Entscheidungen, die von der Personalvertretung beeinflusst oder von der Einigungsstelle getroffen werden, nicht stellt, wenn dem Minister sogar für Entscheidungen weisungsgebundener Verwaltungseinheiten grundsätzlich von Rechts wegen keine Verantwortung gegenüber dem Parlament zukäme[186].

Diejenigen Autoren[187], die eine parlamentarische Verantwortung der einzelnen Minister ablehnen, begründen dies damit, dass das Grundgesetz in Art. 67 Abs. 1 S. 1 GG nur ein Misstrauensvotum des Bundestages gegenüber dem

---

[185] ebenso, aber ohne nähere Begründung: Strehler PersV 1995, S. 342, (350).
[186] Diese wichtige Vorfrage wird in jenem Zusammenhang in der Literatur nur selten gestellt bzw. beantwortet, eingehend aber: Widmaier, Die Spannungen zwischen den Gruppeninteressen u. dem Interesse des Staates in der Mitbestimmung der Organe der Personalvertretung, S. 55 ff.
[187] so: Hamann/Lenz, Art. 65 B 3, 4 (S. 504, 505); Bayer DÖV 1965, S. 753, (755); Karehnke DVBL 1974, S. 101, (103); missverständlich: Guilleaume, Das Ressortprinzip, in: Stammen, Strukturwandel Der Modernen Regierung, S. 439, (443 Fn.13).

Bundeskanzler vorsähe. Im Gegensatz zur Weimarer Reichsverfassung (Art. 54 und 59 WRV) nenne das Grundgesetz weder die Möglichkeit eines Misstrauensvotums gegen einen einzelnen Minister, noch spräche es von einer Ministeranklage. Die parlamentarische Verantwortung der Minister werde lediglich durch die Verantwortung des Bundeskanzlers gewährleistet und sei damit allenfalls mittelbarer Natur.

Diese Auslegung des Grundgesetzes stößt aber bei der Mehrzahl der Vertreter im Schrifttum[188] zu Recht auf Ablehnung. Der Begriff der parlamentarischen Ministerverantwortlichkeit darf nicht mit einer spezifischen Form seiner Geltendmachung verwechselt werden[189]. Die zuvor genannte Meinung weist nämlich lediglich nach, dass das Grundgesetz dem Parlament nicht die Möglichkeit zugesteht, einem einzelnen Minister sein Amt zu entziehen. Hiermit ist aber nicht bewiesen, dass den Minister keine parlamentarische Verantwortung trifft. Art. 65 S. 2 GG, wo angeordnet wird, dass jeder Bundesminister seinen Geschäftsbereich selbstständig und unter eigener Verantwortung leitet, beweist vielmehr, dass das Gegenteil der Fall ist. Mit der Wortwahl „eigener Verantwortung" ist nicht lediglich eine „Sinnverdoppelung" von „selbstständig" gemeint, sondern es wird auf eine „spezifische Rechenschafts- und Prästationspflicht" des Ministers hingewiesen[190]. Folgt man gegenteiliger Ansicht, würden die Minister „zu bloßen Staatssekretären degradiert"[191]. Auch wenn das Grundgesetz kein direktes Misstrauensvotum gegen einen einzelnen Minister kennt, so kann das Parlament die Minister doch mit Hilfe des Zitier-, Frage- und Untersuchungsrechts nach den Art. 43 Abs. 1, 44 GG zur Rechenschaftsablegung zwingen[192].

Bedenklich erscheint auch die Ansicht, die eine parlamentarische Verantwortung der Minister nur dann annimmt, wenn das Handeln dem Verantwortlichen persönlich zurechenbar ist. Etwa wenn er die Tätigkeit einer untergeordneten Behörde ausdrücklich gebilligt hat oder durch „fehlende Leitung und Auf-

---

[188]   AltKom II, Schneider, Art. 65 Rn. 8; Dreier II, Art. 65 Rn. 40; Kröger, Die Ministerverantwortlichkeit, S. 5, 6; v. Mangoldt/Klein, S. 1264; Oldiges, Die Bundesregierung als Kollegialorgan, S. 448; Schröder, HbStR II, § 51 Rn. 49 ff.; Stern, Staatsrecht Bd. II, § 31 IV 5; Ule JZ 1957, S. 422, (426); Wilke DÖV 1975, S. 509, (513); sowie sehr ausführlich: Widmaier, Die Spannungen zwischen den Gruppeninteressen u. dem Interesse des Staates in der Mitbestimmung der Organe der Personalvertretung, S. 55.

[189]   Schröder, HbStR II, § 51 Rn. 32; Kröger, Die Ministerverantwortlichkeit, S. 5, 6.

[190]   AltKom II, Schneider, Art. 65 Rn. 8; ähnlich: v. Mangoldt/Klein, S. 1264.

[191]   Friesenhahn VVDStRL 16 (1958), S. 9, (58).

[192]   so argumentiert auch: AltKom II, Schneider, Art. 65 Rn. 8.

sicht"[193] zugelassen hat. Dies kann im Einzelfall zu erheblichen Verantwortungslücken führen. Jene sollten durch ein System strenger Weisungshierarchien im Interesse des Volkes aber gerade vermieden werden. Der Minister hat also nach richtiger Auffassung alle Vorgänge in untergeordneten Behörden parlamentarisch zu verantworten. Allerdings trifft ihn ein *persönlicher Schuldvorwurf* nur dann, wenn das Geschehen auch seiner Person zuzurechnen ist[194].

Letztlich bleibt noch festzustellen, dass auch die Minister in den Ländern eine parlamentarische Verantwortung trifft. Teilweise ist in den einzelnen Landesverfassungen eine Ministeranklage oder ein Misstrauensvotum ausdrücklich vorgesehen[195]. Ist dies nicht der Fall, so ist zumindest aus den gleichen Erwägungen wie auf Bundesebene eine allgemeine parlamentarische Verantwortung der Minister zu begründen.

II. Einfluss des Personalvertretungsrechts auf die Ministerverantwortung

Steht nun also fest, dass den jeweiligen Minister von Rechts wegen die parlamentarische Verantwortung für Entscheidungen untergeordneter Behörden trifft, so fragt sich, ob dies ebenso gilt, wenn die eigentliche Verwaltungsentscheidung zwar der Dienststellenleiter trifft, jener in seiner Entscheidung aber nicht frei, sondern an einen verbindlichen Spruch der Einigungsstelle gebunden war. Muss der Minister auch dafür die Verantwortung übernehmen, dass eine Entscheidung zumindest zunächst nicht durchgeführt werden kann, weil der Personalrat sein Veto eingelegt hat?

Verschiedentlich wird vertreten, das Personalvertretungsgesetz könne die grundsätzliche Kompetenzverteilung in der Behördenhierarchie nicht beeinflussen. Der Behördenleiter und auch der vorgesetzte Ressortminister müssten die Letztverantwortung auch dann tragen, wenn die Verwaltungsentscheidung durch einen Spruch der Einigungsstelle praktisch vorgegeben wird, oder die zügige Realisierung einer Verwaltungsmaßnahme zunächst am Einspruch der Personal-

---

[193] Stern, Staatsrecht Band II, Abschn. IV 531, (S. 319, 320).

[194] so ähnlich auch: Schröder, HbStR II, § 51 Rn. 55.

[195] Ministeranklage: Art. 57 BaWü Verf; Art. 59 Bay Verf; Art. 115 Hess Verf; Art. 63 NW Verf.

Misstrauensvotum: Art. 57 Berl Verf; Art. 35 Hbg Verf

beides: Art. 110, 111 Brem Verf; Art. 32, 46 N Verf; Art. 99, 131 Rh-Pf Verf; Art. 88, 94 Saarl Verf.

vertretung scheitert[196]. Diese Meinung würde demnach selbst dann grundsätzlich eine parlamentarische Verantwortung der Verwaltungsspitze bejahen, wenn der Personalrat durch seine Zustimmungsverweigerung die Realisation eines Privatisierungsvorhabens für lange Zeit verhindert (z.b. auf Basis des § 72 Abs. 3 Nr. 7 PersVG NW), oder die Einigungsstelle eine bindende Ablehnungsentscheidung hinsichtlich der Kündigung eines öffentlich Beschäftigten trifft (vgl. § 72 a Abs. 5 i.V.m. § 66 Abs. 7 S. 1, 2 PersVG NW). Da aber weder der Dienststellenleiter noch dessen vorgesetzter Minister den Spruch der Einigungsstelle oder des Personalrats inhaltlich durch Weisungen oder Anordnungen beeinflussen könnten, sei das Prinzip der Einheit von Entscheidungsmacht und Verantwortung verletzt.

Diese Argumentation ist jedoch ungenau. Niemand kann die Verantwortung für Entscheidungen übernehmen, die er nicht beeinflussen konnte[197]. Dies ist nicht nur eine Forderung des Rechts, sondern auch der Ethik. Eine Einstands- oder Rechenschaftspflicht trifft nur denjenigen, dem ein Fehlverhalten im Entscheidungsfindungsablauf vorzuwerfen ist. Letzteres kann aber schon aus logischen Gründen nicht vorliegen, wenn eine Person bei der Entscheidungsfindung zwingend ausgeschlossen ist. Ein Minister kann doch nicht mit der resignierenden Aussage, „man habe zwar das Beste gewollt, aber die Personalräte hätten die Pläne der Regierung oder des Ministers bei der verwaltungsmäßigen Durchführung durchkreuzt"[198], vor das Parlament treten.

Mit diesem Resultat ist das Problem der Ministerverantwortlichkeit für einige mitbestimmungsfreundlich ausgerichtete Autoren gelöst[199]. Auf Basis dieser Argumentation trägt jedoch niemand die parlamentarische Verantwortung für eine Vielzahl innerorganisatorischer Verwaltungsentscheidungen. Es entsteht ein aus demokratierechtlicher Sicht bedenkliches Verantwortungsvakuum. Beispielsweise ein Großteil der personellen Angelegenheiten der Angestellten und Arbeiter im öffentlichen Dienst unterliegt auf Bundesebene der vollen Mitbestim-

---

[196] so: Ossenbühl, Grenzen der Mitbestimmung, S. 51; ders. PersV 1989, S. 409, (413); Leuze DöD 1996, S. 103, (106, 107).

[197] so: Burandt ZBR 1978, S. 317, (324); Dagtoglou DVBL 1972, S. 712, (717); Klein PersV 1990, S. 49, (52, 53); Leisner ZBR 1971, S. 65, (65); Widmaier PersV 1975, S. 412, (413); Zeidler DVBL 1973, S. 719, (720).

[198] Söllner RdA 1976, S. 64, (65).

[199] so z.B. für: Plander, Personalvertretung als Grundrechtshilfe, S. 224, 225; ders. AuR 1987, S. 1, (7); ähnlich auch: Damkowski RiA 1975, S. 21, (22, 23); ders. RiA 1975, S. 1, (3).

mung der Personalräte (vgl. § 75 Abs. 1 i.V.m. § 69 Abs. 4 S. 1 1. HS). Dieser Bereich entzieht sich damit der ministeriellen Parlamentsverantwortung und folglich auch dem Einfluss des Volkssouveräns. Unverständlich ist in diesem Zusammenhang auch der Einwand: „Konsequenter- und richtigerweise wird bei Fehlentscheidungen, die öffentliches Interesse erregen, regelmäßig versucht, die Verantwortlichkeit der konkreten Entscheidungsträger zu klären und den Fehler anhand gesetzlicher Vorgaben zu klären, ohne zwanghaft eine Verantwortlichkeit der Regierungsspitze zu konstruieren"[200]. Unklar bleibt hier, wer mit dem Begriff „konkreter Entscheidungsträger" gemeint ist. Aber unabhängig davon, ob der gegenüber dem Bürger in Erscheinung tretende Dienststellenleiter oder die Einigungsstelle angesprochen ist, eine demokratische Verantwortung trifft *beide* nicht. Den Dienststellenleiter nicht, weil er an die Entscheidung der Einigungsstelle gebunden ist. Die Einigungsstelle nicht, weil sie nicht in die allgemeine Weisungshierarchie integriert ist und damit keiner parlamentarischen Kontrolle unterliegt. Ein ausgedehntes Mitbestimmungsrecht führt somit dazu, was Leisner[201] mit „Doppelköpfigkeit in jeder Behörde" bezeichnet, also zu einem Zustand, in dem die innere Organisation der Behörde durch zwei Entscheidungsträger, nämlich Dienststellenleitung und Personalvertretung, bestimmt wird. Es bleibt folglich unklar, welche Entscheidungen noch parlamentarisch zu verantworten sind und welche nicht. Dies birgt zugleich die Gefahr, dass sich der Dienststellenleiter bei unangenehmen Maßnahmen auf eine massive Beeinflussung durch die Personalvertretung beruft, um die Verantwortung für diese Entscheidung und deren Folgen von sich weisen zu können[202]. „Bei Versagen und Missgriffen" innerhalb der Behörde wird es deshalb zunehmend schwieriger, einen eindeutig Verantwortlichen zu finden, mit der Folge, dass das Prinzip der Verantwortung der Regierung gegenüber dem Parlament gleichermaßen einem Verdünnungsprozess ausgesetzt wird"[203].

Teilweise wird ferner angenommen[204], das Prinzip der Einheit der Entscheidungsmacht und Verantwortung sei dann nicht als verletzt anzusehen, wenn der Personalvertretung in einer bestimmten Angelegenheit lediglich ein eingeschränktes, nicht aber ein volles Mitbestimmungsrecht zukomme. Hinsichtlich

---

[200] Fisahn kritV 1996, S. 267, (276).

[201] Leisner ZBR 1971, S. 65, (65); ders., Beamtentum, S. 571.

[202] in diese Richtung auch: Leisner, Mitbestimmung im öffentlichen Dienst, S. 44. Leisner spricht von einem bedenklichen „Dreiecksspiel Minister – Personal – Parlament".

[203] so zutreffend: Zeidler DVBL 1973, S. 719, (720).

[204] vgl. Rob, Mitbestimmung im Staatsdienst, S. 75 ff.

dieser Entscheidungsmaterien fälle im Konfliktfall die demokratisch legitimierte Verwaltungsspitze die letztverbindliche Entscheidung. Von daher bestünden auch keine Bedenken, dieser die parlamentarische Verantwortung in jenen Sachfragen zu übertragen. Bei Zugrundelegung dieser Ansicht bestünden unter dem Aspekt der ministeriellen Parlamentsverantwortung z.B. gegen die Mitbestimmung des Personalrats in beamtenrechtlichen Fragen keine Bedenken. Diesbezüglich sei das Mitbestimmungsrecht ja nur eingeschränkter Natur (vgl. § 76 Abs. 1 i.V.m. § 69 Abs. 4 S. 3 BPersVG).

Hierbei wird jedoch verkannt, dass sich die parlamentarische Verantwortung auf den gesamten Entscheidungsfindungsprozess und nicht nur auf die formale Letztentscheidungsbefugnis bezieht. Legt die Personalvertretung bzgl. einer konkreten Verwaltungsmaßnahme ihr Veto ein, und dieses Recht steht ihr auch im Falle der eingeschränkten Mitbestimmung zu, so ist der Entscheidungsvorgang auf Betreiben einer demokratisch nicht legitimierten Stelle möglicherweise für Monate blockiert. Die Einstellung oder Beförderung eines Beamten muss für ungewiss lange Zeit zurückgestellt werden, wenn der Personalrat seine Zustimmung verweigert (vgl. § 76 Abs. 1 Nr. 1, 2 BPersVG). Selbst wenn der Verwaltungsspitze letztlich das alleinige Entscheidungsrecht zusteht, so kann sie eben diese Blockadesituation im verwaltungsrechtlichen Entscheidungsmechanismus mangels Einflussmöglichkeit parlamentarisch nicht verantworten. Speziell Angelegenheiten, die einer schnellen Lösung bedürfen, wie z.B. personelle Umstrukturierungsmaßnahmen, entziehen sich daher auch im Falle der nur eingeschränkten Mitbestimmung zumindest in nicht unerheblicher Weise der Einwirkungskraft der Verwaltungsspitze und damit auch dem System der parlamentarischen Kontrolle und Überwachung. Die Form der eingeschränkten Mitbestimmung darf also im Zusammenhang mit dem Problem der Ministerverantwortlichkeit nicht als gänzlich unbedenklich eingestuft werden.

Diesen Thesen wird vorgeworfen, die innere Verwaltungsorganisation gehöre nicht zu den Kernbereichen exekutiver Tätigkeit und könne daher vom Parlament auch durch Gesetz aus dem ministeriellen Verantwortungsbereich herausgenommen werden[205].

---

[205] Schneider, Verfassungsmäßigkeit der Mitbestimmung im öffentlichen Dienst, S. 12 ff; ihm folgend: Nagel, PersR 1986, S. 163, (164); Einen ähnlichen Gedankenansatz vertritt auch Rob in: Mitbestimmung im Staatsdienst, S. 58 ff., welcher zumindest Teilbereiche der inneren Verwaltungsstruktur nicht den exekutiven Kernbereichsaufgaben zuordnet, wobei seine These letztlich aber auf der bereits abgelehnten Neubestimmung des Bagatellvorbehalts beruht.

Jene Ansicht übersieht jedoch die Bedeutung der inneren Verwaltungsstruktur für die Erfüllung öffentlicher Aufgaben. Nur wenn der Verwaltung das Recht zugestanden wird, die internen Organisations- und Personalangelegenheiten flexibel anhand der Erfordernisse der ihr obliegenden Aufgaben zu regeln, ist eine reibungslos und effektiv arbeitende Verwaltung denkbar. Die Regelung der inneren Verwaltungsstruktur muss daher folgerichtig auch dem Kernbereich exekutiver Tätigkeit zugerechnet werden. Schließlich muss dieser Argumentation der gleiche Einwand entgegengehalten werden, der auch gegen eine umfassende Kompetenz des Gesetzgebers im Hinblick auf die Legitimation autonomer Gremien spricht. Bedeutet doch fehlende Regierungsverantwortung gleichzeitig immer auch ein Defizit an parlamentarischer Kontrolle. Letztere obliegt dem Parlament aber nicht um ihrer selbst wegen, sondern um eine möglichst lückenlose Kontrolle der Verwaltung im Interesse einer funktionierenden und nicht nur auf dem verfassungsrechtlichen Papier gewährleisteten Volkssouveränität herzustellen.

Im Ergebnis lässt sich also feststellen, dass das Prinzip der Regierungsverantwortung insofern nicht verletzt ist, als dem zuständigen Minister keine von ihm nicht zu beeinflussende Entscheidung in der parlamentarischen Diskussion aufgebürdet wird. Allerdings erfährt das Demokratieprinzip dadurch einen Eingriff, dass eine Vielzahl verwaltungsinterner Entscheidungen nicht mehr der Kontrolle des Parlaments unterliegt und damit bzgl. dieser Entscheidungen auch keine Einstands- und Rechenschaftspflicht mehr besteht[206]. Möglicherweise quittieren zwar die Beschäftigten die mangelnde Leistung einzelner Personalratsmitglieder beim nächsten Wahltermin durch deren Abwahl. Dies bedeutet jedoch keine demokratierechtliche Sanktion, da die Beschäftigten nur ein bestimmtes Gruppeninteresse vertreten. So erfolgt eine Abwahl möglicherweise deshalb, weil sich der Personalrat unzureichend für die Belange der Beschäftigten eingesetzt hat, aber nicht, weil der Personalrat die öffentliche Aufgabenerfüllung der Dienststelle verzögert bzw. beeinträchtigt.

---

[206] Da das Prinzip der Regierungsverantwortung im engeren Sinne nicht verletzt ist, ordnet Schenke in: JZ 1991, S. 581, (584), die hier behandelte Fragestellung mit einiger Berechtigung der Problematik der ministerialfreien Räume zu. Hier sollte jedoch insbesondere auf die fehlende Rechenschaftspflicht bzgl. einer Vielzahl von Verwaltungsentscheidungen hingewiesen werden, sodass die Erörterung der angesprochenen Probleme im Rahmen des Prinzips der Regierungsverantwortung, welches heute allgemein als Einstands- und Rechenschaftspflicht verstanden wird (s. Kröger, Die Ministerverantwortlichkeit, S. 4, 5 ebenso: Stettner, Grundfragen einer Kompetenzlehre, S. 264), erfolgte.

F. Funktionsfähigkeit der Verwaltung

Häufig wird in der personalvertretungsrechtlichen Diskussion behauptet, ein weitreichendes Mitbestimmungsrecht beeinträchtige die verfassungsrechtlich gewährleistete Funktionsfähigkeit der Verwaltung, da die Beteiligung der Personalvertretung mit anschließendem Einigungsstellenverfahren sich oftmals über einen längeren Zeitraum erstrecke und so mitunter die öffentliche Aufgabenerfüllung erheblich behindere[207]. Etwa Maßnahmen zur Hebung der Arbeitsleistung und Erleichterung des Arbeitsablaufs sowie die Einführung grundlegend neuer Arbeitsmethoden könnten, selbst wenn der Personalvertretung nur ein eingeschränktes Mitbestimmungsrecht zustehe (vgl. § 76 Abs. 2 Nr. 5, 7 BPersVG), von Letzterer in beträchtlichem Maße verzögert werden. Söllner[208] zählt im Falle der Einstellung eines neuen Mitarbeiters bei Heranziehung des Bundespersonalvertretungsgesetzes zehn Verfahrensschritte auf, angefangen vom Antrag des Dienststellenleiters auf Zustimmung bis zum Beschluss der Einigungsstelle (1. Antrag des Dienststellenleiters auf Zustimmung, 2. Verweigerung der Zustimmung durch den Personalrat, 3. Vorlage an die Behörde der Mittelstufe, 4. Antrag des Leiters der Mittelbehörde auf Zustimmung des Bezirkspersonalrats, 5. Verweigerung der Zustimmung durch den Bezirkspersonalrat, 6. Vorlage an die oberste Dienstbehörde, 7. Antrag der obersten Dienstbehörde auf Zustimmung des Hauptpersonalrats, 8. Verweigerung der Zustimmung durch den Hauptpersonalrat, 9. Anrufung der Einigungsstelle, 10. Beschluss der Einigungsstelle). Schenke[209] hebt hervor, dass sich das Einigungsverfahren nach dem Personalvertretungsgesetz von Rheinland-Pfalz in der Fassung vom 08.12.1992 über mehr als 30 Verfahrensschritte erstreckte. Gleiches galt für das Mitbestimmungsgesetz Schleswig-Holsteins in der Fassung vom 11.12.1990[210]. Die Beteiligung der Personalvertretung bedeutet also einen enormen Zeitaufwand. Die Realisierung von Verwaltungsmaßnahmen verzögert sich erheblich. Hiermit werde aber unmittelbar die Effektivität und Modernität des öffentlichen Dienstes beeinträchtigt. Das Ziel eines modernen Dienstleistungsbetriebs werde ernsthaft in Frage gestellt.

---

[207] so etwa: Battis NVwZ 1986, S. 884, (888); Becker RiA 1988, S. 1, (5); Feindt PersV1979, S. 314, (322); Leuze DöD 1996, S. 103, (110); Ossenbühl PersV 1989, S. 409, (417); Thiele DöD 1994, S. 245, (251).

[208] Söllner RdA 1976, S. 64, (66) Fn.10.

[209] Schenke JZ 1994, S. 1025, (1028).

[210] vgl. Schuppert PersR 1993, S. 521, (523, 524) mit Auszug aus der Klageschrift.

Allerdings steht in der Verfassung nicht namentlich geschrieben, dass die Funktionsfähigkeit der Verwaltung unbedingt gesichert sein muss. Einen ausdrücklichen Grundsatz, dass die Verwaltung die ihr obliegenden Aufgaben besonders „durchgreifend, rasch" und „vollständig" wahrzunehmen habe, erwähnt das Grundgesetz jedenfalls nicht[211]. Auch auf die gleichfalls in diesem Zusammenhang genannten Begriffe wie „Leistungsfähigkeit und optimale Funktionswahrnehmung, Rationalität und Optimierung" enthält das Grundgesetz keinen direkten Hinweis[212]. Allerdings wird in Art. 20 Abs. 2 S. 2 GG festgelegt, dass die Staatsgewalt durch besondere Organe der Gesetzgebung, der vollziehenden und der rechtsprechenden Gewalt ausgeübt wird. Damit wird den genannten Organen, vorbehaltlich der näheren Umschreibung durch einzelne Normen des Grundgesetzes oder Spezialgesetze, aber auch die Erfüllung der öffentlichen Aufgaben anvertraut. Funktionieren nun jedoch die Organe der Exekutive nicht oder nur mangelhaft, ist die öffentliche Aufgabenwahrnehmung gefährdet. Das System der repräsentativen Demokratie macht aber nur dann Sinn, wenn die an Stelle des Volkes handelnden Organe, die ihnen zugewiesenen Aufgaben auch im Interesse des Bürgers ordnungsgemäß erfüllen und hierbei nicht durch außerhalb der parlamentarischen Ordnung stehende Organe übermäßig behindert werden. Die Funktionsfähigkeit staatlicher Organe lässt sich also als ein der Verfassung wenn auch nicht ausdrücklich niedergelegter, so doch immanenter Grundsatz begreifen[213]. So ist in der Rechtsprechung z.B. auch mehrmals die Rede von der „funktionsfähigen Strafrechtspflege"[214] sowie von dem „Funktionieren" von Schulen[215], Universitäten[216] und Parlament[217].

---

[211] Leisner, Effizienz als Rechtsprinzip, Recht und Staat, Heft 402/403 1971, S. 24; ebenso: Fischer, DVBL 1981, S. 517, (518).

[212] Leisner, Effizienz als Rechtsprinzip, Recht und Staat, Heft 402/403 1971, S. 6.

[213] ähnlich auch: Fischer DVBL 1981, S. 517, (517); ohne nähere Begründung: Altvater/ Wendeling-Schröder RiA 1984, S. 73, (76); Biedenkopf/Säcker ZfA 1971, S. 211, (234); Steiner ZBR 1985, S. 184, (184); Ellwein/Görlitz, Parlament u. Verwaltung, S. 9; a.A.: Heussen in: Funktion u. Grenzen des Personalvertretungsrechts unter verfassungsrechtlichem Aspekt, S. 141, 142, der kein allgemeines Effizienzgebot anerkennt, sondern nur auf Teilbereiche, wie das Prinzip der „Wirtschaftlichkeit und Sparsamkeit" der Verwaltung und das Prinzip der „Erforderlichkeit" verweist.

[214] so: BVerfGE 34, 238, (249); BVerfGE 33, 367, (382 f.), wobei in diesem Zusammenhang allerdings auf das Rechtsstaatsprinzip und nicht auf das Demokratieprinzip abgestellt wird.

[215] BVerfGE 48, 29, (37 ff.); BVerfGE 41, 251, (267).

[216] BVerfGE 33, 303, (339); BVerfGE 35, 79, (115).

[217] BVerfGE 6, 84, (92 f.).

Doch diese Feststellung kann noch nicht der Weisheit letzter Schluss bedeuten. Es fragt sich, anhand welcher Kriterien die Funktionsfähigkeit der Verwaltung zu bestimmen ist. Die Beantwortung dieser Frage stellt jedoch ein unlösbares Problem dar. Aussagen wie „die notwendigen organisatorischen und personellen Exekutivmaßnahmen" dürfen nicht „übermäßig behindert oder blockiert werden"[218], geben keinen verlässlichen Maßstab. Vielmehr wird hier ein unbestimmter Rechtsbegriff durch einen anderen ersetzt. Auch verschiedene Grade des Begriffes Funktionsfähigkeit, wie etwa „Funktionsfähigkeit als Maximalgarantie" und „Funktionsfähigkeit als In-Funktion-Bringen und In-Funktion-Halten"[219], können nicht alle Unklarheiten beseitigen. Nicht akzeptabel erscheint ferner die Annahme Kempens[220], eine Beeinträchtigung der Funktionsfähigkeit der Verwaltung sei erst dann zu konstatieren, wenn die Verwaltung „gänzlich zum Erliegen" komme. Keineswegs darf der Begriff der Funktionsfähigkeit der Verwaltung aber auch als „Allzweckwaffe"[221] gegen jedwede Beeinflussung verwaltungsrechtlicher Tätigkeit dienen. Es besteht die Gefahr, dass vielfältige Formen der Arbeitnehmerrechte voreilig unter dem Vorwand einer Beeinträchtigung der Funktionsfähigkeit der Verwaltung als nicht hinnehmbar qualifiziert werden. Dabei müsste es sich nicht notwendigerweise nur um personalvertretungsrechtliche Bestimmungen handeln, z.B. auch Kündigungsschutzregeln könnten die Funktionsfähigkeit der Verwaltung beeinträchtigen. Sie verhindern, dass weniger geeignete Mitarbeiter ohne jegliche Kündigungsfrist entlassen, und neue, qualifiziertere Mitarbeiter ohne zusätzliche Personalkosten sofort eingestellt werden können. Schließlich könnte auch dem Haushaltsgesetzgeber, der der Verwaltung aufgrund allgemeiner Sparnotwendigkeiten für bestimmte Aufgabengebiete ein geringeres Budget als im Vorjahr zuweist, vorgeworfen werden, die Funktionsfähigkeit der Verwaltung aufs Spiel zu setzen. Zudem soll nicht unerwähnt bleiben, dass die den Gewerkschaften nahe stehenden Kreise immer wieder hervorheben, dass eine umfangreiche Mitbestimmung die Funktionsfähigkeit der Verwaltung nicht behindere, sondern im Gegenteil sogar steigere. Die Arbeitnehmer fühlten nämlich so sich und ihre Belange ernst genommen

---

[218] Becker RiA 1988, S. 1, (5).
[219] vgl. zu diesen Abstufungen: Lerche BayVerwBL 1991, S. 517 ff.
[220] Kempen, Grund u. Grenzen gesetzlicher Personalvertretung in der parlamentarischen Demokratie, S. 55; kritisch hierzu: Battis NVwZ 1986, S. 884, (888).
[221] Lerche FS für Zeidler 1987, S. 557, (559).

und verrichteten ihre Arbeit demgemäss auch motivierter[222]. Ohne an dieser
Stelle die Berechtigung dieses Einwands näher zu hinterfragen, wird doch deutlich, dass der Begriff der Funktionsfähigkeit aufgrund seiner Unbestimmtheit
unterschiedlichen politischen Vorstellungen zur Erreichung ihrer Ziele Tür und
Tor öffnet. Die Schwierigkeiten der näheren Definition des Terminus Funktionsfähigkeit der Verwaltung in der Verfassungswirklichkeit würden sich weiterhin
mit einiger Sicherheit auch im Bereich der gerichtlichen Auseinandersetzung
widerspiegeln[223]. So werden einige Verfassungs- oder Verwaltungsgerichte Bedenken gegen weitreichende Mitbestimmungsnormen äußern, da jene ihrer Meinung nach die ordnungsgemäße Aufgabenerfüllung und letztlich auch die Funktionsfähigkeit der Verwaltung beeinträchtigten. Andere Gerichte hingegen werden der Funktionsfähigkeit eine gegenteilige Bedeutung zumessen und folglich
die gleichen oder zumindest ähnliche Normen für unbedenklich erklären. Die
bereits jetzt bedenkliche Zersplitterung des Personalvertretungsrechts würde also mit großer Wahrscheinlichkeit weiter voranschreiten. Zweifelhaft ist zudem,
ob sich für unterschiedliche Behörden mit jeweils andersartigen Aufgaben überhaupt ein einheitlicher Maßstab der Funktionsfähigkeit entwickeln lässt. Plander
stellt daher zutreffend fest, dass sich die Funktionsfähigkeit des Bundeskrimi-
nalamtes „nur teilweise nach denselben, in vieler Hinsicht aber nach anderen
Kriterien" bemisst, als die des Katasteramtes[224]. Ferner muss sich der Funkti-
onsmaßstab ständig verändern, wenn die Verwaltung neue Aufgabengebiete, für
die wieder andere Kriterien anzulegen sind, übernimmt oder bestimmten Bereichen andere Prioritäten einräumt[225].

Wenngleich also die Funktionsfähigkeit staatlicher Organe gesichert sein muss,
sollte jener Begriff, da er allein eine subjektive Wertungsfrage darstellt, in der
juristischen Auseinandersetzung nicht überschätzt werden. Angemessen erscheint es, auf einen „funktionellen Mindestbestand"[226] abzustellen. Dieser aber
wird durch die Personalvertretungsgesetze noch nicht ernsthaft gefährdet. Es
wird wohl keiner behaupten, die Verwaltung könnte ihren Aufgaben generell
nicht mehr umfassend nachkommen, da die Personalräte jegliche ordnungsge-

[222] so etwa: Altvater/Wendeling-Schröder RiA 1984, S. 73, (77); Däubler AuR 1973, S. 233, (242); aber auch Kübel in: Personalrat u. Personalmaßnahmen, S. 116.
[223] Plander, Personalvertretung als Grundrechtshilfe, S. 234; ders. AuR 1987, S. 1, (7, 8).
[224] Plander, Personalvertretung als Grundrechtshilfe, S. 227.
[225] so auch: Plander, Personalvertretung als Grundrechtshilfe, S. 227.
[226] so: Lerche FS für Zeidler 1987, S. 557, (558); in diese Richtung auch: Kübel, Personalrat u. Personalmaßnahmen, S,116.

140

mäße Entscheidungsfindung verhinderten[227]. In vielen Dienststellen arbeiten – und das darf nicht verkannt werden – die Behördenleitung und der Personalrat durchaus kooperativ zusammen. Trotzdem darf auch nicht übersehen werden, dass eine Beteiligung der Personalvertretung nicht nur im Falle der Mitbestimmung, sondern auch im Mitwirkungsverfahren oftmals erhebliche Zeit beansprucht und die Entscheidungsfindung verzögern oder sogar blockieren kann. Diese aus Sicht der Allgemeinheit negativen Begleiterscheinungen der Mitbestimmung resultieren daraus, dass ein Teil staatsgewaltlicher Entscheidungsmacht in die Hände demokratisch nicht legitimierter Interessenvertreter gelegt wurde. Durch Mitbestimmung verursachte Zeit- und Reibungsverluste erweisen sich als Probleme der allgemeinen demokratierechtlichen Diskussion um Möglichkeiten und Grenzen des Personalvertretungsrechts. Der unbestimmte Begriff der Funktionsfähigkeit der Verwaltung sollte bei der Gestaltung des Personalvertretungsrechts nur als „eine verfassungs- und verwaltungspolitische Richtschnur" fungieren. Des Weiteren „kann er einen Topos bei der Auslegung personalvertretungsrechtlicher Bestimmungen bilden"[228].

---

[227] so aber wohl, letztlich jedoch viel zu weitgehend: Rob, Mitbestimmung im Staatsdienst, S. 371, 372.
[228] Schenke, JZ 1991, S. 581, (586); ähnlich zu verstehen wohl auch: Kisker PersV 1994, S. 289, (291).

5. TEIL: VERFASSUNGSRECHTLICHE RECHTFERTIGUNG DER PERSONELLEN MITBESTIMMUNG IM ÖFFENTLICHEN DIENST

Personalvertretung und Einigungsstelle üben bei Wahrnehmung ihrer Entscheidungsbefugnisse Staatsgewalt aus. Hierzu sind sie auf Basis des hierarchischen Demokratieverständnisses mangels personeller und sachlich-inhaltlicher demokratischer Legitimation nicht legitimiert. Es fragt sich, ob aus diesem Grunde weite Teile des Personalvertretungsrechts für verfassungswidrig zu erklären sind.

Dieser Frage könnte man aus dem Wege gehen, wenn man entweder die Rechte der Personalvertretung auf bloße Mitwirkungsrechte beschränkt, denn in diesem Fall übt der Personalrat keine Staatsgewalt mehr aus, oder indem man den Personalrat und die Einigungsstelle als umfassend demokratisch legitimierte Organe konstituiert. Zuerst genannter Lösungsvorschlag hätte aber den Nachteil, dass die Beteiligung der Personalvertretung nur noch pro forma erfolgen würde. Die Arbeitnehmerrechte würden deutlich eingeschränkt, wenn der Dienststellenleiter letztlich befugt wäre, jede verwaltungsinterne Maßnahme, selbst wenn die Interessen der Beschäftigten noch so sehr betroffen wären, gegen den Willen der Personalvertretung durchzuführen. Kaum vorstellbar ist ebenfalls, dass die Personalratsmitglieder sowohl personell als auch sachlich-inhaltlich demokratisch legitimiert werden. Dies würde bedeuten, dass die Personalratsmitglieder nicht von den Beschäftigten gewählt, sondern vom Behördenleiter ernannt würden. Gleichzeitig unterständen sie zur Wahrung der sachlich-inhaltlichen demokratischen Legitimation auch dessen Weisungen. Es liegt auf der Hand, dass die Personalvertretung so zur bloßen Farce geraten würde und von einer interessenorientierten Mitsprache nicht mehr die Rede sein könnte. Zwar wird, wie bereits gezeigt, zumindest die personelle demokratische Legitimation aller Einigungsstellenmitglieder gefordert. Hierbei ist jedoch zum einen zu berücksichtigen, dass der Einigungsstelle die Befugnis zukommt, eine abschließende, alle Seiten bindende Entscheidung zu treffen. Die Entscheidungsmacht der Einigungsstelle ist daher höher als die der Personalvertretung einzuordnen. Zugleich ist die Einigungsstelle auch anders als die Personalvertretung kein einseitig orientiertes Interessenvertretungsorgan, sondern in seiner ausgewogenen Besetzung ein neutrales Gremium. Hieran soll auch die von einigen Autoren geforderte personelle demokratische Legitimation aller Mitglieder nichts ändern. Zum andern stellen sich nach der hier vertretenen Ansicht auch die im Zusammenhang mit der Einigungsstellenproblematik diskutierten Legitimationskonzepte als wenig überzeugend dar.

Möglicherweise ist aber auch in einigen, die Interessen der Beschäftigten besonders berührenden Bereichen, Raum für eine volle Mitbestimmung der Personalvertretung, ohne dass deren Mitgliedern bzw. den Beisitzern in der Einigungsstelle eine umfassende demokratische Legitimation zukommt. So wird das Personalvertretungsrecht auch von den Mitbestimmungskritikern nicht gänzlich verworfen. Als Begründung hierfür wird angeführt, dass der Einzelne sich arbeitstechnisch unterordne. „Zum Ausgleich für den Verlust an Selbstbestimmung soll er eine interessenorientierte Mitbestimmung erhalten"[1]. Der Beschäftigte würde ohne den Schutz der Personalvertretung zum „bloßen Objekt staatlichen Handelns degradiert". Aufgrund dieser Überlegungen wird die Existenz von Personalvertretungen, einschließlich einzelner Mitbestimmungsrechte, prinzipiell in Rechtsprechung und Schrifttum anerkannt[2].

Gleichwohl ist zuzugestehen, dass man sich in einer Art verfassungsrechtlichem Dilemma befindet, wenn man einerseits das Personalvertretungsrecht für notwendig hält, andererseits aber einen Verstoß gegen Art. 20 Abs. 2 S. 1 GG bejaht. Dieses Problem lässt sich jedoch dadurch lösen, dass man andere Rechtsprinzipien von Verfassungsrang anführt, die den Verstoß gegen das Demokratieprinzip zwar nicht generell heilen, wohl aber die Tätigkeit der Personalvertretung zumindest im Hinblick auf einzelne Mitbestimmungsregelungen rechtfertigen.

In diesem Zusammenhang wird zumeist auf das Sozialstaatsprinzip und die Grundrechte der Beschäftigten verwiesen. Insbesondere in den Siebzigerjahren wurde zudem vermehrt versucht, die Mitbestimmung im öffentlichen Dienst auch aus dem Demokratieprinzip selbst heraus zu rechtfertigen. Seltener wird im Rahmen der Rechtfertigungsdiskussion das Rechtsstaatsprinzip und die hergebrachten Grundsätze des Beamtentums gemäß Art. 33 Abs. 5 GG genannt. Teilweise werden die einzelnen Rechtfertigungsgründe auch nur kurz erwähnt, im Einzelnen aber offen gelassen, welcher Rechtfertigungsgrund zutreffend ist.

[1] Battis/Kersten DÖV 1996, S. 584, (585) im Anschluss an: BVerfGE DVBL 1995, S. 1291, (1292); ähnlich: Richardi ZfPR 1993, S. 59, (60).
[2] BVerfGE DVBL 1995, S. 1291, (1292); BVerfGE 28, 314, (323); VerfGH Rh-Pf PersV 1994, S. 307, (311); Battis/Kersten DÖV 1996, S. 584, (585, 586); Pfohl ZBR 1996, S. 82, (84).

Entscheidend sei allein, dass das Grundgesetz Raum für eine Beteiligung der Personalvertretung an staatlichen Entscheidungen lasse[3]. Diese Argumentation ist jedoch juristisch ungenau. Nur wenn man sich über die Bedeutung der einzelnen Rechtfertigungsgründe im Klaren ist, kann auch die Frage nach der Reichweite der Mitbestimmungsrechte im Einzelnen beantwortet werden[4].

Bryde[5] dagegen befürchtet, dass es zu einer allmählichen „Erosion" des Demokratieprinzips kommt, wenn „man erst einmal anerkennt, dass vom Prinzip der Volkssouveränität Ausnahmen, z.b. auf der Grundlage des Sozialstaatsprinzips, möglich sind". Schon von daher ist es seiner Meinung nach sinnvoller, die Wahrnehmung der Befugnisse der Personalvertretung entweder nicht als Ausübung von Staatsgewalt zu sehen, oder nach Möglichkeiten zu suchen, wonach auch den Personalratsmitgliedern eine demokratische Legitimation zukommt (z.B. Legitimation durch den Gesetzgeber oder durch Anstellung im öffentlichen Dienst). Nur so könne das lebensgefährliche Zugeständnis, „dass es Inseln undemokratischer Verwaltung geben darf"[6] vermieden werden.

Ein ergebnisorientiertes Entwickeln von Argumentationen, welche die Ausübung von Staatsgewalt seitens der Personalvertretung letztlich verneinen, oder das Suchen nach alternativen Legitimationstheorien, bedeutet aber erst recht eine weitgehende Relativierung des Demokratieprinzips. Auf diese Weise wird die demokratierechtliche Fragwürdigkeit des Personalvertretungsrechts übertüncht. Zudem geht es bei der Suche nach möglichen Rechtfertigungsgründen personalvertretungsrechtlicher Tätigkeit zunächst nur um eine prinzipielle Rechtfertigung und nicht um eine generelle Ausnahme vom Demokratieprinzip. Im Anschluss an die Erläuterung der Rechtfertigungsgründe muss deshalb eine möglichst genaue Bestimmung der Grenzen interessenorientierter Mitsprache im öffentlichen Dienst erfolgen. Angesichts der herausragenden Bedeutung des Demokratieprinzips im Verfassungsgefüge (Schutz durch Art. 79 Abs. 3 GG) – auch im Vergleich zu den kurz zuvor genannten Staatsprinzipien, wie z.B. den Grundsätzen des Berufsbeamtentums, – ist eine Relativierung des Demokratieprinzips auch nur dann zulässig, wenn die Interessen der Arbeitnehmer nicht nur geringfügig betroffen sind, und zudem die beteiligungspflichtige Maßnahme

---

[3]   Kisker PersV 1995, S. 529, (531).
[4]   so im Widerspruch zu seiner späteren Aussage (vgl. Fn.3): Kisker PersV 1994, S. 289, (291).
[5]   Bryde FS für Thieme 1993, S. 9, (13).
[6]   Bryde FS für Thieme 1993, S. 9, (13).

144

keine erhöhte Bedeutung für das Allgemeinwohl besitzt. Stimmt man aber der Behauptung Brydes zu und findet schließlich eine juristische Konstruktion, die es einem erlaubt, entweder die Tätigkeit der Personalvertretung nicht als Ausübung von Staatsgewalt zu qualifizieren oder aber den Personalratsmitgliedern eine wie auch immer gestaltete demokratische Legitimation zuzusprechen, so besteht unter demokratierechtlichen Aspekten kein Grund, einer immer weitreichenderen mitbestimmungsfreundlichen Gesetzgebung Grenzen aufzuzeigen. Es kann aber mit dem Demokratieprinzip nicht vereinbar sein und auch nicht im Interesse der Bürger liegen, wenn staatliche Entscheidungen nicht nur von den zuständigen Behörden getroffen werden, sondern parallel hierzu auch im Ermessen einer Interessenvereinigung wie der Personalvertretung liegen. Lediglich wenn die Belange der Beschäftigten durch die Verwaltungsmaßnahme erheblich berührt sind, bzw. die Verwaltungsmaßnahme nur geringe Wirkung in Bezug auf den Bürger besitzt, können demokratierechtliche Anforderungen in den Hintergrund treten. In diesen Fällen überwiegen entweder die Aspekte des Arbeitnehmerschutzes im Sinne einer praktischen Konkordanz gegenüber der strengen Wahrung demokratierechtlicher Grundsätze, oder die rein verwaltungstechnische Bedeutung der Maßnahme rechtfertigt es, die Entscheidung von der Zustimmung eines verwaltungsinternen Interessengremiums abhängig zu machen. In letzterer Situation ist das Interesse der Bürger an einer vollständig demokratisch legitimierten Entscheidung als eher gering anzusehen. Welche Verfassungsprinzipien diese Ausnahmen rechtfertigen können, soll im Folgenden dargestellt werden.

A. Rechtfertigung aufgrund des Sozialstaatsprinzips

Während die Weimarer Reichsverfassung in den Art. 130 Abs. 2 und 165 Abs. 2 WRV ausdrücklich Beamtenvertretungen und Betriebsarbeiterräte vorsah, enthält das Grundgesetz keinen ausdrücklichen Hinweis auf eine verfassungsrechtliche Mitbestimmungsgarantie. Hiermit ist aber noch nicht gesagt, dass die Arbeitnehmermitbestimmung wenn auch keine verfassungsrechtliche Garantie, so nicht zumindest dennoch eine grundgesetzliche Basis finden kann. So wird vielfach zur verfassungsrechtlichen Rechtfertigung der Mitbestimmungsbefugnisse der Personalvertretung das Sozialstaatsprinzip herangezogen[7]. Verfassungs-

---

[7] Kübel, Personalrat u. Personalmaßnahmen, S. 150 ff. (ausführlich); ders. PersV 1987, S. 217, (222); ders. PersV 1986, S. 129, (132); Nagel/Bauers, Mitbestimmung in öffentlich-rechtlichen Unternehmen u. Verfassungsrecht, S. 53; Battis DöV 1987, S. 1, (3);

rechtlich verankert ist das Sozialstaatsprinzip in Art. 20 Abs. 1 GG. Hiernach ist die Bundesrepublik Deutschland nicht nur ein demokratischer, sondern auch ein sozialer Bundesstaat. Weitere Erläuterungen, die zu einem näheren Verständnis des Begriffes sozialer Bundesstaat beitragen könnten, enthält das Grundgesetz jedoch nicht. Das Sozialstaatsprinzip ist also insoweit „offen"[8]. Im Gegensatz zu den anderen Strukturprinzipien des Grundgesetzes wie Bundesstaats- oder Rechtsstaatsprinzip, die durch konkrete Rechtsformeln und Grundsätze (z.b. Grundsatz des bundesfreundlichen Verhaltens oder Bestimmtheitsgrundsatz) näher ausgestaltet wurden, ist der Bedeutungsgehalt des Sozialstaatsprinzips sehr abstrakt geblieben[9]. Folglich bietet der Begriff „sozial" unterschiedlichen politischen Vorstellungen ein weites Interpretationsfeld. Bieback[10] weist etwa darauf hin, dass in den Anfangsjahren der Bundesrepublik ein extensives Verständnis des Sozialstaatsprinzips überwog, während seit der Wirtschaftskrise 1974 nunmehr „vor allem die Grenzen des Sozialstaatsprinzips, speziell des Sozialleistungssystems, und die Sozialpflichtigkeit der Individuen" diskutiert werden. Dieser Trend hat sich gerade in jüngster Zeit fortgesetzt. So ist in der politischen Auseinandersetzung oftmals, wenn auch mit unterschiedlichen Akzenten, vom Abbau des Sozialstaats oder von notwendigen Einschränkungen sozialer Leistungen des Staates wie Sozial- oder Arbeitslosenhilfe die Rede.

Die Offenheit des Sozialstaatsprinzips ist nach Auffassung einiger Autoren aber ein so erheblicher Mangel, dass eine Rechtfertigung personalvertretungsrechtlicher Mitbestimmung und damit eine Einschränkung des Demokratieprinzips unter Berufung auf den Sozialstaat prinzipiell ausscheidet[11]. Das Sozialstaatsprinzip sei weitgehend „substanz- und geltungsschwach"[12]. Mit ihm könne „man nahezu alles in thematische Verbindung bringen und begründen"[13]. Eine inhalt-

---

Ehlers JZ 1987, S. 218, (220); Lecheler NJW 1979, S. 1079, (1081); Kisker PersV 1992, S. 1, (12); ders. PersV 1985, S. 137, (140).

[8] Bieback Jura 1987, S. 229, (230); ähnlich: Müller-Volbehr JZ 1984, S. 6, (10).

[9] Hierauf weist Bieback in: Jura 1987, S. 229, (229) hin. Seiner Meinung nach ist es schwierig, mit dem Sozialstaatsprinzip näher zu argumentieren.

[10] Bieback Jura 1987, S. 229, (230).

[11] so vor allem Ossenbühl, Grenzen der Mitbestimmung, S. 34, 35; ders. PersV 1989, S. 409, S. 414); aber auch Klein, PersV 1990, S. 49, (54); kritisch zum Sozialstaatsprinzip äußert sich ferner Kempen in: AuR 1988, S. 271, (272).

[12] Ossenbühl PersV 1989, S. 409, (414)

[13] Ossenbühl, PersV 1989, S. 409, (414); auch eine nur teilweise Relativierung des Demokratieprinzips durch den Sozialstaatsgrundsatz lehnt ebenfalls strikt ab: Rob, Mitbestimmung im Staatsdienst, S. 236.

146

liche Zuordnung der Personalvertretungsproblematik zum Sozialstaatsprinzip sei daher „ohne eigenen verfassungsrechtlichen Wert"[14].

Dem kann aber so nicht zugestimmt werden. Das Sozialstaatsprinzip ist ebenso wie das Demokratie- und Rechtsstaatsprinzip eine unsere Verfassung prägende Strukturentscheidung und besitzt damit eine „unmittelbar normative und damit staatsgestaltende und nicht lediglich sozialethische Bedeutung"[15]. Möglicherweise gelingt es auch, dem Sozialstaatsprinzip durch konkretere Aussagen einen ähnlichen Bedeutungsgehalt wie den anderen Verfassungsprinzipien zu verleihen. Auch Demokratie- und Rechtsstaatsprinzip sind im Grundgesetz nur abstrakt formuliert und mussten durch nähere Ausformungen in der Rechtsliteratur konkretisiert werden. Nach zutreffender Ansicht von Edenfeld[16] ist die Konkretisierung des Sozialstaatsprinzips nach rund vierzigjähriger Mitbestimmungspraxis längst überfällig.

Eine nähere Definition des Sozialstaatsprinzips hat Zacher versucht zu entwickeln. Seiner Meinung nach ist der Sozialstaat ein Staat, „der den wirtschaftlichen und wirtschaftlich bedingten Verhältnissen in der Gesellschaft wertend, sichernd und verändernd mit dem Ziel gegenübersteht, jedermann ein menschenwürdiges Dasein zu gewährleisten, Wohlstandsunterschiede zu verringern und Abhängigkeitsverhältnisse zu beseitigen oder zu kontrollieren"[17]. Bei Zugrundelegung dieser Definition kommt dem Personalvertretungsrecht aber durchaus eine sozialstaatliche Bedeutung zu. Zwar fehlt es im öffentlichen Dienst an dem für die Privatwirtschaft typischen Gegensatz von Kapital und Arbeit, gleichwohl befindet sich auch der im öffentlichen Dienst Beschäftigte in einem Abhängigkeitsverhältnis zu seinem Dienstherrn[18]. „Der öffentlich Be-

[14] Ossenbühl, Grenzen der Mitbestimmung, S. 35.
[15] Müller-Volbehr JZ 1984, S. 6, (10); auf einen normativen Gehalt des Sozialstaatsprinzips verweist auch: Kübel, Personalrat u. Personalmaßnahmen, S. 153; in ähnlicher Form: Benecke, Beteiligungsrechte u. Mitbestimmung im Personalvertretungsrecht, S. 119.
[16] Edenfeld, Arbeitnehmerbeteiligung im Betriebsverfassungs- u. Personalvertretungsgesetz, S. 62.
[17] Zacher FS für Ipsen 1977, S. 206, (237).
[18] Battis DÖV 1987, S. 1, (3), spricht von Interessengegensätzen, „die notwendige Folgen einer jeden arbeitsteiligen Organisation sind."; Richardi stellt in: ZfPR 1993, S. 59, (60) fest: „Die personalvertretungsrechtliche Mitbestimmungsordnung wird durch den Gesichtspunkt der Einheit der Arbeitsverfassung gerechtfertigt, weil auch in der Arbeitsorganisation des öffentlichen Dienstes Maßnahmen zu treffen sind wie in jedem Betrieb der Privatwirtschaft, und es daher ebenso wie dort einer gleichberechtigten Beteiligung der Beschäftigten dient, wenn ihre Repräsentanten in die Entscheidungsfindung einbezogen werden .

dienstete hat ebenso wie der in der Privatwirtschaft Tätige Anspruch auf eine faire, seine persönlichen Bedürfnisse berücksichtigende Behandlung durch den Dienstherrn"[19]. Damit diese Grundsätze Beachtung finden, ist jedoch ein Organ von Vorteil, dass die Belange der Beschäftigten gegenüber dem Dienstherrn kollektiv vertritt. Scheut doch der einzelne Mitarbeiter aus Angst vor beruflichen Nachteilen oft davor zurück, seinen Standpunkt mit Entschiedenheit im Verhältnis zum Vorgesetzten geltend zu machen.

Fraglich ist aber weiterhin, ob das Sozialstaatsprinzip den Gesetzgeber verpflichtet, das Personalvertretungsrecht in einer bestimmten Form zu regeln, also z.b. eine möglichst weitreichende Mitbestimmung der Personalräte gesetzlich festzulegen. Das Bundesverwaltungsgericht[20] ist hiervon in einem einzelnen Urteil offenbar ausgegangen. Seiner Meinung nach „verbürge" das Sozialstaatsprinzip kollektiven Schutz durch die Personalvertretung. Es ziele „auf ein größtmögliches Maß an Selbstentfaltung und Selbstbestimmung" der Beschäftigten am Arbeitsplatz ab. Personalvertretungen erfüllten einen „sozialstaatlich geforderten" kollektivrechtlichen Schutzauftrag. Die herrschende Meinung[21] in der Literatur und das Bundesverfassungsgericht[22] sehen dagegen in den Zielen des Sozialstaatsprinzips, wie z.b. Verringerung sozialer Ungerechtigkeiten, Schaffung sozialer Sicherheit und Stärkung der sozial Schwachen, nur allgemeine Vorgaben, bei deren konkreter Verwirklichung dem Gesetzgeber ein weiter Gestaltungsspielraum zukommt. Da das Sozialstaatsprinzip trotz näherer Konkretisierungen immer noch erheblichen Interpretationsbedarf besitzt und in gewissem Rahmen auch sicherlich immer besitzen wird, erscheint es fragwürdig, diesem Verfassungsprinzip spezifische Mitbestimmungsanforderungen zu entnehmen. Das Grundgesetz lässt eine Mitbestimmung der Personalvertretung in Angelegenheiten, die die Beschäftigten besonders betreffen, zwar zu, fordert aber kein bestimmtes Mitbestimmungskonzept. Jedoch stellte die völlige Abschaffung personalvertretungsrechtlicher Mitbestimmungs- und Mitwirkungsbefugnisse, ohne dass andere gesetzliche Regelungen entsprechende Ausgleichs-

19 Kisker PersV 1985, S. 137, (140).
20 BVerwGE 62, 55, (61); Plander, Personalvertretung als Grundrechtshilfe, S. 119 weist jedoch zurecht darauf hin, dass das Bundesverwaltungsgericht in seiner Entscheidung: PersR 1991, S. 464, (466), hiervon stillschweigend wieder abgerückt ist.
21 Edenfeld, Arbeitnehmerbeteiligung im Betriebsverfassungs- u. Personalvertretungsgesetz, S. 61; Kübel, Personalrat u. Personalmaßnahmen, S. 156, 158; Kisker PersV 1992, S. 1, (12); Schelter PersV 1978, S. 489, (495); Schenke JZ 1991, S. 581, (587).
22 allgemein: BVerfGE 35, 202, (236); BVerfGE 40, 121, (133); BVerfGE 59, 231, (263); speziell zum Personalvertretungsrecht: BVerfGE DVBL 1995, S. 1291, (1292).

rechte böten, eine Verletzung des Sozialstaatsprinzips dar. Das Sozialstaatsprinzip gewährleistet also einen gewissen mitbestimmungsrechtlichen Grundstandard und kann demzufolge gegenüber dem Demokratieprinzip als verfassungsrechtliche Rechtfertigung herangezogen werden.

Im Anschluss an die Erläuterung der weiteren Rechtfertigungsgründe wird das Hauptaugenmerk nun darauf zu richten sein, welche Mitbestimmungsrechte im Einzelnen sozialstaatlich abgesichert sind.

B. Rechtfertigung aufgrund von Grundrechten

Neben dem Sozialstaatsprinzip werden in der Rechtsprechung und Literatur oftmals die Grundrechte der Beschäftigten als Rechtfertigung für die Teilhabe der Personalvertretung an staatlicher Entscheidungsfindung genannt. Diese im Folgenden näher zu erklärende Argumentation darf nicht mit der bereits abgelehnten These Kempens, die Personalvertretungen nähmen die Grundrechte der Mitarbeiter kollektiv wahr, verwechselt werden. Hier geht es nur darum, dass die Tätigkeit der Personalvertretung der Verwirklichung der Grundrechte der Beschäftigten am Arbeitsplatz dient, und sie somit als „Grundrechtshelfer"[23] fungiert.

Eher vereinzelt wird dabei auf Art. 12 Abs. 1 GG zurückgegriffen. Mitbestimmungsrechte der Arbeitnehmer seien eine probate Form, um der immer weiter fortschreitenden Reglementierung des Berufslebens und der zunehmenden Abhängigkeit des einzelnen Beschäftigten vom größtenteils fremdbestimmten Arbeitsablauf zu begegnen. Nur durch individuelle oder kollektive Mitbestimmung der Bediensteten werde eine durch Art. 12 Abs. 1 GG geschützte Berufsausübung in einem menschenwürdigen Umfeld möglich[24].

Die in diesem Zusammenhang weitaus am häufigsten genannten Grundrechte sind jedoch die Art. 1 Abs. 1, 2 und 2 Abs. 1 GG, wobei der Schwerpunkt in den einzelnen Abhandlungen divergiert[25]. So erwähnt das Bundesverfassungsgericht[26] neben Art. 1 und 2 GG auch Art. 5 Abs. 1 GG, wohingegen der gemein-

---

[23] Diesen Begriff stellt Plander in: Personalvertretung als Grundrechtshilfe, in den Mittelpunkt seiner Arbeit, vgl. nur S. 56 ff.

[24] in diese Richtung: Altvater/Wendeling-Schröder RiA 1984, S. 73, (77); Kempen AuR 1988, S. 271, (276, 277); ders. AuR 1986, S. 129, (134).

[25] Hierauf macht gleichfalls aufmerksam: Edenfeld, Arbeitnehmerbeteiligung im Betriebsverfassungs- u. Personalvertretungsgesetz, S. 52.

[26] BVerfGE 28, 314, (323); BVerfGE 51, 43, (58).

same Senat der obersten Gerichtshöfe[27] nur auf Art. 2 Abs. 1 GG abstellt. Ebenso verhält es sich im Schrifttum. Zum Teil wird zur verfassungsrechtlichen Absicherung der Personalvertretungsbefugnisse sowohl Art. 1 Abs. 1, 2 GG als auch Art. 2 Abs. 1 GG angeführt[28]. Manchmal wird aber auch nur auf Art. 1 Abs. 1, 2 GG[29] oder Art. 2 Abs. 1 GG[30] verwiesen. Die Argumentation ist jedoch in etwa die gleiche: Das Grundrecht auf Achtung der Menschenwürde (Art. 1 Abs. 1 GG) sowie das Recht auf freie Entfaltung der Persönlichkeit (Art. 2 Abs. 1 GG) würden es verbieten, den einzelnen Beschäftigten in der Verwaltung als bloßen „Befehlsempfänger"[31] oder als „Rädchen in der großen Maschine der Verwaltung"[32] zu behandeln. Derjenige Arbeitnehmer, dessen Berufsleben nur von Weisungen des Vorgesetzten bestimmt werde und dem keinerlei Mitspracherechte zugestanden würden, „verwirkliche nicht sich selbst in seinem Schaffen – er wird gestaltet, er dient nicht eigener, sondern fremder Selbstverwirklichung"[33]. Zwar verböten die genannten Grundrechte nicht jede abhängige, fremdbestimmte Arbeit an sich, aber sie gewährten dem Einzelnen das Recht, „an allen Entscheidungen, die seine persönliche Lebensführung berühren"[34], beteiligt zu werden. Hierbei handele es sich zunächst nur um Individualrechte. Allerdings fielen die kollektiven Beteiligungsrechte der Personalvertretung ebenfalls mittelbar in den Schutzbereich der genannten Grundrechte, soweit sie „die Verwirklichung des Selbstbestimmungsrechts des einzelnen"[35] förderten. Nach anderer Ansicht weisen die Grundrechte zumindest dann auch einen kollektivrechtlichen Bezug auf, wenn man sie um eine sozialstaatliche

---

[27] NJW 1987, S. 2571 f.; auf diese unterschiedliche Gewichtung der einzelnen Grundrechte weist auch Plander in: Personalvertretung als Grundrechtshilfe, S. 62 hin.

[28] Becker RiA 1988, S. 1, (2); Ehlers JZ 1987, S. 218, (220); Schelter PersV 1978, S. 489, (494); ders. RdA 1977, S. 349, (354).

[29] Damkowski RiA 1975, S. 1, (3).

[30] Kisker PersV 1985, S. 137, (140).

[31] Plander, Personalvertretung als Grundrechtshilfe, S. 61.

[32] Kisker PersV 1985, S. 137, (140).

[33] Däubler, Das Grundrecht auf Mitbestimmung, S. 135.

[34] Schelter PersV 1978, S. 489, (494); ders. RdA 1977, S. 349, (354); ähnlich: Damkowski RiA 1975, S. 1, (3).

[35] Schelter PersV 1978, S. 489, (494); ders. RdA 1977, S. 349, (354); a.A. offenbar: Kübel, Personalrat u. Personalmaßnahmen, S. 160 ff., der den aufgezeigten mittelbaren Grundrechtsschutz nicht als Rechtfertigung personalvertretungsrechtlicher Mitsprache anerkennt, da kein empirischer Nachweis dafür vorläge, dass die Tätigkeit der Personalvertretung die Selbstverwirklichung der Arbeitnehmer tatsächlich fördere.

Komponente ergänzt[36], bzw. das Sozialstaatsprinzip dient dann als Ansatz für eine betriebliche Mitbestimmung, wenn man es grundrechtlich auflädt[37].

Diese auf die Grundrechte gestützte Argumentation erntet in der Literatur aber nicht nur Zustimmung, sondern erfährt auch scharfe Kritik. Nach Ansicht Leisners[38] hätte keine rechtliche Bindung mehr Bestand, weil der Mensch in der heutigen komplizierten und nur noch arbeitsteilig zu bewältigenden Arbeits- und Berufswelt ganz unterschiedlichen Verpflichtungen unterläge. Von daher sei er in einem gewissen Maße stets fremdbestimmt. Eine Verletzung der Menschenwürde sei aber „allenfalls bei totaler Auslieferung“ zu konstatieren und zwar dort, „wo eben die unsittliche Bindung beginne“[39]. Die gegenteilige Ansicht würde die „totale Anarchie“ als „Folge der Menschenwürde“[40] bedeuten.

Diese Kritik ist jedoch überzogen. Selbst die ausgesprochen mitbestimmungsfreundlichen Vertreter im Schrifttum werten nicht jede Weisung eines Vorgesetzten gegenüber einem untergebenen Mitarbeiter als Verletzung der Menschenwürde. Es geht darum, den Beschäftigten und seine Probleme und Bedürfnisse ernst zu nehmen und ihn nicht lediglich als Verwaltungsroboter zu begreifen. Dann muss den Beschäftigten aber auch das Recht eingeräumt werden, sich innerbetrieblich zu organisieren und in Form von Mitspracherechten ihrer Interessenvertreter auf den Arbeitsprozess einzuwirken.

Ein weiterer Einwand Leisners[41] zielt auf die Unbestimmtheit der Aussage des Art. 1 Abs. 1 GG ab. Dieser könne unmöglich eine konkrete Form der Mitbestimmung entnommen werden. In der Tat lassen sich aus Art. 1 Abs. 1 GG und Art. 2 Abs. 1 GG kaum nähere Vorgaben für ein bestimmtes Mitbestimmungsmodell im öffentlichen Dienst herleiten[42]. Hier gilt dasselbe wie bei der Erörterung des Sozialstaatsprinzips. Es kann sich bei den grundrechtlichen Erwägun-

---

36 Benecke, Beteiligungsrechte u. Mitbestimmung im Personalvertretungsrecht, S. 122.

37 so: Edenfeld, Arbeitnehmerbeteiligung im Betriebsverfassungs- u. Personalvertretungsgesetz, S. 61 im Anschluss an Kisker FS für Geiger 1989, S. 243, (257).

38 Leisner, Mitbestimmung im öffentlichen Dienst, S. 27; ebenfalls sehr kritisch äußert sich: Rob, Mitbestimmung im Staatsdienst, S. 227-231.

39 Leisner, Mitbestimmung im öffentlichen Dienst, S. 27, 28.

40 Leisner, Mitbestimmung im öffentlichen Dienst, S. 28.

41 Leisner, Mitbestimmung im öffentlichen Dienst, S. 28.

42 Einen speziellen Auftrag des Gesetzgebers, das Mitbestimmungsrecht in einer bestimmten Form aufgrund grundrechtlicher Vorgaben zu gestalten, lehnen auch Kisker FS für Geiger 1989, S. 243, (253) und Kluth JA 1996, S. 636, (639) ab. Letzterer verweist lediglich auf einen gewissen Mindeststandard an Beteiligungsrechten. Ähnlich: Edenfeld, Arbeitnehmerbeteiligung im Betriebsverfassungs- u. Personalvertretungsgesetz, S. 55.

gen zunächst nur um eine prinzipielle Rechtfertigung der Mitbestimmungsbefugnisse der Personalvertretung handeln. Inwieweit die Grundrechte konkrete Mitbestimmungstatbestände rechtfertigen, wird unter dem Aspekt der Grenzen des Personalvertretungsrechts zu untersuchen sein.

Unverständlich erscheint jedoch, dass fast nur die Grundrechte der Art. 1 Abs. 1 und 2 Abs. 1 GG als verfassungsrechtliche Grundlagen der Personalratstätigkeit genannt werden. Einzelne Mitbestimmungsrechte lassen sich aber doch bestimmten Grundrechten zuordnen. So dient z.B. § 75 Abs. 3 Nr. 17 BPersVG (Mitbestimmung bei der Einführung und Anwendung technischer Überwachungseinrichtungen) dem Art. 2 Abs. 1 GG zu entnehmenden Gebot der informationellen Selbstbestimmung. Die Mitbestimmung bei Maßnahmen zur Verhütung von Dienst- und Arbeitsunfällen (§ 75 Abs. 3 Nr. 11 BPersVG) bezweckt den Schutz der körperlichen Unversehrtheit der Arbeitnehmer gemäß Art. 2 Abs. 2 GG[43]. Bei dieser näheren Zuordnung der Grundrechte gewinnt die Diskussion zumindest ein wenig mehr an Bestimmtheit.

Allerdings kann sich die Forderung nach personalvertretungsrechtlicher Mitbestimmung nicht auf Art. 3 Abs. 1 GG im Zusammenhang mit einem Vergleich der Arbeitnehmermitbestimmung in der Privatwirtschaft stützen[44]. Zwar ist der Gesetzgeber nach Art. 3 Abs. 1 GG angehalten, wesentlich gleiche Sachverhalte auch gleich zu regeln – wenngleich ihm hierbei ein erheblicher Gestaltungsspielraum zukommt –, doch wie bereits erörtert, bestehen zwischen der Situation der in der Privatwirtschaft Beschäftigten und den im öffentlichen Dienst Tätigen deutliche Unterschiede (so z.B. hinsichtlich der Arbeitsplatzsicherheit). Der Ruf nach völliger Angleichung beider Rechtsgebiete ist daher unbegründet[45].

---

[43] Diese genauere grundrechtliche Einteilung der einzelnen Mitbestimmungstatbestände nehmen nur Bryde FS für Thieme 1993, S. 9, (10, 11) sowie Edenfeld, Arbeitnehmerbeteiligung im Betriebsverfassungs- u. Personalvertretungsgesetz, S. 54 und insbesondere Plander, Personalvertretung als Grundrechtshilfe, S. 64, 65, vor. So erwähnt Letzterer z.B. noch Art. 3 GG im Zusammenhang mit § 67 Abs. 1 BPersVG. Des Weiteren kann die Tätigkeit der Personalvertretung der Glaubens- und Gewissensfreiheit (vgl. Art. 4 Abs. 1 GG) der Arbeitnehmer sowie dem Mutterschutz (vgl. Art. 6 Abs. 4 GG) förderlich sein (zwecks weiterer Ausführungen vgl. Plander a.a.O.).

[44] so aber wohl: Plander, Personalvertretung als Grundrechtshilfe, S. 101.

[45] so auch: Widmaier, Die Spannungen zwischen den Gruppeninteressen u. dem Interesse des Staates in der Mitbestimmung der Organe der Personalvertretung, S. 50; Püttner, Mitbestimmung u. Mitwirkung des Personals in der Verwaltung, in: v. Oertzen, Demokratisierung u. Funktionsfähigkeit der Verwaltung, S. 83 (möglicherweise besitzt Püttner aber eine andere Auffassung, soweit es um die unteren „Chargen" im öffentlichen Dienst geht, vgl. S. 84); mit anderer Begründung: Schelter, RdA 1977, S. 349, (354): „Das

152

152

Ebenso wenig kann Art. 9 Abs. 3 GG als Rechtfertigung personalvertretungsrechtlicher Entscheidungsgewalt dienen. Diese Norm hat nämlich eine ganz andere Thematik zum Gegenstand. Geschützt wird nur die *gewerkschaftliche* Betätigung in Wirtschaft und Verwaltung. Adressat ist also „nicht die betriebliche Vertretung der Arbeitnehmer, sondern die überbetriebliche Koalition"[46]. Das Bundesverfassungsgericht[47] hat hierzu festgestellt: „Die Personalvertretungen werden zur Wahrnehmung der Rechte und der Interessen aller in der Dienststelle Beschäftigten, aber nicht nur zur Unterstützung der spezifischen Ziele der Koalitionen tätig". Die Personalratstätigkeit orientiert sich also nicht an der Gewerkschaftszugehörigkeit der Beschäftigten. Der Personalrat stellt vielmehr eine *allgemeine, dienststelleninterne* und kollektive Interessenvereinigung dar.

Die allgemeine grundrechtliche Bedeutung der Personalratsmitbestimmung hat Plander[48] zutreffend dahingehend zusammengefasst, dass die Personalvertretung den Dienststellenleiter daran hindern soll, in die Grundrechte der Beschäftigten in unzulässiger Weise einzugreifen. Des Weiteren soll sie aktiven Grundrechtsschutz direkt auf die berufliche Tätigkeit der Mitarbeiter bezogen betreiben. Also z.B. Vorkehrungen gegen Arbeitsunfälle veranlassen. Es sei hierbei ihre Aufgabe, die Verwirklichung von Grundrechten gezielt zu fördern[49].

C. Mitbestimmung als Forderung des Demokratieprinzips?

Die demokratierechtliche Problematik der Mitbestimmung der Personalvertretung gewinnt dadurch noch an Schärfe, indem das Demokratieprinzip nicht nur als Grenze der Befugnisse des Personalrats, sondern auch als deren Grundlage ins Feld geführt wird[50]. Während das Sozialstaatsprinzip und die Grundrechte zumeist nur als mögliche Rechtfertigungsgründe im Hinblick auf eine dem De-

---

Gleichheitsgebot trifft damit nur eine Aussage über die Adressaten, also den persönlichen Geltungsbereich eines Hoheitsaktes, nicht dagegen darüber, ob und mit welchem Inhalt eine Maßnahme verfassungsrechtlichen Anforderungen entspricht".

[46] so zutreffend: Edenfeld, Arbeitnehmerbeteiligung im Betriebsverfassungs- u. Personalvertretungsgesetz, S. 55.

[47] BVerfGE 51, 77, (77); zustimmend: Battis DÖV 1987, S. 1, (3).

[48] Plander, Personalvertretung als Grundrechtshilfe, S. 66.

[49] Plander, Personalvertretung als Grundrechtshilfe, S. 66. In Bezug auf die zuletzt genannte Aufgabe erwähnt Plander z.B. Maßnahmen zur „Eingliederung und beruflichen Entwicklung Schwerbehinderter".

[50] so z.B. besonders vehement: Bobke WSI-Mitteilungen 1983, S. 739, (745) sowie Bopp PersV 1969, S. 239, (240, 246).

mokratieprinzip widersprechende Mitbestimmungsmacht der Personalräte genannt werden, wird unter dem Motto Demokratisierung der Verwaltung eine weitgehende Entscheidungsgewalt der Personalvertretung eingefordert.

I. Begriff der Demokratisierung und politischer Hintergrund

Ihren Höhepunkt erlebte die Demokratisierungsdebatte im Zeichen der sozialliberalen Koalition Ende der Sechziger- und vor allem während der Siebzigerjahre. Ziel war es, den Bürger in allen Stadien des staatlichen Entscheidungsfindungsprozesses frühzeitig und umfassend mit einzubeziehen. Darüber hinaus sollten Mitbestimmungs- und Mitgestaltungsrechte der Bürger nicht nur auf staatlichen, sondern auf allen gesellschaftlichen Gebieten, so z.B. auf der Ebene von Kultur, Wissenschaft, Bildung und insbesondere im wirtschaftlichen Bereich, verstärkt werden. Auf diese Weise sollte dem Demokratieprinzip, als einem der wichtigsten Grundsätze unserer Verfassung, umfassend Rechnung getragen werden. Die politische Auseinandersetzung prägten fortan Schlagworte wie „Emanzipation", „Partizipation" und „Mitbestimmung"[51]. Hierarchische Strukturen wurden nicht mehr als Basis einer funktionierenden repräsentativen Demokratie, sondern als deren Bedrohung gesehen. Demokratisierung diente „als Synonym für mehr Liberalität, Offenheit, besseres Betriebsklima und mehr Lebensqualität"[52]. Eine inhaltliche Verbesserung und Akzeptanz staatlicher Entscheidungen erhoffte man sich dadurch, dass insbesondere direkt von der Entscheidung Betroffene verstärkte Mitspracherechte erhielten. Zum einen wurde von der „bürgerschaftlichen Partizipation", d.h. diejenigen Zivilpersonen, die die Entscheidung in besonderem Maße berührte, sollten diese auch nachhaltig beeinflussen können, gesprochen. Ferner war die Rede von der so genannten „Bedienstetenpartizipation". Hiernach sollten den von internen Verwaltungsmaßnahmen organisatorischer oder personeller Natur betroffenen Beschäftigten im öffentlichen Dienst weitreichende Mitbestimmungsbefugnisse zukommen[53]. Diese politische Zielvorgabe ließ sich durch eine Erweiterung der personalvertretungsrechtlichen Mitsprachekompetenzen verwirklichen. In seiner Regie-

---

[51] umfassend zum Begriff der Demokratisierung mit zahlreichen weiteren Literaturhinweisen: Stern, Staatsrecht Bd. I, § 18 III 2; ebenso Gehlen, Demokratisierung, in: Demokratie u. Verwaltung, S. 179 ff.; Feindt PersV 1979, S. 314, (321); Schelter RdA 1977, S. 349 f. ferner auch: Oberndorfer DÖV 1972, S. 529 ff. und v. Unruh DVBL 1974, S. 116 ff.; speziell zum Demokratisierungsaspekt des Personalvertretungsrechts äußert sich: Steiner RiA 185, S. 275 ff.

[52] so mit kritischer Erläuterung: Schelter RdA 1977, S. 349, (351).
[53] ebenfalls mit kritischer Darstellung: Schmitt-Glaeser DÖV 1974, S. 152, (153).

rungserklärung vom 28.10.1969 stellte der damalige Bundeskanzler Willy Brandt daraufhin unter dem Motto „mehr Demokratie wagen" die Reform des Betriebsverfassungs- und Personalvertretungsrechts in Aussicht[54]. Dem entsprach auch die Äußerung Brandts[55], „die Überwindung sozialer und wirtschaftlicher Ungerechtigkeiten und Ungereimtheiten ist nur im Sinne einer demokratischen Mitbestimmung zu erreichen".

Dieser Gedanke war nicht unbedingt gänzlich neu. So wurde die Personalvertretung bereits in einem Regierungsentwurf des Bundespersonalvertretungsgesetzes im Jahre 1955 als eine wichtige Komponente innerdienstlicher Demokratie bezeichnet[56]. Allerdings sollten nun die Mitbestimmungsrechte gegenüber den Bestimmungen des Jahres 1955 wesentlich erweitert werden. Der damalige Bundesinnenminister Genscher stellte daher 1972 im Hinblick auf einen in seinem Ressort entwickelten Reformentwurf zum Personalvertretungsgesetz fest: „Kernstück der Neuregelungen wird die Erweiterung der Beteiligungsrechte der Personalvertretung sein. Die Beteiligungsform der Mitbestimmung soll auf zahlreiche personelle und soziale Angelegenheiten ausgedehnt werden, in denen die Personalvertretungen bisher nur mitwirkten"[57]. In seiner Regierungserklärung vom 18.01.1973 kündigte Willy Brandt[58] eine zügige Verabschiedung des Bundespersonalvertretungsgesetzes an. Seine Maxime lautete hierbei, Mitbestimmung gehöre „zur Substanz des Demokratisierungsprozesses unserer Gesellschaft". Als Ergebnis dieser Diskussion trat am 01.04.1974 das gegenüber den vorherigen Regelungen deutlich erweiterte Bundespersonalvertretungsgesetz in Kraft[59].

Die Idee der möglichst umfassenden Demokratisierung aller staatlichen und gesellschaftlichen Bereiche wurde nicht nur auf Bundes-, sondern auch auf Länderebene verfochten. In der Kommentierung zum Bremer Personalvertretungsgesetz von 1974 heißt es, Demokratisierung bedeute die Einbeziehung der Betroffenen in den Entscheidungsprozess der Verwaltung. Hierdurch gewinne die Verwaltungstätigkeit zusätzlich an Legitimität[60].

[54] Bulletin der Bundesregierung vom 28.10.1969 Nr. 132.
[55] Brandt, Die neue Gesellschaft, Sonderheft vom 1. Mai 1969, S. 1, (4).
[56] BT-Drucksache 160, S. 14; ähnliche Feststellungen trifft auch: Steiner RiA 1985, S. 275, (276, 277).
[57] zitiert nach: Thiele PersV 1980, S. 225, (228).
[58] Bulletin der Bundesregierung vom 19.01.1973 Nr. 6, S. 54.
[59] BGBL 1974, Teil I S. 693 ff.; vgl. auch historischer Überblick.
[60] Großmann/Rohr/Mönch, Kommentar zum Brem PVG 1974, Einführung Rn. 67 ff.

155

Das bereits abgelehnte Legitimationskonzept Schupperts, welches ebenfalls die besondere Betroffenheit der Beschäftigten des öffentlichen Dienstes in Bezug auf verwaltungsinterne Maßnahmen in den Mittelpunkt stellt, zeigt, dass auch heute noch Elemente der Demokratisierungsdebatte in der Auseinandersetzung um die Grenzen des Personalvertretungsrechts eine Rolle spielen. Dieser Umstand veranlasst daher Benecke[61] zu Recht zu der Feststellung: „Das verfassungsrechtliche Kernproblem des Personalvertretungsrechts besteht somit in der Konkurrenz von Demokratie der Verwaltung und Demokratie in der Verwaltung".

II. Für und Wider der Demokratisierung der Verwaltung durch Entscheidungsteilhabe der Personalvertretung

Die Diskussion über eine umfassende Demokratisierung aller staatlichen und gesellschaftlichen Institutionen verlief nicht nur während der Siebzigerjahre äußerst kontrovers. Gerade auch im Zuge der Verabschiedung der besonders mitbestimmungsfreundlichen Personalvertretungsgesetze in Schleswig-Holstein, Niedersachsen und Rheinland-Pfalz zu Beginn der Neunzigerjahre wurde der Disput um das politische Konzept der Demokratisierung der Verwaltung neu entfacht.

1.) Demokratisierung der Verwaltung, eine verfassungsrechtliche Notwendigkeit?

Von einigen Autoren[62] wird die Demokratisierung der Verwaltung und somit auch die Erweiterung der Entscheidungskompetenzen der Personalvertretung als eine verfassungsrechtliche Notwendigkeit beurteilt. Eindringlich fordert z.B. Sabottig[63]: „Eine Demokratie, die ihren Bürgern nicht in allen Lebensbereichen Gestaltungsfreiheiten und Mitentscheidungsmöglichkeiten verschafft, verdient

---

[61] Benecke, Beteiligungsrechte u. Mitbestimmung im Personalvertretungsrecht, S. 111.
[62] so: AltKom, Stein, Art. 20 Abs. 1-3 II Rn. 42, 43; Schneider, Verfassungsmäßigkeit der Mitbestimmung im öffentlichen Dienst, S. 5, 22, 24; Bobke WSI-Mitteilungen 1983, S. 739, (745);Bopp PersV 1969, S. 239, (240, 246); Stein AuR 1973, S. 225, (226); Wendeling-Schröder AuR 1987, S. 381, (383, 386); wohl auch Steiner in: RiA 1985, S. 275 ff., der davon spricht, dass eine Hauptfunktion des Personalvertretungsgesetzes darin besteht, bestehende Herrschaftsstrukturen in der Dienststelle durch den Abbau hierarchischer Machtverhältnisse zu modifizieren; insbesondere in Bezug auf die Personalvertretungsgesetze in den neuen Bundesländern: Peiseler PersR 1991, S. 161, (163); allgemein die Bedeutung der Demokratisierung hervorhebend: Menzel, Legitimation staatlicher Herrschaft durch Partizipation Privater, S. 67.
[63] Sabottig PersR 1988, S. 93, (94).

diese Bezeichnung nicht. Deshalb darf der Demokratisierungsprozess nicht vor den Werkstoren und auch nicht vor den Eingängen der Dienststelle Halt machen". Seiner Meinung[64] nach gäbe es „kein demokratisch begründbares Recht von Parlament oder Regierung, die Arbeitsbedingungen der Beschäftigten im öffentlichen Dienst einseitig zu gestalten, ebenso wenig wie es ein Recht des Staates gibt, Sklaven zu halten". Nach ähnlicher Ansicht[65] könne es „keine politische Demokratie ohne gesellschaftliche Demokratie geben". Eine gesellschaftliche Demokratie lasse sich aber nur durch die Gestaltung humaner Arbeitsverhältnisse und damit umfassender Mitbestimmungsstrukturen verwirklichen[66]. Dies sei die Grundvoraussetzung dafür, dass „sich die Staatsbürger als mündige Bürger" entfalteten, „die fähig sind, an der Bildung einer öffentlichen Meinung aktiv mitzuwirken"[67]. Die erweiterten Mitbestimmungsrechte der Bürger und der öffentlich Bediensteten sorgten dafür, dass die Demokratie „auf diese Weise lebendiger und für den Einzelnen sichtbar"[68] werde. Dadurch würde die allgemeine Akzeptanz des demokratischen Systems weiter verstärkt, und ein friedliches politisches und gesellschaftliches Zusammenleben gefördert. Zugleich brächten die im öffentlichen Dienst Beschäftigten bei gesteigerten Mitspracherechten vermehrt ihr Fachwissen in den Entscheidungsablauf der Verwaltung mit ein. Dies sei in einer Zeit, wo es auch im öffentlichen Sektor immer mehr auf Detail- und Spezialkenntnisse ankomme, nicht zuletzt auch für den Bürger von Vorteil. Nur so könne ein dynamischer und sich neuen Aufgabengebieten stellender Verwaltungsbetrieb auch in Zukunft gesichert werden[69].

Die Wurzeln des Personalvertretungsgesetzes lägen im demokratischen Prinzip begründet. Auch hier gehe es „um mehr Demokratie, um den Abbau autoritärer und hierarchischer Strukturen, um eine Teilhabe der Mitarbeiter an den Entscheidungen der Verwaltung, der Dienststelle"[70]. Die Bedeutung des Demokratisierungsprozesses lässt sich in folgender signifikanten Aussage zusammenfas-

---

[64] Sabottig PersR 1988, S. 93, (94).

[65] Wendeling-Schröder AuR 1987, S. 381, (386).

[66] Wendeling-Schröder AuR 1987, S. 381, (386).

[67] Wendeling-Schröder, AuR 1987, S. 381, (386, 387).

[68] Sturm PersV 1974, S. 33, (36), aber auch mit einigen durchaus kritischen Bemerkungen.

[69] Bopp PersV 1969, S. 239, (240); ähnlich auch: Wendeling-Schröder AuR 1987, S. 381, (383).

[70] Hornung PersV 1980, S. 305, (307).

sen: „Wir halten heute noch die Verwirklichung des demokratischen Prinzips in den Betrieben und Verwaltungen für eine unverzichtbare Forderung"[71].

2.) Kritik an der Demokratisierungstheorie

Auf den ersten Blick erscheinen erweiterte Mitbestimmungsrechte, der von Entscheidungen staatlicher oder gesellschaftlicher Institutionen besonders betroffenen Personen, durchaus als geeignete Möglichkeit dem Demokratieprinzip umfassend Rechnung zu tragen. Bei näherem Hinsehen lässt sich der Begriff der Demokratisierung jedoch schnell als politische Zielvorstellung entlarven, die nicht in Übereinstimmung, sondern weitgehend im Gegensatz zum Demokratieverständnis des Grundgesetzes steht[72]. So ist der Gebrauch des Wortes Demokratisierung im Zusammenhang mit der Reform gesellschaftlicher Institutionen, wie z.b. der Kirche, oder auch auf der privatwirtschaftlichen Ebene, wie z.b. Regelung der Mitbestimmung in Großbetrieben, zumindest missverständlich. Nach Art. 20 Abs. 2 S. 1 GG hat alle *Staats*gewalt vom Volke auszugehen. Der nichtstaatliche, gesellschaftliche Bereich ist hiermit nicht angesprochen. Dies heißt nicht, dass der einzelne Bürger diesbezüglich völlig schutzlos gestellt werden darf. Nur ist dies keine Frage des Demokratieprinzips, sondern eine allgemeine Forderung des Schutzes der Menschenwürde. Aber auch eine erweiterte Mitbestimmung „betroffener Bürger" und, was hier vor allem interessieren soll, „betroffener Bediensteter" im Hinblick auf staatliche Entscheidungsprozesse widerspricht dem Demokratieprinzip. Gemäß Art. 20 Abs. 2 S. 1 GG muss die Staatsgewalt und damit die staatliche Entscheidung auf das *Gesamtvolk* und nicht eine besondere Interessenfraktion zurückzuführen sein. Es ist also nicht nur eine Ungerechtigkeit, jemandem maßgebliche staatliche Entscheidungskompetenz zuzusprechen, nur weil er, möglicherweise in nur geringem Umfang, von einer Maßnahme mehr berührt wird als eine andere Person. Vielmehr bedeutet dieses Verwaltungsvorgehen zugleich auch einen Verfassungsbruch. Es liegt ferner nahe und ist auch nur menschlich, dass jene Person ihren möglicherweise

---

[71] Hornung PersV 1980, S. 305, (307).

[72] so auch: Heussen, Funktion u. Grenzen des Personalvertretungsrechts unter verfassungsrechtlichem Aspekt, S. 107: politischer Kampfbegriff; Blümel FS für Forsthoff 1972, S. 1, (19): scheinsachliche Modeformel, Diskussion, die „nur mit Kopfschütteln" verfolgt werden kann; Ossenbühl PersV 1989, S. 409, (412): politisches Kampfmotto; ders. ZGR 1996, S. 504, (504): „Begriff und Geist der Demokratie" waren während der Siebziger-jahre „verwirrt und vernebelt"; Schelter PersV 1980, S. 232, (232, 233): politisches Schlagwort; Schmitt-Glaeser DÖV 1974, S. 152, (153): „Ausnutzung gefühlsdemokratischer Aufwallungen und gesteuerter Scheinhumanität".

vorhandenen Sachverstand nicht in den Dienst der Allgemeinheit stellt, sondern ihre eigenen Interessen verfolgen wird. Staatliche Entscheidungen müssen aber nach Abwägung aller widerstreitender Interessen von einem neutralen Standpunkt aus getroffen werden. Andernfalls verlöre die Verwaltung gegenüber dem Bürger an Autorität[73]. Bürger als auch Bedienstete stünden vielen staatlichen Maßnahmen mit Argwohn gegenüber, da diese möglicherweise von einer anderen Privatperson oder einem Kollegen, der eventuell andere Belange als man selber in den Vordergrund rückt, entscheidend beeinflusst wurde. Ein Bürger könnte z.b. kritisch fragen, warum denn ein im öffentlichen Dienst Beschäftigter die staatliche Willensbildung neben dem allgemeinen Wahlrecht noch durch innerorganisatorische Mitbestimmungsrechte beeinflussen kann[74]. Der Grundsatz der staatsbürgerlichen Gleichheit wäre ernsthaft gefährdet, was nicht nur verfassungsrechtlich, sondern auch politisch und gesellschaftlich nicht akzeptabel wäre[75]. Weiterhin müssten wahrscheinlich verschiedene Grade von „Betroffenheit" erarbeitet werden. Hierbei könnte es leicht zu „Schiebereien" und „Klüngelwirtschaft" kommen. Der staatliche Entscheidungsprozess verlöre also an Transparenz. Bei einer derartigen Entwicklung steuere die Bundesrepublik aber eher auf einen Rätestaat oder eine Oligarchie, der bzw. die von einzelnen Gruppen beherrscht wird, als auf eine repräsentative Demokratie westlicher Prägung zu[76].

[73] ähnlich auch: Biedenkopf/Säcker ZfA 1971, S. 211, (221).

[74] ähnlich auch: Schmitt-Glaeser DÖV 1974, S. 152, (154).

[75] ähnlich auch: Klein PersV 1990, S. 49, (54); Zeidler DVBL 1973, S. 719, (724); Kisker PersV 1992, S. 1, (11), spricht andeutungsweise von einem „Gewerkschaftsstaat" oder „Verbändestaat", der schnell seinen „Anspruch auf staatsbürgerlichen Gehorsam" verlieren könnte.

[76] so auch: Widmaier, Die Spannungen zwischen den Gruppeninteressen u. dem Interesse des Staates in der Mitbestimmung der Organe der Personalvertretung, S. 66; ähnlich: Herzog, Verfassungspolitische Dimensionen einer Reform des öffentlichen Dienstrechts in: Dagtoglou/Herzog/Sontheimer, Verfassungspolitische Probleme einer Reform des öffentlichen Dienstrechts, S. 163, (193), der von einer „Kastenideologie" und „Gruppenherrschaft" spricht; den Gedanken der Demokratisierung ebenfalls ablehnend: Kisker DÖV 1972, S. 520, (526); Kröger NJW 1975, S. 953, (956, 957); Püttner, Mitbestimmung u. Mitwirkung des Personals in der Verwaltung, in: v. Oertzen, Demokratisierung u. Funktionsfähigkeit der Verwaltung, 73, (81), der von der absurden Idee der „Demokratisierung der Demokratie" spricht; Böckenförde FS für Eichenberger 1982, S. 301, (309); den Begriff der Oligarchie verwendet: Benecke, Beteiligungsrechte u. Mitbestimmung im Personalvertretungsrecht, S. 112; näher zum Begriff der Rätedemokratie und auch zu den schlechten Erfahrungen mit diesem politischen System: AltKom, Stein Art. 20 Abs. 1-3 II Rn. 37 (S. 1278, 1280) und Hesse, Grundzüge des Verfassungsrechts, § 5 Rn. 131 (S. 60).

Es bleibt also dabei, dass das Demokratieprinzip nicht die Grundlage des Personalvertretungsrechts darstellt, sondern als dessen Grenze zu sehen ist. Das bedeutet nicht, dass der dienststelleninterne Verwaltungsbetrieb nicht durch einen kollegialen oder kooperativen Führungsstil geprägt sein sollte. Für den Betriebsfrieden und die Motivation der Beschäftigten ist es sicherlich von Vorteil, wenn der Behördenleiter ihre Interessen und Anregungen ernst nimmt und in die tägliche Verwaltungstätigkeit mit einbezieht. Nur darf die innere Organisation der Verwaltung nicht aufgrund eines falschen Demokratieverständnisses zu einem Staat im Staate, der entscheidend durch die aus Sicht des Bürgers unsichtbare Macht der Personalräte bestimmt wird, degenerieren[77]. Dieses Ergebnis steht auch nur in scheinbarem Widerspruch zu der am Ende des historischen Überblicks getroffenen Feststellung, das Personalvertretungsrecht sei eng mit der Entwicklung Deutschlands hin zu einem demokratischen Rechtsstaat verbunden. Diese Entwicklung darf nämlich nicht isoliert in einer zunehmenden Aufwertung des Demokratieprinzips gesehen werden. Im Zuge dieses Prozesses fanden auch andere Rechtsprinzipien, ohne die heutzutage eine funktionierende Demokratie nicht mehr denkbar wäre, und die durchaus einen personalvertretungsrechtlichen Bezug aufweisen, wie z.B. das Gebot der Achtung der Menschenwürde, verstärkt Berücksichtigung.

D. Rechtfertigung aufgrund Art. 33 Abs. 5 GG

Mehrfach wird auch in Art. 33 Abs. 5 GG, sprich den hergebrachten Grundsätzen des Berufsbeamtentums, eine Rechtfertigung personalvertretungsrechtlicher Mitbestimmungsbefugnisse gesehen[78]. Unter diesen Grundsätzen versteht das Bundesverfassungsgericht[79] „jenen Kernbestand von Strukturprinzipien..., die allgemein oder doch ganz überwiegend und während eines längeren, Tradition bildenden Zeitraums, mindestens unter der Reichsverfassung von Weimar als verbindlich anerkannt und gewahrt worden sind". Da nun bereits Art. 130 Abs. 3

---

[77] Herzog, Möglichkeiten und Grenzen des Demokratieprinzips in der öffentlichen Verwaltung, in: Demokratie und Verwaltung, S. 485, (486), hebt hervor, dass ein kollegialer Führungsstil zunächst nichts mit der Forderung nach Demokratisierung der Verwaltung gemein hat.

[78] Jestaedt, Demokratieprinzip u. Kondominalverwaltung, S. 55 Fn.103; Plander, Personalvertretung als Grundrechtshilfe, S. 96, 97; Battis DÖV 1987, S. 1, (4); Bryde FS für Thieme 1993, S. 9, (12); Kempen GewPrax Nr. 2 1987, S. 2, (7); Schenke JZ 1991, S. 581, (583); Thiele PersV 1980, S. 225, (226, 227).

[79] BVerfGE 8, 332, (343).

WRV den Beamten das Recht zugestand, eigene Beamtenvertretungen zu bilden, wird gefolgt, auch die heutige Institution Personalvertretung stehe in dieser beamtenrechtlichen Tradition und zähle somit zu den hergebrachten Grundsätzen des Berufsbeamtentums[80].

Diese Sichtweise stößt in der Literatur aber auch auf Ablehnung. Als Hauptgegenargument dient dabei die Tatsache, dass die Vorschrift des Art. 130 Abs. 3 WRV keine nähere Konkretisierung durch ein Ausführungsgesetz erfuhr. Von daher könne man schwerlich von einer gesicherten verfassungsrechtlichen Tradition sprechen[81].

Hierbei wird jedoch verkannt, dass in zahlreichen Verwaltungen in Bund und Ländern, so unter anderem bei der Bahn und Post, trotz fehlender einfachgesetzlicher Vorgaben per Verwaltungsvorschrift Beamtenausschüsse eingerichtet worden sind[82]. Zudem müssen die hergebrachten Grundsätze des Berufsbeamtentums auch nur allgemein anerkannt, „nicht aber gesetzlich fixiert sein"[83]. Schließlich blieb Art. 130 Abs. 3 WRV auch ohne nähere Konkretisierung geltendes Verfassungsrecht, welches der Mitbestimmung der Beamten einen hohen Rang einräumte.

Jedoch schreibt Art. 33 Abs. 5 GG weder ein bestimmtes Mitbestimmungsniveau vor, noch enthält diese Norm Antworten auf aktuelle Probleme des Personalvertretungsrechts. Die Grundsätze des Berufsbeamtentums müssen immer auf dem jeweiligen verfassungsrechtlichen Hintergrund beurteilt und bewertet werden. So wurde das Berufsbeamtentum in der obrigkeitsstaatlichen Kaiserzeit sowie in der von der Rätebewegung beeinflussten Weimarer Republik als auch in der rechtsstaatlichen Bundesrepublik jeweils von ganz unterschiedlichen Wertvorstellungen geprägt[84]. Schließlich darf nicht vergessen werden, dass

---

[80]   vgl. die in Fn.76 genannten.

[81]   so: Kübel, Personalrat u. Personalmaßnahmen, S. 149; ders. PersV 1986, S. 129, (133); Ossenbühl, Grenzen der Mitbestimmung, S. 56, 57; Becker RiA 1988, S. 1, (4); Schelter PersV 1978, S. 489, (493); ders. RdA 1977, S. 349, (354); skeptisch auch: Edenfeld, Arbeitnehmerbeteiligung im Betriebsverfassungs- u. Personalvertretungsgesetz, S. 69.

[82]   so auch: Battis DÖV 1987, S. 1, (4); Kempen GewPrax Nr. 2 1987, S. 2, (7).

[83]   so zutreffend: Benecke, Beteiligungsrechte u. Mitbestimmung im Personalvertretungsrecht, S. 120.

[84]   so weist Rob in: Mitbestimmung im Staatsdienst, S. 11, etwa darauf hin, dass sich nach dem Ersten Weltkrieg auch das Selbstverständnis der Beamten grundlegend zu wandeln begann. Der Beamte sah sich eben nicht mehr im Sinne der altpreußischen Tugenden wie Dienstzucht und Gehorsam gewillt, jeden Missstand im öffentlichen Dienst widerspruchslos hinzunehmen.

Art. 33 Abs. 5 GG nur in Bezug auf die Beamten Geltung beansprucht[85]. Das gegenwärtige Personalvertretungsrecht bezieht sich aber auch auf die Angestellten und Arbeiter im öffentlichen Dienst. Dieser Gruppe werden zudem noch erheblich weitere Mitbestimmungsrechte als den Beamten zugeschrieben. Gerade dieser Umstand führt zu einer unter demokratierechtlichem Aspekt kritischen Hinterfragung des Personalvertretungsrechts.

Als Resümee lässt sich also feststellen, dass Art. 33 Abs. 5 GG nur dann verletzt wäre, wenn den *Beamten* jegliche Mitspracherechte verweigert würden. Folglich kann in der verfassungsrechtlichen Diskussion um Möglichkeiten und Grenzen des Personalvertretungsrechts nur in beschränktem Maße auf Art. 33 Abs. 5 GG zurückgegriffen werden.

E. Rechtfertigung aufgrund des Rechtsstaatsprinzips

Nur ganz vereinzelt werden die personalvertretungsrechtlichen Befugnisse mit Hilfe des Rechtsstaatsprinzips verfassungsrechtlich fundiert[86]. Dies wird damit erklärt, dass die Personalvertretung die einzelnen Verwaltungsmaßnahmen der Behördenleitung auf ihre Rechtmäßigkeit überprüfe und von daher die Wahrung des Gesetzmäßigkeitsprinzips als Teilaspekt der Rechtsstaatsklausel sicherstelle[87].

Diese Ansicht übersieht aber, dass die Personalvertretung kein allgemeines verwaltungsinternes Überwachungsorgan darstellt, sondern lediglich eine Interessenvertretung der öffentlich Beschäftigten bildet[88]. Die Verwirklichung des Gesetzmäßigkeitsprinzips in der Verwaltung kann nur dadurch realisiert werden, dass die jeweils übergeordnete Verwaltungsinstanz Maßnahmen unterer Behörden auf ihre Vereinbarkeit mit Recht und Gesetz überprüft und bei Verstößen entsprechende Weisungen erteilt. Die Personalvertretung ist aber weder in der

---

[85] Hierauf weist auch Battis, DÖV 1987, S. 1, (4) hin. Anderer Meinung ist offensichtlich Thiele PersV 1980, S. 225, (227), der allerdings Art. 33 Abs. 5 GG um eine sozialstaatliche Komponente ergänzt und auf diese Weise auch Angestellten und Arbeitern im öffentlichen Dienst eine Mitarbeitervertretung aufgrund Art. 33 Abs. 5 GG garantiert.

[86] siehe: Heussen, Funktion u. Grenzen des Personalvertretungsrechts unter verfassungsrechtlichem Aspekt, S. 108, 109.

[87] Heussen, Funktion u. Grenzen des Personalvertretungsrechts unter verfassungsrechtlichem Aspekt, S. 108, 109.

[88] so auch: Edenfeld, Arbeitnehmerbeteiligung im Betriebsverfassungs- u. Personalvertretungsgesetz, S. 68, 69; Kübel, Personalrat u. Personalmaßnahmen, S. 141; Ossenbühl, Grenzen der Mitbestimmung, S. 32; Schelter PersV 1978, S. 489, (493).

Lage, dem Dienststellenleiter Weisungen zu erteilen, noch führt sie eine umfassende Rechtmäßigkeitskontrolle durch. Sie prüft nur, ob die vorgesehene Maßnahme nicht Rechte der Mitarbeiter verletzt (vgl. z.B. § 68 Abs. 1 Nr. 2 BPersVG). Ein Verwaltungsorgan, das die Rechtsstaatlichkeit einzelner Entscheidungen überprüft, muss zudem über Neutralität und Objektivität verfügen[89]. Verschiedene Aspekte einer Entscheidung müssen gegeneinander abgewogen werden. Möglicherweise müssen die Interessen der öffentlich Beschäftigten in den Hintergrund treten, wenn die ordnungsgemäße Erfüllung des Amtsauftrages dies erfordert. Das bedeutet, Bürger- und Beschäftigtenbelange müssen in ein ausgewogenes Verhältnis gesetzt werden. Diese Grundsätze sind aber nicht hinreichend gewahrt, wenn das überprüfende Organ einzig auf die Sicherung eines bestimmten Einzelinteresses ausgelegt ist, und die Entscheidung demzufolge auch nur auf diesem Hintergrund ausgelegt und überprüft wird. Die Personalvertretung sichert also nur insoweit die Wahrung der Rechtsstaatlichkeit einer Verwaltungsentscheidung, als auch eine unzureichende Berücksichtigung bzw. Verletzung der Interessen der Beschäftigten einen Verstoß gegen das Gesetzmäßigkeitsprinzip zur Folge hätte. Die Mitbestimmungsbefugnisse der Personalvertretung lassen sich folglich nicht uneingeschränkt mit Hilfe des Rechtsstaatsprinzips rechtfertigen. Die *umfassende* Sicherstellung des Rechtsstaatsprinzips erfordert es, dass die in den Mitbestimmungsregelungen verbürgten Interessen der Beschäftigten im Einzelfall auch zurückgestellt werden, da andernfalls nicht sachgerechte Aspekte den Inhalt der Entscheidung bestimmen würden, und die Entscheidung sich demzufolge möglicherweise sogar als *rechtswidrig* erweisen würde. Letzterem Gesichtspunkt Geltung zu verschaffen, kann nicht zentrale Aufgabe der Personalvertretung sein.

F. Rechtfertigung aufgrund der Länderverfassungen

Schließlich kann man auch daran denken, die in einigen Länderverfassungen ausdrücklich festgelegte Garantie der betrieblichen Mitbestimmung als Rechtfertigungselement personalvertretungsrechtlicher Mitsprache heranzuziehen. Ein derartiger Grundsatz findet sich in den Verfassungen der Länder Bayern (Art. 175, 176), Berlin (Art. 25), Bremen (Art. 47), Hessen (Art. 37), Nordrhein-Westfalen (Art. 26), Rheinland-Pfalz (Art. 67 Abs. 2), Brandenburg (Art. 50), Sachsen (Art. 26) und Thüringen (Art. 37 Abs. 3). Allerdings finden die Behör-

---

[89] vgl. auch: Kübel, Personalrat u. Personalmaßnahmen, S. 143.

163

den, also der öffentliche Dienst, nur in Berlin (Art. 25), Bremen (Art. 47
Abs. 1), Hessen (Art. 37 Abs. 1), Brandenburg (Art. 50), Sachsen (Art. 26) und
Thüringen (Art. 37 Abs. 3) namentliche Erwähnung. In Bremen und Hessen ist
sogar von einer gleichberechtigten Mitbestimmung die Rede. Jene bezieht sich
aber nur auf die Betriebsvertretungen und damit auf die Privatwirtschaft, erfasst
aber nicht die Verwaltung[90]. Die landesverfassungsrechtlichen Regelungen geben jedoch kein konkretes Mitbestimmungskonzept oder bestimmtes Mitspra-
cheniveau vor. Gesichert ist nur, dass der Arbeitnehmerschaft gewisse Beteiligungsrechte im täglichen Arbeitsablauf zustehen. Die landesverfassungsrechtlichen Beteiligungsgarantien sind also als eine Art mitbestimmungsrechtlicher
Kernbestandsschutz zu interpretieren[91]. Die genannten Bundesländer können
keine personalvertretungsrechtliche oder gar grundgesetzliche Spezialposition
für sich in Anspruch nehmen[92]. Den Ländern ist es nicht gestattet, die Bedeutung grundlegender Staatsprinzipien, wie in diesem Fall das Demokratieprinzip,
durch Verabschiedung überaus mitbestimmungsfreundlicher Regelungen im öffentlichen Dienst unter Berufung auf die soeben angesprochenen landesverfassungsrechtlichen Normen zu relativieren. In diesem Zusammenhang darf
schließlich nicht vergessen werden, dass das Demokratieprinzip über die Vorschrift des Art. 28 Abs. 1 S. 1 GG bzw. auf Grundlage einer jeweils expliziten
landesverfassungsrechtlichen Regelung auch in den Ländern als staatsorganisationsrechtliche Grundsatzentscheidung Anwendung zu finden hat. Weitergehende Mitbestimmungsrechte als wie sie auf Basis des Sozialstaatsprinzips bzw. der
Grundrechte anzuerkennen sind, lassen sich den landesverfassungsrechtlichen
Normierungen nicht entnehmen[93]. Letztere können lediglich als eine landes-
rechtliche Konkretisierung der abstrakt aus dem Sozialstaatsprinzip und den
Grundrechten hergeleiteten Mitbestimmungsgrundsätze verstanden werden.

---

[90] so auch: Benecke, Beteiligungsrechte u. Mitbestimmung im Personalvertretungsrecht,
S. 121; a.A. aber: Breuning AuR 1987, S. 20, (23).
[91] so auch: Edenfeld, Arbeitnehmerbeteiligung im Betriebsverfassungs- u. Personalvertretungsgesetz, S. 49.
[92] a.A. aber Rinken in: Das Grundrecht auf Mitbestimmung in der Verfassung des Freistaates Sachsen als Handlungs- u. Kontrollnorm, S. 1 ff., speziell zum Verhältnis des
neuen sächsischen Personalvertretungsgesetzes zur Landesverfassung Sachsen, dazu
später noch ausführlich.
[93] ebenso: Benecke, Beteiligungsrechte u. Mitbestimmung im Personalvertretungsrecht,
S. 121.

G. Fazit

Das Personalvertretungsgesetz findet eine grundgesetzliche Basis im Sozialstaatsprinzip und in den Grundrechten. In eingeschränkter Form können auch die hergebrachten Grundsätze des Berufsbeamtentums und das Rechtsstaatsprinzip herangezogen werden. Die landesverfassungsrechtlichen Regelungen betreffend der Arbeitnehmermitbestimmung begründen dagegen keine selbstständigen Mitbestimmungsgarantien. Aus dem Demokratieprinzip selber folgen ebenfalls keine Beteiligungsrechte der Beschäftigten.

Auf Grundlage dieser Erwägungen ist eine Rechtfertigung personalvertretungsrechtlicher Mitbestimmung im Verhältnis zu den Anforderungen des Demokratieprinzips möglich. Der Ausgleich der verschiedenen Verfassungsprinzipien und damit zugleich auch der Ausgleich zwischen den Interessen der öffentlich Beschäftigten und den Belangen der Bürger ist im Wege der praktischen Konkordanz zu finden, wobei die konkrete Grenze personalvertretungsrechtlicher Mitbestimmung einer genaueren Erläuterung bedarf.

6. TEIL: VERFASSUNGSRECHTLICHE GRENZEN DER PERSONELLEN MITBESTIMMUNG

Sowohl das Sozialstaatsprinzip als auch die Grundrechte der öffentlich Beschäftigten rechtfertigen unter dem Aspekt der notwendigen Interessenvertretung prinzipiell die personalvertretungsrechtliche Mitbestimmung. Allerdings geben auch die gerade genannten Staatsprinzipen weder ein bestimmtes Mitbestimmungskonzept noch -niveau vor. Erst recht erlauben sie keine generelle Ausnahme vom Demokratieprinzip. Vielmehr müssen die genauen Grenzen einer sozialstaatlich bzw. grundrechtlich gerechtfertigten Mitbestimmung im öffentlichen Dienst möglichst exakt bestimmt werden. Nach dem zuvor Gesagten erscheint es aber nicht verwunderlich, sondern mutet eher als Selbstverständlichkeit an, dass auch die Grenzen der personalvertretungsrechtlichen Mitbestimmung heftig umstritten sind. Während sich die bisher erläuterte Diskussion mit der vergleichsweise abstrakten Problematik der Definition von Staatsgewalt und demokratischer Legitimation befasste, gilt es nun zu klären, welche Mitbestimmungstatbestände konkret dem Demokratieprinzip des Grundgesetzes und damit letztlich auch einem bürgerfreundlichen, flexiblen Verwaltungsbetrieb zuwiderlaufen, bzw. welche Normen des Personalvertretungsrechts trotz demokratierechtlicher Bedenken im Interesse der Beschäftigten hingenommen werden müssen. Dieser Aspekt der personalvertretungsrechtlichen Auseinandersetzung beschäftigt nicht nur die Vertreter des Schrifttums, sondern ebenso bereits das Bundesverfassungsgericht[1] sowie die Verfassungsgerichte der Länder Hessen[2] und Rheinland-Pfalz[3]. Äußert sich die angeführte Rechtsprechung zu der Frage, ob Personalvertretungen auf demokratisch legitimierte Art und Weise Staatsgewalt ausüben noch recht knapp – vielmehr wird die demokratierechtliche Fragwürdigkeit des Personalvertretungsrechts als mehr oder weniger unumstritten vorausgesetzt –, stellt sie im Gegensatz hierzu, teilweise sehr detaillierte Ausführungen zu den genauen Grenzen personalvertretungsrechtlicher Mitbestimmung an. Zunächst soll aber die im Schrifttum geführte Diskussion um die konkreten Grenzen der Mitbestimmung im öffentlichen Dienst in den Mittelpunkt

---

[1] Urteil v. 27.04.1959, BVerfGE 9, 268 ff. (zum Bremer Personalvertretungsgesetz); Beschluss v. 24.05.1995, BVerfG DVBL 1995, S. 1291 ff. (zum Mitbestimmungsgesetz Sch-H).
[2] Urteil v. 30.04.1986, Hess StGH DVBL 1986, S. 936 ff.
[3] Urteil v. 17.04.1994, Rh-Pf VerfGH PersV 1994, S. 307 ff.

der Kontroverse gerückt werden. Sowohl einige Mitbestimmungskritiker als auch Befürworter einer ausgedehnten Mitbestimmung der Personalräte beschränkten sich nämlich nicht nur auf die wissenschaftliche Auseinandersetzung in der Fachliteratur, sondern trugen ihre Ansichten auch vor den bereits genannten Verfassungsgerichten vor[4]. Sie dienten damit der Rechtsprechung als argumentative Wegbereiter.

A. Meinungsstand in der Literatur

Im Unterschied zu den bisherigen Stadien der Auseinandersetzung um das Verhältnis von Personalvertretungsrecht und Demokratieprinzip werden nun von beiden Seiten nicht nur rein verfassungsrechtliche Gründe, sondern in verstärktem Maße auch rechtspolitische Argumente, die entweder für eine Begrenzung oder eben auch Erweiterung der Teilhaberechte der Personalvertretungen sprechen sollen, genannt.

I. Die Mitbestimmungskritiker

1.) Vorrang des Gemeinwohls

Zutreffenderweise heben die Mitbestimmungskritiker[5] immer wieder hervor, dass der vornehmliche Auftrag der Verwaltung darin besteht, den Interessen der Bürger, sprich dem öffentlichen Gemeinwohl, zu dienen. Dieser Aufgabe kommt überspitzt formuliert Vorrang gegenüber dem Drang oder Wunsch der Beschäftigten nach emanzipatorischer Persönlichkeitsentfaltung im Beruf zu[6]. Aus Sicht des Bürgers erscheint die Verwaltung aber leider viel zu oft als eine Art „bürokratisches Monstrum", welches in schwerfälligen Strukturen verharrt und dem Bürgerfreundlichkeit, Flexibilität und Zeitnähe fremd sind. Es wäre nun sicherlich verfehlt, die Ursachen hierfür allein in einem mitbestimmungsfreundlich gestalteten Personalvertretungsrecht zu suchen und jenes praktisch zum allein verantwortlichen Sündenbock für alle Missstände in der öffentlichen

[4] So fungierten z.b. Kisker und Schenke als ausgewiesene Mitbestimmungskritiker im Normenkontrollverfahren vor dem Bundesverfassungsgericht bzgl. des MBG Sch-H (Kisker) bzw. vor dem VerfGH Rh-Pf (Schenke) als Prozessbevollmächtigte der antragstellenden CDU-Fraktion, wohingegen Bryde die schleswig-holsteinische Landesregierung als Mitbestimmungsbefürworter und „Verteidiger" des MBG Sch-H vor dem Bundesverfassungsgericht vertrat.

[5] vgl. z.B.: Kisker PersV 1985, S. 137, (139); Zeidler DVBL 1973, S. 719, (725).

[6] so: Zeidler DVBL 1973, S. 719, (725).

Verwaltung zu deklarieren. Eine derartige Sicht der Dinge versperrt den Blick auf gewichtige Problemkreise der Struktur des öffentlichen Dienstrechts und der Verwaltung insgesamt. Tatsache ist jedoch, dass organisatorische und personelle Umstrukturierungsmaßnahmen der Dienststellenleitung bzw. der Verwaltungsspitze durch ein hypertrophes Mitbestimmungsrecht erheblich verzögert oder sogar gänzlich verhindert werden (können)[7]. Die Dienststellenleitung beschäftigt sich in zunehmendem Maße nicht mehr vorrangig mit ihren eigentlichen öffentlichen Aufgaben. Vielmehr geht ein wesentlicher Teil der Arbeitszeit dadurch verloren, dass selbst Routineangelegenheiten, wie z.B. die Installation von Telefaxgeräten unter dem Aspekt der Einführung grundlegend neuer Arbeitsmethoden (vgl. § 76 Abs. 2 Nr. 7 BPersVG)[8], ausführlich mit dem Personalrat zu erörtern sind[9]. Es liegt nahe, dass ein solch behäbiger und verkrusteter interner Verwaltungsmechanismus eine Form der Innovationsfreudigkeit schnell im Keim erstickt. Zudem darf nicht vergessen werden, dass der Steuerzahler die öffentliche Verwaltung finanziert. Jener darf also auch mit Recht eine möglichst optimale Aufgabenerfüllung seitens des öffentlichen Dienstes für sich reklamieren[10]. Eine äußerst mitbestimmungsfreundliche Politik geht aber gerade zu Lasten des Steuerzahlers und zwar nicht nur deshalb, weil sich der innere Verwaltungsaufwand erhöht, sondern auch weil notwendige, kostensenkende Verwaltungsreformen, wie beispielsweise Privatisierungen oder auch Personalkürzungen, an der Macht der Personalräte scheitern oder zumindest verzögert werden[11]. Dieser Befund erscheint umso bedenklicher, als dass es nur wenigen Steuerzahlern bewusst sein wird, dass ein Grund der mangelnden Verwaltungs-

---

[7] Auch Battis bezeichnet in: NJW 1996, S. 1034, (1034), die Reform des Personalvertretungsrechts als eine von mehreren wichtigen Komponenten der Neustrukturierung und Modernisierung des öffentlichen Dienstes. Parallel hierzu sei vor allem eine stärkere Betonung des Leistungsprinzips von Nöten. Weitere Reformvorschläge und -aspekte finden sich bei Battis a.a.O. sowie ders. NJW 1997, S. 1033 ff.

[8] so: OVG Münster PersR 1993, S. 367; Grabendorff/Windscheid/Ilbertz/Widmaier, § 76 Rn. 44

[9] so auch: Curtius PersV 1982, S. 490, (490); Lecheler PersV 1981, S. 1, (4); Thiele PersV 1993, S. 97, (105); Leuze DöD 1993, S. 217, (224) spricht unter Berufung auf Curtius PersV 1990, S. 1, (3) davon, dass beispielsweise „viele Verwaltungschefs mittelgroßer oder großer Universitäten berichten, sie seien mit 10, gar 20 % ihrer regelmäßigen Arbeitszeit durch Mitbestimmungsangelegenheiten gebunden."; ähnlich auch: Seemann PersV 1982, S. 217, (218);

[10] Zeidler DVBL 1973, S. 719, (725).

[11] In ähnlicher Form machen hierauf auch aufmerksam: Battis RdA 1992, S. 12, (12); Burandt ZBR 1978, S. 317, (325); Leuze DöD 1993, S. 217, (224); Thiele PersV 1993, S. 97, (105); Walldorf PersV 1981, S. 483, (488); Zeidler DVBL 1973, S. 719, (725).

modernität in der Aufwertung der personalvertretungsrechtlichen Mitbestimmung verborgen liegt. Der Gesetzgeber sollte daher das Personalvertretungsrecht entgegen den Forderungen der Gewerkschaftsverbände einer restriktiven Überarbeitung unterziehen[12]. Ebenso wichtig ist, dass diese Reformen nicht schon nach kurzer Zeit wieder revidiert werden. Ein auf Kontinuität und Stabilität setzendes Vorgehen entspricht nicht nur dem Interesse der Allgemeinheit, sondern gibt auch den Personalräten bei ihrer täglichen Arbeit verlässliche Regeln an die Hand. Eine positive Begleiterscheinung wäre zudem, dass der Bedarf an teuren Schulungsveranstaltungen zwecks Einführung in ein erneut novelliertes Personalvertretungsrecht schon mittelfristig deutlich abnehmen würde. Als Quintessenz lässt sich somit bereits an dieser Stelle etwas provokant feststellen, dass der öffentliche Dienst nicht „in erster Linie zu einem gutgepolsterten Schutzgehäuse für seine Angehörigen"[13] ausgestaltet werden darf.

2.) Das Verhältnismäßigkeitsprinzip

Die Frage nach der verfassungsrechtlichen Zulässigkeit einzelner Normen des Personalvertretungsrechts lässt sich nur beantworten, wenn bezüglich der jeweiligen Mitbestimmungstatbestände eine Art Verhältnismäßigkeitsprüfung vorgenommen wird. Entscheidende Bedeutung kommt hierbei den auch aus anderen Rechtsgebieten, wie vor allem aus der Grundrechtslehre, bekannten Kriterien der Geeignetheit, der Erforderlichkeit und der Verhältnismäßigkeit im engeren Sinne zu[14].

---

[12] ähnlich auch: Battis RdA 1992, S. 12, (12); Thiele PersV 1993, S. 97, (106); besonders eindringlich Leuze/Schönlebe in PersV 1988, S. 378, (381): „Es sind Zweifel angebracht, ob ein einigermaßen verantwortungsbewusster Gesetzgeber, der die Personalräte nicht als um jeden Preis zu hätschelnde und zu mästende heilige Kühe ansieht, eine derartige Inanspruchnahme und Bindung von Personal als angemessen ansehen kann, zumal es ja gerade die Personalkosten sind, die bekanntlich den Haushalt der öffentlichen Hand in außergewöhnlicherweise belasten". (über die Wortwahl lässt sich streiten); Franßen fordert den Gesetzgeber in: DVBL 1992, S. 350, (350) auf, dass „Wohlstandsverwaltungsrecht" zu revidieren, und die Rechtsanwendung zu entschlacken und von nicht notwendigem „Zierat" zu befreien. (allerdings ohne speziellen Bezug zum Personalvertretungsrecht).

[13] Zeidler DVBL 1973, S. 719, (726).

[14] Hierauf stellen ebenfalls ab: Kübel, Personalrat u. Personalmaßnahmen, S. 170 ff.; ders. PersV 1986, S. 129, (136); Kisker PersV 1985, S. 137, (141 ff.); Klein PersV 1990, S. 49, (55); Ossenbühl PersV 1989, S. 409, (418); Schenke PersV 1992, S. 289, (294); ders. JZ 1991, S. 581, (585).

Eine gegenteilige Ansicht[15] aber sieht den Verhältnismäßigkeitsgrundsatz als prinzipiell unzulässiges personalvertretungsrechtliches Prüfungskriterium an. Zur Begründung wird angeführt, das Verhältnismäßigkeitsprinzip wurzele im Rechtsstaatsgedanken und finde seine historische Basis in der Grundrechtslehre. Es könne in der juristischen Problemerörterung daher nur dann herangezogen werden, wenn die Rechtmäßigkeit staatlicher Eingriffe in die grundrechtlich ge-schützten Lebensbereiche der Bürger in Rede stehe, nicht aber, wenn die Frage der demokratierechtlichen Zulässigkeit der Mitbestimmung im öffentlichen Dienst zu untersuchen sei. Hierbei handele es sich um ein staatsorganisations-rechtliches Problem ohne Bezug zur Grundrechtsthematik.

Diese Argumentation ist jedoch von formaljuristischen Erwägungen geprägt. Die zweifellos enge Beziehung zwischen dem Verhältnismäßigkeitsprinzip und der Grundrechtslehre entfaltet in Bezug auf eine mögliche Übertragung dieser Rechtsgedanken auf andere Fragestellungen keine Sperrwirkung. Eher gilt der Verhältnismäßigkeitsgrundsatz bzw. das Übermaßverbot als ein wichtiges Rechtsprinzip, welches nicht nur im Rahmen der staatlichen Eingriffsverwaltung zu beachten ist, sondern gleichfalls für alle staatliche Gewalt unter Einschluss der Gesetzgebung einen verbindlichen Handlungsauftrag inne hat[16].

a) Das Kriterium der Geeignetheit

Zunächst muss sichergestellt sein, dass das der Personalvertretung zugeschrie-bene Beteiligungsrecht überhaupt geeignet ist, für die öffentlich Beschäftigten eine sozialstaatlich oder grundrechtlich motivierte und gerechtfertigte „Schutz-funktion"[17] zu entfalten. Ist dies bereits nicht der Fall, stellt sich der konkrete Mitbestimmungstatbestand aufgrund der aufgezeigten demokratierechtlichen Defizite des Personalvertretungsrechts als verfassungswidrig dar.

Die Personalvertretungsgesetze des Bundes und der Länder sollten daher zur Vermeidung von Missverständnissen ausdrücklich klarstellen, dass der Personal-rat seine Zustimmung zu einer personellen oder organisatorischen Maßnahme nicht mit der Begründung verweigern darf, die vorgesehene Entscheidung sei für

[15] Rob, Mitbestimmung im Staatsdienst, S. 263-265; vgl. auch: Schuppert PersR 1993, S. 521, (528, 529).
[16] vgl. Schmidt-Aßmann, HbStR I, § 24 Rn. 87.
[17] Diesen Begriff wählt Kübel in: PersV 1986, S. 129, (136); Kisker spricht in PersV 1985, S. 137, (141) von der „Schutzzweckrelevanz".

die öffentliche Aufgabenwahrnehmung unzweckmäßig[18]. Beispielsweise darf der Personalrat nicht der Änderung der Dienststellenöffnungszeiten im Rahmen des § 75 Abs. 3 Nr. 1 BPersVG (Mitbestimmung bzgl. Beginn und Ende der täglichen Arbeitszeit) mit der Begründung widersprechen, die neuen Zeiten seien ungünstig für das Publikum. Die Befugnisse der Personalvertretung haben sich auf die Interessenwahrnehmung der Beschäftigten zu beschränken. Nur in diesem Falle kommt eine Rechtfertigung personalvertretungsrechtlicher Mitsprache durch die Grundrechte oder das Sozialstaatsprinzip in Betracht. Ausschlaggebend für jegliche Stellungnahme seitens der Personalvertretung dürfen daher nur die sozialen Belange der Beschäftigten und nicht allgemeine verwaltungstechnische oder verwaltungspolitische Gründe sein. Speziell diejenigen Gesetzgeber, deren Personalvertretungsgesetze die Zustimmung der Personalvertretung nicht an einen Versagungskatalog binden, sollten gesetzlich hervorheben, dass der Personalvertretung nicht die Kompetenz zukommt, fachliche Qualifikations- oder dienstliche Zweckmäßigkeitserwägungen anzustellen[19]. Unnötige Reibungsverluste zwischen Dienststellenleitung und Personalvertretung zu Lasten des allgemeinen Betriebsklimas können somit verhindert werden.

b) Das Kriterium der Erforderlichkeit

Der Grundsatz der Erforderlichkeit ist nur dann gewahrt, wenn das anvisierte Ziel nicht auch auf eine mildere, das Demokratieprinzip weniger oder gar nicht beeinträchtigende Weise zu erreichen ist.

---

[18] Kisker spricht in: PersV 1985, S. 137, (142) der Personalvertretung das Recht ab, „über die „Eignung" von Personen, Sachen oder Maßnahmen zu entscheiden". Vergleichbar auch: Kübel, Personalrat u. Personalmaßnahmen, S. 172. Jedoch spricht Kübel in diesem Zusammenhang nur von personellen Maßnahmen, welche die Personalvertretung nicht aufgrund von Eignungsüberlegungen ohne sozialen Bezug in Frage stellen dürfe. Nach Auffassung des Bundesverwaltungsgerichts (BVerwGE 62, 55, (63)) darf die Personalvertretung die Zustimmung zu einer Beförderung nicht mit der Begründung ablehnen, ein anderer Mitarbeiter sei für diesen Posten fachlich qualifizierter.

[19] Keinen Versagungskatalog in personellen und organisatorischen Angelegenheiten enthalten etwa die Personalvertretungsgesetze in Bremen und Nordrhein-Westfalen. Das Bundespersonalvertretungsgesetz sieht einen Versagungskatalog nur bzgl. personeller Entscheidungen (vgl. § 77 Abs. 2 BPersVG) nicht aber hinsichtlich organisatorischer Maßnahmen vor. Kübel, Personalrat u. Personalmaßnahmen, S. 172, hält eine ausdrückliche Klarstellung dahingehend, dass die Personalvertretung nur soziale Belange der Beschäftigten zu berücksichtigen hat und nicht etwa Eignungserwägungen anstellen darf, auch bei Gesetzen ohne Versagungskatalog offenbar für nicht erforderlich. Er spricht nur von einer notwendigen einschränkenden Auslegung der entsprechenden Normen.

Hiervon ausgehend erscheint es bedenklich, der Personalvertretung ein volles Mitbestimmungsrecht bei der Kündigung von Angestellten und Arbeitern einzuräumen[20]. Dem Arbeitnehmer steht es frei, Klage vor Gericht zu erheben[21]. Sollte sich die Kündigung im gerichtlichen Verfahren als rechtswidrig erweisen, so kann der gekündigte Arbeitnehmer mit Erfolg Weiterbeschäftigung verlangen. Das Ergebnis wäre also das Gleiche, als wenn die Personalvertretung und hieran anschließend die Einigungsstelle die Kündigungszustimmung verweigert hätten. Nur mit dem Unterschied, dass die Streitigkeit kein demokratierechtlich fragwürdiges Gremium entschieden hat, sondern eine Institution der verfassungsrechtlich verankerten dritten Gewalt. Ein weiterer Vorteil besteht darin, dass eine gerichtliche Klärung des Falles Gewähr dafür bietet, dass die Entscheidung über die Rechtmäßigkeit der Kündigung von einem neutralen Standpunkt auf der Grundlage von Recht und Gesetz getroffen wird. Wohingegen die Personalvertretung, möglicherweise in der Hoffnung, ihre Ansicht auch in einem langwierigen Einigungsstellenverfahren durchsetzen zu können, tendenziell natürlich auf der Seite des Arbeitnehmers steht. Schon aus Rücksicht auf mögliche Wählerstimmen könnte sie folglich geneigt sein, recht fadenscheinige Gründe zur Zustimmungsverweigerung anzuführen. Ein volles Mitbestimmungsrecht der Personalvertretung im Kündigungsfalle lässt sich auch im Hinblick auf die Rechtslage im Betriebsverfassungsrecht, wo der Betriebsrat nach § 102 BetrVG lediglich ein Anhörungsrecht besitzt, schwerlich rechtfertigen. Wenn man ferner bedenkt, dass die öffentlich Bediensteten über einen sichereren Arbeitsplatz als die in der Privatwirtschaft Tätigen verfügen und daher weniger von einer Kündigung bedroht sind, erscheinen die angesprochenen Kündigungsbestimmungen einzelner Landespersonalvertretungsgesetze als eine ungerechtfertigte Bevorzugung der im öffentlichen Dienst Beschäftigten. Die gleichen Erwägungen sprechen auch gegen die volle Mitbestimmung des Personalrats bei Einstellungen, Beförderungen oder Umgruppierungen[22]. Auch hier kann der Arbeitnehmer, sollte er bei entsprechenden Maßnahmen seiner Meinung nach nicht rechtmäßig

[20] vgl.: § 87 Nr. 9 Bln PersVG; § 52 Abs. 1 i.V.m. § 65 Abs. 1 c Brem PersVG; § 87 Abs. 1 Nr. 13 Hbg PersVG; § 72 a Abs. 1, 5 PersVG NW; § 68 Abs. 1 Nr. 2 PersVG Meckl-Vorp; § 63 Abs. 1 Nr. 17 Brand PersVG.

[21] ebenso: Kisker PersV 1985, S. 137, (142); Kübel PersV 1986, S. 129, (137).

[22] vgl. etwa: § 75 Abs. 1 Nr. 1, 2 BPersVG; § 76 Abs. 1 Nr. 1, 2 PersVG Ba-Wü; Art. 75 Abs. 1 Nr. 1, 2, 4, 5 Bay PersVG; § 87 Nr. 1, 2, 4, 6 Bln PersVG; § 72 Abs. 1, 2, 4 PersVG NW; § 80 Abs. 1 bNr. 1, 23 Saar PersVG; § 63 Abs. 1 Nr. 1, 5, 9 Brand PersVG; vgl. zu diesen Mitbestimmungsfragen ferner: Kisker PersV 1985, S. 137, (142).

behandelt worden sein, z.b. nicht nachvollziehbare Unberücksichtigung der eigenen Person zu Gunsten eines Kollegen, gerichtlichen Rechtsschutz erlangen. Mit dem Hinweis auf die mögliche individuelle Beschreitung des gerichtlichen Rechtsweges hinsichtlich einer Vielzahl personeller Einzelmaßnahmen lässt sich die personalvertretungsrechtliche Mitbestimmung auf diesem Sektor aber nicht in jedem Falle unter dem Gesichtspunkt der fehlenden Erforderlichkeit als verfassungswidrig einordnen. Oftmals wird der Personalrat sein in diesen Punkten bestehendes Vetorecht nicht auf die Interessen der *einzelnen* unmittelbar betroffenen Person stützen, sondern seine Zustimmungsverweigerung knüpft an die aus seiner Sicht unzureichende Berücksichtigung der Belange *aller* in der Dienststelle Beschäftigten an. So widerspricht der Personalrat der Versetzung eines Mitarbeiters möglicherweise deshalb, weil sich im Zuge dieser Maßnahme die Arbeitsbelastung der in der Dienststelle verbleibenden Beschäftigten unzumutbar erhöht. Diese Argumentation kann und wird der konkret betroffene einzelne Arbeitnehmer aber nicht vor Gericht vertreten. Auch den nur mittelbar betroffenen Kollegen verleiht die erhöhte Arbeitsbelastung keine individuelle Klagebefugnis. Eine hierauf abzielende Klage vor Gericht scheidet demnach aus. In der soeben beschriebenen Situation ist die Erlangung gerichtlichen Rechtsschutzes also weder ein geeignetes, da nicht mögliches, noch ein milderes Mittel der effektiven Interessenwahrnehmung der Beschäftigten. Hiermit ist aber noch nicht gesagt, dass die Mitbestimmung des Personalrats, insbesondere im Bereich personeller Maßnahmen, auch dem Kriterium der Verhältnismäßigkeit entspricht.

c) Verhältnismäßigkeit im engeren Sinne

Selbst wenn die entsprechende Mitbestimmungsregelung durchaus geeignet ist, den innerbetrieblichen sozialen Belangen der Beschäftigten Geltung zu verschaffen, und weiterhin keine gleich wirksame Alternativlösung denkbar ist, stellt sich immer noch die Frage, ob der Interessenwahrnehmung der Mitarbeiter im konkreten Fall ein so hoher Stellenwert zugestanden werden darf, dass die demokratierechtliche Fragwürdigkeit der Beteiligung nicht ausreichend legitimierter Organe zu Recht in den Hintergrund treten kann. Vor allem die Mitbestimmung der Personalvertretung in personellen und einigen organisatorischen Angelegenheiten ist kritisch zu betrachten.

(1.) Personelle Angelegenheiten

Die Vorschrift des § 104 S. 3 BPersVG schreibt den Landesgesetzgebern verbindlich vor, dass die personellen Angelegenheiten der Beamten nicht den Stellen entzogen werden dürfen, die der Volksvertretung gegenüber verantwortlich sind. Wie bereits zuvor dargelegt, schließen demzufolge alle Landespersonalvertretungsgesetze die volle Mitbestimmung im Bereich personeller beamtenrechtlicher Maßnahmen aus. Vielfach anders gestalten sich aber die Beteiligungsrechte des Personalrats hinsichtlich personeller Maßnahmen der Dienststellenleitung, welche sich nur auf die Angestellten und Arbeiter im öffentlichen Dienst beziehen. Hier sehen sowohl das Bundespersonalvertretungsgesetz[23] als auch mehrere Ländergesetze[24] die volle Mitbestimmung der Personalvertretung vor. Zur Vermeidung von Missverständnissen sei betont, dass hier nur die personelle Mitbestimmung im engeren Sinne in Rede steht. Es geht also beispielsweise um die volle Mitbestimmung der Personalvertretung im Falle der Einstellung (vgl. § 75 Abs. 1 Nr. 1), Versetzung (vgl. § 75 Abs. 1 Nr. 3 BPersVG), Höher- bzw. Rückgruppierung (vgl. § 75 Abs. 1 Nr. 2 BPersVG) oder Abordnung für die Dauer von mehr als drei Monaten (vgl. § 75 Abs. 1 Nr. 4 BPersVG). Schon unter dem Gesichtspunkt der Notwendigkeit ist ein derartig weitreichender Schutz der Bediensteten angesichts der häufig bestehenden Möglichkeit individueller Rechtsverfolgung zumindest für verfassungsrechtlich bedenklich erklärt worden. Es lassen sich jedoch noch weitere Argumente, die gegen die volle Mitbestimmung der Personalvertretung in personellen Angelegenheiten sprechen, anführen.

aa) Personelle Maßnahmen als flexibles Instrument zur Reaktion auf verwaltungsinterne Notwendigkeiten

Will die Verwaltung nicht das Fernziel einer modernen, bürgerfreundlichen Einrichtung aus den Augen verlieren, muss sie in der Lage sein, schnell und flexibel auf neue gesellschaftliche und arbeitstechnische Anforderungen zu reagieren. Übernimmt die öffentliche Hand beispielsweise neue Aufgaben im Rahmen der kommunalen Wirtschaftsförderung, oder erwägt sie selber auf dem wirtschaftlichen Sektor tätig zu werden, müssen möglicherweise Spezialisten, wie etwa Marketingfachleute, eingestellt werden. Häufig bewerben sich aber nicht nur

---

[23] vgl. § 75 Abs. 1 BPersVG.
[24] vgl. etwa: § 76 PersVG Bd-W; Art. 75 Abs. 1 Bay PersVG; § 52 Abs. 1 i.V.m. 65 Abs. 1 Brem PersVG; § 87 Abs. 1 Hbg PersVG; § 72 Abs. 1 PersVG NW; § 68 Abs. 1 PersVG Meckl-Vorp; § 63 Abs. 1 Brand PersVG.

außerhalb der Verwaltung stehende Personen (Outsider), sondern auch Verwaltungsangehörige (Insider) um die Besetzung einer neuen Stelle. Mehrere Stimmen in der Literatur, so vor allem auch Verwaltungspraktiker, berichten aber über das häufig auftretende Phänomen, dass die Personalvertretung dazu neige, die Einstellung des externen Anwärters durch ihre Zustimmungsverweigerung zu blockieren. Sie versuche, beispielsweise aus Rücksichtnahme auf einen treuen Wähler, eigene Gefolgsleute in bedeutende Positionen zu hieven[25]. Will der Dienststellenleiter in dieser Situation dennoch seinen Kandidaten durchsetzen, muss er bereit sein, seine Meinung in einem über Monate, wenn nicht gar, wie nach Ansicht einiger Autoren, Jahre dauernden Einigungsstellenverfahren mit ungewissem Ausgang zu vertreten[26]. Verbindet die Behördenleitung das geplante Verwaltungsprojekt untrennbar mit dem vorgesehenen Bewerber, so muss jenes erst einmal zurückgestellt werden. Bedeutende Umstrukturierungskonzepte, wie beispielsweise Privatisierungen, müssen überdacht werden, wenn Personalrat und Einigungsstelle im Rahmen der vollen Mitbestimmung die Zustimmung zu personellen Einzelmaßnahmen, wie etwa Versetzungen oder Umsetzungen, verweigern. Dies gilt auch, wenn dem Personalrat im jeweiligen Bundes- oder Landespersonalvertretungsgesetz bzgl. einer Privatisierungsmaßnahme kein direktes Mitbestimmungsrecht zusteht. Über den Umweg der personellen Mitbestimmung kann die Personalvertretung zugleich auch auf die Organisationsstruktur der Behörde nachhaltig Einfluss nehmen[27]. Auf Modernität und Effektivität setzende Organisationsvorhaben können somit von Seiten der Personalvertretung in weitem Umfang verhindert oder doch zumindest erschwert werden. Dadurch wird der verbreitete Eindruck in der Bevölkerung, der Dienstbetrieb werde von innovationsfeindlichen Bürokraten beherrscht, weiter verstärkt. Der Dienststellenleiter wird deshalb verständlicherweise eher versuchen,

---

[25] vgl. aus dem Lager der Praktiker: Kübel PersV 1987, S. 217, (223); ders. PersV 1986, S. 129, (137, 138); Röken ZBR 1990, S. 133, (135); weitere Stimmen in der Literatur zu diesem Problem: Ossenbühl PersV 1989, S. 409, (417); Schenke JZ 1991, S. 581, (589).

[26] Die einzelnen Verfahrensschritte im Bundespersonalvertretungsgesetz zählt Söllner in RdA 1976, S. 64, (66) Fn.10 auf. Er kommt dabei auf zehn Verfahrensschritte, angefangen vom Antrag des Dienststellenleiters auf Zustimmung bis zum Beschluss der Einigungsstelle. Schenke hebt in: JZ 1994, S. 1025, (1028) hervor, dass sich das Einigungsverfahren nach dem PersVG Rh-Pf in der Fassung vom 08.12 1992 GVBL S. 314 sogar über mehr als 30 Verfahrensabschnitte erstreckt. Gleiches gilt für das MBG Sch-H in der Fassung vom 11.12.1990 GVBL S. 577 (vgl. Schuppert PersR 1993, S. 521, (523, 524) mit Auszug aus der Klageschrift). Beide zuletzt genannten Gesetze wurden allerdings in wesentlichen Punkten für verfassungswidrig erklärt.

[27] vgl. hierzu auch: Kunze ZfPR 1997, S. 101, (102).

einen Kompromiss mit der Personalvertretung auszuhandeln. Zumal ein qualifizierter Stellenbewerber nicht Monate oder Jahre darauf warten wird, dass die Einigungsstelle eventuell zu seinen Gunsten entscheidet. Der Zeitfaktor ist jedoch nicht der einzige Grund, der einen beträchtlichen Kompromisszwang auf den Dienststellenleiter ausübt. Auch die Sorge um den verwaltungsinternen Dienstfrieden oder die Furcht davor, der Personalrat werde sich aus Verärgerung über den unbequemen Behördenleiter in Zukunft aus Prinzip verweigern, werden ihn dazu bewegen, die Konfrontation mit der Personalvertretung wenn möglich zu vermeiden[28]. Nun ist eine Kompromisslösung zwischen zwei streitenden Parteien zwar oftmals eher von Vorteil – und dies gilt in gewisser Weise auch für das Personalvertretungsrecht –, da so Zeit und Aufwand gespart werden. Im Hinblick auf die Personalpolitik im öffentlichen Dienst kommt ihr jedoch ein unangenehmer Beigeschmack zu. So wird die neue Position unter Umständen nicht mit der qualifiziertesten Person besetzt, sondern die Stelle erhält derjenige, der über den „besten Draht" zum Personalrat verfügt[29]. Gerade aber in Bezug auf neue Aufgabengebiete und in einer Zeit, in der grundlegende Strukturreformen erörtert werden (Stichwort: Dienstleistungsbetrieb), ist die öffentliche Hand auf qualifizierte und motivierte Mitarbeiter angewiesen.

Die hier angestellten Erwägungen gelten nicht nur für die Personaleinstellung, sondern in ähnlicher Weise auch für andere personelle Maßnahmen, wie z.B. Versetzung, Umsetzung oder Beförderung. Jene werden durch zeitraubende Verfahren mit einhergehenden eher unzweckmäßigen Kompromisslösungen ihrer Effektivität beraubt.

bb) Personelle Maßnahmen als Leistungsäquivalent

Im vorherigen Abschnitt wurde herausgearbeitet, dass sich die volle Mitbestimmung der Personalvertretung in personellen Angelegenheiten nachteilig für die

---

[28] vgl. auch: Kübel PersV 1986, S. 129, (138); Röken erwähnt in: ZBR 1990, S. 133, (134, 135), eine ganze Reihe recht drastischer Möglichkeiten der Personalvertretung, den Behördenleiter zum Einlenken zu bewegen. So etwa: willkürliche Androhung von Dienstaufsichtsbeschwerden oder die Einschaltung der örtlichen Presse. Aber selbst wenn Röken ein solches Verhalten seitens der Personalvertretung in seiner Berufspraxis erlebt hat, so lassen sich derartige nötigungsnahe Umgangsformen sicher nicht verallgemeinern; so auch: Ilbertz ZBR 1990, S. 138 f.; ders. PersV 1982, S. 184, (191).

[29] Burandt formuliert in: ZBR 1978, S. 317, (323) beispielhaft: „Dem Sicherheitsbedürfnis der Bürger kann eine Polizeibehörde naturgemäß dann nicht mehr im bestmöglichen Umfang nachkommen, wenn deren Chef gehindert ist oder werden kann, den Spezialisten für Kapitalverbrechen in der Mordkommission und den Fachmann für Wirtschaftskriminalität auf diesem Gebiet einzusetzen".

der Allgemeinheit zu dienende öffentliche Aufgabenwahrnehmung auswirken kann. Doch auch für den im öffentlichen Dienst Beschäftigten ist sie nicht immer prinzipiell von Vorteil. Denkbar und in der Realität auch durchaus anzutreffen ist die Situation, dass die der Arbeitsleistung entsprechende Belohnung, wie z.b. Beförderung oder Höhergruppierung, am Einspruch der Personalvertretung scheitert, weil jene einen anderen Mitarbeiter diesbezüglich favorisiert. Kiskers[30] Beobachtung, „dass Betriebs- oder Personalräte in großen Organisationen aus der Sicht des einzelnen Arbeiters oder Bediensteten Teil des Herrschaftsapparates sind, mit denen man sich als „kleines Rädchen" zu arrangieren hat ist daher zuzustimmen. Diesem tatsächlichen Befund steht aber die in der politischen Auseinandersetzung immer wieder bekräftigte These, das Leistungsprinzip müsse auch im öffentlichen Dienst zunehmend Eingang finden, entgegen. Eine der Grundvoraussetzungen zur Realisation dieses Zieles ist, dass der Dienststellenleiter befähigt wird, entsprechende Leistung der Mitarbeiter zu honorieren, ohne hierbei in letzter Konsequenz auf die Zustimmung der Personalvertretung bzw. der Einigungsstelle angewiesen zu sein[31]. Die gegenteilige Ansicht führt möglicherweise dazu, dass einige Mitarbeiter zur Förderung ihrer Karriere eher bei der Personalvertretung Unterstützung suchen, als ihre Energie in den Arbeitsprozess einzubringen. Schließlich dürfte es auch ein Anliegen der öffentlich Beschäftigten sein, dass sich die Personalauswahl vornehmlich am Leistungsprinzip orientiert, und die zu besetzende Stelle folglich von einem qualifizierten und engagierten Kollegen eingenommen wird[32]. Da das Funktionieren einer Behörde zudem im Wesentlichen von der optimalen Führung und Auswahl des Personals bestimmt wird[33], ließe sich auch die fachliche Qualifikation des Dienststellenleiters leichter und präziser beurteilen, wenn man ihn im personellen Bereich nicht in jeder Frage an die Zustimmung der Personalvertretung bzw. der Einigungsstelle endgültig bindet. Dem Dienststellenleiter würde somit die Möglichkeit genommen, Missstände in der Behörde mit der ausufernden Mitbestimmungsmacht der Personalräte zu erklären. Der verwaltungsinterne Entscheidungsablauf gestaltete sich daher auch für den außenstehenden Bürger transparenter. Die klare Abgrenzung verschiedener Verantwortungs- und Kom-

---

[30] Kisker FS für Geiger 1989, S. 243, (248); zustimmend: Edenfeld, Arbeitnehmerbeteiligung im Betriebsverfassungs- u. Personalvertretungsgesetz, S. 57.
[31] ähnlich auch: Leisner, Mitbestimmung im öffentlichen Dienst, S. 87; Zeidler DVBL 1973, S. 719, (726).
[32] ähnlich auch: Lecheler PersV 1982, S. 441, (444).
[33] Ossenbühl, Grenzen der Mitbestimmung, S. 53.

petenzbereiche erweist sich als ein wirksames Mittel zur Bekämpfung der so sicherlich nicht zutreffenden, aber recht häufig zu hörenden Behauptung, in den Amtsstuben bestimmten Filz und interne Verstrickungen den Verwaltungsalltag.

cc) Grundrechtsrelevanz personeller Maßnahmen

Schon bei der Erläuterung der Staatsgewaltproblematik ist darauf hingewiesen worden, dass zahlreiche innerdienstliche Verwaltungsmaßnahmen nicht nur unter dem Blickwinkel der im Arbeitsvertrag oder Beamtenverhältnis abstrakt angelegten allgemeinen Direktionsbefugnis des Arbeitgebers gesehen werden dürfen. Vielmehr muss auch bedacht werden, dass solche Anordnungen oftmals eine direkte Grundrechtsrelevanz für die öffentlich Beschäftigten besitzen. Dieser in der personalvertretungsrechtlichen Diskussion selten erwähnte Aspekt trifft in besonderem Maße auf die personellen Entscheidungen zu[34]. Jene beziehen sich zum Teil unmittelbar auf den Rechtsstatus der betroffenen Bediensteten. Zu nennen sind beispielhaft die Kündigung, Versetzung oder Abordnung (Veränderung des Amtes im abstrakt funktionellen Sinne). Nun ließe sich zwar die These aufstellen, dass die Funktion der Personalvertretung darin besteht, die Grundrechte der Arbeitnehmer im öffentlichen Dienst zu schützen. Folglich könnten trotz der sensiblen Grundrechtsmaterie demokratierechtliche Bedenken dieses Organ betreffend vernachlässigt werden. Oder anders ausgedrückt: Grundrechtsbedrohungen gehen eher von der Seite des demokratisch legitimierten Dienststellenleiters als von der demokratierechtlich defizitären Personalvertretung aus. Diese Schlussfolgerungen sind aber nur für den Fall zutreffend, dass der Behördenleiter eine einen einzelnen *bestimmten* Beschäftigten in seinen Grundrechten nachteilig berührende Maßnahme plant (z.B. eine verhaltensbedingte Kündigung), und der Personalrat sich für die Interessen dieses Mitarbeiters einsetzt. Wenngleich man mit dieser Vorstellung schnell den typischen Alltag der Personalratstätigkeit assoziiert, ist jedoch an verschiedenen Stellen – zuletzt im vorherigen Abschnitt – zu Recht betont worden, dass der Personalrat sich auch, möglicherweise aufgrund verständlicher kollektiver Interessenabwägungen, gegen die Belange des konkret betroffenen Mitarbeiters aussprechen kann. In diesem Fall besitzt die Wahrnehmung personalvertretungsrechtlicher Entscheidungsbefugnis eine direkte grundrechtliche Relevanz. Aber selbst wenn der Personalrat auf den ersten Blick als Grundrechtshelfer des einzelnen Be-

---

[34] Die grundrechtliche Bedeutung verwaltungsinterner Maßnahmen hebt auch Kübel in: Personalrat u. Personalmaßnahmen, S. 174 und Burandt in: ZBR 1978, S. 317, (323) sowie bereits Grabendorff ZBR 1954, S. 169, (169) hervor.

schäftigten gegenüber dem Dienststellenleiter fungiert, kann seinem Handeln doch zumindest in Bezug auf Dritte mittelbar grundrechtsbeeinträchtigende Wirkung zukommen. So gilt es im Bereich personeller Einzelmaßnahmen oft, zwischen den sozialen Interessen verschiedener Mitarbeiter genau abzuwägen. Beispielsweise bedeutet der personalvertretungsrechtliche Schutz des einen Bediensteten möglicherweise indirekt einen Nachteil für den zunächst nicht betroffenen Kollegen, da nun dieser gekündigt oder versetzt wird. Zudem sind grundrechtsbeeinträchtigende Entscheidungen der Personalvertretung oder der Einigungsstelle auch deshalb als besonders schwerwiegend einzustufen, weil sie sich aus Sicht der Beschäftigten bei ihrer Entscheidungsfindung quasi im rechtsfreien Raum bewegen. Während Entscheidungen der Dienststellenleitung der gerichtlichen Überprüfung zugeführt werden können und weiterhin der Transparenz sichernden parlamentarischen Kontrolle unterliegen, erweisen sich die Entscheidungen von Personalvertretung und Einigungsstelle für den öffentlich Bediensteten als weder rechtlich noch tatsächlich angreifbar[35]. Wird also einem demokratierechtlich fragwürdigen Gremium zudem noch die Kompetenz gewährt, grundrechtsbeeinträchtigende Entscheidungen zu treffen, führt dies im Ergebnis zu einem doppelten Verfassungsverstoß.

Abschließend lässt sich daher feststellen, dass es die Bedeutung personeller Maßnahmen sowohl für die Allgemeinheit, wie für die Gesamtheit der Beschäftigten als auch für den einzelnen Mitarbeiter verbietet, derartige Entscheidungen in die alleinigen Hände eines nicht demokratisch legitimierten Organs zu legen. Andererseits darf auch nicht verkannt werden, dass kaum ein Bereich innerdienstlicher Entscheidungen die Interessen der Beschäftigten so sehr berührt, wie die Durchführung personeller Maßnahmen. Die Entscheidung über Kündigung oder Einstellung stellt eine wirtschaftliche Existenzfrage dar. Die angeordnete Versetzung ist möglicherweise mit einem Wechsel des Wohnortes verbunden. Die in Aussicht gestellte Beförderung bedeutet ein Plus an wirtschaftlicher Lebensqualität. Ein Organ, das in diesen Angelegenheiten die Interessen der Beschäftigten vertritt, ist daher notwendig. Fraglich ist nur, inwieweit die Kompetenzen dieses Organs verfassungsrechtlich akzeptabel sind. Hinsichtlich der personellen Mitbestimmung werden in neuerer Zeit verschiedene Gesetzeskonzepte diskutiert. Hierbei werden die Thesen des Beschlusses des Bundesverfassungsgerichts vom 24.05.1995 zum Ausgangspunkt der Überlegungen genommen. Eine vertiefte Darstellung soll daher erst im Anschluss an die Erläuterung der

---

[35] Diesen Gesichtspunkt betont auch: Rob, Mitbestimmung im Staatsdienst, S. 177.

verfassungsgerichtlichen Rechtsprechung erfolgen. Eine volle Mitbestimmung der Personalvertretung in allen personellen Angelegenheiten der Angestellten und Arbeiter scheidet jedoch, und so viel steht jetzt schon fest, aus.

(2.) Organisatorische Angelegenheiten

Die Effizienz einer modernen Verwaltungseinheit lässt sich aber nicht nur anhand einer leistungsorientierten Personalführung bestimmen. Ebenso wichtig ist, dass die Dienststelle in arbeitstechnischer und innerorganisatorischer Hinsicht nicht den Anschluss an innovative Entwicklungen in Wirtschaft und Gesellschaft verliert. Hierzu gehört auch, dass die Einführung neuer Arbeitsmethoden und -praktiken nicht vor den Türen der Amtsstuben Halt macht, sondern dass Interessenvertreter wie Personalräte und Gewerkschaften sich diesen neuen Herausforderungen engagiert stellen. Vielfach wird die Modernisierung der Verwaltung von jenen aber nicht als Chance begriffen. Diese Entwicklung wird eher mit Argwohn und teils unbegründeten Ängsten beobachtet. Mitte und Ende der Achtzigerjahre fürchtete man etwa, dass die computergesteuerte Datenverarbeitung den Verwaltungsbediensteten gleichfalls zu einer roboterhaft funktionierenden Maschine verändert[36]. Neben der verständlichen Sorge um den Arbeitsplatz waren zum Teil aber auch Bequemlichkeit und der Gedanke, die althergebrachte Arbeitsweise überprüfen zu müssen, die vorrangigen Protestmotive gegen die Veränderung der Arbeitswelt. Heutzutage wissen viele Mitarbeiter die Vorzüge der EDV zu schätzen. Sie sind sicher nicht bereit, auf dieses Hilfsmittel im täglichen Arbeitsablauf zu verzichten. Ähnliches wird schon in naher Zukunft auch in Bezug auf das Medium Internet zu beobachten sein. Gestaltung und Organisation der Arbeit müssen daher ebenfalls den parlamentarisch verantwortlichen Stellen überlassen bleiben, will man nicht Gefahr laufen, dass an Stelle von Zukunftsorientiertheit übertriebene Zaghaftigkeit die Verwaltungsreformen bestimmt[37]. Diesem Ergebnis widersprechen aber weitreichende Mitbe-

---

[36] vgl. etwa Däubler ZRP 1986, S. 42 (47), „Die vollständige, alternativlose Einbindung des Einzelnen in neue Medien könnte nämlich auch dazu führen, dass sich Proteste regen, die bis zur Sabotage reichen.."; Nagel, Mitbestimmung in Einrichtungen der öffentlichen Hand u. Demokratieprinzip, in: Diefenbacher/Nutzinger, Mitbestimmung in Betrieb u. Verwaltung, S. 193-195 und Der Personalrat, Der Personalrätebrief 1/88, Einleitung S. 1, herausgegeben von der DAG. Es bestehe „die Gefahr, dass der Einzelne schrittweise zum Objekt der Neuen Technik degradiert wird."

[37] In diese Richtung auch: Battis NVwZ 1986, S. 884, (890); Curtius PersV 1982, S. 490, (492); Feindt ZBR 1979, S. 314, (322); Klein PersV 1990, S. 49, (57); Krüger PersV 1990, S. 241, (246); Ossenbühl PersV 1989, S. 409, (416); Pühler PersV 1991, S. 49, (61); Steiner ZBR 1985, S. 184, (185); Wahlers PersV 1985, S. 177, (184).

stimmungsrechte der Personalvertretung bzgl. innerorganisatorischer Angelegenheiten wie z.b. Gestaltung des Arbeitsplatzes und Änderung der Arbeitsmethoden[38].

Eine speziell in jüngerer Zeit immer größere Bedeutung kommt zudem der Frage zu, welche Verwaltungseinheiten unter teilweise schwierig zu kalkulierenden Kosten-/Nutzungsgesichtspunkten zu privatisieren sind. Staatliche Monopolstellungen, wie z.b. auf dem Gebiet der Telekommunikation oder der Energieversorgung, werden zu Gunsten von freiem Wettbewerb und offenem Markt aufgehoben oder eingeschränkt. Der Bürger profitiert dabei in der Regel von niedrigeren Preisen und besserem Service. Beispielsweise führten die Liberalisierungsbemühungen auf dem Telekommunikationssektor zu einem immer weiter fortschreitenden Sinken der Gesprächstarife und zu immer komfortableren Zusatzleistungen[39]. Es erscheint folglich unverhältnismäßig, den Personalräten als lediglich partiellen Interessenvertretern maßgebliche Entscheidungskompetenzen im Rahmen solcher Vorhaben einzuräumen[40]. Zwar darf nicht unerwähnt bleiben, dass im Zuge dieser Projekte zunächst zahlreiche Arbeitsplätze verloren gehen können. Die andere Alternative wäre jedoch, dass die Gesamtbevölkerung über Jahre hinweg einen überdimensionalen Verwaltungshaushalt aus Steuermitteln finanziert. Letzteres hätte indirekt nachteiligere Auswirkungen auf die wirtschaftliche Entwicklung und den zurzeit angespannten Arbeitsmarkt. Weiterhin bietet ein verstärkter Wettbewerb auch privaten Anbietern größere Marktchancen. Hierdurch entstehen neue Arbeitsplätze, die den Stellenabbau im öffentlichen Dienst auffangen. Manderla[41] macht darauf aufmerksam, dass seitdem die öffentlich-rechtlichen Rundfunkanstalten ihre Monopolstellung verloren haben, und auch private Radio- und Fernsehsender das Angebot an Sendungen vervielfacht haben, tausende neuer Arbeitsplätze entstanden sind. Schließlich können die durch Privatisierungen im Staatshaushalt eingesparten bzw. durch

---

[38] Auf Bundesebene erscheinen fraglich: § 75 Abs. 3 Nr. 15 BPersVG (Regelung der Ordnung und des Verhaltens in der Dienststelle) und § 75 Abs. 3 Nr. 16 BPersVG (Gestaltung der Arbeitsplätze). Besonders weitreichende Mitbestimmungsregelungen in organisatorischen Fragen auf Länderebene enthalten beispielsweise folgende gesetzliche Bestimmungen: § 52 Abs. 1 i.V.m. § 66 Abs. 1 Brem PersVG; § 72 Abs. 3 PersVG NW; § 65 Brand PersVG; § 70 PersVG Meckl-Vorp.

[39] so auch: Manderla PersV 2000, S. 158, (165).

[40] so auch: Leuze DöD 1996, S. 103, (109, 110); Krüger PersV 1990, S. 241, (246). Ein Mitbestimmungsrecht bzgl. Privatisierungen sehen vor: § 72 Abs. 3 Nr. 7 PersVG NW; § 52 Abs. 1 Brem PersVG (Allzuständigkeitsklausel); § 84 Nr. 7 Saar PersVG.

[41] Manderla PersV 2000, S. 158, (165).

Verkaufserlöse erzielten Gelder[42] zur Sanierung desselbigen verwandt werden. Weitere wirtschaftsfördernde Maßnahmen, wie z.b. Steuersenkungen, rücken in den Bereich des Möglichen. Privatisierungen öffentlich-rechtlicher Einrichtungen sind also nicht einseitig als „Jobkiller", sondern langfristig eher als Instrumente zur Belebung des Arbeitsmarktes zu sehen. Andererseits muss sichergestellt sein, dass sich private Anbieter nicht nur die „Rosinen aus dem Kuchen picken und die trockenen Stücke liegen lassen". Dies wäre etwa der Fall, „wenn private Transportunternehmen oder Postdienste nur die lukrativen Hauptstrecken zwischen den Städten, nicht aber das flache Land bedienen würden"[43]. Ohne sich weiter in ökonomischen Einzelheiten zu verlieren, ist deutlich geworden, dass die Frage der Zulässigkeit und Effektivität von Privatisierungsvorhaben eine das Allgemeinwohl erheblich berührende Problematik darstellt. Deren Beantwortung kann nicht von der Zustimmung eines einzelnen Interessenorgans abhängig gemacht werden. Der diesbezügliche Entscheidungsvorgang erfordert eine Abwägung verschiedener gesamtwirtschaftlicher und sozialer Aspekte. Die gegenteilige Ansicht hätte möglicherweise zur Folge, dass ein umfangreiches Privatisierungsprojekt deshalb scheitert oder zunächst nicht durchführbar ist, weil der Personalrat die Mitarbeiter vor dem Konkurrenzdruck der Marktwirtschaft mit all seinen Stress fördernden negativen Begleiterscheinungen bewahren will. Es dürfte kein großes Problem darstellen, eine einigermaßen stimmige Begründung zur Zustimmungsverweigerung anzuführen. Zugegebenermaßen wird eine erfolgte Privatisierung den Arbeitsalltag der ehemals öffentlich Beschäftigten erheblich verändern und dies sicherlich nicht nur zum Vorteil. Wenn man aber bedenkt, dass die in der Privatwirtschaft Tätigen immer unter diesen Bedingungen arbeiten, kann die soeben angedeutete Veränderung der Arbeitswelt ein Veto der Personalvertretung nicht rechtfertigen.

Ebenso kritisch mutet eine Mitbestimmung der Personalvertretung bei der Auflösung, Einschränkung, Erweiterung, Verlegung und Zusammenlegung von Dienststellen oder wesentlicher Teile von ihnen an[44]. Auch hier müssen letztlich am Gemeinwohl orientierte Effizienzgesichtspunkte den Ausschlag geben. Der Entscheidungsspielraum der Verwaltung darf nicht durch ein extensives Personalvertretungsrecht eingeschränkt werden. Dies gilt umso mehr, als dass Privati-

---

[42] s. den Artikel „Milliardengeschenk für Eichel" in der WirtschaftsWoche Nr. 8/ 17.02.2000, S. 11.
[43] Diese Befürchtung äußert: Manderla PersV 2000, S. 158, (164).
[44] vgl. § 89 Abs. 1 Nr. 2 Hbg PersVG; § 70 Abs. 1 Nr. 11 PersVG Meckl-Vorp; § 69 Nr. 8 PersVG SA; § 52 Abs. 1 i.V.m. § 66 Abs. 1 a Brem PersVG.

182

sierungsprojekte verschiedentlich als Auflösung der Dienststelle eingeordnet werden. Obwohl also ein bestimmtes Landespersonalvertretungsgesetz im Rahmen von Privatisierungsvorgängen der Personalvertretung beispielsweise nur ein Mitwirkungsrecht einräumt, erhält die Personalvertretung über den „Umweg" des Tatbestandsmerkmals Auflösung der Dienststelle ein volles bzw. eingeschränktes Mitbestimmungsrecht[45].

In organisationsrechtlichen Fragen, bei denen vor allem Modernisierungs- und Rationalisierungserwägungen im Vordergrund stehen, sind die Befugnisse der Personalvertretung daher auf das Recht der Mitwirkung zu beschränken.

(3.) Vorläufige Regelungen

Einige Mitbestimmungskritiker[46] fordern den Gesetzgeber auf, die Möglichkeit des Dienststellenleiters, im Konfliktfall mit der Personalvertretung bis zur endgültigen Entscheidung durch die Einigungsstelle oder die Verwaltungsspitze vorläufige Regelungen zu treffen (vgl. etwa § 66 Abs. 8 PersVG NW), weiter auszubauen.

Im Hinblick auf die zuvor genannten personellen und organisatorischen Angelegenheiten erweist sich ein solches Rechtsinstitut aber als weitgehend ungeeignet bzw. sogar unzulässig. So sind etwa vorläufige Beamtenernennungen gesetzlich ausgeschlossen. Es werden sich aber auch nur relativ wenige Angestellte und Arbeiter im öffentlichen Dienst auf ein für nur einige Monate befristetes Arbeitsverhältnis einlassen[47]. Letzteres gilt vor allem dann, wenn die entsprechenden Stellenbewerber aufgrund ihrer Qualifikation damit rechnen können, auch woanders einen (unbefristeten) Arbeitsplatz zu finden. Speziell Fachleute und Experten werden unter diesen Umständen der Verwaltung den Rücken kehren. Bedingt ausgesprochene Kündigungen sind nur insoweit rechtens, wie der Eintritt der Bedingung vom Verhalten des Kündigungsempfängers abhängig ist. Ansonsten bliebe der Arbeitnehmer über die Beendigung des Arbeitsverhältnisses im Ungewissen[48]. Das weitere Einigungsstellenverfahren kann der betroffene Bedienstete aber nicht maßgeblich beeinflussen. Möglich wäre lediglich eine Anhörung. Eine Kündigungserklärung unter dem Vorbehalt der Zustimmung

---

[45]   vgl. Trümner PersR 1993, S. 473, (478), allerdings mit dem Hinweis, dass es nicht ganz unumstritten ist, ob eine Privatisierung tatsächlich als Auflösung einer Dienststelle zu sehen ist; vgl. auch: Kunze ZfPR 1997, S. 101, (102).

[46]   vgl. etwa: Lecheler NJW 1986, S. 1079, (1083).

[47]   so auch: Kübel PersV 1987, S. 217, (223).

[48]   Brox/Rüthers, Arbeitsrecht, Rn. 179.

durch die Einigungsstelle scheidet also gleichfalls aus. Die Durchführung einer nur vorläufigen Maßnahme muss zudem so gestaltet werden, dass eine tatsächliche Rücknahme in der Praxis auch noch zu realisieren ist. Mal abgesehen davon, dass dies kaum zu bewältigende Umsetzungsprobleme mit sich bringt, könnten notwendige Reformprojekte nur zaghaft und zurückhaltend in Angriff genommen werden. Viele organisatorische Umstrukturierungsvorhaben, wie z.B. die Zusammenlegung von Dienststellen, blieben daher nur Stückwerk, wenn sie zunächst nur vorläufig zu realisieren wären. Kaum vorstellbar ist weiterhin, dass die Privatisierung einer Verwaltungseinheit nur provisorisch erfolgt[49]. Dies würde nicht nur rechtliche und tatsächliche Schwierigkeiten mit sich bringen, auch der Bürger würde mit Unverständnis reagieren, wenn ein mit viel Aufwand betriebenes Privatisierungsobjekt nach einem mehrere Monate dauernden Einigungsstellenverfahren wieder rückgängig zu machen wäre.

Vorläufige Regelungskompetenzen des Dienststellenleiters sind also in den hier angesprochenen Personal- und Organisationsangelegenheiten kein ausreichendes Kompensationsrecht gegenüber der Mitbestimmungsmacht der Personalräte.

II. Die Befürworter eines extensiven Mitbestimmungsrechts im öffentlichen Dienst

1.) Sicherung der Beschäftigteninteressen

Die gewerkschaftlich ausgerichteten Autoren im Schrifttum greifen die Mitbestimmungskritiker dahingehend scharf an, dass deren polarisierende Stimmungsmache den Eindruck erwecke, die Personalvertretungen stellten sich als Feinde der Demokratie und des bürgerbezogenen Allgemeinwohls dar[50]. Personalvertretungen seien offenbar nur dazu da, „ihre Stellung zu missbrauchen, Dienststellenleiter ständig zu beschimpfen und ihnen allmählich die Behördenleitung zu entreißen"[51]. Die Person des Dienststellenleiters werde in überzeichneter Weise als „der Vertreter des Guten" charakterisiert, nämlich als eine Art Streiter für die Gerechtigkeit, „der sich rastlos und selbstlos dafür aufopfert, dass seine Dienststelle zum Wohle der Bürger ihre sicher ungemein wichtige

---

[49] ebenso: Leuze DöD 1996, S. 103, (110).
[50] Ilbertz ZBR 1990, S. 138, (138); Roettecken NVwZ 1996, S. 552, (553); Sabottig PersR 1988, S. 93, (93, 94).
[51] Ilbertz ZBR 1990, S. 138, (138).

Funktion erfüllen kann"[52]. Der Personalrat dagegen erscheine oftmals leider als finsterer und überaus listenreicher Gegenspieler, „dem das Funktionieren der Behörde außerordentlich gleichgültig ist und dessen einziges Interesse darin besteht, die Faulheit der Beschäftigten dadurch zu fördern, dass er für möglichst wenig Arbeit sorgt"[53].

Dem Personalrat kann sicher ebenso wenig generell vorgeworfen werden, er intrigiere gegen die Dienststellenleitung und torpediere das Allgemeinwohl, wie dem Behördenleiter angekreidet werden kann, er sei ein öffentlich-rechtlicher Feudalherr, der seine Mitarbeiter knechte und ausbeute. Derartige Argumentationen sollten im Interesse einer sachlich fruchtbaren Diskussion vermieden werden. Fakt ist jedoch, dass zahlreiche Personalvertretungsgesetze den Personalräten weitreichende Mitbestimmungsrechte in allgemeinpolitisch bedeutsamen personellen und organisatorischen Angelegenheiten an die Hand geben. Natürlich gibt es Personalräte, die mit dieser Entscheidungsmacht verantwortungsbewusst umgehen und keineswegs auf utopischen Forderungen beharren. Der Katalog der Mitbestimmungsrechte kann aber nicht danach beurteilt werden, ob er von den Personalvertretungen in jedem Fall bis zum Letzten ausgereizt wird. Dies würde bedeuten, dass in einer Dienststelle, wo Behördenleiter und Personalvertretung kooperativ zusammenarbeiten, das Mitbestimmungsrecht positiv zu bewerten wäre, wohingegen in einem anderen Bereich der Verwaltung, der durch die ständige Konfrontation beider Seiten geprägt ist, das Urteil der Verfassungswidrigkeit des Personalvertretungsrechts ausgesprochen werden müsste. Eventuell kippt auch nach einer Reihe unpopulärer Entscheidungen des Dienstvorgesetzten die Stimmung in einer Behörde. Ein gestern noch hinnehmbar erscheinendes Personalvertretungsgesetz erweist sich plötzlich als fragwürdig. Hat man die vorherigen Abschnitte, wo notwendige Einschränkungen des Personalvertretungsrechts diskutiert wurden, aufmerksam gelesen, so fällt auf, dass häufig die Worte „könnte" oder „möglicherweise" im Zusammenhang mit den Mitbestimmungsrechten der Personalvertretung verwendet wurden. Es ging also nicht darum, gegenüber jedem Personalratsgremium den Vorwurf der unzumutbaren Beeinträchtigung des Amtsauftrages zu erheben. Es sollte lediglich klargestellt werden, dass das Mitbestimmungsrecht im öffentlichen Dienst in seiner jetzigen Form diese Möglichkeit in zahlreichen Beteiligungsfragen eröffnet. Da die Beschäftigteninteressen denen der Behördenleitung oftmals zuwider laufen,

[52] Sabottig PersR 1988, S. 93, (93).
[53] Sabottig PersR 1988, S. 93, (93).

ist die Skizzierung einer solchen Gefahr auch nicht abwegig. Zumal wir in einer Zeit leben, in der die Anforderungen an die Verwaltung wachsen, und die Sorge um den Arbeitsplatz verständlicherweise zunimmt[54].

Die entscheidende Frage ist also, wie angesichts notwendiger Verwaltungsreformen die Prioritäten zwischen den Beschäftigten- und den Allgemeinwohlbelangen auch im Hinblick auf das Mitbestimmungsrecht verteilt werden. Während den Beschäftigten in der Privatwirtschaft ein großes Maß an Flexibilität, Risikobereitschaft und Mobilität abverlangt wird, versuchen die Vertreter der öffentlich Bediensteten mit Hilfe des Personalvertretungsrechts teilweise eine Art Abschottungspolitik zu betreiben. Sie beschreiben vor allen Dingen die Gefahren der Modernisierungsvorhaben und fordern ein immer weitreichenderes Mitbestimmungsrecht zum Schutz der Beschäftigten ein[55]. So wird beispielsweise gefordert, „die Mitbestimmung auf alle Organisations- und Rationalisierungsmaßnahmen zu erstrecken und die Beteiligung bereits in der Planungsphase, insbesondere bei Wirtschaftlichkeitsprüfungen und Arbeitsplatzuntersuchungen, beginnen zu lassen"[56]. Abgesehen davon, dass Verwaltungsreformen auch Chancen bieten und teilweise unbegründete Ängste geschürt werden, muss die Verwaltungsspitze befähigt sein, auch für einige Personen schmerzhafte Reformen zu realisieren, wenn die Berücksichtigung des Allgemeinwohls dies verlangt. Die Personalvertretung soll jedoch auch bei Rationalisierungs- und Modernisierungsvorhaben nicht ins Abseits gestellt werden. Zum einen verbleibt ihr die Möglichkeit, ihren Standpunkt mit Nachdruck im Mitwirkungsverfahren vorzutragen. Zum andern sollte ihr eine entscheidende Stimme im Rahmen der sozialverträglichen Gestaltung derartiger Maßnahmen zugestanden werden. Letzterem Aspekt entspricht z.b. ein volles Mitbestimmungsrecht der Personalvertretung bei der Aufstellung von Sozialplänen. Leider fehlt in einigen Bun-

---

[54] So geben Altvater/Wendeling-Schröder in: RiA 1984, S. 73, (73) auch unumwunden zu: „Eine den Interessen der Beschäftigten dienende, konsequente Personalratsarbeit behindert die öffentlichen Arbeitgeber bei der Verwirklichung ihrer Vorhaben zur Einsparung von Personal und Personalkosten und führt zwangsläufig zur Zunahme von Konflikten mit den Repräsentanten der Arbeitgeber."

[55] so z.b.: Altvater/Wendeling-Schröder RiA 1984, S. 73, (73); Bobke WSI Mitteilungen 1983, S. 739, (744); Bopp PersV 1969, S. 239, (243, 245); Kurth zitiert nach Stüer PersV 1986, S. 292, (293); Ratayczack PersR 1999, S. 3, (4); Wulf-Mathies PersR 1993, S. 193, (194).

[56] so: Altvater Die Mitbestimmung 1983, S. 122, (123); Die gegenwärtige Mitbestimmungssituation in organisatorischen Angelegenheiten hält zumindest teilweise für unzureichend: Fuchs PersR 1994, S. 412, (416).

desländern eine solche Regelung[57]. Im Sinne einer gemeinsamen sozialen Verantwortung von öffentlichen Arbeitgebern und Personalvertretungen besteht hier gesetzgeberischer Handlungsbedarf. Des Weiteren muss sichergestellt werden, dass bei Privatisierungsvorgängen kein mitbestimmungsrechtliches Vakuum entsteht, d.h. dass in der Übergangsphase weder Personalvertretung noch Betriebsrat die Interessen der Beschäftigten vertreten. Es bedarf klarer Regelungen, die für diese Zeit mitbestimmungsrechtliche Standards festlegen[58].

2.) Motivationssteigerung durch Mitbestimmungsrechte

In der Mitbestimmungsdebatte werden einige Anhänger einer weitreichenden personalvertretungsrechtlichen Entscheidungsteilhabe nicht müde, darauf hinzuweisen, dass ein extensives Mitbestimmungsrecht die Motivation, Kreativität und Leistungsbereitschaft der Arbeitnehmer fördere, da sich jene so als wichtiger Teil des Ganzen und nicht nur als unbedeutendes Fußvolk verständen[59]. So formuliert etwa Däubler[60]: „Die beste Befehlskette ist nutzlos, wenn sich die einzelnen Bediensteten nicht mit ihren Aufgaben identifizieren und nicht selbst aktiv und schöpferisch an der Verwirklichung der Verwaltungsziele mitwirken." Ilbertz[61] ist der Auffassung, „dass am ehesten jene Entscheidungen akzeptiert und dann auch in die tägliche Arbeit umgesetzt werden, die nicht über die Köpfe der Beschäftigten hinweg getroffen, sondern mit ihrer Interessenvertretung abgesprochen worden sind". Aber auch ausgewiesene Mitbestimmungskritiker wie Leisner[62] räumen ein: „Auch ohne Verwaltungssentimentalität weiß jeder: optimal wird nur der Bedienstete tätig, dem auch seine Arbeit zur Heimat wird. So verlangen denn die Grundsätze von Effizienz, Wirtschaftlichkeit, Sparsamkeit der Verwaltung heute normativ jenes Maß von Mitbestimmung, ohne dass der Beamte zum unfreiwilligen Verwaltungstier wird". Selbst moderne Technologien könnten ohne Beteiligung der Betroffenen und Interessierten nicht ihr volles Produktivitätspotenzial entwickeln[63]. Werde die Mitbestimmungspolitik res-

---

[57] Eine derartige Regelung fehlt in Sachsen-Anhalt.

[58] vgl. zu diesem Problem ausführlich: Blanke PersR 2000, S. 43, (48 ff.); Trümner PersR 1993, S. 473, (479 ff.); Vohs PersR 1996, S. 344, (347 f.).

[59] In diese Richtung etwa: Däubler AuR 1973, S. 233, (242); Dopatka kJ 1996, S. 224, (229, 236); Leminsky GMH 1996, S. 47, (48); Müller-Jentsch GMH 1994, S. 362, (366); Wulf-Mathies PersR 1993, S. 193, (194).

[60] Däubler AuR 1973, S. 233, (242).

[61] Ilbertz ZBR 1990, S. 138, (139).

[62] Leisner, Beamtentum, S. 577.

[63] Leminsky GMH 1996, S. 47, (48).

triktiv verstanden, so nähmen die Beschäftigten im öffentlichen Dienst eine innere Verweigerungshaltung ein. Dies führe zur Verrichtung von Dienst nach Vorschrift und mindere die Leistungsfähigkeit der Verwaltung[64].

Die Annahme eines motivations- und effizienzsteigernden Faktors der personalvertretungsrechtlichen Mitbestimmung ist im Schrifttum aber nicht ohne Widerspruch geblieben. Püttner[65] etwa hebt hervor, dass „ein Personalrat, der immer und bei jeder Gelegenheit auf seine Rechte pocht oder querulantisch veranlagten Bediensteten Forum und Stütze bietet, durchaus auch Konflikte erst hervorrufen, aufbauschen oder perpetuieren" kann. Der Betriebsfrieden und damit auch die Arbeitsbereitschaft der Beschäftigten kann daher unter einer mitbestimmungsfreundlichen Politik leiden. Mehrere Autoren sind zudem der Auffassung die motivationssteigernde Wirkung des Personalvertretungsrechts sei schon eine psychologisch nicht unumstrittene Behauptung. Dieser Aspekt sollte daher aus der sich an Fakten orientierenden juristischen Diskussion herausgehalten werden[66]. Zudem sei nicht zu erkennen, dass die öffentlich Beschäftigten in denjenigen Bundesländern, wo die Mitbestimmungspolitik eher restriktiv verstanden wird, ihre Arbeit schwermütig und demotiviert verrichten. Im Vergleich zu den anderen Ländern sei hier keine erhöhte Beeinträchtigung der Funktionsfähigkeit der Verwaltung zu beobachten[67]. In der Auseinandersetzung bzgl. der Förderung des Betriebsklimas und der Steigerung der Arbeitsidentifikation darf weiterhin nicht vergessen werden, dass die Beschäftigten im öffentlichen Dienst gesetzlich bzw. arbeitsvertraglich dazu verpflichtet sind, die ihnen obliegenden öffentlichen Aufgaben nach Recht und Gesetz optimal zu erfüllen. Da der Bürger das jeweilige Betriebsklima in der Dienststelle nicht beeinflussen kann und schon gar nicht zu verantworten hat, darf hiervon auch nicht die Effektivität des täglichen Arbeitsablaufs abhängen. Ein öffentlich Beschäftigter, der aufgrund unzureichender Mitbestimmungsrechte des Personalrats seinen Dienst nur noch mangelhaft verrichtet, besitzt unabhängig von der Berechtigung seines Einwands eine falsche Berufseinstellung. Der öffentliche Dienst ist nicht „ein Job wie jeder andere", sondern beinhaltet eine besondere Verantwortung für die Gemeinschaft. Etwas provokant ließe sich auch fragen, wo denn der Nutzen des Bürgers liegt, wenn ihm zwar ein motivierter Bediensteter in der Amtsstube gegenüber-

---

64 Diese Schlussfolgerung zieht Däubler in: AuR 1973, S. 233, (242).

65 Püttner, Mitbestimmung u. Mitwirkung des Personals in der Verwaltung, in: v. Oertzen. Demokratisierung und Funktionsfähigkeit der Verwaltung, S. 73, (79).

66 Curtius PersV 1982, S. 490, (490); Seemann PersV 1983, S. 305 (306).

67 Rob, Mitbestimmung im Staatsdienst, S. 240, 241.

tritt, die Verwaltung insgesamt aber aufgrund eines ausufernden Mitbestimmungsrechts an notwendigen Reformen gehindert wird, und schon einfache Routinemaßnahmen einen viel zu langen Zeitraum in Anspruch nehmen. Gleichwohl ist es auch nur menschlich und für jeden einsichtig, dass ein Mitarbeiter, dessen Anregungen und Vorschläge vom Behördenleiter ernst genommen werden, eher seine Energie in den Arbeitsprozess einbringt, als derjenige, der ständig nur auf der Basis von Befehl und Gehorsam funktioniert. Die Bedeutung der Ressource Personal und seiner Motivation im Hinblick auf einen möglichst effektiven Arbeitsprozess darf daher nicht unterschätzt werden[68]. Zur Erreichung eines kooperativen und fruchtbaren Arbeitsklimas ist jedoch nicht unbedingt das scharfe Schwert der vollen Mitbestimmung vonnöten[69]. Ein verantwortungsbewusster Dienststellenleiter wird auch innerhalb des Mitwirkungsverfahrens von der Personalvertretung vorgebrachte Argumente berücksichtigen und einen kollegialen Führungsstil pflegen. Dass es sich hierbei nicht nur um eine theoretische Überlegung handelt, wird deutlich, wenn man bedenkt, dass die Leistung des Behördenleiters von dessen Vorgesetzten danach bewertet wird, wie effizient die Dienststelle ihren Aufgaben nachkommt. Ein motiviertes und engagiertes Verwaltungspersonal kann hierbei nur von Vorteil sein.

3.) Verbesserung der Verwaltungskontrolle durch personalvertretungsrechtliche Mitbestimmung

Zum Teil wird als zusätzliches Argument für eine umfangreiche Mitbestimmungskompetenz der Personalräte angeführt, dass der Personalvertretung neben den Rechten des Parlaments „eine ergänzende und optimierende demokratische Kontrollfunktion"[70] zukomme. Die Überwachungsposition des Parlaments gegenüber der Verwaltung sei nur recht schwach konstruiert. So erlaube das Grundgesetz z.B. kein direktes Misstrauensvotum gegen einzelne Minister. Die

---

[68] so zutreffend: Edenfeld, Arbeitnehmerbeteiligung im Betriebsverfassungs- u. Personalvertretungsgesetz, S. 94.

[69] Püttner, Mitbestimmung u. Mitwirkung des Personals in der Verwaltung, in: v. Oertzen, Demokratisierung und Funktionsfähigkeit der Verwaltung, S. 73, (90, 91), weist darauf hin, dass die Mitwirkung im Interesse einer gemeinsamen Problembewältigung oft mehr Erfolg als die volle Mitbestimmung verspricht, „weil derjenige, der nur mitwirken darf, auf die Überzeugungskraft seiner Argumente angewiesen ist und sich dementsprechend Mühe gibt, während die Mitbestimmung die Verführung in sich trägt, mehr auf die eigene Macht als auf die Überzeugungskraft der Argumente zu bauen".

[70] so: Battis DöV 1987, S. 1, (4); ähnlich: Bryde PersR 1994, S. 4, (7); Dopatka kJ 1996, S. 224, (229); Hornung PersV 1980, S. 305, (310); Seemann PersV 1983, S. 305, (307); und vor allem: Stein AuR 1973, S. 225, (226).

Beteiligung der Personalvertretung aber zwinge den Dienststellenleiter, die vorgesehene Maßnahme eingehend zu erläutern und zu begründen, denn „dann besteht am ehesten die Chance auf Zustimmung durch den Personalrat"[71]. Die Folge sei „(relativ) willkürfreies Handeln" und somit „innerer Rationalitätsgewinn"[72] für die Behörde. Machtmissbrauch und Korruption würden auf diese Weise schon in ihren Anfängen wirksam bekämpft.

Schon der Ausgangspunkt dieser Argumentation, nämlich die mangelnde Kontrollfunktion des Parlaments, wird aber bereits in Zweifel gezogen. Diese erfordere nämlich nicht „ein ständiges Eingreifen ... des Parlaments in den Verwaltungsablauf, dessen reibungsloses Funktionieren innerhalb der normativen Grenzen und Zielvorgaben grundsätzlich vorauszusetzen ist, sondern die jederzeitige Möglichkeit des Zugriffs bei Fehlentscheidungen und der Geltendmachung individueller Verantwortung"[73].

Da dem Parlament gegenüber der Verwaltungsspitze aber keine direkten Sanktionsmöglichkeiten zustehen und mit Hilfe des Zitier- und Fragerechts sowie durch die Einrichtung von Untersuchungsausschüssen (Art. 43, 44 GG) lediglich, wenn auch nicht zu unterschätzender, politischer Druck ausgeübt werden kann, besteht eine solche direkte Zugriffskompetenz des Parlaments nur in sehr eingeschränktem Maße. Es ist aber nicht einsichtig, sondern eher ein Widerspruch in sich, demokratierechtliche Defizite durch den Einbau demokratisch nicht legitimierter Interessenvertretungsorgane ausgleichen zu wollen. Diese Vorgehensweise bedeutet einen verfassungsrechtlichen Trugschluss. Aus der „verfassungsrechtlichen Not" resultiert „eine verfassungswidrige Untugend"[74]. Schmitt-Glaeser[75] spricht gar von einer „Pervertierung des Bedienstetenstatus", denn „der öffentliche Bedienstete ist Vollzieher des demokratisch legitimierten Staatswillens, nicht dessen Korrektor". Bereits bei der Problematisierung der Frage, ob sich personalvertretungsrechtliche Mitbestimmung aufgrund rechtsstaatlicher Erwägungen rechtfertigen lässt, wurde darauf aufmerksam gemacht, dass dem Personalrat nicht umfassend die Aufgabe einer verwaltungsinternen

[71] Dopatka kJ 1996, S. 224, (229).
[72] Dopatka kJ 1996, S. 224, (229).
[73] Klein PersV 1990, S. 49, (55); ebenso: Edenfeld, Arbeitnehmerbeteiligung im Betriebsverfassungs- u. Personalvertretungsgesetz, S. 67.
[74] Schmitt-Glaeser DÖV 1974, S. 152, (155); ähnlich: Burandt ZBR 1978, S. 317, (325); Lecheler NJW 1986, S. 1079, (1082); Leuze/Schönlebe PersV 1988, S. 378, (378); Widmaier PersV 1975, S. 412, (415).
[75] Schmitt-Glaeser DÖV 1974, S. 152, (155).

Kontrollinstanz obliegt, da sich seine Rechte und Pflichten auf die Interessenvertretung der Beschäftigten beschränken. Der Personalvertretung fehlt es an
Neutralität und Objektivität. Diese Eigenschaften sind aber für die Konstituierung eines demokratischen Überwachungsorgans unerlässliche Grundvoraussetzungen. Es sollte daher nach Wegen gesucht werden, die Kontrollrechte des
Parlaments zu intensivieren, anstatt seine Hoffnungen auf prinzipielle Fremdkörper im demokratischen Gefüge zu setzen[76].

4.) Mitbestimmung contra Ämterpatronage

Einzelne Vertreter im Schrifttum[77] sehen in der Einschränkung der personalvertretungsrechtlichen Mitbestimmung in personellen Angelegenheiten eine Gefahr
für die parteipolitische Neutralität der Verwaltung. Ämterpatronage und Vetternwirtschaft in der öffentlichen Verwaltung würden sich weiter ausbreiten,
wenn der Behördenleiter befugt werde, eine eigenmächtige Personalpolitik ohne
die für ihn lästige Beteiligung der Personalvertretung zu betreiben. Die stabili-
sierende und kontrollierende Wirkung der Mitbestimmungsmacht der Personalräte entfalle zu Gunsten von parteiinternen Absprachen und „Mauscheleien".
Die von den Mitbestimmungskritikern geforderte Leistungsbereitschaft im öffentlichen Dienst träte in den Hintergrund. Vielfach werde nämlich das Parteibuch über das berufliche Fortkommen entscheiden und eben nicht mehr die
fachliche Qualifikation.

In der Tat stellt die Ämterpatronage im öffentlichen Dienst eine ernst zu neh-
mende Bedrohung für die Leistungsfähigkeit der Verwaltung dar[78]. Ein fleißiger
und tüchtiger Mitarbeiter wird entmutigt sein bisheriges berufliches Engagement
einstellen, wenn er bei einer Beförderung mehrmals im Verhältnis zu einem weniger geeigneten, dafür aber der „richtigen Partei" angehörigen Mitbewerber
übergangen wurde. Die auch in dieser Abhandlung geforderte Transparenz verwaltungsrechtlicher Entscheidungen wird so von Parteienfilz und internen
„Amigo-Machenschaften" verdrängt. Langfristig würde das für einen demokratischen Staat lebenswichtige Vertrauen der Bevölkerung in die Funktionsfähigkeit staatlicher Organe schwinden. Eine andere Frage ist aber, ob ein ausge-

---

[76] vgl. hierzu auch die Vorschläge bei: Scheuner FS für Müller 1970, S. 377, (402).

[77] Dopatka kJ 1996, S. 224, (235); Edinger PersR 1997, S. 241, (246).

[78] Ausführlich mit dem Problem der Ämterpatronage haben sich beschäftigt: v. Arnim
PersV 1982, S. 409 ff.; ders. PersV 1981, S. 129 ff.; Dyson Die Verw. 12 (1979), S. 129
ff.; Guilleaume Die Verw. 4 (1971), S. 177 ff.; Seemann RiA 1981, S. 81 ff.; ders. Die
Verw. 13 (1980), S. 137 ff.

dehntes Mitbestimmungsrecht der Personalräte ein wirksames Instrument zur Eindämmung der Ämterpatronage bildet. Eine allgemeine demokratische Kontrollfunktion der Personalvertretung in Parallele zum Parlament wurde schon im vorherigen Abschnitt abgelehnt. Ebenso wie dem Dienststellenleiter vorgeworfen werden kann, seine personellen Entscheidungen orientierten sich an der Parteizugehörigkeit der untergebenen Mitarbeiter, könnte der Personalvertretung entgegengehalten werden, sie versuche ihrerseits nun wieder, verdiente Gefolgsleute in bedeutende Positionen zu hieven. Möglicherweise bestimmt nun nicht das Parteibuch die Personalplanung, sondern die Gewerkschaftszugehörigkeit wird zum ausschlaggebenden Faktor. Es kommt also nur zum Austausch der Abhängigkeiten[79]. Mehr Erfolg bei der sicherlich schwierigen Bekämpfung der Parteibuchwirtschaft verspricht z.B. die Offenlegung personeller Auswahlverfahren sowie die Schärfung der Sensibilität für dieses Thema in der Bevölkerung durch Presse und politische Opposition[80].

5.) Aufhebungsrecht der Verwaltungsspitze als demokratisches Sicherungsmittel?

Des Öfteren wird behauptet, das Demokratieprinzip sei dann nicht verletzt, wenn gesetzlich sichergestellt werde, dass die Verwaltungsspitze berechtigt ist, Beschlüsse der Einigungsstelle, die das Gemeinwesen erheblich berühren, aufzuheben[81]. Eine derartige Regelung, wie sie z.B. § 55 MBG Sch-H in der Fassung vom 11.12.1990 vorsieht, verleihe der Dienststellenleitung während des gesamten Einigungsstellenverfahrens ein deutliches Verhandlungsübergewicht. Die Personalvertretung und speziell die Einigungsstelle müssten damit rechnen, dass überzogene Forderungen und wirklichkeitsfremde, den öffentlich Bediensteten gegenüber der Allgemeinheit einseitig bevorzugende Beschlüsse durch die Verwaltungsspitze kassiert werden[82]. Enthalte das Personalvertretungsrecht eine solche Aufhebungsmöglichkeit, die im Übrigen im Interesse einer möglichst flexiblen Handhabung generalklauselartigen Charakter besitzen sollte, so spreche

---

[79] v. Arnim PersV 1981, S. 129, (140).

[80] Weitere Lösungsversuche, deren eingehende Erläuterung hier zu weit führen würde, finden sich bei: v. Arnim PersV 1981, S. 129, (140).

[81] Plander, Personalvertretung als Grundrechtshilfe, S. 273 ff.; ders. PersR 1989, S. 238, (251 ff.); Nagel/Bauers, Mitbestimmung in öffentlich-rechtlichen Unternehmen u. Verfassungsrecht, S. 48; Bryde PersR 1994, S. 4, (7-9); Fuhrmann PersV 1991, S. 124, (128); Schuppert PersR 1993, S. 1, (18 ff.); Sievers Beamte heute 1990, S. 3.

[82] Bryde PersR 1994, S. 4, (8).

nichts gegen eine volle Mitbestimmung der Personalvertretung in allen organisatorischen, personellen und sozialen Angelegenheiten der Beschäftigten[83].

Auch dieser Argumentation muss zum einen wieder das „Zeitmoment" entgegengehalten werden. Wie bereits dargelegt, nimmt das Einigungsstellenverfahren zahlreiche, zeitraubende Verfahrensschritte in Anspruch. Die Personalvertretung kann daher trotz Letztentscheidungsrecht der Verwaltungsspitze auf Zeit spielen und versuchen, den Dienststellenleiter, der auf eine schnelle Lösung des Disputs angewiesen ist, zu einem Kompromiss in ihrem Sinne zu zwingen[84]. Die Personalvertretung ist in ihrer Entscheidungsgewalt also zunächst nicht gemindert. Sie kann weiterhin *wichtige* Verwaltungsvorhaben und -reformen durch ihr Veto blockieren. Dieser Zustand ist aber demokratierechtlich in bedeutsamen Angelegenheiten nicht akzeptabel. Die Interessen einer einzelnen Gruppe müssen auch bei Heranziehung des Sozialstaatsprinzips und der Grundrechte zurückstehen, wenn andernfalls das Gemeinwohl nachhaltig betroffen ist. Das Aufhebungsrecht der Verwaltungsspitze in für das Gemeinwesen bedeutsamen Angelegenheiten impliziert auch schon vom Wortlaut ausgehend, dass zunächst die demokratisch nicht legitimierten Organe Personalvertretung und Einigungsstelle über den Sachverhalt befinden. Der Dienststellenleiter kann sich zudem nicht sicher sein, dass der Minister einen Spruch der Einigungsstelle, selbst wenn er in einer brisanten Frage der Verwaltungsmodernisierung erging, aufheben wird. Hiermit wird sich dieser gewiss nicht nur Freunde machen. Eher werden die Gewerkschaften ihn öffentlich als Rationalisierer, der mühsam errungene Kompromisse im öffentlichen Dienst ignoriert, darstellen[85]. Vorstellbar ist auch, dass der Minister die Aufhebung des Einigungsstellenspruchs vom politischen Tagesgeschehen abhängig macht. Befindet sich seine Partei z.B. gerade im Wahlkampf und ist hierbei auf die Unterstützung der Gewerkschaften sowie der Wählerstimmen der öffentlich Beschäftigten angewiesen, wird der Minister kaum den Erfolg der Wahl leichtfertig durch eine Aufhebung des bei den genannten Interessengruppen populären Einigungsstellenspruchs aufs Spiel setzen. Wenn man bedenkt, wie schnell die politische Stimmung umschlagen kann – eine Regierungspartei die z.B. gestern noch „fest im Sattel saß", kämpft heute

---

[83]   Plander, Personalvertretung als Grundrechtshilfe, S. 277, 278.

[84]   so auch: Battis RdA 1992, S. 12, (14, 15); Kisker PersV 1992, S. 1, (24); Klabunde PersV 1993, S. 1, (7); Krüger PersV 1990, S. 241, (246, 247); Schenke PersV 1992, S. 289, (302); kritisch zum Letztentscheidungs- bzw. Aufhebungsrecht der Verwaltungsspitze äußert sich auch: Lecheler PersV 1986, S. 217, (219).

[85]   In diese Richtung auch: Kisker PersV 1992, S. 1, (24).

nach Aufdeckung eines Politskandals um ihr politisches Überleben –, so wird deutlich, dass das ohnehin schon ungewisse Einigungsstellenverfahren für die Beteiligten zu einer Art Vabanquespiel gerät, wenn die Verwaltungsspitze aufgrund einer Generalklausel befähigt wird, den Spruch der Einigungsstelle aufzuheben. Dies gilt umso mehr, als dass auch der Fall eintreten kann, dass der Minister ständig die Bedrohung des Allgemeinwohls anführt, um alle wichtigen Fragen in eigener Regie zu klären. Wer kann auch schon mit Sicherheit nachprüfen, ob das Gemeinwesen tatsächlich im konkreten Fall wesentlich beeinträchtigt wird? Der Verwaltungsspitze wird ein gewisser gerichtlich nur schwer zu überprüfender Beurteilungsspielraum zukommen. Das von den Gewerkschaften oft gelobte ministerielle Aufhebungsrecht erweist sich somit nicht als demokratierechtlich ausreichendes Instrument im Personalvertretungsrecht.

III. Besonders umstrittene Normen des Personalvertretungsrechts im Argumentationszusammenhang der Literatur

Einige Normen des Personalvertretungsrechts sorgten in der Mitbestimmungsdebatte im öffentlichen Dienst für besonderen Diskussionsstoff. Aus Sicht der Mitbestimmungskritiker führten sie zu einem fragwürdigen Kondominium von Dienststellenleitung und Personalvertretung in der Verwaltung. Die Befürworter weitreichender Mitbestimmungsrechte dagegen erachten die im Folgenden zu untersuchenden Beteiligungsrechte als im Interesse der Beschäftigten geboten.

1.) Die Allzuständigkeitsklausel

Keine andere Regelung im Personalvertretungsrecht wurde zugleich so hoch gelobt und als entscheidender Fortschritt auf dem Weg zur Gleichberechtigung der Beschäftigten gewertet und andererseits auch so scharf, als viel zu weitgehend und als Entmachtung der Behördenleitung kritisiert. Die Allzuständigkeitsklausel geriet zu dem Hauptproblemfall in der personalvertretungsrechtlichen Auseinandersetzung. An ihr scheiden sich die Geister und es gilt Farbe zu bekennen, mit welcher Seite man sympathisiert. Diese Beobachtung vermag nicht zu erstaunen, wenn man sich den Regelungsgehalt der Allzuständigkeitsklausel vor Augen führt. Hiernach stimmt der Personalrat bei allen sozialen, organisatorischen und sonstigen innerdienstlichen Maßnahmen, die die Beschäftigten der Dienststelle insgesamt, Gruppen von ihnen oder einzelne Beschäftigte betreffen oder sich auf sie auswirken, (gleichberechtigt) mit. Es wurde also sowohl auf einzelne Mitbestimmungstatbestände (Enumerationsprinzip), als

194

auch auf die Unterscheidung von Mitbestimmung und Mitwirkung verzichtet. Fortan gab es, mit wenigen Ausnahmen in beamtenrechtlichen Fragen, nur noch die volle Mitbestimmung. Die Allzuständigkeitsklausel wurde damit zum Synonym für eine besonders mitbestimmungsfreundliche Gesetzgebung. Wie bereits im Zusammenhang mit der Darstellung der Entwicklung der einzelnen Landespersonalvertretungsgesetze aufgezeigt, nahmen die Länder Bremen (§ 52 Abs. 1 Brem PersVG), Schleswig-Holstein (51 Abs. 1 MBG Sch-H), Rheinland-Pfalz (§ 73 PersVG RH-Pf) und Niedersachsen (§ 64 Abs. 1 N PersVG) eine solche Allzuständigkeitsklausel in ihr Regelungswerk auf. Allerdings wurden diese Normen, mit Ausnahme in Schleswig-Holstein, durch einen Beispielskatalog ergänzt.

a) Die Befürworter der Allzuständigkeitsklausel

Der entscheidende Vorteil der Allzuständigkeitsklausel gegenüber der enumerativen Aufzählung der Mitbestimmungsangelegenheiten wird in ihrer Flexibilität gesehen. Ohne sich sklavenhaft an einzelnen, oft eher willkürlich anmutenden Beteiligungskatalogen zu orientieren, könne die Personalvertretung im *konkreten* Fall überlegen, ob sozialstaatliche oder grundrechtliche Erwägungen ein Eingreifen ihrerseits im Interesse der Beschäftigten erfordern[86]. Zudem könne mit Hilfe der Allzuständigkeitsklausel neuen, vom Gesetzgeber möglicherweise übersehenen Entwicklungen, beispielsweise im EDV-Bereich, umfassend mitbestimmungsrechtlich Rechnung getragen werden[87]. Selbst eine großzügig gefasste Aufzählung einzelner Mitbestimmungstatbestände könne nicht alle vorstellbaren Situationen, in denen die Belange der Beschäftigten nachhaltig berührt seien, erfassen. Der Schutz der Mitarbeiter im öffentlichen Dienst bliebe daher bei Verzicht auf eine Allzuständigkeitsregelung unvollkommen[88]. Zudem berge ein abschließender Enumerationskatalog die Gefahr, dass Personalvertretung und Dienststellenleitung häufig über das Vorliegen der recht abstrakt beschriebenen Mitbestimmungstatbestände streiten würden, anstatt zu klären, ob die Interessen

---

[86] v. Mutius FS für Kriele 1997, S. 1119, (1135); Die Allzuständigkeitsklausel ebenfalls befürwortend: Plander, Personalvertretung als Grundrechtshilfe, S. 109 ff.; ders. PersR 1990, S. 345, (346, 349); Bryde PersR 1994, S. 4, (4 ff.); Kunze ZfPR 1997, S. 208, (210); Schuppert PersR 1993, S. 1, (19); Wulf-Mathies PersR 1993, S. 193, (195).

[87] so: Benecke, Beteiligungsrechte u. Mitbestimmung im Personalvertretungsrecht, S. 159, allerdings hält sie es für unbedingt erforderlich, dass die Allzuständigkeitsklausel zur Erzielung möglichst weitreichender Rechtssicherheit durch einen Beispielskatalog ergänzt wird.

[88] Wulf-Mathies PersR 1993, S. 193, (195).

der Mitarbeiter überhaupt betroffen seien[89]. Das Kriterium der Geeignetheit der Interessenvertretung würde folglich auf diese Weise ad absurdum geführt. Weiterhin sei nicht jedes Mal eine neuerliche, verwirrende Gesetzesänderung erforderlich, wenn aktuelle Probleme der Arbeitswelt im öffentlichen Dienst den Schutz der Beschäftigten durch die Personalvertretung notwendig erscheinen ließen[90]. Speziell die rasante Entwicklung der Computertechnik mit erheblichen Auswirkungen auf Organisation und Verwaltung der Arbeit, z.B. Einführung von Planungs-, Kontroll- und Personalinformationssystemen, zeige ständig neue Aspekte des Arbeitnehmerschutzes auf[91]. Diesem Prozess könne ein abschließender Beteiligungskatalog nicht gerecht werden. Zudem sei nicht zu befürchten, die Allzuständigkeitsklausel führe zu einem explosionsartigen Anstieg der Mitbestimmungsangelegenheiten, denn die Tatbestandsmerkmale „Maßnahmen", „innerdienstlich" und „die Beschäftigten betreffend" zeigten der Mitbestimmungsmacht der Personalräte ausreichende Grenzen auf[92].

b) Kritik an der Allzuständigkeitsregelung

Die Allzuständigkeitsregelung eröffnet dem Personalrat die Möglichkeit, in allgemeinpolitisch bedeutsamen organisatorischen Angelegenheiten, wie z.B. Privatisierungen, und in wichtigen Fragen der Personalführung, wie z.B. Einstellung und Kündigung, entscheidenden, mitbestimmenden Einfluss auszuüben. Insoweit ist jedoch nur auf die bisherigen Ausführungen zu verweisen, denn auch hier gilt: Derartige den Verwaltungsbetrieb prägende Maßnahmen müssen den demokratisch verantwortlichen und legitimierten Organen vorbehalten bleiben. Die diesbezüglich nicht differenzierende, sondern kategorisch auf die volle Mitbestimmung abstellende Allzuständigkeitsklausel beinhaltet eine Verletzung des Demokratieprinzips[93]. An diesem Ergebnis ändert auch ein ausführlicher, die Klausel erläuternder Beispielskatalog nichts, da hierdurch die Mitbestimmungsmacht der Personalräte nicht zwingend eingeschränkt wird[94].

---

[89] v. Mutius FS für Kriele 1997, S. 1119, (1134).

[90] Bryde PersR 1994, S. 4, (4).

[91] Dies räumt auch Edenfeld, Arbeitnehmerbeteiligung im Betriebsverfassungs- u. Personalvertretungsgesetz, S. 224, ein.

[92] Plander PersR 1990, S. 343, (346).

[93] vgl. auch: Schenke PersV 1992, S. 289, (299 ff.).

[94] so auch: Becker RiA 1996, S. 261, (266); ders. RiA 1995, S. 5 (11); Dies räumt auch Rohr in PersR 1990, S. 93, (96) ein: „Es ist nicht einmal nötig, dass die jeweilige Angelegenheit vom Gewicht her einer der beispielhaft aufgezählten Angelegenheiten entspricht. Deshalb gibt es in Bremen in sozialen, personellen und organisatorischen Angelegenheiten keinen mitbestimmungsfreien Raum".

Richardi[95] ist ferner der Ansicht, „die Zuweisung unkontrollierter Macht" an die Personalräte gefährde die durch „die Grundrechte garantierte Freiheitssphäre" des Einzelnen. Jener könne seine Berufspläne nicht nach eigenen Vorstellungen gestalten, sondern müsse mit Behinderungen durch die Personalvertretung rechnen.

Diese Kritik ist jedoch etwas zu pauschalisierend. In der Regel ist es weiterhin die Personalvertretung, die auf die Beachtung der Grundrechte im Arbeitsleben drängt. Auch die Allzuständigkeitsklausel wird nicht dazu führen, dass sich die öffentlich Beschäftigten generell eher als Opfer der Personalvertretung wie als deren Schutzbefohlene sehen. Gleichwohl ist die von Richardi beschriebene Gefahr nicht von der Hand zu weisen. Vielen personalvertretungsrechtlichen Entscheidungen kommt wenn auch keine direkte grundrechtsbeeinträchtigende Wirkung so doch zumindest mittelbare Grundrechtsrelevanz in Bezug auf Dritte zu. Nicht zuletzt auch im Interesse eines lückenlosen Rechtsschutzes sind daher die besonders grundrechtssensiblen Materien der Personalführung der vollen Mitbestimmungsmacht der Personalräte zu entziehen[96].

Ein weiterer Einwand der Mitbestimmungskritiker zielt auf die Unbestimmtheit der Allzuständigkeitsklausel ab. Ein Enumerationskatalog gäbe sowohl Personalräten als auch Dienststellenleitung einen verlässlicheren Maßstab, hinsichtlich welcher Verwaltungsmaßnahmen eine Beteiligung der Beschäftigtenvertretung angezeigt ist[97].

Die zuletzt getroffene Feststellung ist richtig. Fraglich ist aber, ob hieraus bereits eine aus dem Rechtsstaatsprinzip herzuleitende Verletzung des Bestimmtheitsgrundsatzes resultiert. Wenn man den Blick auf andere Rechtsgebiete, wo ebenfalls mit Generalklauseln gearbeitet wird (vgl. z.B. die ordnungsbehördlichen Generalklauseln oder § 1 Abs. 1 TVG), richtet, dann erscheint dieses Ergebnis eher zweifelhaft. Dies gilt zumindest für eine Allzuständigkeitsklausel, welche durch einen Beispielskatalog, der zwar keine Begrenzung aber doch eine Richtschnur bildet, näher ergänzt wird.

---

95   Richardi PersR 1993, S. 49, (53); ders. kritisch in: ZfPR 1993, S. 59, (62, 63).

96   Infolgedessen kann auch Plander in: Personalvertretung als Grundrechtshilfe, S. 109 ff., der die Argumentation Richardis völlig ablehnt, nicht zugestimmt werden.

97   Edenfeld, Arbeitnehmerbeteiligung im Betriebsverfassungs- u. Personalvertretungsgesetz, S. 232; Kisker PersV 1994, S. 289, (294); ders. PersV 1992, S. 1, (18); Schenke PersV 1992, S. 289, (299); einen Verstoß gegen den Bestimmtheitsgrundsatz bejaht: Beckerle PersV 1993, S. 337, (341).

Auf einen weiteren interessanten Gesichtspunkt macht Luerßen aufmerksam[98]. Seiner Meinung nach erschwert eine Allzuständigkeitsklausel die Arbeit der Personalräte nur unnötig, denn bei jeder verwaltungsinternen Angelegenheit, sei sie auch noch so irrelevant für das Wohl der Beschäftigten, würden immer einige übereifrige Personalratsmitglieder die Mitbestimmungskarte ziehen und auf eine Auseinandersetzung mit der Dienststellenleitung drängen. Die Personalvertretung ertrinke und ersticke somit „unter der Last, alles mitgestalten und mittragen zu sollen"[99].

Ob diese Behauptung zutreffend ist, hängt aber ebenso wie die gegenteilige Ansicht, der Personalrat könne nun flexibel entscheiden, ob die Belange der Beschäftigten durch die entsprechende Verwaltungsmaßnahme berührt seien, entscheidend von der fachlichen Qualifikation des jeweiligen Personalratsgremiums ab. Ein rechtliches oder gar verfassungsgesetzliches Urteil ist hiermit nicht verbunden.

Einen gewichtigen Nachteil, der aber bisher kaum nähere Beachtung in der Fachdiskussion gefunden hat, betont Edenfeld[100]. Er ist der zutreffenden Ansicht, dass bei Einführung einer Generalklausel wichtige Differenzierungen im Beteiligungsverfahren verloren gehen. Beispielhaft nennt er die Auflösung, Einschränkung, Verlegung oder Zusammenlegung von Dienststellen nach § 78 Abs. 1 Nr. 2 BPersVG. Eine solche Maßnahme löse schon im Vorbereitungsstadium, spätestens aber bei ihrer Durchführung weitere, ganz unterschiedliche Beteiligungsrechte der Personalvertretung aus. Hierzu gehörten etwa soziale Belange wie die Gestaltung von Arbeitsplätzen gemäß § 75 Abs. 3 Nr. 16 BPersVG sowie personelle Mitbestimmungsrechte bei Umsetzungen, Versetzungen und Entlassungen nach § 75 Abs. 1, 76 Abs. 1, 79 Abs. 1 BPersVG. Diese Mitspracherechte stünden parallel zu § 78 Abs. 1 Nr. 2 BPersVG. Sie seien unabhängig davon wahrzunehmen, ob der Personalrat der organisatorischen Änderung als solcher zugestimmt habe. Ersetzte man also diese differenzierenden Vorschriften durch eine übergreifende Generalklausel, „besteht die Gefahr, dass einer der Aspekte übersehen wird"[101]. Dieser Nachteil würde aber bei systematischer Gliederung der einzelnen Mitbestimmungsgesichtspunkte vermieden. Es

[98] Luerßen PersV 1991, S. 293, (297).
[99] Luerßen PersV 1991, S. 293, (297).
[100] Edenfeld, Arbeitnehmerbeteiligung im Betriebsverfassungs- u. Personalvertretungsgesetz, S. 235
[101] Edenfeld, Arbeitnehmerbeteiligung im Betriebsverfassungs- u. Personalvertretungsgesetz, S. 235.

wird somit deutlich, dass eine Generalklausel speziell bei äußerst komplexen Sachverhalten gerade aus Sicht der Bediensteten oftmals kein geeignetes Mittel der effizienten Interessenvertretung darstellt.

Schließlich sei noch darauf aufmerksam gemacht, dass auch dem Betriebsverfassungsrecht eine Allzuständigkeitsklausel fremd ist und auch nicht zur Diskussion steht. Dabei vollzieht sich der technische Wandel in der Privatwirtschaft vielfach wesentlich schneller als in der öffentlich-rechtlichen Verwaltung. Ein mitbestimmungsrechtliches Vakuum ist aber dennoch nicht zu verzeichnen. Folglich scheint es nicht ersichtlich, warum gerade die technische Weiterentwicklung im öffentlichen Dienst einen Ruf nach einem derartig weitgehenden Mitbestimmungsrecht begründen soll[102].

Das Demokratieprinzip fordert im Hinblick auf die Allzuständigkeitsklausel aber letztlich nur die Ausklammerung der für das Gemeinwesen bedeutsamen personellen und organisatorischen Angelegenheiten. Ein möglichst klar verständlich gefasster Mitbestimmungskatalog trägt jedoch erheblich zur Klärung der dienststelleninternen Kompetenzen zwischen Behördenleitung und Personalvertretung bei. Meinungsverschiedenheiten über das tatbestandliche Vorliegen einzelner Mitbestimmungsangelegenheiten sind zwar nicht auszuschließen. Diese sind aber eher zu akzeptieren, als Ratlosigkeit und Konfusion bei der Konstruktion immer neuer Mitbestimmungsfälle durch die Personalvertretung aufgrund der Allzuständigkeitsregelung. Die vielfach gelobte Zukunftsorientiertheit und Flexibilität der Allzuständigkeitsregelung könnte sich schnell als schwerer Nachteil erweisen, wenn die Personalvertretung angesichts neuer technischer und gesellschaftlicher Entwicklungen, die bei Gesetzesformulierung noch gar nicht absehbar waren, plötzlich auf ihre mitbestimmende Beteiligung pocht. Möglicherweise geht die Bedeutung der sich auf diese Entwicklungen beziehenden Verwaltungsmaßnahmen über den verwaltungsinternen Bereich hinaus und besitzt eine allgemeinpolitische Relevanz. Auf solche Veränderungsprozesse zu reagieren, muss Sache des Gesetzgebers bleiben und nicht der abstrakten Regelungskraft der Allzuständigkeitsklausel überlassen bleiben. Würde sich der Gesetzgeber dazu entschließen, neuen Entwicklungen dadurch Rechnung zu tragen, im Laufe der Jahre eine Reihe von Ausnahmen vom Allzuständigkeitsprinzip gesetzlich zu verankern, so wäre dies verfassungsrechtlich nicht zu beanstanden, aber kein Idealzustand. Die Materie des Personalvertre-

---

[102] so überzeugend: Edenfeld, Arbeitnehmermitbestimmung im Betriebsverfassungs- u. Personalvertretungsgesetz, S. 237.

tungsrechts würde immer unübersichtlicher und komplizierter. Praktikabilitäts-erwägungen sprechen folglich für das Enumerationssystem und nicht für die Allzuständigkeitsklausel. Zugleich verstärkt ein ausführlicher Maßnahmenkatalog die sachlich-inhaltliche Legitimationskomponente, da die Personalvertretung in diesem Fall einer strikteren Gesetzesbindung unterliegt[103]. Angesichts des sicherlich auch bei Realisation des Enumerationsprinzips weiterhin vorhandenem weitreichenden Handlungs- und Ermessensspielraums, mag der soeben angesprochene Aspekt von demokratierechtlicher Warte aus den Verzicht auf ein spezielles Weisungsrecht einer demokratisch legitimierten Stelle zwar nicht kompensieren, aber doch zumindest akzeptabler erscheinen lassen.

2.) Das Initiativrecht

Neben der Allzuständigkeitsregelung hat auch das Initiativrecht der Personalvertretung immer wieder die Gemüter der Diskussionsbeteiligten erhitzt. Die Ursache hierfür liegt darin, dass die Verleihung eines Initiativrechts das Rollenverständnis und den Charakter der Personalvertretung als lediglich passives Konsultationsorgan von Grund auf ändert. Die Wahrnehmung der „herkömmlichen" Mitbestimmungsrechte versetzt den Personalrat nur in die Rolle des Reagierenden. Er erhält die Befugnis, innerorganisatorische Verwaltungsmaßnahmen auf ihre Vereinbarkeit mit den Belangen der Bediensteten zu überprüfen und gegebenenfalls diese durch die Einlegung eines Vetospruchs zu verhindern. Das Initiativrecht verleiht der Personalvertretung jedoch die Möglichkeit, selber die Rolle des Agierenden einzunehmen. Die Personalvertretung kann versuchen, aktiven Einfluss auf die dienststelleninterne Ordnung zu üben, indem sie Maßnahmenvorschläge an die Behördenleitung heranträgt.

Die Gewerkschaften und die ihnen nahe stehenden Autoren heben hervor, dass ein personalvertretungsrechtliches Initiativrecht dringend erforderlich sei, um eine „gleichberechtigte Partnerschaft"[104] zwischen Dienststellenleitung und Personalrat Wirklichkeit werden zu lassen. Die Personalvertretungen würden entscheidend benachteiligt, wenn sie grundsätzlich darauf warten müssten, dass die Dienststellenleitung Maßnahmen, die aus ihrer Sicht schon seit langer Zeit einer

---

[103] so auch: Rob, Mitbestimmung im Staatsdienst, S. 267 Fn.15.

[104] Ilbertz ZBR 1977, S. 59, (59); ebenso auch: Altvater Die Mitbestimmung 1983, S. 122, (122); Bopp PersV 1969, S. 239, (242, 243): „Echte Partnerschaft setzt eben Verständigung und Initiative auf beiden Seiten voraus."; vgl. auch: Schneider Die Quelle 4/1983, S. 236, (236): „Gleichberechtigte Mitbestimmung hat aber auch zu bedeuten, dass die Personalvertretung ein erzwingbares Initiativrecht erhält".

Regelung bedurft hätten, endlich durchführt. Ein Initiativrecht der Personalvertretung habe ferner zur Folge, dass jene einen „höheren Grad der Mitverantwortung für das Geschehen in den Dienststellen"[105] empfinde. Dieser Umstand könne der Bereitschaft zur kooperativen Zusammenarbeit mit dem Behördenleiter nur förderlich sein.

Die Mitbestimmungskritiker dagegen halten eine solche Ausweitung des personalvertretungsrechtlichen Einflusses für bedenklich. Der Personalrat sei nun nicht länger „nur Bremser und Kontrolleur, sondern rückt auf in die Rolle des Mitsteuermannes"[106].

Bei der Problematisierung der Verfassungsmäßigkeit des Initiativrechts, speziell im Hinblick auf das Demokratieprinzip, ist aber eine generalisierende Betrachtungsweise außen vor zu lassen. Vielmehr ist zwischen dem einfachen und dem qualifizierten Initiativrecht genau zu differenzieren.

a) Das einfache Initiativrecht

Vom einfachen oder eingeschränkten Initiativrecht spricht man, wenn über den Antrag der Personalvertretung die oberste Dienstbehörde nach Durchführung des Stufenverfahrens endgültig entscheidet[107]. Anders als bei der eingeschränkten Mitbestimmung kommt es nicht zur Einschaltung der Einigungsstelle. Ein einfaches Initiativrecht auf Bundesebene sieht die Vorschrift des § 70 Abs. 2 BPersVG vor. Damit unterliegt insbesondere der Bereich der personellen Angelegenheiten dieser nur reduzierten Form des Antragsrechts. Auch einzelne Landespersonalvertretungsgesetze räumen dem Personalrat bzgl. bedeutender personeller und organisatorischer Fragen, die allerdings von Bundesland zu Bundesland deutlich variieren, nur ein einfaches Initiativrecht ein[108]. Hiergegen sind keine verfassungsrechtlichen Einwände zu erheben. Allein die Wahrnehmung der Initiativbefugnis bedeutet noch keine Ausübung von Staatsgewalt. Die Dienststellenleitung ist in ihrer Entscheidungsfreiheit nicht berührt, solange die

---

[105] Bopp PersV 1969, S. 239, (242).

[106] so: Kisker PersV 1992, S. 1, (4); ähnlich: Burandt ZBR 1978, S. 317, (325); Kisker PersV 1994, S. 289, (296); Kübel PersV 1987, S. 217, (234); Schenke PersV 1992, S. 289, (303); ders. JZ 1991, S. 581, (590).

[107] Vgl. ferner auch die Erläuterungen bei: Altvater/Bacher/Hörter/Peiseler/Sabottig/Vohs, § 70 Rn. 2, 3; Ilbertz, Personalvertretungsrecht des Bundes u. der Länder, § 70 Nr. 2; Mehlinger, Grundfragen des Personalvertretungsrechts, S. 81; Kunze PersV 1996, S. 481, (493).

[108] so z.B.: § 70 Abs. 2 PersVG Bd-W; Art. 70 a Abs. 2 Bay PersVG; § 66 Abs. 4, 6 PersVG NW; § 83 Abs. 2 S PersVG; § 70 Abs. 2 PersVG Thür.

Personalvertretung nur berechtigt ist, einen für die Verwaltungsspitze unverbindlichen Vorschlag auszuarbeiten. Weder die Personalvertretung noch die (hier unbeteiligte) Einigungsstelle können der Behördenleitung ein bestimmtes Verhalten aufzwingen. Anders als im Falle der eingeschränkten Mitbestimmung kann der Personalrat auch keine vorübergehende Blockadepolitik betreiben. Wird dem Antrag der Personalvertretung seitens der Dienststellenleitung oder der Verwaltungsspitze entsprochen, so trägt ein demokratisch legitimiertes Organ die parlamentarische Verantwortung.

b) Das qualifizierte Initiativrecht

Besitzt der Personalrat angesichts einer bestimmten innerdienstlichen Angelegenheit ein qualifiziertes Initiativrecht, bedeutet dies, dass der entsprechende Antrag, sollte es auch im Stufenverfahren zu keiner Einigung kommen, der Einigungsstelle vorgelegt wird[109]. Die Entscheidungskompetenz der Einigungsstelle gestaltet sich dann wie folgt:

(1.) Empfehlung der Einigungsstelle

Ist die Einigungsstelle lediglich befugt, eine Empfehlung an die oberste Dienstbehörde auszusprechen[110], so ist diese Situation nicht anders zu beurteilen, als diejenige, wo der Personalvertretung nur ein einfaches Initiativrecht zusteht. Auch die Einigungsstelle übt mangels eigener Entscheidungsbefugnis ebenso wie die nur antrageinreichende Personalvertretung keine Staatsgewalt aus. Das Legitimationsproblem des Art. 20 Abs. 2 S. 1 GG stellt sich nicht. Verantwortlicher Entscheidungsträger bleibt ein demokratisch legitimiertes Organ.

(2.) Abschließende Entscheidung der Einigungsstelle

Sowohl das Bundespersonalvertretungsgesetz als auch alle entsprechenden Landesgesetze sehen vor, dass die Einigungsstelle über bestimmte Initiativanträge der Personalvertretung eine abschließende Entscheidung fällt. Es kann jedoch in der personalvertretungsrechtlichen Diskussion nur immer betont werden, dass Entscheidungen, die nicht nur von innerorganisatorischer Bedeutung sind, sondern auch für den Bürger eine erhebliche Relevanz besitzen, nicht vom zustim-

---

[109] vgl. auch die Erläuterungen bei: Mehlinger, Grundfragen des Personalvertretungsrechts, S. 81.

[110] vgl. z.B. die Gestaltung des Initiativrechts in folgenden Landespersonalvertretungsgesetzen: §§ 79 Abs. 3, 89 Abs. 6 Nr. 2 Hbg PersVG; §§ 69, 70, 71, 72 Abs. 4 N PersVG; § 66 Abs. 4, Abs. 7 S. 4 PersVG NW.

menden Votum eines demokratisch nicht legitimierten Organs abhängig gemacht werden dürfen. Diese Prämisse darf auch durch ein weitreichendes Initiativrecht nicht konterkariert werden. Ein qualifiziertes Initiativrecht mit anschließender bindender Entscheidung der Einigungsstelle ist somit in wichtigen Fragen der Personalführung[111] und der organisatorischen Gestaltung des Verwaltungsbetriebs[112] demokratiewidrig und gesetzlich auszuschließen. Könnte der Personalrat im erfolgreichen Zusammenspiel mit der Einigungsstelle den Dienststellenleiter z.b. verpflichten, einen bestimmten Mitarbeiter einzustellen, zu versetzen, zu befördern oder sogar ihm zu kündigen, so wäre eine leistungsorientierte und transparente Personalpolitik erheblich erschwert. Die Verwaltung erschiene nicht mehr als ein an Recht und Gesetz gebundener Teil der staatlichen Gewalt. Ein so gestaltetes Initiativrecht degradierte den Dienststellenleiter zum Statisten, dem, sollte die Personalvertretung von ihrem Recht mit Unterstützung der Einigungsstelle extensiven Gebrauch machen, nur noch die Aufgabe zukäme, die Entscheidungen der Einigungsstelle zu vollziehen. Schwierige Qualifikationsbeurteilungen, die Grundlage vieler Personalentscheidungen sind, würden durch ein Gremium getroffen, welchem es hierzu sowohl an demokratischer Legitimation als auch am nötigen Fachwissen fehlt. Die demokratierechtliche Fragwürdigkeit eines solchen Initiativrechts ginge daher über die der „normalen" mitbestimmungsrechtlichen Vetoposition noch hinaus[113].

Das Bundesverwaltungsgericht[114] hat in ständiger Rechtsprechung einen Initiativantrag der Personalvertretung, der vornehmlich auf die Interessenwahrneh-

---

[111] Vor diesem Hintergrund scheinen insbesondere die initiativrechtlichen Normierungen folgender Landespersonalvertretungsgesetze äußerst bedenklich: §§ 73 Abs. 3, 5, 80 Abs. 1 b Saar PersVG; §§ 79 Abs. 4, 87 Bln PersVG; §§ 58 Abs. 4, 59 Abs. 5, 52 Brem PersVG; §§ 79 Abs. 3, 87 Abs. 1 HbgPersVG: Qualifiziertes Initiativrecht mit bindender Entscheidung der Einigungsstelle in personellen Angelegenheiten der Angestellten und Arbeiter im öffentlichen Dienst (z.B. bzgl. Einstellung, Kündigung, Versetzung).

[112] weitreichendes Initiativrecht auf Bundesebene: §§ 70 Abs. 1, 75 Abs. 3 Nr. 14 (Absehen von der Ausschreibung von Dienstposten), Nr. 15 (Regelung der Ordnung in der Dienststelle und des Verhaltens der Beschäftigten), Nr. 16 (Gestaltung der Arbeitsplätze).

[113] so auch: Kübel, Personalrat u. Personalmaßnahmen, S. 185: „Die aktive Wahrnehmung von Mitbestimmungsrechten erweist sich somit nicht lediglich als Kehrseite der akzessorischen Ausübung von Mitbestimmungsrechten, sondern geht regelmäßig weit darüberhinaus".

[114] BVerwGE 60, 176 (zu § 78 Abs. 2 Nr. 1 i.V.m. § 72 Abs. 3 S. 1 N PersVG i.d.F. v. 24.05.1972); BVerwGE 50, 186 (zu § 89 Abs. 1 Nr. 5 i.V.m. § 81 Abs. 2 Hbg PersVG i.d.F. 17.11.1972); BVerwGE 68, 137; (jeweils zum Problem der Höhergruppierung);mit Zustimmung der Literatur: Fischer/Goeres in Fürst GKÖD, § 70 Rn. 16; Benecke, Beteiligungsrechte u. Mitbestimmung im Personalvertretungsrecht, S. 173; Edenfeld, Arbeit-

mung eines einzelnen Mitarbeiters gerichtet ist, mit der Begründung abgelehnt, die Aufgabenwahrnehmung der Personalvertretung habe sich nur auf ihren kollektiven Schutzauftrag zu beziehen. Die Personalvertretung dürfe nicht als der „Sachwalter" der Interessen einer Einzelperson fungieren.

Einige Bundesländer[115] sind dieser Rechtsprechung gesetzgeberisch gefolgt und haben das Initiativrecht ausdrücklich auf die kollektive Interessenwahrnehmung beschränkt. Nordrhein-Westfalen ist dagegen bewusst auf Konfrontationskurs gegangen und überträgt der Personalvertretung auch initiativrechtlich die individuelle Interessenverfolgung (vgl. § 66 Abs. 4 S. 1 PersVG NW)[116].

Es lassen sich auch in der Tat keine verfassungsrechtlichen Gründe anführen, die dafür sprechen, dass das Initiativrecht nur kollektiver Natur sein soll[117]. Es wäre widersinnig, wenn die Personalvertretung einen unterstützungssuchenden Beschäftigten mit der Erklärung, man könne ihm leider nicht helfen, da nur er und nicht auch noch weitere Kollegen betroffen seien, zurückweisen müsste. Für diesen Standpunkt spricht ferner, dass der Personalrat auch im Rahmen des personalvertretungsrechtlichen Mitbestimmungsverfahrens individualrechtliche Interessenpositionen vertreten darf. Er erteilt seine Zustimmung zu einer von der Dienststellenleitung geplanten Versetzung möglicherweise deshalb nicht, weil hiermit unzumutbare Nachteile für den betroffenen Arbeitnehmer, wie z.B. Umzug mit der Familie in eine weit entfernte Stadt, verbunden sind. Zudem ist eine Trennung von individualen und kollektivrechtlichen Belangen oftmals nicht möglich. Beide sind vielmehr untrennbar miteinander verwoben. So berührt die soeben angesprochene Versetzung sowohl die Interessen der abgebenden, wie auch der aufnehmenden Dienststelle, aber ebenso diejenigen des betroffenen Mitarbeiters. Diese Interessenschwerpunkte können in Übereinstimmung, aber auch in deutlichem Widerspruch stehen. Keinesfalls sind sie „lupenrein vonein-

---

nehmerbeteiligung im Betriebsverfassungs- u. Personalvertretungsgesetz, S. 182 ff.; Kunze PersV 1996, S. 481, (494).

[115] so: § 69 Abs. 1 Brand PersVG und § 65 Abs. 1 PersVG Meckl-Vorp; vgl. auch die neuen Personalvertretungsgesetze in Niedersachsen (§ 69 Abs. 1 S. 2 N PersVG), Hessen (§ 69 Abs. 3 S. 1 Hess PersVG) und Rheinland-Pfalz (§ 73 Abs. 3 S. 2 PersVG Rh-Pf).

[116] vgl. hierzu die Erläuterungen bei: Wahlers PersV 1996, S. 97, (99). Heftige Kritik an dem Vorgehen des nordrhein-westfälischen Gesetzgebers äußern: Leuze DöD 1996, S. 103, (105): „Augen zu und durch" Gesetzgebung; Kisker PersV 1994, S. 289, (298) Fn.3: „Katz- und Mausspiel" zwischen Verwaltungsrechtsprechung und Landesgesetzgeber.

[117] Die Rechtsprechung des Bundesverwaltungsgerichts kritisieren ebenfalls: Geffken RiA 1976, S. 229 ff.; Ilbertz ZBR 1977, S. 59 ff; Menges PersV 1978, S. 263 ff.; Plander AuR 1984, S. 161 ff.

ander zu trennen"[118]. Will man erreichen, dass die Personalvertretung mit Hilfe des Initiativrechts keine eigene Personal- und Organisationspolitik betreibt, so sollten die hierzu zählenden Sachaufgaben ebenso wie von der vollen Mitbestimmungsbefugnis auch von dieser Variante des qualifizierten Initiativrechts ausgenommen werden. Die vom Bundesverwaltungsgericht vorgenommene Einschränkung des Initiativrechts führt nicht nur zu einer Reduzierung der personalvertretungsrechtlichen Mitsprache auf dem personellen und organisatorischen Sektor, sondern unnötigerweise auch im Bereich der allgemeinpolitisch eher unbedeutenden sozialen Angelegenheiten.

Auszuschließen ist ein qualifiziertes Initiativrecht, gekoppelt mit verbindlichem Spruch der Einigungsstelle, jedoch unter dem Aspekt der fehlenden Schutznotwendigkeit in den Angelegenheiten, hinsichtlich derer der Beschäftigte seine Belange in eigener Person vor Gericht verfolgen kann (z.B. Antrag des Beschäftigten auf Höhergruppierung)[119]. Dies hat im Übrigen nichts mit der zuvor erläuterten These des Bundesverwaltungsgerichts gemein, denn jene zielte auf eine *prinzipielle* Schutzverweigerung der Personalvertretung in individuellen Interessenfragen ab. Der hier vorgenommenen weiteren Einschränkung des Initiativrechts kann auch nicht der Einwand entgegengehalten werden, der betreffende Arbeitnehmer sei sich der ihm zustehenden Rechte oftmals nicht bewusst[120]. Zum einen kann nämlich erwartet werden, dass sich der Beschäftigte bei einer rechtskundigen Stelle informiert. Zum andern steht es der Personalvertretung auch bei fehlendem Initiativrecht frei, bzw. es ist sogar ihre Aufgabe, den Mitarbeiter auf seine Rechte aufmerksam zu machen.

Des Weiteren muss ein Antrag der Personalvertretung gerichtet auf die Verfolgung individueller Interessenpositionen auch dann ausscheiden, wenn hiermit eine Leistungsbeurteilung im Rahmen der „Bestenauslese"[121] verbunden ist, so z.B. bei der Einstellung eines neuen Mitarbeiters oder bei einer Beförderung. Wie bereits an früherer Stelle hervorgehoben, muss dieser Aspekt der Entschei-

---

[118] zutreffend: Rob, Mitbestimmung im Staatsdienst, S. 323; diesen Gesichtspunkt betont auch: Dannhäuser PersV 1990, S. 412, (414).

[119] Kübel, Personalrat u. Personalmaßnahmen, S. 254, macht ferner darauf aufmerksam, dass es zu einer Rechtswegvertauschung kommt, wenn Personalvertretung und Dienststellenleitung vor dem Verwaltungsgericht über einen Initiativantrag streiten (mit alleinigem Kostenrisiko für die Dienststelle), welcher genauso gut von dem einzelnen Mitarbeiter vor dem Arbeitsgericht verfolgt werden kann.

[120] so aber: Plander AuR 1984, S. 161, (168).

[121] Rob, Mitbestimmung im Staatsdienst, S. 322; ebenso Kunze PersV 1996, S. 481, (494).

dungsgewalt dem Dienststellenleiter überlassen bleiben. Andernfalls ergäbe sich auch unweigerlich ein Konflikt mit Art. 33 Abs. 2 GG. Hiernach hat jeder Deutsche nach seiner Eignung, Befähigung und fachlicher Leistung gleichen Zugang zu jedem öffentlichen Amte. Angesichts des Umstandes, dass es sich hierbei um ein grundrechtlich geschütztes Gut handelt, verbietet es sich, diesbezügliche Entscheidungen einem demokratisch nicht legitimierten Organ zu überlassen.

Insgesamt gesehen sollte man das Initiativrecht eher als eine Art Hilfsmittel verstehen, welches dem Personalrat die Möglichkeit gibt, den untätigen Dienststellenleiter in Bezug auf die Einleitung einer Mitbestimmungsangelegenheit unter Druck zu setzen. Es ist ihm nicht gestattet, eine eigene Dienststellenpolitik gegen den Willen des Behördenleiters zu betreiben, etwa indem er bzgl. einer bestimmten Verwaltungsmaßnahme sofort eine initiativrechtliche Gegenmaßnahme einleitet. Dieser Hilfscharakter des Initiativrechts ist auch von Seiten der Rechtsprechung[122] sowie von weiten Teilen der Literatur[123] immer wieder betont worden.

3.) Allgemeinpolitisches Mandat oder lediglich ergänzend gesetzliche Regelung: § 2 Abs. 4 MBG Sch-H, § 2 Abs. 2 Brand PersVG?

Eine weitere Regelung, welche die Mitbestimmungskritiker aus demokratierechtlicher Sicht mit deutlichem Argwohn und zum Teil sogar entschiedener Ablehnung beobachten, beinhalten die §§ 2 Abs. 4 MBG Sch-H und 2 Abs. 2 Brand PersVG. Hiernach haben (bzw. sollen, so die Wortwahl im PersVG Brand) Dienststelle und Personalrat bei ihren Entscheidungen das gesellschaftliche, wirtschaftliche und ökologische Umfeld zu berücksichtigen. Die hierzu geführte Diskussion wirft grundsätzliche Fragen der personalvertretungsrechtlichen Entscheidungskompetenz auf und findet daher nicht nur innerhalb der Grenzen Schleswig-Holsteins und Brandenburgs rege Beteiligung.

Kisker und Schenke fürchten[124], dass auf diese Art dem Personalrat ein allgemeinpolitisches Mandat eingeräumt wird. Jener könne z.B. die Veränderung der Arbeitszeiten in der Dienststelle mit der Begründung ablehnen, „die vorgesehe-

---

[122] BVerwG DÖV 1996, S. 123, (124); BVerwG PersV 1995, S. 434, (435); VG Potsdam PersV 1999, S. 311, (313).

[123] Grabendorff/Windscheid/Ilbertz/Widmaier, BPersVG, § 70 Rn. 2; Ilbertz, Personalvertretungsrecht des Bundes u. der Länder, § 70 Nr. 3 b; Rob, Mitbestimmung im Staatsdienst, S. 320, 321; Dannhäuser PersV 1990, S. 409, (420).

[124] Kisker PersV 1992, S. 1, (8, 12); Schenke PersV 1992, S. 289, (295); ebenfalls ablehnend äußert sich: Becker RiA 1996, S. 261, (265).

nen Arbeitszeiten seien ungünstig für das Publikum"[125]. Gesamtgesellschaftliche und ökologische Erwägungen der Personalvertretung könnten möglicherweise das Aus für Rationalisierungs- und Privatisierungsvorhaben bedeuten[126]. Aber selbst tendenziell eher mitbestimmungsfreundliche Autoren üben ungewohnt scharfe Kritik an der oben genannten Vorschrift. So streicht Ilbertz[127] heraus: „Im Übrigen kann es für Ideologien, die weniger die sozialen Umstände im Zusammenhang mit einer Versetzung oder Abordnung zu prüfen, wohl aber allgemeine Probleme der Ökologie zu diskutieren bereit sind, ein zusätzliches Betätigungsfeld eröffnen, auf dem sich wohl Parolen verbreiten lassen, die aber bei der Lösung des konkreten Falles wenig hilfreich sind". Ein demokratisch nicht legitimiertes Organ werde gesetzlich befugt, allgemeinpolitisch motivierte Entscheidungen zu treffen. Da die Interessenvertretung der Beschäftigten in den Hintergrund träte, können weder das Sozialstaatsprinzip, noch die Grundrechte als Rechtfertigung für die Ausübung demokratisch nicht legitimierter Staatsgewalt dienen. Es fehle bereits am Kriterium der Geeignetheit der Interessenvertretung. Der demokratierechtliche Dissens sei bei einer solchen Regelung folglich offenkundig[128].

Recht ausführlich hat sich auch Plander[129] mit der Frage, ob die genannten Vorschriften dem Personalrat ein allgemeinpolitisches Mandat einräumen, auseinandergesetzt. Seiner Meinung nach spreche der Terminus „zu berücksichtigen" eher dafür, dass den §§ 2 Abs. 4 MBG Sch-H und 2 Abs. 2 Brand PersVG nur ein Appellcharakter zukommt. Dem Personalrat würden durch diese Vorschrift keine neuen Rechte verliehen oder zusätzliche Pflichten auferlegt[130].

Doch würde es keinen Sinn machen, die Personalvertretung zunächst eindringlich an gesellschaftliche, wirtschaftliche und ökologische Belange zu erinnern, ihr aber zugleich die Kompetenz abzusprechen, ihre Entscheidungen an diesen Aspekten auszurichten. Bei dieser Auslegung erwiesen sich die Normen als überflüssig.

Zuzustimmen ist Plander allerdings darin, dass der Kreis der beteiligungpflichtigen Maßnahmen nicht dahingehend erweitert wird, dass die Personalvertretung

[125] Kisker PersV 1992, S. 1, (8).
[126] Kisker PersV 1992, S. 1, (8).
[127] Ilbertz ZfPR 1995, S. 192, (194).
[128] so das Ergebnis bei: Kisker PersV 1992, S. 1, (12); Schenke PersV 1992, S. 289, (295).
[129] Plander, Personalvertretung als Grundrechtshilfe, S. 157 ff.
[130] Plander, Personalvertretung als Grundrechtshilfe, S. 157.

schon immer dann mitzubestimmen hat, wenn eine dienststelleninterne Maß-nahme gesellschaftliche, wirtschaftliche oder ökologische Aspekte berührt. Hierfür spricht, dass die Personalvertretung die angeführten Umstände nur bei „ihren Entscheidungen", also in Bezug auf die ihr an anderen Stellen des Geset-zes zugewiesenen Teilhaberechte, zu berücksichtigen hat[131].

Widersprochen werden muss aber der Ansicht Planders, sowohl § 2 Abs. 4 MBG Sch-H als auch § 2 Abs. 2 Brand PersVG ermächtigten den Personalrat nicht nur nicht, seine Mitbestimmungskompetenzen zur Verfolgung der aufge-zählten Schwerpunkte zu nutzen, sondern dienten sogar umgekehrt der Be-schränkung der Mitbestimmungsmacht[132]. Zur Unterstützung dieser Meinung stellt Plander einen Vergleich zum Gebot der vertrauensvollen Zusammenarbeit an (vgl. § 2 Abs. 1 BPersVG). Dieses halte den Personalrat dazu an, die Aufga-ben der Dienststellenleitung bei seiner Arbeit zu berücksichtigen. Es sei allge-meine Auffassung, dass der Personalrat bei seiner Entscheidungsfindung nicht nur auf die Interessen der Beschäftigten zu achten habe, sondern immer auch das Allgemeinwohl bedenken müsse. Gleiches gelte auch für die Regelungen, wel-che die Mitbestimmungskritiker fälschlicherweise als allgemeinpolitisches Mandat des Personalrats einordnen. Hiermit werde nur klargestellt und dem Per-sonalrat ins Gedächtnis gerufen, dass die Interessenvertretung der Beschäftigten „nicht ohne Rücksicht auf Verluste für das gesellschaftliche, wirtschaftliche und ökologische Umfeld, sondern nur unter Berücksichtigung daraus resultierender Belange und unter Abwägung dieser Belange mit Grundrechtsanliegen"[133] erfol-gen dürfe.

Ein wichtiger Unterschied zwischen dem Gebot der vertrauensvollen Zusam-menarbeit und den §§ 2 Abs. 4 MBG Sch-H, 2 Abs. 2 Brand PersVG wird je-doch bei dieser Argumentation verkannt. Bei der ersteren gesetzlichen Bestim-mung liegt die Betonung auf „Zusammenarbeit". Damit ist sichergestellt und gesetzlich bezweckt, dass die Personalvertretung keine eigene Dienststellenpoli-tik gegen den Willen des Behördenleiters betreibt. Sie soll vielmehr nur dessen Argumente in ihre Überlegungen mit einbeziehen. Die Vorschrift setzt also auf Kooperation und nicht auf Konfrontation. Die Bestimmungen der §§ 2 Abs. 4 MBG Sch-H und 2 Abs. 2 Brand PersVG sprechen dagegen nicht von einer sol-chen „Zusammenarbeit". Sie schreiben der Personalvertretung isoliert die Be-

---

so auch: Plander, Personalvertretung als Grundrechtshilfe, S. 158.

[132] Plander, Personalvertretung als Grundrechtshilfe, S. 161.

[133] Plander, Personalvertretung als Grundrechtshilfe, S. 161.

rücksichtigung gesellschaftlicher, wirtschaftlicher und ökologischer Faktoren vor. Deren Bedeutung wird aber von der demokratisch legitimierten Dienststellenleitung möglicherweise in vielen Fällen anders beurteilt als wie von der demokratisch defizitären Personalvertretung. Da die Personalvertretungsgesetze Schleswig-Holsteins und Brandenburgs an anderer Stelle durchaus das Gebot der vertrauensvollen Zusammenarbeit erwähnen (vgl. § 1 Abs. 2 MBG Sch-H, § 2 Abs. 1 Brand PersVG), liegt der Schluss nahe, dass die hier zu untersuchenden Regelungen der Personalvertretung zwar kein neues Betätigungsfeld, wohl aber eine wesentliche Erweiterung des Mitbestimmungshorizonts eröffnen. Ginge man von den Thesen Planders aus, so hätte neben dem Gebot der vertrauensvollen Zusammenarbeit auf eine weitere diesbezügliche Bestimmung verzichtet werden können.

Schließlich deutet Plander an, dass die §§ 2 Abs. 4 MBG Sch-H und 2 Abs. 2 Brand PersVG, vorausgesetzt man ist der Überzeugung, Personalvertretungen übten Staatsgewalt aus, eine gewisse demokratische Legitimation vermittelten, da die Personalvertretung verstärkt an das Allgemeinwohl gebunden würde[134].

Aber davon abgesehen, dass allein eine Verpflichtung auf das Gemeinwesen weder die personelle noch die sachlich-inhaltliche demokratische Legitimation eines weisungsfreien Gremiums ersetzt, ändern die genannten Vorschriften doch nichts daran, dass die Personalvertretung die Interessen einer bestimmten Gruppe vertritt. Auch das gesellschaftliche, wirtschaftliche und ökologische Umfeld wird von ihr vorwiegend auf dieser Basis interpretiert. Da die Gewerkschaften auch zu bestimmten gesellschaftlichen und wirtschaftlichen Entwicklungen eigene Positionen vertreten, steht zudem zu befürchten, dass die Personalvertretungen in Zukunft nicht nur als Sprachrohr der Beschäftigten agieren, sondern auch verstärktem gewerkschaftlichen Einfluss unterliegen. Allgemeinpolitisch herausragende Verwaltungsentscheidungen könnten also in stärkerem Maße durch Gewerkschaftsverbände beeinflusst werden. Die Vorschriften der §§ 2 Abs. 4 MBG-Sch-H und 2 Abs. 2 Brand PersVG sind somit in dieser Fassung demokratierechtlich nicht akzeptabel.

---

[134] Plander, Personalvertretung als Grundrechtshilfe, S. 163 Fn.466.

4.) Vereinbarungen zwischen den Spitzenorganisationen der Gewerkschaften und der obersten Dienstbehörde

Das Personalvertretungsrecht der Länder Schleswig-Holstein und Niedersachsen sieht vor, dass allgemeine Regelungen in Angelegenheiten, die der Mitbestimmung unterliegen und die über den Geschäftsbereich einer obersten Landesbehörde hinausgehen, zwischen den Spitzenorganisationen der zuständigen Gewerkschaften und der zuständigen obersten Landesbehörde zu vereinbaren sind (vgl. § 59 Abs. 1 MBG Sch-H, § 81 N PersVG). Eine ähnliche Regelung trifft auch das hamburgische Personalvertretungsgesetz (vgl. § 94 Hbg PersVG).

Auch diese Bestimmungen stellen nach Ansicht einiger Mitbestimmungskritiker einen Verstoß gegen das Demokratieprinzip dar. Privatrechtliche Interessenverbände erhielten unzulässigerweise einen erheblichen Einfluss auf die staatliche Aufgabenerfüllung[135]. Die Situation sei *nicht* vergleichbar mit dem Abschluss einer Dienstvereinbarung zwischen Personalvertretung und Behördenleiter, da hinsichtlich jener *kein* Einlassungszwang bestehe. Wolle aber die oberste Dienstbehörde eine allgemeine Regelung erlassen, so *müsse* sie in Verhandlungen mit den Spitzenorganisationen treten. Ebenso wie die Personalvertretungen in einer Mitbestimmungsangelegenheit, könnten auch die Gewerkschaftsverbände den staatlichen Entscheidungsprozess blockieren. Sie übten also, ohne hierzu demokratisch legitimiert zu sein, Staatsgewalt aus[136]. Eine Rechtfertigung durch das Sozialstaatsprinzip oder durch die Grundrechte der Bediensteten scheide aber anders als im Fall der personalvertretungsrechtlichen Mitbestimmung aus, weil die Gewerkschaften nicht die Befugnis besäßen, für alle Beschäftigten im öffentlichen Dienst zu sprechen, sondern eben nur für ihre Mitglieder[137].

Bereits im Rahmen der Auseinandersetzung mit den Thesen Planders zum Thema Personalvertretung und Staatsgewalt wurde aber hervorgehoben, dass im Falle des Vertragsschlusses zwischen einer Privatperson und einem Träger öffentlicher Gewalt, nur letzterer Staatsgewalt ausübt. Seitens der Privatperson hingegen kann nur von einer Beeinflussung staatlicher Gewalt gesprochen werden. Begründet wurde dieser Befund vor allem damit, dass es der Verwaltung

---

135 Becker RiA 1996, S. 5, (11); Kisker PersV 1994, S. 289, (297); ders. PersV 1992, S. 1, (32); Schenke JZ 1994, S. 1025, (1033); ähnliche Bedenken äußert auch: Bieler ZBR 1995, S. 68, (69); nicht speziell zu diesen Normen, aber mit ähnlicher Argumentation: Battis/Schlenga ZTR 1995, S. 195, (198);

136 Rob, Mitbestimmung im Staatsdienst, S. 332; Kisker PersV 1992, S. 1, (32).

137 Rob, Mitbestimmung im Staatsdienst, S. 332; Kisker PersV 1994, S. 289, (297).

rechtlich freisteht, ob sie in Vertragsverhandlungen zu einer außerhalb der exekutiven Gewalt stehenden Person tritt. Bei den hier zu untersuchenden Normen besteht nun allerdings ein gesetzlicher Zwang zur Führung von Verhandlungsgesprächen über allgemein bedeutsame Regelungsfragen. Gerade diese Tatsache nehmen die Mitbestimmungskritiker auch zum Aufhänger ihrer Argumentation. Entscheidend aus demokratierechtlicher Sicht ist jedoch, dass der Verwaltungsspitze zwar ein Verhandlungs- nicht aber ein Abschlusszwang aufgegeben wird[138]. Erklärt die oberste Landesbehörde offiziell die Verhandlungen mit den beteiligten Spitzenorganisationen für gescheitert – und hierfür eine triftige Begründung zu finden, dürfte keine Schwierigkeiten bereiten –, so kann die entsprechende Regelung von der Landesregierung im *Alleingang* getroffen werden (vgl. § 59 Abs. 3 S. 1 MBG Sch-H, § 81 Abs. 2 S. 1 N PersVG). Der obersten Dienstbehörde kann also weder allgemein ein Vertragsschluss noch gar ein bestimmtes Ergebnis aufgezwungen werden. Kommen die Verhandlungsführer aber zu einer Übereinkunft, trägt mit der obersten Dienstbehörde ein demokratisch legitimiertes Organ die parlamentarische Verantwortung.

Beide Landesgesetze gestehen der Regierung weiterhin zu, allgemeine Regelungsabsprachen, die eine erhebliche Auswirkung auf das Gemeinwesen besitzen, aufzuheben (vgl. § 59 Abs. 2 MBG Sch-H, § 81 Abs. 4 N PersVG). Zwar kann ein solches Aufhebungsrecht demokratierechtliche Defizite, wie gezeigt, nicht grundsätzlich kompensieren. Hier jedoch liegen die Dinge anders, da die Spitzenorganisationen der Gewerkschaften staatliche Gewalt nur beeinflussen, nicht aber selber ausüben. Die angesprochene Aufhebung kann zudem schnell und unbürokratisch erfolgen. Es geht kein langwieriges Stufen- und Einigungsstellenverfahren voraus.

Die beiden zuletzt genannten Möglichkeiten zur Durchsetzung des Willens der demokratisch legitimierten Landesregierung können nicht mit dem Hinweis abgetan werden, es handele sich hierbei nach gesetzgeberischer Vorstellung offen-

---

[138] Auch Plander kommt in: Personalvertretung als Grundrechtshilfe, S. 291, 292 zu dem Schluss, dass die Spitzenorganisationen der Gewerkschaften hier keine Staatsgewalt ausüben, allerdings mit einer unterschiedlichen Begründung. Seiner Meinung nach verleihe der in § 59 MBG Sch-H angeordnete Verhandlungszwang den Verbänden keine staatsgewaltlichen Befugnisse, da die Gewerkschaften die öffentlichen Arbeitgeber auch zur Erzielung von günstigen Tarifbedingungen durch Maßnahmen des Arbeitskampfes erheblich unter Druck setzen könnten, ohne dass irgendjemand ihrerseits von der Ausübung von Staatsgewalt spräche. (Vergleichsargumentation).

bar um Ausnahmesituationen bzw. -regelungen. An der demokratiewidrigen Grundkonzeption änderten jene ergänzenden Vorschriften daher nichts[139].

Es ist in diesem Fall nicht so sehr von Belang, von welcher Intention der Gesetzgeber geleitet wurde, als er der Landesregierung diese zusätzlichen Rechte verlieh. Tatsache ist, dass die Landesregierung in der Lage ist, die von ihr ins Auge gefassten Projekte und Maßnahmen im Ergebnis auch gegen den Willen der gewerkschaftlichen Spitzenorganisationen zu realisieren. Allein dieser Umstand ist aus demokratierechtlicher Sicht entscheidend.

Schenke[140] weist darauf hin, dass demokratierechtliche Bedenken seiner Meinung nach insoweit anzumelden sind, als dass die gewerkschaftlichen Spitzenorganisationen anders als die Personalvertretungen nicht von den betroffenen Beschäftigten gewählt werden und es ihnen somit an personeller demokratischer Legitimation bei der Interessenvertretung aller im öffentlichen Dienst Beschäftigter fehlt.

Das Problem der demokratischen Legitimation wird aber nur dann akut, wenn sich die Wahrnehmung der Verhandlungsbefugnis als Ausübung von Staatsgewalt erwiesen hätte. Dies ist jedoch, wie soeben gezeigt, nicht der Fall. Staatsgewalt übt nur die oberste Dienstbehörde aus. Jene kann aber selbstverständlich in demokratisch legitimierter Art und Weise Regelungen für die *Gesamtheit* der öffentlich Beschäftigten treffen.

Schließlich sei auch noch auf eine Parallele zum Tarifrecht aufmerksam gemacht. So darf der Bundesminister für Arbeit und Sozialordnung nur im Einvernehmen mit einem aus je drei Vertretern der Spitzenorganisationen der Arbeitgeber und der Arbeitnehmer bestehenden Ausschuss eine tarifliche Allgemeinverbindlichkeitserklärung nach § 5 Abs. 1 TVG abgeben[141]. Die Spitzenorganisationen der Gewerkschaften erhalten folglich auch hier erheblichen Einfluss auf die Gestaltung der Arbeitsverhältnisse der nicht organisierten Arbeitnehmer, ohne dass dies demokratierechtliche Zweifel in der Fachliteratur erweckt.

Möglicherweise bedeutet die Erstreckung der Regelungswirkung einer zwischen den erwähnten Parteien erzielten Absprache auf Nicht-Gewerkschaftsmitglieder zwar keinen Verstoß gegen das Demokratieprinzip, wohl aber gegen die negati-

---

[139] Rob, Mitbestimmung im Staatsdienst, S. 334.

[140] Schenke PersV 1992, S. 289, (305).

[141] Hierauf weist auch eindringlich Plander, Personalvertretung als Grundrechtshilfe, S. 296, hin.

ve Koalitionsfreiheit[142]. Dabei ist umstritten, ob die negative Koalitionsfreiheit durch Art. 9 Abs. 3 GG oder die allgemeine Handlungsfreiheit gemäß Art. 2 Abs. 1 GG geschützt wird[143]. Der Streit bedarf jedoch im hier interessierenden Zusammenhang keiner vertieften Erörterung. Soweit man wie die herrschende Meinung davon ausgeht, dass Art. 9 Abs. 3 GG Garant der negativen Koalitionsfreiheit ist, so wird allgemein anerkannt, dass hiermit das Recht des einzelnen erfasst ist, einer Koalition fernzubleiben oder aus ihr auszutreten[144]. Nicht ausgeschlossen ist aber, dass der einzelne Arbeitnehmer in die Regelungsmacht einer fremden Koalition teilweise mit einbezogen wird. Dies hat auch das Bundesverfassungsgericht[145] zur Frage des Verhältnisses der Allgemeinverbindlichkeitserklärung nach § 5 Abs. 1 TVG zur negativen Koalitionsfreiheit ausdrücklich betont. Stellt man dagegen bzgl. der negativen Koalitionsfreiheit auf Art. 2 Abs. 1 GG ab, erwiesen sich die beschriebenen Normen des Personalvertretungsrechts als zulässige Konkretisierung des allgemeinen Gesetzesvorbehalts in Art. 2 Abs. 1 GG[146]. So besitzen die öffentlichen Arbeitgeber ein legitimes Interesse daran, dass das Dienstrecht durch einheitliche Regelungen bestimmt wird. Auf diese Weise wird die Rechtsanwendung in der Dienststelle wesentlich erleichtert, der Verwaltungsaufwand möglichst gering gehalten und Neid und Missgunst zwischen den Beschäftigten, ausgelöst durch unterschiedliche Beteiligungsrechte, vermieden[147].

Die gegen die Vorschriften der §§ 59 Abs. 1 MBG Sch-H und 81 N PersVG erhobenen verfassungsrechtlichen Vorwürfe erweisen sich nach der hier vertretenen Auffassung als unberechtigt. Da diese Normen auf eine gemeinsame Problemlösung von öffentlichen Arbeitgebern und Beschäftigtenvertretern abzielen,

---

[142] Einen Verstoß gegen die negative Koalitionsfreiheit bejaht: Schenke JZ 1994, S. 1025, (1029); ders. PersV 1992, S. 289, (305, 306) und auch: Rob, Mitbestimmung im Staatsdienst, S. 340.

[143] Die h.M. stellt auf Art. 9 Abs. 3 GG ab: BVerfGE 57, 7, (21); BAG NJW 1990, S. 3026, (3037); Maunz/Dürig, Scholz Art. 9 GG Rn. 226; Brox/Rüthers, Arbeitsrecht, Rn. 242; Steinmeyer, Casebook, S. 188; a.A. aber: Söllner, § 9 IV; ausführlich zu dem Problem: Neumann RdA 1989, S. 243 ff.

[144] BVerfGE 50, 290, (367); BVerfGE 55, 7, (21); BVerfGE 73, 261, (270); vgl. auch: Brox/Rüthers, Arbeitsrecht, Rn. 173.

[145] BVerfGE 55, 7.

[146] so auch: Plander, Personalvertretung als Grundrechtshilfe, S. 297.

[147] Plander weist in: Personalvertretung als Grundrechtshilfe, S. 297 Fn.944, zu Recht darauf hin, dass eher die Gewerkschaften eine allgemeine Rechtswirkung kritisch betrachten werden, da auf diese Weise auch Außenseiter in den Genuss von gewerkschaftlichen Verhandlungsergebnissen gelangen, ohne aber Beiträge an die Verbände zu entrichten.

ohne das im Gegensatz zu den umfangreichen Mitbestimmungsbefugnissen der Personalvertretungen demokratierechtliche Grundsätze verletzt werden, ist hiermit eine Möglichkeit eröffnet, Maßnahmen der Verwaltungsmodernisierung und Aspekte des Arbeitnehmerschutzes mit Hilfe von Absprachen in ein ausgewogenes Verhältnis zu setzen[148]. Der Vorteil einer solchen Regelung ist darin begründet, dass notwendige Verwaltungsreformen nicht von der Kooperationsbereitschaft einiger Interessenvertreter abhängen, sondern in letzter Konsequenz im Interesse des Gemeinwohls von der Verwaltungsspitze auch allein verwirklicht werden können. Natürlich ist dieser aber nicht daran gelegen, eine Verwaltungspolitik gegen den Willen einer Vielzahl von Beschäftigten durchzusetzen. Es kann also davon ausgegangen werden, dass die Bereitschaft zur Zusammenarbeit auf beiden Seiten vorhanden sein wird. Dem von den Befürwortern einer weitreichenden Mitbestimmungsgesetzgebung so oft herausgestrichenen Motivationsfaktor ist es sicherlich nur förderlich, wenn die Beschäftigten im öffentlichen Dienst merken, dass wichtige Reformschritte mit ihren Interessenvertretern abgesprochen werden. Nicht ganz einsichtig ist, warum die §§ 59 Abs. 1 MBG Sch-H und 81 Abs. 1 N PersVG von den gewerkschaftlichen Stimmen vehement verteidigt werden, die Reduzierung einzelner Mitbestimmungsrechte zu Gunsten der Mitwirkung aber strikt abgelehnt wird. In beiden Fällen kann die Behördenleitung bzw. die Regierung ohne vorausgehendes Einigungsstellenverfahren gegen den Willen der Interessenvertreter entscheiden. Allerdings tut sie im Interesse einer leistungsfähigen und einsatzfreudigen Arbeitnehmerschaft gut daran, Vorschläge und Anliegen der Interessenvertreter ernst zu nehmen und wenn *möglich* in die Entscheidung zu integrieren. Nicht akzeptabel ist aber, dass bedeutende Verwaltungsprojekte und -entscheidungen nur mit Zustimmung der Personalvertretung realisiert werden können. Damit ist aber nicht gesagt – und diesen Eindruck erwecken jedoch zahlreiche Stimmen im Schrifttum –, dass grundlegende Probleme im öffentlichen Dienst nicht gemeinsam in Angriff genommen werden können.

---

[148] ähnlich: Dopatka kJ 1996, S. 224, (237); Edinger PersR 1997, S. 241, (246); eindringlich auch: Heldmann PersR 1994, S. 158, (164); ders. PersR 1996, S. 386 ff., hier ist allgemein die Rede von vertraglichen Gestaltungsmöglichkeiten zwischen Gewerkschaften, Verwaltung und auch Personalvertretung. Zudem wird von durchweg positiven Erfahrungen aus der Praxis berichtet; in Bezug auf die beamtenrechtliche Regelung des § 94 BBG: Battis/Schlenga ZTR 1995, S. 195, (196).

B. Die Begrenzung der Personalvertretungsrechte durch die Rechtsprechung unter Berücksichtigung der Kommentare in der Literatur

Sowohl das Bundesverfassungsgericht als auch die Verfassungsgerichte der Länder Hessen und Rheinland-Pfalz haben sich eingehend und recht detailliert mit den verfassungsrechtlichen Grenzen des Personalvertretungsrechts beschäftigt. Die jeweiligen Entscheidungen erfuhren im Schrifttum teils fast begeisterte Zustimmung, teils aber auch vernichtende Kritik[149]. Obwohl die Entscheidungen der Rechtsprechung die Entwicklung des Personalvertretungsrechts prägten, vermochten sie jedoch nicht grundsätzliche verfassungsrechtliche Problemstellungen der Mitbestimmung im öffentlichen Dienst vollständig zu klären. Zudem boten alle Entscheidungen (notwendigen) Interpretationsbedarf, den „findige" Landesgesetzgeber auf ganz unterschiedliche Art nutzten.

I. Urteil des Bundesverfassungsgerichts zum Bremer Personalvertretungsgesetz

Mit Urteil vom 27.04.1959 nahm erstmals das Bundesverfassungsgericht[150] und zwar in Bezug auf das Bremer Personalvertretungsrecht zu der Frage Stellung, inwieweit Mitbestimmungsrechte der Personalvertretung mit dem Grundgesetz zu vereinbaren sind. Bevor die Entscheidung im Einzelnen zu erläutern ist, sei zunächst kurz auf die Vorgeschichte des Urteils eingegangen. So äußerte sich das Bundesverfassungsgericht zu einem seit langem im Stadtstaat Bremen schwelenden Konflikt um die zulässige Reichweite der Mitbestimmungsmacht der Personalräte.

1.) Vorgeschichte des Urteils

Bereits 1920 sah ein Gesetzentwurf vor, dass ein Beamtenausschuss ein Mitbestimmungsrecht in personellen Angelegenheiten erhielt. Bei Meinungsverschiedenheiten zwischen diesem und dem Bremer Senat sollte ein Ausschuss der

---

[149] Kübel hebt in: Personalrat u. Personalmaßnahmen, S. 95, 96, zutreffend hervor, dass es auch zu den Aufgaben der Wissenschaft gehört, „das Bundesverfassungsgericht in seiner Rechtsprechung kritisch zu begleiten", denn Verfassungsjudikate seien kein stoisch feststehendes Gesetzbuch, „das nur noch Gegenstand der Interpretation, weniger der kritischen Reflexion ist".

[150] BVerfGE 9, 268 ff.

Bürgerschaft oder ein Schiedsgericht über die Ausübung des Rechts befinden[151]. Da jedoch bereits damals verfassungsrechtliche Bedenken bestanden, wurde der Gesetzentwurf vor seiner Verkündigung durch den Senat dem Vorläufigen Staatsgerichtshof für das Deutsche Reich unterbreitet. Jener stellte am 14.06.1922 fest, das Gesetzesvorhaben widerspreche der Bremer Verfassung vom 18.05.1920.

Die insgesamt mitbestimmungsfreundliche Tendenz der bremischen Gesetzgebung fand auch im Personalvertretungsgesetz vom 03.12.1957 (GBL. S. 161) deutlichen Niederschlag. Hiernach bedurften die Dienststellenleiter von nun an bei allen Maßnahmen in sozialen und personellen Angelegenheiten, die Angehörigen des öffentlichen Dienstes betreffend, der Zustimmung des Personalrats. Kam es zu keiner Einigung zwischen Dienststellenleitung und Personalrat, so entschied die Einigungsstelle die Sache abschließend (vgl. § 59 Abs. 1, § 61 Abs. 3 Brem PersVG). Das ursprüngliche Gesetzeskonzept des Senats (Landesregierung) hatte dagegen vorgesehen, dass in personellen Angelegenheiten die letzte Entscheidung bei ihm als oberster Dienstbehörde verbleibe. Dieses Vorhaben war jedoch bei der SPD-Fraktion in der Bremer Bürgerschaft (Landtag), die eine abschließende Entscheidungskompetenz der Einigungsstelle favorisierte, auf Widerstand gestoßen. Ein daraufhin entwickelter Änderungsantrag der SPD-Fraktion wurde von der Bürgerschaft zwecks Klärung der divergierenden verfassungsrechtlichen Positionen dem bremischen Staatsgerichtshof vorgelegt. Dieser entschied am 03.05.1957 mit vier gegen drei Stimmen[152], dass der Änderungsantrag der SPD nicht gegen die Bremer Verfassung verstoße. Dabei wurde vornehmlich geprüft, ob die angestrebten Regelungen den Gewaltenteilungsgrundsatz verletzten, weil die exekutive Entscheidungsgewalt des Senats in personellen Fragen nicht mehr uneingeschränkt bestand. Man kam jedoch mehrheitlich zu dem Ergebnis, dass nur dann ein zur Unwirksamkeit führender Verstoß gegen das genannte Prinzip vorliege, „wenn eine Gewalt ein derartiges Übergewicht an Macht erhält, dass eine Entartung des Rechtsstaats zu befürchten ist"[153]. Es müsste also „ein Rückfall in Missbräuche des totalitären Staates"[154] zu erwarten sein. Von einer derart bedenklichen Entmachtung des Senats könnte aber noch nicht gesprochen werden. Diese Ansicht wurde jedoch von

---

[151] vgl. auch die Erläuterungen bei: Partsch JZ 1960, S. 23, (23).

[152] Brem StGH ZBR 1957, S. 234 ff.

[153] Brem StGH ZBR 1957, S. 234, (235).

[154] Brem StGH ZBR 1957, S. 234, (235).

drei Mitgliedern des Staatsgerichtshofes nicht geteilt. Sie stützten ihre Bedenken aber nicht auf das Rechtsstaats-, sondern auf das Demokratieprinzip. Ihrer Auffassung zufolge besitze die Einigungsstelle keine vom Volk abgeleitete demokratische Legitimation und trage keine politische Verantwortung gegenüber dem Parlament. Ein Letztentscheidungsrecht der Einigungsstelle in personellen Angelegenheiten bedeute daher einen Verfassungsbruch[155].

Nachdem der Bremer Staatsgerichtshof im Ergebnis dem Änderungsantrag der SPD-Fraktion seine verfassungsrechtliche Zustimmung erteilt hatte, erlangte dieser kurze Zeit später in der zuvor beschriebenen Weise Gesetzeskraft. Hiermit gab sich der Bremer Senat aber nicht zufrieden und beantragte am 04.03.1958 beim Bundesverfassungsgericht, die Nichtigkeit der §§ 59–61 Brem PersVG festzustellen.

2.) Die Entscheidung des Bundesverfassungsgerichts

Das Bundesverfassungsgericht entschied, dass die §§ 59–61 Brem PersVG insoweit nichtig seien, wie sie in den Fällen der Mitbestimmung des Personalrats in personellen Angelegenheiten der Beamten die Entscheidung der Einigungsstelle vorsähen[156].

Die genannten Bestimmungen würden insbesondere den Grundsatz der parlamentarischen Regierungsverantwortung verletzen. Die Regierung würde ihrer Entscheidungsgewalt und Verantwortlichkeit enthoben, wenn sie sich im Konfliktfall der Entscheidung einer unabhängigen Einigungsstelle zu fügen hätte[157]. „Die selbstständige politische Entscheidungsgewalt der Regierung, ihre Funktionsfähigkeit zur Erfüllung ihrer verfassungsmäßigen Aufgaben, ihre Sachverantwortung gegenüber Volk und Parlament"[158] seien in der demokratischen, rechtsstaatlichen Verfassung des Grundgesetzes (Art. 28 Abs. 1 S. 1 GG) aber lebensnotwendige, zwingende Gebote. Zwar gesteht das Gericht zu, dass es auch im Bereich der Regierungsverantwortung zu Modifizierungen, speziell im Hinblick auf so genannte weisungsfreie Ausschüsse, kommen darf. Bestimmte Regierungsaufgaben aber, „die wegen ihrer politischen Tragweite nicht generell

---

[155] Die drei Richter des Staatsgerichtshofes, welche das Minderheitsvotum bildeten, machten von dem ihnen nach der Bremer Rechtsordnung zustehenden Recht Gebrauch, ihre Meinung zu veröffentlichen; vgl. ZBR 1957, S. 237 ff. mit zustimmender Anmerkung von Schneider ZBR 1957, S. 239 ff.

[156] BVerfGE 9, 268, (268).

[157] BVerfGE 9, 268, (283).

[158] BVerfGE 9, 268, (281).

der Regierungsverantwortung entzogen und auf Stellen übertragen werden dürfen, die von Parlament und Regierung unabhängig sind"[159], müssten der alleinigen Kompetenz der Verwaltungsspitze anheim bleiben. Nun sei es im Einzelnen
schwierig herauszufinden, welche Befugnisse der Regierung konkret keine Relativierung erfahren dürften. Doch mit Sicherheit gehörten hierzu die personellen Angelegenheiten der Beamten. Die Zuverlässigkeit und Unparteilichkeit des
öffentlichen Dienstes hänge nämlich nach wie vor in erster Linie von den Be-
rufsbeamten ab[160]. Die Berufung eines fachlich nicht ausreichend qualifizierten
Beamten könne „die Arbeit eines ganzen Verwaltungszweigs auf Jahre hinaus
beeinträchtigen oder lähmen"[161]. Müsse die Verwaltungsspitze es im Extremfall
sogar hinnehmen, dass ein illoyaler und ungetreuer Beamter in sein Amt berufen
wird, so würden die Grundsätze unserer Verfassung in Frage gestellt. Wichtig
sei, nicht auf den Formalakt der Amtsberufung abzustellen, denn jener falle trotz
bindenden Einigungsstellenspruchs weiterhin in den Aufgabenbereich der Regierung. Ausschlaggebend sei vielmehr, dass die Regierung durch das Bremer
Personalvertretungsrecht in ihrem personalpolitischen Ermessen eingeschränkt
sei[162]. Das Gericht wirft auch die Frage auf, ob nicht möglicherweise auch die
Personalangelegenheiten der Angestellten und Arbeiter zum Kreis der politisch
bedeutsamen Maßnahmen zählten, beantwortet jene jedoch letztlich negativ. Die
Tätigkeit der Angestellten und Arbeiter sei regelmäßig von geringerem politischen Gewicht als die der Beamten. Würden auch ersteren hoheitliche Aufgaben
zugewiesen, so dürfte es sich nur um eine Ausnahmeerscheinung handeln. Eine
gegenteilige Verwaltungspraxis bedeutete einen Verstoß gegen Art. 33 Abs. 4
GG. Ein solcher Verfassungsbruch könne vom Gericht aber nicht ohne weiteres
vorausgesetzt werden[163]. Die Mitbestimmung des Personalrats in einzelnen personellen Fragen der Angestellten und Arbeiter, welche ausnahmsweise politische Relevanz besäßen, sei verfassungsrechtlich noch innerhalb der Toleranz-
grenze.

Schließlich sei die Konzeption des Bremer Personalvertretungsgesetzes nicht
nur hinsichtlich demokratischer und rechtsstaatlicher Gesichtspunkte, sondern
auch in Bezug auf die hergebrachten Grundsätze des Berufsbeamtentums von

---

[159] BVerfGE 9, 268, (282).
[160] BVerfGE 9, 268, (282).
[161] BVerfGE 9, 268, (283).
[162] BVerfGE 9, 268, (283).
[163] BVerfGE 9, 268, (283).

218

fragwürdiger Natur. Die Alleinzuständigkeit der Dienstbehörde in personellen Angelegenheiten der Beamten gehöre zu den grundlegenden Strukturprinzipien des Beamtenrechts. Erhielten Personalrat und Einigungsstelle hier einschneidende Mitbestimmungsbefugnisse, so würde das bisherige öffentlich-rechtliche Dienst- und Treueverhältnis der Beamten von Grund auf verändert. Dies berge aber die nicht zu unterschätzende Gefahr, dass der Beamte unversehens in Abhängigkeit zur Personalvertretung und Einigungsstelle gerate und auf deren Meinung in stärkerem Maße Rücksicht üben müsse, als es im dienstlichen Interesse vertretbar sei[164].

3.) Bewertung und Auswirkungen der Entscheidung

Zuzustimmen ist dem Bundesverfassungsgericht zunächst darin, dass der These, der Entscheidungsgewalt der Exekutivspitze würde durch die Mitbestimmung der Personalräte deutliche Grenzen gezogen, nicht mit dem Hinweis begegnet werden kann, der Verwaltungsleitung bliebe das Recht, die nach außen wirksame Entscheidung, z.B. eine Amtsernennung, zu treffen. Eine andere Auffassung würde der Verwaltungsspitze nur noch eine Beurkundungsfunktion, nicht aber echte personalpolitische Kompetenzen zugestehen[165]. Ebenfalls zutreffend wird herausgearbeitet, dass die Leistungsfähigkeit der Verwaltung gerade von einer durchdachten Personalführung bestimmt wird. Fraglich und auch vielfach kritisiert worden[166] ist aber die Meinung des Gerichts, zu den personalpolitisch bedeutsamen Angelegenheiten zählten nur die personellen beamtenrechtlichen Maßnahmen. Tatsächlich ist die Verfassungswirklichkeit – und das galt auch schon für die damalige Zeit[167] – dadurch charakterisiert, dass vielfach auch Angestellte und Arbeiter hoheitliche Tätigkeiten wahrnehmen. Kübel[168] weist darauf hin, dass die Gründe für eine solche Personalpraxis vielfältig sein können. Beispielsweise würde bei älteren Bewerbern aus fiskalischen Gründen das Angestelltenverhältnis gewählt, um die relativ günstigen beamtenrechtlichen Ver-

---

[164] BVerfGE 9, 268, (286, 287).
[165] ähnlich auch: Grabendorff ZBR 1959, S. 169, (170).
[166] vgl. Leisner, Mitbestimmung im öffentlichen Dienst, S. 85, 86; Ossenbühl, Grenzen der Mitbestimmung, S. 53; Grabendorff ZBR 1959, S. 169, (171); Klein PersV 1990, S. 49, (56); Partsch JZ 1960, S. 23, (24); Schelter PersV 1978, S. 489, (496); ders. RdA 1977, S. 349, (355, 356).
[167] So weist Partsch in: JZ 1960, S. 23, (24), darauf hin, dass es gerade in der Übergangszeit, in der sich die Bundesrepublik Deutschland zu diesem Zeitpunkt noch befand, notwendig war, speziell leitende Positionen in der Verwaltung mit Angestellten zu besetzen.
[168] Kübel, Personalrat u. Personalmaßnahmen, S. 180.

sorgungsansprüche zu verhindern. Ein weiterer Grund könne sein, dass der Bewerber die beamtenrechtlichen Voraussetzungen nicht erfülle, die Stelle aber unbedingt durch diese Person besetzt werden müsse. Nach Meinung Schelters[169] führt die Rechtsprechung des Bundesverfassungsgerichts zu dem kuriosen Ergebnis, „dass das Letztentscheidungsrecht der Regierung zwar bei Meinungsverschiedenheiten über die politisch unbedeutsame Einstellung eines Beamten des einfachen Dienstes, nicht dagegen über die möglicherweise politisch weittragende eines Angestellten der Vergütungsgruppe i. A. BAT als Referent im Ministerium gewahrt ist". Des Weiteren darf nicht übersehen werden, dass das Arbeitsverhältnis der Angestellten und Arbeiter im öffentlichen Dienst zwar als solches dem Privatrecht zuzuordnen ist. Dennoch obliegt auch diesen Berufsgruppen in besonderer Weise die Wahrung des öffentlichen Gemeinwohls. Folgerichtig wird auch allgemein eine dem Beamtenrecht in etwa entsprechende Treue- und Gehorsamspflicht der nichtbeamteten öffentlich Beschäftigten angenommen[170]. Die Angleichung beider Rechtsgebiete macht deutlich, dass der Tätigkeit der Angestellten und Arbeiter nicht pauschal eine geringere Bedeutung für das Funktionieren der Behörde und der Erfüllung der öffentlichen Aufgaben zugesprochen werden kann. Zu bemängeln ist ferner, dass das Bundesverfassungsgericht sich nicht mit dem Problem der mangelnden demokratischen Legitimation von Personalrat und Einigungsstelle befasst. Dies lässt sich nicht allein damit erklären, dass das Demokratieprinzip zum damaligen Zeitpunkt weitgehend dogmatisches Neuland beinhaltete[171]. Gerade die abweichende Ansicht der drei Richter des Bremer Staatsgerichtshofes, welche sich vor allem auf demokratierechtliche Erwägungen stützte, hätte Anlass gegeben, das Verhältnis von Personalvertretungsrecht und Demokratieprinzip näher zu hinterfragen. Stattdessen beschränkt sich das Gericht an einigen Stellen auf relativ vage allgemeinpolitische Erwägungen.

Wendet man sich den direkten Auswirkungen des Urteils zu, so ist an erster Stelle die Rahmenregelung des § 104 S. 3 BPersVG zu nennen. Ein volles Mitbestimmungsrecht der Personalvertretung in personellen Angelegenheiten der

---

[169] Schelter PersV 1978, S. 489, (497); ähnlich: Ossenbühl, Grenzen der Mitbestimmung, S. 53: „Der angestellte Pressesprecher eines Behördenleiters ist für das Funktionieren der Behörde nicht weniger wichtig als der beamtete Briefzusteller".

[170] vgl. Widmaier, Die Spannungen zwischen den Gruppeninteressen u. dem Interesse des Staates in der Mitbestimmung der Organe der Personalvertretung, S. 85, (m.w..N.); ders. PersV 1978, S. 299, (301); PersV 1975, S. 412, (414).

[171] so aber: Rob, Mitbestimmung im Staatsdienst, S. 6, 91, im Anschluss an: Jestaedt Der Staat 32 (1993), S. 29, (37).

Beamten wurde per bundesgesetzlicher Rahmenvorschrift ausgeschlossen. Hieran haben sich die Länder zwar gehalten. Allerdings wurde in allen anderen personellen, organisatorischen und sozialen Angelegenheiten die Mitbestimmungsmacht der Personalräte erheblich erweitert. Diese Beobachtung veranlasst Püttner[172] zu der Aussage: „Der Vorbehalt bei Personalentscheidungen der Beamten wirkt deshalb in den neueren Gesetzen fast wie eine kuriose und willkürliche Ausnahme, die von allen Seiten eingemauert ist". Die Entscheidung des Bundesverfassungsgerichts beruhigte aber die Diskussion im Schrifttum um Möglichkeiten und Grenzen des Personalvertretungsrechts. Über mehrere Jahre hinweg wurde es relativ still in der Mitbestimmungsauseinandersetzung[173].

II. Urteil des hessischen Staatsgerichtshofes zum hessischen Personalvertretungsgesetz

Erst das hessische Personalvertretungsgesetz in der Fassung vom 12.07.1984[174] sorgte für eine Wiederbelebung bzw. Verschärfung der verfassungsrechtlichen Kontroverse um die Mitbestimmung im öffentlichen Dienst. Grund hierfür war, dass die Mitbestimmungsrechte der Personalvertretung speziell in so genannten neuen, durch ökonomische und technische Weiterentwicklung bedingten Angelegenheiten, wie z.B. bei der Einführung von Personalinformations- und Verwaltungssystemen sowie bei der Rationalisierung und Privatisierung öffentlicher Einrichtungen, erweitert wurden[175]. Die Auseinandersetzung gipfelte darin, dass der hessische Landesanwalt[176], noch bevor das Gesetz in Kraft trat, Klage vor dem Staatsgerichtshof erhob.

---

[172] Püttner, Mitbestimmung u. Mitwirkung des Personals in der Verwaltung, in: v. Oertzen, Demokratisierung u. Funktionsfähigkeit der Verwaltung, S. 77; ähnlich: Lecheler, Die Personalgewalt öffentlicher Dienstherren, S. 49.

[173] Cecior PersV 1999, S. 49, (49), spricht davon, dass die Grundsätze der Bremen-Entscheidung „jahrzehntelang als Eckpfeiler der Grenzen von Personalratsmitbestimmung" dienten.

[174] Hess GVBL I 1984, S. 181; zu den parteipolitischen Auseinandersetzungen während des Gesetzgebungsverfahrens vgl. z.B.: Kübel PersV 1987, S. 217, (219).

[175] Die Novellierung des hessischen Personalvertretungsrechts beruhte vornehmlich auf Änderungsvorschlägen des DGB (vgl. die Vorschläge des DGB-Landesbezirks Hessen, DGB Schriftenreihe Mitbestimmung M 15, Frankfurt 1983). Hiernach sollte das neue Gesetz die Mitbestimmungssystematik an die arbeitstechnische Veränderung der Berufswelt anpassen und zudem einer mitbestimmungseinschränkenden Gesetzesauslegung durch die Rechtsprechung Einhalt bieten.

[176] Der hessische Landesanwalt ist eine besondere Institution des hessischen Verfassungsprozessrechts. Er wird von einem Wahlmännergremium des hessischen Landtags gewählt. Ihm kommt die Funktion eines öffentlichen Klägers zu, wobei ein Vorteil dieser

1.) Die Entscheidung des hessischen Staatsgerichtshofs

Mit Urteil vom 30.04.1986[177] erklärte der hessische Staatsgerichtshof wesentliche Vorschriften der vorliegenden Novellierung des Personalvertretungsrechts in Bezug auf die hessische Verfassung für verfassungswidrig. Insbesondere ein Letztentscheidungsrecht der Einigungsstelle bei der Realisation technischer Rationalisierungsmaßnahmen, die den Wegfall von Planstellen zur Folge haben, bei der Privatisierung öffentlicher Leistungen sowie bei der Einführung, Anwendung und Änderung der automatisierten Bearbeitung personenbezogener Daten sei verfassungsrechtlich inakzeptabel. Im Gegensatz zu der zuvor besprochenen Entscheidung des Bundesverfassungsgerichts aus dem Jahre 1959 sieht der Staatsgerichtshof ein volles Mitbestimmungsrecht der Personalvertretung auch hinsichtlich solch hoheitlich tätiger Angestellten des öffentlichen Dienstes als verfassungswidrig an, die in die Vergütungsgruppen I bis V b eingruppiert sind oder eine außertarifliche Vergütung erhalten[178]. In den genannten Mitbestimmungsfragen dürften die vom Gericht als notwendig erachteten Einschränkungen zudem nicht durch ein umfangreiches personalvertretungsrechtliches Initiativrecht unterlaufen werden.

In seiner Begründung schließt sich der hessische Staatsgerichtshof zunächst ausdrücklich der bundesverfassungsgerichtlichen Rechtsprechung zum Bremer Personalvertretungsrecht an. Bestimmte Regierungsaufgaben dürfen hiernach nicht den parlamentarisch verantwortlichen Stellen entzogen werden[179]. Darüber hinaus wird aber auch die mangelnde, nicht auf das Wahlvolk in seiner Gesamtheit zurückgehende demokratische Legitimation der Personalvertretung herausgestrichen. Deren Legitimationsbasis, beruhend auf der Beschäftigtenwahl, sei „eine andere und zudem schmaler" als die anderer staatlicher Stellen. Die Legitimationsbasis der Einigungsstelle fehle, da diesem Gremium sowohl demokratisch legitimierte Beisitzer als auch Vertreter der demokratierechtlich defizitären Personalvertretung angehörten, gleichfalls nicht ganz. Sie sei ebenfalls nur

Regelung darin bestehen soll, dass der Landesanwalt keine Rücksicht auf parteipolitische Taktiken nehmen müsse (vgl. auch: Kübel PersV 1987, S. 217, (218)). Da aber der damalige Landesanwalt Apel gleichzeitig CDU Mitglied war, wurde die Klage auch als ein im Kern eindeutig „politisch motivierter Angriff auf den bislang erreichten personalvertretungsrechtlichen Standard" gesehen (so: Altvater/Bacher/Hörter/Peiseler/Sabottig/Schneider/Vohs, Einleitung, S. 106).

[177] Hess StGH DVBL 1986, S. 936 ff.
[178] Hess StGH DVBL 1986, S. 936, (941, 942).
[179] Hess StGH DVBL 1986, S. 936, (938).

schmaler „als die der verfassungsmäßig berufenen Vertreter der öffentlichen Gewalt"[180]. Die Einschränkung der Mitbestimmung des Personalrats in personellen Angelegenheiten bestimmter Gruppen von Angestellten resultiere daraus, dass zahlreiche hoheitliche Aufgaben „abweichend von der Richtschnur des Art. 33 Abs. 4 GG"[181] inzwischen von nichtbeamteten, in die genannten Vergütungsgruppen eingestuften Mitarbeitern erfüllt würden. Allerdings sei das Demokratieprinzip dann noch nicht als verletzt zu betrachten, wenn die verfassungsrechtlich notwendige Letztentscheidung der Regierung in politisch bedeutsamen Angelegenheiten dadurch gewahrt wird, dass ihr die Möglichkeit verbleibt, auch zunächst verbindliche Sprüche der Einigungsstelle aufzuheben.

2.) Bewertung und Auswirkungen der Entscheidung

Die Bedeutung des Urteils des hessischen Staatsgerichtshofes ist vor allem darin zu sehen, dass sich erstmals seit 1959 wieder ein Gericht eingehend mit den verfassungsrechtlichen Grenzen der Mitbestimmung im öffentlichen Dienst beschäftigt und dabei insbesondere die demokratierechtliche Problematik einer umfassenden Mitbestimmungsgesetzgebung präzisiert. Zudem nimmt das Gericht Stellung zum Verhältnis des Personalvertretungsrechts zu neuartigen informationstechnischen Veränderungen der Arbeitswelt. Die restriktive Gesetzes- und Verfassungsinterpretation der Entscheidung wird im Schrifttum, je nachdem mit welchem politischen und verfassungsrechtlichen Mitbestimmungsverständnis der jeweilige Autor sympathisiert, verschieden beurteilt.

Mitbestimmungsfreundlich ausgerichtete Stimmen werten das Urteil als herben Rückschlag für eine moderne Mitbestimmungspolitik[182]. Sie kritisieren vor allem die These des Gerichts, Personalvertretungen und Einigungsstelle übten Staatsgewalt aus[183]. Die von ihnen vorgebrachten Argumentationen zum Thema Staatsgewalt und demokratischer Legitimation, speziell die im Vorfeld der Entscheidung entwickelte These von der kollektiven Grundrechtsausübung durch die Personalvertretung, wissen jedoch nach der hier vertretenen Auffassung nicht zu überzeugen. Auch Aussagen wie, das Urteil lasse den „Atem des Kai-

---

[180]   Hess StGH DVBL 1986, S. 936, (937).

[181]   Hess StGH DVBL 1986, S. 936, (942).

[182]   vgl. Altvater/Bacher/Hörter/Peiseler/Sabottig/Schneider/Vohs, § 104 Rn. 13 d; Nagel PersR 1986, S. 163 ff.; Wendeling-Schröder AuR 1987, S. 381, (381, 382); aber auch Widmaier kritisiert die Reduzierung des Mitbestimmungsniveaus in organisatorischen Angelegenheiten, vgl. PersV 1988, S. 289, (292).

[183]   vgl. im Besonderen: Nagel PersR 1986, S. 163, (165).

serreichs spüren"[184] und die Bürger würden zu schweigendem, untertänigem Gehorsam verpflichtet[185], beruhen auf einem staatstheoretischen Missverständnis. Vielmehr ist zu begrüßen, dass das Gericht im Unterschied zu den teilweise etwas vagen Aussagen des Bundesverfassungsgerichts demokratierechtliche Defizite im Personalvertretungsrecht anspricht. Das Demokratieprinzip des Grundgesetzes wird anders als in der Bremen-Entscheidung in den Mittelpunkt der Entscheidungsbegründung gerückt. Zu kritisieren ist jedoch, dass das Gericht sich in punkto Staatsgewalt und demokratischer Legitimation nicht mit alternativen Theorien und Meinungen auseinandersetzt. Fraglich ist auch, warum Personalvertretung und Einigungsstelle eine schmalere Legitimationsbasis besitzen sollen, obwohl, wie im Urteil richtigerweise betont, nur das Volk in seiner Gesamtheit eine demokratische Legitimation vermitteln kann[186]. Die Theorie der „schmaleren Legitimationsbasis" wird der Absolutheit der Aussage des Art. 20 Abs. 2 S. 1 GG, alle Staatsgewalt geht vom Volke aus, nicht gerecht. Es wird der Eindruck erweckt, es gäbe verschiedene Stufen bzw. Grade demokratischer Legitimation. Diese Interpretation birgt die Gefahr, dass die Aussagekraft und der Normappell des Demokratieprinzips in der Verfassungswirklichkeit schnell an Bedeutung verlieren. *Nicht* demokratisch legitimierte Organe erschienen zu Unrecht als Institutionen mit einer schmaleren Legitimationsbasis. Ungeklärt ist zudem, in welchen Fällen eine schmalere Legitimationsbasis verfassungsrechtlichen Anforderungen genügen würde, und wie eine solche Legitimationsbasis auszusehen hätte. Nicht zugestimmt werden kann dem Gericht ferner in dem Punkt, dass ein allgemeines Aufhebungsrecht der Verwaltungsspitze demokratierechtlichen Anforderungen genüge[187]. Auch diesbezüglich sei nur auf die vorherigen Aussagen verwiesen[188].

Ein weiterer Einwand bezieht sich auf die Einschränkung der Mitbestimmung in Personalangelegenheiten der in die Vergütungsgruppen I bis V b BAT eingruppierten Angestellten. Es sei zwar nicht zu übersehen, dass jene in zunehmendem Maße hoheitliche Aufgaben wahrnähmen. Dies bedeute aber einen Verstoß gegen Art. 33 Abs. 4 GG. Statt nun diesen verfassungsrechtlichen Missstand zu rügen, sanktioniere das Gericht aber die Verwaltungspraxis, indem es die der-

---

[184] Mai, ÖTV Hessen, Sonderinformation Nr. 5, Aktuell, 13.05.1986, S. 3.
[185] so zu verstehen: Nagel PersR 1986, S. 163, (167).
[186] Diesen Lösungsansatz kritisiert auch: Kübel PersV 1987, S. 217, (221) sowie: Benecke, Beteiligungsrechte u. Mitbestimmung im Personalvertretungsrecht, S. 111.
[187] ebenso: Kübel PersV 1987, S. 217, (223).
[188] 6. Teil A II 5.

zeitige Situation im öffentlichen Dienst als gegeben voraussetze und zum Anknüpfungspunkt für eine Mitbestimmungseinschränkung nähme[189].

Es existieren jedoch keine realitätsnahen Konzepte zur Beseitigung des angesprochenen Missverhältnisses. Wie der Staatsgerichtshof[190] feststellt, sprechen ganz im Gegenteil erhebliche verwaltungspraktische Bedürfnisse für eine Erhöhung des Angestelltenanteils zu Lasten der Beamten. Schließlich könnte man gleichfalls den Standpunkt einnehmen, die steigende Zahl hoheitlich tätiger Angestellter dürfe nicht dazu führen, dass im Zuge ausgedehnter Mitbestimmungsrechte ein bedeutenderer Verfassungsgrundsatz als Art. 33 Abs. 4 GG, nämlich das Demokratieprinzip, verletzt wird. Die vom Gericht genannte Mitbestimmungsgrenze erweist sich jedoch eher als willkürlich und lässt sich nicht verfassungsrechtlich begründen[191]. So lässt sich aus der Einstufung in eine bestimmte Vergütungsgruppe nicht zwingend ablesen, welche Bedeutung der ausgeübten Tätigkeit für die Erfüllung des Amtsauftrages zukommt. Oftmals ist die Frage der gültigen Eingruppierung lediglich der Tarifautomatik überlassen und nicht von der „Wertigkeit des Arbeitsplatzes im Hinblick auf Entscheidungsfreiheit und Selbstständigkeit der Aufgabenwahrnehmung"[192] abhängig. Unabhängig davon, ob es sich um personelle Angelegenheiten der Beamten, der Angestellten oder der Arbeiter handelt, sollte ein volles Mitbestimmungsrecht der Personalvertretung daher ausgeschlossen werden[193].

Zu den Auswirkungen der Entscheidung lässt sich feststellen, dass anders als nach dem Urteil des Bundesverfassungsgerichts im Jahre 1959 die personalvertretungsrechtliche Diskussion im Schrifttum nicht allmählich verebbte, sondern sich eher verschärfte. Dies war auch dadurch bedingt, dass der hessische Gesetzgeber zwar im Jahre 1986 auf das Urteil reagierte und die Mitbestimmungsmacht der Personalräte einschränkte, sich die übrigen Landesgesetzgeber aber

[189] so: Battis CR 1987, S. 40, (41); ders. NVwZ 1986, S. 884, (887).
[190] „Für die Verwendung von Angestellten sprechen mindestens zum Teil gute Gründe wie zum Beispiel die Frage der Vorbildung und der Erfüllung von Laufbahnvoraussetzungen im technischen und kaufmännischen Bereich, die Austauschbarkeit zwischen hoheitlichen und nichthoheitlichen Tätigkeiten, speziell im Schulwesen auch der Umstand, dass Angestelltenstellen dem wechselnden Bedarf besser angepasst werden können oder zur Unterbringung von Teilzeitkräften bei Überangebot auf dem Arbeitsmarkt verwendet werden". (Hess StGH DVBL 1986, S. 936, (942)).
[191] so auch: Battis CR 1987, S. 40, (41).
[192] so zutreffend: Rob, Mitbestimmung im Staatsdienst, S. 71.
[193] Diesen Schluss zieht Rob a.a.O. jedoch gerade nicht. Sein Lösungsansatz soll an späterer Stelle ausführlich erläutert werden.

unbeeindruckt zeigten. Die Länder Nordrhein-Westfalen und insbesondere Schleswig-Holstein, Niedersachsen und Rheinland-Pfalz bauten in dem zutreffenden Bewusstsein, dass die Entscheidung des hessischen Staatsgerichtshofes ihnen gegenüber keine Bindungswirkung entfaltete, die Mitbestimmung im öffentlichen Dienst weiter aus.

III. Urteil des rheinland-pfälzischen Verfassungsgerichtshofs zum rheinland-pfälzischen Personalvertretungsrecht

Auch in Rheinland-Pfalz setzte sich die heftig geführte parlamentarische Diskussion[194] um das am 10.12.1992 in Kraft getretene Personalvertretungsgesetz[195] vor den Schranken des Gerichts fort. Die im Gesetzgebungsverfahren mit ihren verfassungsrechtlichen Bedenken unterlegene CDU-Landtagsfraktion sowie die Städte Landau, Frankenthal und Speyer stellten vor dem rheinland-pfälzischen Verfassungsgerichtshof einen Normenkontrollantrag nach Art. 130 Abs. 1 LV-Rh-Pf. Die Entscheidung des Gerichts wurde mit Spannung erwartet. Befand sich nun doch zum ersten Mal die schon mehrmals erwähnte Allzuständigkeitsklausel, ein in allen Mitbestimmungsfragen bestehendes Initiativrecht und das Vereinbarungsrecht mit den gewerkschaftlichen Spitzenorganisationen auf dem verfassungsgerichtlichen Prüfstand.

1.) Die Entscheidung des rheinland-pfälzischen Verfassungsgerichtshofs

In seinem Urteilsspruch vom 18.04.1994 zeigte der rheinland-pfälzische Verfassungsgerichtshof[196] ebenso wie die „Vorgängerurteile" zum bremischen und hessischen Personalvertretungsgesetz der Mitbestimmungsgewalt der Personalräte Grenzen auf. Ausgangspunkt des restriktiven Gesetzesverständnisses ist wiederum das demokratierechtliche Defizit von Personalvertretung und Einigungsstelle. Ein Mitbestimmungskondominium von Personalvertretung und Dienststellenleitung im Verwaltungsaufbau und Behördensystem sei demokratie- und rechtsstaatlich unzulässig[197]. Staatsgewalt müsse grundsätzlich in den Händen demokratisch legitimierter Organe verbleiben. Ein weitreichendes Mitbestimmungsrecht der Personalräte sei weiterhin auch im Hinblick auf das Prin-

---

194 vgl. zum äußerst kontrovers verlaufenden Gesetzgebungsverfahren die Nachweise bei: Becker RiA 1995, S. 5, (6).
195 Rh-Pf GVBL, S. 213.
196 Rh-Pf VerfGH PersV 1994, S. 307, (324 ff.).
197 Rh-Pf VerfGH PersV 1994, 307, (315).

zip der kommunalen Selbstverwaltung kritisch zu bewerten. Das Gericht setzt sich dabei nur kurz mit möglichen Rechtfertigungsgründen der personalvertretungsrechtlichen Mitbestimmung auseinander. Im Einzelnen angesprochen wird der sozialstaatliche Schutzauftrag, die Grundrechte, das Demokratieprinzip (!) und die hergebrachten Grundsätze des Berufsbeamtentums. Es ließen sich aber gegen jeden dieser Ansätze gewichtige Bedenken anführen. Am überzeugendsten sei es noch, auf das Sozialstaatsprinzip abzustellen[198].

Auf der Basis dieser verfassungsrechtlichen Überlegungen ist nach Auffassung des Gerichts eine Allzuständigkeitsklausel nicht grundsätzlich auszuschließen. So liege ein Verstoß gegen den Bestimmtheitsgrundsatz zumindest dann noch nicht vor, wenn die entsprechende Regelung, wie in Rheinland-Pfalz der Fall, durch einen Beispielskatalog ergänzt werde[199]. Eine demokratiewidrige Einflussnahme einer einzelnen Interessengruppe auf das Gemeinwesen sei jedoch darin zu erblicken, dass Personalvertretung und Einigungsstelle mit Hilfe von Allzuständigkeitsklausel und Letztentscheidungsrecht in allen Mitbestimmungsangelegenheiten, so z.B. im Bereich bedeutender organisatorischer und personeller Fragen, ein entscheidendes Mitspracherecht ausüben könnten. Dabei betrachtet der Verfassungsgerichtshof Rheinland-Pfalz die in Hessen gerichtlich getroffene Begrenzung der Mitbestimmungsgewalt des Personalrats hinsichtlich personeller Angelegenheiten der Angestellten mit deutlicher Ablehnung. Die Angestellten und Arbeiter machten den größten Teil der öffentlich Beschäftigten aus. Schon von daher könne nicht davon gesprochen werden, dass dieser Gruppe eine weitgehend nur geringe Bedeutung für die Wahrnehmung des Amtsauftrages zukomme. Das Gericht regt an, die Reichweite der personalvertretungsrechtlichen Mitsprache im personellen Bereich an der funktionsspezifischen Bedeutung der jeweilig ausgeübten Tätigkeit für die öffentliche Aufgabenerfüllung zu orientieren. Einzelne Regelungsfragen müssten allerdings dem Gesetzgeber überlassen bleiben[200].

Ein Letztentscheidungsrecht der Einigungsstellen im organisatorischen Bereich dürfe der Dienststellenleitung nicht die Befugnis zur maßgeblichen Gestaltung des Verwaltungsbetriebs entziehen. Nicht hinnehmbar sei daher eine abschließende Entscheidungskompetenz der Einigungsstelle in den in § 80 Abs. 1 Nr. 1,

---

[198] Rh-Pf VerfGH PersV 1994, S. 307, (312).
[199] Rh-Pf VerfGH PersV 1994, S. 307, (323, 324).
[200] Rh-Pf VerfGH PersV 1994, S. 307, (324).

2, 4–6, 10 und 14 PersVG Rh-Pf genannten Tatbeständen (Planung/Gestaltung der Arbeitsplätze, Festlegung der Arbeitsinhalte und des Arbeitsumfangs)[201]. Ein auf volle Parität zwischen Personalvertretung und Dienststellenleitung abzielendes Initiativrecht sei verfassungsrechtlich kritischer einzustufen als die herkömmlichen Mitbestimmungsregelungen. Das Verteilungsprinzip der Organisationsgewalt in der Dienststelle werde durch ein weitreichendes Initiativrecht aus den Angeln gehoben. Neben der Dienststellenleitung bestimme die so initiativrechtlich präparierte Personalvertretung entscheidend das Behördengeschehen. Zumindest im Hinblick auf die genannten personellen und organisatorischen Angelegenheiten sei dieser Zustand verfassungswidrig[202].

Letztlich sieht das Gericht auch in der Bestimmung, die eine Vereinbarung zwischen gewerkschaftlichen Spitzenorganisationen und ministerieller Verwaltungsleitung hinsichtlich allgemein bedeutsamer Regelungsfragen vorsieht, einen Verfassungsverstoß. Den Spitzenorganisationen der Gewerkschaften fehle es an personeller demokratischer Legitimation, um auch für die Nichtgewerkschaftsmitglieder zu sprechen. Es wird offen gelassen, ob hierin ebenso ein Verstoß gegen die negative Koalitionsfreiheit liegt. Zumindest gegen rechtsstaatliche Prinzipien werde verstoßen, da bestimmten Gruppeninteressen ein über Gebühr liegender Einfluss auf die staatliche Gewalt eingeräumt werde[203].

2.) Bewertung und Auswirkungen der Entscheidungen

Mitbestimmungsfreundliche Stimmen haben die Rechtsansicht des Verfassungsgerichtshofes Rheinland-Pfalz scharf kritisiert. Beispielhaft für viele sei hier nur Helmes[204] zitiert, der feststellt: „Die Entscheidung des VGH Rheinland-Pfalz konterkariert die politischen Intentionen zur Modernisierung des öffentlichen Dienstes mit dem Ziel, Hierarchien abzubauen, Entscheidungsstrukturen zu verschlanken und mehr Mitverantwortung auf die Beschäftigten zu delegieren. Die Mitbestimmungsdiskussion im öffentlichen Dienst hat einen Rückschlag erlitten".

Dieser Kritik kann insoweit gefolgt werden, als dass das Gericht auch das Vereinbarungsrecht zwischen den Spitzen von Gewerkschaften und Verwaltung für

[201] Rh-Pf VerfGH PersV 1994, S. 307, (326).
[202] Rh-Pf VerfGH PersV 1994, S. 307, (326).
[203] Rh-Pf VerfGH PersV 1994, S. 307, (331, 332).
[204] Helmes PersR 1994, S. 241, (244).

verfassungswidrig erklärt (vgl. hierzu die vorherigen Ausführungen). Diese Interpretation des Verfassungsgerichtshofs Rheinland-Pfalz beruht auf einer mangelhaften Begriffsbestimmung des Terminus Staatsgewalt. Das Urteil hätte zudem an Überzeugungskraft gewonnen, wenn es sich mit abweichenden Ansichten im Zusammenhang mit der Erläuterung der Begriffe Staatsgewalt und demokratischer Legitimation befasst hätte. Stattdessen wird die eigene Ansicht, wie nach dem Vorbild der Rechtsprechung des hessischen Staatsgerichtshofs, als unzweifelhaft und selbstverständlich dargestellt. Ein weiterer Kritikpunkt ist die unzureichende Erklärung möglicher Rechtfertigungsgründe personalvertretungsrechtlicher Mitbestimmung. Erst wenn man sich über deren Bedeutung im Klaren ist, kann eine Aussage darüber getroffen werden, inwieweit Ausnahmen von Art. 20 Abs. 2 S. 1 GG anzuerkennen sind[205]. Zuzustimmen ist dem Gericht aber darin, dass die Mitbestimmung der Personalvertretung im personellen und organisatorischen Bereich unter demokratierechtlichem Aspekt deutlich zu reduzieren ist. Positiv zu bewerten ist auch, dass sich das Gericht ausdrücklich nicht der willkürlichen Grenzziehung des hessischen Staatsgerichtshofs in personellen Fragen der Angestellten anschließt. Allerdings bleibt der eigene Lösungsansatz, man müsse sich an der funktionsspezifischen Bedeutung der jeweils ausgeübten Tätigkeit orientieren, recht vage.

Als direkte Auswirkung des Urteils fanden nun statt der für verfassungswidrig erklärten Normen die entsprechenden Regelungen des Personalvertretungsgesetzes aus dem Jahre 1977 wieder Anwendung. Jene konnten durch die verfassungswidrigen Bestimmungen nicht verdrängt werden[206]. Das Mitbestimmungsniveau in Rheinland-Pfalz war „schlagartig" erheblich gesunken. Die Entwicklung in Rheinland-Pfalz stand aber im Schatten der Diskussion um das schleswig-holsteinische Mitbestimmungsgesetz und des gegen dieses Gesetz vor dem Bundesverfassungsgericht angestrengten Verfahrens.

IV. Der Beschluss des Bundesverfassungsgerichts zum schleswig-holsteinischen Mitbestimmungsgesetz

Ihren vorläufigen Höhepunkt erlebte die personalvertretungsrechtliche Debatte im Lichte der Auseinandersetzung um das schleswig-holsteinische Mitbestim-

---

[205] Kisker PersV 1994, S. 289, (291).
[206] vgl. Rundschreiben des Ministeriums des Inneren und für Sport vom 28.06.1994, JBL Rh-Pf 1994, S. 261.

mungsgesetz vom 11.12.1990[207]. Nachdem die SPD die Landtagswahlen in Schleswig-Holstein gewonnen hatte, schickte sich das dortige Parlament an, im Hinblick auf die Mitbestimmung im öffentlichen Dienst völlig neue Wege zu beschreiten. Die mitbestimmungsfreundliche Tendenz der neuen Gesetzeskonzeption war zu diesem Zeitpunkt in ihren Grundzügen lediglich mit dem Bremer Personalvertretungsrecht vergleichbar (Stichwort: Allzuständigkeitsklausel). Aber weder zuletzt genanntes Regelungswerk, noch die im Anschluss und in Parallele zur Rechtslage in Schleswig-Holstein erlassenen Personalvertretungsgesetze in Niedersachsen und Rheinland-Pfalz erreichten den Mitbestimmungsstandard des schleswig-holsteinischen öffentlichen Dienstes. Erstmalig sah ein Gesetz eine Allzuständigkeitsklausel vor, die nicht durch Beispielskataloge ergänzt wurde (vgl. § 51 Abs. 1 MBG Sch-H). Neu war auch, dass Dienststelle und Personalrat bei ihren Entscheidungen das gesellschaftliche, wirtschaftliche und ökologische Umfeld zu berücksichtigen haben (vgl. § 2 Abs. 4 MBG Sch-H, laut Mitbestimmungskritiker ein allgemeinpolitisches Mandat). Dieser mitbestimmungsfreundlichen gesetzgeberischen Grundeinstellung entsprach auch die in einem Vorwort des Gesetzes niedergelegte Äußerung des schleswig-holsteinischen Innenministers, wonach das Gesetz eine „neue Ära" der Mitbestimmung im öffentlichen Dienst einläute. Weiter heißt es dort: „Die Mitarbeiterinnen und Mitarbeiter im öffentlichen Dienst sind nicht mehr länger Arbeitnehmer zweiter Klasse. Während das alte Recht Mitbestimmung nur für bestimmte in einem Katalog abschließend festgeschriebene Fälle kannte, hat jetzt der Personalrat bei allen personellen, sozialen, organisatorischen und sonstigen innerdienstlichen Maßnahmen ein grundsätzliches Mitbestimmungs- sowie ein seiner Aufgabenstellung entsprechendes Initiativrecht. ... Beide Seiten stehen sich in innerdienstlichen Angelegenheiten gleichrangig gegenüber". Fast gleichlautende Sätze fanden sich auch in der Begründung zum Regierungsentwurf des schleswig-holsteinischen Mitbestimmungsgesetzes. Hiernach hat sich die Neuregelung zum Ziel gesetzt, „zu einer tatsächlichen und ausgewogenen Partnerschaft zwischen Dienststelle und Personalvertretung zu gelangen, die sich gleichrangig gegenüberstehen, um eine umfassende Mitbestimmung der Beschäftigten zu garantieren"[208]. Eher symbolischer Wert soll der Tatsache zu-

---

207 GVBL Sch-H, S. 577.
208 LT Drs. 12/996, S. 68 ff.

kommen, dass das neue Gesetz nicht wie in allen anderen Bundesländern als Personalvertretungs-, sondern als Mitbestimmungsgesetz bezeichnet wird[209].

Die Mitbestimmungskritiker[210] sahen angesichts der Entwicklung in Schleswig-Holstein die Grenzen des Zumutbaren überschritten. Ihrer Auffassung nach ging es bei der Umgestaltung des schleswig-holsteinischen Personalvertretungsrechts hauptsächlich darum, die vor dem Regierungswechsel getätigten Wahlversprechen gegenüber einflussreichen Gewerkschaftsverbänden einzulösen, um sich auch in Zukunft deren Zustimmung in kritischen Phasen gewiss sein zu können[211]. Dieser bedenkliche Vorgang vollziehe sich aber auf dem Rücken des Bürgers. Jener müsse in seiner Eigenschaft als Steuerzahler und als Empfänger von Dienstleistungen einen erhöhten Verwaltungsaufwand finanzieren[212].

Die getätigte Kritik ist berechtigt und erfährt direkte, wenn auch unfreiwillige Bestätigung durch die Gesetzesbegründung, wo zugegeben wird: „Das neue Gesetz wird zu mehr Kosten führen durch steigenden Verwaltungsaufwand und ggf. höheren Personalbedarf"[213].

Da der Ministerpräsident in seiner Regierungserklärung vom 28.06.1988 zudem angekündigt hatte, „ein bundesweit vorbildliches Personalvertretungsgesetz"[214] zu schaffen, ging eine weitere Sorge der Mitbestimmungskritiker dahin, dass möglicherweise andere Landesgesetzgeber, insbesondere in den neuen Ländern, dem Beispiel Schleswig-Holsteins folgen würden[215]. In diesem Fall, der ja auch später in gewisser Weise eintrat, käme dem schleswig-holsteinischen Mitbestimmungsgesetz eine bedenkliche Signalwirkung zu.

Aus diesen Gründen stellten am 22.02.1992 282 Abgeordnete der CDU/CSU Bundestagsfraktion einen Normenkontrollantrag vor dem Bundesverfassungsgericht. Allerdings setzten *beide* politischen Lager große Hoffnungen in die Rechtsprechung des Bundesverfassungsgerichts. Während die Mitbestimmungskriti-

---

[209] Hierauf machen auch aufmerksam: Battis RdA 1992, S. 12, (12) und Kisker PersV 1992, S. 1, (5).

[210] vgl. nur die Beiträge von: Kisker PersV 1995, S. 529 ff.; ders. PersV 1994, S. 289 ff.; Schenke JZ 1994, S. 1025 ff.; ders. PersV 1992, S. 289 ff.

[211] vgl. Battis RdA 1992, S. 12, (12). Dieser Gedanke ist nicht abwegig, wenn man bedenkt, dass gerade die Forderung nach einer Allzuständigkeitsklausel ein ureigenes gewerkschaftliches Anliegen ist (vgl. Bobke WSI-Mitteilungen 1983, S. 739, (741)).

[212] vgl. Battis RdA 1992, S. 12, (12).

[213] LT Drs. 12/996, S. 2.

[214] zitiert nach: Thiele PersV 1993, S. 97, (97).

[215] In diese Richtung: Kisker PersV 1992, S. 1, (2 Fn.4, 5).

ker eine Bestätigung der Rechtsauslegung der Landesverfassungsgerichte in Rheinland-Pfalz und Hessen erwarteten, setzte die mitbestimmungsfreundliche Auffassung darauf, dass einer aus ihrer Sicht moderner Gesetzgebung verfassungsgerichtlich „grünes Licht" gegeben wird.

1.) Die Entscheidung des Bundesverfassungsgerichts

Mit Beschluss vom 24.05.1995, der im Übrigen, vielleicht etwas überraschend, einstimmig ausfiel, äußerte sich dann das höchste deutsche Gericht zur verfassungsrechtlichen Problematik des schleswig-holsteinischen Mitbestimmungsgesetzes[216]. Im Zentrum der gerichtlichen Untersuchung stand das in Art. 20 Abs. 2 S. 1 GG verbürgte Demokratieprinzip. Im Hinblick auf die Schwierigkeit einer genauen Definition des Begriffes Staatsgewalt folgt das Gericht namentlich der bereits in der Entscheidung zum Hamburger Kommunalwahlrecht für Ausländer (BVerfGE 83, 60, 73) aufgestellten These, als Ausübung von Staatsgewalt erweise sich jedenfalls alles amtliche Handeln mit Entscheidungscharakter[217]. Ob dieses Handeln unmittelbar nach außen gegenüber dem Bürger wirke oder nur behördenintern die Voraussetzungen für die Wahrnehmung des Amtsauftrages schaffe, sei ohne Belang. Hiervon ausgehend stelle sich auch die Inanspruchnahme personalvertretungsrechtlicher Entscheidungsbefugnisse als legitimationsbedürftiges Wirken dar. Die Ausübung von Staatsgewalt sei aber nur dann demokratisch legitimiert, „wenn sich die Bestellung der Amtsträger – personelle Legitimation vermittelnd – auf das Staatsvolk zurückführen lässt"[218]. Es sei erforderlich, dass die jeweilige Person vom Volk oder Parlament in ihr Amt gewählt werde, oder dass eine Ernennung durch einen seinerseits personell demokratisch legitimierten und dem Parlament gegenüber verantwortlichen Amtsträger erfolge (ununterbrochene Legitimationskette). Parallel hierzu sei auch der sachlich-inhaltliche Legitimationsfaktor zu beachten. Es müsse gewährleistet sein, „dass die Amtsträger im Auftrag und nach Weisung der Regierung – ohne Bindung an die Willensentschließung einer außerhalb parlamentarischer Verantwortung stehenden Stelle – handeln können und die Regierung damit in die Lage versetzen, die Sachverantwortung gegenüber Parlament und Volk zu übernehmen"[219]. Infolgedessen geht das Bundesverfassungsgericht da-

---

[216] BVerfG DVBL 1995, S. 1291 ff.
[217] BVerfG DVBL 1995, S. 1291, (1292).
[218] BVerfG DVBL 1995, S. 1291, (1292).
[219] BVerfG DVBL 1995, S. 1291, (1292).

232

von aus, dass die Personalvertretung sowohl personell als auch sachlich-inhaltlich demokratisch nicht legitimiert ist. Das Gericht sieht aber auch, dass im Unterschied zu anderen staatsgewaltlichen Maßnahmen die Besonderheit inner-dienstlicher Entscheidungen darin besteht, dass die öffentlich Beschäftigten in ihren spezifischen Interessen als Dienst- und Arbeitnehmer berührt werden. Die-sem Umstand dürfe der Gesetzgeber durchaus dadurch Rechnung tragen, dass er einem Organ, dessen Aufgabe es ist, den Interessen der öffentlich Beschäftigten Geltung im Arbeitsleben zu verschaffen, mitentscheidende Befugnisse im staat-lichen Willensbildungsprozess einräumt[220]. Derartige Beteiligungsrechte spe-zieller Interessenvertretungen hätten nach den Erfahrungen des Arbeitslebens zudem den begrüßenswerten Effekt zur Folge, dass der Betriebsfrieden nachhal-tig gesichert werde. Dies könne sich nur positiv auf eine sachgerechte Erfüllung der der Verwaltung obliegenden öffentlichen Aufgaben auswirken. Nach An-sicht des Gerichts sei in der Verwaltungspraxis aber nach wie vor kein Raum für eine spezielle Betroffenenbeteiligung. Vielmehr seien auch Beteiligungsrechte der Beschäftigten nur solange mit dem Demokratieprinzip vereinbar, wie „sie nicht den Grundsatz berühren, dass alle der Staatsgewalt Unterworfenen den gleichen Einfluss auf die Ausübung von Staatsgewalt haben müssen und deshalb Bürgern, die von einer bestimmten Ausübung von Staatsgewalt individuell be-troffen sind, keine besonderen Mitentscheidungsbefugnisse eingeräumt werden dürfen"[221].

Nicht näher geht das Gericht auf die Frage ein, ob etwa das Sozialstaatsprinzip oder die Grundrechte den Gesetzgeber verpflichten, bestimmte Beteiligungs-rechte eines interessenvertretenden Organs gesetzlich zu verankern. Fest stehe nur, dass das Grundgesetz eine Personalratsbeteiligung zulasse[222].

Sein Hauptaugenmerk richtet das Gericht auf die Problematik der zulässigen Grenze personalvertretungsrechtlicher Mitbestimmung. Im Einzelnen ist dabei die Rede von einer Schutzzweck- und Verantwortungsgrenze.

a) Schutzzweckgrenze

Das Gericht ist der Meinung, Mitbestimmung dürfe sich „nur auf innerdienstli-che Maßnahmen erstrecken und nur so weit gehen, als die spezifischen in dem

---

[220] BVerfG DVBL 1995, S. 1291, (1292).
[221] BVerfG DVBL 1995, S. 1291, (1292).
[222] BVerfG DVBL 1995, S. 1291, (1292).

Beschäftigungsverhältnis angelegten Interessen der Angehörigen der Dienststelle sie rechtfertigen"[223].

b) Verantwortungsgrenze

Die Verantwortungsgrenze entspräche der Forderung des Demokratieprinzips, dass in Angelegenheiten mit Bedeutung für die öffentliche Aufgabenerfüllung ein dem Parlament verantwortlicher Träger öffentlicher Gewalt die Möglichkeit der Letztentscheidung verbleiben muss.

Innerhalb dieses Rahmens gelte: „Je weniger die zu treffende Entscheidung typischerweise die verantwortliche Wahrnehmung des Amtsauftrages und je nachhaltiger sie die Interessen der Beschäftigten berührt, desto weiter kann die Beteiligung der Personalvertretung reichen"[224]. Auf dieser Basis entwickelt das Gericht drei verschiedene Stufen zulässiger personalvertretungsrechtlicher Beteiligung.

(1.) 1. Stufe

Der ersten Stufe werden Angelegenheiten zugeordnet, „die in ihrem Schwerpunkt die Beschäftigten in ihrem Beschäftigungsverhältnis betreffen, typischerweise aber nicht oder nur unerheblich die Wahrnehmung von Amtsaufgaben gegenüber den Bürgern berühren"[225]. Beispielhaft werden die Mitbestimmungstatbestände in sozialen Fragen nach § 75 Abs. 2 BPersVG (Gewährungen von Unterstützungen; Zuweisung und Kündigung von Wohnungen, über die der Dienststellenleiter verfügt; Zuweisung von Dienst- und Pachtland und Festsetzung der Nutzungsbedingungen) und in innerdienstlichen Angelegenheiten nach § 75 Abs. 3 BPersVG, ausgenommen die Nrn. 10, 14 und 17, genannt (§ 75 Abs. 3: Arbeitszeit; Zeit, Ort und Art der Auszahlung der Dienstbezüge und Arbeitsentgelte; Fragen der Urlaubsplanung; Fragen der Lohngestaltung; Sozialeinrichtungen; Berufsbildung bei Angestellten und Arbeitern; Fortbildungsveranstaltungen; Gestaltung von Personalfragebögen von Angestellten und Arbeitern; Beurteilungsrichtlinien für Angestellte und Arbeiter; Maßnahmen zur Verhütung von Dienst- und Arbeitsunfällen; Vorschlagswesen; Regelung der Ordnung in der Dienststelle und des Verhaltens der Beschäftigten; Aufstellung von Sozialplänen; Gestaltung der Arbeitsplätze). In diesen Angelegenheiten sei eine weitrei-

---

[223] BVerfG DVBL 1995, S. 1291, (1293).
[224] BVerfG DVBL 1995, S. 1291, (1293).
[225] BVerfG DVBL 1995, S. 1291, (1293).

chende Mitbestimmung der Beschäftigten mit dem Demokratieprinzip vereinbar. Die Durchführung bestimmter auf diesen Gebieten angesiedelter Verwaltungs-maßnahmen könne daher von der Zustimmung des Personalrats abhängig ge-macht werden. Komme es zu keiner Einigung könne die Entscheidung einer weisungsunabhängigen Einigungsstelle überlassen bleiben. Notwendige Voraus-setzung eines solchen Mitbestimmungskonzepts sei jedoch eine zumindest abge-schwächte demokratische Legitimation des Entscheidungsverfahrens. Hiervon sei nur dann auszugehen, wenn Personalrat und Einigungsstelle bei der Aus-übung ihrer Befugnisse an Recht und Gesetz gebunden seien. Ferner müsse als weitere Mindestvoraussetzung die Mehrheit der Mitglieder der im Konfliktfall entscheidenden Einigungsstelle jedenfalls in gewissem Maße personell demo-kratisch legitimiert sein. Schließlich sei zu sichern, dass Entscheidungen, „die im Einzelfall wegen ihrer Auswirkungen auf das Gemeinwohl wesentlicher Be-standteil der Regierungsgewalt sind, einem parlamentarisch verantwortlichen Amtsträger vorbehalten bleiben"[226]. Das Gericht spricht insofern von einer Art Evokationsrecht. Eine zusätzliche Steigerung der demokratischen Legitimation wird in der gesetzlichen Festlegung eines Versagungskatalogs in personalver-tretungsrechtlichen Mitbestimmungsangelegenheiten nach dem Vorbild der §§ 77 Abs. 2, 79 Abs. 1 S. 3 BPersVG gesehen.

(2.) 2. Stufe

Zur zweiten Stufe zählen Maßnahmen, „die den Binnenbereich des Beschäftig-tenverhältnisses betreffen, die Wahrnehmung des Amtsauftrages jedoch typi-scherweise nicht nur unerheblich berühren"[227]. Hierzu rechneten beispielsweise die auf der ersten Stufe ausgeklammerten Maßnahmen des § 75 Abs. 3 Nr. 14 und 17 BPersVG (Absehen von der Ausschreibung von Dienstposten; Einfüh-rung und Anwendung technischer Überwachungseinrichtungen) sowie der in § 78 Abs. 1 Nr. 1 BPersVG genannte Bereich (Vorbereitung von Verwaltungs-anordnungen einer Dienststelle für die innerdienstlichen, sozialen und persönli-chen Angelegenheiten der Beschäftigten ihres Geschäftsbereiches). Aufgrund der erhöhten Bedeutung der aufgezählten Maßnahmen für die Erfüllung des Amtsauftrages müsse einem Volk und Parlament verantwortlichen Amtsträger das Recht, eine verbindliche Letztentscheidung zu fällen, zustehen. Die Kom-petenz der Einigungsstelle zur abschließenden Entscheidung sei nur unter der

---

[226] BVerfG DVBL 1995, S. 1291, (1293).
[227] BVerfG DVBL 1995, S. 1291, (1293).

Voraussetzung akzeptabel, „dass die Mehrheit ihrer Mitglieder uneingeschränkt personell demokratisch legitimiert ist, und die Entscheidung darüber hinaus von einer Mehrheit der so legitimierten Mitglieder getragen wird (Prinzip der doppelten Mehrheit)"[228]. Allerdings bestehe auch die Möglichkeit, dass der Gesetzgeber den Mangel an demokratischer Legitimation der Einigungsstelle bei den in Rede stehenden Angelegenheiten dadurch ausgleiche, indem er ein Letztentscheidungsrecht einer demokratisch legitimierten und dem Parlament gegenüber verantwortlichen Stelle gesetzlich fixiere. Wichtig sei aber, dass die Ausübung dieses Letztentscheidungsrechts nicht unter der Bedingung der Darlegung erfolgen dürfe, dass im konkreten Fall das Gemeinwohl in so erheblichem Maße betroffen sei, dass die Entscheidung in der alleinigen Regierungsverantwortung verbleiben müsse.

(3.) 3. Stufe

Nach Auffassung des Gerichts dürfe dagegen die parlamentarische Verantwortung der Regierung keine substitutionelle Einschränkung erfahren, wo die Realisation solcher innerdienstlicher Maßnahmen, „die schwerpunktmäßig die Erledigung von Amtsaufgaben betreffen, unvermeidlich aber auch die Interessen der Beschäftigten berühren"[229], im Raume steht. Hierzu zählten vor allem organisatorische und personelle Angelegenheiten, im Einzelfall aber auch soziale Mitbestimmungsfragen. Im Bereich der Personalpolitik seien insbesondere jene Maßnahmen von großer Bedeutung und erhöhter Sensibilität, die den Rechtsstatus von Beamten, Angestellten und Arbeitern tangierten. Zur näheren Konkretisierung, die aber wiederum nur beispielhaften Charakter besitzen soll, nennt das Gericht die in § 75 Abs. 1 BPersVG (Personalfragen der Angestellten und Arbeiter: Einstellung; Übertragung höher oder niedriger zu bewertender Tätigkeit, Umgruppierung; Versetzung, Umsetzung mit Wechsel des Dienstortes; Abordnung für mehr als drei Monate; Zuweisung entsprechend § 123 a BRRG für eine Dauer von mehr als drei Monaten; Weiterbeschäftigung über die Altersgrenze hinaus; Anordnungen, welche die Freiheit der Wahl der Wohnung beschränken; Versagung oder Widerruf der Genehmigung einer Nebentätigkeit) und in § 76 BPersVG (Personalfragen der Beamten entsprechend den Angelegenheiten des § 75 Abs. 1 BPersVG; darüber hinaus: Abschluss von Dienstvereinbarungen über: Auswahl der Teilnehmer an Fortbildungsveranstaltungen für Beamte; In-

---

[228] BVerfG DVBL 1995, S. 1291, (1293).
[229] BVerfG DVBL 1995, S. 1291, (1293).

halt von Fragebögen für Beamte; Beurteilungsrichtlinien für Beamte; Bestellung von Vertrauens- oder Betriebsärzten als Beamte; Maßnahmen zur Hebung der Arbeitsleistung und Erleichterung des Arbeitsablaufes; allgemeine Fragen der Fortbildung der Beschäftigten; Einführung grundlegend neuer Arbeitsmethoden; Erlass von Richtlinien über die personelle Auswahl bei Einstellungen, Versetzungen, Umgruppierungen und Kündigungen; Geltendmachung von Ersatzansprüchen gegen einen Beschäftigten; Maßnahmen zur Gleichstellung von Mann und Frau) genannten Angelegenheiten. Gleichfalls hierzu gehörten die in § 78 Abs. 1 Nr. 2–4 (Auflösung, Einschränkung, Verlegung oder Zusammenlegung von Dienststellen; Einleitung eines förmlichen Disziplinarverfahrens gegen einen Beamten; Entlassung von Beamten auf Probe oder Widerruf; vorzeitige Versetzung in den Ruhestand) erwähnten Maßnahmen sowie die Beteiligung im Falle der Kündigung (vgl. § 79 BPersVG). Verfassungsrechtlich zulässig sei hier nur die so genannte eingeschränkte Mitbestimmung, d.h. die Entscheidung der Einigungsstelle dürfe nur in Form einer Empfehlung an die zuständige Dienstbehörde ausgesprochen werden.

Die Verfassung schreibe jedoch kein bestimmtes Mitbestimmungsmodell vor. Zu beachten seien aber die aufgezeigten verfassungsrechtlichen Grenzen. Innerhalb dieser stehe es dem jeweiligen Bundes- oder Landesgesetzgeber frei, auf welche Art und Weise er das Personalvertretungsrecht gestalte.

c) Verfahrensanforderungen

Nach Auffassung des Gerichts stellt das Demokratieprinzip aber nicht nur Anforderungen an die formale Gestaltung einzelner Mitbestimmungsstufen, sondern ebenso an die personalvertretungsrechtlichen Verfahrensregelungen. Eine am Gemeinwohl orientierte Erfüllung des Amtsauftrages setze voraus, „dass die dafür erforderlichen organisatorischen und sonstigen innerdienstlichen Bedingungen sach- und zeitgerecht geschaffen werden"[230]. Der Gesetzgeber dürfe deshalb die verantwortlichen Amtsträger nicht in die Lage versetzen, „in der sie jene Maßnahmen, die für die zeitgerechte Herstellung der Bedingungen einer ordnungsgemäßen Erfüllung des Amtsauftrages notwendig sind, nur um den Preis von Zugeständnissen durchsetzen können, die sie nicht oder nur mit Einschränkungen für sachgerecht halten und in die sie sonst nicht einzuwilligen bereit wären"[231]. Der Gesetzgeber müsse daher die verwaltungspraktischen Aus-

---

[230] BVerfG DVBL 1995, S. 1291, (1294).
[231] BVerfG DVBL 1995, S. 1291, (1294).

wirkungen einzelner Mitbestimmungsregelungen bedenken und bei Fehlentwicklungen ggf. einschreiten. Die personalvertretungsrechtlichen Normen sollten zudem verständlich und eindeutig sein, sodass nicht erst eine gerichtliche Auslegung ihres Inhalts unter Bezugnahme auf andere Gesetzestexte die gewünschte Klarheit bringe.

d) Die Allzuständigkeitsklausel

Das Bundesverfassungsgericht erklärt die Allzuständigkeitsklausel des schleswig-holsteinischen Mitbestimmungsgesetzes im Zusammenhang mit einem generellen Letztentscheidungsrecht der Einigungsstelle für unvereinbar mit dem Demokratieprinzip des Grundgesetzes[232]. Jene wäre in ihrer Konzeption auf eine gleichberechtigte Mitbestimmung in allen sozialen, personellen und organisatorischen Angelegenheiten ausgerichtet (vgl. §§ 2 Abs. 1, 51 MBG Sch-H). Im Nichteinigungsfall zwischen Personalrat und Dienststelle entscheide die Einigungsstelle die Situation grundsätzlich abschließend (vgl. §§ 52–54 MBG Sch-H). Die Entscheidungen der Einigungsstelle seien jedoch „soweit es sich um Maßnahmen handelt, die den Amtsauftrag typischerweise nicht nur unerheblich berühren, nicht hinreichend demokratisch legitimiert"[233]. Dies folgere unausweichlich aus der personellen Zusammensetzung der Einigungsstelle, denn lediglich die von der Dienststellenleitung bestellten Beisitzer könnten eine hinreichende personelle demokratische Legitimation für sich in Anspruch nehmen. Selbst dem unparteiischen Vorsitzenden fehle es aber hieran. Seine Bestellung beruhe auf einer mehrheitlichen Wahlentscheidung der Beisitzer. Da aber die Vertreter der Dienststelle weder parlamentarisch verantwortlich handelten noch dem Weisungsrecht eines parlamentarisch verantwortlichen Amtsträgers unterlägen, könnten auch *sie* keine uneingeschränkte personelle demokratische Legitimation vermitteln. Dies gelte erst recht für die in keiner Form demokratisch legitimierten Beisitzer der Personalratsseite. Dabei lässt das Gericht die Frage offen, ob der Vorsitzende dann über eine uneingeschränkte personelle demokratische Legitimation verfügt, wenn sich die Beisitzer nicht über seine Person einigen können, und die Bestellung durch die Präsidentin oder den Präsidenten des Oberverwaltungsgerichts erfolgt. Ursache hierfür sei, dass die Einigungsstelle mit einfacher Stimmenmehrheit entscheide (vgl. § 54 Abs. 3 S. 2 MBG Sch-H) und somit in keinem Fall gewährleistet sei, dass die konkrete Beschlussfassung

---

[232] BVerfG DVBL 1995, S. 1291, (1294).
[233] BVerfG DVBL 1995. S. 1291, (1295).

238

auch jeweils von einer Mehrheit der uneingeschränkt demokratisch legitimierten Mitglieder getragen werde.

Besonders kritisch würdigt das Gericht die Tatsache, dass Personalvertretung und Einigungsstelle auch in wichtigen Fragen der Personalpolitik ein entscheidendes Votum besäßen. Maßnahmen wie beispielsweise Einstellung, Beförderung und Entlassung käme aber nicht nur im Hinblick auf die Erfüllung des Amtsauftrages zentrale Bedeutung zu. Sie wirkten sich vielmehr auch auf die grundrechtlich geschützte Freiheitssphäre der Beschäftigten aus. Dies gelte auch nicht nur in Bezug auf die Beamten, sondern ebenso hinsichtlich der Angestellten und Arbeiter im öffentlichen Dienst[234].

Entschieden widerspricht das Gericht der Ansicht, das Aufhebungsrecht der obersten Dienststelle nach § 55 MBG Sch-H kompensiere den demokratierechtlichen Mangel der Einigungsstelle. Zum einen werde diese Befugnis bereits dadurch deutlich eingeschränkt, dass die Aufhebung des Einigungsstellenbeschlusses davon abhängig gemacht werde, dass jener wegen seiner Auswirkungen auf das Gemeinwesen die Regierungsverantwortung wesentlich berühre. Zum andern werde den demokratierechtlichen Anforderungen schon im Ansatzpunkt nicht entsprochen, da in bestimmten Regelungsfragen die Einigungsstelle eben nur eine Empfehlung aussprechen dürfe und die Entscheidungskompetenz der Behördenspitze nicht nur auf ein Evokationsrecht minimalisiert werden dürfe.

Angesichts dieser demokratierechtlichen Bedenken scheide auch eine verfassungskonforme Auslegung der §§ 2 Abs. 1, 51 und 52 i.V.m. §§ 53 bis 55 MBG Sch-H aus. Eine solche müsste gegen den ausdrücklichen Wortlaut und Normierungswillen des Gesetzes erfolgen.

e) Initiativrecht

Da über einen Initiativantrag im Konfliktfall gleichfalls die Einigungsstelle abschließend entscheide, sei das Initiativrecht der Personalvertretung nach § 56 MBG Sch-H ebenso wie die Allzuständigkeitsklausel unvereinbar mit dem Grundgesetz[235]. Ein so gestaltetes Initiativrecht widerspreche bei Maßnahmen, die die Wahrnehmung des Amtsauftrages nicht nur unerheblich beträfen, den Anforderungen des Demokratieprinzips. Grundsätzlich sei allerdings gegen ein personalvertretungsrechtliches Initiativrecht nichts einzuwenden. Jedoch müsse

---

[234] BVerfG DVBL 1995, S. 1291, (1295).
[235] BVerfG DVBL 1995, S. 1291, (1292).

die gesetzliche Regelung die vom Bundesverwaltungsgericht (BVerwGE 68, 137, 140) angenommenen Schranken berücksichtigen. Ein Initiativrecht der Personalvertretung zur Verfolgung von Einzelinteressen scheidet danach aus.

f) Kein allgemeinpolitisches Mandat des Personalrats

In der Vorschrift des § 2 Abs. 4 MBG Sch-H, welche Dienststelle und Personalrat bei ihrer Entscheidungsfindung die Berücksichtigung des gesellschaftlichen, wirtschaftlichen und ökologischen Umfelds vorschreibt, sieht das Gericht dagegen keine der Verfassung zuwiderlaufende Norm. Man müsse nicht unbedingt zu dem Schluss kommen, dass dem Personalrat ein allgemeinpolitisches, demokratierechtlich nicht zu akzeptierendes Mandat zugestanden werde. § 2 Abs. 4 MBG Sch-H könne verfassungskonform auch dahin ausgelegt werden, dass er dem Personalrat weder ein Recht gäbe, eine Maßnahme der Dienststellenleitung aus den soeben erwähnten Gesichtspunkten heraus abzulehnen, noch eine dergestalt motivierte Initiation zu ergreifen. Die Regelung sei vielmehr so zu verstehen, dass die Personalvertretung bei Ausübung ihrer Beteiligungsrechte auch den von der Dienststelle zu erfüllenden Amtsauftrag in ihre Überlegungen mit einzubeziehen habe. Entscheidungen sollten also nicht isoliert und ohne ausreichende Beachtung des gesellschaftlichen, wirtschaftlichen und ökologischen Umfelds getroffen werden[236]. Stütze der Personalrat die Ablehnung einer Verwaltungsmaßnahme nicht auf die Belange der Beschäftigten, so widerspreche dies der soeben vorgenommenen Normauslegung, und die Verweigerung der Zustimmung könne als unbeachtlich angesehen werden.

g) Vereinbarungen der obersten Landesbehörden mit den Spitzenorganisationen der Gewerkschaften

Auch gegen § 59 Abs. 1 MBG Sch-H, der das bereits besprochene Vereinbarungsrecht zwischen obersten Landesbehörden und gewerkschaftlichen Spitzenorganisationen gesetzlich verankert, bestünden keine überzeugenden verfassungsrechtlichen Bedenken. Es liege keine verfassungswidrige Einflussnahme privater Interessenvertreter auf den staatlichen Willensbildungsprozess vor. Die Ministerien seien in dem Vereinbarungsabschluss frei und könnten die Verhandlungen jederzeit für gescheitert erklären. Damit würde der Landesregierung die demokratierechtlich ausreichende Möglichkeit eröffnet, die Regelung in ei-

---

[236] BVerfG DVBL 1995, S. 1291, (1296).

gener Person zu treffen (vgl. § 59 Abs. 3 S. 1 MBG Sch-H)[237]. Zudem gestehe § 59 Abs. 2 MBG Sch-H der Landesregierung ein Aufhebungsrecht zu, und § 59 Abs. 3 S. 3 MBG Sch-H gestatte es ihr, vorläufige Regelungen anzuordnen. Die Verhandlungen würden somit auch nicht von einem Zeit- und Kompromisszwang negativ beeinträchtigt.

Das Gericht sieht ferner keinen Verstoß gegen die negative Koalitionsfreiheit. Die Erstreckung des Regelungsinhaltes auf koalitionsmäßig nicht gebundene Arbeitnehmer finde ihre Rechtfertigung „in der unmittelbaren Mitwirkung der dem Gemeinwohl und damit auch dem Interesse jedes einzelnen Beschäftigten verpflichteten Staatsgewalt"[238].

h) Übergangsanordnung

Da dem Gesetzgeber mehrere Möglichkeiten der Realisation der bundesverfassungsgerichtlichen Vorgaben zur Verfügung ständen, erklärte das Gericht die in Frage stehenden Normen des schleswig-holsteinischen Mitbestimmungsgesetzes nicht für nichtig, sondern lediglich für unvereinbar mit dem Grundgesetz. Im Wege einer Übergangsregelung nach § 35 BVerfGG ordnete es an, dass den Beschlüssen der Einigungsstelle bis zur Neuregelung der Mitbestimmung im öffentlichen Dienst nur die Bedeutung einer Empfehlung zukomme, und die Letztentscheidung die oberste Dienstbehörde fälle[239].

2.) Bindungswirkung der Entscheidung

Unmittelbare Auswirkungen besitzt der Beschluss des Bundesverfassungsgerichts zunächst nur für das Bundesland Schleswig-Holstein. Nur die Normen des dortigen Mitbestimmungsgesetzes erklärte das Gericht für unvereinbar mit dem Grundgesetz und traf zugleich die soeben besprochene Übergangsregelung. Die Personalvertretungsgesetze des Bundes und der übrigen Länder behalten nach wie vor Gültigkeit. Dies gilt auch insoweit sie eine abschließende Entscheidungskompetenz der Einigungsstelle in bedeutenden personellen und organisatorischen Angelegenheiten, mit zum Teil erheblichen Konsequenzen für den Bürger, vorsehen[240].

[237] BVerfG DVBL 1995, S. 1291, (1296).
[238] BVerfG DVBL 1995, S. 1291, (1297).
[239] BVerfG DVBL 1995, S. 1291, (1297).
[240] Insoweit besteht Einigkeit, vgl. nur: Altvater/Bacher/Hörter/Peiseler/Sabottig/Schneider/ Vohs, § 104 Rn. 13 m; Battis/Kersten DÖV 1996, S. 584, (589); Kunze ZfPR 1997, S. 208, (208).

Unklar ist aber die Frage, ob auch die anderen Bundesländer – in Bezug auf Schleswig-Holstein besteht diesbezüglich kein Zweifel – und/oder sogar der Bund dazu verpflichtet sind, die Mitbestimmung im öffentlichen Dienst neu zu regeln. Weiterhin ist zu diskutieren – und dieses Problem stellt sich auch für das Bundesland Schleswig-Holstein – wie viel rechtlicher Spielraum, vorausgesetzt man geht von einer allgemeinen Änderungspflicht von Bund und Ländern aus, den jeweiligen Gesetzgebern bei der Novellierung des Personalvertretungsrechts verbleibt. Die Tatsache, dass hinsichtlich dieser Punkte die Meinungen weit auseinander gehen, mutet einigermaßen erstaunlich an. Ist doch eine Klärung der Problematik erforderlich, will man nicht zulassen, dass zukünftige personalvertretungsrechtliche Gesetzesverfahren von großer Rechtsunsicherheit geprägt sind. Schließlich kommt der Beantwortung dieser Fragestellungen auch außerhalb des Personalvertretungsrechts Bedeutung zu und zwar immer dann, wenn sich das Bundesverfassungsgericht mit der Verfassungsmäßigkeit eines einzelnen Landesgesetzes beschäftigt, die hierbei erhobenen Vorwürfe in gleicher Weise aber auch im Bereich der Bundes- oder parallelen Landesgesetzgebung Gültigkeit besitzen.

Teilweise wird angenommen[241], den Bund und die Länder träfe zumindest mittelbar ein gewisser Änderungszwang. So müssten die Länder in Zukunft damit rechnen, dass es vermehrt zu Auseinandersetzungen um die Gültigkeit einzelner Bestimmungen des Personalvertretungsrechts vor den Landesverfassungsgerichten kommen werde. Die landesverfassungsgerichtliche Rechtsprechung werde sich aber weitgehend dem restriktiven Verständnis des Bundesverfassungsgerichts, betreffend der Mitbestimmung im öffentlichen Dienst, anschließen. Weiterhin könnte auch in verwaltungsgerichtlichen Verfahren die Frage nach der Verfassungsmäßigkeit einzelner Normen in den Mittelpunkt gerückt werden. Richtervorlagen nach Art. 100 GG wären das unausweichliche Ergebnis. Vorstellbar sei auch ein weiteres Normenkontrollverfahren gemäß Art. 93 Abs. 1 Nr. 2 GG oder eine Kommunalverfassungsbeschwerde nach Art. 93 Abs. 1 Nr. 4 b GG (welche allerdings subsidiär gegenüber einer Kommunalverfassungsbeschwerde vor dem Landesverfassungsgericht wäre). Um Zeit, Mühen, Kosten und insbesondere eine Mehrbelastung der Gerichte zu vermeiden, sollten die jeweiligen Gesetzgeber die Personalvertretungsgesetze entsprechend den Vor-

---

[241] Mehlinger, Grundfragen des Personalvertretungsrechts, S. 43; Bosch ZfPR 1997, S. 124, (124); Faber/Härtl PersV 1999, S. 50, (50); Kisker, PersV 1995, S. 529, (539); Kunze ZfPR 1997, S. 208, (208).

gaben des Gerichts ändern. Als weiteres Argument wird ins Feld geführt, dass das Bundesverfassungsgericht in den Gründen seiner Entscheidung die Abgrenzung der einzelnen Legitimationsstufen anhand der Bestimmungen des Bundespersonalvertretungsgesetzes vornähme. Folglich sei davon auszugehen, dass das Gericht auch im Hinblick auf dieses Gesetzeswerk einen legislatorischen Handlungsbedarf für erforderlich halte[242].

Diese Meinung stellt jedoch zu sehr auf den guten Willen des Gesetzgebers ab. Die Argumentation orientiert sich hauptsächlich an verwaltungspraktischen Erwägungen, wie z.B. Kostenersparnis und Reduzierung des Verwaltungsaufwands. Es wird sozusagen an den pragmatisch denkenden Gesetzgeber appelliert, im Interesse der Vermeidung langwieriger gerichtlicher Verfahren, deren Ergebnis im Prinzip vorher schon feststehe, das Personalvertretungsrecht gründlich zu überarbeiten. Zwar wirken die genannten Argumente recht überzeugend. Wenn man aber bedenkt, dass kaum ein anderes Rechtsgebiet parteipolitisch so umstritten ist wie das Personalvertretungsrecht und einen Diskussionsraum für unterschiedliche ideologische Ansichten und sogar divergierende demokratische Staatsverständnisse bildet, so wird deutlich, dass Zweckmäßigkeitserwägungen leicht verdrängt werden könnten. So wendet beispielsweise auch Rinken[243] ein, dass ein erneutes gerichtliches Verfahren durchaus nicht nur negativ gesehen werden dürfe, „sondern als Chance zur neuerlichen Rechtsklärung in einem auf einen offenen und pluralen Diskurs angewiesenen Verfassungsprozess gewertet werden" müsse. Weiterhin wird einer Novellierungspflicht von Bund und Ländern mit dem Argument begegnet, die Ausführungen des Gerichts zum Bundespersonalvertretungsgesetz stellten nur veranschaulichende Beispiele dar. Eine Aufforderung zur Gesetzesänderung lasse sich diesen Sätzen aber nicht entnehmen[244]. Da sich hierüber in der Tat trefflich streiten ließe, könnten reformunwillige Gesetzgeber weiterhin auf die juristisch unklare Sachlage verweisen, um die Mitbestimmung im öffentlichen Dienst nach bisherigem Muster zu regeln. Zu fragen ist daher, ob Bund und Länder nicht eine *rechtliche Pflicht* zur Änderung des Personalvertretungsrechts trifft.

---

[242] Battis/Kersten DÖV 1996, S. 584, (589); Faber/Härtl PersV 1999, S. 50, (50); Kunze ZfPR 1997, S. 208, (208).

[243] Rinken, Das Grundrecht auf Mitbestimmung in der Verfassung des Freistaates Sachsen als Handlungs- u. Kontrollnorm, S. 63.

[244] Rinken, Das Grundrecht auf Mitbestimmung in der Verfassung des Freistaates Sachsen als Handlungs- u. Kontrollnorm, S. 61; ders. krit V 1996, S. 282, (306 Fn.88).

a) Bindungswirkung aufgrund Rechtskraft

Ohne auf Einzelprobleme des Instituts der Rechtskraft einzugehen, ist eine hieran ausgerichtete Bindungswirkung von Bund und Ländern abzulehnen, denn weder ein Verfassungsorgan des Bundes noch der Länder war Verfahrensbeteiligter im Sinne des § 25 Abs. 1 BVerfGG[245]. Diese Feststellung gilt im Übrigen auch für das Land Schleswig-Holstein. Dessen Landtag und Landesregierung wurden zwar im Rahmen des § 77 BVerfGG Gelegenheit zur Anhörung gegeben. Dieser Umstand löst jedoch keine formelle Verfahrensbeteiligung aus[246].

Teilweise wird zwar angenommen[247], die Wirkung der Rechtskraft sei auch auf diejenigen zu erstrecken, die von der Einleitung des Verfahrens tatsächlich unterrichtet waren und zudem das Recht besaßen, dem Verfahren beizutreten. Dem wird jedoch zu Recht entgegengehalten, dass damit der Gesetzgeber bei Normenkontrollen praktisch immer Adressat der Rechtskraftwirkung wäre[248]. Zudem wird das Institut der Rechtskraft nur per Analogie zu anderen Verfahrensordnungen, welche ebenfalls nur die inter-partes Wirkung kennen, in das Verfassungsprozessrecht übertragen. Eine derartige Erweiterung der Rechtskraft ist folglich nicht zu rechtfertigen. Vielmehr ist § 31 Abs. 1 BVerfGG als Spezialnorm anzusehen, soweit die Bindungswirkung am Verfahren nicht beteiligter Organe im Raume steht[249].

b) Bindungswirkung aufgrund § 31 BVerfGG

Nach § 31 Abs. 1 BVerfGG binden die Entscheidungen des Bundesverfassungsgerichts die Verfassungsorgane des Bundes und der Länder. Nach dem Wortlaut der Vorschrift ist der Beschluss des Bundesverfassungsgerichts vom 24.05.1995 damit sowohl für den Bund als auch für alle Länder ein bindender Rechtsakt[250].

---

[245] so auch: Battis/Kersten PersV 1999, S. 139, (140); dies. PersV 1998, S. 21, (22); zum Institut der Rechtskraft vgl. Lechner/Zuck, BVerfGG, § 31 Rn. 15.

[246] so auch: Battis/Kersten PersV 1998, S. 21, (22) unter Verweis auf BVerfGE 2, 307, (312); Umbach/Clemens, BVerfGG, § 77 Rn. 19 m.w.N.

[247] vgl. Vogel, Rechtskraft u. Gesetzeskraft der Entscheidungen des Bundesverfassungsgerichts, in: Starck, Bundesverfassungsgericht und Grundgesetz I, S. 568, (589).

[248] Korioth Der Staat 30 (1991), S. 549, (555 Fn.26).

[249] Korioth, Der Staat 30 (1991), S. 549, (555 Fn.26).

[250] Hierauf stellen auch ab: Becker RiA 1996, S. 261, (266) und Cecior PersV 1998, S. 49, (51). Eine nähere Erläuterung des Instituts des § 31 BVerfGG, speziell im Zusammenhang mit der personalvertretungsrechtlichen Entscheidung des Bundesverfassungsgerichts vom 24.05.1995, findet sich bei: Battis/Kersten PersR 1999, S. 139 ff.; dies. PrsV 1999, S. 21, (22 ff.); Schuppert PersR 1997, S. 137 ff.

Dennoch wird von einigen Stimmen im Schrifttum eine aus der Bindungswirkung resultierende Änderungspflicht abgelehnt[251].

Zum Teil wird dies damit begründet, § 31 Abs. 1 BVerfGG könne sich nur auf die zukünftige Rechtssetzung beziehen. Über das Schicksal von bereits früher erlassenen Parallelnormen gäbe das Respektierungsgebot des § 31 Abs. 1 BVerfGG dagegen keine Auskunft[252].

Dies würde bedeuten, dass der jeweilige Gesetzgeber, sollte er sich dazu entscheiden, die Mitbestimmung im öffentlichen Dienst zu reformieren, an die Rechtsprechung des Bundesverfassungsgerichts gebunden wäre. Allerdings bestände zurzeit kein unmittelbarer Handlungszwang.

Diese Argumentation nimmt jedoch dem Rechtsgedanken des § 31 Abs. 1 BVerfGG in großem Umfang seine Wirkungskraft. Die in dieser Norm angeordnete Bindungsqualität soll bewirken, dass dem Entscheidungsspruch des Bundesverfassungsgerichts und damit zugleich auch der Geltungskraft des Grundgesetzes umfassend in der Rechtspraxis Rechnung getragen wird. Andernfalls könnten grundgesetzwidrige Parallelnormen über Jahre hinaus weiter rechtliche Anwendung finden. Unter grundgesetzlichem Aspekt dringend angezeigte Gesetzesnovellierungen könnten weiterhin verzögert werden. § 31 Abs. 1 BVerfGG erschiene in diesem Falle als eine weitgehend bedeutungsarme Vorschrift[253]. Zudem darf nicht vergessen werden, dass der Gesetzgeber gemäß Art. 20 Abs. 3 GG an die verfassungsmäßige Ordnung gebunden ist. Ist offensichtlich, dass bestimmte gesetzliche Bestimmungen gegen geltendes Verfassungsrecht verstoßen, und ist dieser Zustand durch ein Urteil des Bundesverfassungsgerichts, welches sich auf Parallelnormen bezieht, indirekt bestätigt worden, so bedeutet ein weiteres Festhalten an eben dieser Gesetzeslage darüber hinaus auch einen Verstoß gegen Art. 20 Abs. 3 GG[254].

---

[251] vgl. Altvater PersR 1998, S. 215, (226); Geyer ZfPR 1996, S. 2 ff.; Ilbertz ZfPR 1995, S. 192, (193); kritisch äußert sich auch: Rinken kritV 1996, S. 282, (305 Fn.86).

[252] Rinken, Das Grundrecht auf Mitbestimmung in der Verfassung des Freistaates Sachsen als Handlungs- u. Kontrollnorm, S. 63; ebenso: Pestalozza, Verfassungsprozessrecht, § 20 V Rn. 85, 86; ders. „Noch Verfassungsmäßige" u. „Bloss Verfassungswidrige" Rechtslagen, in: Starck, Bundesverfassungsgericht u. Grundgesetz I, S. 517, (563).

[253] Eine Bindungswirkung in Bezug auf Parallelnormen bejahen ebenfalls: Maunz/Schmidt-Bleibtreu/Klein/Ulsamer/Bethge/Winter, Bundesverfassungsgerichtsgesetz, § 31 Rn. 24, 25.

[254] Diese Argumentation führt auch Heußner in: NJW 1982, S. 257, (258) an. Allerdings erwähnt er eine Änderungspflicht nur bzgl. der am Verfahren unmittelbar beteiligten Organe. Da § 31 Abs. 1 BVerfGG die Bindungswirkung aber gerade auch auf am Verfahren unbeteiligte Staatsorgane erstreckt, kann hinsichtlich jener nichts anderes gelten.

Vielfach umstritten ist ferner die Frage, welchem Teil der Entscheidung, bzw. ob der Entscheidung insgesamt eine solche Bindungskraft zukommt. Diskutiert wird dies unter dem Aspekt der objektiven Reichweite des § 31 BVerfGG.

(1.) Objektive Reichweite des § 31 BVerfGG

Nach Auffassung des Bundesverfassungsgerichts[255] und Teilen der Literatur[256] kommt den tragenden Gründen einer Entscheidung Bindungswirkung nach § 31 BVerfGG zu. Gegenteiliger Ansicht[257] nach bezieht sich die Bindungswirkung dagegen nur auf den Tenor der Entscheidung. In der hier besprochenen Entscheidung des Bundesverfassungsgerichts werde im Tenor aber nur auf Normen des Mitbestimmungsgesetzes Schleswig-Holsteins Bezug genommen. Von daher könne man schwerlich eine allgemeine personalvertretungsrechtliche Novellierungspflicht des Bundes und der anderen Länder annehmen[258]. Die zuletzt genannte Meinung führt zur Erläuterung ihrer These an, dass wenn man auch den Entscheidungsgründen bindende Wirkung zuspräche, dies zugleich eine unverhältnismäßige Einengung des gesetzgeberischen Ermessens bedeute. Der Gesetzgeber könne nicht mehr flexibel auf gesellschaftliche Veränderungen reagieren, sondern sei praktisch im Korsett der Rechtsauffassung des Bundesverfassungsgerichts gefangen[259]. Hierzu ist jedoch Folgendes anzumerken: Zunächst geht diese Auffassung nicht mit der Verfassungswirklichkeit konform, denn das Bundesverfassungsgericht beurteilt die Bindungskraft seiner Entscheidungen anders. Solange es seine Rechtsansicht nicht ändert, bleibt eine Meinung, die die Bindungswirkung bzgl. der tragenden Gründe einer Entscheidung ablehnt, in der Realität gegenstandslos[260]. Bundes- und Landesgesetzgeber werden also über die

---

[255] Diese Auffassung des Bundesverfassungsgerichts geht auf die so genannte Südweststaats-Entscheidung vom 23.10.1951 zurück, BVerfGE 1, 14, (37); bestätigt durch BVerfGE NJW 1998, S. 523 f. (Kind als Schaden Entscheidung).

[256] vgl. Battis/Kersten PersR 1999, S. 139 ff.; dies. PersV 1999, S. 21, (22 ff.) jeweils m.w.N.

[257] so: Geyer ZfPR 1996, S. 2, (2); Nagel/Bauers, Mitbestimmung in öffentlich-rechtlichen Unternehmen u. Verfassungsrecht, S. 18 ff.; Schlaich, Bundesverfassungsgericht, Rn. 449 ff. und Rinken kritV 1996, S. 282, (305).

[258] Geyer ZfPR 1996, S. 2, (2).

[259] Nagel/Bauers, Mitbestimmung in öffentlich-rechtlichen Unternehmen u. Verfassungsrecht, S. 19, zumal das Bundesverfassungsgericht ja auch alle Gründe einer Entscheidung für tragend erklären könne, so auch geschehen in: BVerfGE 36, 1, (36); Eine Bindung an die tragenden Gründe auch ablehnend: Schlaich VVDStRL 39 (1981), S. 99, (138 ff.).

[260] Dies muss in ähnlicher Weise auch Rinken in: Das Grundrecht auf Mitbestimmung in der Verfassung des Freistaates Sachsen als Handlungs- u. Kontrollnorm, S. 60, eingestehen.

ihnen obliegenden Pflichten im Unklaren gelassen. Zudem war es der Wille des Gesetzgebers, dass die verfassungsgerichtliche Entscheidung die Organe von Bund und Ländern nicht nur im konkreten Einzelfall bindet, sondern über den jeweiligen Anlass hinaus „für alle gleichliegenden Anlässe"[261] Bedeutung erlangt. Die Staatsorgane sollten „künftig bei ihren Maßnahmen die Entscheidung, solange das BVerfG seine Rechtsprechung nicht ändert, zu beachten"[262] haben. Dieses Gesetzesziel ist ohne Einbeziehung der tragenden Gründe aber nicht zu erreichen. Erst diese bewirken eine Konkretisierung des Verfassungsrechts über den Einzelfall hinaus. Eine Verkrustung des Verfassungslebens ist in der Rechtspraxis trotz Bindungswirkung der Entscheidungen nicht zu beobachten[263]. Als weiteres sachliches Gegenargument dient ferner die Tatsache, dass sich erst aus den tragenden Gründen einer Entscheidung eine nähere Interpretation des Tenors gewinnen lässt. Dies gilt im besonderen Maße für die hier zu untersuchende Entscheidung zum schleswig-holsteinischen Mitbestimmungsgesetz. Ohne die demokratierechtlichen Ausführungen im Hinblick auf die Schutzzweck- und Verantwortungsgrenze unter Einschluss der Erläuterung der drei Legitimationsstufen wäre der Tenor der Entscheidung mangels thematischer Herleitung ohne rechtliches Fundament. Eine rein formale Trennung von Tenor und tragenden Gründen erfolgte damit zumindest in diesem Fall ohne Rechtfertigung[264].

Nicht nachzuvollziehen ist der Einwand Geyers[265], gegen eine solche Bindungswirkung spreche, „dass das Bundesverfassungsgericht bei der Abfassung der Gründe angesichts der Vielzahl der teilweise beachtlichen Unterschiede der den streitbefangenen Regelungen des MBG SH gegenüberstehenden Regelungen in den Landespersonalvertretungsgesetzen und im Bundespersonalvertretungsgesetz die rechtliche Tragweite seiner Ausführungen und ihre Anwendbarkeit auf die konkreten Fallgestaltungen im Bund und den anderen Ländern nicht voll überblicken konnte". Hierbei handelt es sich um eine Unterstellung, die dem Bundesverfassungsgericht den rechtlichen Weitblick abspricht. Die sehr

[261] Sten Ber. BT - 1/4226 B.

[262] Regierungsbegründung zu § 27 (Entwurf BVerfGG), BT-Drs. I/788.

[263] so: Benda/Klein, Lehrbuch des Verfassungsprozessrechts, § 37 Rn. 1243, 1244, ebenfalls mit Verweis auf die Gesetzesmotive; vgl. auch: Geiger NJW 1954, S. 1057, (1058).

[264] Dies räumt im Prinzip auch Rinken in: kritV 1996, S. 282, (306) ein; auch Pestalozza, Verfassungsprozessrecht, § 20 V Rn. 90, zieht die tragenden Gründe zumindest dann heran, wenn der Tenor sonst unverständlich bliebe; vgl. ferner auch: Geiger NJW 1954, S. 1057, (1059).

[265] Geyer ZfPR 1996, S. 2, (2).

genaue Darstellung der einzelnen Legitimationsstufen mit Bezugnahme auf die Normen des Bundespersonalvertretungsgesetzes (!) lassen vielmehr den Schluss zu, dass sich das Gericht auch Gedanken zur Mitbestimmung im öffentlichen Dienst insgesamt gemacht hat.

Die Bindungswirkung bezieht sich somit nach der hier vertretenen Auffassung auch auf die tragenden Gründe der Entscheidung. Bund und Länder haben jene bei der Neugestaltung der Personalvertretungsgesetze zu berücksichtigen. Zur Frage, was jedoch genau unter den tragenden Gründen zu verstehen ist, existiert allerdings keine feststehende Regelung oder Rechtsauffassung.

Nach Auffassung Geigers[266] gehören hierzu die verfassungsrechtlichen Ausführungen des Gerichts, die nicht hinweggedacht werden können, ohne dass sich das im Tenor formulierte Ergebnis ändern müsste. Eine ähnliche Formulierung trifft Rennert[267], der eine Bindungswirkung für „die konkreten Entscheidungssätze, die zwischen dem allgemeinen – oft lapidaren – Verfassungssatz und dem einzelnen Hoheitsakt vermitteln und in diesem Sinne den allgemeinen Verfassungssatz in Ansehung des einzelnen Hoheitsaktes subsumtionsfähig darstellen" annimmt.

Nimmt man diese Art des Definitionsversuches des Begriffes „tragende Gründe" zum Ausgangspunkt der Überlegungen, so zählen im hier interessierenden Fall hierzu die Ausführungen des Gerichts hinsichtlich der demokratierechtlichen Anforderungen an das Personalvertretungsrecht (Schutzzweck- und Verantwortungsgrenze) und im Besonderen die Erläuterung der drei Legitimationsstufen[268]. Diese Sätze bilden den zentralen argumentativen Hintergrund des Tenors. Sie fungieren als Bindeglied zwischen der abstrakten Charakterisierung des Demokratieprinzips im Grundgesetz und den direkten Auswirkungen dieses Grundsatzes auf das schleswig-holsteinische Mitbestimmungsgesetz.

Trotz prinzipieller Bindung an die tragenden Gründe der Entscheidung nach § 31 BVerfGG lehnt Roettecken[269] aber eine Änderungspflicht derjenigen Bun-

---

266   Geiger NJW 1954, S. 1057, (1060); hierauf verweisen auch: Battis/Kersten PersR 1999, S. 139, (140); dies. PersV 1998, S. 21, (23).

267   Rennert in: Umbach/Clemens, BVerfGG § 31 Rn. 74; ähnlich ferner: Vogel, Rechtskraft und Gesetzeskraft, in: Starck, Bundesverfassungsgericht u. Grundgesetz I, S. 589 ff., (606 f.); vgl. auch die Ausführungen bei: Benda/Klein, Lehrbuch des Verfassungsprozessrechts, § 37 Rn. 1237 ff.

268   so auch: Rinken, Das Grundrecht auf Mitbestimmung in der Verfassung des Freistaates Sachsen als Handlungs- u. Kontrollnorm, S. 61.

269   Roettecken NVwZ 1996, 552, (552, 553).

desländer ab, die eine Garantie der Beschäftigtenvertretung in ihre jeweilige Landesverfassung aufgenommen haben (vgl. Art. 175, 176 Bay LV, Art. 50 u. 47 Br LV, Art. 37 Hess LV, Art. 26 NW LV, Art. 67 Abs. 2 Rh-Pf LV, Art. 26 S LV, Art. 37 Abs. 2 Thür LV). Es handele sich um soziale Grundrechte, die zur Umsetzung der Grundrechte in Art. 1 Abs. 1, 2 Abs. 1 GG ausgestaltet seien und welche durch Art. 142 GG auch im Verhältnis zum Demokratieprinzip der Art. 20 Abs. 2 S. 1, 28 Abs. 1 S. 1 GG besonderen Schutz genössen.

Die landesverfassungsrechtlichen Regelungen geben aber, wie bereits dargelegt, kein bestimmtes Mitbestimmungskonzept oder -niveau vor. Diesen Normen lassen sich nicht weitergehendere Mitbestimmungsbefugnisse der Beschäftigtenvertreter als den Grundrechten oder dem Sozialstaatsprinzip entnehmen. Diese Argumentation vermag daher nicht zu überzeugen

Unklar bleibt aber immer noch, inwieweit die tragenden Gründe der Entscheidung den Handlungsspielraum des Gesetzgebers einengen (subjektive Reichweite).

(2.) subjektive Reichweite des § 31 BVerfGG

Zur Problematik der subjektiven Reichweite äußerte sich das Bundesverfassungsgericht erstmals in der so genannten Südweststaats-Entscheidung vom 23.10.1951. Der zweite Senat[270] stellte fest: „Ein Urteil, das ein Gesetz für nichtig erklärt, hat nicht nur Gesetzeskraft, ... sondern es bindet auch gem. § 31 Abs. 1 BVerGG mit den tragenden Entscheidungsgründen alle Verfassungsorgane des Bundes derart, dass ein Bundesgesetz desselben Inhalts nicht noch einmal erlassen werden darf". Fortan galt die These vom Normwiederholungsverbot.

Der erste Senat[271] teilt diese Rechtsauffassung nicht und formulierte im Beschluss vom 06.10.1987 bzgl. der Bindungswirkung des § 31 BVerfGG folgendermaßen: „§ 31 BVerfGG und die Rechtskraft normverwerfender verfassungsgerichtlicher Entscheidungen hindern den Gesetzgeber nicht, eine inhaltsgleiche oder inhaltsähnliche Neuregelung zu beschließen. Dies folgt bereits daraus, dass die gesetzgebende Gewalt im Unterschied zur vollziehenden und zur rechtsprechenden Gewalt in Art. 20 Abs. 3 GG nur an die verfassungsmäßige, nicht auch an die einfachgesetzliche Ordnung gebunden ist, als deren Urheberin sie gerade

---

270 BVerfGE 1, 14, (37); bestätigt durch: BVerfGE 69, 112, (115).
271 BVerfGE 77, 84, (103, 104).

fungiert. Ebenso wenig wie die von der Rechtskraft zu unterscheidende Bindungswirkung für das Bundesverfassungsgericht selbst besteht (vgl. BVerfGE 4, 31, 38; 20, 56, 86 f., st. Rspr.), verwehrt diese einfachgesetzlich angeordnete Bindung es dem Gesetzgeber, seiner Gestaltungsfreiheit und Gestaltungsverantwortung durch Verabschiedung einer inhaltsgleichen Neuregelung nachzukommen, wenn er sie für erforderlich hält. ... Diese Beurteilung entspricht der besonderen Verantwortung des demokratisch legitimierten Gesetzgebers für die Anpassung der Rechtsordnung an wechselnde soziale Anforderungen und veränderte Ordnungsvorstellungen. Sie trägt zugleich dem Umstand Rechnung, dass das Bundesverfassungsgericht Akte der gesetzgebenden Gewalt an der Verfassung selbst und nicht an verfassungsrechtlichen Präjudizien zu messen hat und seine Rechtsprechung nicht aus eigener Initiative ändern kann; sie beugt einer nicht mit der rechts- und sozialstaatlichen Demokratie unvereinbaren Erstarrung der Rechtsentwicklung vor, ohne die Aufgaben und Befugnisse des Bundesverfassungsgerichts zur rechtsverbindlichen Auslegung der Verfassung und Gewährung wirksamen verfassungsgerichtlichen Rechtsschutzes zu gefährden".

Das Gericht stellt die besondere Verantwortung des Gesetzgebers zur flexiblen, die jeweiligen gesellschaftlichen und sozialen Bedürfnisse berücksichtigenden Gestaltung des Zusammenlebens der Menschen im demokratischen Rechtsstaat in den Vordergrund. Parallel erfolgt zugleich eine überzeugende Funktionsabgrenzung der Aufgabengebiete von Rechtsprechung und Gesetzgebung[272]. Auf diese Weise wird den Bedenken derjenigen wirksam begegnet, die in der Bindung an die tragenden Gründe einer Entscheidung unweigerlich eine Verkrustung des Gesetzgebungsverfahrens mangels des noch bestehenden Entscheidungsermessens erblicken.

Beim erstmaligen Hinsehen scheint die zuletzt genannte Ansicht des Bundesverfassungsgerichts aber auch einen scheinbar unlösbaren Widerspruch zu enthalten. Denn wenn der Gesetzgeber unter Umständen sogar befugt ist, eine inhaltsgleiche Norm neu zu erlassen, worin sollte dann überhaupt noch die Bindungswirkung des § 31 BVerfGG bestehen?[273] Folglich fehlt es in der Literatur auch nicht an Kritik äußernden Stimmen. Wolle man nicht mit ansehen, wie die

---

[272] so auch: Schuppert PersR 1997, S. 137, (138, 139); zustimmend auch: Rinken, Das Grundrecht auf Mitbestimmung in der Verfassung des Freistaates Sachsen als Handlungs- u. Kontrollnorm, S. 65.

[273] Diese Frage werfen auch Battis und Kersten in: PersR 1999, S. 139, (141) auf; ebenso: Korioth Der Staat 30 (1991), S. 549, (562).

Rechtsprechung des Bundesverfassungsgerichts allmählich zur Makulatur gerate, so sei ein striktes Normwiederholungsverbot dringend erforderlich[274].

Gegen ein Normwiederholungsverbot sprechen jedoch verfassungsrechtliche
Gründe. Wie in der soeben referierten Entscheidung des Bundesverfassungsgerichts vom 06.10.1987 ausdrücklich noch einmal in Erinnerung gerufen, ist der
Gesetzgeber nach Art. 20 Abs. 3 GG lediglich an die verfassungsmäßige, nicht
aber an die einfachgesetzliche Ordnung gebunden. Ein Normwiederholungsverbot könnte also nur dann bejaht werden, wenn der Rechtsprechung des Bundesverfassungsgerichts selber Verfassungsrang zukäme[275]. Teilweise wird dies zwar
mit der Begründung vertreten, die Rechtsansicht des Bundesverfassungsgerichts
sei eine authentische Verfassungsinterpretation und damit auch von Verfassungsrang[276]. Verfassungsrang kann aber nur eine Rechtsquelle besitzen. Das
Bundesverfassungsgericht ist jedoch keine Institution, die verfassungsrechtliche
Normen aufstellt. Vielmehr ist es seine Aufgabe, einfachgesetzliche Regelungen
unter der Prämisse des Verfassungsrechts zu überprüfen. „Normenkontrolle ist
keine Gesetzgebung und schon gar keine Verfassungsgesetzgebung"[277]. Allerdings würde es der herausragenden Stellung des Bundesverfassungsgerichts im
Verfassungsgefüge widersprechen, wenn man zwar eine Bindungswirkung des
Gesetzgebers an die tragenden Gründe einer Entscheidung annähme, diesem im
gleichen Moment aber einen beliebigen Freiraum bei der Neugestaltung des entsprechenden Gesetzes einräumte. Eine derartige Vorgehensweise führte zu einem Verstoß gegen den der Verfassung immanenten Grundsatz der „Verfassungsorgantreue"[278]. Korioth[279] geht deshalb auch zutreffend von einer Loyali-

[274] so zu verstehen wohl: Detterbeck, Streitgegenstand u. Entscheidungswirkungen im öffentlichen Recht, S. 452; kritisch auch: Benda/Klein, Lehrbuch des Verfassungsprozessrechts, § 37 Rn. 1250; Pestalozza, Verfassungsprozessrecht, § 20 V Rn. 66 m.w.N.;
Sachs FS für Kriele 1997, S. 431, (446 ff.)
[275] so auch: Korioth, Der Staat 30 (1991), S. 549 (554 ff.); ihm folgend: Battis/Kersten
PersR 1999, S. 139, (142).
[276] Schmitt, Hüter der Verfassung, S. 42 ff.; Böckenförde NJW 1976, S. 2089, (2099 mit
Fn.113); ders Der Staat 29 (1990), S. 1, (25).
[277] Battis/Kersten PersR, S. 139, (142); ebenso Schlaich in: VVDStRL 39 (1981), S. 99,
(115) u. in: Bundesverfassungsgericht, S. 475: „Materialprüfung ist nicht Produktion";
ähnlich auch: Korioth, Der Staat 30 (1991), S. 549, (562 f.); Rinken, Das Grundrecht auf
Mitbestimmung in der Verfassung des Freistaates Sachsen als Handlungs- u. Kontrollnorm, S. 65.
[278] vgl. Schenke, Verfassungsorgantreue, S. 115; nähere Erläuterungen finden sich auch bei:
Korioth, Der Staat 30 (1991), S. 549, (566, 567); zustimmend: Rinken, Das Grundrecht
auf Mitbestimmung in der Verfassung des Freistaates Sachsen als Handlungs- u. Kontrollnorm, S. 65, 66.
[279] Korioth, Der Staat 30 (1991), S. 549, (560, 567).

tätspflicht des Gesetzgebers gegenüber dem Bundesverfassungsgericht aus. Zu unterbleiben hätten solche Akte, welche die Rechtsprechung konterkarierten. Allerdings könne dem Parlament nur dann der Vorwurf verfassungswidrigen Verhaltens gemacht werden, wenn es sich grob fahrlässig über verfassungsrechtliche Bedenken hinwegsetzt, so etwa dann, wenn das vorherige Kontrollergebnis des Gerichts paralysiert werde. Basis einer jeden Gesetzesänderung müsse folglich eine genaue Auseinandersetzung mit dem Entscheidungstenor und -gründen sein. Speziell im Hinblick auf die Landesgesetzgeber sprechen Battis und Kersten[280] von einer „bundestreuen Nichtbrüskierungspflicht" gegenüber dem Bundesverfassungsgericht.

Im Folgenden soll versucht werden, die vom Bundesverfassungsgericht entwickelten Legitimationsanforderungen auf das Bundespersonalvertretungsgesetz und das Personalvertretungsgesetz Nordrhein-Westfalens zu übertragen. Dabei soll ausgelotet werden, welche gesetzgeberischen Möglichkeiten bestehen, und welche personalvertretungsrechtlichen Bestimmungen zu novellieren sind. Allerdings orientiert sich die folgende Darstellung zunächst an einer möglichst „liniengetreuen" Anwendung der bundesverfassungsgerichtlichen Vorgaben. Für den Gesetzgeber dürfte es von praktischem Interesse sein, zu erfahren, welche Regelungstechnik demokratierechtlichen Argumentationen vor den Schranken des Bundesverfassungsgerichts standhält. Da der Gesetzgeber letztlich aber auch an einer Normwiederholung nicht gehindert ist, und zudem das Bundesverfassungsgericht einräumt, kein bestimmtes Mitbestimmungsmodell zu diktieren, sollen im Anschluss hieran ferner mögliche Alternativkonzepte besprochen werden. Diesbezüglich besteht aber eher die Gefahr, dass beispielsweise der politische Gegner das erarbeitete Gesetzeswerk der gerichtlichen Kontrolle vorlegt, um eine vollständige Übereinstimmung mit den Anforderungen des Bundesverfassungsgerichts zu bewirken.

---

[280] Battis/Kersten PersR 1999, S. 139, (142), unter Problematisierung der Frage, ob möglicherweise aufgrund der föderalen Normenhierarchie § 31 BVerfGG ein Normwiederholungsverbot für die Landesgesetzgeber anordne. Die Frage würde sich aber nur dann stellen, wenn § 31 BVerfGG tatsächlich auch ein Normwiederholungsverbot enthielte, und jenes nur für den Bundesgesetzgeber außer Kraft gesetzt worden wäre. Das ist jedoch gerade nicht der Fall, denn § 31 BVerfGG schreibt eben kein Normwiederholungsverbot vor, sodass auch nicht im Hinblick auf die Länder nach Wegen gesucht werden muss, um sich einem solchen zu entziehen. Battis/Kersten a.a.O. zustimmend: Rinken, Das Grundrecht auf Mitbestimmung in der Verfassung des Freistaates Sachsen als Handlungs- u. Kontrollnorm, S. 66.

3.) Notwendige Veränderungen auf Bundesebene

Die im Schrifttum am häufigsten erörterte Frage beschäftigt sich mit der Problematik des Verhältnisses der bundesgesetzlichen Mitbestimmungssystematik zu der neuen Drei-Stufen-Lehre des Bundesverfassungsgerichts[281]. Daneben wird aber ebenfalls zu untersuchen sein, ob auch legislatorischer Handlungsbedarf in Bezug auf andere Bestimmungen, wie z.b. das Initiativrecht oder die allgemeinen verfahrensrechtlichen Vorschriften, besteht[282].

a) Die Legitimationsanforderungen des Bundesverfassungsgerichts

Ob das Bundespersonalvertretungsgesetz den jeweiligen stufenspezifischen Legitimationserfordernissen der bundesverfassungsgerichtlichen Rechtsprechung entspricht, wird in der Literatur kontrovers beurteilt. Die Entscheidungssätze des Gerichts werden bis ins Detail untersucht und dennoch wird ihnen häufig eine entgegengesetzte Bedeutung abgewonnen. Erforderlich ist zunächst eine genaue Differenzierung zwischen den einzelnen Legitimationsstufen.

(1.) 1. Stufe

Zur ersten Legitimationsstufe rechnet das Gericht, wie bereits dargelegt, diejenigen Angelegenheiten, die schwerpunktmäßig die Beschäftigten in ihrem Arbeitsverhältnis berühren und nur geringe oder keine Auswirkungen auf die Erfüllung des Amtsauftrages besitzen. Genannt werden die in § 74 Abs. 2 BPersVG und § 75 Abs. 3 BPersVG (ausgenommen die Nrn. 10, 14 u. 17) umschriebenen Beteiligungstatbestände. Bezüglich dieser sieht das Bundespersonalvertretungsgesetz in seiner jetzigen Fassung ausnahmslos die volle Mitbestimmung vor. Im Konfliktfall entscheidet die Einigungsstelle verbindlich. Nach Meinung des Gerichts ist eine solche Regelung auf der Legitimationsstufe 1 grundsätzlich verfassungsrechtlich unbedenklich, vorausgesetzt aber, eine gewisse abgeschwächte demokratische Legitimation bleibt erhalten.

---

[281] vgl. z.B.: Albers PersR 1995, S. 501 (502 ff.); Battis/Kersten DÖV 1996, S. 584, (589); Bieler DÖD 1996, S. 50, (56); Edinger PersR 1997, S. 241, (243 ff.); Faber/Härtl PersV 1999, S. 50, (51 ff.); Kunze ZfPR 1997, S. 208, (208, 209); vgl. auch den kurzen Bericht von Schneider in: NJW 1997, S. 444, (444), über eine Tagung des BVerwG/BAG in Wustrau.
[282] vgl. z.B.: Faber/Härtl PersV 1999, S,50, (66 ff.)

aa) Bindung an Recht und Gesetz

Eine gewisse sachlich-inhaltliche demokratische Legitimation muss dadurch sichergestellt werden, dass Personalrat und Einigungsstelle bei ihrer Tätigkeit an Recht und Gesetz gebunden sind. Dies ist im Grunde eine Selbstverständlichkeit und zudem für die Personalvertretung in § 2 Abs. 1 BPersVG (Gebot der vertrauensvollen Zusammenarbeit unter Beachtung der Gesetze und Tarifverträge) auch ausdrücklich niedergeschrieben. Für die Einigungsstelle kann und darf nichts anderes gelten[283]. Dies dürfte allen Beteiligten im personalvertretungsrechtlichen Einigungsverfahren auch bekannt sein. Ein deklaratorischer Hinweis kann dennoch nicht schaden[284]. Ein direkter Handlungszwang des Gesetzgebers besteht jedoch nicht.

bb) Demokratische Legitimation der Einigungsstelle

Weiterhin ist erforderlich, dass sich die Mehrheit der Mitglieder der Einigungsstelle jedenfalls in gewissem Maße auf eine personelle demokratische Legitimation berufen kann. Nach § 71 Abs. 1 S. 1 BPersVG besteht die Einigungsstelle aus je drei Beisitzern, die von der obersten Dienstbehörde und der bei ihr bestehenden Personalvertretung bestellt werden, sowie einem unparteiischen Vorsitzenden, auf dessen Person sich beide Seiten einigen. Im Anschluss an die bisherigen Ausführungen lässt sich also Folgendes feststellen: Die Vertreter der Personalratsseite können für sich in keiner Form eine personelle demokratische Legitimation reklamieren, wohingegen die der Dienststellenbeisitzer, angesichts der Berufung durch ein seinerseits demokratisch legitimiertes Organ, als lückenlos einzustufen ist. Für die Frage nach der Mehrheit der personell demokratisch legitimierten Mitglieder kommt es daher entscheidend auf die Person des Vorsitzenden an. Dessen personelle demokratische Legitimation wird aber unterschiedlich charakterisiert, je nachdem ob man annimmt, die Bestellung erfolge aufgrund einer Einigung zwischen der obersten Dienstbehörde und der bei ihr bestehenden Personalvertretung oder aufgrund einer Wahl der konkreten Beisitzer.

---

[283] Auch für Fröhlich in: ZTR 1991, S. 374, (375), ist es eine Selbstverständlichkeit, dass die Einigungsstelle sich nicht im rechtsfreien Raum bewegt.

[284] Kunze ZfPR 1997, S. 208, (208), hält einen klarstellenden Hinweis ebenfalls für sinnvoll, „um den Mitgliedern der Einigungsstelle, die schließlich nicht immer frei von Emotionen, Prestigedenken und vorgefassten Meinungen sind, diese Tatsache ins Gedächtnis zu rufen". Ähnlich auch: Edinger PersR 1997, S. 241, (244).

(1.1.) Bestellung des Vorsitzenden aufgrund einer Einigung zwischen oberster Dienstbehörde und bei ihr bestehender Personalvertretung

Die herrschende Meinung[285] geht von ersterer Alternative aus. Dann trägt jedoch auch die Verwaltungsspitze „die Bestellung des Vorsitzenden in einem positiven Sinn"[286]. Zweifel an der personell demokratischen Legitimation des Vorsitzenden könnten sich aber trotzdem deshalb ergeben, weil hinter dieser Einigung ein gewisser Zwang steht. So kann die oberste Dienstbehörde den ihr genehmen Kandidaten nicht gegen den Willen der demokratierechtlich defizitären Personalvertretung durchsetzen. Dieser Umstand wäre aber dann ohne demokratierechtliche Relevanz, wenn im Falle der Nichteinigung ein anderes demokratisch legitimiertes Organ die Berufung vornimmt. Diese Problematik hängt eng mit einem Einwand Kunzes zusammen. Seiner Meinung nach[287] ist die personelle demokratische Legitimation des Vorsitzenden schon deshalb zu verneinen, weil die Personalvertretung als nicht demokratisch legitimiertes Organ entscheidenden Einfluss auf dessen Bestellung ausübt. Hierbei wird jedoch übersehen, dass *wenn* es zu einer Einigung zwischen der Verwaltungsspitze und der bei ihr bestehenden Personalvertretung kommt, eine parlamentarisch verantwortliche Stelle die Entscheidung trägt. Die Personalvertretung kann der obersten Dienstbehörde keine bestimmte Person aufzwingen oder diktieren. Art. 20 Abs. 2 S. 1 GG ist mithin nicht verletzt. Insofern ist die Rechtslage die gleiche wie im Falle einer Vereinbarung zwischen der obersten Dienstbehörde und den Spitzenorganisationen der Gewerkschaften nach § 59 MBG Sch-H. Hier wie dort kommt es aus demokratierechtlicher Sicht entscheidend darauf an, dass, sollte es zu keiner Einigung zwischen den Parteien kommen, der Entscheidungsprozess nicht endgültig blockiert ist, sondern ein anderes demokratisches Organ die Entscheidungsfunktion übernimmt.

Nach § 71 Abs. 1 S. 4 BPersVG bestellt der Präsident des Bundesverwaltungsgerichts den Vorsitzenden der Einigungsstelle, falls eine Übereinkunft bzgl. seiner Person nicht erzielt wird. Da gemäß Art. 95 Abs. 2 GG über die Berufung

---

[285] Ballerstedt/Schleider/Faber/Eckinger, Art. 71 Rn. 16; Dietz/Richardi, BPersVG, § 71 Rn. 18; Fischer/Goeres in Fürst GKÖD V/11.96, K § 71 Rn. 12; Grabendorff/Windscheidt/Ilbertz/Widmaier, 8. Aufl. § 71 Rn. 13; Lorenzen/Schmitt, § 71 Rn. 10; Widmaier/Leuze/Wörz, § 71 Rn. 8; Kunze PersV 1996, S. 481, (501); ders. PersV 1977, S. 161, (164).

[286] so: Faber/Härtl PersV 1999, S. 50, (63); ebenso: Albers PersR 1995, S. 501, (502); wohl auch: Bieler DÖD 1996, S. 50, (56) und Bosch ZfPR 1997, S. 124, (125).

[287] Kunze ZfPR 1997, S. 208, (209); ähnlich auch: Edenfeld, Arbeitnehmerbeteiligung im Betriebsverfassungs- u. Personalvertretungsgesetz, S. 167.

der Richter der obersten Gerichtshöfe des Bundes der für das jeweilige Sachgebiet zuständige Bundesminister gemeinsam mit einem Richterwahlausschuss, der aus den für das jeweilige Sachgebiet zuständigen Ministern der Länder und einer gleichen Anzahl von Mitgliedern besteht, die vom Bundestag gewählt wurden, entscheidet, handelt es sich bei dem Präsident des Bundesverwaltungsgerichts um ein personell demokratisch legitimiertes Organ. Daraus folgt zugleich, dass auch der vom Gerichtspräsidenten berufene Einigungsstellenvorsitzende über eine personelle demokratische Legitimation verfügt[288]. Albers[289] spricht gar davon, dass eine Legitimation demokratischer nicht sein könne. Die oberste Dienstbehörde ist also nicht gezwungen, sich auf einen Kompromiss mit der Personalvertretung einzulassen, um zu verhindern, dass das Amt des Vorsitzenden einer personell nicht demokratisch legitimierten Person übertragen wird. Der Vorsitzende verfügt damit immer, unabhängig davon, ob die Bestellung auf Grundlage einer Einigung zwischen oberster Dienstbehörde und bei ihr bestehender Personalvertretung oder durch den Präsidenten des Bundesverwaltungsgerichts erfolgt, über eine personelle demokratische Legitimation.

Diesem Ergebnis könnte jedoch die Rechtsansicht Widmaiers[290] widersprechen, wonach die Berufung des Vorsitzenden der Einigungsstelle durch den Präsidenten des Bundesverwaltungsgerichts einen Verstoß gegen den Gewaltenteilungsgrundsatz, abgeleitet aus dem Rechtsstaatsprinzip, bedeutet. Widmaier begründet seine Auffassung folgendermaßen: Eine durch die Judikative berufene Amtsperson entscheide möglicherweise mit ausschlaggebendem Stimmverhalten wichtige Fragen der Verwaltungsorganisation und der Personalführung. Dies stelle einen Eingriff in den Kernbereich der der Exekutive obliegenden Aufgaben dar.

Nach Meinung von Edinger[291] ist diese Argumentation jedoch im Hinblick auf die demokratische Legitimationskette ohne Bedeutung und bedürfe im hier interessierenden Zusammenhang daher keiner näheren Thematisierung. Selbst wenn ein Verstoß gegen das Gewaltenteilungsprinzip vorliege, sei hiervon eine mögliche demokratische Legitimation des Amtsträgers nicht beeinträchtigt.

Dem kann aber so nicht zugestimmt werden. Erweist sich die Bestellung des Vorsitzenden der Einigungsstelle im Lichte eines elementaren Verfassungsprin-

[288] so auch: Albers PersR 1995, S. 501, (502); Faber/Härtl PersV 1999, S. 50, (63).
[289] Albers PersR 1995, S. 501, (502).
[290] Widmaier PersV 1975, S. 412, (416).
[291] Edinger PersR 1997, S. 241, (244 Fn.32).

zips wie dem des Gewaltenteilungsgrundsatzes als grundgesetzwidrig, kann nicht eine demokratisch legitimierte Amtsernennung vorliegen. Beruht der konkrete Berufungsakt auf schwerwiegenden rechtsstaatlichen Mängeln, kann die im Blickpunkt stehende Person nicht auf demokratisch legitimierte Art und Weise Staatsgewalt ausüben. Demokratie- und Rechtsstaatsprinzip dürfen nicht streng isoliert betrachtet werden. Vielfach bestehen direkte Verbindungen zwischen beiden Verfassungssätzen. Dies wird auch daran deutlich, dass einzelne Aspekte, wie z.B. die Ministerverantwortlichkeit gegenüber Volk und Parlament, sowohl unter dem Topos des Demokratie- als auch in Bezug auf das Rechtsstaatsprinzip diskutiert werden. Eine hierzu konträre Ansicht steht im Konflikt zum Prinzip der Einheit der Rechtsordnung bzw. Verfassung[292].

Die Auffassung Widmaiers vermag aber im Hinblick auf einen anderen Aspekt nicht zu überzeugen. Anknüpfungspunkt der Kritik ist dabei nicht die Tatsache, dass der Vorsitzende der Einigungsstelle nur äußerst selten vom Präsidenten des Bundesverwaltungsgerichts bestellt wird[293]. Entscheidend für den Eingriff in den Kernbereich einer anderen staatlichen Gewalt kann nicht allein dessen Quantität sein, sondern von primärer Bedeutung ist vor allem dessen Qualität. Ein Eingriff der Judikative in das Aufgabengebiet der exekutiven Gewalt könnte allerdings nur allein in der *Auswahl und Ernennung* der Person des Einigungsstellenvorsitzenden gesehen werden. Ein späteres *Abstimmungsverhalten* dieser Person in wichtigen organisatorischen und personellen Fragen steht in keiner Beziehung mehr zur dritten Gewalt. Der Präsident des Bundesverwaltungsgerichts trifft nur eine einzelne Personalentscheidung und nimmt keinen Einfluss auf die sachbezogene Erfüllung des Amtsauftrages. Der Vorsitzende der Einigungsstelle ist auch bei Bestellung durch den Gerichtspräsidenten weiterhin kein Organ der Judikative, sondern eine exekutive Institution. Zwar kann durch eine einzelne Personalentscheidung mittelbar erheblich Einfluss auf die Art und Weise der Aufgabenwahrnehmung genommen werden. Hier gilt es jedoch zu bedenken, dass die Funktion des Vorsitzenden darin besteht, zwischen den Parteien zu vermitteln. Er füllt also eine neutrale Position aus. Schon von daher liegt es nahe und erscheint sachlich gerechtfertigt, dass im Konfliktfall zwischen diesen Parteien ein unabhängiges, über jeden Zweifel der Bevorzugung einer bestimmten Seite erhabenes Organ die Berufung des Vorsitzenden vornimmt. Ein Eingriff in den exekutiven Kernbereich ist daher abzulehnen bzw. gerechtfertigt. Auch die Be-

[292] vom Ergebnis ebenso, aber ohne nähere Begründung: Albers PersR 1995, S. 501, (502).
[293] so aber: Albers PersR 1995, S. 501, (502) und Faber/Härtl PersV 1999, S. 50, (63).

denken Widmaiers vermögen daher nach der hier vertretenen Auffassung nichts an dem Ergebnis zu ändern, dass der Vorsitzende der Einigungsstelle und damit zugleich auch die Mehrheit der Einigungsstellenmitglieder personell demokratisch legitimiert sind.

(2.2.) Wahl des Vorsitzenden durch die Beisitzer

Nur ganz vereinzelt wird angenommen, der Vorsitzende der Einigungsstelle werde von den jeweiligen Beisitzern gewählt[294]. Fraglich ist, ob auch auf dieser Grundlage eine gewisse personelle demokratische Legitimation seinerseits anzuerkennen ist. Teilweise wird dies ohne nähere Begründung schlicht bejaht[295]. Eine hierzu divergierende Meinung[296] lehnt dagegen in jenem Fall eine personelle demokratische Legitimation mit der Begründung ab, auch die drei Dienststellenvertreter wiesen aufgrund ihrer Weisungsunabhängigkeit demokratierechtliche Mängel auf. Den Vertretern des Personalrats fehle es zudem an jeglicher demokratischer Legitimation. Diese Legitimationsdefizite aller Beteiligten schlügen bei der Wahl des Vorsitzenden durch, sodass auch jener einer demokratischen Legitimation entbehre.

In der Tat scheint vieles für diese Ansicht zu sprechen. Insbesondere wenn man bedenkt, dass andernfalls schon dann von einer personellen demokratischen Legitimation des Vorsitzenden auszugehen wäre, wenn er von nur einem Vertreter der Dienststelle und den drei Personalratsbeisitzern gewählt würde. Obwohl also die Mehrheit der zumindest personell demokratisch legitimierten Beisitzer gegen den Vorsitzenden votierte, stünde dessen Wahl im Einklang mit den demokratierechtlichen Legitimationsanforderungen. In einer solchen Situation kann man aber selbst von nur einem gewissen Maß an personeller demokratischer Legitimation kaum sprechen[297]. Hiergegen lässt sich nicht einwenden, die Abgeordneten des Bundestages unterlägen nach Art. 38 Abs. 1 S. 2 GG ebenfalls keinen Weisungen, sondern seien nur ihrem Gewissen unterworfen. Dennoch sei ihre demokratische Legitimation unzweifelhaft. Folglich sei auch die fehlende Weisungsgebundenheit der (Dienststellen)beisitzer bei der Wahl des Vorsitzenden

---

[294] so die früher vertretene Meinung von: Fischer/Goeres in Fürst GKÖD, K § 71 Rn. 12 (bis zur 44 Lfg.); und wohl auch: Battis/Kersten DÖV 1996, S. 584, (590); unklar: Edenfeld, Arbeitnehmerbeteiligung im Betriebsverfassungs- u. Personalvertretungsgesetz, S. 167.

[295] vgl. Edinger PersR 1997, S. 241, (244).

[296] Battis/Kersten DÖV 1996, S. 584, (590).

[297] ähnlich: Rob, Mitbestimmung im Staatsdienst, S. 120, 121.

demokratierechtlich ohne Belang[298]. Dieser Vergleich hinkt jedoch in mehreren Punkten. Da die Abgeordneten des Bundestages direkt vom Volk gewählt werden, stehen sie am Anfang der Legitimationskette. Sie verfügen daher über ein besonders konzentriertes Maß an personeller demokratischer Legitimation. Somit ist es gerechtfertigt, ihnen gegenüber auf eine sachlich-inhaltliche Legitimation zu verzichten. Es stellte sich zudem auch die Frage, im Verhältnis zu welcher Stelle eine solche Weisungsgebundenheit bestehen sollte. In Betracht käme allein unmittelbar das Volk. Das Volk aber hat das Parlament durch seine Wahl auf der Grundlage der Verfassung, einschließlich des Art. 38 Abs. 1 S. 2 GG, gerade mit einer weisungsunabhängigen Aufgabenerfüllung beauftragt. Eine solche Form der Wahrnehmung des Amtsauftrages schreibt das Grundgesetz aber weder für die Beisitzer der Einigungsstelle vor, noch könnte sie konkludent aufgrund eines herausragenden Maßes an personeller demokratischer Legitimation vorausgesetzt werden.

Das Bundesverfassungsgericht – und nur dessen Ansicht ist für den Gesetzgeber von praktischer Bedeutung – ist aber gegenteiliger Auffassung und lässt auf der Legitimationsstufe 1 auch die abschließende Entscheidung einer Einigungsstelle zu, dessen Vorsitzender wie in Schleswig-Holstein (vgl. § 53 Abs. 3 S. 1 MBG Sch-H) – hierauf bezogen sich ja die Ausführungen des Gerichts – von den jeweiligen Beisitzern gewählt wird. Belegt wird dies durch die Aussage des Gerichts, die Entscheidungen der Einigungsstelle seien, soweit es sich um Maßnahmen handele, die den Amtsauftrag *typischerweise nicht nur unerheblich berührten*, nicht hinreichend demokratisch legitimiert. Hieraus folgt im Umkehrschluss, dass Entscheidungen, die vornehmlich die Beschäftigten in ihrem Beschäftigtenverhältnis betreffen *und keine oder nur geringe Auswirkungen* auf die öffentliche Aufgabenwahrnehmung besitzen, durchaus von einer derartig personell strukturierten Einigungsstelle getroffen werden dürfen. Unterstützung erfährt diese Interpretation des Beschlusses dadurch, dass das Gericht das Problem der fehlenden Weisungsgebundenheit der (Dienststellen)beisitzer zwar erkennt, hieraus aber nur ableitet, dass sogar die Dienststellenvertreter bei der Wahl des Vorsitzenden keine *uneingeschränkte* personelle demokratische Legitimation vermitteln können. Eine uneingeschränkte personelle demokratische Legitimation verlangt das Gericht aber erst für die Beteiligungsstufe 2, während es angesichts der Mitbestimmungsfragen der Stufe 1 nur von einem *gewissen Maß* an personeller demokratischer Legitimation spricht. Die vereinzelt vertretene An-

[298] so: Faber/Härtl PersV 1999, S. 50, (63).

nahme[299], das Gericht erachte die Einigungsstelle auch im Hinblick auf Entscheidungen der ersten Beteiligungsstufe für demokratiewidrig, bleibt daher aus
dieser Sicht unverständlich. Eine solche Interpretation erfolgt gegen den ausdrücklichen Wortlaut der Beschlussbegründung. Legt man also die hier nicht
geteilte Rechtsmeinung des Bundesverfassungsgerichts zugrunde, so stellt sich
die Mehrheit der Einigungsstellenmitglieder selbst dann in einem gewissen Maße als personell demokratisch legitimiert dar, wenn der Vorsitzende von den
Beisitzern gewählt wird. Sollte es bei der Wahl des Vorsitzenden zu einer Patt-
Situation kommen, und der Präsident des Bundesverwaltungsgerichts bestimmt
über dessen Person, gilt das zuvor Gesagte.

cc) Evokationsrecht

Die hinreichende personelle demokratische Legitimation der Mehrheit der Einigungsstellenmitglieder sichert aber allein noch nicht die vom Gericht bzgl. der
Legitimationsstufe 1 für erforderlich erachtete abgeschwächte demokratische
Legitimation. Des Weiteren muss gesetzlich sichergestellt werden, dass Entscheidungen, die zwar grundsätzlich der ersten Beteiligungsstufe zuzuordnen
sind, im Einzelfall wegen ihrer Auswirkungen auf das Gemeinwohl aber wesentlicher Bestandteil der Regierungsgewalt sind, einem parlamentarisch verantwortlichen Amtsträger vorbehalten bleiben.

Eine gesetzgeberische Möglichkeit besteht darin, der Einigungsstelle in derartigen Fällen nur ein Empfehlungsrecht zuzubilligen. Dies bedeutet aber nicht,
dass der Einigungsstelle hinsichtlich einzelner Mitbestimmungsangelegenheiten
generell nur noch ein Empfehlungsrecht zusteht. Vielmehr ist hiermit gemeint,
dass die jeweilige Bedeutung der Maßnahme im Einzelfall darüber entscheidet,
ob die Einigungsstelle von dem ihr grundsätzlich zustehenden Entscheidungsrecht Gebrauch machen darf, oder ob sie nur eine Empfehlung aussprechen darf.
Es erscheint jedoch sehr schwierig, gesetzgeberisch genau festzulegen, wann ein
Mitbestimmungstatbestand nur noch den Charakter eines Empfehlungsrechts
besitzt. Ungeklärt ist in diesem Zusammenhang auch, ob ein bindender Spruch
der Einigungsstelle angesichts der Bedeutung der Maßnahme nachträglich in ein
Empfehlungsrecht umgedeutet werden kann. Fraglich ist auch, welche Stelle
darüber entscheidet, ob der Einigungsstelle im konkreten Fall nur ein Empfehlungsrecht zusteht bzw. ihr nur ein Empfehlungsrecht zugestanden hätte. Edin-

---

[299] so: Rob, Mitbestimmung im Staatsdienst, S. 124, 125.

ger[300] ist daher darin zuzustimmen, dass eine solche Lösung erhebliche Unsicherheiten in der Rechtspraxis verursachen würde. Oftmals bestünde Ratlosigkeit und Ungewissheit über die Bindungswirkung des Einigungsstellenspruchs. Die Dienststellenleitung könnte sich möglicherweise, selbst wenn bereits eine geraume Zeitspanne verstrichen wäre, mit der Begründung über die Entscheidung der Einigungsstelle hinwegsetzen, jener hätte angesichts der Bedeutung der Maßnahme, welche erst jetzt in vollem Umfang sichtbar werde, von vornherein nur ein Empfehlungsrecht zugestanden.

Übrig bleibt somit nur ein gesetzlich festgeschriebenes Evokationsrecht der obersten Dienstbehörde. Ein solches Recht enthält das Bundespersonalvertretungsgesetz bislang nicht. Faber und Härtl[301] empfehlen dem § 69 BPersVG folgenden Absatz hinzuzufügen:

„In den Fällen des (an dieser Stelle müsste auf die Vorschriften Bezug genommen werden, welche die Angelegenheiten der Stufe 1 regeln) kann die oberste Dienstbehörde einen Beschluss der Einigungsstelle, der wegen seiner Auswirkungen auf das Gemeinwesen wesentlicher Bestandteil der Regierungsverantwortung ist, spätestens innerhalb einer Frist von zehn Arbeitstagen nach Zugang des Beschlusses ganz oder teilweise aufheben und endgültig entscheiden. Die Entscheidung ist zu begründen. Der Vorsitzende der Einigungsstelle sowie die am Einigungsverfahren beteiligten Dienststellen und Personalvertretungen sind unverzüglich über die Aufhebung unter Beifügung der Begründung zu unterrichten".

Edinger[302] gestattet dagegen bereits dem Dienststellenleiter und nicht erst der Verwaltungsspitze ein derartiges Aufhebungsrecht. Sollte allerdings der Personalrat dieser Einschätzung widersprechen, so entscheide die nächsthöhere Dienstbehörde und zwar nach vorheriger Konsultation ihres Personalrats. Ein solches aufwändiges Verfahren trägt jedoch zur weiteren Komplizierung des Personalvertretungsrechts bei. Ein zusätzlicher Nachteil ist die erneute Verzögerung des Entscheidungsablaufs bei Einspruch des Personalrats. Zudem ist nicht einzusehen, weshalb der Personalrat ein weiteres Mal Gelegenheit zur Stellungnahme bekommen sollte, da das Einigungsstellenverfahren ja bereits abgeschlossen ist. Schließlich wird der Personalrat die Frage nach der Bedeutung der

[300] Edinger PersR 1997, S. 241, (244).
[301] Faber/Härtl PersV 1999, S. 50, (63).
[302] Edinger PersR 1997, S. 241, (244).

Maßnahme für die Wahrnehmung des Amtsauftrages naturgemäß eher negativ beantworten. Wichtiger aber noch ist, dass diese Beurteilung nicht in seinen Kompetenzbereich fällt, da die Interessenvertretung der Beschäftigten im Hintergrund steht. Sinnvoll erscheint es aber, wie von Faber und Härtl vorgeschlagen und auch von Edinger[303] befürwortet, die Ausübung des Evokationsrechts im Interesse der Rechtssicherheit nur innerhalb einer bestimmten Frist zuzulassen und zusätzlich zur Erzielung hinreichender Transparenz an einen Begründungszwang zu knüpfen.

Konzipiert also der Bundesgesetzgeber eine evokationsrechtliche Generalklausel, dann entsprechen die Mitbestimmungstatbestände des Bundespersonalvertretungsrechts den Legitimationsanforderungen des Bundesverfassungsgerichts an die Beteiligungsstufe1.

(2.) 2. Stufe (Prinzip der doppelten Mehrheit)

Maßnahmen der zweiten Legitimationsstufe charakterisiert das Gericht als solche, die zwar den Binnenbereich des Beschäftigungsverhältnisses beträfen, die Erfüllung der öffentlichen Aufgaben jedoch typischerweise nicht nur unerheblich berührten. Hierzu gehörten etwa die in § 75 Abs. 3 Nr. 14 und 17 und § 78 Abs. 1 Nr. 1 BPersVG erwähnten Angelegenheiten. Ohne demokratierechtliche Bedenken erweist sich dabei die Vorschrift des § 78 Abs. 1 Nr. 1 BPersVG, da der Personalvertretung hier ohnehin nur ein Mitwirkungsrecht eingeräumt wird. Anders stellt sich die Situation jedoch in Bezug auf § 78 Abs. 3 Nr. 14 und 17 BPersVG dar. Hier sieht das Gesetz die volle Mitbestimmung der Personalvertretung vor. Auf der Legitimationsstufe 2 fordert das Gericht aber ein höheres Maß an demokratischer Legitimation ein. Dieses sei dadurch zu realisieren, dass die Mehrheit der Mitglieder der Einigungsstelle über eine *uneingeschränkte* personelle demokratische Legitimation verfügt, und darüber hinaus die konkrete Entscheidung von der Mehrheit der so legitimierten Mitglieder getragen wird. Nur unter diesen Voraussetzungen besäße die Einigungsstelle das Recht zur abschließenden Entscheidung.

aa) Bestellung des Vorsitzenden aufgrund einer Einigung zwischen oberster Dienstbehörde und bei ihr bestehender Personalvertretung

Geht man zutreffend davon aus, dass der Vorsitzende der Einigungsstelle von der obersten Dienstbehörde in Übereinstimmung mit der bei ihr bestehenden

---

[303] Edinger PersR 1997, S. 241, (244).

Personalvertretung bestellt wird, so verfügen vier Mitglieder der Einigungsstelle, also einschließlich Vorsitzendem und Vertretern der Dienststelle, über eine uneingeschränkte personelle demokratische Legitimation[304].

Nicht geteilt werden in diesem Zusammenhang die Bedenken von Kunze[305]. Er stellt in seiner Argumentation darauf ab, dass die Mitglieder der Einigungsstelle nicht weisungsgebunden und somit auch nicht sachlich-inhaltlich demokratisch legitimiert seien. Von einer uneingeschränkten demokratischen Legitimation der Mehrheit der Angehörigen der Einigungsstelle könne daher keine Rede sein.

Diese Ansicht übersieht, dass das Bundesverfassungsgericht nur von einer uneingeschränkten *personellen* demokratischen Legitimation spricht. Eine über die allgemeine Bindung an Recht und Gesetz hinausgehende sachlich-inhaltliche demokratische Legitimation in Form eines Weisungsrechts wird vom Gericht aber auch für die Stufe 2 nicht verlangt. Die Kritik Kunzes, das Bundesverfassungsgericht würde die Idee einer unabhängigen Einigungsstelle durch Anordnung eines Weisungsrechts der Verwaltungsspitze ad absurdum führen, fehlt folglich der thematische Hintergrund.

Ungeklärt ist jedoch die Frage, ob die Mehrheit der Einigungsstellenmitglieder auch dann über eine uneingeschränkte personelle demokratische Legitimation verfügt, wenn der Vorsitzende gemäß § 71 Abs. 1 S. 4 BPersVG im Konfliktfall vom Präsidenten des Bundesverwaltungsgerichts ernannt wird. Bedenken könnten sich deshalb ergeben, weil der Gerichtspräsident im Falle der Berufung des Vorsitzenden unabhängig von Weisungen eines demokratisch legitimierten Organs der Exekutive agiert. Das Bundesverfassungsgericht hat diese Problematik im Hinblick auf das schleswig-holsteinische Mitbestimmungsgesetz ausdrücklich offen gelassen. Auch in der Literatur findet die skizzierte Fragestellung zumeist keine Beachtung. Vielmehr wird auch insoweit ohne nähere Erläuterung von einer uneingeschränkten personellen demokratischen Legitimation des Vorsitzenden ausgegangen[306]. Anderer Ansicht ist soweit ersichtlich nur Edinger[307]. Seiner Meinung nach vermittelt die Ernennung des Vorsitzenden durch den Präsidenten des Bundesverwaltungsgerichts zwar eine *gewisse* personelle demokratische Legitimation, nicht aber, mangels Weisungsabhängigkeit des Gerichtspräsidenten, eine *uneingeschränkte* personelle Legitimationsbasis. Die Folge wäre,

---

[304] ebenso: Albers PersR 1995, S. 501, (503); Faber/Härtl PersV 1999, S. 50, (64).

[305] Kunze ZfPR 1997, S. 208, (210); ebenso: Bosch ZfPR 1997, S. 124, (125).

[306] so: Faber/Härtl PersV 1999, S. 50, (64).

[307] Edinger PersR 1997, S. 241, (245).

dass eine Einigungsstelle, deren Vorsitzender vom Präsidenten des Bundesverwaltungsgerichts berufen wird, zwar über Angelegenheiten der Stufe 1, nicht aber über solche der Stufe 2 entscheiden dürfte. Es müssten verschiedene personell zusammengesetzte Einigungsstellen gebildet werden. Ein Zustand der der angestrebten Vereinfachung des Personalvertretungsrechts entgegensteht. Es darf aber nicht vergessen werden, dass das Grundgesetz die Unabhängigkeit der Richter in Art. 97 Abs. 1 GG ausdrücklich vorschreibt. Sie sind bei ihrer Tätigkeit nur an das Gesetz gebunden. Hiermit soll die Neutralität und Unabhängigkeit der Rechtsprechung, welche für eine moderne Demokratie westlicher Prägung unerlässlich ist, gesichert werden. Nun könnte man einwenden, die Berufung des Vorsitzenden sei keine eigentliche Aufgabe der Rechtsprechung[308]. Folglich könne auch auf eine sachlich-inhaltliche Legitimation nicht verzichtet werden. Die Bestimmung des Vorsitzenden besitzt aber ebenfalls streitschlichtenden Charakter, sodass von einer zumindest ähnlichen Art von Tätigkeit gesprochen werden kann. Wie bereits dargelegt, soll der Vorsitzende der Einigungsstelle zudem die Rolle eines unparteiischen Schlichters oder Vermittlers übernehmen. Erforderlich ist also ein gewisses Maß an Neutralität. Daher kann, sollte es zu keiner Einigung zwischen den Parteien kommen, auch nur ein *demokratisch legitimiertes* Organ die Bestellung vornehmen, das keiner der am bisherigen Verhandlungsprozess beteiligten Institutionen gegenüber verpflichtet oder weisungsgebunden ist. Andernfalls ginge die notwendige Neutralitätsfunktion des Vorsitzenden verloren. Daher ist ein Verzicht auf ein spezielles Weisungsrecht der Verwaltungsspitze notwendig. Die gegenteilige Ansicht verkennt, dass die demokratische Legitimation immer nur als Mittel zum Zweck und nicht umgekehrt als Selbstzweck zu sehen ist. Daher erweist sich die Mehrheit der Einigungsstellenmitglieder auch dann als personell demokratisch *uneingeschränkt* legitimiert, wenn der Vorsitzende durch den Präsidenten des Bundesverwaltungsgerichts bestimmt wird.

Das Bundespersonalvertretungsgesetz trifft jedoch keine Vorkehrungen dahingehend, dass eine abschließende Entscheidung der Einigungsstelle bei Angelegenheiten der Gruppe 2 nur dann in Betracht kommt, wenn die Entscheidung auch von der Mehrheit der uneingeschränkt personell demokratisch legitimierten Mitglieder getragen wird. Dies bedeutet, zumindest drei der so legitimierten Mitglieder müssen der Entscheidung zugestimmt haben, um die Verbindlichkeit

---

[308] Art. 97 Abs. 1 GG bezieht sich nur auf die rechtsprechende Tätigkeit; vgl. Jarass/Pieroth, Art. 97 Rn. 3.

des Beschlusses zu begründen. Ein gesetzgeberisches Tätigwerden ist somit auch angesichts der zweiten Legitimationsstufe notwendig. Eine konkrete gesetzliche Formulierung schlagen wiederum Faber und Härtl vor (Ergänzung des § 71 Abs. 3 S. 3 BPersVG)[309]:

„Der Beschluss wird mit Stimmenmehrheit gefasst; in den Fällen der (an dieser Stelle müsste auf die Vorschriften verwiesen werden, welche die Angelegenheiten der Gruppe 2 enthalten) bedarf der Beschluss darüber hinaus der Mehrheit der Stimmen des Vorsitzenden und der von der obersten Dienstbehörde bestellten Mitglieder der Einigungsstelle".

Trotz gesetzlicher Verankerung des Prinzips der doppelten Mehrheit gestattet ein Teil des Schrifttums der Einigungsstelle nur eine Kompetenz zur abschließenden *Verfahrensentscheidung*[310]. Damit ist gemeint, das Einigungsverfahren findet mit der Entscheidung der Einigungsstelle zwar sein offizielles Ende, allerdings stünde der Verwaltungsspitze immer noch ein Letztentscheidungsrecht zu. Die Entscheidung der Einigungsstelle sei nur dann in letzter Konsequenz verbindlich, wenn die Verwaltungsspitze die Entscheidung nicht an sich ziehe. Zur näheren Begründung wird auf die unterschiedliche Wortwahl des Gerichts rekurriert. Das Gericht spreche im Rahmen der Erläuterung der Entscheidungsgewalt der Einigungsstelle nur von einer *abschließenden Entscheidung*, während in Bezug auf die Entscheidungskompetenz der Verwaltungsspitze die Rede von einer *verbindlichen Letztentscheidung* sei.

Mit dieser unterschiedlichen Wortwahl verbindet das Gericht aber keine Trennung von abschließender Verfahrensentscheidung und inhaltlicher Letztentscheidung. Dies würde schon auf der zweiten Legitimationsstufe zu einer weiteren Einschränkung der Rechte des Personalrats und der Einigungsstelle führen. Angesichts dessen hätte sich das Gericht deutlicher ausgedrückt, wollte es eine solche Aufspaltung der Entscheidungsgewalt bewirken. Dies gilt umso mehr, als das Gericht auf der Beteiligungsstufe 1 ausdrücklich eine Art Evokationsrecht zwecks Sicherung einer im Einzelfall notwendigen Letztentscheidungsmacht der Verwaltungsspitze einfordert. Unterstützung erfährt diese Auslegung dadurch, dass das Gericht das Prinzip der doppelten Mehrheit durch einen Verweis auf Böckenförde HbStR I 1987, § 22 S. 899 Fn. 25 näher präzisiert[311]. Böckenförde

[309] Faber/Härtl PersV 1999, S. 50, (64).
[310] so vor allem: Rudolph PersV 1997, S. 145 ff.; wohl auch: Bieler DÖD 1996, S. 52, (55).
[311] ebenso: Rob, Mitbestimmung im Staatsdienst, S. 287.

erwähnt in dieser Fußnote das Prinzip der doppelten Mehrheit zwar nur ganz kurz und versteht diesen Gedanken eher als weitere Anregung, denn als eigenständiges Legitimationsmodell. In dieser knappen Ausführung findet sich aber kein Anhaltspunkt für eine Unterscheidung zwischen formaler verfahrensabschließender Entscheidung und inhaltlicher Letztentscheidung. Die unterschiedliche Begriffsbestimmung des Gerichts beruht vielmehr allein auf ästhetischen Motiven zur Vermeidung der ständigen Wortwiederholung.

bb) Wahl des Vorsitzenden durch die Beisitzer

Ergänzend sei auch hier noch auf die gelegentlich vertretene Mindermeinung eingegangen, der Vorsitzende der Einigungsstelle ginge aus einer Wahl der Beisitzer hervor. Bei Zugrundelegung dieser Ansicht ist eine uneingeschränkte personelle demokratische Legitimation der Mehrheit der Einigungsstellenmitglieder zu verneinen[312]. Diese Annahme findet direkte Bestätigung durch die Aussage des Gerichts, die Beisitzer der Einigungsstelle könnten bei der Wahl des Vorsitzenden keine uneingeschränkte personelle Legitimation vermitteln, da es ihnen ihrerseits an sachlich-inhaltlicher Legitimation fehle. Konsequenz wäre auch in diesem Fall die Bildung von Einigungsstellen mit je nach Beteiligungsangelegenheiten unterscheidender personeller Struktur.

cc) Alternative zum Prinzip der doppelten Mehrheit

Das Prinzip der doppelten Mehrheit wird in der Literatur von einigen Autoren scharf kritisiert. Es wird befürchtet, die Beteiligungsrechte der Personalratsvertreter in der Einigungsstelle würden auf ein bloßes Mitwirkungsrecht reduziert. Ihr Stimmverhalten geriete zur Makulatur[313]. Es sei „nur schwer vorstellbar, dass insbesondere Mitglieder des Personalrats bereit sind, als Beisitzer in einer mehrheitlich von der Dienststelle dominierten Einigungsstelle tätig zu werden, da sie dies zu Recht als unzumutbar und als mit ihrem Amt unvereinbar ansehen würden"[314]. Das Prinzip der doppelten Mehrheit sei eine „wenig einigungswirksame und daher für die Aufgabe der Schlichtung eher kontraproduktive Lösung"[315].

---

[312] so auch: Battis/Kersten DÖV 1996, S. 584, (590); Edinger PersR 1997, S. 241, (245).

[313] Battis/Kersten DÖV 1996, S. 584, (590); sehr kritisch auch: Edenfeld, Arbeitnehmerbeteiligung im Betriebsverfassungs- u. Personalvertretungsgesetz, S. 168, 169.

[314] Kunze ZfPR 1997, S. 208, (210).

[315] Albers PersR 1995, S. 501, (503).

Diese Meinung favorisiert die vom Bundesverfassungsgericht bzgl. der Beteiligungsstufe 2 angebotene Alternativregelung. Hiernach könne der Gesetzgeber den der Einigungsstelle anhaftenden demokratischen Mangel durch ein Letztentscheidungsrecht einer demokratisch legitimierten Stelle ausgleichen. Das würde bedeuten, die Einigungsstelle trägt nur Entscheidungsvorschläge an die Verwaltungsspitze heran, oder ihre Entscheidungen stehen unter dem Vorbehalt der Aufhebung durch dieselbige[316]. Ob hiermit jedoch tatsächlich eine Stärkung der Arbeitnehmerrechte gegenüber dem Prinzip der doppelten Mehrheit verbunden ist, wird skeptisch zu beurteilen sein. So stellen Faber und Härtl[317] zu Recht fest, dass den Vertretern des Personalrats auf der Basis des Prinzips der doppelten Mehrheit immer noch die Möglichkeit verbleibt, die anderen Beisitzer durch eine überzeugende Argumentation auf ihre Seite zu ziehen, um einen *verbindlichen* Spruch der Einigungsstelle zu erzielen.

Aber unabhängig davon, welche Regelungstechnik man bevorzugt: in jedem Fall muss der Gesetzgeber das Personalvertretungsrecht in diesen Punkten novellieren.

(3.) 3. Stufe

Der dritten Legitimationsstufe ordnet das Gericht diejenigen Maßnahmen zu, die schwerpunktmäßig die Erledigung von Amtsaufgaben beträfen, unvermeidlich aber auch die Interessen der Beschäftigten berührten. Aufgezählt werden die §§ 75 Abs. 1, 76, 78 Abs. 1 Nr. 2–4 und 79 BPersVG. Aufgrund der großen Bedeutung dieser Angelegenheiten für die Erfüllung des Amtsauftrages dürfe die Entscheidung der Einigungsstelle hier nur den Charakter einer Empfehlung tragen. Zulässig ist folglich die eingeschränkte, nicht aber die volle Mitbestimmung. Eine eingeschränkte Mitbestimmung sieht das Bundespersonalvertretungsgesetz aber bereits für die personellen Angelegenheiten der Beamten in § 76 Abs. 1 BPersVG sowie für die in § 76 Abs. 2 BPersVG genannten innerdienstlichen Maßnahmen vor (vgl. § 69 Abs. 4 S. 3 BPersVG). Ein Handeln des Gesetzgebers ist diesbezüglich also nicht erforderlich. Gleiches gilt für die §§ 78 Abs. 1 Nr. 2–4 und 79 BPersVG, welche dem Personalrat sogar nur ein Mitwirkungsrecht zugestehen. Die personellen Angelegenheiten der Angestellten und Arbeiter im öffentlichen Dienst unterliegen dagegen nach § 75 Abs. 1 BPersVG

---

[316] vgl. auch die Ausführungen bei: Faber/Härtl PersV 1999, S. 50, (65) und Albers PersR 1995, S. 501, (503).

[317] Faber/Härtl PersV 1999, S. 50, (65).

der vollen Mitbestimmung der Personalräte. Insoweit muss der Gesetzgeber das Mitbestimmungsniveau auf die eingeschränkte Mitbestimmung reduzieren.

b) Weitere Veränderungen im Bundespersonalvertretungsrecht

Neben der Anpassung der Mitbestimmungstatbestände an die drei vom Bundesverfassungsgericht entwickelten Legitimationsstufen erscheinen folgende Änderungen geboten oder zumindest zweckmäßig:

(1.) Aufgabe der Unterscheidung von Angelegenheiten der Angestellten, Arbeiter und Beamten

Das Bundesverfassungsgericht unterscheidet nun im Gegensatz zu seiner Bremen-Entscheidung aus dem Jahre 1959 nicht mehr zwischen den personellen Angelegenheiten der Angestellten und Arbeiter einerseits und denen der Beamten andererseits. Berühre die vorgesehene Maßnahme den Rechtsstatus einer im öffentlichen Dienst beschäftigten Person, so sei die volle Mitbestimmung auszuschließen. Die Rahmenvorschrift des § 104 sollte deshalb dahingehend geändert werden, dass Angelegenheiten, die den Rechtsstatus von Beamten, Angestellten und Arbeitern des öffentlichen Dienstes betreffen, nicht der Entscheidungsgewalt der Stellen entzogen werden dürfen, die der Volksvertretung gegenüber verantwortlich sind[318]. In Fortführung der Programmsätze des Bundesverfassungsgerichts sollte auch die zwischen den Berufsgruppen differenzierende Unterteilung der §§ 75 ff. BPersVG aufgegeben werden. Wenngleich die Anpassung an das Legitimationsniveau der Stufe 3 bereits dadurch erfolgen kann, dass auch Personalangelegenheiten der Angestellten und Arbeiter nur noch der eingeschränkten Mitbestimmung zugänglich gemacht werden, sollte im Interesse der Gesetzesvereinfachung und Rechtsklarheit auf jegliche Differenzierung, die von der Sachmaterie her nicht erforderlich ist, verzichtet werden[319].

Führt man sich diesen Gedankengang vor Augen, löst sich zugleich ein Detailproblem des Beschlusses des Bundesverfassungsgerichts von selbst. Das Gericht hat den Beteiligungstatbestand des § 75 Abs. 3 Nr. 10 (Bestellung von Vertrauens- oder Betriebsärzten als Angestellte) ausdrücklich nicht der Gruppe 1 zugeordnet, jedoch in seinen späteren Ausführungen auch keiner anderen Gruppe hinzugezählt. Die Bestellung von Vertrauens- oder Betriebsärzten als Beamte

---

[318] vgl. Faber/Härtl PersV 1999, S. 50, (62).

[319] vgl. Faber/Härtl PersV 1999, S. 50, (62); ebenso: Edenfeld, Arbeitnehmerbeteiligung im Betriebsverfassungs- u. Personalvertretungsgesetz, S. 110.

gemäß § 76 Abs. 2 S. 1 Nr. 4 BPersVG rechnet das Gericht aber der Gruppe 3 zu. Ist die Unterscheidung von Angestellten, Arbeitern und Beamten aber obsolet, so kann für § 75 Abs. 3 Nr. 10 BPersVG nichts anderes gelten[320].

(2.) Initiativrecht

Auch innerhalb der Regelung des Initiativrechts nach § 70 BPersVG sind die nach den drei Legitimationsstufen unterscheidenden demokratierechtlichen Anforderungen des Gerichts zu beachten. Hierzu nicht in Widerspruch befindet sich das in § 70 Abs. 2 BPersVG vorgesehene eingeschränkte Initiativrecht mit abschließender Entscheidungsmacht der obersten Dienstbehörde. Novellierungsbedarf ist jedoch in Bezug auf das volle Initiativrecht des § 70 Abs. 1 BPersVG anzumelden. Dieser Vorschrift zufolge entscheidet die Einigungsstelle endgültig über einen Initiativantrag in den Fällen des § 76 Abs. 3 Nr. 14 und 17 BPersVG. Hier ist jedoch das Prinzip der doppelten Mehrheit zu berücksichtigen. Es ist also gesetzlich sicherzustellen, dass eine Wahrnehmung des Initiativrechts nicht zu einer weitergehenden Entscheidungsgewalt als wie innerhalb der herkömmlichen Mitbestimmungstatbestände führt[321].

(3.) Verfahrensrecht

Das Bundesverfassungsgericht verpflichtet den Gesetzgeber darauf zu achten, dass komplizierte und langwierige Verfahrensregelungen den Geschäftsbetrieb in der Dienststelle nicht nachhaltig beeinträchtigen. Jedenfalls zu jetziger Zeit bestünden gegen die das Verfahren regelnden Normen des schleswig-holsteinischen Mitbestimmungsgesetzes aber noch keine durchgreifenden verfassungsrechtlichen Bedenken. Eine sach- und zeitgerechte Erfüllung des Amtsauftrages werde durch die Verfahrensregelungen nicht ernsthaft gefährdet. Da die entsprechenden Bestimmungen des Bundespersonalvertretungsgesetzes denen des Mitbestimmungsgesetzes in Schleswig-Holstein weitgehend ähneln (vgl. etwa § 52 Abs. 8 MBG Sch-H und § 69 Abs. 5 BPersVG) und zudem die Fristenbestimmungen der §§ 69 Abs. 2 S. 3, 4, Abs. 3 S. 1 und 82 Abs. 2 S. 2 BPersVG eine zumindest den Verwaltungsbetrieb nicht lähmende Verfahrensdurchführung

[320] so auch: Faber/Härtl PersV 1999, S. 50, (59); Kisker PersV 1995, S. 529, (534).
[321] vgl. Faber/Härtl PersV 1999, S. 50, (66); Edinger PersR 1997, S. 241, (246) und auch: Edenfeld, Arbeitnehmerbeteiligung im Betriebsverfassungs- u. Personalvertretungsgesetz, S. 218.

gestatten, ist ein Handeln des Gesetzgebers bei Zugrundelegung der Maßstäbe des Bundesverfassungsgerichts diesbezüglich nicht erforderlich[322].

(4.) Versetzungs- und Abordnungsschutz der Personalratsmitglieder

Ebenfalls nicht in Einklang mit den neuen demokratierechtlichen Anforderungen des Bundesverfassungsgerichts steht der spezielle Abordnungs- und Versetzungsschutz der Personalratsmitglieder nach § 47 Abs. 2 S. 3 BPersVG. Bisher bedarf die Versetzung oder Abordnung von Mitgliedern des Personalrats dessen Zustimmung. Es handelt sich um ein *absolutes Vetorecht* des Personalrats. Versetzungen und Abordnungen zählen aber zu den Maßnahmen, die den Rechtsstatus der betroffenen Beschäftigten berühren und daher vom Gericht zur Gruppe 3 gerechnet werden. Die abschließende Entscheidungsgewalt muss folglich der Befugnis der Verwaltungsspitze anheim bleiben. Diese Befugnis besitzt aber zurzeit nicht einmal die streitschlichtende Einigungsstelle, sondern allein das Interessenvertretungsorgan Personalrat. Die genannte Norm bedeutet folglich einen Verstoß gegen die vom Bundesverfassungsgericht aufgestellten Legitimationsgrundsätze.

(5.) Fazit

Das Bundespersonalvertretungsgesetz muss hinsichtlich jeder der drei Legitimationsstufen in einigen wichtigen Punkten geändert werden. Während eine Anpassung an die erste Legitimationsstufe nur die gesetzliche Konstituierung eines Evokationsrechts zu Gunsten der Verwaltungsspitze erfordert, muss auf der dritten Stufe die Mitbestimmung in personellen Angelegenheiten der Angestellten und Arbeiter grundlegend im Sinne einer nur noch eingeschränkten Mitbestimmung reformiert werden. Die vielfach umstrittene personelle Zusammensetzung der Einigungsstelle kann dagegen beibehalten werden, da sich die Mehrheit der Mitglieder als uneingeschränkt personell demokratisch legitimiert erwiesen hat. Befürwortet man allerdings das Prinzip der doppelten Mehrheit, so muss eine zusätzliche Norm das Abstimmungsverhalten der Einigungsstellenmitglieder auch zu Gunsten der zweiten Mehrheit regeln.

---

[322] vgl. auch die Ausführungen bei: Albers PersR 1995, S. 501,(504) ; Faber/Härtl PersV 1999, S. 50, (66).

4.) Notwendige Veränderungen im nordrhein-westfälischen Personalvertretungsrecht

Ebenso wie zuvor auf Bundesebene erläutert, steht auch in Bezug auf das nord-rhein-westfälische Personalvertretungsgesetz die Diskussion um die Anpassung der Mitbestimmungstatbestände an die drei vom Bundesverfassungsgericht ent-wickelten Legitimationsstufen im Vordergrund. Parallel hierzu ist aber auch die Frage nach einer erforderlichen gesetzlichen Korrektur des Initiativrechts und des besonderen Versetzungsschutzes der Personalratsmitglieder zu stellen.

a) Die Legitimationsanforderungen des Bundesverfassungsgerichts

Da das Bundesverfassungsgericht den einzelnen Legitimationsstufen zwecks näherer Präzisierung direkt einzelne Mitbestimmungstatbestände des Bundes-personalvertretungsgesetzes beispielhaft zuordnete, fällt eine hier angesiedelte Untersuchung leichter als eine Bewertung der personalvertretungsrechtlichen Situation in Nordrhein-Westfalen. Es gilt herauszufinden, welche Mitbestim-mungsregelungen im nordrhein-westfälischen Recht den vom Gericht genannten Bundesnormen im Wesentlichen entsprechen, um hieran anschließend das Problem der hinreichenden Legitimation einer möglicherweise abschließend entscheidenden Einigungsstelle zu beantworten.

(1.) 1. Stufe

Zur ersten Stufe zählt das Gericht vor allem soziale Angelegenheiten, wie sie etwa in § 75 Abs. 2 BPersVG umschrieben sind. Dem entsprechen die in § 72 Abs. 2 Nr. 1–3 PersVG NW geregelten Tatbestände. Mit Ausnahme der Nrn. 10, 14 und 17 gehören nach Auffassung des Gerichts ebenfalls die in § 75 Abs. 3 BPersVG aufgelisteten innerdienstlichen Maßnahmen diesem Kreis an. Sucht man auch hier nach einer Parallelregelung im nordrhein-westfälischen Personal-vertretungsgesetz, so sind folgende Normen zu nennen: § 72 Abs. 4 Nr. 1, 3, 4, 5, 7–10, 14, 16–18 PersVG NW sowie der auf Landesebene zu den sozialen An-gelegenheiten gerechnete § 72 Abs. 2 Nr. 4 und 5 PersVG NW. Über die gerade genannten Bestimmungen des Personalvertretungsgesetzes NW entscheidet im Konfliktfall die Einigungsstelle nach § 66 Abs. 7 S. 1 PersVG NW grundsätzlich abschließend. Eine Ausnahme bildet § 72 Abs. 4 Nr. 16–18, soweit es sich hier-bei um Angelegenheiten der Beamten handelt. In diesem Fall trägt der Beschluss der Einigungsstelle den Charakter einer Empfehlung (vgl. § 66 Abs. 7 S. 4 PersVG NW).

Hinsichtlich dieser Mitbestimmungssystematik im nordrhein-westfälischen Recht bestehen unter dem Blickwinkel des vom Bundesverfassungsgericht für die Gruppe 1 geforderten Legitimationsniveaus weitestgehend keine Bedenken. So hebt § 67 Abs. 5 S. 2 PersVG NW ausdrücklich hervor, dass der Beschluss der Einigungsstelle sich im Rahmen der geltenden Rechtsvorschriften bewegen muss. Einer zusätzlichen Klarstellung, wie sie noch zuvor auf Bundesebene für wünschenswert erachtet wurde, bedarf es daher in Nordrhein-Westfalen nicht. Ebenso wie im Bundespersonalvertretungsgesetz angeordnet, besteht auch in Nordrhein-Westfalen die Einigungsstelle aus einer gleichen Zahl von Vertretern der Dienststellen- und der Personalratsseite (vgl. § 67 Abs. 1 S. 2, 3 PersVG NW). Im Gegensatz zum Bundespersonalvertretungsgesetz besteht aber über den Berufungsakt des Vorsitzenden kein Zweifel. Nach § 67 Abs. 1 S. 3 PersVG NW haben sich die oberste Dienstbehörde und die bei ihr etablierte Personalvertretung über die Person des Vorsitzenden zu einigen. Eine Wahl durch die Beisitzer der Einigungsstelle scheidet daher aus. Da, sollte es zu keiner Einigung über den Posten des Vorsitzenden kommen, der Präsident des Oberverwaltungsgerichts dessen Bestellung vornimmt (vgl. § 67 Abs. 1 S. 4 PersVG NW), ist zugleich sichergestellt, dass die Mehrheit der Einigungsstellenmitglieder personell demokratisch legitimiert ist. Insofern kann auf die Ausführungen zum Bundespersonalvertretungsgesetz verwiesen werden[323]. Jedoch fehlt in Nordrhein-Westfalen gleichfalls ein so genanntes Evokationsrecht der Verwaltungsspitze, welches gewährleistet, dass Entscheidungen der Legitimationsstufe 1, die ausnahmsweise eine erhebliche Bedeutung für das Allgemeinwohl besitzen, in den Händen eines demokratisch legitimierten Organs verbleiben.

(2.) 2. Stufe

Auf der zweiten Legitimationsstufe besteht im Unterschied zur Rechtslage auf Bundesebene kein Handlungsbedarf für den nordrhein-westfälischen Gesetzgeber, denn die dem Bundesrecht vergleichbaren landesgesetzlichen Regelungen räumen der Personalvertretung nur das Recht der eingeschränkten Mitbestimmung bzw. sogar nur ein Mitwirkungsrecht ein[324].

Im Einzelnen lässt sich Folgendes feststellen: Das nordrhein-westfälische Pendant zu § 75 Abs. 3 Nr. 17 BPersVG bildet § 72 Abs. 3 Nr. 2 PersVG NW. Nach § 66 Abs. 7 S. 4 PersVG NW besitzt die Einigungsstelle in diesem Punkt keine

---

[323] vgl. 6. Teil B IV 3 a (1) bb (1.1.).
[324] vgl. auch die Ausführungen bei Cecior PersV 1998, S. 49, (51).

Befugnis zur abschließenden Entscheidung, sondern nur ein Empfehlungsrecht an die Verwaltungsspitze. Dem vom Gericht ebenfalls zur zweiten Gruppe gezählten Mitbestimmungstatbestand des § 75 Abs. 3 Nr. 14 BPersVG entspricht § 73 Nr. 6 PersVG NW. Hier ist die Beteiligungsgewalt des Personalrats auf ein Mitwirkungsrecht reduziert. Gleiches gilt für die in § 73 Nr. 1 PersVG NW beschriebene Maßnahme, welche fast wortgleich mit der in § 78 Abs. 1 Nr. 1 BPersVG skizzierten Angelegenheit übereinstimmt. Mangels des ohnehin nicht bestehenden Letztentscheidungsrechts der Einigungsstelle, stellt sich das Problem der doppelten Mehrheit also nicht.

(3.) 3. Stufe

Zu den Angelegenheiten der dritten Legitimationsstufe rechnet das Gericht insbesondere Maßnahmen der Personalpolitik, wie etwa die in §§ 75 Abs. 1, 76, 78 Abs. 1 Nr. 2–4 und 79 BPersVG genannten Bereiche. Akzeptabel sei hier allenfalls ein Empfehlungsrecht der Einigungsstelle an die oberste Dienstbehörde.

Für den nordrhein-westfälischen Gesetzgeber ergibt sich daraus eine Änderungspflicht bzgl. des § 72 Abs. 1 PersVG NW[325]. Die dort aufgelisteten personellen Beteiligungstatbestände sind aus der vollen Mitbestimmung herauszunehmen. An die Stelle der abschließenden Entscheidungskompetenz der Einigungsstelle tritt das soeben beschriebene Empfehlungsrecht. Eine Änderung des § 72 Abs. 1 PersVG NW ist jedoch insoweit nicht erforderlich, als es sich bei den genannten Maßnahmen ausnahmslos um beamtenrechtliche Personalfragen handelt (vgl. § 72 Abs. 1 Nr. 2, 3, 7–9 PersVG NW). Hier besitzt die Personalvertretung gemäß § 66 Abs. 7 S. 4 PersVG NW sowieso nur ein eingeschränktes Mitbestimmungsrecht. Ebenfalls im personellen Bereich zu ändern ist jedoch die Vorschrift des § 72 a PersVG NW, welche dem Personalrat bei Kündigungen von Angestellten und Arbeitern ein volles (!) Mitbestimmungsrecht zugesteht. Zulässig wäre aber wiederum nur ein eingeschränktes Mitbestimmungsrecht.

Neben den erwähnten personellen Maßnahmen gehören laut Bundesverfassungsgericht aber auch alle organisatorischen Maßnahmen, die für die Wahrnehmung des Amtsauftrages von erheblicher Bedeutung sind, zu den Angelegenheiten der Gruppe 3. Konkrete Beispiele nennt das Gericht nicht. Hierzu dürfte jedoch die Mitbestimmung in Rationalisierungs-, Technologie- und Organisationsangelegenheiten, wie sie § 72 Abs. 3 PersVG NW vorsieht, gerechnet werden. Da jedoch nach § 66 Abs. 7 S. 4 PersVG NW auch hier nur ein Emp-

---

[325] vgl. Cecior PersV 1998, S. 49, (52); Richter PersR 1996, S. 216, (221, 222).

fehlungsrecht der Einigungsstelle angeordnet wird, geht diese Bestimmung konform mit den verfassungsrechtlichen Anforderungen des Gerichts.

Teils personelle, teils organisatorische Fragen regeln die bisher ausgesparten Beteiligungsangelegenheiten des § 72 Abs. 4 Nr. 2, 6, 11–13, 15 und 19 PersVG NW. Einige dieser Regelungen enthalten Parallelbestimmungen zu Normen, die das Bundesverfassungsgericht ausdrücklich der Stufe 3 für zugehörig erklärt (vgl. etwa § 76 Abs. 2 Nr. 9 BPersVG, § 72 Abs. 4 Nr. 11 PersVG NW). Andere Regelungen eröffnen im Vergleich zum Bundespersonalvertretungsgesetz personalvertretungsrechtliches Neuland (vgl. z.B. § 72 Abs. 4 Nr. 19 PersVG NW). Legt man die Anforderungen des Bundesverfassungsgerichts zugrunde, ist aber auch in diesen Punkten kein Änderungsbedarf anzumelden, da die Vorschrift des § 66 Abs. 7 S. 4 PersVG NW jene Bestimmungen von der vollen Mitbestimmung ausnimmt und der Einigungsstelle nur ein Empfehlungsrecht an die Hand gibt.

b) Weitere Veränderungen im nordrhein-westfälischen Personalvertretungsrecht

(1.) Initiativrecht

Eine gesetzliche Korrektur des in § 66 Abs. 4 PersVG NW normierten personalvertretungsrechtlichen Initiativrechts ist angezeigt. Ursache hierfür ist, dass das Bundesverfassungsgericht das Initiativrecht nur noch innerhalb der vom Bundesverwaltungsgericht angenommenen Grenzen als verfassungsrechtlich zulässig ansieht. Dies bedeutet, dass ein Initiativrecht, welches dem Personalrat auch zur Verfolgung von Einzelinteressen ein Antragsrecht erlaubt, sich von nun an als verfassungswidrig erweist. Da aber in § 66 Abs. 4 S. 1 PersVG NW ausdrücklich von einem solchen Initiativrecht die Rede ist, erscheint eine diesbezüglich restriktive Gesetzesnovellierung unausweichlich[326].

(2.) Versetzungsschutz der Personalratsmitglieder

Ebenso wie bereits im Zusammenhang mit der bundesgesetzlichen Regelung des § 47 BPersVG dargelegt, ist ein absolutes Vetorecht des Personalrats im Falle der Versetzung, Abordnung und Umsetzung eines seiner Mitglieder mit den demokratierechtlichen Anforderungen des Bundesverfassungsgerichts nicht zu

---

[326] vgl. auch: Cecior PersV 1998, S. 49, (53 ff.) mit einem Blick auf die Gesetzesgeschichte des personalvertretungsrechtlichen Initiativrechts in Nordrhein-Westfalen.

vereinbaren. Folglich ist das Vetorecht in § 43 PersVG NW aufzuheben und etwa in Form eines eingeschränkten Mitbestimmungsrechts neu zu gestalten[327].

c) Fazit

Der Schwerpunkt der zu ändernden Vorschriften liegt auch in Nordrhein-Westfalen auf dem personellen Sektor. Obwohl aber das nordrhein-westfälische Personalvertretungsgesetz im vorderen Teil der Arbeit als mitbestimmungsfreundlich charakterisiert wurde, geht der Umfang der Änderungsbedürftigkeit doch nicht über denjenigen auf Bundesebene hinaus. Dies ist damit zu begründen, dass sich die Mitbestimmungsfreundlichkeit des nordrhein-westfälischen Personalvertretungsgesetzes vor allem darin ausdrückt, dass dem Personalrat in zahlreichen bedeutenden Rationalisierungs-, Technologie- und Organisationsangelegenheiten ein Mitbestimmungsrecht gewährt wird (vgl. § 72 Abs. 3 PersVG NW). Allerdings ist dieses Mitbestimmungsrecht nur eingeschränkter Natur. Am Ende des Beteiligungsprozesses steht im Konfliktfall nur ein Empfehlungsrecht der Einigungsstelle (vgl. § 66 Abs. 7 S. 4 PersVG NW). Da die eingeschränkte Mitbestimmung nach Auffassung des Gerichts auch noch auf der Stufe 3, also bei Maßnahmen, die die Erfüllung des Amtsauftrages wesentlich berühren, ein akzeptables Mitbestimmungsniveau darstellt, bleibt diese Gesetzessystematik auch nach der restriktiven Mitbestimmungsrechtsprechung des Bundesverfassungsgerichts weiterhin zulässig. Ob sich ein derartiges Vorgehen, angesichts der negativen Begleiterscheinungen der eingeschränkten Mitbestimmung, wie z.B. zeitlicher Verzögerung des Entscheidungsablaufs mit einhergehendem Kompromissdruck auf den Dienststellenleiter, auch bei Maßnahmen von herausragender Bedeutung für das Gemeinwesen, wie etwa Privatisierungen, als sinnvoll bzw. verfassungsrechtlich zulässig erweist, bedarf in einem der nächsten Kapitel, welches sich kritisch mit den Aussagen des Gerichts beschäftigt und mögliche Alternativen aufzuzeigen versucht, einer vertieften Erörterung.

5.) Übergangszeit

Es wurde bereits herausgestrichen, dass die Personalvertretungsgesetze der Länder und des Bundes in ihrer jetzigen Fassung zunächst weiter als geltendes, unbedingt zu beachtendes Recht zu sehen sind. Die Verwaltungsspitze bzw. der örtliche Dienststellenleiter darf sich daher nicht über einen nach augenblicklicher Rechtslage verbindlichen Spruch der Einigungsstelle mit der Begründung

---

[327] vgl. Cecior PersV 1998, S. 49, (55, 56).

hinwegsetzen, das Bundesverfassungsgericht habe vergleichbare Mitbestimmungsregeln in Schleswig-Holstein für unvereinbar mit dem Grundgesetz erklärt. Eine Übergangsregelung dergestalt, dass der Beschluss der Einigungsstelle bis zur Neukodifizierung des Personalvertretungsrechts nur den Charakter einer Empfehlung tragen darf, traf das Bundesverfassungsgericht zulässigerweise nur im Hinblick auf das schleswig-holsteinische Mitbestimmungsgesetz. Dabei sah das Gericht wohl deshalb von einer rigorosen Nichtigkeitserklärung einzelner Normen ab, um zu verhindern, dass die interessenorientierte Mitsprache der Beschäftigten im öffentlichen Dienst während eines möglicherweise äußerst langwierigen Gesetzgebungsverfahrens nicht zum Erliegen kommt.

Albers[328] schlägt vor, solange sich der Bund und die übrigen Länder nicht zu einer Neuregelung der jeweiligen Personalvertretungsgesetze entscheiden könnten, sollten die Einigungsstellenmitglieder eine freiwillige Vereinbarung mit dem Inhalt treffen, dass in bestimmten Beteiligungsangelegenheiten das Prinzip der doppelten Mehrheit zu wahren sei, bzw. in bedeutenden personellen und organisatorischen Fragen gar nur eine Empfehlung an die letztlich entscheidende Verwaltungsspitze ausgesprochen werden dürfe. Auf diese Weise würde vermieden, dass der Beschluss der Einigungsstelle im verwaltungsgerichtlichen Verfahren angefochten werde. Richtervorlagen nach Art. 100 Abs. 1 GG, die nur zu einer unnötigen Mehrbelastung des Bundesverfassungsgerichts führten, würden folglich mangels erst gar nicht initiiertem verwaltungsgerichtlichen Verfahren ausgeschlossen[329]. Verfassungsrechtlichen Anforderungen würde also in der Rechtspraxis schnell und unbürokratisch Rechnung getragen.

Angesichts der Tatsache, dass in der personalvertretungsrechtlichen Diskussion um viele Sachfragen heftig gestritten wird, erscheint die Möglichkeit einer solch freiwilligen Übereinkunft, einer Art gentleman`s agreement, aber als eher unwahrscheinlich. Es werden sich kaum alle Personalratsvertreter in der Einigungsstelle damit abfinden, dass ihr Stimmverhalten in bestimmten Angelegenheiten, bzgl. derer das Bundesverfassungsgericht die Wahrung des Prinzips der doppelten Mehrheit anordnet, erheblich an Wert verliert. Zudem stünde zu befürchten, dass trotz einer solch freiwilligen Absprache im Einzelfall hiervon dennoch wieder abgewichen wird. So etwa, weil die konkrete Maßnahme die Interessen der Mitarbeiter in einer wirtschaftlichen Existenzfrage außerordentlich berührt. Die Beschäftigten würden wohl nicht verstehen, wenn ihre Interes-

---

[328] Albers PersR 1995, S. 501, (504, 505).
[329] Albers PersR 1995, S. 501, (505).

senvertreter, obwohl ihnen die rechtlichen Mittel zur Verfügung stünden, ihre Belange in einer solchen Situation nicht mit letzter Konsequenz und Vehemenz verträten. Ein derartiges Verhalten löste auch in den Reihen der Gewerkschaften mit hoher Wahrscheinlichkeit Entrüstung aus. Unter dem Druck von Beschäftigten und Gewerkschaften würden die vom Personalrat entsandten Einigungsstellenmitglieder von ihrer freiwilligen Vereinbarung möglicherweise schnell Abstand nehmen. Rechtliche Schritte könnten in diesem Fall nicht eingeleitet werden. Die in Rede stehenden Beisitzer befänden sich ja zumindest „offiziell" auf dem Boden geltenden Rechts. Nun könnte man entgegnen, die jeweiligen Beisitzer rückten schon deshalb nicht von einer zuvor erzielten Vereinbarung ab, weil sie sonst öffentlich als Wortbrecher qualifiziert würden. Wenn man aber bedenkt, wie oft in der politisch geprägten Auseinandersetzung von einmal getroffenen Versprechen und Vereinbarungen aus irgendeinem, von der jeweiligen Person womöglich als unvorhersehbar bezeichnetem Grund wieder abgerückt wird, scheint auch dieser Umstand kein echtes Hindernis zu bedeuten. Viele Einigungsstellenverfahren wären also aufgrund einer lediglich unverbindlichen Übereinkunft von Rechtsunsicherheit geprägt. Die Spruchpraxis nähme schlimmstenfalls den Charakter der Willkürlichkeit an. Aber selbst wenn sich alle Mitglieder der Einigungsstelle zunächst an die Absprache gebunden fühlten, könnte dies immer noch den unerwünschten Nebeneffekt zur Folge haben, dass der jeweilige Bundes- oder Landesgesetzgeber keine Veranlassung sähe, das Personalvertretungsgesetz einer grundlegenden Überarbeitung zu unterziehen. In der Praxis hielten sich die betreffenden Organe ja schon an die Vorgaben des Bundesverfassungsgerichts. Die Mitbestimmung im öffentlichen Dienst muss sich aber an möglichst präzisen gesetzlichen Vorgaben orientieren und darf nicht auf schnell zu lösenden Absprachen basieren. Ein Tätigwerden des Gesetzgebers ist daher notwendig. Freiwillige Absprachen stellen kein hinreichend taugliches Instrument zur Regelung einer solch heiß diskutierten Materie wie der des Personalvertretungsrechts dar. Dies gilt auch für eine zeitlich nicht näher definierte Übergangsphase.

6.) Kritik an der Rechtsprechung des Bundesverfassungsgerichts und Alternativvorschläge

Die Befürworter weitreichender Mitbestimmungsregelungen äußerten heftigen Protest gegen die ihrer Meinung nach zu restriktive Mitbestimmungsauffassung des Bundesverfassungsgerichts. Die Schärfe der Auseinandersetzung spiegelt sich in folgenden Aussagen wider. So ist etwa Neumann[330] der Auffassung, die Entscheidung schreibe mit ihrem „armen, gedanklich schlicht gestrickten und nebenbei äußerst konservativen Hierarchie- und Herrschaftsverständnis überholt geglaubte Traditionen weiter fort". Es handele sich um eine „sehr konsequente Absage an jegliche Form der modernen Personalführung im öffentlichen Dienst"[331]. „Der fundamentalistisch anmutende Eifer beim gebetsmühlenartigen Vortrag von Dogmen"[332] lasse keinen Raum für ein modernes Demokratieverständnis. Es wimmele in den Entscheidungsgründen „von Amtswaltern und Amtsaufträgen und Legitimationsketten, die wie Befehlsketten bei dazumals Preußens Gloria funktionieren sollen"[333]. Das Bundesverfassungsgericht stelle einzig und allein das Amtswalterprinzip in den Vordergrund, welches seinen geistigen Hintergrund aber eindeutig im autoritären, militaristischen Denkweisen verpflichteten Staat finde[334]. Die Beschäftigten im öffentlichen Dienst würden „als Verfügungsmasse nach einem Staatsdienermodell des 19. Jahrhunderts betrachtet werden"[335]. Nach Meinung von Blanke[336] sieht das Bundesverfassungsgericht die Mitbestimmung im öffentlichen Dienst fälschlicherweise nicht als offenkundigen Ausdruck der demokratischen Selbstorganisation des Volkes, sondern als kriminellen Akt sachfremder Einflussnahme von Privatinteressenten an. Die neue Richtung der Arbeitnehmermitbestimmung gäbe das Gericht klar vor, nämlich „Back to the fifties"[337]. Bei so viel Rückfall erscheine es schwer, „die Entscheidung ohne Sarkasmus zu kommentieren"[338]. Ratayczack[339] kritisiert: „Das Bundesverfassungsgericht hat mit seiner Entscheidung vom 24.05.1995 vordemokratische Orientierungen und Sichtweisen wieder belebt, die Anfang dieses Jahrhunderts das Verfassungsrecht bestimmt haben. Seitdem wird die Mitbestimmungslandschaft im öffentlichen Dienst radikal zu Gunsten einer autoritativ, straff geführten und hierarchischen Verwaltung verändert".

---

[330] Neumann PersR 1995, S. 449, (449).
[331] Neumann PersR 1995, S. 449, (449).
[332] Neumann PersR 1995, S. 449, (449).
[333] Neumann PersR 1995, S. 449, (449).
[334] Neumann PersR 1995, S. 449, (449).
[335] Neumann PersR 1995, S. 449, (450).
[336] Blanke Die Mitbestimmung 1996, S. 6, (6).
[337] Blanke Die Mitbestimmung 1996, S. 6, (6).
[338] Blanke Die Mitbestimmung 1996, S. 6, (6).
[339] Ratayczack PersR 1999, S. 3, (3).

Reich[340] ist gar der Ansicht, das Bundesverfassungsgericht habe „das Land Schleswig-Holstein mit ausführlichen Bemerkungen zur demokratischen Legitimation behandelt, als ob dort in einem Staatsstreich versucht worden wäre, die Demokratie in Frage zu stellen".

All die genannten, teilweise sehr polemisch wirkenden Behauptungen beruhen jedoch auf einem hier nicht geteilten Demokratieverständnis. Das Bundesverfassungsgericht versucht nicht, den Sinngehalt des Art. 20 Abs. 2 S. 1 GG auf den Kopf zu stellen, sondern dem Demokratieverständnis zuwider laufenden Entwicklungen im Personalvertretungsrecht zu begegnen. Ein ausuferndes Mitbestimmungsrecht der öffentlich Beschäftigten ist nämlich keine Errungenschaft oder Zwangsläufigkeit eines modernen Demokratieverständnisses. Vielmehr wird das Demokratieprinzip des Grundgesetzes ernsthaft in Frage gestellt. Jeder hierzu grundsätzlich divergierenden Auffassung kommt es im Ergebnis nicht auf einen optimal funktionierenden Verwaltungsbetrieb und schon gar nicht auf eine effektive Einflussnahme *aller* Bürger auf den staatlichen Entscheidungsfindungsprozess an. Letztlich wird von dieser Seite aus versucht, die Interessen einer einzelnen Gruppe, notfalls auch zu Lasten des Gemeinwesens, unbedingt zu sichern. Zur Unterstützung scheinbar auch noch demokratierechtliche Argumente anzuführen, wird dem Demokratieprinzip des Art. 20 Abs. 2 S. 1 GG nicht gerecht. Von daher sei noch einmal betont, dass das demokratierechtliche Ausgangsverständnis des Bundesverfassungsgerichts keinen verfassungsrechtlichen Zweifeln unterliegt. Jede grundlegende Kritik hieran geht fehl.

Trotz prinzipieller Übereinstimmung mit den Thesen des Bundesverfassungsgerichts sind in Einzelpunkten aber auch Bedenken anzumelden. Des Weiteren sollen mögliche Alternativkonzeptionen vorgestellt werden.

a) Kritik: Keine Auseinandersetzung mit Gegenpositionen

Zu bemängeln ist, dass sich das Bundesverfassungsgericht, ebenso wie zuvor die Landesverfassungsgerichte in Hessen und Rheinland-Pfalz, nicht mit Gegenpositionen bzgl. der Definition von Staatsgewalt und demokratischer Legitimation auseinandersetzt[341]. Dabei werden speziell in dieser Hinsicht von Seiten nam-

---

[340] Reich PersV 1997, S. 1, (2).

[341] Diese Vorgehensweise kritisieren auch: Bieler DöD 1996, S. 52, (53); Dopatka kJ 1996, S. 224, (235); Fisahn kritV 1996, S. 267, (267); Neumann PersR 1995, S. 449, (450); Roettecken NVwZ 1996, S. 552, (553) und auch Rinken, Das Grundrecht auf Mitbestimmung in der Verfassung des Freistaates Sachsen als Handlungs- u. Kontrollnorm, S. 57.

hafter Verfassungsrechtler gegenüber der Rechtsansicht des Gerichts deutlich abweichende Meinungen vertreten (vgl. etwa die Thesen von Plander, Bryde und Schuppert). Stattdessen setzt das Gericht die eigene Auffassung als scheinbar unumstritten und selbstverständlich voraus. So aber beraubt es sich teilweise selbst seiner Überzeugungskraft und bietet Anhängern einer mitbestimmungsfreundlichen Gesetzgebung eine wesentlich größere Angriffsfläche[342]. Eine kurze Erörterung der grundlegenden staatsgewaltlichen und demokratierechtlichen Alternativlösungen, hätte die Diskussion um das Verhältnis zwischen Personalvertretungsrecht und Demokratieprinzip beruhigt und zudem für mehr Klarheit gesorgt. Nun aber werden weiterhin personalvertretungsrechtliche Argumentationen ins Feld geführt, die in wesentlichen Aspekten auf einem anderen Demokratieverständnis beruhen.

Unverständlich bleibt auch, warum sich das Gericht nicht zumindest kurz mit dem Mitbestimmungsurteil aus dem Jahre 1959 beschäftigt[343]. Immerhin bedeuten die nun aufgestellten verfassungsrechtlichen Anforderungen an die Mitbestimmung im öffentlichen Dienst eine deutliche Verschärfung gegenüber den in der Bremen-Entscheidung entwickelten Grundsätzen. So schließt das Gericht jetzt die volle Mitbestimmung nicht nur im Bereich der personellen Angelegenheiten der Beamten, sondern gleichfalls auch in Bezug auf die Angestellten und Arbeiter im öffentlichen Dienst aus. Eine nähere Erläuterung dieser Kehrtwende wäre wünschenswert gewesen.

b) Kein Evokationsrecht auf Stufe 1

Auf der ersten Legitimationsstufe, zu der das Bundesverfassungsgericht vor allem die so genannten sozialen Angelegenheiten rechnet, bestehen nach gerichtlicher Meinung zwar prinzipiell keine Bedenken gegen die volle Mitbestimmung, da sich die Auswirkungen hier angesiedelter Maßnahmen tendenziell nur auf den innerdienstlichen Bereich beziehen und die Interessen der Allgemeinheit nur marginal berühren. Dennoch hält das Gericht auch diesbezüglich ein Evokationsrecht der Verwaltungsspitze für erforderlich. Auf diese Weise soll sichergestellt werden, dass eine parlamentarisch verantwortliche und demokratisch legi-

---

[342] So formuliert etwa Neumann in: PersR 1995, S. 449, (450): „Das Gericht hat alles vermieden, was die Reinheit der fundamentalistischen Theoreme durch Ausdifferenzierung hätte stören können". Dieser Kritik Neumanns wäre durch eine Erörterung der Gegenpositionen leicht der Wind aus den Segeln genommen worden.

[343] Dies bemängelt eindringlich Rinken in: kritV 1996, S. 282, (289); in jene Richtung auch: Dopatka kJ 1996, S. 224, (235).

timierte Stelle eine Einzelfallentscheidung, die unabhängig von der grundsätzlichen Zuordnung zur ersten Legitimationsstufe trotzdem den Amtsauftrag gegenüber dem Bürger erheblich betrifft, in eigener Regie treffen kann. Eine derartige, nur in Form einer Generalklausel denkbare Regelung, erscheint jedoch wenig praktikabel. Zunächst beseitigt, wie bereits erwähnt, auch ein universales Aufhebungsrecht der Verwaltungsspitze in allgemeinpolitisch bedeutsamen Angelegenheiten nicht alle demokratierechtlichen Zweifel von Grund auf. Die in jenem Zusammenhang aufgeführten Bedenken greifen hinsichtlich dieser Form des Evokationsrechts in ähnlicher Weise. So bedeutet ein generalklauselartiges Evokationsrecht einen ständigen Unsicherheitsfaktor im personalvertretungsrechtlichen Verfahren. Keiner der Beteiligten vermag abzuschätzen, ob am Ende des Entscheidungsvorgangs die Verwaltungsspitze die Entscheidung nicht doch noch plötzlich an sich zieht. Es existieren keine gesetzlich festzuschreibenden Kriterien, die Auskunft darüber geben, wann eine Maßnahme denn nun tatsächlich eine wesentliche Auswirkung auf das Gemeinwohl besitzt. Der Verwaltungsspitze wird also ein großer Beurteilungs- und Ermessensspielraum zukommen. Oftmals werden politische Zweckmäßigkeitserwägungen den Ausschlag dafür geben, ob eine Entscheidung der Einigungsstelle kassiert wird. Den Verwaltungsgerichten wird eine nur sehr begrenzte Rechtmäßigkeitskontrolle obliegen. Den Beschäftigten im öffentlichen Dienst wird sich weiterhin der Eindruck aufdrängen, das Bundesverfassungsgericht beschneide ihre Mitspracherechte schon auf der ersten Beteiligungsstufe in größerem Umfang als geboten. Die Verwaltungsspitze könne letztlich ja doch jede Entscheidung mit einiger Rechtfertigungsfantasie gegen den Willen ihrer Interessenvertreter realisieren. Folglich kritisiert Ilbertz[344]: „Wenn das Gericht darüber hinaus auch in sozialen Angelegenheiten noch ein Evokationsrecht (Aufhebungsrecht) der Dienststelle fordert, dann kann von einem Letztentscheidungsrecht einer Einigungsstelle und erst recht nicht von einem Mitbestimmungsrecht die Rede sein". Schließlich muss zugestanden werden, dass sich mit einigem Erklärungsaufwand in der Tat in vielen Fällen irgendwie eine allgemeinpolitische Bedeutung der Entscheidung konstruieren lässt. Die Gefahr, dass ein solches Evokationsrecht zu Lasten der Beschäftigten missbraucht wird, ist also nicht von der Hand zu weisen. Aber selbst wenn die Verwaltungsspitze von dem ihr zugeschriebenen Aufhebungsrecht nur in sehr eingeschränktem Maße Gebrauch macht, ist doch die psycholo-

---

[344] Ilbertz ZfPR 1995, S. 192, (193); kritisch auch: Rinken, Das Grundrecht auf Mitbestimmung in der Verfassung des Freistaates Sachsen als Handlungs- und Kontrollnorm, S. 100, 101, mit Bezugnahme auf das neue sächsische Personalvertretungsgesetz.

gische Wirkung einer solchen Norm nicht zu unterschätzen. Die Beschäftigten und deren Interessenvertreter fühlen sich in allen Beteiligungsfragen, zumindest rein formellrechtlich, entscheidend benachteiligt. Das Betriebs- und Verhandlungsklima zwischen Beschäftigten, Personalrat und Gewerkschaften einerseits sowie öffentlichen Arbeitgebern andererseits wird erheblich belastet. Es steht nicht zu befürchten, dass das Demokratieprinzip bei Verzicht auf ein solches Evokationsrecht ernstlichen Schaden nimmt. Dies wird deutlich, wenn man sich den Regelungsgehalt der in Frage stehenden Normen vor Augen führt. Ersichtlich wird von der Gewährung von Unterstützungen, Vorschüssen und Darlehen und entsprechenden Zuwendungen (vgl. § 75 Abs. 2 Nr. 1 BPersVG) und von Dienstvereinbarungen betreffend Zeit, Ort und Art der Auszahlung der Dienstbezüge und Arbeitsentgelte (vgl. § 75 Abs. 2 Nr. 2 BPersVG) kaum eine erhöhte Auswirkung auf das Gemeinwesen ausgehen. Gleiches gilt auch für die anderen in § 75 Abs. 2 und Abs. 3 BPersVG aufgelisteten Beteiligungsfragen. Eine wichtige Ausnahme bilden jedoch § 75 Abs. 3 Nr. 1 BPersVG (Mitbestimmung über Beginn und Ende der täglichen Arbeitszeit und der Pausen sowie im Falle der Verteilung der Arbeitszeit auf die einzelnen Wochentage) und § 75 Abs. 3 Nr. 16 BPersVG (Gestaltung der Arbeitsplätze). Hier sind oftmals auch die Interessen der breiten Öffentlichkeit sichtlich berührt. Beispielsweise unterliegt nach § 75 Abs. 3 Nr. 1 BPersVG auch die Festlegung der Öffnungszeiten der Behörden für den Publikumsverkehr der vollen Mitbestimmung der Personalvertretung, wenn hiermit sogleich unmittelbar Beginn und Ende der Arbeitszeit geregelt wird[345]. Über die sehr allgemein gehaltene Vorschrift des § 75 Abs. 3 Nr. 16 BPersVG wird sogar eine mitbestimmende Beteiligung bei der Einrichtung von Internetzugängen am Arbeitsplatz eingefordert[346]. Beide Beteiligungstatbestände sollten daher im Interesse einer bürgerfreundlichen, modernen Verwaltung nur der eingeschränkten Mitbestimmung zugänglich gemacht werden. Dies gilt nach der hier vertretenen Meinung auch dann, wenn man auf der ersten Beteiligungsstufe ein Evokationsrecht nach wie vor für notwendig erachtet.

c) Kritik am Prinzip der doppelten Mehrheit

Es wurde bereits darauf aufmerksam gemacht, dass das vom Bundesverfassungsgericht bzgl. der Legitimationsstufe 2 für notwendig erachtete Prinzip der doppelten Mehrheit heftiger Kritik im Schrifttum ausgesetzt ist. Begründet wird

---

[345] Ilbertz, Personalvertretungsrecht des Bundes und der Länder, § 75 S. 231.
[346] vgl. Wolber PersR 2000, S. 3, (3).

jene zumeist damit, dass das Stimmrecht der Personalratsvertreter in der Einigungsstelle ohne praktischen Wert sei, wenn eine Entscheidung des Gremiums nur dann letztverbindlicher Natur sei, wenn sie auch zugleich von der Mehrheit der demokratisch legitimierten Mitglieder getragen werde.

Dieser Ansicht kann jedoch nicht in allen Punkten zugestimmt werden. Zwar verliert die Stimmabgabe der demokratisch nicht legitimierten Einigungsstellenmitglieder bei Zugrundelegung des Prinzips der doppelten Mehrheit an Bedeutung. Ein mehrheitlich gefasster Beschluss der Einigungsstelle, der sich beispielsweise aus den Stimmen des Vorsitzenden und den drei Beisitzern des Personalrats herleitet, kann keine Bindungswirkung beanspruchen. Von einer völligen Makulatur der Stimmabgabe der Personalratsvertreter kann dennoch nicht gesprochen werden. Kommt es zu der Konstellation, dass sich das Lager der demokratisch legitimierten Beisitzer in das Verhältnis eins zu drei aufspaltet, so genügt bereits eine Stimme eines Beisitzers des Personalrats, um die Verbindlichkeit des Einigungsstellenspruchs zu begründen.

Aber bereits an diesem relativ komplizierten Rechenexempel zeigt sich ein entscheidender Nachteil des Prinzips der doppelten Mehrheit in aller Deutlichkeit, nämlich der der weiteren erheblichen Komplizierung des Personalvertretungsrechts[347]. Man muss bei vielen Beschlüssen der Einigungsstelle genau nachrechnen, um die Verbindlichkeit des Einigungsstellenspruchs zu überprüfen. Es erscheint daher sinnvoller, das Prinzip der doppelten Mehrheit aufzugeben und auf das Legitimationsniveau 2 zu verzichten. Wie im späteren noch zu zeigen sein wird, hat sich bisher auch kein Landesgesetzgeber getraut, das Prinzip der doppelten Mehrheit in die gesetzliche Realität umzusetzen[348]. Zu unpraktikabel und kompliziert erscheint die vom Gericht angeordnete Bewertung des Abstimmungsverhaltens der unterschiedlichen Beisitzergruppen. Statt des Prinzips der doppelten Mehrheit bevorzugen die bisher gesetzgeberisch tätig gewordenen Länder die Form der eingeschränkten Mitbestimmung. Damit findet nur das Le-

---

[347] vgl. auch: Battis/Kersten PersV 1999, S. 530, (531): „Das Prinzip der doppelten Mehrheit ist nicht nur schwer zu verstehen, sondern verweigert sich auch einer praxisorientierten Gesetzesgestaltung, geschweige denn einer praktischen Gesetzesanwendung".

[348] vgl. auch: Battis/Kersten PersV 1999, S. 530), (533): „Die Entscheidung BVerfGE 93, 37 ff. führt folglich hier den einfachen Gesetzgeber in ein Dilemma: Entweder schafft der Gesetzgeber ein kompliziertes, kaum noch zu durchschauendes Verfahrensrecht oder er schlägt unter Verzicht des Legitimationsniveaus 2 deren Entscheidungsmaterie dem strengeren Legitimationsniveau 3 zu.... Niemand wagt sich in der Praxis an das Legitimationsniveau 2 – zu Recht".

gitimationsniveau 1 und 3 gesetzlichen Niederschlag. Das Prinzip der doppelten Mehrheit bleibt ein rein theoretisches Gedankenspiel.

d) Zu weitreichende Mitbestimmungsbefugnisse der Personalvertretung in organisatorischen Angelegenheiten

Nach Auffassung des Bundesverfassungsgerichts spricht im Ergebnis nichts gegen die Beteiligung der Personalvertretung in allgemeinpolitisch äußerst bedeutsamen Angelegenheiten, vorausgesetzt die Mitbestimmungsbefugnisse der Interessenvertretung der Beschäftigten reichen nicht über das für die dritte Stufe zulässig erachtete Maß hinaus. Das bedeutet, selbst wenn die Belange der Allgemeinheit noch so sehr berührt sind und zugleich aber auch die Interessen der öffentlich Bediensteten betroffen sind (Schutzzweckgrenze!), bestehen gegen ein nur eingeschränktes Mitbestimmungsrecht des Personalrats keine verfassungsrechtlichen Einwände. Dieser Befund erscheint aber angesichts der Tatsache, dass verschiedene Landesgesetzgeber die eingeschränkte bzw. unzulässigerweise auch die volle Mitbestimmung auf brisante, die breite Öffentlichkeit erheblich berührende Verwaltungsmaßnahmen erstrecken, bedenklich. Als Beispiel sei das nordrhein-westfälische Personalvertretungsgesetz genannt. So steht dem Personalrat nach §§ 72 Abs. 3 Nr. 3, 6 und 7, 66 Abs. 7 S. 4 PersVG NW ein eingeschränktes Mitbestimmungsrecht in Rationalisierungs-, Technologie- und Organisationsangelegenheiten bei der Einführung, wesentlichen Änderung oder wesentlichen Ausweitung neuer Arbeitsmethoden, insbesondere Maßnahmen der technischen Rationalisierung (Nr. 3)[349] sowie bei der Einführung, wesentlichen Änderung oder wesentlichen Ausweitung betrieblicher Informations- und Kommunikationsnetze (Nr. 6)[350] und bei der Übertragung von Arbeiten der Dienststelle, die üblicherweise von ihren Beschäftigten wahrgenommen werden, auf Dauer an Privatpersonen oder wirtschaftliche Unternehmen (Nr. 7)[351] zu. Die Realisation auf diesem Sektor angesiedelter Maßnahmen be-

---

[349] vergleichbare Regelungen finden sich bei: § 79 Abs. 1 Nr. 10 PersVG Bd-W, § 85 Abs. 2 Nr. 9 Berl PersVG, § 52 Abs. 1 Brem PersVG (Allzuständigkeitsklausel), § 89 Abs. Nr. 1 Hbg PersVg, § 67 Abs. 1 Nr. 6 N PersVG, § 78 Abs. 1 Nr. 10 Saar PersVG; § 65 Nr. 3 Brand PersVG, § 70 Abs. 1 Nr. 3 PersVG Meckl-Vorp, § 69 Nr. 3 PersVG SA, § 75 Abs. 2 Nr. 6 Thür PersVG.

[350] vergleichbare Regelungen finden sich bei: § 85 Abs. 2 Nr. 10 Berl PersVG, § 52 Abs. 1 Brem PersVG (Allzuständigkeitsklausel), § 70 Abs. 1 Nr. 5 PersVG Meckl-Vorp, § 69 Nr. 6 PersVG SA.

[351] vergleichbare Regelungen finden sich bei: § 52 Abs. 1 Brem PersVG (Allzuständigkeitsklausel), § 84 Nr. 7 Saar PersVG.

284

trifft jedoch unmittelbar die Effektivität, Modernität, Flexibilität und Produktivität der öffentlichen Aufgabenwahrnehmung. Zeitliche Verzögerungen und unsachgemäße Kompromisslösungen haben hier fragwürdige Auswirkungen. Die Idealvorstellung eines modernen öffentlich-rechtlichen Dienstsleistungsbetriebs ist nur schwer umzusetzen, sollten die Personalräte gesetzlich befugt bleiben, in Bezug auf die genannten Maßnahmen eine wenn auch nur vorübergehende Blockadepolitik zu betreiben. Es erscheint übertrieben, dass selbst die Inbetriebnahme eines Telefaxgerätes unter dem Aspekt der Einführung neuer Arbeitsmethoden langwierige Diskussionen zwischen Personalrat und Dienststellenleitung auslöst, nur weil ein Telefaxgerät nicht geräuschlos arbeitet, und damit womöglich das Wohlbefinden und die Leistungsfähigkeit der Beschäftigten betroffen sein könnten[352]. Gleiches gilt für die nach Maßgabe einiger Personalvertretungsgesetze vorgesehene Mitbestimmung der Personalräte im Falle der Auflösung, Einschränkung, Erweiterung, Verlegung und Zusammenlegung von Dienststellen oder wesentlicher Teile von ihnen. Auch dort überschreitet bereits ein eingeschränktes Mitbestimmungsrecht das demokratierechtlich akzeptable Beteiligungsniveau der Interessenvertreter. Das Bundesverfassungsgericht berücksichtigt nicht bzw. zu wenig, dass die Personalvertretung auch dann auf demokratisch nicht legitimierte Weise Staatsgewalt ausübt, wenn am Ende des Beteiligungsverfahrens zwar nur ein Empfehlungsrecht der Einigungsstelle vorgesehen ist, die Personalvertretung aber zunächst die Durchführung einer Verwaltungsmaßnahme durch Einlegung eines Vetospruchs für längere Zeit verhindern kann. Zudem geht selbst von einem nur empfehlenden Einigungsstellenspruch eine hohe politische Wirkung aus. Eine übergeordnete Behörde, die diesen womöglich nur scheinbar interessengerechten Konsens aufgrund notwendiger allgemeinpolitischer Gesamtbelange ignoriert, wird auf deutlichen Widerstand der Beschäftigten stoßen[353]. Stehen daher bei bestimmten organisationsrechtlichen Entscheidungen eindeutig Modernitäts- und Effektivitätsgesichtspunkte im Vordergrund, so sollte der Personalvertretung nur ein Anhörungsrecht zugestanden werden. Hielte man dies nicht für erforderlich, so wäre es den Landesgesetzgebern auch gestattet, einzelne Materien, die bisher aufgrund ihrer allgemeinpolitischen Bedeutung selbst in mitbestimmungsfreundlichen Personalvertretungsgesetzen nur dem Mitwirkungs- bzw. Anhörungsrecht unterliegen,

---

[352] vgl. zum tatsächlich bestehenden „Telefaxproblem" ausführlich: Manderla PersV 2000, S. 158, (160).
[353] vgl. auch: Edenfeld, Arbeitnehmerbeteiligung im Betriebsverfassungs- u. Personalvertretungsgesetz, S. 159.

der eingeschränkten Mitbestimmung zuzuordnen. Obwohl das Urteil des Bundesverfassungsgerichts allenthalben als mitbestimmungseinschränkend empfunden wird, ist dennoch auf Basis dieses Beschlusses auch eine nicht zu unterschätzende Erweiterung der personalvertretungsrechtlichen Befugnisse möglich. Wie gezeigt, ist es aber aus demokratierechtlicher Sicht geboten, dass einzelne Organisationsentscheidungen der alleinigen Verantwortungsgewalt der Dienststellenleitung unterliegen. Auch ein nur eingeschränktes Mitbestimmungsrecht erweist sich in dieser Hinsicht als zu weitgehend.

e) Neubestimmung der personellen Mitsprache

Im Zuge des Beschlusses des Bundesverfassungsgerichts vom 24.05.1995 erfolgte eine grundlegende Neubestimmung der Grenzen personeller Mitbestimmung seitens des Personalrats. Das Gericht nimmt, ohne dies allerdings ausdrücklich zu erwähnen, Abstand von den von ihm im Jahre 1959 in der Bremen-Entscheidung aufgestellten Grundsätzen. Die volle Mitbestimmung der Personalvertretung ist von nun an nicht nur in beamtenrechtlichen, sondern in allen personellen Angelegenheiten der Beschäftigten im öffentlichen Dienst, also einschließlich der Angestellten und Arbeiter, gesetzlich auszuschließen. Dopatka[354] ist daher beizupflichten, wenn er feststellt: „Das Urteil räumt mit BVerfGE 9, 268 radikal auf". Edenfeld[355] macht zugleich darauf aufmerksam, dass speziell die Reduzierung der personalvertretungsrechtlichen Mitsprache auf dem personellen Sektor eine Angleichung des Mitbestimmungsniveaus von Personalvertretungs- und Betriebsverfassungsgesetz bewirkt. Einigen Vertretern im Schrifttum[356] erscheint dieses neue Gesetzes- und Verfassungsverständnis aber zu restriktiv. Sie treten für eine nach Aufgabenschwerpunkten differenzierende Sichtweise im Bereich der personellen Mitbestimmung ein.

(1.) Das Robsche Modell der personellen Mitbestimmung/ abgewandeltes Stufenmodell

Ausgangspunkt der Überlegungen Robs ist die nicht zu leugnende Beobachtung, dass die effektive Erfüllung des Amtsauftrages nicht von jeder personellen

---

[354] Dopatka kJ 1996, S. 224, (233); Den Ausschluss der vollen Mitbestimmung in allen personellen Angelegenheiten bezeichnet Pfohl ZBR 1996, S. 82, (86), als die eigentliche Sensation der Entscheidung.

[355] Edenfeld, Arbeitnehmerbeteiligung im Betriebsverfassungs- u. Personalvertretungsgesetz, S. 96.

[356] vgl. vor allem: Rob, Mitbestimmung im Staatsdienst, S. 282-285, 289; aber auch Dopatka kJ 1996, S. 224, (233, 234) und Pfohl ZBR 1996, S. 82, (84).

Maßnahme in gleichem Umfang berührt wird. Es sei daher nur schwer verständlich, „dass unter Zugrundelegung der Entscheidung zum MBG Schl-H sogar für die Einstellung einer Reinigungskraft oder eines mit Botendiensten zu betrauenden Beamten eine demokratische Legitimation des Entscheidungsträgers im Sinne der 3. Qualitätsstufe erforderlich sein soll"[357]. Eine derartig rigorose Einstufung erscheine unangemessen. Es seien allenfalls am Rande Auswirkungen solcher Personalmaßnahmen auf das Gemeinwesen zu erwarten[358]. Die zulässige Reichweite der personellen Mitsprache habe sich richtigerweise daran zu orientieren, in welchem Umfang die vorgesehene Entscheidung die Organisationsgewalt der Regierung berühre und welche Bedeutung die von einem konkret betroffenen Beschäftigten wahrzunehmende Tätigkeitsschwerpunkt für die Aufgabenerfüllung gegenüber dem Bürger besitze. Rob beruft sich dabei ausdrücklich auf den bereits vom Verfassungsgerichtshof Rheinland-Pfalz vorgeschlagenen Lösungsansatz, die volle Mitbestimmung im Bereich personeller Angelegenheiten nicht gänzlich auszuschließen, sondern vielmehr davon abhängig zu machen, welche funktionsspezifische Bedeutung der Tätigkeit des in Frage stehenden öffentlichen Bediensteten für die Wahrnehmung des Amtsauftrages zukommt. Während der rheinland-pfälzische Verfassungsgerichtshof diese Überlegungen aber nicht näher präzisierte und die weiteren Einzelheiten dem Landesgesetzgeber überließ, entwickelt Rob nun einen konkreten gesetzgeberischen Vorschlag. Er regt an, „bei Personalmaßnahmen von untergeordneter Bedeutung, d.h. bei Entscheidungen, von denen nicht mit selbstständigen Entscheidungsbefugnissen ausgestattete oder mit selbstständigen zu erledigenden Aufgaben betraute Beamte oder Arbeitnehmer betroffen sind, ein demokratisches Legitimationsniveau im Sinne der 1. Stufe genügen zu lassen"[359]. Zwar bliebe von solchen Personalentscheidungen die Erfüllung des Amtsauftrages nicht völlig unberührt, dem Demokratieprinzip des Grundgesetzes werde jedoch dadurch ausreichend Rechnung getragen, indem die abschließende Entscheidungsgewalt einem Gremium übertragen werde, welches sich mehrheitlich aus zumindest personell demokratisch legitimierten Mitgliedern zusammensetze. Dieses Ergebnis erscheine umso akzeptabler und überzeugender, wenn man sich ferner vor Augen führe, dass aufgrund der Regelung des Art. 33 Abs. 2 GG die Entscheidung über die Bewertung von Eignung, Leistung und Befähigung nicht in die Beschlusskompe-

---

[357] Rob, Mitbestimmung im Staatsdienst, S. 283; ähnlich: Pfohl ZBR 1996, S. 82, (84).
[358] Rob, Mitbestimmung im Staatsdienst, S. 283.
[359] Rob, Mitbestimmung im Staatsdienst, S, 283, 284.

tenz der Einigungsstelle falle, sondern weiterhin dem Dienststellenleiter überlassen bleibe[360]. Es sei also nicht zu befürchten, dass die Personal- und Organisationshoheit des Dienststellenleiters unter demokratierechtlichen Aspekten Schaden nähme, sollte die Einigungsstelle über einzelne Personalentscheidungen, mit nur geringem öffentlichen Bezugspunkt, prinzipiell abschließend befinden. Jedoch sei „bei Personalentscheidungen, die mit Entscheidungsmacht ausgestattete oder mit der selbstständigen Wahrnehmung von Amtsaufgaben betraute Beschäftigte betreffen ... nur eine eingeschränkte Mitbestimmung zulässig"[361]. Die Einigungsstelle dürfe also nur eine Empfehlung abgeben. Die Letztentscheidung müsse einem demokratisch legitimierten und verantwortlichen Organ vorbehalten bleiben.

Das abgewandelte Stufenmodell wird von Rob dadurch komplettiert, dass er, ebenso wie auch in dieser Abhandlung gefordert, das Prinzip der doppelten Mehrheit aufgibt und die vom Gericht hierzu gezählten Mitbestimmungsmaterien der dritten Legitimationsstufe zuordnet[362]. Allerdings erscheint die diesbezüglich angeführte Begründung eher widersprüchlich. Seiner Meinung nach verliere die Einigungsstelle bei Zugrundelegung des Prinzips der doppelten Mehrheit ihren interessenüberbrückenden, streitschlichtenden Charakter. In dieser Konzeption stelle sich die Einigungsstelle „aus Sicht der Beschäftigten eher als verlängerter Arm des Leiters der obersten Dienststelle dar"[363].

Hierbei entsteht jedoch der Eindruck, man erreiche aus Sicht der Beschäftigten einen Mitbestimmungsvorteil, wenn man auf das Legitimationsniveau 2 zu Gunsten der dritten Stufe verzichtet. Jedoch werden die Entscheidungsbefugnisse der Einigungsstelle bei diesem Vorgehen weiter reduziert. Besitzt die Einigungsstelle im Rahmen des Prinzips der doppelten Mehrheit immerhin noch ein abschließendes Entscheidungsrecht, wobei die Stimmen der Personalratsvertreter durchaus in einzelnen Situationen von erheblicher Bedeutung sein können, steht ihr nun nur noch ein Empfehlungsrecht zu. Diese Konsequenz sollte genannt werden und nicht hinter einer Argumentation, die den Schutz der Beschäftigten betont, verborgen bleiben. Der entscheidende Nachteil des Prinzips der doppelten Mehrheit besteht vor allem in der weiter fortschreitenden Komplizierung des Personalvertretungsrechts.

---

[360] Rob, Mitbestimmung im Staatsdienst, S. 284.
[361] Rob, Mitbestimmung im Staatsdienst, S. 289.
[362] Rob, Mitbestimmung im Staatsdienst, S. 285, 286.
[363] Rob, Mitbestimmung im Staatsdienst, S. 286.

Interessanterweise fordert Rob weiter, dass Entscheidungen in typisch sozialen Angelegenheiten (z.B. § 75 Abs. 2 BPersVG sowie § 75 Abs. 3 Nr. 1–17 BPersVG mit Ausnahme der Nr. 1, 6, 10, 14, 16 und 17) im Konfliktfall einer paritätisch und nicht etwa, wie bei weniger bedeutenden Personalangelegenheiten, einer mehrheitlich demokratisch legitimierten Einigungsstelle zukommen sollten[364]. Dies bedeutet seiner Meinung nach, dass bzgl. typisch sozialer Angelegenheiten eine Einigungsstelle entscheiden müsse, deren Vorsitzender von den jeweiligen Beisitzern gewählt werde, wohingegen der Vorsitzende dann von der obersten Dienstbehörde in Übereinkunft mit der bei ihr bestehenden Personalvertretung bestimmt werden müsse, sollte die Einigungsstelle über minder wichtige Personalangelegenheiten Beschluss fassen. Die Einschränkung des demokratischen Legitimationsniveaus in typischen sozialen Mitbestimmungsfragen begründet Rob vor allem mit der hier bereits abgelehnten These von der Neubestimmung des Bagatellvorbehalts. Eine vertiefte Erörterung dieses speziellen Denkansatzes soll daher nicht mehr erfolgen. Es besteht jedoch eine Reihe weiterer Bedenken gegen diese Form des Stufenmodells.

(2.) Kritik am abgewandelten Stufenmodell

Zunächst ist nicht einsichtig, welchen praktischen Nutzen sich Rob von der Bildung zweier personell unterschiedlich besetzter Einigungsstellen verspricht. Ob nun die jeweiligen Beisitzer den Vorsitzenden der Einigungsstelle bestimmen, oder ob dessen Bestellung auf einer Übereinkunft zwischen oberster Dienstbehörde und bei ihr bestehender Personalvertretung beruht, dürfte aus Sicht der Beschäftigten kaum eine Rolle spielen. Eine erkennbare Stärkung der Arbeitnehmerinteressen bei Zugrundelegung des ersten Wahlmodus ist jedenfalls nicht zu konstatieren. Vielmehr weist der Gedanke zweier personell unterschiedlich besetzter Einigungsstellen relativ schnell auszumachende Nachteile auf. So erhöht sich zum einen der Verwaltungsaufwand nicht nur unerheblich, sollte man zwei verschiedene Wahlmechanismen in Bezug auf die Person des Vorsitzenden favorisieren. Zum andern, und dies ist der eigentlich entscheidende Gesichtspunkt, verdichtet sich die im Prinzip von allen Seiten bemängelte und kritisierte Unübersichtlichkeit und Kompliziertheit des Personalvertretungsrechts in immer zunehmenderem Maße. Das Personalvertretungsrecht gerät zum undurchschaubaren „Normendickicht", wenn nun auch noch die Vorschriften, betreffend der Besetzung der Einigungsstelle, wesentlich kompliziert werden. Anstatt auf eine

---

[364] Rob, Mitbestimmung im Staatsdienst, S. 289.

Vereinfachung des Personalvertretungsrechts zu setzen, kommt es zu immer unverständlicheren Mitbestimmungsregelungen. Schließlich darf nicht vergessen werden, dass sich nicht nur ausgebildete Juristen mit dem Personalvertretungsrecht befassen, sondern vor allem Laien, die in der örtlichen Dienststelle die Interessen ihrer Kollegen im Personalrat vertreten. Mit jeder weiteren Komplizierung des Personalvertretungsrechts, die zudem keine wirklichen Vorteile mit sich bringt, erweist man den öffentlich Beschäftigten daher keinen Dienst.

Auch gegen die nach Aufgabenschwerpunkten differenzierende Variante der personellen Mitbestimmung sprechen gewichtige Gründe. Im Wesentlichen sind zwei Aspekte zu nennen.

Da sind zunächst die praktischen Schwierigkeiten bei der Umsetzung dieses Modells. Es fragt sich, nach welchen Kriterien zu bestimmen ist, welcher Personenkreis aufgrund der geringen Bedeutung der ausgeübten Tätigkeit für die Erfüllung des Amtsauftrages der vollen Mitbestimmung durch die Personalvertretung zugänglich ist. Die etwas plakative Gegenüberstellung von Reinigungskraft und leitendem Angestellten täuscht darüber hinweg, dass es bei einer näheren Differenzierung zu schwierigen und kaum zu bewältigenden Abgrenzungsfragen kommen wird. Da die parteipolitischen Ansichten bzgl. Möglichkeiten und Grenzen des Personalvertretungsrechts fast in jeder Detailfrage gegensätzlicher nicht sein könnten, kann man sich vorstellen, wie sich die parlamentarische Auseinandersetzung gestalten wird, sollte die Reichweite der personellen Mitbestimmung allein von der Wertungsfrage der funktionsspezifischen Bedeutung einer beruflichen Tätigkeit für das Gemeinwesen bestimmt werden. Die personalvertretungsrechtlichen Standards in den einzelnen Bundesländern würden, je nachdem welche politische Richtung die Landespolitik dominiert, noch weiter auseinander klaffen. Da die gesetzlichen Kriterien der funktionsspezifischen Bedeutung zudem nur abstrakt festgelegt werden können, würde sich der im Parlament geführte Disput in den einzelnen Dienststellen womöglich, zum Teil auch in aller Schärfe, weiter fortsetzen, wenn es darum geht, einen bestimmten Beschäftigten bei Durchführung einer personellen Einzelmaßnahme diesen Kriterien zuzuordnen. Rechtsunsicherheit und womöglich auch Willkür würden zu einem prägenden Faktor der personellen Mitbestimmung.

Ein anderer Gesichtspunkt, der gegen die zuvor vorgestellte differenzierende Sichtweise spricht, ist die Tatsache, dass der personellen Mitbestimmung oftmals eine direkte bzw. in Bezug auf zunächst unbeteiligte Dritte eine mittelbare Grundrechtsbedeutung zukommt. Dieser Grundrechtsbezug ist nicht davon ab-

hängig, welche Art von Tätigkeit die von einer personellen Maßnahme betroffene Person ausübt. Statusrelevante Entscheidungen, wie beispielsweise Kündigung und Versetzung, berühren den Einzelnen immer unmittelbar in seinen
staatsbürgerlichen Rechten und stellen sich folglich auch ohne direkte Außenwirkung auf den außerhalb der Verwaltung stehenden Bürger als direkte Ausführungen des Amtsauftrages dar. Dies hat auch das Bundesverfassungsgericht[365] in seiner Entscheidung vom 24.05.1995 klargestellt und dabei insbesondere auf Art. 33 Abs. 2 und Abs. 4 GG sowie den Gleichbehandlungsgrundsatz
des Art. 3 GG verwiesen. Es würde daher den Gedanken der Grundrechtslehre
widersprechen, wenn man einem demokratisch nicht legitimierten Gremium
gestattet, einzelne personelle Entscheidungen, die zudem für den Betroffenen
nicht immer positiver Natur sind, zu treffen, nur weil die in Rede stehende Person eine eher unbedeutende Tätigkeit ausübt. Es genügt auch nicht der Hinweis,
die Einigungsstelle dürfe keine Eignungs- oder Zweckmäßigkeitserwägungen in
personellen Fragen anstellen, denn unabhängig davon, anhand welcher Faktoren
sich das Votum der Einigungsstelle im Falle einer statusrelevanten Entscheidung
orientiert, ein direkter Grundrechtsbezug besteht allemal. Die Entscheidungs-
gründe des Bundesverfassungsgerichts werden daher in einem wesentlichen
Punkt verkannt, wenn man die Ursache der Reduzierung der personellen Mitsprache allein in der besonderen Bedeutung der personellen Maßnahmen für die
Wahrnehmung des Amtsauftrages gegenüber dem außerhalb der Verwaltung
stehenden Bürgern sieht[366]. Eine nach Tätigkeitsschwerpunkten differenzierende
personelle Mitbestimmung ist somit, insbesondere aufgrund grundrechtlicher
Erwägungen, abzulehnen.

(3.) Kompromisslösung

Andererseits ist zu bedenken, dass beispielsweise ein Privatisierungsprojekt oder
die geplante Zusammenlegung mehrerer Dienststellen die Interessen der Allgemeinheit wesentlich mehr berühren, als die Versetzung oder Kündigung eines
einzelnen Mitarbeiters im öffentlichen Dienst. Die Zuordnung beider Mitbestimmungsfragen zu den der Legitimationsstufe 3 unterfallenden Angelegenheiten ist daher nicht recht überzeugend (Zusatz: Für zuerst genannte Maßnahmen wird in dieser Abhandlung nur ein Anhörungsrecht gefordert.). Gleichwohl

---

[365] BVerfG DVBL 1995, S. 1292, (1295).
[366] Dies hat in begrüßenswerter Deutlichkeit ebenfalls herausgestellt: v.Mutius FS für Kriele
1997, S. 1219, (1229); ebenso: Edenfeld, Arbeitnehmerbeteiligung im Betriebsverfas-
sungs- u. Personalvertretungsgesetz, S. 96.

verbietet es die Grundrechtsrelevanz personeller Maßnahmen der Einigungsstelle auf diesem Sektor eine abschließende Beschlusskompetenz zuzubilligen.
Eine mögliche Kompromisslösung könnte die Einführung einer gerichtlichen
Ersetzungsbefugnis analog § 99 Abs. 4 BetrVG darstellen[367]. Nach dieser Vorschrift ist der Arbeitgeber berechtigt, die Ersetzung der fehlenden Zustimmung
des Betriebsrats zu einer Einstellung, Eingruppierung, Umgruppierung oder
Versetzung beim Arbeitsgericht zu beantragen. Bei Übertragung dieser Regelung in das Personalvertretungsrecht sind aber einige Modifizierungen sinnvoll
bzw. notwendig.

Fraglich ist zunächst, ob der Dienststellenleiter bereits die Befugnis erhalten
soll, die Ersetzung der Zustimmung des Personalrats bei Gericht zu beantragen,
oder ob die Institution der Einigungsstelle auch im Bereich der personellen Angelegenheiten weiter beibehalten wird und somit erst deren fehlende Zustimmung gerichtlich ersetzt werden kann. Für zuletzt genannte Möglichkeit spricht,
dass die Einigungsstelle aufgrund ihrer interessenübergreifenden personellen
Struktur die Notwendigkeit der Realisation einer personellen Maßnahme objektiver beurteilt, als der oftmals einseitig die Belange der Bediensteten in den
Vordergrund stellende Personalrat. Aus Sicht des Dienststellenleiters besteht
daher eine größere Chance, dass die Einigungsstelle der geplanten Maßnahme
zustimmt, als dass der Personalrat diesbezüglich grünes Licht erteilt. Der Spruch
der Einigungsstelle beinhaltet zudem vielfach bereits eine ausgewogene Kompromisslösung, mit der letztlich beide Seiten leben können. Im Interesse einer
unnötigen Mehrbelastung der Gerichte sollte die Ersetzungsbefugnis bzw. der
hierauf abzielende Antrag des Dienststellenleiters daher erst die fehlende Zustimmung der Einigungsstelle zum Gegenstand haben.

Des Weiteren sollten nicht nur die in § 99 Abs. 1 BetrVG genannten Maßnahmen von dieser Ersetzungsbefugnis erfasst werden, sondern alle statusrelevanten
personellen Angelegenheiten, also z.B. auch Kündigung und Umsetzung. Hier
gilt es immer, in einem sehr sensiblen, grundrechtsrelevanten Bereich zwischen
den Belangen der Bediensteten und der möglichst optimalen Erfüllung des
Amtsauftrages gegenüber den Bürgern genau abzuwägen. Eine uneinheitliche
Lösung erscheint daher nicht angebracht, obwohl hiermit ein kritisch zu bewertender erhöhter Arbeitsaufwand der Gerichte verbunden ist. Dieser Nachteil

---

[367] vgl. zum folgenden Modell auch das Diskussionspapier der ÖTV Hessen vom
06.12.1996. Dieser Denkansatz wurde aber anscheinend weder in der Rechtsliteratur
noch in der gesetzlichen Beratung näher bedacht.

wird jedoch nach einiger Zeit dadurch relativiert, dass sich eine gängige Rechtspraxis bei Gericht bildet. Die am Entscheidungsprozess beteiligten Organe werden daher bald wissen, wann es sich lohnt, einen Vetospruch einzulegen (Einigungsstelle) oder die Ersetzung der Zustimmung (Dienststellenleiter) bei Gericht zu beantragen.

Bisher wurde nur allgemein von einer gerichtlichen Ersetzungsbefugnis gesprochen. Offen blieb aber, welches Gericht diese Ersetzung vornehmen soll. Im Betriebsverfassungsrecht übernimmt diese Funktion das Arbeitsgericht. Wie aber bereits herausgearbeitet, gehört das Personalvertretungsrecht anders als das Betriebsverfassungsrecht nicht zum privaten Arbeitsrecht, sondern zum öffentlich-rechtlichen Dienstrecht. Der Antrag des Dienststellenleiters auf Ersetzung kann daher nur beim Verwaltungsgericht eingereicht werden.

Schließlich ist es erforderlich, dass dem Verwaltungsgericht gesetzliche Prüfungskriterien an die Hand gegeben werden, um die Rechtmäßigkeit der Zustimmungsverweigerung durch die Einigungsstelle beurteilen zu können. Allgemeine Zweckmäßigkeitserwägungen darf das Gericht nicht anstellen. Es sollte daher im Hinblick auf die personelle Mitbestimmung ein gesetzlicher Versagungskatalog, wie ihn auch das Betriebsverfassungsrecht in § 99 Abs. 2 BetrVG vorsieht, etabliert werden. Nur wenn die Einigungsstelle diesbezüglich ihre Kompetenzen überschreitet, darf das Verwaltungsgericht die fehlende Zustimmung ersetzen. Im Bundespersonalvertretungsgesetz existiert ein solcher Versagungskatalog für die Personalvertretung im Rahmen der personellen Mitbestimmung bereits (vgl. § 77 Abs. 2 BPersVG). Ein ähnlicher Katalog müsste auch für die Einigungsstelle verbindlich festgelegt werden.

Der Vorteil dieses Modells ist darin zu sehen, dass ein akzeptabler Kompromiss zwischen der unzulässigen vollen Mitbestimmung und der als zu restriktiv empfundenen eingeschränkten Mitbestimmung gewählt wird. Die Einigungsstelle fällt eine zunächst verbindliche Entscheidung. Der Dienststellenleiter ist allerdings bei fehlender Zustimmung berechtigt, deren Ersetzung bei Gericht zu beantragen. Auch der Grundrechtsrelevanz statusbezogener Entscheidungen wird auf diese Weise Rechnung getragen. Entweder der Dienststellenleiter akzeptiert die Entscheidung der Einigungsstelle und macht sie sich quasi damit selbst zu Eigen, oder er beauftragt das Gericht mit der Überprüfung des Falls. In beiden Situationen wird die Entscheidung von einem demokratisch legitimierten Organ getragen.

Es bestehen deutliche Unterschiede zu dem abgelehnten allgemeinen *ministeriellen* Aufhebungsrecht in allgemeinpolitisch bedeutsamen Angelegenheiten. Jenes ist, wie bereits ausführlich erläutert, vielfach eher willkürlicher Natur und von politischen Zweckmäßigkeitserwägungen bestimmt. Beispielsweise wird die Verwaltungsspitze in einer wahltechnisch gesehen kritischen Phase unter dem Druck einiger Interessenverbände womöglich von der Aufhebung eines Einigungsstellenspruchs absehen, obwohl die Belange der Allgemeinheit ein solch entschlossenes Vorgehen notwendig erscheinen lassen würden. Dagegen wird der Dienststellenleiter ohne Bedenken die Entscheidung einem unabhängigen Gericht anvertrauen. Dessen Entscheidung, getroffen auf der Basis von Recht und Gesetz, muss auch von den Beschäftigten und deren Vertretern akzeptiert werden. Weiterhin besteht anders als im Falle des ministeriellen Aufhebungsrechts nicht die Gefahr, dass die Verwaltungsspitze unter vorschnellem Hinweis auf die erhöhte Allgemeinwohlbedeutung alle Entscheidungen an sich zieht und so die Interessenvertreter der öffentlich Beschäftigten weitgehend ausklammert.

Ein weiterer Vorteil dieses Konzepts ist darin begründet, dass es im Bereich der personellen Mitbestimmung zu einer Angleichung von Betriebsverfassungs- und Personalvertretungsrecht kommt. Obwohl eine pauschale Übertragung der privatrechtlichen Mitbestimmungsgrundsätze in das öffentliche Dienstrecht, wie sie ja von einigen Stimmen in der Literatur gefordert wird, ausscheidet, stehen einer Annäherung beider Rechtsgebiete in der hier besprochenen Weise keine Bedenken entgegen. Wo eine solche Angleichung möglich ist, sollte dieser Weg konsequent eingeschlagen werden[368]. So wird verhindert, dass sich eine Beschäftigtengruppe aus ihrer Sicht im Vergleich zu den Kollegen in der Privatwirtschaft bzw. den im öffentlichen Dienst Tätigen grundlos ungerecht behandelt fühlt.

Allerdings soll auch ein möglicher Nachteil dieser Regelungsmöglichkeit nicht verschwiegen werden. Zeigt sich die Personalvertretung trotz entgegenstehender Aufhebungspraxis der Gerichte uneinsichtig und legt allein aus dem Grunde bzgl. einer bestimmten Maßnahme ihr Veto ein, um den Dienststellenleiter, der auf eine möglichst zügige Lösung des Personalproblems angewiesen ist, zu einem Kompromiss in ihrem Sinne zu zwingen, so muss der Dienststellenleiter, will er seine Vorstellung dennoch verwirklichen, seine Meinung weiterhin in einem äußerst langwierigen Verfahren vertreten. Besteht aber hinsichtlich dieser Art von Personalmaßnahme bereits eine gefestigte Rechtsprechungspraxis, die

---

[368] Dies ist auch die zentrale These der Abhandlung Edenfelds; vgl. Edenfeld, Arbeitnehmerbeteiligung im Betriebsverfassungs- u. Personalvertretungsgesetz, S. 122.

294

der vorgesehenen Maßnahme in vergleichbaren Fällen ausdrücklich positiv gegenübersteht – und eine derartige Spruchpraxis wird es schon nach einiger Zeit in typischen Standardfällen geben –, müsste man der Personalvertretung bei dem soeben beschriebenen Verhalten nicht nur Uneinsichtigkeit, sondern schon Böswilligkeit, Missachtung der geltenden Rechtslage sowie Missbrauch der eigenen Rechtsposition vorwerfen. Eine solche Einstellung kann aber sicherlich nicht ohne weiteres unterstellt werden und damit zur Ablehnung dieses Regelungsmodells führen. Zumal diese Art der Missbrauchsmöglichkeit auch im Falle der restriktiveren Beteiligungsform der nur eingeschränkten Mitbestimmung besteht. Diese Schlussfolgerung steht auch nicht im Widerspruch zu der bereits an früherer Stelle aufgestellten These, wonach die demokratierechtliche Zulässigkeit des Personalvertretungsrechts nicht deshalb positiv beurteilt werden kann, weil man davon ausgehen kann, dass die Personalvertretung von den ihr zustehenden Rechten nicht immer umfassend Gebrauch macht. Es besteht nämlich ein Unterschied, ob die Personalvertretung ihre Rechtsposition offensichtlich missbraucht, oder ob sie nur die ihr eingeräumten Rechte weitreichend ausschöpft. Letzteres Verhalten darf, da rechtlich korrekt, unterstellt werden, sodass besonders weitreichende Mitbestimmungstatbestände aus demokratierechtlicher Sicht als rechtswidrig zu qualifizieren sind.

Es wird aber immer wieder Entscheidungen geben, die sich von bereits zuvor gerichtlich entschiedenen Fällen in wichtigen Detailfragen unterscheiden und daher zumindest formal ein Veto der Personalvertretung rechtfertigen. In dieser Situation erscheint das vorgestellte Modell nur dann demokratierechtlich akzeptabel, wenn es möglichst schnell zu einem Beschluss der Einigungsstelle und dann womöglich auch zu einem gerichtlichen Ersetzungsverfahren kommt. Da die Dauer des Einigungsprozesses ganz wesentlich von dem äußerst zeitraubenden Stufenverfahren bestimmt wird, ist zu diskutieren, ob auf dieses nicht vollständig verzichtet werden kann. Diese Frage gilt es im Übrigen nicht nur für das hier besprochene Konzept der personellen Mitbestimmung zu klären, sondern es stellt sich ein allgemeines Problem des personalvertretungsrechtlichen Einigungsverfahrens.

f) Aufhebung des Stufenverfahrens

Zur Vermeidung von Missverständnissen sei zunächst ausdrücklich betont, dass nur die Abschaffung des Stufenverfahrens, nicht aber die Auflösung der Stufenvertretung als solche zur Debatte steht. Es gilt zu diskutieren, ob der Einigungs-

stelle, sollte zwischen Personalvertretung und Dienststellenleitung kein gemeinsamer Konsens erreicht werden, unmittelbar die Entscheidung übertragen werden kann. Diese entschiede, wie bisher auch, die Sache dann entweder abschließend (volle Mitbestimmung) oder spräche eine Empfehlung an die letztlich entscheidende Verwaltungsspitze aus (eingeschränkte Mitbestimmung). Die Angelegenheit würde also nicht mehr der nächsthöheren Dienstbehörde und der bei
ihr bestehenden Personalvertretung (Stufenvertretung) vorgelegt (vgl. § 69
Abs. 3 BPersVG), sondern direkt der Einigungsstelle. Ähnliches würde im Übrigen auch für das förmliche Mitwirkungsverfahren (vgl. § 72 BPersVG) gelten.
Bei Abschaffung des Stufenverfahrens entschiede hier direkt der örtliche
Dienststellenleiter abschließend darüber, ob die vom Personalrat erhobenen Bedenken bzgl. der Durchführung einer bestimmten Maßnahme Berücksichtigung
finden können oder als unerheblich einzuordnen sind. Der Personalrat verlöre
folglich das Recht, die Entscheidung der übergeordneten Dienststelle nach vorheriger Anhörung der bei ihr eingerichteten Personalvertretung einzufordern
(vgl. § 72 Abs. 4 BPersVG). Das förmliche Mitwirkungsverfahren würde somit
praktisch aufgegeben und gestaltete sich in Zukunft als einfaches Anhörungsrecht.

Allerdings wäre die Stufenvertretung weiterhin zuständig, wenn sie sich als
„erstinstanzliches" Organ mit einer Mitbestimmungs- bzw. Mitwirkungsangele-
genheit beschäftigt. Dies bedeutet, sie wird dann tätig, wenn eine übergeordnete
Dienststelle für Maßnahmen in ihrem gesamten Geschäftsbereich zuständig ist,
und ferner, wenn diese über Maßnahmen befindet, von der Beschäftigte in einer
nachrangigen Behörde betroffen sind[369]. Eine grundsätzliche Aufgabe der Stufenvertretung schiede schon aus dem Grunde aus, weil es der übergeordneten
Dienstbehörde sonst möglich wäre, die Personalratsbeteiligung zu umgehen. So
könnte sie Maßnahmen, „die auf unterer Ebene auf den Widerstand örtlicher
Personalräte stoßen, kraft ihres allgemeinen Weisungsrechts oder vorbehaltener
Entscheidung an sich ziehen"[370]. Auf eben dieser Stufe existierte nun keine Interessenvertretung der Beschäftigten mehr. Die örtlichen Personalräte könnten
mangels Zuständigkeit ebenfalls nicht eingreifen. Anhand dieser klarstellenden
Erläuterungen wird deutlich, dass die Befürchtung, die Abschaffung des Stufenverfahrens führe dazu, dass eine obere oder oberste Dienstbehörde bei Maßnah-

---

[369] vgl. auch: Mirbach PersV 1992, S. 529, (530).
[370] Edenfeld, Arbeitnehmerbeteiligung im Betriebsverfassungs- u. Personalvertretungsgesetz, S. 158.

men, die alle Beschäftigten ihres Geschäftsbereiches beträfen, von nun an alle örtlichen Personalräte beteiligen müsste[371], unbegründet ist. In der zuletzt angesprochenen Situation geht es nämlich nicht um eine Frage des Stufenverfahrens, sondern um eine unmittelbare Erstzuständigkeit der bei einer oberen oder obersten Dienstbehörde eingerichteten Personalvertretung. Deren Existenz und direkte Zuständigkeit bleiben aber auch bei Aufgabe der bisherigen Form des Stufenverfahrens unangetastet.

Weitere Bedenken gehen dahin, dass es bei fehlendem Stufenverfahren zu einer gewaltigen Zunahme von Einigungsstellenverfahren kommen werde, „weil das Sieb der Kontrolle durch das Zusammenwirken von Stufenbehörden und Stufenvertretungen entfiele, in dem nach dem bestehenden System eine große Zahl von Beteiligungsangelegenheiten vor einer Anrufung der Einigungsstelle einer Einigung zugeführt wird"[372]. Von einer Entlastung der behördlichen Arbeit könne daher nicht die Rede sein.

Es gilt jedoch zu bedenken, dass sich die Einigungsstelle bei der vorgeschlagenen Reform des personalvertretungsrechtlichen Einigungsprozesses zwar zweifelsohne vermehrt mit Angelegenheiten beschäftigt, mit denen sich nach augenblicklicher Rechtslage nur die Stufenvertretung und die höhere Dienstbehörde auseinandersetzen, immer vorausgesetzt. Letztere kommen tatsächlich zu einer Einigung. Es macht aber für den Arbeitsaufwand der Verwaltung im Ergebnis keinen Unterschied, welche Stelle sich mit der vorgesehenen Maßnahme eingehend beschäftigt. Ob nun die obere Dienstbehörde und der bei ihr bestehende Personalrat eine Lösung des Problems finden, oder ob die Einigungsstelle die Sache sofort ohne Durchführung des Stufenverfahrens entscheidet, führt also trotz „gewaltiger Zunahme von Einigungsstellenverfahren" nur zu einer Arbeitsverlagerung, nicht aber, und dies suggeriert die zuvor aufgezeigte Ansicht, zu einem Verwaltungsmehraufwand. Gelangen Stufenvertretung und obere Dienstbehörde dagegen zu keiner Einigung, kommt es nach geltendem Recht zur Einschaltung der Einigungsstelle. Sollte jedoch das Stufenverfahren aufgegeben werden, so würde sich dieses Gremium sofort mit der Angelegenheit befassen. Wo also bisher die Sache zeitaufwändig bis zur endgültigen Entscheidung der Einigungsstelle durch alle Behördenstufen durchgefochten würde, stünde nun eine schnelle Entscheidung der Einigungsstelle. Der „Instanzenzug" verkürzte sich daher in diesem Falle erheblich. Weniger Arbeitsumfang bedeutet aber auch

---

[371] so: Bosch PersV 1998, S. 469, (471).
[372] so: Bosch PersV 1998, S. 469, (471).

weniger Zeitaufwand. Ein Vereinfachungseffekt kann daher nicht geleugnet werden.

Eine Reform des Stufenverfahrens müsste aber aufgegeben werden, wenn die bisherige Form des Einigungsverfahrens verfassungsrechtlich geboten ist.

(1.) Verfassungsrechtliche Notwendigkeit des Stufenverfahrens?

Benecke geht davon aus, dass die Abschaffung des Stufenverfahrens nicht möglich sei, da jenes auf dem hierarchischen Verwaltungsaufbau beruhe. Diese Verwaltungshierarchie sei verfassungsrechtlich zwingend geboten. Nur so könne Kontrolle und auch Legitimation der Verwaltungsentscheidung gesichert werden[373]. Das derzeit bestehende Stufenverfahren als solches sei zwar keine verfassungsrechtliche Notwendigkeit, allerdings müsse das Entscheidungsverfahren so konstruiert sein, dass der Einfluss übergeordneter, befehlsbefugter Behördenstufen gesichert sei[374]. Entscheide aber die Einigungsstelle die Sache bereits schon dann abschließend, wenn örtliche Dienststellenleitung und dort etablierter Personalrat nicht zu einer Einigung gelangten, so sei der verfassungsrechtlich als notwendig zu erachtende Einfluss höherrangiger Behördenstufen ausgeschlossen. Die Abschaffung des Stufenverfahrens habe daher als Nebenwirkung einen Verfassungsbruch zur Folge.

Nach Ansicht Beneckes sei jedoch eine Flexibilisierung und Vereinfachung des Stufenverfahrens nicht ausgeschlossen und sogar wünschenswert. Sie schlägt deshalb vor, bereits bei den erstzuständigen Behörden Einigungsstellen zu bilden. Um jedoch Verwechslungen zu vermeiden, müsse die „erstinstanzliche" Einigungsstelle terminologisch von der Einigungsstelle bei der obersten Dienstbehörde unterschieden werden. Erstere könnten beispielsweise als „Schlichtungsstelle"[375] bezeichnet werden. Allerdings dürften deren Entscheidungen zwecks Wahrung der Verwaltungshierarchie nicht letztverbindlicher Natur sein. Lediglich ein Aufhebungsrecht der übergeordneten Behörde genüge den Hierarchieanforderungen aber nicht. Vorstellbar sei jedoch, „die Wirksamkeit der erstinstanzlichen Entscheidung von einer Genehmigung der übergeordneten Be-

---

[373] Benecke, Beteiligungsrechte u. Mitbestimmung im Personalvertretungsrecht, S. 174, 175, unter Berufung auf: Püttner, Verwaltungslehre, S. 144 insbesondere S. 149 f. sowie Grabendorff ZBR 1954, S. 136; ders. ZBR 1955, S. 326, (327); Molitor RdA 1955, S. 404, (405 f.).

[374] Benecke, Beteiligungsrechte u. Mitbestimmung im Personalvertretungsrecht, S. 175.

[375] Benecke, Beteiligungsrechte u. Mitbestimmung im Personalvertretungsrecht, S. 175.

hörde abhängig zu machen"[376]. Werde diese Genehmigung nicht erteilt, würde automatisch wieder ein normales Stufenverfahren mit endgültiger oder lediglich empfehlender Einigungsstellenentscheidung auf den Weg gebracht. Dies sei mit hoher Wahrscheinlichkeit aber nicht der Regelfall. Die Genehmigung werde schon deshalb nicht versagt, „da die am Ort gebildete Schlichtungsstelle über die bessere Sachkompetenz verfügt"[377].

Dieses Konzept begegnet aber einigen Bedenken. Schon die Ausgangsüberlegung, also genauer die Verknüpfung von verfassungsrechtlich geforderter Verwaltungshierarchie und daraus abgeleiteter nicht möglicher Abschaffung des Stufenverfahrens, erscheint nicht ganz einsichtig. Die notwendige Chance der Einflussnahme seitens einer übergeordneten Behörde kann bereits dadurch hergestellt werden, dass der Dienststellenleiter dem Personalrat nur eine solche Maßnahme zur Zustimmung vorlegt, deren Inhalt bereits zuvor mit der höherrangigen Behörde abgesprochen wurde. Kommt es dann bereits in diesem Stadium des Einigungsablaufs zu einem zustimmenden Votum des Personalrats, trägt auch die höhere Behörde die Entscheidung in einem positiven Sinne. Es muss nicht befürchtet werden, dass nun eine Entscheidung anderen Inhalts getroffen wird. Die Personalvertretung besitzt nämlich nur die Befugnis, der geplanten Maßnahme entweder zuzustimmen oder sie gegebenenfalls abzulehnen. Ihr steht aber nicht das Recht zu, eine andere als die beabsichtigte Maßnahme zu beantragen[378]. Sollte es zwischen Dienststellenleiter und Personalrat dagegen zu keiner Einigung kommen, so würde die Sache bei Abschaffung des Stufenverfahrens direkt der Einigungsstelle vorgelegt. Aber auch jene muss sich bei Beschlussfassung an die gestellten Anträge halten[379]. Neben Ablehnung oder Zuspruch ist lediglich eine teilweise Entsprechung, die so genannte Kompromisslösung, anerkannt[380]. Eine Entscheidung anderen Inhalts aber scheidet aus. Eine nochmalige Befassung der übergeordneten Behörde mit der Sache wäre also auch in dieser Situation nicht erforderlich. Dies gilt auch dann, wenn die Einigungsstelle ihre Zustimmung verweigert, denn selbst nach Durchführung eines

---

[376] Benecke, Beteiligungsrechte u. Mitbestimmung im Personalvertretungsrecht, S. 176.

[377] Benecke, Beteiligungsrechte u. Mitbestimmung im Personalvertretungsrecht, S. 176.

[378] vgl. BVerwG ZBR 1976, S. 228; Ilbertz, Personalvertretungsrecht des Bundes u. der Länder, § 69 Nr. 3 a, S. 209.

[379] Altvater/Bacher/Hörter/Peiseler/Sabottig/Vohs, § 71 Rn. 8; Ilbertz, Personalvertretungsrecht des Bundes u. der Länder, § 71 Nr. 2 c, S. 212; Kunze PersV 1977, S. 161, (171); a.A. Molitor, § 63 Anm.8.

[380] vgl. Fröhlich ZTR 1991, S. 374, (375).

Stufenverfahrens muss sich die oberste Dienstbehörde im Falle der vollen Mitbestimmung einem ablehnenden Spruch der Einigungsstelle beugen.

Schließlich stellt sich die praktische Durchführung der parallelen Einrichtung von Schlichtungs- und Einigungsstelle als zu kompliziert dar. Das Personalvertretungsrecht würde nur um eine weitere für den Laien schwer verständliche Komponente erweitert. Dem einfachen Beschäftigten fiele es immer schwerer, den personalvertretungsrechtlichen Gesetzestext zu durchschauen. Dabei ist es für ihn von großem Interesse zu erfahren, welche Stelle mit welchen Kompetenzen seine Belange wann vertritt. Unklar bleibt daher, wie bei Konstituierung eines solchen Verfahrens von einer Vereinfachung und Flexibilisierung des Einigungsprozesses gesprochen werden kann. Dem überbehördlichen Genehmigungserfordernis stehen zudem die gleichen, bereits mehrfach genannten Erwägungen entgegen, die auch gegen ein allgemeines Aufhebungsrecht der Verwaltungsspitze sprechen, nämlich: Gefahr der Willkürlichkeit, politische Zweckmäßigkeitsabsprachen und zusätzlicher Ungewissheitsfaktor. Angesichts dieser Aspekte erscheint es daher etwas gewagt, davon auszugehen, dass der Spruch der Schlichtungsstelle wahrscheinlich nahezu immer Bestand haben wird. Vor allem da sich die übergeordnete Behörde kaum einfach unterstellen lässt, die Schlichtungsstelle verfüge über die bessere Sachkompetenz.

(2.) Pflicht von Bund und Ländern zur Aufgabe des Stufenverfahrens?

Eine der Ansicht Beneckes entgegenstehende Meinung vertritt Mirbach[381]. Seiner Auffassung nach besteht aufgrund des bundesverfassungsgerichtlichen Beschlusses vom 24.05.1995 sogar eine Pflicht von Bundes- und Landesgesetzgeber, das Stufenverfahren in seiner jetzigen Form abzuschaffen. Grund hierfür sei die vom Gericht entwickelte Schutzzweckgrenze. Hiernach dürfe die Mitbestimmung nur so weit gehen, als die spezifischen in den Beschäftigtenverhältnissen angelegten Interessen der Angehörigen der Dienststelle sie rechtfertigten. Jene Ausführungen beziehen sich seiner Ansicht nach nicht nur unmittelbar auf die Mitbestimmungsthemen, sondern ebenso auf das Einigungsverfahren[382]. Dies Ergebnis erfahre dadurch Unterstützung, dass das Gericht an anderer Stelle den (schleswig-holsteinischen) Gesetzgeber dazu verpflichte, darauf zu achten, dass die personalvertretungsrechtlichen Verfahrensregelungen die Erfüllung des Amtsauftrages nicht übermäßig behindere. Folglich müsse auch das Stufenver-

---

[381] Mirbach PersV 1997, S. 529 ff.
[382] Mirbach PersV 1997, S. 529, (530).

fahren „an den Kriterien der Notwendigkeit im spezifischen Mitarbeiterinteresse sowie der Gefährdung der Effizienz staatlichen Handelns gemessen werden"[383]. Fehle die Notwendigkeit, oder sei die Beeinträchtigung der Funktionsfähigkeit der Verwaltung zu groß, so sei das zeitraubende Stufenverfahren nicht zu rechtfertigen. Gerade aber unter dem Aspekt der Schutzzweckgrenze erweise sich das Stufenverfahren in seiner jetzigen Gestalt als fragwürdig. Jede Einschaltung gesonderter Organe, die aus interessenvertretungsrechtlicher Sicht keinen Sinn ergäbe, müsse als unzulässig eingeordnet werden. Wenn also „die Befassung zweier Institutionen – jede für sich genommen – zwar dem Schutzzweck entspricht, im Vergleich aber die Befassung der einen Institution den Interessen der Betroffenen mehr entspricht, so entspricht insgesamt grundsätzlich nur die Befassung der letzteren Institution dem Schutzzweck"[384]. Es sei aber kein Gesichtspunkt erkennbar, der dafür spräche, dass das Stufenverfahren einen über den erstinstanzlichen personalvertretungsrechtlichen Schutz hinausgehenden Vorteil für die öffentlich Beschäftigten verspräche. Dies sei leicht einzusehen, wenn man bedenke, dass sich die Stufenvertretung sowohl in thematischer als auch räumlicher Hinsicht weit von den Problemen vor Ort entfernt habe. Der örtliche Personalrat dagegen sei mit den besonderen Verhältnissen in der jeweiligen Dienststelle vertraut. Er sei also wesentlich eher in der Lage, die Interessen der dort Beschäftigten angemessen wahrzunehmen als die Stufenvertretung.

Abschließend empfiehlt Mirbach, Bezirks- und Hauptpersonalräte nur auf der Basis von Freiwilligkeit, sprich durch einen Beschluss der örtlichen Personalräte, einzurichten. Diese seien nur als Ergänzungsinstrumente der örtlichen Personalräte zu verstehen, wobei Letztere die Zuständigkeit der Bezirks- und Hauptpersonalräte nur gemäß gesonderter Zuweisung begründen. Jeder darüber hinaus gehenden Beteiligung fehle der Nachweis der konkreten Mitarbeiternützigkeit und führe damit zu einem Verstoß gegen die Schutzzweckgrenze.

Dieser Argumentation ist entgegenzuhalten, dass sich die vom Gericht aufgestellte Schutzzweckgrenze nach dem eindeutigen Wortlaut nur auf die Mitbestimmungsregelungen und nicht auf das Stufenverfahren bezieht[385]. Zwar mahnt das Gericht auch an, die öffentliche Aufgabenwahrnehmung nicht durch ein zeitaufwändiges personalvertretungsrechtliches Verfahrensrecht zu gefährden. Diese Ausführungen stehen aber in keinem direkten Zusammenhang zur Schutz-

[383] Mirbach PersV 1997, S. 529, (530).
[384] Mirbach PersV 1997, S. 529, (533).
[385] Dies betont auch: Bosch PersV 1998, S. 469, (469).

zweckgrenze. Anhand Letzterer nimmt das Gericht nur eine detaillierte Überprüfung der Mitbestimmungstatbestände, nicht aber der Verfahrensregelungen vor. Hielte das Bundesverfassungsgericht eine Abschaffung des Stufenverfahrens für notwendig, so erschiene es unverständlich, warum das Gericht gegen die entsprechenden Normen des schleswig-holsteinischen Mitbestimmungsgesetzes (vgl. § 52 Abs. 3 MBG SH) offenbar keine Bedenken hegt. Eine aus dem Beschluss des Bundesverfassungsgerichts abgeleitete Pflicht von Bundes- und Landesgesetzgebern hinsichtlich der Aufgabe des Stufenverfahrens ist daher abzulehnen.

Der weitere Vorschlag Mirbachs, die Einrichtung und Zuständigkeit von Bezirks- und Hauptpersonalräten von einem freiwilligen Votum der örtlichen Personalräte abhängig zu machen, gestaltete das System der personalvertretungsrechtlichen Beteiligung, wie auch zuvor das Konzept von Benecke, schwierig und undurchsichtig[386]. Zudem würde möglicherweise nur über einen Umweg das zurzeit bestehende Regelungsprinzip wieder eingeführt[387]. Dieser Gedanke ist nicht abwegig, da einigen Personalräten ein langwieriges Einigungsverfahren mit erhöhtem Kompromissdruck auf den Dienststellenleiter gelegen kommen könnte.

(3.) Stellungnahme

Abschließend lässt sich feststellen, dass gegen die völlige Abschaffung des Stufenverfahrens keine durchgreifenden verfassungsrechtlichen Bedenken bestehen. Auch die Rahmenvorgaben des Bundespersonalvertretungsgesetzes schreiben den Ländern nicht die Einführung eines solchen Verfahrens vor. Bereits im Jahre 1961 folgerte das Bundesverwaltungsgericht[388] daher, dass eine Pflicht von Bund und Länder zur Bildung von Stufenvertretungen nicht besteht. Allerdings sind der Bund und die Länder auch nicht auf Grundlage des Beschlusses des Bundesverfassungsgerichts vom 24.05.1995 *gezwungen*, die derzeitige Form des Stufenverfahrens aufzugeben. Ein solch konsequentes Vorgehen brächte jedoch wesentliche Vorteile mit sich. Zunächst würden die Probleme dort gelöst, wo sie anfallen, nämlich in der örtlichen Dienststelle. Es ist nicht einsichtig, inwiefern ein langwieriges Stufenverfahren den Interessen der Beschäftigten förderlich sein könnte. Eher das Gegenteil ist der Fall. Entscheiden höhere Stellen nach

---

[386] so auch: Bosch PersV 1998, S. 469, (471).

[387] ebenso, aber ohne nähere Erläuterung: Bosch PersV 1998, S. 469, (471).

[388] BVerwG v. 13.01.1961 ZBR 1961, S. 93.

Durchführung eines zentralisierten und komplizierten Verfahrens bzgl. dienststelleninterner Streitigkeiten, besteht die Gefahr, dass die Verbindung zum einzelnen Arbeitsplatz verloren geht[389]. Eine problemangemessene Lösung des
Konflikts wird somit immer schwieriger und unwahrscheinlicher. Warum sollte
zudem auf einer höheren Entscheidungsebene plötzlich ein gemeinsamer Konsens erreicht werden, wenn die Fronten schon auf unterer Ebene verhärtet
sind?[390] Ein weiterer Vorteil ist in der beträchtlichen Verkürzung des Einigungsprozesses zu sehen. Der Dienststellenleiter wäre nicht länger gezwungen,
sich aus zeitlichen Erwägungen auf einen unter dem Aspekt der optimalen Erfüllung des Amtsauftrages kritisch zu bewertenden Kompromiss mit der Personalvertretung einzulassen. Eine auf Zeit spielende Blockadepolitik der örtlichen
Personalvertretung verspräche nun weniger Erfolg. Unter demokratierechtlichen
Aspekten erscheint dies wünschenswert bzw. sogar notwendig. Es liegt aber
auch im Interesse der Mitarbeiter, wenn Probleme, die erhebliche Auswirkungen
auf die persönliche Lebensführung besitzen, möglichst schnell gelöst werden[391].
Für die Allgemeinheit bedeutet ein verkürzter verwaltungsinterner Entscheidungsablauf nicht nur eine effektivere Wahrnehmung des eigentlichen öffentlichen Auftrags, sondern auch erheblich geringere Kosten. Der Steuerzahler würde eine Abschaffung des zeitraubenden Stufenverfahrens daher sicherlich begrüßen. Bund und Länder sollten das Personalvertretungsrecht daher in diesem
Punkt vereinfachen und reformieren.

Zugleich führte ein derartiges Reformvorhaben zu einer weiteren Annäherung
von Personalvertretungs- und Betriebsverfassungsgesetz[392]. Letzterem ist ein
vorgeschaltetes Entscheidungsverfahren fremd und somit eine zügige Anrufung
der Einigungsstelle möglich, vgl. §§ 76 Abs. 5, 87 Abs. 2 BetrVG.

---

[389] so: Edenfeld, Arbeitnehmerbeteiligung im Betriebsverfassungs- u. Personalvertretungsgesetz, S. 152.
[390] vgl. auch: Edenfeld, Arbeitnehmerbeteiligung im Betriebsverfassungs- u. Personalvertretungsgesetz, S. 160, der sich ebenfalls für die Abschaffung des Stufenverfahrens aus-
spricht.
[391] So fordert selbst die ÖTV Hessen in dem bereits angesprochenen Diskussionspapier aus
dem Jahre 1996 die Abschaffung des Stufenverfahrens, vgl. S. 10 des Papieres; vgl.
auch: Däubler PersR 1993, S. 348, (357).
[392] Hierauf macht gleichfalls aufmerksam: Edenfeld, Arbeitnehmerbeteiligung im Betriebs-
verfassungs- u. Personalvertretungsgesetz, S. 162.

g) Unzulässige Einengung des Gesetzgebers?

Mehrere Stimmen im Schrifttum[393] kritisieren das Bundesverfassungsgericht dahingehend, dass dessen detailgenaue Erläuterung der zulässigen Mitbestimmungsreichweite im öffentlichen Dienst den notwendigen und verfassungsrechtlich auch gebotenen Gestaltungsspielraum des Gesetzgebers in unzulässiger Weise einenge. Indem das Gericht in akribischer Feinarbeit festlege, welche Mitbestimmungsangelegenheiten konkret welchem Legitimationsniveau zuzuordnen seien, und welches Stimmverhalten der Einigungsstellenmitglieder demokratierechtlichen Anforderungen genüge sowie auf welcher Stufe was für ein Evokationsrecht zu verankern sei, werde „den Gesetzgebern auf Bundes- und Landesebene die an sich von den Parlamenten zu leistende Subsumtionsarbeit weitgehend aus der Hand genommen"[394]. Battis und Kersten[395] fürchten einen Verfassungswandel „vom parlamentarischen Gesetzgebungs- zum verfassungsgerichtlichen Jurisdiktionsstaat". Schlimmstenfalls unterliege der Gesetzgeber der für ihn sicherlich bequemen Versuchung, „sich zukünftig nicht unmittelbar an der Verfassung zu orientieren, sondern vielmehr unter die Vorgaben des Bundesverfassungsgerichts zu subsumieren"[396]. Das Gericht entschiede nicht nur bestimmte Rechtsfragen, z.B. die Frage nach der Zulässigkeit der Allzuständigkeitsklausel, „vielmehr wird die neo-etatistische Legitimationstheorie des Senats festgeschrieben"[397]. In der Reduktion des verfassungsrechtlichen Interpretationsspielraums liege weiterhin die Gefahr, „dass die Politik um ihre Alternativen und damit zugleich die dynamische Offenheit der Verfassung um ihre konsenserhaltende Wirkung gebracht werde"[398]. Das Gericht überschreite also die ihm zustehenden Kompetenzen.

Teilweise wird in diesem Zusammenhang auch angenommen, das Prinzip des Vielfalt gewährleistenden Föderalismus gerate in Gefahr, wenn das Bundesver-

---

[393] Altvater/Bacher/Hörter/Peiseler/Sabottig/Schneider/Vohs, § 104 Rn. 13 m; Rinken, Das Grundrecht auf Mitbestimmung in der Verfassung des Freistaates Sachsen als Handlungs- u. Kontrollnorm, 56; ders. kritV 1996, S. 282, (304, 305); Rob, Mitbestimmung im Staatsdienst, S. 279, 280; Battis/Kersten DÖV 1996, S. 584, (584, 585); Edinger PersR 1997, S. 241, (246); Neumann PersR 1995, S. 449, (451); allgemein zum Problem der Interpretationsmacht des Bundesverfassungsgerichts im Verhältnis zum Gesetzgeber: Simon, HBVerfR, § 43 Rn. 54 ff.

[394] Rob, Mitbestimmung im Staatsdienst, S. 279.

[395] Battis/Kersten DÖV 1996, S. 584, (584).

[396] Battis/Kersten DÖV 1996, S. 584, (584).

[397] Rinken kritV 1996, S. 282, (305).

[398] Rinken kritV 1996, S. 282, (304, 305).

fassungsgericht den Ländern ein solch detailgenaues, auf einem bestimmten aber nicht unumstrittenen Demokratieverständnis aufbauenden Regelungswerk aufoktroyiere[399].

Das Vorgehen des Gerichts lässt sich u.a. damit begründen, dass über Jahre hinweg die Mitbestimmungsrechte der Personalvertretung zu Lasten der möglichst optimalen Erfüllung des Amtsauftrages ausgebaut wurden. Die warnende Stimme des zurückhaltender formulierten Urteils des Bundesverfassungsgerichts aus dem Jahre 1959 wurde in der Hitze der politischen Auseinandersetzung weitgehend verdrängt[400]. Die Urteile des hessischen und rheinland-pfälzischen Landesverfassungsgerichts wurden von den nicht beteiligten Bundesländern als Einzelfall bewertet. Zwar entfalteten diese Entscheidungen außerhalb der jeweiligen Landesgrenzen keine Regelungskraft, dennoch wären die Landesgesetzgeber gut beraten gewesen, die eigenen Personalvertretungsgesetze einer kritischen Überprüfung zu unterziehen. Speziell da das Demokratieprinzip, welches die genannten Gerichte in den Mittelpunkt ihrer Ausführungen stellten, kein besonderes Spezifikum der Länder Hessen und Rheinland-Pfalz ist. Dieser Fehlentwicklung wollte das Bundesverfassungsgericht nun entscheidend entgegentreten. Diese wenn auch verständlichen Motive würden einen Verfassungsbruch allerdings nicht rechtfertigen. Wie im Folgenden aber gezeigt wird, haben die Gesetzgeber, die den Beschluss des Bundesverfassungsgerichts bisher zum Anlass einer Reform des Personalvertretungsrechts nahmen, dies zum Teil auf ganz unterschiedliche Art und Weise getan. Von einer unzulässigen Einengung des Gesetzgebers kann daher nicht gesprochen werden[401]. Vielmehr ist Edenfeld zuzustimmen, der ausdrücklich betont, dass das Urteil dem Gesetzgeber weiterhin erhebliche Gestaltungsspielräume überlässt. So werde die herkömmliche starre

---

[399] vgl. Bryde, Verfassungsreform der Länder unter bundesverfassungsgerichtlichem Unitarisierungsdruck, in: Eichel/Möller, 50 Jahre Verfassung des Landes Hessen, S. 433, (437 ff.); in diese Richtung auch, allerdings ohne spezifischen Bezug zu dieser Entscheidung: Lhotta Der Staat 36 (1997), S. 189, (205 f.).

[400] so auch: v.Mutius FS für Kriele 1997, S. 1119, (1128).

[401] Den weiterhin bestehenden Handlungsspielraum des Gesetzgebers betonen auch: Bieler DöD 1996 S. 52, (53) sowie Schmidt PersR 1996, S. 472, (475) und in gewisser Weise auch: Battis/Kersten DÖV 1996, S. 584, (587). Die möglich gewordene Flexibilität des öffentlichen Dienstes insgesamt betont: Pfohl ZBR 1996, S. 84, (91): „Die Entscheidung des BVerfG eröffnet dem Staat mitbestimmungsrechtlich eine weit höhere Flexibilität als sie die Privatwirtschaft aufzuweisen hat und widerlegt damit die eher unrichtige Behauptung von den Flexibilitätshemmnissen des öffentlichen Dienstes."

Zweiteilung in Mitbestimmungs- und Mitwirkungsangelegenheiten durch ein flexibleres Dreistufenmodell ersetzt[402].

7.) Die neuen Landespersonalvertretungsgesetze

Niedersachsen, Sachsen, Hessen, Schleswig-Holstein und Rheinland-Pfalz sind die bisher einzigen Bundesländer, die ihre Personalvertretungsgesetze aufgrund des bundesverfassungsgerichtlichen Beschlusses vom 24.05.1995 geändert haben.

a) Das niedersächsische Personalvertretungsgesetz

Als erstes Bundesland reagierte Niedersachsen auf die Vorgaben des Bundesverfassungsgerichts. Am 08.10.1997 beschloss der niedersächsische Landtag mit den Stimmen der SPD gegen CDU und Bündnis 90/Die Grünen die Novellierung des hiesigen Personalvertretungsrechts. Am 19.11.1997 trat dieses Gesetz in Kraft[403]. Das relativ schnelle Tätigwerden der Regierungsfraktion erklärt sich damit, dass man einem bei dem Staatsgerichtshof seit dem 27.03.1995 vorliegenden Normenkontrollantrag, angestrengt von der Stadt Celle und der CDU Landtagsfraktion, gerichtet auf die Feststellung der Verfassungswidrigkeit einzelner Bestimmungen des Personalvertretungsrechts, den Boden entziehen wollte[404].

Im Mittelpunkt der Diskussion um die neu konzipierte Mitbestimmungssystematik steht die so genannte modifizierte Allzuständigkeitsklausel. Parallel hierzu weist das niedersächsische Recht der Mitbestimmung im öffentlichen Dienst interessante Regelungsmöglichkeiten zur Vereinfachung des Entscheidungsfindungsprozesses in der Verwaltung auf.

(1.) Die neue Mitbestimmungssystematik/Das Problem der modifizierten Allzuständigkeitsklausel

Überraschenderweise hat der niedersächsische Landesgesetzgeber die Allzuständigkeitsklausel nicht gänzlich zu Gunsten des Enumerationsprinzips aufgegeben, sondern in modifizierter Form beibehalten. Nach § 64 Abs. 1 N PersVG bestimmt der Personalrat weiterhin bei allen personellen, sozialen, or-

---

[402] so: Edenfeld, Arbeitnehmerbeteiligung im Betriebsverfassungs- u. Personalvertretungsgesetz, S. 95.
[403] GVBL Nr. 21/1997, S. 464.
[404] Diese Vermutung äußert auch: Duensing ZfPR 1998, S. 65, (65).

ganisatorischen und sonstigen innerdienstlichen Maßnahmen, die die Beschäftigten der Dienststelle insgesamt, Gruppen von ihnen oder einzelne Beschäftigte betreffen, gleichberechtigt mit. Allerdings besitzt der Personalrat im Hinblick auf die genannten Bereiche nicht mehr grundsätzlich ein volles Mitbestimmungsrecht. Vielmehr differenziert das Gesetz jeweils anhand des Bedeutungsgehalts der Angelegenheit für die Wahrnehmung des Amtsauftrages unter Zugrundelegung der neuen Rechtsprechung des Bundesverfassungsgerichts zwischen abschließender Entscheidungsbefugnis und lediglich unverbindlichem Empfehlungsrecht der Einigungsstelle (vgl. § 72 Abs. 4, 5 N PersVG). Ergänzt wird die modifizierte Allzuständigkeitsklausel durch einen umfangreichen Beispielskatalog. Unterschieden wird dabei zwischen der personellen Mitbestimmung (vgl. § 65 N PersVG), der Mitbestimmung bei sozialen und sonstigen innerdienstlichen Maßnahmen (vgl. § 66 N PersVG) sowie der Mitbestimmung in organisatorischen Fragen (vgl. § 67 N PersVG).

Die Konzeption der modifizierten Allzuständigkeitsklausel ist in der Literatur aber nicht ohne Widerspruch geblieben. Nach Meinung von Kisker[405] geht eine derartige Regelung nicht mit den vom Bundesverfassungsgericht aufgestellten demokratierechtlichen Anforderungen an das Personalvertretungsrecht konform. Speziell der Schutzzweckgrenze laufe eine modifizierte Allzuständigkeitsklausel zuwider. Es sei nicht sichergestellt, dass die Personalvertretung ihre Beteiligung nur dann einfordere, wenn die Belange der Mitarbeiter tatsächlich betroffen seien, bzw. wenn die Interessen der öffentlich Beschäftigten ein Eingreifen der demokratierechtlich defizitären Personalvertretung im Lichte des Sozialstaatsprinzips und der Grundrechte im konkreten Fall rechtfertigen. Vielmehr sei zu befürchten, dass die Personalvertretung auf gesetzlicher Basis der Allzuständigkeitsklausel bei allen innerdienstlichen Angelegenheiten, unabhängig von der Frage, ob die Interessen der Beschäftigten überhaupt berührt seien, auf eine mitbestimmende Beteiligung poche. Zwar räumt Kisker ein, dass das Gericht keine Ausführungen zum Verhältnis von Schutzzweckgrenze und Allzuständigkeitsklausel anstelle. Dies wird aber eher als eine kleine Ungenauigkeit des Ge-

---

[405] Kisker PersV 1995, S. 529, (535). Jener äußert sich allgemein in Bezug auf die Allzuständigkeitsklausel ohne speziellen Bezug zum niedersächsischen Personalvertretungsgesetz, was in der Argumentation jedoch keinen Unterschied macht. Kritisch zur Regelung in Niedersachsen: Thiele PersV 1998, S. 148, (153). Eine Generalklausel ebenfalls prinzipiell ablehnend: Bosch ZfPR 1997, S. 124, (124).

richts bewertet und stelle das soeben herausgearbeitete Ergebnis nicht in Frage[406].

Es ist jedoch bereits an anderer Stelle betont worden, dass sich die Verfassungswidrigkeit der Allzuständigkeitsklausel in ihrer bisherigen Form nur daraus ableitet, dass sie der Personalvertretung in allen personellen und bedeutenden organisatorischen Regelungsangelegenheiten generell ein volles Mitbestimmungsrecht einräumt. Wird hiervon, wie im Falle der modifizierten Allzuständigkeitsklausel Abstand genommen, indem auf der Entscheidungsebene der Einigungsstelle zwischen voller und eingeschränkter Mitbestimmung unterschieden wird, so bestehen zumindest auf der Grundlage des Beschlusses des Bundesverfassungsgerichts, und nur dieser ist für den Gesetzgeber von praktischer Relevanz, keine durchgreifenden Einwände (Zusatz: Nach der hier vertretenen Ansicht, sollte in bestimmten organisatorischen Fragen der Personalvertretung nur ein Anhörungsrecht zustehen. Um dieses Anhörungsrecht müsste also die modifizierte Allzuständigkeitsklausel zusätzlich ergänzt werden.). So erklärt das Gericht die die Allzuständigkeitsklausel verkörpernden Bestimmungen des schleswig-holsteinischen Mitbestimmungsgesetzes (vgl. §§ 2 Abs. 1, 52 Abs. 1 S. 1 MBG SH) auch nicht isoliert für unvereinbar mit dem Demokratieprinzip des Grundgesetzes. Die Unvereinbarkeit ergibt sich laut Tenor vielmehr erst dann, wenn man die genannten Regelungen in Verbindung mit den §§ 53 bis 55 MBG SH sieht[407]. Die §§ 53 bis 55 MBG SH normieren aber gerade die im Konfliktfall am Ende des Einigungsverfahrens stehende *abschließende Entscheidungsbefugnis* der Einigungsstelle. Im Umkehrschluss lässt sich daher feststellen, dass allein die Allzuständigkeitsklausel durchaus demokratierechtlichen Anforderungen genügt. Immer vorausgesetzt, sie ist nicht mit einer prinzipiell bindenden Entscheidungsgewalt der Einigungsstelle gekoppelt. Für dieses Ergebnis spricht ferner, dass das Bundesverfassungsgericht eine Übergangsregelung dergestalt trifft, dass die Mitbestimmung im öffentlichen Dienst zunächst weiter auf der Grundlage der Allzuständigkeitsklausel funktioniert, und nur die Entscheidungskompetenz der Einigungsstelle auf ein Empfehlungsrecht reduziert wird. Diese Regelung bliebe unverständlich, wenn das Bundesverfassungsgericht schon in der Verleihung eines Allzuständigkeitsrechts an die Personal-

---

[406] Kisker PersV 1995, S. 529, (536); ähnlich auch: Pfohl ZBR 1996, S. 82, (88).

[407] Dieses Argument nennen auch: Battis/Kersten PersV 1998, S. 21 (27 ff.): ausführliche Beschäftigung mit dem Problem der modifizierten Allzuständigkeitsklausel; vgl. dies. PersV 1999, S. 530, (532).

vertretung einen Verstoß gegen das Demokratieprinzip sähe[408]. Etwas anderes ergibt sich auch nicht aus den Entscheidungsgründen. Zieht man diese zusätzlich neben dem Tenor als Interpretationshilfe heran, so fällt auf, wie Kisker ja auch zugestehen muss, dass das Gericht keine direkte Verbindung zwischen der Schutzzweckgrenze und der Allzuständigkeitsklausel herstellt. Anders verhält es sich z.b. bei der gerichtlichen Erörterung der Bestimmung des § 2 Abs. 4 MBG SH (allgemeinpolitisches Mandat). Diese Norm betrachtet das Gericht anders als die Allzuständigkeitsklausel auch unter dem Aspekt der Schutzzweckgrenze. Aber selbst wenn man wie Kisker davon ausgehen würde, es handele sich eher um ein Versehen, dass nicht auch die Allzuständigkeitsklausel im Hinblick auf die Schutzzweckgrenze kritisch hinterfragt wird, ist dennoch nicht einsichtig, warum gerade dieser Gedanke die Verfassungswidrigkeit der Allzuständigkeitsklausel begründen soll. Die Allzuständigkeitsklausel schreibt doch ausdrücklich vor, dass der Personalvertretung nur dann ein Mitbestimmungsrecht zusteht, wenn eine innerdienstliche Maßnahme die Beschäftigten auch tatsächlich betrifft. Indem Kisker der Personalvertretung unterstellt, eine vom Erfordernis der Betroffenheit losgelöste, eigenmächtige Dienststellenpolitik zu betreiben, wirft er ihr einen Rechtsbruch vor. Die Verfassungsmäßigkeit von Gesetzen darf aber nicht danach beurteilt werden, ob das gesetzesausführende Organ möglicherweise rechtswidrig seine Kompetenzen überschreitet. Andernfalls ließe sich mit ein wenig Fantasie fast jedes Gesetz als verfassungswidrig einstufen. Wie Battis und Kersten[409] zu Recht feststellen, muss schon aufgrund der Vorschrift des Art. 20 Abs. 3 GG davon ausgegangen werden, dass jedes staatliche Organ auf der Basis von Recht und Gesetz agiert. Gegen die Konstituierung der modifizierten Allzuständigkeitsklausel sprechen im Ergebnis daher keine durchgreifenden demokratierechtlichen Erwägungen. Wie aber bereits zuvor hervorgehoben, sprechen verwaltungspraktische Argumente für die Einführung des Enumerationsprinzips. Insofern kann auf die vorhergehenden Ausführungen verwiesen werden[410].

Wendet man sich den ausführlichen, die modifizierte Allzuständigkeitsklausel näher erläuternden Mitbestimmungskatalogen zu, so stellt man fest, dass die Einigungsstelle im Konfliktfalle nur noch bzgl. der sozialen und einigen weiteren, eher unbedeutenden innerdienstlichen Angelegenheiten eine abschließende Ent-

[408] Battis/Kersten PersV 1998, S. 21, (29).
[409] Battis/Kersten PersV 1998, S. 21, (34); ähnlich auch: Rob PersR 1999, S. 382, (383).
[410] vgl. 6. Teil A III 1 b

scheidungsbefugnis inne hat (vgl. § 66 Abs. 1, 72 Abs. 5 S. 1 N PersVG). Jedoch steht der obersten Dienstbehörde auch im Hinblick auf diese Maßnahmen, wie vom Bundesverfassungsgericht gefordert, ein Evokationsrecht zu, wenn von der Entscheidung wesentliche Auswirkungen auf das Gemeinwesen zu erwarten sind (vgl. § 73 Abs. 1 N PersVG). Der niedersächsische Gesetzgeber ist also den Anforderungen des Bundesverfassungsgerichts an die erste Beteiligungsstufe nachgekommen[411].

In personellen und organisatorischen Fragen steht der Personalvertretung dagegen nur noch ein eingeschränktes Mitbestimmungsrecht zu, d.h. die Einigungsstelle spricht, sollte es nicht zu einer Einigung zwischen Personalvertretung und Dienststellenleitung kommen, lediglich eine Empfehlung an die Verwaltungsspitze aus (vgl. §§ 65 Abs. 1, Abs. 2, 67, 72 Abs. 4 N PersVG). Es wurde also, auf die viel zu kompliziert zu regelnde Legitimationsstufe 2 verzichtet. Die vom Gericht hierzu gerechneten Angelegenheiten wurden der dritten Beteiligungsstufe zugeordnet.

Battis und Kersten[412] werfen in diesem Zusammenhang aber die interessante und bisher offenbar noch von niemandem gestellte Frage auf, ob es dem Gesetzgeber überhaupt gestattet ist, die Mitbestimmung im öffentlichen Dienst restriktiver zu gestalten, als wie dies vom Bundesverfassungsgericht gefordert wird. Ist es also unter Bezugnahme auf die bundesverfassungsgerichtlichen Vorgaben zulässig, eine Mitbestimmungsangelegenheit, die das Gericht der Stufe 2 zurechnet, dem dritten Legitimationsniveau zuzuordnen? Das gleiche Problem stellt sich, wenn eine bisher der Mitbestimmung unterliegende Maßnahme nun nur noch der Mitwirkung zugänglich ist. Es geht folglich darum, ob der Gesetzgeber, „das Demokratiegebot einerseits und die Mitbestimmung im öffentlichen Dienst andererseits zu einem beidseitig optimalen, konkordanten Ausgleich bringen muss"[413]. Die Ausführungen des Gerichts lassen diesen Schluss jedoch nicht zu. So erläutert das Gericht z.B. nicht näher, welche Verfassungsprinzipien die Mitbestimmung in der Verwaltung rechtfertigen bzw. sogar erforderlich erscheinen lassen. Diese Erklärung wäre jedoch notwendig, will man eine genaue, optimale

---

411 Zu dem gleichen Ergebnis gelangen: Battis/Kersten, PersV 1999, S. 530, (536). Allerdings ordnet der niedersächsische Landesgesetzgeber die Bestellung und Abberufung von Vertrauens-, Vertrags- und Betriebsärztinnen und -ärzten fälschlicherweise dem Legitimationsniveau 1 zu (vgl. § 66 Abs. 1 Nr. 9 N PersVG). Diese Mitbestimmungsfrage zählt aber zur dritten Beteiligungsstufe.
412 Battis/Kersten PersV 1999, S. 530, (534).
413 Battis/Kersten PersV 1999, S. 530, (534).

Austarierung zwischen personalvertretungsrechtlicher Interessenwahrnehmung und Sicherung des Demokratieprinzips vornehmen. Der Beschluss des Gerichts ist eher unter der Überschrift „Bis hierher und nicht weiter" zu verstehen. Es ist also nicht die Pflicht von Bund und Ländern, die Mitbestimmung bis zu diesem Punkt auszubauen. Vielmehr würde wohl erst „die dysfunktionale Zurückdrängung der Mitbestimmung" verfassungsrechtlich zu kritisieren sein, nicht aber schon deren lediglich „suboptimale Ausgestaltung"[414]. Das teilweise restriktivere Vorgehen des niedersächsischen Gesetzgebers ist daher auch bei Heranziehung der vom Bundesverfassungsgericht entwickelten Anforderungen nicht zu beanstanden.

(2.) Vereinfachung des Entscheidungsprozesses

Nach § 65 Abs. 4 Nr. 2 N PersVG sind Einzelfallentscheidungen bzgl. Abordnungen und Umsetzungen, die auf einem Reform- oder Umstrukturierungskonzept beruhen, das auch mindestens Rahmenbedingungen für den notwendigen personellen Vollzug enthält und an dessen Ausarbeitung Personalräte beteiligt waren, von der Mitbestimmung ausgenommen. Die Personalräte können also bereits frühzeitig in den Entscheidungsprozess mit einbezogen werden und ihre Argumente vortragen. Stimmen sie dem Konzept zu, erscheint eine nochmalige Beteiligung unnötig. Das Entscheidungsverfahren beschleunigt sich in diesem Fall daher enorm. Der Dienststellenleiter erhält zudem in einem frühen Stadium Planungssicherheit[415]. Weiterhin wird von Entscheidungen, die zwischen Dienststellenleitung und Personalrat abgesprochen sind, eine höhere Akzeptanzbereitschaft in der Belegschaft ausgehen. Zwar ist zuzugestehen, dass ein lediglich auf Rahmenbedingungen beruhendes Reformvorhaben dem Dienststellenleiter im Falle einer Einzelentscheidung, die nun aufgrund der neuen Regelung nicht mehr mitbestimmungspflichtig ist, relativ freie Hand gibt. Es ist aber nicht zu erwarten, dass der Dienststellenleiter eine Einzelentscheidung trifft, die der personalvertretungsrechtlichen Position eindeutig entgegen liefe[416]. Andernfalls wird er in Zukunft kaum auf die Zustimmung der Personalvertretung zu einem vergleichbaren Umstrukturierungsprojekt zählen können. Zudem steht es der Personalvertretung letztlich frei, auf welches Konzept mit welchen Rahmenbe-

---

[414] Battis/Kersten PersV 1999, S. 530, (534).
[415] Dies hebt auch Thiele in: PersV 1998, S. 148, (151), positiv hervor. Zustimmend äußert sich auch: Duensing ZfPR 1998, S. 65, (68).
[416] Dies deutet mit kritischem Unterton aber Ratayczack in: PersR 1999, S. 3, (5), an.

dingungen sie sich einlässt[417]. Sie kann auch weiterhin auf einem normalen Beteiligungsverfahren bestehen. Die vorgestellte Regelung ist daher als ein Angebot an beide Seiten zu verstehen[418]. Dieses Angebot verspricht in der Praxis nur dann Erfolg, wenn alle Beteiligten einen partnerschaftlichen Umgang pflegen.

Eine Vereinfachung und Beschleunigung des Verfahrens ist auch mit der Bestimmung des § 72 a N PersVG bezweckt. Hiernach treten im Einigungsstellenverfahren gemäß den §§ 70 und 72 N PersVG die Bezirksregierungen und die Oberfinanzdirektion an die Stelle der übergeordneten Dienststelle und der obersten Dienstbehörde für Maßnahmen, für die ihnen oder der ihnen nachgeordneten Dienststellen die Entscheidungsbefugnis durch Rechtsvorschriften, durch Beschluss der Landesregierung oder durch die oberste Landesbehörde übertragen ist. Die Bezirksregierungen können also in mitbestimmungspflichtigen Angelegenheiten, die ihrer Zuständigkeit unterliegen, bei Nichteinigung mit dem Bezirkspersonalrat direkt die Einigungsstelle bei der obersten Dienstbehörde anrufen. Die Beteiligung des Hauptpersonalrats entfällt damit. Zusätzlich wird so auch die oberste Dienstbehörde entlastet[419]. Diese Regelung ist als ein erster, wichtiger Schritt hin zu einer völligen Abschaffung des Stufenverfahrens zu bewerten[420].

Positiv herauszustreichen ist weiterhin, dass das Vereinbarungsrecht mit den Spitzenorganisationen der Gewerkschaften beibehalten wurde (vgl. § 81 N PersVG). Die Vorteile dieser Bestimmung sind ausführlich erläutert worden.

Der niedersächsische Landesgesetzgeber hat sich erfolgreich bemüht, den Vorgaben des Bundesverfassungsgerichts zu entsprechen. Dabei wurde Wert auf akzeptable Konsenslösungen zwischen Personalrat und Dienststellenleitung

---

[417] Richtigerweise betont denn auch Reiche in: PersR 1998, S. 11, (14): „Der Personalrat muss im Einzelfalle abwägen, ob seine Beteiligung und damit auch Einflussmöglichkeit auf ein Reform- oder Umstrukturierungskonzept ohne Anbindung an den Katalog der gesetzlichen Beteiligungsrechte vorteilhaft ist, und die Auswirkungen so überschaubar sind, dass auf die Mitbestimmung in den zeitlich folgenden Einzelfällen verzichtet werden kann".

[418] so auch: Thiele PersV 1998, S. 148, (151).

[419] Thiele weist in PersV 1998, S. 148, (152) unter Berufung auf Nds Landtag Drs.13/ 2913, S. 29, etwa darauf hin, dass beispielsweise beim Kultusministerium in Niedersachsen jährlich etwa 100 Fälle der Nichteinigung verhandelt werden müssten. Nur in ganz seltenen Fällen sei es aber hier zu einer Einigung gekommen. Zumeist hätte die Einigungsstelle angerufen werden müssen

[420] Diese Meinung teilt: Edenfeld, Arbeitnehmerbeteiligung im Betriebsverfassungs- u. Personalvertretungsgesetz, S. 162.

bzw. Verwaltungsspitze gelegt (vgl. §§ 65 Abs. 4 Nr. 2, 81 NPersVG). Parallel hierzu wurden interessante Möglichkeiten der Verfahrensbeschleunigung gesetzlich normiert (vgl. §§ 65 Abs. 4 Nr. 2, 72 a N PersVG). Zu bemängeln ist jedoch das prinzipielle Festhalten am Allzuständigkeitsprinzip.

b) Das sächsische Personalvertretungsgesetz

Als erstes und bisher einziges neues Bundesland reagierte Sachsen auf den Beschluss des Bundesverfassungsgerichts. Am 23.04.1998 beschloss der sächsische Landtag mit den Stimmen der CDU-Mehrheitsfraktion gegen den Widerstand von SPD und PDS eine grundlegende Novellierung des Personalvertretungsrechts. Diese trat am 19.05.1998 in Kraft[421]. Neben der Realisierung der gerichtlichen Anforderungen, stellen die Steigerung der Verwaltungsflexibilität und die angestrebte Beschleunigung des Entscheidungsverfahrens weitere wichtige Gesetzesmotive dar[422].

(1.) Die neue Mitbestimmungssystematik/Weitere wichtige Veränderungen

Anders als der niedersächsische Gesetzgeber bevorzugte die Mehrheit des Landtags in Sachsen nicht die modifizierte Allzuständigkeitsklausel, sondern hielt weiterhin am Enumerationsprinzip fest. Ebenso wie in Niedersachsen wurde jedoch auf das Legitimationsniveau 2 zu Gunsten der dritten Beteiligungsstufe gänzlich verzichtet. Im Konfliktfall entscheidet die Einigungsstelle nur noch bzgl. einiger sozialer Angelegenheiten die Sache abschließend (vgl. § 80 Abs. 2, Abs. 3 Nr. 1–8, 11–15, 79 Abs. 4 S. 3, 85 Abs. 5 S PersVG). Relativiert wird diese Entscheidungsbefugnis durch ein Evokationsrecht der obersten Dienstbehörde (vgl. § 85 Abs. 5 S. 3 S PersVG). Im personellen Bereich (vgl. § 80 Abs. 1, 81 S PersVG), aber auch teilweise in sozialen und organisatorischen Fragen (vgl. § 80 Abs. 3 Nr. 9, 10 und 16 S PersVG) steht der Einigungsstelle, sollte es nicht zu einer Übereinkunft zwischen Personalrat und Dienststellenleitung kommen, nur noch ein Empfehlungsrecht an die oberste Dienstbehörde zu (vgl. § 79 Abs. 3, Abs. 4 S. 3 S PersVG).

Wendet man sich den einzelnen Mitbestimmungstatbeständen zu, so fällt auf, dass der Gesetzgeber die Mitbestimmungsmacht des Personalrats im Falle der Versetzung eines Beschäftigten zu einer anderen Dienststelle und der Umset-

---

[421] GVBL 1998, S. 165 ff.

[422] vgl. Lt-Drs.2/6907: Begründung des Gesetzesentwurfs der Staatsregierung, vor Art. 1 Nr. 1; vgl. zum neuen S PersVG auch: Loos ZTR 1998, S. 539 ff.

313

zung innerhalb der Dienststelle (vgl. § 80 Abs. 1 S. 1 Nr. 3 S PersVG) sowie bei einer Abordnung und Zuweisung entsprechend § 123 a BRRG (vgl. § 80 Abs. 1 S. 1 Nr. 4 S PersVG) dadurch einschränkt, indem er eine Beteiligung des Personalrats nur dann für zulässig erklärt, wenn ein Antrag des konkret betroffenen Mitarbeiters vorliegt (vgl. § 80 Abs. 1 S. 2 S PersVG). Es ist jedoch bereits darauf hingewiesen worden, dass der Personalrat sein Veto auch bei Durchführung einer personellen Einzelmaßnahme von kollektivrechtlichen Überlegungen abhängig machen kann. Beispielsweise widerspricht er der Versetzung eines Mitarbeiters nicht etwa deshalb, weil diese Maßnahme eine unzumutbare Beeinträchtigung der persönlichen Lebensführung zur Folge hat, z.B. Umzug in eine andere Stadt mit einhergehendem Schulwechsel der Kinder, sondern er begründet seine Zustimmungsverweigerung damit, dass sich die Arbeitsbelastung der in der Dienststelle verbleibenden Mitarbeiter erheblich steigere und demzufolge nicht mehr zu bewältigen ist. Der Aspekt der kollektivrechtlichen Interessenabwägung tritt aber bei Einführung eines individuellen Antragserfordernisses in den Hintergrund. Obwohl gerade hiermit ein wichtiger Punkt der personalvertretungsrechtlichen Aufgabenwahrnehmung angesprochen ist. Da diese Reduzierung der Mitsprachemöglichkeit auch verfassungsrechtlich nicht erforderlich ist, sollte von dieser Bestimmung wieder Abstand genommen werden[423].

Eine weitere Verkürzung der Beteiligungsrechte ist darin zu sehen, dass nunmehr eine Mitsprache der Interessenvertreter bei Nebenabreden, Änderungen des Arbeitsvertrages und bei Verlängerung der Probezeit entfällt. Auch hierzu bestand keine direkte verfassungsrechtliche Veranlassung. Allerdings sollte es der Personalvertretung auch nicht, insbesondere unter dem Aspekt der Vertragsfreiheit, gestattet werden, in erheblichem Maße in die individuelle Gestaltung des Arbeitsvertrages einzugreifen. Eine Streichung der angesprochenen Mitbestimmungsregelungen erfolgt also durchaus mit einiger Berechtigung[424]. Es wäre jedoch möglich gewesen, der Personalvertretung wenn auch kein Mitbestimmungs-, so doch immerhin ein Anhörungsrecht einzuräumen. So wäre diese weiterhin in der Lage gewesen, kollektivrechtliche Interessengesichtspunkte vorzutragen, die eventuell gegen eine bestimmte Form der individuellen Arbeitsvertragsgestaltung sprechen.

---

[423] kritisch auch: Rehak PersV 1999, S. 72, (74); ähnlich wie hier auch: Rinken, Das Grundrecht auf Mitbestimmung in der Verfassung des Freistaates Sachsen als Handlungs- u. Kontrollnorm, S. 120, 121.

[424] in diese Richtung auch: Rehak PersV 1999, S. 72, (75).

Schließlich sei noch auf eine letzte Einschränkung der personalvertretungsrecht-lichen Mitsprache hingewiesen. Nach § 84 Abs. 4 S PersVG gilt die in einer Dienstvereinbarung zwischen Personalvertretung und Dienststellenleitung ge-troffene Regelung nach ihrer Kündigung zunächst nur dann weiter, wenn dies zuvor ausdrücklich vereinbart wurde. Die formlose Weitergeltung war aber bis-lang der gesetzliche Regelfall, weshalb nur wenige bisher getroffene Dienstver-einbarungen eine solche Übereinkunft enthalten werden. Gemäß § 84 Abs. 5 S PersVG bleibt zudem das Recht des Dienststellenleiters, die Dienstvereinbarung im Einzelfall jederzeit fristlos zu kündigen, unberührt. In diesem Fall entfaltete sogar eine zuvor ausdrücklich vereinbarte Nachwirkung keine Bindungskraft. Diese Verschärfung der Gesetzeslage wäre ebenfalls verfassungsrechtlich nicht erforderlich gewesen. Ratayczack[425] stellt daher fest: „Dadurch wird die Qualität der Dienstvereinbarung und ihre Verbindlichkeit in das vollständige Belieben der Dienststelle gestellt". Richtig hieran ist, dass spezielle Möglichkeiten, die eine gemeinsame Problemlösung von Dienststelle und Personalrat favorisieren, nicht über Gebühr – ein Kündigungsrecht ist sicher notwendig – eingeschränkt werden sollten.

Eine Verfahrensbeschleunigung ist mit der Regelung des § 79 Abs. 3 S PersVG bezweckt. Hiernach können sowohl der Personalrat als auch der Dienststellen-leiter im Konfliktfall hinsichtlich der in § 80 Abs. 1 Nr. 1, 3 und 4 bzw. § 81 Abs. 1 Nr. 1, 4 und 5 erwähnten Angelegenheiten (Einstellung und Umgruppie-rung, Versetzung und Umsetzung, Abordnung) die Sache sofort zur Entschei-dung der obersten Dienstbehörde vorlegen. Jene muss vor ihrer Entscheidung eine Empfehlung der Einigungsstelle einholen (vgl. § 79 Abs. 3 S. 2 S PersVG). Es entfällt also ein Stufenverfahren. Es fragt sich aber, warum dies nicht grund-sätzlich der Fall sein kann. Nach augenblicklicher Rechtslage ist der Wegfall des Stufenverfahrens nur eine Ausnahmeregelung. Zu kritisieren ist in diesem Zu-sammenhang ferner, dass die Verweisungstechnik der §§ 79 Abs. 3, Abs. 4, 85 Abs. 5 S PersVG nur sehr schwer zu durchschauen ist[426]. Ein Aspekt der vor al-lem deshalb bedenklich erscheint, da in der Praxis vor allem Laien mit dem Per-sonalvertretungsrecht zu tun haben.

[425] Ratayczack PersR 1999, S. 3, (6); äußerst kritisch auch: Rinken, Das Grundrecht auf Mitbestimmung in der Verfassung des Freistaates Sachsen als Handlungs- u. Kontroll-norm, S. 124 ff.
[426] Dies kritisieren vor allem: Battis/Kersten PersV 1999, S. 530, (536, 537). Sie sprechen gar von einer „Stilblüte gesetzgeberischer Unverständlichkeit". Das Gesetz sollte wohler „vor der Wahrnehmung von Mitbestimmungsrechten abschrecken".

(2.) Verstoß gegen Art. 26 S Verf

Im Zuge des personalvertretungsrechtlichen Gesetzgebungsverfahrens ist in Sachsen ein Streit darüber entbrannt, ob das neue Gesetz aufgrund des restriktiven Mitbestimmungsverständnisses nicht gegen Art. 26 S Verf verstößt[427].

Art. 26 S Verf lautet dabei wie folgt: „In Betrieben, Dienststellen und Einrichtungen des Landes sind Vertretungsorgane der Beschäftigten zu bilden. Diese haben nach Maßgabe der Gesetze das Recht auf Mitbestimmung".

Auf Basis eines von Rinken[428] erstellten Rechtsgutachtens haben 38 Abgeordnete des sächsischen Landtages am 25.06.1999 einen Normenkontrollantrag beim Verfassungsgerichtshof Sachsen gestellt. Ziel des Antrages ist die gerichtliche Nichtigerklärung einzelner, aus Sicht der Antragsteller besonders restriktiver Beteiligungsregelungen, wie z.B. § 79 Abs. 3 S. 1–6 S PersVG (Reduzierung des Stufenverfahrens), § 80 Abs. 1 S. 2 i.V.m. § 81 Abs. 2 S PersVG (Mitbestimmung des Personalrats bei Versetzung, Umsetzung und Abordnung nur noch auf Antrag des konkret betroffenen Beschäftigten) sowie § 84 Abs. 4, 5 S PersVG (Reduzierung des Dienstvereinbarungsrechts). Da auch andere Landesverfassungen ähnliche Bestimmungen wie Art. 26 S Verf enthalten (vgl. etwa Art. 47 Abs. 1 Brem Verf, Art. 37 Abs. 1 Hess Verf), ist nicht auszuschließen, dass eine Diskussion, wie sie zurzeit nur in Sachsen geführt wird, bald auch in anderen Ländern die politische Auseinandersetzung prägt. Das augenblicklich noch spezifisch sächsische Problem könnte also schnell länderübergreifende Bedeutung erlangen.

Ratayczack[429] ist der Auffassung, der Gesetzgeber sei auf Grundlage des Art. 26 S Verf verpflichtet, „bei der Festlegung der Art der Mitbestimmung als Form jeder Mitbestimmungsregelung alle Möglichkeiten auszuschöpfen, die nach dem Grundgesetz gegeben sind". Art. 26 S Verf sichert jedoch, wie bereits im Zusammenhang mit der Darstellung der anderen landesverfassungsrechtlichen Be-

---

[427] vgl. zu diesem Problem: Battis/Kersten PersV 1999, S. 530, (537); Ratayczack PersR 1999, S. 3, (5); Rehak PersV 1999, S. 72, (73, 74) und vor allem: Rinken, Das Grundrecht auf Mitbestimmung in der Verfassung des Freistaates Sachsen als Handlungs- u. Kontrollnorm, S. 1 ff.; der Streit wurde bereits während des Gesetzgebungsverfahrens akut: vgl. Drucks. 2/8515; sächsischer Landtag, Beschlussempfehlung und Bericht des Innenausschusses.

[428] vgl. ausführlich: Rinken, Das Grundrecht auf Mitbestimmung in der Verfassung des Freistaates Sachsen als Handlungs- u. Kontrollnorm, S. 1 ff.

[429] Ratayczack PersR 1999, S. 3, (5).

stimmungen dargestellt, kein konkretes Mitbestimmungsniveau. Rehak[430] stellt daher zu Recht fest: „Ein Verbot, eine einmal eingeräumte Rechtsposition zu beseitigen, oder gar eine Aufforderung an den Gesetzgeber, die (Mitbestimmungs-) Rechte ständig zu erweitern, lässt sich aus Art. 26 Sächs Verf nämlich nicht entnehmen". Allenfalls kann also von einer institutionellen Kerngarantie gesprochen werden, „nicht aber von einem verfassungsrechtlich verbürgten Bestandsschutz". Dieses Ergebnis ergibt sich auch aus der Systematik der sächsischen Verfassung. Zwar besitzt das Land Sachsen nach Art. 13 S Verf die Pflicht, nach seinen Kräften die in der Verfassung niedergelegten Staatsziele anzustreben und sein Handeln daran auszurichten. Art. 26 S Verf wird aber gerade nicht den Staatszielen zugeordnet, wie beispielsweise der Umweltschutz nach Art. 10 S Verf, sondern den Grundrechten[431]. Die Neufassung des sächsischen Personalvertretungsrechts verstößt folglich nicht gegen die Landesverfassung.

Zu einem entgegenstehenden Ergebnis gelangt allerdings Rinken. In einem ausführlichen Rechtsgutachten kommt er zu dem Schluss, dass die zuvor angesprochenen Bestimmungen sowie auch noch einige weitere novellierte Vorschriften des neuen sächsischen Personalvertretungsgesetzes gegen Art. 26 S Verf verstoßen. Die Argumentation Rinkens[432] lässt sich dabei wie folgt knapp zusammenfassen: Art. 26 S. 1 S Verf enthalte lediglich eine allgemeine Institutsgarantie personalvertretungsrechtlicher Beteiligungsbefugnis am behördlichen Willensbildungsprozess. Hierüber bestehe auch weitgehend Einigkeit. Die in Art. 26 S. 2 S Verf getroffene Formulierung erwiese sich jedoch als formell überflüssig, entnähme man ihr gleichfalls nur eine Art personalvertretungsrechtlichen Bestandsschutz. Schon von daher liege es nahe, dass Art. 26 S. 2 S Verf eine eigenständige, weitergehende Bedeutung besitze. Für diese schon unter logischen Gesichtspunkten einleuchtende Interpretation sprächen aber noch weitere Argumente. So deute der in Art. 26 S. 2 S Verf gewählte Terminus „Mitbestimmung" – ein Begriff aus dem personalvertretungsrechtlichen Fachjargon – auf eine Form echter Entscheidungsteilhabe hin. Ausschlaggebend sei aber vor allem, dass der sächsische Gesetzgeber, gerade weil es sich bei Art. 26 S Verf um ein Grundrecht handele, auf Basis des Topos der möglichst effektiven Grund-

---

[430] Rehak PersV 1999, S. 72, (73).

[431] Hierauf macht ebenfalls aufmerksam: Rehak PersV 1999, S. 72, (74).

[432] Rinken, Das Grundrecht auf Mitbestimmung in der Verfassung des Freistaates Sachsen als Handlungs- u. Kontrollnorm, S. 42, 43, (Zusammenfassung der zuvor erarbeiteten Thesen).

rechtsgestaltung, verbürgt zudem durch Art. 1 Abs. 3 GG bzw. Art. 36 S Verf, dazu verpflichtet sei, ein besonders qualifiziertes Maß an Mitbestimmung zu gewährleisten. Der Gesetzgeber sei dazu aufgerufen, „die Mitbestimmung unter den sich verändernden gesellschaftlichen und politischen Bedingungen jeweils grundrechtsoptimal zu gestalten"[433]. Zwar dürften auch die Anforderungen des Demokratieprinzips nicht außer Acht gelassen werden. Es gelte jedoch zu bedenken, dass demokratierechtliche Grundsätze über den Homogenitätsgrundsatz des Art. 28 Abs. 1 S. 1 GG für die Länder nur in ihren Kernaussagen verbindlich seien. Den Ländern sei es gestattet, direktdemokratische Elemente in den Landesgesetzen zu verankern bzw. zu verstärken[434].

Dieser Argumentation sind jedoch verschiedene Aspekte entgegenzuhalten. Selbst wenn man den im Verfassungssatz des Art. 26 S. 2 S Verf verwendeten Begriff „Mitbestimmung" zugleich im personalvertretungsrechtlichen Kontext interpretiert, so ist nicht einzusehen, warum speziell dieser Gedankengang ein besonders hohes Beteiligungsniveau vermitteln sollte. In der personalvertretungsrechtlichen Diskussion wird zwischen verschiedenen Stufen von Mitbestimmung unterschieden. Es ist beispielsweise die Rede von der vollen oder eingeschränkten Mitbestimmung. Teilweise stehen Mitbestimmungsrechte auch unter dem Vorbehalt der ministeriellen oder gerichtlichen Aufhebung. Der allgemeine Begriff „Mitbestimmung" ist also kein Garant für ein extensives, geschweige denn ein konkretes Mitbestimmungskonzept. Schließlich darf aber auch die Forderung nach einer möglichst effektiven Grundrechtsgestaltung bzw. -ausübung nicht dazu führen, dass staatsorganisations- und verfassungsrechtliche Grundsatzentscheidungen ausgehebelt werden. Das Demokratieprinzip wird durch ein überaus weitreichendes Mitbestimmungsrecht zudem nicht nur am Rande berührt, sondern in seiner Kernaussage, alle Staatsgewalt geht vom Volke aus, verletzt. Eine am Homogenitätsgrundsatz des Art. 28 Abs. 1 S. 1 GG orientierte Auslegung des Demokratieprinzips kann daher in diesem Zusammenhang zu keinem anderen Ergebnis führen. Ferner darf nicht vergessen werden, dass die Konstituierung personalvertretungsrechtlicher Mitbestimmungskompetenzen nicht mit einem Einbau direktdemokratischer Elemente, wie z.B. einem Volksentscheid, gleichzusetzen ist. Vielmehr ist das Gegenteil der Fall. Schließlich wird die Kernaussage des Demokratieprinzips, alle Staatsgewalt geht vom Volke

---

[433] Rinken, Das Grundrecht auf Mitbestimmung in der Verfassung des Freistaates Sachsen als Handlungs- u. Kontrollnorm, S. 43.

[434] Rinken, Das Grundrecht auf Mitbestimmung in der Verfassung des Freistaates Sachsen als Handlungs- u. Kontrollnorm, S. 48.

aus, für das Land Sachsen nicht nur über die Vorschrift des Art. 20 Abs. 2 S. 1 GG i.V.m. Art. 28 Abs. 1 S. 1 GG „über Umwege" vermittelt, sondern in Art. 3 Abs. 1 S. 1 S Verf direkt unter der Kapitelüberschrift „Die Grundlagen des Staates" verbindlich angeordnet.

Art. 26 S. 2 Verf ist also dahingehend zu verstehen, dass es dem Gesetzgeber überlassen bleibt, wie konkret und vor allem wie intensiv er die Mitbestimmung im öffentlichen Dienst regelt. Solange der Gesetzgeber die Kernbestandsgarantie dienststelleninterner Mitsprache nicht verletzt, kann ihm auch kein Verstoß gegen den Art. 26 S Verf zum Vorwurf gemacht werden. Letzteres ist aber in Sachsen angesichts der immer noch recht umfangreichen Beteiligungskataloge trotz deutlicher Reduzierung der bisherigen Befugnisse des Personalrats nicht der Fall.

Auch der sächsische Landesgesetzgeber ist mit seiner Novellierung des Personalvertretungsrechts den Vorgaben des Bundesverfassungsgerichts umfassend nachgekommen[435]. Allerdings erscheint die gewählte Regelungstechnik, insbesondere im Hinblick auf die unterschiedlichen Entscheidungskompetenzen der Einigungsstelle, zu kompliziert (vgl. § 79 Abs. 3, Abs. 4, 85 S PersVG). Die Befugnisse der Einigungsstelle erschließen sich erst bei sehr genauem Lesen des Gesetzestextes. Ein Umstand der in der Praxis wohl zu einigen Missverständnissen führen wird. Zudem wird die Mitsprachemöglichkeit der Personalvertretung, wenngleich ein Verstoß gegen die Vorschrift des Art. 26 S Verf ausscheidet, in einigen zuvor angesprochenen Punkten zu sehr eingeschränkt. Positiv anzumerken ist die Fortführung des Enumerationsprinzips und die Absage an die Allzuständigkeitsklausel.

c) Das hessische Personalvertretungsgesetz

In dritter Lesung verabschiedete der hessische Landtag am 29.06.1999 eine umfassende Novellierung des Personalvertretungsrechts. Am 01.08.1999 trat dieses Gesetzeswerk im Wesentlichen in Kraft[436]. Initiator des Gesetzes war die zur Zeit regierende CDU/FDP-Koalition. Jene hatte nach der gewonnen Landtagswahl vom 07.02.1999 die bis dato regierende Koalition von SPD und Die Grünen abgelöst. Anlass der Gesetzesnovellierung war auch in Hessen, ähnlich wie zuvor in Sachsen, der Beschluss des Bundesverfassungsgerichts vom 24.05.1995

---

[435]   so auch: Rehak PersV 1999, S. 72, (74); i.E. auch: Battis/Kersten PersV 1999, S. 530, (537).
[436]   GVBL 1999 I, S. 338 f.

sowie eine angestrebte Beschleunigung des Entscheidungsvorgangs in der Verwaltung[437]. Es ging vor allem darum, „Hemmnisse für eine effiziente, bürgerorientierte und zeitnahe Aufgabenerledigung zu beseitigen"[438].

Ebenso wie in Sachsen verzichtete auch der hessische Gesetzgeber auf eine modifizierte Allzuständigkeitsklausel zu Gunsten des Enumerationsprinzips. Ein volles Mitbestimmungsrecht besitzt der Personalrat nur noch hinsichtlich einiger sozialer Angelegenheiten (vgl. § 74 Abs. 1 Nr. 1, 4–7, 10–16, 71 Abs. 3 S. 2 2. HS Hess PersVG). Jedoch steht der obersten Dienstbehörde auch bzgl. dieser Mitbestimmungsfragen das vom Bundesverfassungsgericht für geboten erachtete Evokationsrecht im Einzelfall zu (vgl. § 71 Abs. 4 Hess PersVG). Auf dem personellen Sektor (vgl. § 77 Abs. 1 Hess PersVG), aber auch in einigen sozialen Angelegenheiten (vgl. § 74 Abs. 1 Nr. 2, 3, 8, 9, 17 Hess PersVG) ist die Mitbestimmungsgewalt des Personalrats dagegen nur noch eingeschränkter Natur (vgl. § 71 Abs. 3 S. 2 1. HS Hess PersVG). Vom Prinzip der doppelten Mehrheit hat der hessische Landesgesetzgeber also gleichfalls Abstand genommen. Das novellierte Personalvertretungsrecht kennt nur die Legitimationsstufen 1 und 3.

Eine Verschärfung der bundesverfassungsgerichtlichen Anforderungen erfolgt insofern, als dass einige Angelegenheiten, welche die effektive Wahrnehmung des Amtsauftrages besonders berühren, fortan nur noch der Mitwirkung und nicht länger mehr der Mitbestimmung unterliegen (vgl. § 81 Abs. 1, Abs. 2 Hess PersVG). Hierzu gehört beispielsweise: Einführung neuer Arbeitsmethoden; Einführung von technischen Rationalisierungsmaßnahmen, die den Wegfall von Planstellen zur Folge haben; Vergabe oder Privatisierung von Arbeiten und Aufgaben; Errichtung, Auflösung, Einschränkung, Verlegung oder Zusammenlegung von Dienststellen; Installation betrieblicher und Anschluss an öffentliche Informations- und Kommunikationssysteme. Diesem entschlossenen Vorgehen des hessischen Gesetzgebers ist zuzustimmen. Wie bereits erläutert, stellt sich selbst ein nur eingeschränktes Mitbestimmungsrecht in besonders sensiblen Bereichen der öffentlichen Aufgabenerfüllung unter demokratierechtlichen Gesichtspunkten als fragwürdig dar.

Interessanterweise ist auch bereits festgelegt worden, wann das Gesetz außer Kraft tritt. So wurde die Geltungsdauer des Gesetzes auf fünf Jahre begrenzt[439].

---

[437] vgl. Amtliche Begründung des Gesetzes in: Drs. 15/123 .

[438] Rothländer PersR 1999, S. 331, (332).

[439] vgl. Art 3 § 3 S. 2 des Gesetzes, GVBL 1999 I, S. 338 f.

Da dieses am 01.08.1999 um 0.00 Uhr in Kraft trat, ist der Zeitpunkt des Außer-krafttretens gemäß §§ 187 Abs. 2 S. 1, 188 Abs. 2 2. Alt BGB der 31.07.2004 um 24.00 Uhr. Wie Rothländer aber richtigerweise bemerkt, sind hiermit eine Reihe von Fragen verbunden. Vor allem ist ungeklärt, was passiert, wenn der Gesetzgeber bis zum Zeitpunkt des Außerkrafttretens nicht erneut tätig gewor-den ist. Gilt dann das Gesetzeswerk mit Ausnahme der novellierten Vorschriften weiter? Oder treten die ursprünglichen, verfassungswidrigen Mitbestimmungs-regelungen wieder in Kraft? Bedarf es einer zusätzlichen Veröffentlichung im GVBL?[440]

Da die zeitliche Befristung nur das Artikelgesetz zum Gegenstand hat, welches die novellierten Vorschriften enthält und sich nicht etwa auf das Personalver-tretungsgesetz in seiner Gesamtheit bezieht, verlieren ab dem 31.07.2004, 24.00 Uhr aber auch nur die *geänderten* Bestimmungen ihre Gesetzeskraft. Von einem zwangsläufigen In-Kraft-Treten der ursprünglichen Mitbestimmungsregelungen kann jedoch nicht die Rede sein. Zumal sich diese als evident verfassungswidrig erwiesen haben. Die Folge ist aber, dass im Hinblick auf wichtige Mitbestim-mungsfragen ab dem Zeitpunkt des Außerkrafttretens, immer vorausgesetzt der Gesetzgeber trifft bis dahin keine Neuregelung, keine gesetzliche Beteiligungs-möglichkeit der Personalvertretung mehr besteht. Wenngleich es sich bei diesem Problem derzeit noch um Zukunftsmusik bzw. Spekulation handelt, sollte der Gesetzgeber den angesprochenen Stichtag nicht aus den Augen verlieren, schon um Ängsten und Ungewissheit in den Reihen der öffentlich Beschäftigten vor-zubeugen.

Zu kritisieren ist der hessische Gesetzgeber deshalb, weil er keinen Schritt in Richtung Abschaffung des langwierigen Stufenverfahrens unternimmt und somit eine wichtige Möglichkeit der Verwaltungsmodernisierung auslässt. Wenngleich das hessische Personalvertretungsrecht ähnlich restriktiv wie in Sachsen gestal-tet ist, fällt das Gesetzesverständnis aber wesentlich leichter, da die Entschei-dungskompetenzen der Einigungsstelle klarer formuliert sind (vgl. § 71 Abs. 3 Hess PersVG).

d) Das neue schleswig-holsteinische Mitbestimmungsgesetz

Nach langer politischer Diskussion beschloss am 15.12.1999 auch der schles-wig-holsteinische Landtag mit den Stimmen von SPD und Bündnis 90/Die Grü-

---

[440] vgl. die gleichen Fragestellungen bei: Rothländer, PersR 1999, S. 331, (342), allerdings ohne konkrete Antwort.

nen gegen den Widerstand der CDU und bei Enthaltung der FDP ein neues Mitbestimmungsgesetz. Am 14.01.2000 trat dieses Regelungswerk der Mitbestimmung im öffentlichen Dienst in Kraft[441]. Das Gesetz beruht im Wesentlichen auf einem bereits seit dem 10.03.1998 vorliegenden Gesetzentwurf[442] und ist in seinen Grundzügen vergleichbar mit dem niedersächsischen Personalvertretungsgesetz. So ersetzt auch in Schleswig-Holstein die so genannte modifizierte Allzuständigkeitsklausel (vgl. § 51 MBG Sch-H) die bisherige, vom Bundesverfassungsgericht für unvereinbar mit dem Grundgesetz erklärte Kombination von Allzuständigkeit des Personalrats und bindender Entscheidungsgewalt der Einigungsstelle. Dies bedeutet, der Personalrat bestimmt zwar weiter in allen sozialen, organisatorischen und personellen Angelegenheiten mit, die Einigungsstelle darf im Konfliktfall aber nur noch bzgl. der in § 54 Abs. 4 MBG Sch-H aufgezählten Fälle eine bindende Entscheidung treffen. Die hier genannten Angelegenheiten entsprechen denen, die das Bundesverfassungsgericht der Stufe 1 zuordnet. Allerdings sieht auch das schleswig-holsteinische Mitbestimmungsgesetz im Hinblick auf diese Beteiligungsstufe notwendigerweise ein Evokationsrecht der Verwaltungsspitze geknüpft an die Bedingung, dass das Gemeinwohl wesentlich berührt ist, vor. In allen anderen Mitbestimmungsfragen, d.h. vor allem im personellen und vorwiegend organisatorischen Bereich, darf die Einigungsstelle nur noch eine Empfehlung aussprechen. Sowohl das Vereinbarungsrecht mit den gewerkschaftlichen Spitzenorganisationen (vgl. § 59 MBG Sch-H) als auch die von den Mitbestimmungskritikern als allgemeinpolitisches Mandat bezeichnete Bestimmung des § 2 Abs. 4 MBG Sch-H wurden beibehalten.

Insgesamt gesehen, begnügt sich das schleswig-holsteinische Gesetzeswerk mit Minimaländerungen. Die mitbestimmungsfreundliche Ausrichtung ist immer noch erkennbar. Eine durchgreifende Verfahrensbeschleunigung wurde nicht angestrebt. Weiterer Kritikpunkt ist auch hier der Verzicht auf das Enumerationsprinzip zu Gunsten der Allzuständigkeitsklausel.

e) Das neue rheinland-pfälzische Personalvertretungsgesetz

Obwohl der rheinland-pfälzische Verfassungsgerichtshof bereits im Jahre 1994 weite Teile des Personalvertretungsrechts in Bezug auf die Landesverfassung für verfassungswidrig erklärte, verabschiedete der rheinland-pfälzische Landesge-

---

[441] GVBL 2000, S. 3f.; vgl. hierzu Schlick PersR 2000, 347 ff.

[442] vgl. Drucks. Nr. 14/1353; nähere Erläuterungen finden sich bei: Ratayczack PersR 1999, S. 3, (6 f.).

setzgeber erst am 13.09.2000 mit den Stimmen von SPD und FDP eine grundle-gende Novellierung der Mitbestimmungsregelungen im öffentlichen Dienst[443]. Bündnis 90/Die Grünen sowie die CDU Fraktion stimmten gegen das Reform-vorhaben. Am 13.10.2000 trat das Personalvertretungsgesetz in seiner geänder-ten Fassung in Kraft[444].

(1.) Die besondere Situation in Rheinland-Pfalz

Im Hinblick auf das rheinland-pfälzische Personalvertretungsrecht stellt sich die Frage, ob sich eine Gesetzesreform am Urteil des Verfassungsgerichtshofs Rheinland-Pfalz oder am Beschluss des Bundesverfassungsgerichts vom 24.05.1995 orientieren soll. Diese Problemstellung würde sich weitgehend erüb-rigen, wenn beide Entscheidungen in ihren Aussagen und demokratierechtlichen Anforderungen übereinstimmten. Dies ist jedoch nicht der Fall. Vielmehr wer-den in grundsätzlichen Fragen divergierende Positionen vertreten[445].

So erklärt das Bundesverfassungsgericht die volle Mitbestimmung im personel-len, statusrelevanten Bereich generell für unzulässig, wohingegen der rheinland-pfälzische Verfassungsgerichtshof anregt, die Reichweite der zulässigen Mitbe-stimmungsbefugnis der Personalvertretung davon abhängig zu machen, in wel-chem Verhältnis die ausgeübte Tätigkeit der von einer Maßnahme konkret be-troffenen Person zur Wahrnehmung des Amtsauftrages steht. Unterschiedlicher Ansicht ist man auch bzgl. der Zulässigkeit des Vereinbarungsrechts zwischen Verwaltungsführung und gewerkschaftlichen Spitzenorganisationen. Während der rheinland-pfälzische Verfassungsgerichtshof einen Verstoß gegen das De-mokratieprinzip annimmt, äußert das Bundesverfassungsgericht keine grund-sätzlichen Bedenken. Welche Entscheidung soll der Gesetzgeber in Rheinland-Pfalz aber nun zum Maßstab seines Handelns nehmen?

Zunächst könnte man an Art. 31 GG denken. Hiernach bricht Bundesrecht Lan-desrecht. Ordnet man also die Entscheidung des Bundesverfassungsgerichts als eine gültige Rechtsnorm ein, so käme ihr gegenüber der Rechtsprechung des Verfassungsgerichtshofs Rheinland-Pfalz der Vorrang zu. Das aufgezeigte Problem wäre schnell gelöst. Doch so einfach ist die Lösung nicht. Wie bereits an vorhergehender Stelle betont, stellt das Bundesverfassungsgericht keine Normen auf, sondern nimmt nur eine Überprüfung jener unter der Maxime des

---

vgl. LT-Drs. S. 8756
[444] vgl. GVBL 2000 Nr. 22, S. 402 ff.
[445] vgl. zu den Unterschieden auch: Edinger PersR 1997, S. 241, (243).

Verfassungsrechts vor. Gesetzgebung ist Sache des Parlaments und nicht des Bundesverfassungsgerichts. Letzteres Organ spricht nur eine Einzelfallentscheidung aus. Battis und Kersten[446] weisen darauf hin, dass auch die Tatsache, dass sowohl der Entscheidung des Bundesverfassungsgerichts als auch der des Verfassungsgerichtshofs Rheinland-Pfalz nach § 31 Abs. 2 S. 1 BVerfGG bzw. § 26 Abs. 2 VerfGHG Rh-Pf Gesetzeskraft zukommt, an diesem Ergebnis nichts zu ändern vermag, denn die Zuordnung von Gesetzeskraft führt jedoch nicht dazu, dass aus Einzelfallentscheidungen Normen werden". Der Sinn der Anordnung der Gesetzeskraft ist vielmehr darin zu sehen, dass die im abstrakten Normenkontrollverfahren ausgesprochene Entscheidung so auch gegenüber dem Bürger Bindungskraft entfaltet[447].

Battis und Kersten sehen die Lösung des Konflikts im Homogenitätsgebot des Art. 28 Abs. 1 S. 1 GG. Beide Entscheidungen interpretierten das Demokratieprinzip. Der einzige Unterschied bestehe darin, „dass das Bundesverfassungsgericht die demokratierechtlichen Anforderungen an eine Landesverfassung von der Bundesebene aus interpretiert, während der Verfassungsgerichtshof die landesverfassungsrechtliche Demokratieentscheidung auslegt"[448]. Die Tatsache, dass es hierbei zu unterschiedlichen Ergebnissen komme, sei jedoch nicht verwunderlich, wenn man bedenke, dass „es sich bei dem Demokratieprinzip um die sinnvariabelste und konkretisierungsbedürftigste Grundentscheidung des Bundes- wie Landesverfassungsrecht handelt"[449]. Dies sei aber auch nicht weiter bedenklich, denn Art. 28 Abs. 1 S. 1 GG, der allein Homogenität und nicht Identität der demokratischen Strukturprinzipien verlange, zeige, dass diese Problematik dem Grundgesetz nicht fremd sei. In der Praxis ergäbe sich für den rheinland-pfälzischen Gesetzgeber daher Folgendes: Beide Rechtsprechungsakte beanspruchten ihm gegenüber zu Recht Geltung. Der Gesetzgeber dürfe deshalb seine Novellierungsbestrebungen an beiden Entscheidungen ausrichten. Solange sich die Verfassungsinterpretationen beider Gerichte an den Homogenitätsgrundsatz des Art. 28 Abs. 1 S. 1 GG halten, dürfe „der Landesgesetzgeber den durch Interpretationsdivergenzen ergebenden Spielraum frei nutzen, ohne dass ihm die bundes- oder landesverfassungsgerichtliche Entscheidung mit interpre-

---

[446] Battis/Kersten PersR 1999, S. 139, (144).

[447] so auch: Battis/Kersten PersR 1999, S. 139, (144).

[448] Battis/Kersten PersR 1999, S. 139, (144); vgl. auch die Erläuterungen bei: Kersten DÖV 1993, S. 896 ff., zum Verhältnis von Homogenitätsgebot und Landesverfassungsrecht.

[449] Battis/Kersten PersR 1999, S. 139, (144).

tatorischem Ausschließlichkeitsanspruch entgegengehalten werden könnte"[450]. Knapp gesprochen, erweitert sich also der Gestaltungsspielraum des rheinland-pfälzischen Gesetzgebers.

Diese Ansicht könnte aber zur Folge haben, dass sich der Gesetzgeber aus jeder Entscheidung sozusagen „die Rosinen herauspickt", und das von ihm entwickelte Gesetzeswerk schließlich keiner der beiden Entscheidungen entspricht. Konzipiert der Gesetzgeber beispielsweise die personelle Mitbestimmung der Personalräte anhand der Vorgaben des Verfassungsgerichtshofs, und behält er zugleich das vom Bundesverfassungsgericht für rechtmäßig befundene Vereinbarungsrecht zwischen den Spitzen von Verwaltung und Gewerkschaften bei, ergäbe sich ein Personalvertretungsrecht, gegen welches beide Gerichte in Einzelfragen Bedenken äußern würden. Zudem nähme Rheinland-Pfalz im Vergleich zum Bund und den anderen Ländern, vorausgesetzt diese kommen den bundesverfassungsgerichtlichen Vorgaben geschlossen nach, einen Sonderstatus ein. Rheinland-Pfalz wäre eine Insel besonderer personalvertretungsrechtlicher Mitbestimmungsgewalt. Es wäre der Gesamtheit der öffentlich Beschäftigten aber nur schwer vermittelbar, warum ihre Kollegen in Rheinland-Pfalz in den wichtigen personellen Fragen auf eine stärkere Unterstützung der Personalvertretung bauen können als die öffentlich Bediensteten in allen anderen Bundesländern. Die Außenseiterrolle, die vormals Schleswig-Holstein einnahm, würde nun von Rheinland-Pfalz wahrgenommen. Die kritisierte Zersplitterung des Personalvertretungsrechts schritte weiter voran. Es stände zu befürchten, dass nach einiger Zeit andere Bundesländer trotz verfassungsrechtlicher Einwände dem Beispiel von Rheinland-Pfalz folgen würden. Eine Entwicklung, wie sie zu Beginn der Neunzigerjahre Schleswig-Holstein auslöste, wäre nicht auszuschließen. Es ist dem rheinland-pfälzischen Gesetzgeber daher zu raten, insbesondere die personelle Mitbestimmung auf Basis der Rechtsprechung des Bundesverfassungsgerichts zu regeln. Andernfalls käme es schnell zu einem von den Mitbestimmungskritikern angestrengten Normenkontrollverfahren vor dem Bundesverfassungsgericht. Dessen Entscheidung stünde aber fest.

(2.) Die Mitbestimmungssystematik in Rheinland-Pfalz

Die politische Diskussion um eine verfassungsrechtlich zulässige und allseits möglichst interessengerechte Form der Mitbestimmung im öffentlichen Dienst verlief auch in Rheinland-Pfalz äußerst kontrovers und langwierig. Dies lässt

---

[450] Battis/Kersten PersR 1999, S. 139, (145).

sich auch daran ablesen, dass schon seit dem 14.10.1998 ein Gesetzentwurf der SPD/FDP Landesregierung vorliegt[451]. Ein besonders Charakteristikum dieses Gesetzentwurfs stellt die Einführung eines Mischsystems zwischen modifizierter Allzuständigkeitsklausel und Enumerationsprinzips dar. Nach § 73 Abs. 1 Nr. 1 E-PersVG Rh-Pf bestimmt der Personalrat in den personellen, sozialen, organisatorischen und wirtschaftlichen Angelegenheiten der §§ 78–80 E-PersVG Rh-Pf, welche die dort aufgeführten Sachverhalte abschließend regeln, mit. Ein Mitbestimmungsrecht der Personalvertretung besteht nach § 73 Abs. 1 Nr. 2 E-PersVG Rh-Pf aber auch in den Angelegenheiten, die in ihrer Bedeutung sowie ihren Auswirkungen auf die Dienststellen und die Beschäftigten den in den §§ 78–80 E-PersVG Rh-Pf geregelten Fällen in etwa gleichkommen.

Auch wenn auf Grundlage des bundesverfassungsgerichtlichen Beschlusses vom 24.05.1995 keine durchgreifenden Bedenken gegen dieses Mischsystems bestehen[452], erscheint jenes jedoch wenig geglückt[453]. Die komplizierte Verweisungstechnik erschwert aus Sicht des personalvertretungsrechtlich nicht so bewanderten Laien die Arbeit mit dem Gesetz unnötig. Zudem werden schwierig zu lösende Abgrenzungsfragen hinsichtlich der Vergleichbarkeit einzelner potenzieller, nicht ausdrücklich geregelter Mitbestimmungsangelegenheiten mit den in den §§ 78–80 E-PersVG Rh-Pf aufgezählten Tatbeständen sowohl die Parteien in der Dienststelle als auch die Gerichte eingehend beschäftigen. Streitfälle sind aufgrund dieser Regelung daher vorprogrammiert.

Ähnliche Bedenken wurden auch von Seiten der Gewerkschaften erhoben. Anstatt aber für einen klar verständlichen, abschließenden Mitbestimmungskatalog zu plädieren, favorisierten jene die modifizierte Allzuständigkeitsklausel nach niedersächsischem Vorbild[454]. Angesichts des breit angelegten Protestes auf Seiten der Gewerkschaften begann der Reformwille der Landesregierung zu schwinden. Das geplante Gesetzesvorhaben wurde folglich erst einmal zurückgestellt.

---

[451] vgl. hierzu: Battis/Kersten PersR 1999, S. 139 ff.; Küssner/Meerkamp PersR 1999, S. 157 ff.; Ratayczack PersR 1999, S. 3, (7).

[452] so auch: Battis/Kersten, PersR 1999, S. 139, (148).

[453] so auch: Battis/Kersten PersR 1999, S. 530, (535); ebenfalls kritisch äußert sich: Küssner/Meerkamp PersR 1999, S. 157, (157). Beide Autoren treten jedoch für die modifizierte Allzuständigkeitsklausel nach niedersächsischem und schleswig-holsteinischem Vorbild ein. Eine Ansicht, die in dieser Abhandlung gerade nicht geteilt wird.

[454] vgl. hierzu die Vorstellungen des DGB Landesbezirks Rheinland-Pfalz, Zusammenfassung bei: Battis/Kersten PersR 1999, S. 139, (145 ff.).

Im Jahre 2000 gelangte man zu der Erkenntnis, dass man sich auf Dauer verfassungsrechtlichen Notwendigkeiten nicht verschließen könne. Zugleich erhoffte man sich von einer Neukonzeption der Mitbestimmung in der Verwaltung auch einen kostensparenden Effekt[455]. Aus diesen Erwägungen heraus beschloss man, den damaligen Gesetzentwurf erneut zu diskutieren und zügig dem Gesetzgebungsverfahren zuzuleiten[456]. Im Zuge des Gesetzgebungsprozesses beschäftigten sich auch der Innen- und Rechtsausschuss des rheinland-pfälzischen Landtages mit der geplanten Reform. In diesen Gremien stieß das ins Auge gefasste Mischsystem von Allzuständigkeitsklausel und Enumerationsprinzip aber auf deutliche Kritik. Man empfahl schließlich den Absatz 2 des § 73 E-PersVG Rh-Pf ersatzlos zu streichen[457]. Damit war der Weg auch in Rheinland-Pfalz frei für die modifizierte Allzuständigkeitsklausel. Der Landtag nahm die vorgeschlagene Änderung des Gesetzes mehrheitlich an.

Die Mitbestimmungssystematik gestaltet sich daher nun wie folgt:

Nach § 73 Abs. 1 PersVG Rh-Pf bestimmt der Personalrat in allen sozialen und personellen Angelegenheiten mit. Es sei denn, es besteht eine abschließende gesetzliche oder tarifvertragliche Regelung, die einen Beurteilungs- oder Ermessensspielraum ausschließt. Eine Einschränkung erfährt die modifizierte Allzuständigkeitsklausel auch durch § 73 Abs. 2 PersVG Rh-Pf. Hiernach entfällt die Mitbestimmung ferner bei dem Erlass von Rechtsvorschriften (Nr. 1) sowie bei Organisationsentscheidungen und Verwaltungsanordnungen der Landesregierung (Nr. 2) und schließlich bei Verwaltungsanordnungen federführender Fachministerien mit Wirkung über den Geschäftsbereich einer obersten Dienstbehörde hinaus (Nr. 3). Ein Letztentscheidungsrecht besitzt die Einigungsstelle nur noch in den in § 80 Abs. 1 PersVG Rh-Pf beispielhaft genannten sozialen Angelegenheiten (vgl. § 75 Abs. 4 PersVG Rh-Pf). § 75 Abs. 6 PersVG Rh-Pf sieht jedoch auch im Hinblick auf diese Angelegenheiten das obligatorische Aufhebungsrecht der Verwaltungsspitze in allgemeinpolitisch bedeutsamen Fragen vor. Alle anderen Mitbestimmungsangelegenheiten, also auch die personelle Mitsprache, unterliegen nur noch der eingeschränkten Mitbestimmung (vgl. § 75 Abs. 5 PersVG Rh-Pf). Auch dieses Gesetz orientiert sich somit am Legitimationsmodell des Bundesverfassungsgerichts. Allerdings wird auf das bisherige Vereinbarungsrecht der Spitzenorganisationen ersatzlos verzichtet. Anders als

---

[455] vgl. Gesetzentwurf der Landesregierung vom 01.03.2000, LT-Drs. 13/5500, S. 1.

[456] vgl. Gesetzentwurf der Landesregierung vom 01.03.2000, LT-Drs. 13/5500, S. 1 ff.

[457] vgl. Beschlussempfehlung des Innenausschusses vom 12.09.2000, LT-Drs. 13/6202.

der Verfassungsgerichtshof Rheinland-Pfalz hält das Bundesverfassungsgericht dies nicht für erforderlich. Der rheinland-pfälzische Gesetzgeber vergibt damit eine demokratierechtlich akzeptable Möglichkeit der gemeinsamen Problemlösung von Verwaltung und Interessenvertretern der öffentlich Beschäftigten.

C. Fazit

Ausgangspunkt der verfassungsrechtlichen Diskussion um das Verhältnis von Personalvertretungsrecht und Demokratieprinzip ist die nach der hier vertretenden Ansicht nicht zu leugnende Tatsache, dass Personalvertretungen, soweit sie Mitbestimmungsrechte wahrnehmen, und Einigungsstellen, soweit sie eine abschließende, alle Seiten bindende Entscheidung aussprechen, Staatsgewalt im Sinne des Art. 20 Abs. 2 S. 1 GG ausüben. Widerspricht die Personalvertretung z.b. einer vom Dienststellenleiter geplanten Versetzung, Einstellung oder Kündigung eines Beschäftigten bzw. verweigert die Einigungsstelle diesbezüglich ihre Zustimmung, so darf dieser Vorgang nicht nur im Lichte der effektiven Interessenvertretung der öffentlich Beschäftigten gesehen werden. Vielmehr werden die genannten Gremien institutionell, mit Entscheidungskompetenzen ausgestattet in den staatlichen Willensbildungsprozess eingeschaltet. Sie werden damit zu Teilorganen der öffentlich-rechtlichen Verwaltung. Das Behördengeschehen wird in wesentlichem Umfang auch durch die Entscheidungsbefugnisse von Personalvertretung und Einigungsstelle geprägt. Die Personalvertretung kann etwa organisatorische Umstrukturierungskonzepte, wie beispielsweise die Zusammenlegung von Dienststellen und Privatisierungen, erheblich verzögern und erschweren, indem sie personellen Einzelmaßnahmen, wie z.B. Versetzungen, Umsetzungen oder Umgruppierungen, widerspricht. Teilweise gewähren einzelne Landespersonalvertretungsgesetze der Personalvertretung in den zuvor genannten Punkten auch unmittelbar ein Mitbestimmungsrecht (so z.B. die Allzuständigkeitsklausel des § 52 Abs. 1 Brem PersVG). Die Personalvertretung und auch die Einigungsstelle nehmen also Einfluss auf die Effektivität und Leistungsfähigkeit der öffentlichen Aufgabenwahrnehmung. Ihre Entscheidungsbefugnisse bzw. deren Wahrnehmung lassen sich nicht nur als verwaltungsinternes Kompetenzproblem einordnen, sondern sie erweisen sich auch für den Bürger als von einigem Interesse. Letzterer finanziert zum einen in seiner Eigenschaft als Steuerzahler den öffentlich-rechtlichen Dienstbetrieb. Zum andern ist er in vielen Situationen, etwa als Antragsteller einer Baugenehmigung, auf die Verwaltung angewiesen. Beiden Aspekten widerspricht aber eine Verwaltung, die sich nicht vorrangig mit ihren eigentlichen öffentlich-rechtlichen Aufgaben befasst, sondern aufgrund personalvertretungsrechtlicher Auseinandersetzungen an notwendigen, auf einen modernen, kostengünstigen Dienstleistungsbetrieb setzenden Reformen gehindert ist.

Im gleichen Atemzug stellt sich damit auch das Problem der demokratischen Legitimation von Personalvertretung und Einigungsstelle. Jene Organe bestimmen zwar entscheidend mit über die Leistungsfähigkeit der Verwaltung und beeinflussen damit auch die der Allgemeinheit zu dienende öffentliche Aufgabenwahrnehmung. Allerdings werden die Mitglieder des Personalrats sowie deren Vertreter in der Einigungsstelle weder vom Volk direkt gewählt oder von einem seinerseits demokratisch legitimierten Amtsträger ernannt, noch unterliegen sie den Weisungen einer demokratisch legitimierten Stelle. Ihnen fehlt es auf Basis des hierarchischen Demokratieverständnisses also sowohl an personeller, als auch an sachlich-inhaltlicher demokratischer Legitimation. Soweit von Teilen der Literatur versucht wird, alternative Legitimationstheorien, z.B. Legitimation durch Einstellung in den öffentlichen Dienst, zu entwickeln oder auf die so genannten ministerialfreien Räume zu verweisen, muss diesen Ansätzen im hier interessierenden Zusammenhang eine Absage erteilt werden. Das Prinzip, dass jeder Person vom Grundsatz der gleiche Einfluss auf die Wahrnehmung staatlicher Gewalt zukommen muss, darf nicht zur Makulatur geraten. Ein bestimmtes Gruppeninteresse darf nicht über Gebühr Einfluss auf die öffentliche Aufgabenerfüllung nehmen. Andernfalls gefährdete dies die staatsorganisationsrechtliche Grundsatzentscheidung des Art. 20 Abs. 2 S. 1 GG, alle Staatsgewalt geht vom Volke aus. Die Personalvertretung repräsentiert nun nicht einmal das Volk in seiner Gesamtheit, sondern tritt nur für die Wahrung eines bestimmten Gruppeninteresses ein.

Fraglich ist aber, wie auf diesen demokratierechtlichen Widerspruch zu reagieren ist. Nicht zur Diskussion steht dabei die Möglichkeit, die Befugnisse der Personalvertretung lediglich auf Mitwirkungsrechte zu reduzieren. Die Personalvertretung übte in diesem Fall zwar nicht länger Staatsgewalt aus, sodass von daher kein Konflikt mehr zu Art. 20 Abs. 2 S. 1 GG bestünde. Jedoch könnte auch nicht mehr die Rede von einer wirkungsvollen interessenorientierten Mitsprache der Beschäftigten sein. Letztlich nicht akzeptabel erscheint auch der Versuch, die Personalvertretung und Einigungsstelle als umfassend demokratisch legitimierte Staatsorgane zu konstituieren. Dies würde bedeuten, die Mitglieder von Personalrat und Einigungsstelle müssten von einem demokratisch legitimierten Organ ernannt werden, z.B. von Seiten des Dienststellenleiters oder einer neutralen Stelle. Zugleich unterlägen die Interessenvertreter der Beschäftigten zwecks Wahrung der sachlich-inhaltlichen Legitimationskomponente aber auch den Weisungen der ernennenden Stelle. Insbesondere letzterer Aspekt ist mit dem Gesichtspunkt der notwendigen, effektiven Interessenvertretung nicht in Einklang zu bringen. Soweit vereinzelt im Kontext der Einigungsstellenproblematik erwogen wird, die personelle Legitimation dadurch sicherzustellen, dass der Personalrat eine Vorschlagsliste erstellt, auf deren Basis ein demokratisch legitimiertes Organ die Berufung der Interessenvertreter vornimmt, muss darauf hingewiesen werden, dass ein solches Vorgehen einen Kunstgriff darstellt. Lediglich die personelle demokratische Legitimation wird in gewisser Form gewährleistet. Nicht erwähnt aber wird der sachlich-inhaltliche Legitimationsbaustein. Selbst bei Anwendung dieses komplizierten Modells erweisen sich daher weitreichende Entscheidungsbefugnisse von Personalvertretung und Einigungsstelle als demokratiewidrig.

Die Lösung des Problems ist vielmehr in anderen Staatsprinzipien von Verfassungsrang zu suchen. So widerspräche es sozialstaatlichen und grundrechtlichen Erwägungen, wenn der einzelne im Staatsdienst beschäftigte Mitarbeiter in mitbestimmungsrechtlicher Hinsicht schutzlos gestellt würde. Speziell die Grundrechte auf Achtung der Menschenwürde (Art. 1 Abs. 1 GG) und freie Entfaltung der Persönlichkeit (Art. 2 Abs. 1 GG) verbieten es, den Bediensteten zum bloßen stereotypen Befehlsempfänger zu degradieren. Da der Einzelne sich verständlicherweise aus Angst vor beruflichen Repressalien davor scheut, seine Rechte nachhaltig geltend zu machen, ist eine kollektive, mit Mitbestimmungsrechten ausgestattete Interessenvertretung von großem Vorteil. Jene funktioniert als Grundrechtshelfer der Beschäftigten gegenüber dem Dienstherrn. Allerdings geben das Sozialstaatsprinzip und die Grundrechte der Beschäftigten kein bestimmtes Mitbestimmungskonzept oder -niveau vor. Erst recht lässt sich mit Hilfe dieser Staatsprinzipien keine generelle Ausnahme vom Demokratiegebot konstruieren. Interessenorientierte Mitsprache und demokratierechtliche Anforderungen müssen in ein möglichst ausgewogenes Verhältnis gesetzt werden.

Nach der hier vertretenden Ansicht sollte dabei folgender Weg gewählt werden:

In den so genannten typisch sozialen und rein innerorganisatorischen Angelegenheiten (vgl. z.B. §§ 75 Abs. 2, 75 Abs. 3 mit Ausnahme der Nr. 1, 10, 14, 16 und 17 BPersVG) bestehen unter demokratierechtlichen Erwägungen keine Bedenken gegen eine volle Mitbestimmung der Personalvertretung. So tritt kein staatsorganisationsrechtliches Problem auf, wenn der Personalrat z.b. bei der Einrichtung einer Kantine (vgl. § 75 Abs. 3 Nr. 5 BPersVG) mitbestimmungsrechtlich hinzugezogen wird, und die Einigungsstelle die Sache im Konfliktfall abschließend entscheidet. Erhöhte Auswirkungen dieser Entscheidung auf den Bürger sind nicht zu befürchten.

Hinsichtlich der personellen statusrelevanten Angelegenheiten der öffentlich Beschäftigten, unabhängig davon ob es sich um solche der Arbeiter, Angestellten oder Beamten handelt, sollte der Dienststellenleiter das Recht erhalten, die Ersetzung der fehlenden Zustimmung der Einigungsstelle bei Gericht beantragen zu können. Hiermit wird sichergestellt, dass die im öffentlichen Dienst Tätigen in einem persönlich bedeutsamen Bereich wie dem der personellen Mitsprache weiterhin auf eine starke Unterstützung ihrer Interessenvertreter bauen können. Andererseits besteht nicht länger die Gefahr, dass notwendige personelle Umstrukturierungskonzepte an der Macht von Personalrat und Einigungsstelle scheitern. Die von einem unabhängigen Gericht ausgesprochene Entscheidung wird mit hoher Wahrscheinlichkeit in beiden Lagern zu einer hohen Akzeptanzbereitschaft führen.

Bei den organisatorischen Maßnahmen muss unterschieden werden.

Handelt es sich um Angelegenheiten, die auch für die Allgemeinheit von erheblicher Bedeutung sind, wie z.B. Privatisierungsvorhaben und Zusammenlegung von Dienststellen, so sollte dem Personalrat nur ein Anhörungsrecht gewährt werden. Die angesprochenen Maßnahmen betreffen unmittelbar die Modernität der Verwaltung. Es handelt sich um allgemeinpolitisch bedeutsame Fragestellungen. Folglich müssen auch die demokratisch legitimierten Organe die Entscheidung treffen und gegenüber Volk und Parlament verantworten. Mitbestimmungsrechte demokratisch nicht legitimierter Interessenvertreter sind mit Art. 20 Abs. 2 S. 1 GG nicht zu vereinbaren. Trotz dieses in jenem Punkt restriktiven Mitbestimmungsverständnisses werden die öffentlich Beschäftigten auch bzgl. der genannten Organisationsvorhaben nicht schutzlos gestellt. Zumeist sind mit solchen Projekten auch eine Vielzahl personeller Einzelmaßnahmen verbunden. Im Hinblick auf diese Entscheidungen bleibt es jedoch beim zuvor vorgeschlagenen Mitbestimmungskonzept. Nur die eigentliche Organisationsentscheidung muss in die alleinige Kompetenz eines demokratisch legitimierten Organs fallen.

Hinsichtlich solcher organisatorischer Maßnahmen, die die Interessen der Beschäftigten durchaus erheblich berühren, zugleich aber auch für die Effektivität der Verwaltung von einiger Bedeutung sind, wenngleich nicht in einem derartig herausragenden Maß wie die zuvor genannten Angelegenheiten, sollte der Personalvertretung ein eingeschränktes Mitbestimmungsrecht eingeräumt werden. Zu denken ist beispielsweise an die Mitbestimmung bzgl. Beginn und Ende der Arbeitszeit (vgl. § 75 Abs. 3 Nr. 1 BPersVG) und Gestaltung des Arbeitsplatzes (vgl. § 75 Abs. 3 Nr. 16 BPersVG).

Parallel zu diesen Eckpunkten und Leitlinien der personalvertretungsrechtlichen Mitbestimmung wird eine völlige Abschaffung des Stufenverfahrens befürwortet. Kommt es in der örtlichen Dienststelle zu keiner Einigung, wird unmittelbar die Einigungsstelle angerufen. Dies bedeutet eine Verkürzung des Entscheidungsprozesses und eine Vereinfachung der Gesetzesstruktur.

Auch das Bundesverfassungsgericht differenziert in seinem Beschluss vom 24.05.1995 zwischen verschiedenen Stufen zulässiger personalvertretungsrechtlicher Mitbestimmung. Wenngleich die Meinung des Gerichts nicht in allen Punkten zu überzeugen weiß (vgl. z.B. Evokationsrecht auf Stufe 1, Prinzip der doppelten Mehrheit, eingeschränkte Mitbestimmung in personellen Angelegenheiten), ist eine Reduzierung der bis dato immer weiter ausgebauten Mitbestimmungsrechte zu begrüßen.

Sowohl der Bund als auch die Länder sind nach § 31 Abs. 1 BVerfGG verpflichtet, die Mitbestimmung im öffentlichen Dienst zu reformieren. Alle Personalvertretungsgesetze enthalten grundgesetzwidrige Bestimmungen. Diese gilt es zu überarbeiten. Der Gesetzgeber ist aber nicht verpflichtet, die Vorgaben des Bundesverfassungsgerichts liniengetreu umzusetzen. Erforderlich ist allerdings eine genaue Auseinandersetzung mit den Entscheidungsgründen. Im Anschluss hieran ist eine Neukonzipierung unumgänglich.

Obwohl der Beschluss des Bundesverfassungsgerichts nun schon mehr als fünf Jahre zurückliegt, sind seitdem nur die Länder Niedersachsen, Sachsen, Hessen, Schleswig-Holstein und Rheinland-Pfalz tätig geworden. Allerdings haben alle bisher tätig gewordenen Landesgesetzgeber die Vorgaben des Bundesverfassungsgerichts ausreichend berücksichtigt. Auf Grundlage des gerichtlichen Beschlusses vom 24.05.1995 bestehen gegen keines der vorgestellten Personalvertretungsgesetze demokratierechtliche Bedenken. Obwohl die Länder zum Teil ganz unterschiedliche Wege wählten, um die Mitbestimmung im öffentlichen

Dienst neu zu regeln, stehen alle Gesetze im Einklang mit der bundesverfassungsgerichtlichen Rechtsprechung. Dies gilt unabhängig davon, ob wie in Niedersachsen, Schleswig-Holstein und Rheinland-Pfalz die modifizierte Allzuständigkeitsklausel bevorzugt wurde, oder ob man wie in Hessen und Sachsen
das Enumerationsprinzip favorisierte. Auch das ursprünglich in Rheinland-Pfalz
geplante Mischsystem von modifizierter Allzuständigkeitsklausel und Enumerationsprinzip bedeutete keinen Verstoß gegen die Vorgaben des Bundesverfassungsgerichts. Die unterschiedlichen Lösungsmodelle zeigen, dass der Vorwurf,
das Bundesverfassungsgericht schränke den Ermessensspielraum des Gesetzgebers in unzulässiger Weise ein, nicht haltbar ist. Trotz gewichtiger Unterschiede
weisen die neuen Regelungswerke aber auch weiterhin Gemeinsamkeiten auf.
Besonders hervorzuheben ist hier die Reduzierung der Mitsprache auf dem personellen Sektor. Von nun an besitzt der Personalrat diesbezüglich nur noch ein
eingeschränktes Mitbestimmungsrecht. Der Beschluss des Bundesverfassungsgerichts führt also zu einer gewissen Vereinheitlichung des Mitbestimmungsniveaus. Die zu Recht kritisierte Zersplitterung des Personalvertretungsrechts be-
ginnt sich zu relativieren. Eine kaum bemerkte, aber eindeutig positive Folge der
Rechtsprechung des Bundesverfassungsgerichts. Allerdings orientiert sich keiner der Landesgesetzgeber, wie in dieser Abhandlung vorgeschlagen, am Vorbild des § 99 Abs. 4 BetrVG. Dabei stellte diese Vorgehensweise einen akzep-
tablen Kompromiss zwischen dem vom Bundesverfassungsgericht entwickelten
Legitimationskonzept und der zu weit gehenden Forderung der Gewerkschaften
nach einem vollen Mitbestimmungsrecht der Personalvertretung dar. Auch
konnte sich keiner der Landesgesetzgeber dazu entschließen, das Stufenverfahren völlig aufzugeben, obwohl hier ein relativ leicht zu behebender Mangel eines schwerfälligen Entscheidungssystems in der Verwaltung zu finden ist.

In allen übrigen Bundesländern zeichnen sich bisher keine klar erkennbaren Re-
formüberlegungen ab. Battis und Kersten[458] äußern die wohl zutreffende Vermutung, dass die betreffenden Landesgesetzgeber darauf warten, dass der Bund
seiner Änderungspflicht nachkommt, um hieran anschließend, auch das eigene
Personalvertretungsgesetz entsprechend umzuformulieren. Speziell der Bund
unternahm bis zu diesem Zeitpunkt aber keine Bemühungen, das Bundespersonalvertretungsgesetz grundlegend zu reformieren. Vielmehr befindet sich der
Bund in einer taktischen Zwickmühle, da die Regierungskoalition von SPD und
Bündnis 90/Die Grünen in der Koalitionsvereinbarung vom 20.10.1998 in Ka-

---

[458] Battis/Kersten PersV 1994, S. 530, (531).

pitel II 8 C festgelegt hat: „Die neue Bundesregierung wird die Mitbestimmung am Arbeitsplatz sowie in Betrieb und Verwaltung im Interesse der Beteiligung und Motivation der Beschäftigten stärken und an die Veränderung in der Arbeitswelt anpassen". Befürworter weitreichender Mitbestimmungsbefugnisse setzen in diesen Passus große Hoffnungen[459]. Sie erwarten, dass der Bund sozusagen zum Gegenschlag ausholt und doch noch die von ihnen vorgeschlagenen Mitbestimmungskonzepte, möglicherweise in Anlehnung an das frühere schleswig-holsteinische Mitbestimmungsgesetz, verwirklicht. Der Bund kann aber nicht die Bedenken des Bundesverfassungsgerichts ignorieren. Andererseits ist er aber wohl auch nicht geneigt, in einer schwierigen Zeit, in welcher grundlegende Umstrukturierungskonzepte im öffentlichen Dienst, wie z.B. Privatisierungen und Personalkürzungen, zur Debatte stehen, die Gewerkschaften über Gebühr herauszufordern. Also bleibt der Bund weiterhin untätig und stellt eine notwendige Reform des Personalvertretungsrechts zunächst zurück. So findet sich z.B. in dem umfangreichen Reformprogramm der Regierung mit dem Titel „Moderner Staat – Moderne Verwaltung" nicht ein Satz zur Neukonstruktion des Personalvertretungsrechts. Eine Veränderung der Mitbestimmungsstrukturen im öffentlichen Dienst scheitert also an der politischen Reformbereitschaft. Der Bürger, der letztlich die Konsequenzen eines kostenintensiven und teilweise ineffizienten Verwaltungsbetriebs trägt, bekommt von diesem Defizit an Reformbereitschaft nur wenig mit. Das Personalvertretungsrecht ist zwar (verständlicherweise) ein wichtiges Thema und Anliegen der Gewerkschaften und der entsprechenden Fachliteratur, in der breiten Öffentlichkeit aber fristet die hier behandelte Problematik vielfach ein Schattendasein. Folglich vermag es nicht zu überraschen, wenn der politische Reformwille im Bereich des Personalvertretungsrechts weiterhin als eher gering einzustufen ist.

---

[459] vgl. Ratayczack PersR 1999, S. 3, (7) und vor allem: Ilbertz ZfPR 1998, S. 182, (182, 183).

7. TEIL: ANHANG

Wie bereits im Zusammenhang mit der Darstellung des sächsischen Personalvertretungsgesetzes erläutert, haben 38 Abgeordnete der SPD-Fraktion und der
PDS-Fraktion gegen dieses Gesetz[1] ein abstraktes Normenkontrollverfahren
beim Verfassungsgerichtshof Sachsen angestrengt. Mit Urteil vom 22.02.2001
entschied der Verfassungsgerichtshof über den vorliegenden Normenkontrollantrag. Das ergangene Urteil soll hier nicht in allen Einzelheiten dargelegt werden, sondern es wird nur auf die Kernaussagen des Gerichts zur Problematik des
Spannungsverhältnisses von Mitbestimmungsrechten, Demokratieprinzip und
Art. 26 S Verf eingegangen. Anschließend erfolgt eine kurze Bewertung.

A. Das Urteil des Verfassungsgerichtshofs Sachsen

Im Mittelpunkt der Urteilsbegründung steht Art. 26 S Verf[2].

Dem Art. 26 S. 1 S Verf entnimmt das Gericht einen an den Staat gerichteten
Auftrag, die normativen Voraussetzungen für die Bildung von Vertretungsorganen zu schaffen. Der Staat sei dazu verpflichtet, Strukturen und Kreationsverfah-
ren zu entwickeln, welche eine effektive Wahrnehmung der Interessen der Beschäftigten ermöglichten. Hierbei stehe ihm kein Ausgestaltungsspielraum zu.

Nach Art. 26 S. 2 S Verf stünde den Vertretungsorganen ein Recht auf Mitbestimmung zu. Sinn und Zweck dieser Vorschrift ergäbe, dass mit dem Begriff
Mitbestimmung vornehmlich echte Mitentscheidungsbefugnisse gemeint seien.
Diese seien in besonderer Weise dazu geeignet, „den durch die Eingliederung in
den Arbeitsprozess verbundenen Verlust an Selbstbestimmung zu kompensieren"[3]. Das Zurückbleiben der Beteiligungsrechte hinter der Mitentscheidung,
erweise sich als Einschränkung des durch Art. 26 S. 2 S Verf vermittelten
Grundrechtsschutzes. Diese Beteiligungsarten seien als „rechtfertigungsbedürf-
tiges Minus"[4] zu bewerten. Das Gericht zieht den Schluss: „Je stärker eine An-

---

[1]   GVBL 1998, S. 165 ff.

[2]   Art. 26 S Verf: „In Betrieben, Dienststellen und Einrichtungen des Landes sind Vertre-
      tungsorgane der Beschäftigten zu bilden. Diese haben nach Maßgabe der Gesetze das
      Recht auf Mitbestimmung."

[3]   Sächs VerfGH PersR 2001, S. 367 (370).

[4]   Sächs VerfGH PersR 2001, S. 367 (370).

gelegenheit typischerweise individuelle, kollektive oder auch konkurrierende Rechte und Interessen der Beschäftigten tangiert und dessen wirksame Wahrnehmung qualifizierte Beteiligungsrechte verlangt, desto höhere Anforderungen sind an die Rechtfertigung einer Einschränkung des durch Art. 26 S. 2 S Verf vermittelten Grundrechtsschutzes zu stellen"[5]. Allerdings resultiere aus Art. 26 S. 2 S Verf nicht das Gebot, „die Mitbestimmung unter den sich verändernden gesellschaftlichen und politischen Bedingungen jeweils grundrechtsoptimal zu gestalten"[6].

Das Gericht äußert sich auch zu dem Verhältnis zwischen dem Grundrecht auf Mitbestimmung und dem Demokratieprinzip. Der Gesetzgeber habe in den Fällen, „in denen durch eine Angelegenheit einerseits die Interessen der Beschäftigten in einer Weise betroffen sind, die eine qualifizierte Mitbestimmung erforderlich macht, andererseits die Entscheidung als Ausübung von Staatsgewalt maßgeblich die Wahrnehmung des Amtsauftrages betrifft, die Beteiligung des Vertretungsorgans in dem durch das Demokratieprinzip vorgegebenen und begrenzten Rahmen möglichst weitgehend zur Geltung zu bringen"[7]. Auf Basis dieser Überlegungen gelangt das Gericht hinsichtlich einzelner Verfahrens- und Mitbestimmungsregelungen zu folgendem Ergebnis:

Die Einschränkung des Stufenverfahrens (vgl. § 79 Abs. 3 S. 1–6 S PersVG) in den Fällen des § 80 Abs. 1 Nr. 1, 3 und 4 sowie § 81 Abs. 1 Nr. 1, 4 und 5 S PersVG (Einstellung und Umgruppierung, Versetzung und Umsetzung, Abordnung) sei mit Art. 26 S. 2 S PersVG vereinbar. Es sei nicht ersichtlich, dass die Durchführung des Stufenverfahrens eine wesentliche Stärkung der Beschäftigteninteressen zur Folge habe. Dem Interesse der Dienststelle an einer möglichst schnellen Umsetzung der innerorganisatorischen Maßnahmen könne daher in dieser Form Rechnung getragen werden.

Dagegen verstoße § 79 Abs. 4 S. 3 und 4 S PersVG gegen Art. 26 S. 2 S Verf, soweit die Entscheidung der Einigungsstelle in den Fällen des § 80 Abs. 3 Nr. 9 und 16 (eingeschränkte Mitbestimmung bei der Schaffung von Beurteilungsrichtlinien für Arbeiter und Angestellte und bei der Einführung technischer Überwachungsrichtlinien) nur den Charakter einer Empfehlung besitze, wenn sie sich nicht der Auffassung der obersten Dienstbehörde anschließe.

5   Sächs VerfGH PersR 2001, S. 367, (370).
6   Sächs VerfGH PersR 2001, S. 367, (371).
7   Sächs VerfGH PersR 2001, S. 367, (372).

Beurteilungsrichtlinien hätten einen unmittelbaren Bezug zu den Grundrechten der Beschäftigten. Die dienstliche Beurteilung bilde „regelmäßig die wesentliche Grundlage für ihr berufliches Fortkommen"[8]. Nur wenn der Personalvertretung bzw. der Einigungsstelle ein volles Mitbestimmungsrecht zustehe, könnten die Beschäftigten diesbezüglich ihre Interessen wirksam einbringen. Die rechtmäßige Wahrnehmung des Amtsauftrages sei dadurch hinreichend gesichert, wenn der obersten Dienststelle nach § 85 Abs. 5 S. 3-5 S PersVG das Recht zustehe, die Entscheidung der Einigungsstelle im Einzelfall wegen der Auswirkungen auf das Gemeinwesen aufzuheben.

Da technische Einrichtungen, die dazu bestimmt sind, das Verhalten oder die Leistung der Beschäftigten zu überwachen, in besonderer Weise die Grundrechtssphäre der Beschäftigten berührten (Menschenwürde: Art. 14 S. 1 S Verf; Persönlichkeitsrecht: Art. 15 S Verf), sei der einzelne Beschäftigte hier auf eine starke Unterstützung der Personalvertretung angewiesen. Der sächsische Landesgesetzgeber bleibe aber hinter dem vom Bundesverfassungsgericht geforderten Mitbestimmungs- bzw. Legitimationsniveau (Prinzip der doppelten Mehrheit) zurück. Dies könne nicht mit Praktikabilitätserwägungen begründet werden.

Auch durch § 80 Abs. 1 S. 2 und § 81 Abs. 2 S PersVG werde das Recht auf Mitbestimmung eingeschränkt, da dieses Mitentscheidungsrecht der Personalvertretung vom Antrag des Beschäftigten abhängt. Die Vorschriften könnten aber verfassungskonform dahingehend ausgelegt werden, dass der Ausschluss der Beteiligung sich nur auf das Mitbestimmungsrecht nach § 79 S PersVG bezieht, das allgemeine Unterrichtungs- und Erörterungsrecht nach § 73 Abs. 2 S PersVG dagegen unberührt bleibe. Nur so sei gewährleistet, dass der Personalrat notwendige, kollektivrechtliche Überlegungen im Hinblick auf die personelle Einzelmaßnahme einbringen könne.

Nach Auffassung des Gerichts ist § 84 Abs. 5 S PersVG mit Art. 26 S. 2 S Verf vereinbar. Die Vorschrift sei verfassungskonform dahin auszulegen, dass „das Kündigungsrecht im Einzelfall nur besteht, wenn der Dienststelle das weitere Festhalten an der Dienstvereinbarung wegen ihrer Auswirkungen auf das Gemeinwesen nicht zumutbar ist"[9]. § 84 Abs. 4 S PersVG sei mit Art. 26 S. 2 S Verf aber insoweit nicht zu vereinbaren, soweit die Einschränkung der Weiter-

---

[8]   Sächs VerfGH PersR 2001, S. 367, (377).
[9]   Sächs VerfGH PersR 2001, S. 367, (379).

geltung gekündigter Dienstvereinbarungen solche erfasst, „die vor dem 19. Mai 1998 abgeschlossen wurden und deren Regelung gegen den Willen der Dienststelle durch einen Beschluss der Einigungsstelle zu Stande kommen können[10]".

B. Bewertung

Der Verfassungsgerichtshof Sachsen geht einen anderen Weg als die bereits besprochenen Entscheidungen der Landesverfassungsgerichte in Hessen und Rheinland-Pfalz. Ebenso weicht das Gericht vom Prüfungsmaßstab des Bundesverfassungsgerichts ab. Im Mittelpunkt steht nicht das Demokratieprinzip, sondern das Grundrecht auf Mitbestimmung nach der sächsischen Landesverfassung. Nicht eine Einschränkung des Demokratieprinzips wird für rechtfertigungsbedürftig gehalten, vielmehr wird umgekehrt nach einer Rechtfertigung für einen Eingriff in das Grundrecht auf Mitbestimmung gefragt. Eine Aufwertung der verfassungsrechtlichen Bedeutung der Mitbestimmungsrechte ist daher nicht zu leugnen. Die Befürworter weitreichender Mitbestimmungsrechte werten das Urteil demzufolge als Fortschritt in der Mitbestimmungsdebatte. So äußert sich Rinken[11]: „Das Urteil ist über Sachsen hinaus von grundsätzlicher Bedeutung und geeignet, die verkrustete Diskussion über die Mitbestimmung im öffentlichen Dienst zu beleben". Dies gelte insbesondere im Hinblick auf diejenigen Bundesländer, die die Mitbestimmung im öffentlichen Dienst ebenfalls verfassungsrechtlich absicherten[12].

Ob aber das Urteil des Verfassungsgerichtshofs Sachsen zu einer Kehrtwende in der Mitbestimmungsdiskussion führt, erscheint fraglich und bleibt abzuwarten. Zwar ist der argumentative Ansatz des Gerichts ein anderer, allerdings sind die nun vorzunehmenden Gesetzesänderungen in Sachsen eher gering. Der Verfassungsgerichtshof korrigiert nur solche Reduzierungen des Mitbestimmungsniveaus, welche gegenüber den Legitimationsanforderungen des Bundesverfassungsgerichts eine Verschärfung bedeuten. Auch in dieser Abhandlung ist das umfassende Kündigungsrecht des Dienststellenleiters bzgl. einer Dienstvereinbarung sowie das Antragserfordernis in bestimmten Mitbestimmungsfragen kritisiert worden. Diese Reduzierung der Beteiligungsrechte der Personalvertretung ist keine demokratierechtliche Zwangsläufigkeit. Das Urteil des Verfassungsge-

---

[10] Sächs VerfGH PersR 2001, S. 367, (379).
[11] Rinken PersR 2001, S. 355, (355).
[12] Rinken PersR 2001, S. 355, (362).

richtshofs Sachsen steht folglich nicht im Widerspruch zum Beschluss des Bundesverfassungsgerichts vom 24.05.1995.

8. TEIL: DIREKTIVE MITBESTIMMUNG UND DEMOKRATIEPRINZIP

In den Mittelpunkt der Untersuchung soll nun die so genannte direktive Mitbestimmung gestellt werden. Wie bereits eingangs erläutert, ist mit dem Begriff der direktiven Mitbestimmung die Beteiligung von Arbeitnehmervertretern an unternehmerischen Entscheidungen gemeint. Naturgemäß handelt es sich bei der direktiven Mitbestimmung aber um eine Domäne des privaten und nicht des öffentlichen Rechts. Hinsichtlich letzterem spielt sie nur insoweit eine Rolle, wie die öffentliche Hand in öffentlich-rechtlicher Organisationsstruktur auf dem wirtschaftlichen Sektor tätig wird. Paradebeispiel hierfür sind die öffentlich-rechtlichen Banken und Sparkassen. Zur Vermeidung von Missverständnissen sei ausdrücklich noch einmal darauf hingewiesen, dass wenn die öffentliche Hand sich dazu entschließt, in Gestalt einer privaten Rechtsform, z.B. AG oder GmbH, am wirtschaftlichen Leben teilzunehmen, privates Mitbestimmungsrecht (MitbestG, BetrVerfG) Anwendung findet.

Im öffentlichen Recht ist die direktive Mitbestimmung zumeist in Spezialgesetzen, wie den Landessparkassengesetzen, geregelt. Zum Personalvertretungsrecht besteht eine nur eher untergeordnete Verbindung. Lediglich die Personalvertretungsgesetze Bremens (vgl. § 68 Brem PersVG), Niedersachsens (vgl. § 110 N PersVG) und von Rheinland-Pfalz (vgl. § 90 PersVG Rh-Pf)[1] ordnen an, dass in die Kontrollorgane öffentlich-rechtlicher Wirtschaftsunternehmen eine bestimmte Anzahl von Beschäftigtenvertretern zu wählen ist. Aus diesem Grunde beschränken sich die folgenden Ausführungen auch nur auf die wesentlichen Aspekte der Auseinandersetzung um das Verhältnis von direktiver Mitbestimmung zu dem Demokratieprinzip des Grundgesetzes.

Ein Bild von der erheblichen Bedeutung der direktiven Mitbestimmung erhält man, wenn man sich im Anschluss an Schneider[2] folgende Mitsprachebereiche beispielhaft vor Augen führt: Mitbestimmungsrecht bei der Feststellung des Jah-

---

[1] Auch das rheinland-pfälzische Personalvertretungsgesetz in der Fassung vom 10.12.1992 enthielt eine Bestimmung betreffend der direktiven Mitbestimmung (vgl. § 91 PersVG Rh-Pf). Allerdings wurde diese Vorschrift vom Verfassungsgerichtshof Rheinland-Pfalz für verfassungswidrig erklärt und fand daher bis zur jetzigen Neuregelung keine Anwendung mehr (zum Urteilsspruch des Verfassungsgerichtshofs später); kritisch zur damaligen Regelung in Rheinland-Pfalz: Beckerle PersV 1993, S. 337, (339).

[2] Die folgenden Beispiele finden sich bei: Schneider DÖV 1972, S. 598, (600).

resabschlusses einschließlich der Entscheidung bzgl. der Verwendung des Jahresgewinns oder Möglichkeit der Verlustdeckung, bei der Strukturierung der Nutzungs- und Lieferbedingungen inklusive Festlegung der Gebührenordnung sowie bei der Entscheidung über Investitionsprojekte oder bei der Genehmigung von Kreditaufnahmen.

Gewerkschaftlich orientierte Autoren[3] halten diese Form der Mitbestimmung der Arbeitnehmervertreter auch im öffentlichen Recht parallel zur personellen Mitbestimmung seitens des Personalrats für notwendig. Zum einen wird dies damit begründet, dass zwischen öffentlich-rechtlichen Wirtschaftsunternehmen und privaten Betrieben im Prinzip kaum ein Unterschied bestehe. Beide orientierten ihr ökonomisches Kalkül vornehmlich an den Anforderungen des freien Marktes. Rationalisierungs- und Komprimierungserwägungen seien dem wirtschaftlich agierenden Staat ebenso wenig fremd, wie dem unabhängigen Unternehmer. Diese Entwicklung erfordere auch im Bereich des öffentlichen Rechts besondere wirtschaftliche Mitsprachemöglichkeiten der Beschäftigten, um zu verhindern, dass eine einseitig gewinnorientierte Geschäftspolitik mitunter gegen die Belange der Mitarbeiter verfolgt wird. Zum andern erweise sich die herkömmliche Mitbestimmung auf Grundlage des Personalvertretungsrechts in der Praxis oftmals als eine leider unzureichende Schutzform der Arbeitnehmerinteressen. Diesen Gedanken versucht Nagel[4] mit folgendem Beispiel zu verdeutlichen: Werde in einem öffentlich-rechtlichen Unternehmen die wirtschaftliche Entscheidung getroffen, Bildschirmgeräte anzuschaffen, so stehe der Personalrat letztlich nur noch vor der Frage, wie er den Einsatz dieser Geräte noch beeinflussen kann. Verhindern könne er jenen in einem so fortgeschrittenen Stadium kaum noch. Daher sei es notwendig, die Arbeitnehmervertreter bereits bei der Entscheidung über den Kauf dieser Geräte mitbestimmend hinzuzuziehen.

Mitbestimmungskritiker[5] dagegen halten jede Form der direktiven Mitbestimmung im öffentlichen Recht für unzulässig. Lediglich partielle Interessenvertre-

---

[3] vgl. etwa: Nagel/Abel AuR 1987, S. 15 ff.; Wendeling-Schröder AuR 1987, S. 381, (385).

[4] vgl. Nagel, Mitbestimmung in Einrichtungen der öffentlichen Hand u. Demokratieprinzip, in: Diefenbacher/Nutzinger, Mitbestimmung in Betrieb u. Verwaltung, S. 193, (211). Nagel spricht jedoch missverständlicherweise vom Betriebsrat anstatt von der Personalvertretung, obwohl die Rede von der Mitbestimmung in öffentlich-rechtlichen Wirtschaftsunternehmen ist.

[5] vgl. etwa: Kisker PersV 1994, S. 289, (298); Schenke JZ 1994, S. 1025, (1033); ders. JZ 1991, S. 581, (586); Strehler PersV 1995, S. 342, (355); ähnlich auch: Ehlers Jura 1997, S. 180, (186); ders. JZ 1987, S. 218, (222); Molitor RdA 1955, S. 404, (405).

ter erhielten auf diese Weise einen weit über das akzeptable Maß hinausgehenden Einfluss auf Entscheidungen, die das Gemeinwesen in außerordentlicher Weise berührten. Die Belange der Beschäftigten aber seien oftmals nur mittelbar bzw. kaum betroffen, so beispielsweise im Falle der Entscheidung über die Tätigung neuer Investitionen.

Ebenso wie zuvor im Hinblick auf die personelle Mitbestimmung soll jedoch auch bzgl. der direktiven Mitbestimmung kein vorschnelles Urteil gefällt werden, sondern die Aussage des Art. 20 Abs. 2 S. 1 GG, alle Staatsgewalt geht vom Volke aus, muss den Ausgangspunkt der kritischen Auseinandersetzung um das Verhältnis von Demokratieprinzip und direktiver Mitbestimmung in öffentlich-rechtlichen Unternehmen bilden.

A. Direktive Mitbestimmung und Ausübung von Staatsgewalt

Wie bereits im Zusammenhang mit der Erläuterung der personalvertretungsrechtlichen Kompetenzen dargelegt, erweist sich jede Wahrnehmung von Entscheidungsbefugnissen im Rahmen einer Staatsaufgabe als Ausübung von Staatsgewalt. Zweifel hinsichtlich der nun im Blickpunkt stehenden Problematik könnten sich deshalb ergeben, weil die öffentlich-rechtlichen Betriebe bzw. die hier Beschäftigten, wie jeder private Unternehmer auch, eine wirtschaftliche Tätigkeit ausüben. Wieso sollte also in Bezug auf erstere von der Ausübung von Staatsgewalt gesprochen werden, wenn es darum geht, wirtschaftlich motivierte Entscheidungen zu treffen? Reduzierte man aber die wirtschaftliche Präsenz der öffentlichen Hand auf dem freien Markt allein auf den rein ökonomischen Aspekt, erhielte man eine falsche Sicht der Dinge. Öffentlich-rechtliche Unternehmen erfüllen vielmehr eine Doppelfunktion[6]. Sie üben sowohl eine wirtschaftliche Tätigkeit aus, nehmen zugleich aber auch Aufgaben der Daseinsvorsorge, also einen staatlichen Auftrag, wahr. Ihr Ziel ist nicht nur Gewinnmaximierung, sondern auch die effektive Erfüllung des Amtsauftrages. So darf sich etwa eine Gemeinde nach § 107 Abs. 1 Nr. 1 GO NW nur dann wirtschaftlich betätigen, wenn ein öffentlicher Zweck diese Betätigung erfordert. Nach § 3 Abs. 1 SpKG NW ist es die Aufgabe der Sparkassen, der kreditwirtschaftlichen Versorgung der Bevölkerung und der Wirtschaft, insbesondere der des Geschäftsgebietes

---

[6] so auch: Püttner DVBL 1984, S. 165 ff. m.w.N.; ähnlich auch: Edenfeld, Arbeitnehmerbeteiligung im Betriebsverfassungs- u. Personalvertretungsgesetz, S. 122, (allerdings in Bezug auf privatisierte Unternehmen).

ihres Gewährträgers zu dienen[7]. Auch hierbei handelt es sich um eine öffentlich-rechtliche Aufgabe. Da wirtschaftliches Handeln öffentlich-rechtlicher Unternehmen also der staatlichen Aufgabenerfüllung dient, erweist sich jenes folglich vornehmlich als Mittel zum Zweck. Jede Person aber, die steuernd, mit Entscheidungskompetenzen ausgestattet wirtschaftliche Entscheidungen der hier in Rede stehenden Unternehmen beeinflusst, wirkt auf die Erfüllung des Amtsauftrages ein und übt daher Staatsgewalt aus. Dies gilt auch für die mitbestimmenden Arbeitnehmervertreter in den entsprechenden Kontrollgremien[8].

Solange diesen Personen aber wie in Rheinland-Pfalz (vgl. § 91 Abs. 1 PersVG Rh-Pf) nur eine *beratende* Funktion zugestanden wird, ist die Inanspruchnahme staatlicher Befugnisse mangels eigener Entscheidungsgewalt zu verneinen. Das Legitimationsproblem des Art. 20 Abs. 2 S. 1 GG stellt sich hier nicht. Auf das komplizierte Wahlsystem der Beschäftigtenvertreter (Vorschlagsrecht bei der Personalvertretung – Berufung durch ein demokratisch legitimiertes Organ, vgl. § 91 Abs. 2 Rh-Pf) konnte daher verzichtet werden. Der Personalvertretung hätte ohne verfassungsrechtliche Bedenken das Recht zugestanden werden dürfen, die ihr zustehenden Gremiumsmitglieder direkt in das entsprechende Gremium zu entsenden. Auch eine unmittelbare Wahl durch die Beschäftigten wäre durchaus möglich. Die jetzige Regelung in Rheinland-Pfalz beruht offenbar auf der Annahme „doppelt genäht hält besser"[9]. Um aber die Arbeit mit dem Gesetz nicht unnötig zu erschweren, sollte von dem komplizierten Wahlmodus des § 91 Abs. 2 PersVG Rh-Pf wieder Abstand genommen werden. Zugleich förderte ein direktes Entsendungsrecht der Personalvertretung bzw. ein unmittelbares Wahlrecht der Mitarbeiter im öffentlichen Dienst das Vertrauen der Beschäftigten hinsichtlich einer effektiven Gremiumsarbeit ihrer Interessenvertreter. Der ansonsten nahe liegende Verdacht, die Verwaltungsspitze wähle nur die ihr genehmen Leute aus, entfiele.

Soweit auch in diesem Zusammenhang alternative staatsgewaltliche Argumentationsmodelle vertreten werden, kann auf die Ausführungen zur personellen Mitbestimmung verwiesen werden[10]. Speziell die Ansicht von Wendeling-

---

[7] Auf diesen Aspekt machen ebenfalls aufmerksam: Nagel/Bauers, Mitbestimmung in öffentlich-rechtlichen Unternehmen u. Verfassungsrecht, S. 44.

[8] so auch: Strehler PersV 1995, S. 342, (355). Im Ergebnis müssen dies auch einräumen: Nagel/Bauers, Mitbestimmung in öffentlich-rechtlichen Unternehmen u. Verfassungsrecht. S. 44 und Nagel/Abel AuR 1987, S. 15, (18).

[9] ähnliche Bedenken äußert auch: Blanke PersR 1997, S. 329, (332, 333).

[10] vgl. 4. Teil C

Schröder[11], wonach die direktive ebenso wie die personelle Mitbestimmung nur unter dem Blickwinkel der Wahrnehmung der internen Arbeitnehmerbelange zu betrachten ist, wird der Thematik nicht gerecht. Eine klare Trennung von Interessenvertretung und öffentlicher Aufgabenerfüllung ist auch in diesem Zusammenhang nicht möglich.

B. Demokratische Legitimation

Wendet man sich der Frage nach der demokratischen Legitimation der Beschäftigtenvertreter in den Kontrollgremien öffentlich-rechtlicher Wirtschaftsunternehmen zu, so muss auf die personelle und sachlich-inhaltliche demokratische Legitimation abgestellt werden. Eine Diskussion mit gegensätzlichen Legitimationsvorstellungen, z.B. Legitimation durch den Gesetzgeber oder durch Einstellung in den öffentlichen Dienst, soll an dieser Stelle nicht mehr erfolgen. Diesbezüglich sei nur auf die vorherigen Erläuterungen verwiesen[12].

Nach § 68 Abs. 4 Brem PersVG wählen die Bediensteten der öffentlichen Einrichtung ihre Vertreter in das entsprechende Kontrollgremium. Da die gewählten Personen zudem keinem demokratisch legitimierten Organ gegenüber weisungsgebunden sind, verfügen sie also weder über eine personelle demokratische noch sachlich-inhaltliche demokratische Legitimationsgrundlage. Ihr späteres Abstimmungsverhalten bedeutet daher einen Verstoß gegen das Demokratieprinzip.

In Niedersachsen verhält sich der Wahlmodus dagegen etwas anders als in Bremen. Gemäß § 110 Abs. 3 N PersVG wählen die Beschäftigten zunächst die doppelte Anzahl von benötigten Interessenvertretern für die vorgesehene Position. Nach § 110 Abs. 4 N PersVG werden aus diesem Kreis von Personen die Gremiumsmitglieder durch ein demokratisch legitimiertes Organ ernannt, beispielsweise gemäß § 110 Abs. 4 S. 1 Nr. 1 N PersVG für Landeseinrichtungen durch die zuständige Landesbehörde. Allerdings soll die bestätigende Stelle laut § 110 Abs. 4 S. 2 N PersVG bei ihrer Entscheidung die sich aus dem Ergebnis der Wahl ergebende Reihenfolge der nach § 110 Abs. 3 N PersVG gewählten Personen berücksichtigen.

---

[11] Wendeling-Schröder AuR 1987, S. 381, (385).
[12] 4. Teil D II 2.

Aufgrund dieses Wahlablaufs soll zumindest die personelle demokratische Legitimation der Gremiumsmitglieder sichergestellt werden[13]. Ähnliche Konzepte werden auch in Bezug auf die Einigungsstellenproblematik vertreten. Es sei jedoch noch einmal ausdrücklich hervorgehoben: Das vorgestellte Legitimationsmodell ist letztlich ein reiner „Kunstgriff". Es werden nicht alle demokratierechtlichen Bedenken zerstreut. So wird mit keinem Wort die sachlich-inhaltliche demokratische Legitimation erwähnt. Weiterhin bleiben die Gremiumsmitglieder trotz des komplizierten und kaum zu durchschauenden Wahlvorgangs einseitig Interessenvertreter der Beschäftigten und nicht der Allgemeinheit. Von einem demokratisch voll legitimierten Kontrollorgan kann man daher auch auf Basis des niedersächsischen Rechts nicht sprechen[14].

Auch im Hinblick auf die direktive Mitbestimmung wird erörtert, ob ein Verstoß gegen das Demokratieprinzip erst dann vorliegt, wenn dem Gremium die Hälfte oder mehr Beschäftigtenvertreter angehören[15]. Da das Beschlussergebnis des Organs aber von jeder einzelnen Stimme abhängig ist, wird dem Demokratieprinzip, wie bereits eingehend dargelegt, erst dann entsprochen, wenn alle Mitglieder demokratisch legitimiert sind.

C. Verfassungsrechtliche Rechtfertigung der direktiven Mitbestimmung

In Parallele zur personellen Mitbestimmung durch die Personalvertretung könnten auch im Bereich der direktiven Mitbestimmung das Sozialstaatsprinzip und die Grundrechte der Beschäftigten demokratierechtliche Defizite der mitbestimmenden Interessenvertreter in den Hintergrund treten lassen. Allerdings erteilen auch weder das Sozialstaatsprinzip noch bestimmte Grundrechte der Personalvertretung einen demokratierechtlichen Freifahrtschein. Vielmehr ist ihre Beteiligung nur insoweit rechtens, solange die beteiligungspflichtige Maßnahme die Interessen der Allgemeinheit nicht in außerordentlichem Maße berührt. Ruft man sich diesen grundlegenden Gedankengang ins Gedächtnis, so wird klar, dass eine Rechtfertigung direktiver Mitbestimmungsrechte demokratisch nicht legitimierter Interessenvertreter nicht in Frage kommt[16]. Anders als im Ver-

---

[13] vgl. hierzu ausführlich: Blanke PersR 1997, S. 329 ff.

[14] Zwar nicht speziell zum niedersächsischen Recht äußert sich Kisker in: PersV 1994, S. 289, (298), dennoch gelangt er in seiner Grundaussage zu einem ähnlichen Ergebnis.

[15] so zu verstehen wohl: Thiele RdA 1988, S. 276, (280) und eindeutig: Nagel/Abel AuR 1987, S. 15, (18, 19), a.A. aber Püttner DÖV 1988, S. 357, (359).

[16] Schenke JZ 1991, S. 581, (586); Strehler PersV 1995, S. 342, (353 ff.).

gleich zu den innerorganisatorischen Mitbestimmungsrechten der Personalvertretung handelt es sich bei der direktiven Mitbestimmung um die Entscheidungsteilhabe an Maßnahmen, welche im Hinblick auf die Bürger eine unmittelbare Außenwirkung aufweisen, z.b. Festlegung der Nutzungsbedingungen
öffentlicher Einrichtungen wie Theater oder Museen, bzw. die effektive Wahrnehmung des Amtsauftrages auf dem Gebiet der Daseinsvorsorge in erheblicher
Weise beeinflussen, z.b. Entscheidung über neue Investitionsvorhaben zwecks
Ausweitung des Leistungsangebots. Hinzu kommt noch ein weiterer Gesichtspunkt, der entscheidend gegen die mitbestimmende Form der direktiven Interessenvertretung spricht. So wurde bereits zu Beginn dieser Abhandlung darauf
aufmerksam gemacht, dass die Arbeitssituation der öffentlich Beschäftigten
nicht mit derjenigen der in der Privatwirtschaft Tätigen vergleichbar ist. Eine
Fehlinvestition der öffentlichen Hand hat nicht zur Folge, dass die Verwaltungseinheit, selbst wenn es sich um ein wirtschaftlich agierendes öffentlichrechtliches Unternehmen handelt, vor dem finanziellen Ruin steht und nur noch
mit Massenentlassungen die Konkurrenzfähigkeit im Vergleich zu anderen Betrieben aufrecht erhalten kann. Wirtschaftliche Entscheidungen öffentlich-
rechtlicher Kontrollgremien berühren daher die Interessen der Bediensteten in
wesentlich geringerem Umfang als vergleichbare Entscheidungen in privaten
Unternehmen. Selbst nach einer Reihe von wirtschaftlichen Fehlentscheidungen
muss sich der öffentlich Beschäftigte kaum Sorgen um seinen Arbeitsplatz machen. Zwar wird in diesem Falle die Personaldecke vermutlich nicht weiter auf-
gestockt und zwecks Einsparungspotenzial auf Neueinstellungen verzichtet, be-
triebsbedingte Kündigungen sind aber weitgehend kein Thema. Während es aus
der Schutzzweckperspektive sinnvoll erscheint, dass die Arbeitnehmervertreter
im privaten Wirtschaftsunternehmen die ökonomische Verhaltensweise der Füh-
rungsetage in gewisser Weise überwachen, um zu verhindern, dass sich die Beschäftigten aufgrund von eklatanten Managementfehlern plötzlich mit dem
Schicksal der Arbeitslosigkeit konfrontiert sehen, so spielt dieser Gedanke in
Bezug auf den öffentlichen Dienst weitgehend keine Rolle[17]. Hier reicht es aus,
wenn der Personalrat auf der Grundlage des Personalvertretungsrechts innerbetrieblich die Interessen der Beschäftigten in personellen, organisatorischen und

---

[17] Isensee, HbVerfR § 32 Rn. 2; Leisner, Mitbestimmung im öffentlichen Dienst, S. 20, 21;
      Püttner, Mitbestimmung u. Mitwirkung des Personals in der Verwaltung, in: v.Oertzen,
      Demokratisierung u. Funktionsfähigkeit der Verwaltung, S. 73, (84); Biedenkopf/Säcker
      ZfA 1971, S. 211 ff. (ausführlich); Ehlers JZ 1987, S. 218, (221); Schenke JZ 1994,
      S. 1025, (1034); ders. JZ 1991, S. 581, (586).

sozialen Angelegenheiten vertritt[18]. Ein darüber hinausgehender Einfluss der Beschäftigten in direktiven Mitbestimmungsfragen stellt sich als demokratiewidrig dar.

D. Die direktive Mitbestimmung aus Sicht der Rechtsprechung

Vor allem in zwei Urteilen hat sich auch die Rechtsprechung ausführlich mit dem Verhältnis zwischen direktiver Mitbestimmung und Demokratieprinzip auseinandergesetzt. Zum einen handelt es sich hierbei um eine Entscheidung des Verfassungsgerichtshofs Nordrhein-Westfalen zum nordrhein-westfälischen Sparkassenrecht, zum andern äußert sich der rheinland-pfälzische Verfassungsgerichtshof in dem bereits angesprochenen Urteilsspruch vom 18.04.1994 nicht nur zur Problematik der personellen Personalratsmitbestimmung, sondern auch zur demokratierechtlichen Zulässigkeit der direktiven Mitbestimmung.

I.) Die Entscheidung des Verfassungsgerichtshofs Nordrhein-Westfalen

Der Verfassungsgerichtshof Nordrhein-Westfalen[19] erklärte mit Urteil vom 15.09.1986 die Vorschrift des § 10 Abs. 2 SpkG NW i.d.F. von Art. III Nr. 2 des Gesetzes zur Arbeitnehmer-Mitbestimmung in öffentlichen Unternehmen vom 26.06.1984 für verfassungswidrig. Laut dieser Vorschrift wählen die Dienstkräfte der Sparkassen direkt ihre Vertreter in den Verwaltungsrat einer Sparkasse. Dies habe unmittelbar eine Verletzung des Demokratieprinzips zur Folge.

In seiner Begründung stellt das Gericht zunächst fest, dass unter der Ausübung von Staatsgewalt nicht nur die Wahrnehmung echter Hoheitsbefugnisse, sondern vielmehr der Gesamtbereich öffentlicher Verwaltung des Staates, der Gemeinden und Gemeindeverbände einschließlich der von ihnen getragenen Einrichtungen des öffentlichen Rechts zu verstehen ist. Zu letzteren gehörten aber auch die Sparkassen. Jene unterlägen somit ebenfalls den Anforderungen des Demokratieprinzips. Die notwendige demokratische Legitimation der Entscheidungsträger sei aber nur anzunehmen, wenn sich jene auf eine ununterbrochene demokratische Legitimationskette berufen könnten. Dies bedeute, sie müssten entweder von einem demokratisch legitimierten Organ gewählt oder aber ernannt werden. Dies sei bei den Mitgliedern des Verwaltungsrats einer Sparkasse jedoch nicht der Fall. Die Bediensteten seien weder das Volk, noch eine vom Volk le-

---

[18] so auch: Püttner DVBL 1984, S. 165, (169).
[19] VerfGH NW v. 15.09.1986, NVwZ 1987, S. 211 ff.

349

gitimierte Vertretung. Ohne nähere Begründung lehnt das Gericht eine Rechtfertigung dieser demokratierechtlich prekären Situation aufgrund sozialstaatli-
cher Erwägungen ab.

II.) Die Entscheidung des Verfassungsgerichtshofs Rheinland-Pfalz

In seiner bereits angesprochenen Entscheidung vom 18.04.1994 qualifizierte der
rheinland-pfälzische Verfassungsgerichtshof[20] die Vorschrift des § 91 Abs. 1
und Abs. 2 PersVG Rh-Pf als verfassungswidrig. Die genannte Bestimmung
ordnet die Beteiligung von Beschäftigtenvertretern in den Aufsichtsgremien öffentlich-rechtlicher kommunaler Wirtschaftsunternehmen an. Die Beschäftigtenvertreter werden zwar durch den Gemeinderat gewählt und nicht direkt durch
die Mitarbeiter im öffentlichen Dienst, allerdings erst auf Vorschlag des Personalrats.

Dieses Urteil führt insofern zu einer Verschärfung der Grundsätze des nordrhein-westfälischen Verfassungsgerichtshofs, als dass nun ausdrücklich betont
wird, dass die Beschäftigtenvertreter auch dann vornehmlich als private Interessenvertreter einzustufen sind, wenn ihre Ernennung formal durch ein demokratisch legitimiertes Organ erfolgt. Allein eine solche Modifizierung des Wahlmodus beseitige nicht alle demokratierechtlichen Bedenken. Zumindest müsse sichergestellt werden, dass die vom Personalrat aufgestellte Vorschlagsliste gegenüber dem ernennenden Organ keine Bindungskraft beanspruche. Erst dann
könne möglicherweise von einer demokratischen Legitimation gesprochen werden. Eine Partizipation von bestimmten Gruppenvertretern sei aber weiterhin nur
unterhalb der Entscheidungsebene, also in beratender Funktion oder im Baga-
tellbereich zulässig. Eine womöglich rechtfertigende Parallele zur Situation der
Beschäftigten in der Privatwirtschaft lehnt das Gericht für die Mitbestimmung
im öffentlichen Dienst ab. Es fehle im öffentlichen Dienst an dem durch den
Gegensatz von Kapital und Arbeit ausgelösten Spannungsverhältnis zwischen
Arbeitgeber und Arbeitnehmer.

Diese Entscheidung beinhaltet einen nicht sofort erkennbaren Widerspruch.
Zwar wird richtigerweise betont, dass allein die angesprochene Änderung des
Wahlsystems demokratierechtlichen Anforderungen nicht vollständig genügt.
Allerdings kann die vom Gericht im Anschluss hieran geäußerte Forderung, den
Beschäftigtenvertretern dürfe darüber hinaus nur eine beratende Funktion zuge-

---

[20] VerfGH Rh-Pf v. 18.04.1994, PersV 1994, S. 307, (332 ff.).

standen werden, nicht überzeugen. Besitzen die Interessenvertreter keine Entscheidungskompetenzen, üben sie folgerichtig auch keine Staatsgewalt aus. Sie brauchen daher in diesem Fall auch über keine demokratische Legitimation verfügen[21].

E. Fazit

Sowohl § 68 Brem PersVG als auch § 110 N PersVG erweisen sich nach der hier vertretenen Ansicht als verfassungswidrig. Demokratisch nicht legitimierte bzw. wie in Niedersachsen lediglich formaljuristisch personell demokratisch legitimierte Interessenvertreter bestimmen in wichtigen Fragen der öffentlichen Daseinsvorsorge die Unternehmensstrategie öffentlich-rechtlicher Wirtschaftsbetriebe mit. Die Organisation der öffentlichen Aufgabenwahrnehmung muss aber unmittelbar denjenigen Organen überlassen bleiben, deren Legitimation auf die politische Mehrheitsentscheidung im Volk rückführbar ist. Andernfalls läuft man Gefahr, dass ein großer Bereich der staatlichen und kommunalen Aufgabenerfüllung ein nicht zu kontrollierendes Eigenleben entwickelt und von den Bürgern bzw. den von ihnen gewählten Mandatsträgern nicht mehr nachhaltig zu beeinflussen ist. Leisner[22] kann beigepflichtet werden, wenn er feststellt, dass ein Vordringen des Personals in politische Entscheidungen eben nicht legitim ist, „solange es keinen Stände-, keinen Gewerkschaftsstaat gibt". Selbstverständlich kann der sicher in vielen Situationen hilfreiche Sachverstand der Beschäftigtenvertreter auf die Weise genutzt werden, dass den in Rede stehenden Personen in den entsprechenden Kontrollgremien ein Beratungs- oder Anhörungsrecht gewährt wird (vgl. auch § 91 Abs. 1 Rh-Pf PersVG)[23]. Den Verwaltungsverantwortlichen kann im Interesse einer motivierten und damit auch leistungsfähigen Belegschaft nur geraten werden, die vorgebrachten Argumente und Anregungen der Beschäftigtenvertreter ernst zu nehmen. Ein darüber hinausgehender mitbestimmungsrechtlicher Schutz der öffentlich Beschäftigten ist nicht erforderlich. Berühren doch ökonomische Entscheidungen im öffentlich-

---

[21] Diesen Widerspruch deckt auch Blanke in: PersR 1997, S. 329, (332, 333) auf. Allerdings ist er der hier nicht geteilten Auffassung, dass die vorgestellte Modifizierung des Wahlsystems demokratierechtlichen Anforderungen genüge. Wäre Letzteres wirklich der Fall so bestünden in der Tat keine Bedenken gegen eine umfassende Mitbestimmung der Interessenvertreter der Bediensteten.

[22] Leisner ZBR 1971, S. 65, (67).

[23] so auch: Leisner, Mitbestimmung im öffentlichen Dienst, S. 59; Schenke JZ 1994, S. 1025, (1034).

rechtlichen Unternehmen die Interessen der Bediensteten im Ergebnis ungleich weniger, als vergleichbare Entscheidungen des privaten Unternehmers die Belange seiner Mitarbeiter. Die Problematik der direktiven Mitbestimmung im öffentlichen Dienst lässt sich daher wie folgt zusammenfassen: Bei der direktiven Mitbestimmung handelt es sich um die Teilhabe an Entscheidungen, welche die Interessen der Bürger unmittelbar berühren. Die spezifischen Belange der Mitarbeiter hingegen sind allenfalls mittelbar betroffen. Der politische Charakter der Entscheidung steht im Vordergrund. Folglich müssen auch die vom Wähler bestimmten politischen Mehrheitsverhältnisse über die Entscheidung befinden, bzw. die Entscheidung muss auf diese Mehrheitsentscheidung rückführbar sein. Die allgemeine Wahlentscheidung aller Bürger wird aber nur unzureichend berücksichtigt, wenn ein Teil eines öffentlich-rechtlichen Entscheidungsgremiums lediglich eine partielle Interessengruppe repräsentiert, welche infolge eines Sonderwahlrechts einen über Gebühr liegenden Einfluss ausübt.

Abschließend sei noch darauf aufmerksam gemacht, dass aufgrund dieses Ergebnisses die Mitbestimmung auch dann kritisch zu hinterfragen ist, wenn die öffentliche Hand sich dazu entschließt, bestimmte Aufgaben der Leistungsverwaltung in Form des Privatrechts auszuüben. So streicht Schenke[24] heraus: „Die hier einschlägigen gesellschaftsrechtlichen Regelungen, wie sie etwa für eine Aktiengesellschaft gelten, genügen unbestreitbar nicht jenen demokratierechtlichen Erfordernissen, welche bei einer öffentlichrechtlichen Organisationsform zu beachten sind". Der Staat darf sich nicht durch organisationsrechtliche Entscheidungen demokratierechtlichen Anforderungen entziehen. Eine weitergehende, vertiefte Erörterung dieser Fragestellungen würde jedoch im hier interessierenden Zusammenhang zu weit führen, da nur das Personalvertretungsrecht, also nur die Mitbestimmung in der öffentlich-rechtlich organisierten Verwaltung, auf dem Prüfstand steht.

Während also im Rahmen der personellen Mitbestimmung durchaus Raum für eine intensive Beteiligung mit Entscheidungskompetenzen ausgestatteter Interessenvertreter der Beschäftigten besteht, ist eine mitbestimmende Form der di-

---

[24] Schenke JZ 1991, S. 581, (587, 588); Püttner DVBL 1984, S. 165, (166), merkt zu dieser Problematik an, dass Länder und Gemeinden nicht erwarten dürften, „dass ihnen der Bund für Unternehmen mitbestimmungsfreie Rechtsformen des Privatrechts zur Verfügung stellt; wenn sie sich infolge der vorgegebenen Mitbestimmung nicht durchsetzen könnten, müssen sie auf Rechtsformen des öffentlichen Rechts ausweichen". Edenfeld, Arbeitnehmerbeteiligung im Betriebsverfassungs- u. Personalvertretungsgesetz, S. 8, macht darauf aufmerksam, dass Mitbestimmungsaspekte bei der Entscheidung über die Organisationsform kommender Einrichtungen in der Praxis eine große Rolle spielen.

rektiven Mitsprache im öffentlichen Dienst abzulehnen. Bereits zu Beginn der Untersuchung der personellen Mitbestimmung wurde darauf aufmerksam gemacht, dass es möglicherweise von demokratierechtlicher Warte aus einen Unterschied macht, ob die Personalratsmitglieder dienststellenintern die Interessen ihrer Kollegen vertreten, z.B. bei Einstellung (vgl. § 75 Abs. 1 Nr. 1 BPersVG), Versetzung (vgl. § 75 Abs. 1 Nr. 3 BPersVG), Kündigung (vgl. § 79 BPersVG), oder ob die Arbeitnehmervertreter bzgl. der Nutzungsbedingungen einer öffentlich-rechtlichen Einrichtung (z.B. Festlegung der Gebührenordnung) bzw. über Investitionsvorhaben öffentlich-rechtlicher Wirtschaftsunternehmen im Rahmen der allgemeinen Daseinsvorsorge mitbestimmen. Die zuvor noch offen gelassene Frage kann nun mit einem Ja beantwortet werden. Hinsichtlich der direktiven Mitbestimmung tritt nämlich der Aspekt der Interessenvertretung anders als bei der personalvertretungsrechtlichen Mitbestimmung in den Hintergrund. Während die Frage der Zulässigkeit einer Kündigung für den betroffenen Beschäftigten oftmals eine Existenzfrage ist, berührt ihn die Entscheidung über die Festlegung der Nutzungs- und Lieferbedingungen der Stadtwerke in seiner Person als Beschäftigter kaum. Letztere Frage ist im Ergebnis politischer Natur. Folglich müssen die demokratisch gewählten bzw. ernannten Amtsträger im Interesse des Gemeinwohls, wozu unter anderem auch die Beschäftigteninteressen gehören, entscheiden. Sowohl personelle als auch direktive Mitbestimmung bedeuten Ausübung von Staatsgewalt. In beiden Fällen verfügen die mitbestimmenden Arbeitnehmervertreter ferner über keine ausreichende demokratische Legitimation. In beiden Fällen besteht also ein Konflikt mit Art. 20 Abs. 2 S. 1 GG. Mitbestimmender Einfluss der Arbeitnehmervertreter in direktiven, sprich in wirtschaftlichen Fragen, kann im Gegensatz zur personellen Mitbestimmung aber nicht mit grundrechtlichen und sozialstaatlichen Erwägungen gerechtfertigt werden. Während die personelle Mitbestimmung in einem gewissen Rahmen sogar sozialstaatlich geboten ist, widerspricht es der demokratischen Ordnung unseres Staatswesens, wenn partielle Interessenvertreter im Zuge der direktiven Beteiligung mitbestimmungsrechtlichen Einfluss auf die allgemeine Staats- bzw. Kommunalpolitik nehmen. Die Wahlentscheidung der Bevölkerung, welche sich in den politischen Mehrheitsentscheidungen widerspiegelt, wird auf diese Weise nicht hinreichend berücksichtigt. Die weiterhin bestehenden Mitbestimmungsrechte der Personalvertretung lassen einen direktivrechtlichen Schutz der Bediensteten zudem überflüssig erscheinen. Der Verzicht auf die direktive Mitbestimmung führt also nicht zu einem unter dem Aspekt des Arbeitnehmerschutzes bedenklichen Vakuum. Vielmehr werden so demokratierechtliche Missstände im öffentlichen Dienst behoben, und ein weiterer Schritt in Richtung einer bürger-freundlichen, die Interessen der Beschäftigten aber dennoch nicht vernachlässi-genden Verwaltung getan.

Literaturverzeichnis

Achterberg, Norbert/Püttner, Günter
Besonderes Verwaltungsrecht Band I, Heidelberg 1990

Adomeit, Klaus
Das Arbeitsrecht im Öffentlichen Dienst, ZRP 1987, S. 75–79.

Albers, Hartmut
Auswirkungen der Entscheidung des Bundesverfassungsgerichts zum Mitbestimmungsgesetz Schleswig-Holstein auf das BPersVG, Der Personalrat 1995, S. 501–506.

Alternativkommentar
Kommentar zum Grundgesetz für die Bundesrepublik Deutschland, Band 1, Art. 1–20, Neuwied, Darmstadt 1984.

Band 2, Art. 38–143, Neuwied, Darmstadt 1989.

Altvater, Lothar
Der öffentliche Dienst hat einen erheblichen Nachholbedarf an Mitbestimmung, Die Mitbestimmung 1983, S. 122–125.

Änderungen des Bundespersonalvertretungsgesetzes in den Jahren 1996 und 1997, Der Personalrat 1998, S. 215–226.

Altvater, Lothar/Bacher, Eberhard/Hörter, Georg/Peiseler, Manfred/Sabottig, Giovanni/Schneider, Wolfgang/Vohs, Gerhard
Bundespersonalvertretungsgesetz mit Wahlordnung und ergänzenden Vorschriften, Kommentar für die Praxis, 4. Auflage, Köln 1996.

Altvater, Lothar/Bacher, Eberhard/Hörter, Georg/Peiseler, Manfred/Sabottig, Giovanni/Vohs, Gerhard
Bundespersonalvertretungsgesetz, Basiskommentar mit Wahlordnung und ergänzenden Vorschriften, 2. Auflage, Frankfurt a.M. 1998.

Altvater, Lothar/Wendeling-Schröder, Ulrike
Gibt es einen „verfassungsrechtlichen Generalvorbehalt" für Personalratsrechte?, RiA 1984, S. 73–78.

von Arnim, Hans Herbert
Ämterpatronage durch politische Parteien-, Ein verfassungsrechtlicher und staatspolitischer Beitrag, Die Personalvertretung 1981, S. 129–153.

Auswirkungen der Politisierung des öffentlichen Dienstes, Die Personalvertretung 1982, S. 449–456.

Badura, Peter

Staatsaufsicht in Verwaltung und Wirtschaft, Aussprache und Schlussworte, VVDStRL 22 (1965), S. 509–515.

Ballerstedt, Gustav/Schleicher, Hans Werner/Faber, Bernhard

Bayr'isches Personalvertretungsgesetz, Kommentar, München 1981.

Battis, Ulrich

Personalvertretung und Verfassung NVwZ 1986, S. 884–890.

Personalvertretungsrecht in Bewegung, CR 1987, S. 40–43.

Neue Entwicklungen im Personalvertretungsrecht, CR 1987, S. 866–869.

Inwieweit ist der in den einzelnen Landespersonalvertretungsgesetzen festgeschriebene Einfluss der Gewerkschaften mit der Verfassung vereinbar?, DÖV 1987, S. 1–9.

Zum schleswig-holsteinischen Mitbestimmungsgesetz, RdA 1992, S. 12–16.

Zur erneuten Novellierung des hessischen Personalvertretungsgesetzes, RdA 1993, S. 129–133.

Das Dienstrechtsreformgesetz, NJW 1997, S. 1033–1036.

Battis, Ulrich/Caspary, Esther

Die neuen Entwicklungstendenzen im Personalvertretungsrecht der Länder im vergleichenden Überblick, Die Personalvertretung 1995, S. 145–157.

Battis, Ulrich/Kersten, Jens

Demokratieprinzip und Mitbestimmungsrecht im öffentlichen Dienst, DÖV 1996, S. 584–593.

Modifizierte Allzuständigkeit des Personalrats? – Überlegungen zur Novellierung des MBG Schl. H. nach der Entscheidung des Bundesverfassungsgerichts (BverfGE 93, 37 ff.), Die Personalvertretung 1998, S. 21–37.

Das Personalvertretungsrecht des Landes Rheinland-Pfalz vor der Novellierung, Der Personalrat 1999, S. 139–157.

Freiheitsverlust durch juristischen Theorieüberschuss, Die Entwicklung des Personalvertretungsrechts seit der Entscheidung BverfGE 93, 37 ff. vom 24. Mai 1995, Die Personalvertretung 1999, S. 530–541.

Battis, Ulrich/Schlenga, Hans-Dieter

Die Erweiterung beamtenrechtlicher Beteiligungsmöglichkeiten, ZTR 1995, S. 195–207.

Bayer, Hermann-Wilfried

Zur Richtlinienkompetenz des Bundeskanzlers, DÖV 1965, S. 753–755.

Becker, Hans Joachim

Personalvertretung und Verfassung, RiA 1988, S. 1–8.

Das Personalvertretungsrecht im Spiegel der neueren Rechtsprechung des Bundesverwaltungsgerichts, ZBR 1991, S. 321–336.

Das neue Personalvertretungsgesetz für das Land Rheinland-Pfalz, RiA 1995, S. 5–12.

Die Entscheidung des Bundesverfassungsgerichts zum Mitbestimmungsgesetz Schleswig-Holstein, RiA 1996, S. 261–267.

Beckerle, Klaus

Das neue Personalvertretungsgesetz von Rheinland-Pfalz – ein neuer Fall für die Verfassungsgerichte, Die Personalvertretung 1993, S. 337–341.

Benda, Ernst/Klein, Eckart

Lehrbuch des Verfassungsprozeßrechts, Heidelberg 1991.

Benecke, Martina

Beteiligungsrechte und Mitbestimmung im Bundespersonalvertretungsrecht, Eine vergleichende Untersuchung der Regelungen und Reformbemühungen in Bund und Ländern unter Einbeziehung des Betriebsverfassungsrechts, Baden-Baden 1996.

Bieback, Karl-Jürgen

Die Mitwirkung der Beschäftigten in der öffentlichen Verwaltung, Schriften zum öffentlichen Recht Band 451, Berlin 1983.

Inhalt und Funktion des Sozialstaatsprinzips, Jura 1987, S. 229–233.

Biedenkopf, Kurt H./Säcker, Franz-Jürgen

Grenzen der Mitbestimmung im kommunalen Versorgungssystem, ZfA 1971, S. 211–271.

Bieler, Frank

Vertrauensvolle Zusammenarbeit und Erweiterung der Mitbestimmung, DöD 1993, S. 121–125.

Aspekte des neuen niedersächsischen Personalvertretungsgesetzes, ZBR 1995, S. 67–71.

Das Bundesverfassungsgericht und die Personalvertretung, DöD 1996, S. 52–57.

Blanke, Thomas

Arbeitnehmermitbestimmung in der nichtkommunalen Selbstverwaltung, Der Personalrat 1996, S. 222–228.

Demokratie kontra Mitbestimmung?, Die Mitbestimmung 1996, S. 6–7.

Das direktive Mitbestimmungsrecht der Beschäftigten in wirtschaftlichen Einrichtungen der öffentlichen Hand, Der Personalrat 1997, S. 329–344.

Beteiligungsrechte der Personalvertretung bei Privatisierung, Der Personalrat 2000, S. 43–55.

Blümel, Willi

„Demokratisierung der Planung" oder Rechtsstaatliche Planung, in: Festschrift für Ernst Forsthoff, S. 1–36, München 1972.

Bobke, Manfred H.

Betriebliche Mitbestimmung im öffentlichen Dienst, WSI-Mitteilungen 1983, S. 739–748.

Böckenförde, Ernst-Wolfgang

Verfassungsfragen der Richterwahl, Schriften zum öffentlichen Recht Band 250, Berlin 1974.

Die Methoden der Verfassungsinterpretation – Bestandsaufnahme und Kritik, NJW 1976, S. 2089–2099.

Mittelbare/repräsentative Demokratie als eigentliche Form der Demokratie, in: Festschrift für Kurt Eichenberger, Staatsorganisation und Staatsfunktion im Wandel, S. 301–328, Frankfurt a.M. 1982.

Demokratie als Verfassungsprinzip, in: Isensee, Josef/Kirchhoff, Paul, Handbuch des Staatsrechts der Bundesrepublik Deutschland Band I, Grundlagen von Staat und Verfassung, S. 887–953, Heidelberg 1987.

Grundrechte als Grundsatznormen, Der Staat 29 (1990), S. 1–31.

Bopp, Willy

Probleme des Personalvertretungsrechts aus der Sicht der Bediensteten, Die Personalvertretung 1969, S. 239–246.

Bosch, Dieter

Gesetzgeberische Konsequenzen aus dem Beschluss des Bundesverfassungsgerichts zum Mitbestimmungsgesetz Schleswig-Holstein, ZfPR 1997, S. 124–126.

Wirkt sich der Beschluss des Bundesverfassungsgerichts vom 24. Mai 1995 – 2 BvF 1/92 – auch auf die Organisation der Personalvertretungen aus?, Die Personalvertretung 1998, S. 469–471.

Breinlinger, Axel/Kittner, Michael

Die operativen Rechte des Betriebsrates, BB 1982, S. 1933–1941.

Breuning, Norbert

Zur Entstehungsgeschichte des Mitbestimmungsrechts im Land Hessen, AuR 1987, S. 20–24.

Brox, Hans/Rüthers, Bernd

Arbeitsrecht, 14. Auflage, Stuttgart, Berlin, Köln 1999.

Bryde, Brun-Otto

Die Einheit der Verwaltung als Rechtsproblem, VVDStRL 46 (1988), S. 181–212.

Personalvertretung in der parlamentarischen Demokratie, in: Festschrift für Werner Thieme, S. 9–24, Köln, Berlin, Bonn, München 1993.

Das schleswig-holsteinische Personalvertretungsgesetz in der verfassungsrechtlichen Diskussion, Der Personalrat 1994, S. 4–9.

Die bundesrepublikanische Volksdemokratie als Irrweg der Demokratietheorie, Staatswissenschaften und Praxis 1994, S. 305–330.

Verfassungsreform der Länder unter bundesverfassungsgerichtlichem Unitarisierungsdruck, in: Eichel, Hans/Möller, K. P. (Hrsg.), 50 Jahre Verfassung des Landes Hessen, Wiesbaden 1997.

Burandt, H.

Die Stellung des Personalrats im Verfassungssystem – dargestellt am neuen Personalvertretungsgesetz für Rheinland-Pfalz, ZBR 1978, S. 317–326.

Cecior, Alfred P.

Auswirkungen der Entscheidung des Bundesverfassungsgerichts zum Mitbestimmungsgesetz Schleswig-Holstein auf das nordrhein-westfälische Personalvertretungsrecht, Die Personalvertretung 1998, S. 49–56.

Curtius, Carl Friedrich

Personalvertretung und Verwaltungsorganisation, Die Personalvertretung 1982, S. 490–497.

Czybulka, Detlef

Die Legitimation der öffentlichen Verwaltung, Heidelberg 1989.

Dagtoglou, P.

Partizipation Privater an Verwaltungsentscheidungen, DVBL 1972, S. 712–719.

Damkowski, Wulf

Mitbestimmung im öffentlichen Dienst als Forderung des Grundgesetzes, RiA 1975, S. 1–8.
Mitbestimmung im öffentlichen Dienst als Forderung des Grundgesetzes, RiA 1975, S. 21–27.

Damman, Klaus

Vierzig ungeschriebene Mitbestimmungsschranken im öffentlichen Dienst, AuR 1989, S. 171–180.

Dannhäuser, Wolfgang

Umfang der Mitbestimmung, kollektive und individuelle Schutzfunktion der Personalvertretung, einseitiger Abbruch von Mitbestimmungsverfahren, Die Personalvertretung 1990, S. 412–427.

Däubler, Wolfgang

Weniger Mitbestimmung im öffentlichen Dienst?, AuR 1973, S. 233–243.
Das Grundrecht auf Mitbestimmung und seine Realisierung durch tarifvertragliche Begründung von Beteiligungsrechten, 3. Auflage, Frankfurt 1975.
Gestaltung neuer Technologien durch Recht?, ZRP 1986, S. 42–48.
EDV-Anwendung und Personalrat, Der Personalrat 1993, S. 248–357.

Denninger, Erhard

Zum Begriff der Demokratie in: Görlitz, Axel, Handlexikon zur Rechtswissenschaft, S. 65–71, München 1972.

Detterbeck, Steffen

Streitgegenstand und Entscheidungswirkungen im öffentlichen Recht, Tübingen 1995.

Dietz, Rolf/Richardi, Reinhard

Bundespersonalvertretungsgesetz, Kommentar, 2. Auflage, München 1978.

Dopatka, Friedrich-Wilhelm

Mitbestimmung im öffentlichen Dienst revisited Konservativer roll back oder Angleichung der Verhältnisse?, kJ 1996, S. 224–238.

Dreier, Horst

Hierarchische Verwaltung im demokratischen Staat, Tübingen 1991

Grundgesetz Kommentar Band II, Art. 20–82, Tübingen 1998.

Duensing, Christoph

Personalräte haben kürzer zu treten, Novelle zum Niedersächsischen Personalvertretungsrecht, ZfPR 1998, S. 65–66.

Dyson, Kenneth

Die Westdeutsche „Parteibuch"-Verwaltung, Die Verwaltung 12 (1979), S. 129–160.

Eberhard, Michael

Das neue sächsische Personalvertretungsgesetz, Der Personalrat 1993, S. 97–100.

Edenfeld, Stefan

Arbeitnehmerbeteiligung im Betriebsverfassungs- und Personalvertretungsrecht, Köln 2000.

Edinger, Florian

Möglichkeiten und Grenzen personalvertretungsrechtlicher Mitbestimmung im öffentlichen Dienst, Der Personalrat 1997, S. 241–246.

Ehlers, Dirk

Die Grenzen der Mitbestimmung in öffentlichen Unternehmen, JZ 1987, S. 218–227.

Mitbestimmung in der öffentlichen Verwaltung, Jura 1997, S. 180–186.

Ellwein, Thomas/Görlitz, Axel (in Zusammenarbeit mit Schröder, Andreas)

Parlament und Verwaltung, Gesetzgebung und politische Kontrolle, Stuttgart, Berlin, Köln, Mainz 1967.

Emde, Ernst Thomas

Die demokratische Legitimation der funktionalen Selbstverwaltung, Schriften zum öffentlichen Recht Band 590, Berlin 1991.

Erichsen, Hans-Uwe

Allgemeines Verwaltungsrecht, 10. Auflage, Berlin, New York 1995.

Evers, Hans-Ulrich

Verbände – Verwaltung – Verfassung, Der Staat 3 (1964), S. 49–60.

Faber, Bernhard/Härtl, Peter

Grenzen der personalvertretungsrechtlichen Mitbestimmung nach dem Beschluss des Bundesverfassungsgerichts vom 24.5.1995, Die Personalvertretung 1998, S. 50–72.

Faber, Joachim

Personalvertretung und Mitbestimmung im öffentlichen Dienst in der Bundesrepublik Deutschland und in Frankreich, Diss. Speyer 1977.

Feindt, Erich

Aspekte der Demokratisierung, Mitbestimmung und Partizipation, ZBR 1973, S. 353–368.

Sicherheit und Geborgenheit in der bürokratischen Organisation? Die Personalvertretung 1979, S. 314–322.

Feldmann, Ralf

Das Personalvertretungsrecht des Bundes und der Länder – Ein Rechtsvergleich unter besonderer Berücksichtigung der Beteiligungsrechte, Diss. Hagen 1982.

Fichtmüller, Carl Peter

Zulässigkeit des ministerialfreien Raumes in der Bundesverwaltung, AöR 116 (1991), S. 296–355.

Fisahn, Andreas

Abgeleitete Demokratie, kritV 1996, S. 267–281.

Fischer, Alfred/Goeres, Hans Joachim

Personalvertretungsrecht des Bundes und der Länder, Gesamtkommentar Öffentliches Dienstrecht Band V, begründet und herausgegeben von: Fürst, Walter, Berlin 1974 (Loseblattsammlung, Stand: Juni 2000).

Fischer, Bianca

Funktionieren öffentlicher Einrichtungen – ein Verfassungsmaßstab?, DVBL 1981, S. 517–521.

Franßen, Everhardt

Die Entwicklung des öffentlichen Rechts, Entstehung des „Wohlstandsverwaltungsrechts", DVBL 1992, S. 350–352.

Friesenhahn, Ernst

Parlament und Regierung im modernen Staat, VVdStRL 16 (1958), S. 16–65.

Fröhlich, Helmut

Die Einigungsstelle nach dem BPersVG; Probleme und Erfahrungen aus der Sicht eines Vorsitzenden einer großen Betriebsverwaltung, ZTR 1991, S. 374–375.

Fuchs, Karl-Detlef

Mitbestimmung des Personalrats bei der Einführung neuer Techniken nach den Landespersonalvertretungsgesetzen, Der Personalrat 1994, S. 412–416.

Fuhrmann, Hans-Gerhard

Neues Personalvertretungsrecht in Schleswig-Holstein, Die Personalvertretung 1991, S. 124–128.

Geffken, Rolf

Das Initiativrecht des Personalrats, RiA 1976, S. 229–233.

Gehlen, Arnold

Demokratisierung, in: Demokratie und Verwaltung, 25 Jahre Hochschule für Verwaltungswissenschaften in Speyer, S. 179–190, Berlin 1972.

Geiger, Willi

Die Grenzen der Bindung verfassungsgerichtlicher Entscheidungen (§ 31 Abs. 1 BVerfGG), NJW 1954, S. 1057–1061.

Das Demokratieverständnis des Grundgesetzes, in: Demokratie und Verwaltung, 25 Jahre Hochschule für Verwaltungswissenschaften in Speyer, S. 229–245, Berlin 1972.

Geyer, Erhard

Die Entscheidung des Bundesverfassungsgerichts zum Mitbestimmungsgesetz Schleswig-Holstein, ZfPR 1996, S. 2–4.

Grabendorff, Walter

Kritische Bemerkungen zu dem Regierungsentwurf des Personalvertretungsgesetzes, ZBR 1954, S. 105–109.

Kritische Bemerkungen zu dem Regierungsentwurf des Personalvertretungsgesetzes (Fortsetzung), ZBR 1954, S. 136–140.

Kritische Bemerkungen zu dem Regierungsentwurf des Personalvertretungsgesetzes (Fortsetzung), ZBR 1954, S. 169–171.

Kritische Bemerkungen zu dem Regierungsentwurf des Personalvertretungsgesetzes (Fortsetzung), ZBR 1954, S. 260–262.

Sollen nach dem Personalvertretungsgesetz die Arbeitsgerichte oder die Verwaltungsgerichte zuständig sein?, ZBR 1955, S. 135–139.

Probleme der gesetzgeberischen Gestaltung der Landespersonalvertretungsgesetze, ZBR 1955, S. 326–330.

Die Entscheidung des Bundesverfassungsgerichts zum Bremischen Personalvertretungsgesetz, ZBR 1959, S. 169–172.

Grabendorff, Walter/Windscheid, Clemens/Ilbertz, Wilhelm/Widmaier, Ulrich

Bundespersonalvertretungsgesetz mit Wahlordnung, Kommentar, 8. Auflage, Stuttgart 1995.

Gronimus, Andreas

Verfassungsrechtliche Perspektiven für mehr Mitbestimmung – dargestellt am Beispiel der Bundeswehr, Der Personalrat 1999, S. 371–381.

Großmann, Ruprecht/Mönch, Roland/Rohr, Ulrich

Bremi'sches Personalvertretungsgesetz, Kommentar, Neuwied, Darmstadt 1979.

Guilleaume, Erich

Das Ressortprinzip, in: Stammen, Theo, Strukturwandel Der Modernen Regierung, S. 439 ff., Darmstadt 1967.

Demokratisierung der Personalpolitik in der öffentlichen Verwaltung, Die Verwaltung 4 (1971), S. 177–188.

Häberle, Peter

Die offene Gesellschaft als Verfassungsinterpretation, JZ 1975, S. 299–305.

Hamann, Andreas/Lenz, Helmut

Das Grundgesetz für die Bundesrepublik Deutschland vom 23. Mai 1949, 3. Auflage, Neuwied, Berlin 1970.

Hamer, Wolfgang

Das neue Personalvertretungsgesetz für das Land Brandenburg, Der Personalrat 1994, S. 1–3.

Havers, Hans

Personalvertretungs- und verfassungsrechtliche Fragen nach dem Änderungsgesetz Nordrhein-Westfalen vom 18.12.1984, Die Personalvertretung 1987, S. 305–312.

Personalvertretungsgesetz für das Land Nordrhein-Westfalen, Kommentar, 9. Auflage, Siegburg 1995.

Hecker, Werner

Die Rechtsnatur des Personalrats, Die Personalvertretung 1980, S. 217–225.

Heldmann, Kurt-Ulrich

Möglichkeiten und Grenzen der Beteiligung von Personalvertretungen bei Maßnahmen zur Verwaltungsmodernisierung, Am Beispiel des hessischen Personalvertretungsgesetzes, Der Personalrat 1994, S. 158–164.

Vereinbarungen zur Modernisierung und zur Beschäftigtenbeteiligung im öffentlichen Dienst, Der Personalrat 1996, S. 386–391.

Helmes, Manfred

Entscheidung des Verfassungsgerichtshofs Rheinland-Pfalz zum Landespersonalvertretungsgesetz und deren Folgen, Der Personalrat 1994, S. 241–244.

Herzog, Roman

Allgemeine Staatslehre, Frankfurt a.M. 1971.

Möglichkeiten und Grenzen des Demokratieprinzips in der öffentlichen Verwaltung, in: Demokratie und Verwaltung, 25 Jahre Hochschule für Verwaltungswissenschaften in Speyer, S. 485–496, Berlin 1972.

Verfassungspolitische Dimensionen einer Reform des öffentlichen Dienstrechts, in: Dagtoglou, Prodomos/Herzog, Roman/Sontheimer, Kurt, Verfassungspolitische Probleme einer Reform des öffentlichen Dienstrechts, S. 163–230, Baden-Baden 1973.

Hesse, Konrad

Grundzüge des Verfassungsrechts der Bundesrepublik Deutschland, 20. Auflage, Heidelberg 1995.

Heußner, Hermann

Folgen der Verfassungswidrigkeit eines Gesetzes ohne Nichtigerklärung, NJW 982, S. 257–263.

Heussen, Benno

Funktion und Grenzen des Personalvertretungsrechts unter verfassungsrechtlichen Aspekt, Diss. München 1972

Hornung, Anton

Zum Selbstverständnis des Personalrats, Die Personalvertretung 1980, S. 305–316.

Hoschke, Klaus Peter

Mitbestimmungskonkurrenzen im öffentlichen Dienst, Diss. Saarbrücken 1977.

Ilbertz, Wilhelm

Das Initiativrecht der Personalvertretung, ZBR 1977, S. 59–62.

Effektive Mitbestimmung, Die Personalvertretung 1982, S. 184–193.

Dienststellenleiter und Personalvertretung – Eine Erwiderung, ZBR 1990, S. 138–142.

Anmerkungen zum Urteil des Bundesverfassungsgerichts vom 24.5.1995 (abgedruckt in ZfPR 1995, S. 185–192), ZfPR 1995, S. 192–194.

Koalitionsvereinbarung, ZfPR 1996, S. 182–183.

Personalvertretungsrecht des Bundes und der Länder, 10. Auflage, Regensburg, Bonn 1997.

Ipsen, Knut

Die Richterwahl in Bund und Ländern, DÖV 1971, S. 469–475.

Isensee, Josef

Grundrechte und Demokratie, Die polare Legitimation im grundgesetzlichen Gemeinwesen, Der Staat 20 (1981), S. 161–176.

Staat und Verfassung, in: Isensee, Josef/Kirchhoff, Paul, Handbuch des Staatsrechts der Bundesrepublik Deutschland Band I, Grundlagen von Staat und Verfassung, S. 591–663, Heidelberg 1987.

Der öffentliche Dienst, in: Benda, Ernst/Maihofer, Werner/Vogel, Hans-Jochen, Handbuch des Verfassungsrechts der Bundesrepublik Deutschland, 2. Auflage, Berlin, New-York 1994.

Jarras, Hans D./Pieroth, Bodo

Grundgesetz für die Bundesrepublik Deutschland, Kommentar, 4. Auflage, München 1997.

Jestaedt, Mathias

Demokratieprinzip und Kondominalverwaltung, Schriften zum öffentlichen Recht, Band 635, Berlin 1993.

Demokratie unter Bagatellvorbehalt?, Der Staat 32 (1993), S. 29–56.

Karehnke, Helmut

Richtlinienkompetenz des Bundeskanzlers, Ressortprinzip und Kabinettsgrundsatz – Entspricht Art. 65 des Grundgesetzes noch heutigen Erfordernissen?, DVBL 1974, S. 101–113.

Kempen, Otto Ernst

Grund und Grenze gesetzlicher Personalvertretung in der parlamentarischen Demokratie, Rechtsgutachten erstattet für die Gewerkschaft ÖTV, Stuttgart 1984.

Das grundrechtliche Fundament der Betriebsverfassung, AuR 1986, S. 129–138.

Verfassungsrechtliche Grundlagen der Personalvertretung, Gewerkschaftliche Praxis Nr. 2/ 1987, S. 2–9.

Demokratieprinzip, Grundrechtssystem und Personalvertretung, AuR 1987, S. 9–15.

Grundgesetz, technischer Wandel und betriebliche Mitbestimmung, AuR 1988, S. 271–278.

Kersten, Jens

Homogenitätsgebot und Landesverfassungsrecht, DÖV 1993, S. 896–902.

Kisker, Gunter

Gruppenmitbestimmung in der öffentlichen Verwaltung, DÖV 1972, S. 520–529.

Ausweitung der Mitbestimmung; zum Streit um die Novellierung des hessischen Personalvertretungsgesetzes (HPVG), Die Personalvertretung 1985, S. 137–147.

Ein Grundrecht auf Teilhabe an Herrschaft? – Zur verfassungsrechtlichen Fundierung von Mitbestimmung, Festschrift für Willi Geiger, Verantwortlichkeit und Freiheit, S. 243–261, Tübingen 1989 .

Mitbestimmung total, Zur Neuordnung des Personalvertretungsrechts in Schleswig-Holstein, Die Personalvertretung 1992, S. 1–37.

Zum Stand des Streits um Rechtfertigung und Grenzen der Mitbestimmung des Personalrats; Besprechung der Entscheidung des Rheinland-Pfälzischen Verfassungsgerichtshofes vom 18.4.1994, Die Personalvertretung 1994, S. 289–299.

Zum Streit um Rechtfertigung und Grenzen der Mitbestimmung des Personalrats; Besprechung des Beschlusses des Bundesverfassungsgerichts vom 24.5.1995, Die Personalvertretung 1995, S. 529– 541.

Klabunde, Klaus

Auswirkungen des Zustimmungsersetzungsverfahrens nach dem Mitbestimmungsgesetz Schleswig-Holstein auf den Ablauf von Fristen bei Kündigungen, Die Personalvertretung 1993, S. 1–7.

Klein, Eckart

Die verfassungsrechtliche Problematik des ministerialfreien Raumes, Schriften zum öffentlichen Recht Band 236, Berlin 1974.

Klein, Hans H.

Die Rechtsprechung des Bundesverfassungsgerichts zum Personalvertretungsrecht, Die Personalvertretung 1990, S. 49–58.

Klein, Harald/Kleinen, Ulrich

Bericht über den 8. Deutschen Verwaltungsrichtertag, NVwZ 1986, S. 903–906.

Kluth, Winfried

Problemaufriss zur Entscheidung des Bundesverfassungsgerichts vom 24.5.1995, JA 1996, S. 636–639.

Korioth, Stefan

Die Bindungswirkung normverwerfender Entscheidungen des Bundesverfassungsgerichts für den Gesetzgeber, Der Staat 30 (1991), S. 549–571.

Köttgen, Arnold

Die Organisationsgewalt, VVDStRL 16 (1958), S. 180–188.

Kröger, Klaus

Die Ministerverantwortlichkeit in der Verfassungsordnung der Bundesrepublik Deutschland, Frankfurt a.M. 1972.

Einwirkungen des Arbeitsrechts auf das Beamtenrecht, NJW 1975, S. 953–957.

Krüger, Hartmut

Das nordrhein-westfälische Personalvertretungsgesetz aus verfassungsrechtlicher Sicht, Die Personalvertretung 1990, S. 241–248.

Kübel, Klaus

Personalrat und Personalmaßnahmen, Zur Beteiligung des Personalrats bei der Einstellung und Entlassung von Mitarbeitern, Gießen 1986.

Verfassungsrechtliche Fragen zur Mitbestimmung des Personalrats, Die Personalvertretung 1986, S. 129–142.

Neue Akzente im Personalvertretungsrecht – Bemerkungen zum Urteil des Hessischen Staatsgerichtshofes zum HPVG, Die Personalvertretung 1987, S. 217–247.

Kunze, Helmuth

Die Einigungsstelle, Errichtung, Verfahren und Entscheidung, Die Personalvertretung 1977, S. 161–174.

Die unterschiedlichen Beteiligungsrechte des Personalrats und ihre Grenzen, Die Personalvertretung 1996, S. 481–517.

Privatisierung und Personalvertretungsrecht, ZfPR 1997, S. 101–104.

Die verfassungsgemäße Einigungsstelle nach dem Dreistufenmodell des Bundesverfassungsgerichts, ZfPR 1997, S. 208–211.

Küssner, Udo/Meerkamp, Achim

Landespersonalvertretungsgesetz Rheinland-Pfalz – Zurück in die Zukunft?, Der Personalrat 1999, S. 157–161.

Lecheler, Helmut

Die Personalgewalt öffentlicher Dienstherren, Schriften zum öffentlichen Recht Band 319, Berlin 1977.

Die Personalgewalt als Grenze der Mitbestimmung im öffentlichen Dienst, Die Personalvertretung 1981, S. 1–9.

Der Informationsanspruch der Personalvertretung an der Hochschule, Die Personalvertretung 1982, S. 441–449.

Die zwangsweise Abberufung eines Mitglieds der Personalvertretung, Die Personalvertretung 1986, S. 217–220.

Personalvertretung und Verfassung, NJW 1986, S. 1079–1084.

Der öffentliche Dienst, in: Isensee, Josef/Kirchhof, Paul, Handbuch des Staatsrechts der Bundesrepublik Deutschland Band III, Das Handeln des Staates, S. 717–775, Heidelberg 1988.

Lechner, Hans/Zuck, Rüdiger

Bundesverfassungsgerichtsgesetz, Kommentar, 4. Auflage, München 1996.

Leisner, Walter

Mitbestimmung im öffentlichen Dienst, Wissenschaftliche Reihe Band 3, Bonn, Bad Godesberg 1970.

Mitbestimmung im öffentlichen Dienst – innere Kontrolle der Staatsgewalt, ZBR 1971, S. 65–68.

Effizienz als Rechtsprinzip, Recht und Staat, Heft 402/403, Tübingen 1971.

Beamtentum, Schriften zum Beamtenrecht und zur Entwicklung des öffentlichen Dienstes, Band 689, Berlin 1995.

Leminsky, Gerhard

Das ungenutzte Reformpotential der Mitbestimmung, GMH 1996, S. 47–53.

Lerche, Peter

„Systemverschiebung" und verwandte verfassungsgerichtliche Argumentationsformeln, in: Festschrift für Wolfgang Zeidler, S. 557–568, Berlin, New-York 1987.

„Funktionsfähigkeit" – Richtschnur verfasssungsrechtlicher Auslegung, BayVBL 1991, S. 517–522.

Leuze, Dieter

Dienststellenleiter und Personalvertretung, DöD 1990, S. 209–212.

Aktuelle Probleme der Personalvertretung in den Hochschulen, Die Personalvertretung 1991, S. 369– 381.

Der Kanzler in der Verantwortung, DöD 1993, S. 217–225.

Verfassungswidriges im nordrhein-westfälischen Personalvertretungsgesetz, DöD 1996, S. 103–111.

Leuze, Dieter/Schönlebe, Adelheid

Zur Information des Personalrats bei der Gestaltung von Bildschirmarbeitsplätzen, Die Personalvertretung 1988, S. 378–382.

Lhotta, Roland

Der Staat als Wille und Vorstellung: Die etatistische Renaissance nach Maastricht und ihre Bedeutung für das Verhältnis von Staat und Bundesstaat, Der Staat 36 (1997), S. 189–210.

Loos, Hendrik

Das Änderungsgesetz zum sächsischen Personalvertretungsgesetz vom 23. April 1998, S. 539–544.

Lorenzen, Uwe/Schmitt, Lothar/Etzel, Gerhard/Gerhold, Diethelm/Albers, Hartmut/ Schlatmann, Arne,

Bundespersonalvertretungsgesetz, Kommentar, Loseblattsammlung, Heidelberg 1997 (zitiert: Lorenzen/Schmitt).

Loschelder, Wolfgang

Weisungshierarchie und persönliche Verantwortung in der Exekutive, in: Isensee, Josef/ Kirchhoff, Paul, Handbuch des Staatsrechts der Bundesrepublik Deutschland Band III, Das Handeln des Staates, S. 521–567, Heidelberg 1988.

Luerßen, Werner

Mitbestimmung für die Personalvertretung in Schleswig-Holstein, Die Personalvertretung 1991, S. 293–298.

Manderla, Hans-Peter

Die Novellierung des hessischen Personalvertretungsgesetzes (HPVG) gem. dem „Beschluss zur Beschleunigung von Entscheidungsprozessen innerhalb der öffentlichen Verwaltung" vom 06.07.1999, Die Personalvertretung 1999, S. 386–403.

Die Beteiligung des Personalrats in organisatorischen und wirtschaftlichen Angelegenheiten nach dem hessischen Personalvertretungsgesetz (HPVG), Die Personalvertretung 2000, S. 158–174.

von Mangoldt, Hermann/Klein, Friedrich

Das Bonner Grundgesetz, Band II, Berlin, Frankfurt a.M. 1966.

Maunz, Theodor/Dürig, Günter/Herzog, Roman

Grundgesetz, Kommentar, Band II, München 1991.

Maunz, Theodor/Schmidt-Bleibtreu, Bruno/Klein, Franz/Ulsamer, Gerhard/Bethge, Herbert/Winter, Klaus

Bundesverfassungsgerichtsgesetz, Kommentar, Loseblattsammlung, Stand: Februar 1999.

Mayer, Franz

Verfassungsrechtliche Probleme einer Reform des öffentlichen Dienstes, in: Festschrift für Hans Ulrich Scupin, Öffentliches Recht und Politik, S. 249–279, Berlin 1973.

Mehlinger, Rudolf

Grundfragen des Personalvertretungsrechts, München 1996.

Menges, Karl

Initiativrecht und Personalvertretung, Die Personalvertretung 1978, S. 263–264.

Menzel, Hans Joachim

Legitimation staatlicher Herrschaft durch Partizipation Privater?, Schriften zum öffentlichen Recht Band 385, Berlin 1980.

Mirbach, Horst

Wesentliche Einschränkungen für Gesamtpersonalräte und Stufenvertretungen, Die Personalvertretung 1997, S. 529–536.

Molitor, Erich

Personalvertretungsgesetz und Betriebsverfassungsgesetz, RdA 1955, S. 404–408.

Bundespersonalvertretungsgesetz, Kommentar, 2. Auflage, Berlin 1958.

Müller, Gerhard

Zur Frage der gerichtlichen Zuständigkeit für die Erledigung von Streitigkeiten aus dem Personalvertretungsgesetz, AuR 1955, S. 143–146.

Müller, Wolfgang

Ministerialfreie Räume, JuS 1985, S. 497–508.

Müller-Jentsch, Walter

Industrielle Demokratie – Von der repräsentativen Mitbestimmung zur direkten Partizipation, GMH 1994, S. 362–368.

Müller-Volbehr, Jörg

Der soziale Rechtsstaat im System des Grundgesetzes, JZ 1984, S. 6–14.

von Mutius, Albert

Personalvertretungsrecht und Demokratieprinzip des Grundgesetzes, in: Festschrift für Martin Kriele, Staatsphilosophie und Rechtspolitik, S. 1119–1139, München 1997.

Nagel, Bernhard

Mitbestimmung in Einrichtungen der öffentlichen Hand und Demokratieprinzip, in: Diefenbacher, Hans/Nutzinger, H. G. (Hrsg.), Mitbestimmung in Betrieb und Verwaltung, S. 193–220, Heidelberg 1986.

Mitbestimmungsrechte der Personalräte und Verfassung, Der Personalrat 1986, S. 163–168.

Nagel, Bernhard/Abel, Uwe

Mitbestimmung in öffentlich-rechtlichen Unternehmen und Grundgesetz, AuR 1987, S. 15–20.

Nagel, Bernhard/Bauers, Uwe

Mitbestimmung in öffentlich-rechtlichen Unternehmen und Verfassungsrecht, Baden-Baden 1990.

Neumann, Dirk

Der Schutz der negativen Koalitionsfreiheit, RdA 1989, S. 243–246.

Neumann, Peter

Mitbestimmung an der Legitimationskette des Bundesverfassungsgerichts, Der Personalrat 1995, S. 449–454.

Oebbecke, Janbernd

Weisungs- und unterrichtungsfreie Räume in der Verwaltung, Köln 1986.

Demokratische Legitimation nicht kommunaler Selbstverwaltung, VerwArch 81 (1990), S. 349–369.

Oberndorfer, Peter

Partizipation an Verwaltungsentscheidungen in Österreich, DÖV 1972, S. 529–536.

Oldiges, Martin

Die Bundesregierung als Kollegialorgan, Hamburg 1983.

Ossenbühl, Fritz

Grenzen der Mitbestimmung im öffentlichen Dienst, Baden-Baden 1986.

Mitbestimmung und Mitverantwortung – ein verfassungsrechtliches Junktim, Die Personalvertretung 1989, S. 409–420.

Mitbestimmung in Eigengesellschaften der öffentlichen Hand, ZGR 1996, S. 504–518.

Papenfuß, Mathias

Die personellen Grenzen der Autonomie öffentlich-rechtlicher Körperschaften, Schriften zum öffentlichen Recht Band 596, Berlin 1991.

Papier, Hans-Jürgen

Der verfassungsrechtliche Rahmen für Privatautonomie im Arbeitsrecht, RdA 1989, S. 137–144.

Partsch, Karl Josef

Anmerkungen zum BVerfG Urteil vom 27.4.1959 (abgedruckt in JZ 1960, S. 19–23), JZ 1960, S. 23–24.

Peiseler, Manfred

Perspektiven des Personalvertretungsrechts in den neuen Bundesländern, Der Personalrat 1991, S. 161–163.

Pestalozza, Christian

„Noch Verfassungsmäßige" und „Bloss Verfassungswidrige" Rechtslagen, in: Starck, Christian (Hrsg.), Bundesverfassungsgericht und Grundgesetz Band I, Tübingen 1976.

Verfassungsprozessrecht, Die Verfassungsgerichtsbarkeit des Bundes und der Länder, mit einem Anhang zum internationalen Rechtsschutz, 3. Auflage, München 1991.

Pfohl Gerhard

Mitbestimmung im öffentlichen Dienst – der neue Beschluss des BVerfG, ZBR 1996, S. 82–93.

Plander, Harro

Zum Initiativ- und Mitbestimmungsrecht des Personalrats bei Einstellungen und Vertragsverlängerungen, AuR 1984, S. 161–171.

Mitbestimmung durch Personalvertretungen als Verfassungsproblem, AuR 1987, S. 1–9.

„Allzuständigkeit" des Personalrats und parlamentarische Regierungsverantwortung, Der Personalrat 1989, S. 238–260.

Verfassungsfragen aus Anlass des Entwurfs eines schleswig-holsteinischen Mitbestimmungsgesetzes, Der Personalrat 1990, S. 345–352.

Personalräte und Betriebsräte in Einrichtungen der öffentlichen Hand: Teilhabe an der Ausübung von Staatsgewalt, Festschrift für Otto Rudolf Kissel, Arbeitsrecht in der Bewährung, S. 855–878, München 1994.

Personalvertretungen als Grundrechtshilfe im demokratischen und sozialen Rechtsstaat, Baden-Baden 1995.

Pühler, Karl-Peter

Das Personalvertretungsrecht im Freistaat Bayern – Bilanz und Ausblick im Jahre 1990, Die Personalvertretung 1991, S. 49–64.

Püttner, Günter

Mitbestimmung und Mitwirkung des Personals in der Verwaltung, in: von Oertzen, Hans-Joachim, Demokratisierung und Funktionsfähigkeit der Verwaltung, S. 73–94, Stuttgart, Berlin, Köln, Mainz 1974.

Zur Mitbestimmung in öffentlich-rechtlich organisierten Unternehmen, DVBL 1984, S. 165–171.

Mitbestimmung und demokratische Legitimation insbesondere im Kulturbereich, DÖV 1988, S. 357–362.

Verwaltungslehre, 2. Auflage, München 1989.

Ratayczack, Jürgen

Zur Entwicklung des Personalvertretungsrechts vor dem Hintergrund der Entscheidung des Bundesverfassungsgerichts vom 24.5.1995, Der Personalrat 1999, S. 3–7.

Rehak, Heinrich

Die Novellierung des sächsischen Personalvertretungsgesetzes, Die Personalvertretung 1999, S. 72–77.

Reiche,

Die Änderungen im niedersächsischen Personalvertretungsgesetz, Der Personalrat 1998, S. 11–15.

Reich, Andreas

Der Personalrat als gesellschaftliche Kraft, Die Personalvertretung 1997, S. 1–4.

Rewolle, Hans-Dietrich/Lorentz, Johann

Zur Rechtsnatur des Personalrats, AuR 1958, S. 75–79.

Richardi, Reinhard

Zum Verhältnis zwischen Betriebsverfassungs- und Personalvertretungsrecht, Der Personalrat 1993, S. 49–54.

Der Entwurf eines Personalvertretungsgesetzes für das Land Rheinland-Pfalz, ZfPR 1993, S. 59–63.

Richter, Hartmut

Auswirkungen des Beschlusses des Bundesverfassungsgerichts vom 24.5.1995 – 2 BvF 1/92 – auf das LPVG NRW, Der Personalrat 1996, S. 216–222.

Rinken, Alfred

Demokratie und Hierarchie, Zum Demokratieverständnis des zweiten Senats des Bundesverfassungsgerichts, kritV 1996, S. 282–309.

Das Grundrecht auf Mitbestimmung in der Verfassung des Freistaates Sachsen als Handlungs- und Kontrollnorm, Baden-Baden 1999.

Das Grundrecht auf Mitbestimmung im öffentlichen Dienst, Der Personalrat 2001, S. 355–363.

Ritter, Enst-Hasso

Mitbestimmung im öffentlichen Dienst oder Privatisierung des Staatswesens?, JZ 1972, S. 107–111.

Rob, Werner

Mitbestimmung im Staatsdienst im Lichte der Strukturprinzipien des demokratischen, sozialen Rechtsstaates, Bad Neuenahr 1999, zugleich: Speyer, Hochschule für Verwaltungswissenschaften, Diss. 1998.

„Allzuständigkeit" im Personalvertretungsrecht, Der Personalrat 1999, S. 382–386.

von Roettecken, Torsten

Arbeitszeit und Mitbestimmung, Der Personalrat 1994, S. 60–66.

Zustimmung des Personalrats und Individualarbeitsverhältnis, Der Personalrat 1996, S. 1–9.

Verfassung und Personalvertretungsrecht, NVwZ 1996, S. 552–554.

Personalräte als Teil der Verwaltung, Der Personalrat 1997, S. 233–237.

Rohr, Ulrich

Gefahr für die Idee der Allzuständigkeit des Personalrats durch höchstrichterliche Auslegung, Der Personalrat 1990, S. 93–99.

Röken, Heribert

Dienststellenleiter und Personalvertretung, ZBR 1990, S. 133–138.

Stellungnahme zur „Erwiderung", ZBR 1990, S. 143–145.

Rothländer, Christian

Zur Novellierung des hessischen Personalvertretungsgesetzes, Der Personalrat 1991, S. 357–361.

Gekürzt, gestrichen und abgebaut, Zur 99er Novelle des hessischen Personalvertretungsgesetzes und des Gleichberechtigungsgesetzes, Der Personalrat 1999, S. 331–343 .

Rudolph, Wolfram

Grenzen der Mitbestimmung der Beschäftigten des öffentlichen Dienstes, Die Personalvertretung 1997, S. 145–148.

Sabottig, Giovanni

Mitbestimmung und Verfassung, Der Personalrat 1988, S. 93–96.

Sachs, Michael

Anmerkungen zum Urteil des Bundesverfassungsgerichts vom 24.5.1995, JuS 1996, S. 842–844.

Zur Verbindlichkeit bundesverfassungsgerichtlicher Entscheidungen, in: Festschrift für Martin Kriele, Staatsphilosophie und Rechtspolitik, S. 431–456, München 1997.

Schelter, Kurt

Personalvertretung – Ein Stück „Demokratisierung der Verwaltung"?, RdA 1977, S. 349–356.

Personalvertretung – Ein Verfassungsauftrag?, Die Personalvertretung 1978, S. 489–499.

Entgegnung zur Stellungnahme Thieles, Die Personalvertretung 1980, S. 232–233.

Schenke, Wolf-Rüdiger

Die Verfassungsorgantreue, Schriften zum öffentlichen Recht Band 325, Berlin 1977.

Personalvertretung und Verfassung, JZ 1991, S. 581–593.

Zur Verfassungswidrigkeit des schleswig-holsteinischen Gesetzes über die Mitbestimmung der Personalräte vom 11. Dezember 1990, Die Personalvertretung 1992, S. 289–309.

Die Verfassungswidrigkeit des rheinland-pfälzischen Landespersonalvertretungsgesetzes, JZ 1994, S. 1025–1035.

Scheuner, Ulrich

Verantwortung und Kontrolle in der Demokratischen Verfassungsordnung, in: Festschrift für Gebhard Müller, S. 377–402, Tübingen 1970.

Schlaich, Klaus

Die Verfassungsgerichtsbarkeit im Gefüge der Staatsfunktionen, VVDStRL 39 (1981), S. 99–146.

Das Bundesverfassungsgericht, Stellung, Verfahren, Entscheidungen, 4. Auflage, München 1997.

Schleicher, Werner

Beteiligungsrechte kraft Vereinbarung, Die Personalvertretung 1990, S. 457–468.

Schlick, Bianka

Das „neue" Personalvertretungsgesetz Schleswig-Holstein, Der Personalrat 2000, S. 347–349

Schmidt, Ingrid

Der Beschluss des BVerfG zum Mitbestimmungsgesetz Schleswig-Holstein aus der Sicht der Arbeitsgerichtsbarkeit, Der Personalrat 1996, S. 472–475.

Schmidt-Aßmann, Eberhard

Der Rechtsstaat, in: Isensee, Josef/Kirchhoff, Paul, Handbuch des Staatsrechts der Bundesrepublik Deutschland Band I, Grundlagen von Staat und Verfassung, S. 987–1043, Heidelberg 1987.

Verwaltungslegitimation als Rechtsbegriff, AöR 116 (1991), S. 329–390.

Schmitt, Carl

Der Hüter der Verfassung, 2. Auflage, (unveränderter Nachdruck der 1. Auflage), 1969.

Schmitt-Glaeser, Walter

Partizipation im öffentlichen Dienst, DÖV 1974, S. 152–157.

Schneider, Hans-Peter

Wirtschaftliche Mitbestimmung in öffentlichen Unternehmen, DÖV 1972, S. 598–605.

Verfassungsmäßigkeit der Mitbestimmung im öffentlichen Dienst, Düsseldorf 1985.

Schneider, Peter

Mitbestimmung im Betriebsverfassungs- und Personalvertretungsrecht – Kurzübersicht über die Tagung des BVerwG/BAG in Wustrau, NJW 1997, S. 444–445.

Schneider, Wolfgang

Umfassendere Rechte für die Personalvertretung, Die Quelle 1983, S. 236–238.

Scholz, Rupert

Mitbestimmungsgesetz, Mitbestimmungsurteil und öffentlicher Dienst, ZBR 1980, S. 297–304.

Schröder, Meinhard

Aufgaben der Bundesregierung, in: Isensee, Josef/Kirchhoff, Paul, Handbuch des Staatsrechts der Bundesrepublik Deutschland Band II, Demokratische Willensbildung – Die Staatsorgane des Bundes, S. 585–627, Heidelberg 1987.

Schuppert, Gunnar-Folke

Selbstverwaltung als Beteiligung Privater an der Staatsverwaltung?, in: von Mutius (Hrsg.), Festgabe für von Unruh, S. 183–205, Heidelberg 1983.

Zur Legitimation der Mitbestimmung im öffentlichen Dienst, Der Personalrat 1993, S. 1–20.

Mitbestimmung und Verfassungsrecht, Der Personalrat 1993, S. 521–531.

Verfassungsrecht und Verwaltungsorganisation, Der Staat 32 (1993), S. 581–610.

Funktionsfähigkeit der Verwaltung und Mitbestimmung, Der Personalrat 1997, S. 137–150.

Seidel, Lore

Thüringer Personalvertretungsgesetz verabschiedet, Der Personalrat 1993, S. 431–436.

Seemann, Klaus

Die Politisierung der Ministerialbürokratie in der Parteiendemokratie als Problem der Regierbarkeit, Die Verwaltung 13 (1980), S. 137–156.

Lässt sich die parteipolitische Ämterpatronage noch wirksam bekämpfen?, RiA 1981, S. 81–84.

Führungsstil und Mitbestimmung in der öffentlichen Verwaltung, Die Personalvertretung 1982, S. 217–225.

Die Personalvertretung als Instrument verwaltungsinterner Kontrolle, Die Personalvertretung 1983, S. 305–312.

Sievers, Carlos

Mitbestimmung total, Beamte heute 1990, S. 3.

Simon, Helmut

Verfassungsgerichtsbarkeit, Grenzen der Interpretationsmacht, in: Benda, Ernst/Maihofer, Werner/**Vogel, Hans-Jochen**

Handbuch des Verfassungsrechts der Bundesrepublik Deutschland S. 1669–1673, 2. Auflage, Berlin, New-York 1994.

Söllner, Alfred

Die Rechtsstellung des Personalrats und seiner Mitglieder, AuR 1959, S. 69–73.

Die Personalvertretungen im Spannungsfeld zwischen sozialem Schutzauftrag und demokratischer Regierungsverantwortung, RdA 1976, S. 64–68.

Grundriss des Arbeitsrechts, 12. Auflage, München 1998.

Stammer, Otto

Die Entstehung des Personalvertretungsgesetzes und der Einfluss der Verbände auf diese Gesetzgebung, Die Personalvertretung 1966, S. 169–177.

376

Starke, O.-Ernst

Aufgaben und Funktion des Personalrats, DÖV 1975, S. 849–854.

Stein, Ekkehart

Der verfassungsrechtliche Spielraum für eine Reform des Personalvertretungsrechts, AuR 1973, S. 225–233.

Steiner, Harald

Die Grenzen der Mitbestimmung im öffentlichen Dienst, ZBR 1985, S. 184–186.

Mitbestimmung im öffentlichen Dienst – Machtabbau der Behördenhierarchie und friedliche Regelung sozialer Konflikte in den Behörden, RiA 1985, S. 275–278.

Der besondere Stellenwert der Mitbestimmung im öffentlichen Dienst in der Mitbestimmungsdiskussion vor dem Hintergrund der Entwicklungsgeschichte gesetzlich normierter Mitbestimmungsregelungen, Die Personalvertretung 1986, S. 143–149.

Steinmeyer, Heinz-Dietrich

Casebook Arbeitsrecht, München 1994.

Stern, Klaus

Das Staatsrecht der Bundesrepublik Deutschland Band I, München 1977.

Das Staatsrecht der Bundesrepublik Deutschland Band II, München 1980.

Stettner, Rupert

Grundfragen einer Kompetenzlehre, Schriften zum öffentlichen Recht Band 447, Berlin 1983.

Strehler, Stefan

Verfassungsrechtliche Bewertung einer direktiven Mitbestimmung im Verwaltungsrat einer öffentlich-rechtlichen Sparkasse in Bayern, Die Personalvertretung 1995, S. 342–360.

Stüer, Bernhard

Bericht über den Arbeitskreis VI des Achten Deutschen Verwaltungsrichtertages, Die Personalvertretung 1986, S. 292–295.

Sturm, Eckert

Das neue Personalvertretungsgesetz für Schleswig-Holstein, Die Personalvertretung 1974, S. 33–41.

Thiele, Willi

Personalvertretung – ein Verfassungsauftrag?, Die Personalvertretung 1980, S. 225–231.

Gefährdung verfassungs- und verwaltungsrechtlicher Grundprinzipien durch neuere Entwicklungen im Personalvertretungsrecht?, Die Personalvertretung 1993, S. 97–107.

Wechselseitige Abhängigkeit zwischen der Verwaltung und dem Sinn des Staates, DöD 1994, S. 245–252.

Die Zersplitterung des Personalvertretungsrechts, ZTR 1995, S. 542–545.

Entwurf des Zweiten Gesetzes zur Änderung des Personalvertretungsgesetzes für das Land Niedersachsen, Die Personalvertretung 1998, S. 148–155.

Thieme, Werner

Öffentliche Unternehmen zwischen Demokratieprinzip und Arbeitnehmervertretung, RdA 1988, S. 276–280.

Trümner, Ralf

Probleme beim Wechsel vom öffentlich-rechtlichen zum privatrechtlichen Arbeitgeber infolge von Privatisierungen öffentlicher Dienstleistungen, Der Personalrat 1993, S. 473–482.

Ule, Carl Hermann

Der Wehrbeauftragte des Bundestages, JZ 1957, S. 422–429.

Umbach, Dieter

Bundesverfassungsgerichtsgesetz, Mitarbeiterkommentar und Handbuch, Heidelberg 1992.

Vogel, K

Rechtskraft und Gesetzeskraft, in: Chr. Starck (Hrsg.), Bundesverfassungsgericht und Grundgesetz, Band I, Tübingen 1976, S. 589–667.

Vohs, Gerhard

Zusammenlegung, Auflösung und Verlagerung von Dienststellen, Der Personalrat 1996, S. 344–348.

Wacke Gerhard

Das Personalvertretungsgesetz und seine Kommentare, JZ 1957, S. 289–294.

Wahlers, Wilhelm

Neues Personalvertretungsrecht in Nordrhein-Westfalen, Die Personalvertretung 1985, S. 177–187.

Personalvertretungsrecht in Mecklenburg-Vorpommern, Die Personalvertretung 1994, S. 1–9.

Änderungen im Personalvertretungsrecht Nordrhein-Westfalen, Die Personalvertretung 1996, S. 97–106.

Walldorf, Bernhard

Das Verhältnis zwischen Personalrat und Dienststelle, Die Personalvertretung 1981, S. 483–489.

Wendeling-Schröder, Ulrike

Mitbestimmung im öffentlichen Bereich und Demokratieprinzip, AuR 1987, S. 381–387.

Widmaier, Ulrich

Die nach dem Personalvertretungsgesetz bindende Entscheidung der Einigungsstelle in der Staatsverwaltung aus verfassungsrechtlicher Sicht, Die Personalvertretung 1975, S. 412–418.

Die Spannungen zwischen den Gruppeninteressen und dem Interesse des Staates in der Mitbestimmung der Organe der Personalvertretung, Diss. Göttingen 1977.

Zur Abgrenzung des Arbeitsrechts vom öffentlichen Dienstrecht – Dargestellt am Personalvertretungsrecht, Die Personalvertretung 1978, S. 299–305.

Mitbestimmung in organisatorischen Angelegenheiten, Die Personalvertretung 1988, S. 289–293.

Widmaier, Ulrich/Leuze, Dieter/Wörz, Roland

Das Personalvertretungsrecht in Baden-Württemberg, Kommentar, Bielefeld 1994.

Wilke, Dieter

Über Verwaltungsverantwortung, Bemerkungen zu einem ungebräuchlichen Begriff, DÖV 1975, S509–515.

Wolber, K

Internet-Zugang und Mitbestimmung, Der Personalrat 2000, S. 3–4.

Wulf, Renate/Möller-Soost, Gerd

Das Landespersonalvertretungsgesetz Sachsen-Anhalt, Der Personalrat 1993, S. 290–293.

Wulf-Mathies, Monika

Betriebliche Mitbestimmung im öffentlichen Dienst – Entwicklungstendenzen und Perspektiven, Der Personalrat 1993, S. 193–199.

Zacher, Hans F.

Was wir über das Sozialstaatsprinzip wissen?, in: Festschrift für H. P. Ipsen, Tübingen 1977, S. 206 ff.

Zeidler, Wolfgang

Der Standort in der Verwaltung in der Auseinandersetzung um das Demokratieprinzip, DVBL 1973, S. 719–727.